S0-FJN-886

HISTORY OF IDEAS IN ANCIENT GREECE

This is a volume in the Arno Press collection

HISTORY OF IDEAS IN ANCIENT GREECE

Advisory Editor
Gregory Vlastos

See last pages of this volume for a complete list of titles

AUTOUR DE PLATON

ESSAIS DE CRITIQUE ET D'HISTOIRE

A[uguste] Diès

Volumes I and II

ARNO PRESS

A New York Times Company

New York / 1976

Editorial Supervision: EVE NELSON

Reprint Edition 1976 by Arno Press Inc.

Reprinted from a copy in
The Princeton University Library

HISTORY OF IDEAS IN ANCIENT GREECE
ISBN for complete set: 0-405-07285-6
See last pages of this volume for titles.

Manufactured in the United States of America

Library of Congress Cataloging in Publication Data

Diès, Auguste, 1875-1958.
Autour de Platon.

(History of ideas in ancient Greece)
Reprint of the 1927 ed. published by G. Beauchesne, Paris, in series: Bibliothèque des Archives de philosophie.
1. Plato. I. Title. II. Series.
B395.D52 1975 184 75-13261
ISBN 0-405-07303-8

BIBLIOTHÈQUE DES ARCHIVES DE PHILOSOPHIE

AUTOUR DE PLATON

Essais de critique et d'histoire

I

Les Voisinages — Socrate

AUTOUR DE PLATON

ESSAIS DE CRITIQUE ET D'HISTOIRE

par A. DIÈS

CHANOINE HONORAIRE DE RENNES

PROFESSEUR AUX FACULTÉS CATHOLIQUES DE L'OUEST

I

Les Voisinages — Socrate

GABRIEL BEAUCHESNE, ÉDITEUR

A PARIS, RUE DE RENNES, 117

MCMXXVII

Nihil obstat

A. LEGENDRE,
Doyen de la Faculté de Théologie
d'Angers.

Imprimatur

L. THIBAULT, vic. gen.

Andegavi, die 22 novembris 1926.

PREFACE

Le présent ouvrage est un recueil d'essais qui m'ont paru constituer un ensemble assez homogène pour être ordonnés dans une suite logique et distribués en livres, chapitres et paragraphes. Un tel arrangement est-il justifié ? Y a-t-il, entre les diverses pièces ainsi réunies, une réelle continuité de sujet, de méthode et d'esprit ? C'est au lecteur d'en juger. Il pourra tout au moins s'assurer, par une vérification facile, que je ne les ai point retouchées pour les faire se joindre et que je les ai simplement rapprochées au gré des parentés que je leur découvrais. C'est ainsi que se sont formés mes quatre livres : *Les Voisinages*, *Socrate*, *Les Dialogues*, *Esquisses doctrinales*.

Les trois premiers sont faits, pour une moitié, d'extraits d'une *Revue critique d'Histoire de la Philosophie antique* publiée par moi dans la Revue de philosophie au cours des années 1910 à 1923 ou d'articles publiés séparément dans cette même Revue de Philosophie, soit avant 1910, soit en 1920. A l'exception d'une pièce inédite (livre III, chapitre IV, *Les Retours*), l'autre moitié est faite de notes, articles ou comptes rendus publiés dans diverses Revues entre 1907 et 1925. Quant au livre IV, les études qui le composent ont servi de thèmes à des conférences données à l'Institut Supérieur de Philosophie de Louvain en 1912 et 1913, 1925 et 1926. Les deux premières ont été publiées dans les *Annales* de l'Institut en 1913 et 1914. Je tiens à remercier MM. les Directeurs de ces divers recueils pour l'honneur qu'ils m'ont fait en agréant mes travaux et la gracieuse libéralité avec laquelle ils m'ont permis de les reproduire ici. Enfin, les deux derniers chapitres de ce livre IV *(Le Dieu de Platon, La Religion de Platon)* sont totalement inédits[1].

A part deux notes, d'ailleurs assez développées, de critique textuelle, l'une sur l'*Hélène* de Gorgias et l'autre sur un passage du *Philèbe*, et une conférence sur le *Socrate de Platon* donnée en 1913 à l'Institut Catholique de Paris, tous les chapitres ou paragraphes des trois premiers livres sont, en somme, des comptes rendus. S'il faut faire une exception pour les deux articles *A Propos du Parménide* et *A Propos du Sophiste* (livre III, ch. III, § 1 et 2), encore est-il qu'ils sont des

1. Voici, dans l'ordre de leur publication, la liste des différents travaux rassemblés dans les présents volumes, avec l'indication du livre, chapitre ou paragraphe correspondants :

Revue de Philosophie, juillet 1904, p. 51-61, *La Composition du Théétète et M. Chiapelli*, livre III, ch. III, § 3.

Revue d'Histoire et de Littérature Religieuse, mars-avril 1907, p. 284-288, *L'Idéal de liberté intérieure dans la morale grecque*, livre I, ch. II, § 5, 1.

Revue de Philosophie, juin 1910, p. 605-613, *Les Origines de l'Ethique grecque*, livre I, ch. II, § 5, 2..., p. 615-623, *Héraclite et la Mystique*, livre I, ch. II, § 4...... juillet 1910, p. 68-84, *Questions de chronologie et d'authenticité*, livre III, ch. I, § 1 à § 3...... août 1910, p. 126-130, *Les Lettres de Platon*, livre III, ch. I, § 4.. p. 130-145, *Les Combinaisons de M. Eberz*, livre III, ch. III, § 4....p. 145-154, *M. Stewart et la théorie des Idées*, livre III, ch. IV, § 1.

Revue de Philosophie, avril 1911, p. 389-392, *La conception grecque du monde*, livre I, ch. II, § 1...... p. 401-404, *Mégariques et Amis des Idées*, livre III, ch. IV, § 2...... décembre 1911, p. 688-9, *Le Socrate de Libanius*, livre I, ch. II, § 6.

Revue de Philosophie, mai 1912, p. 507-509, *L'astronomie grecque*, livre I, ch. I, § 2...... p. 511-513, *La philosophie religieuse des Grecs*, livre I, ch. II, § 2...... juillet 1912, p. 45-52, *L'Orphisme*, livre I, ch. II, § 3...... juillet 1912 (suite), p. 53-72, et décembre 1912, p. 663-681,

écrits de circonstance, accompagnant les éditions de ces deux dialogues. Et j'ai si peu craint de conserver, à mes articles, cette forme de comptes rendus, que je l'ai volontairement donnée au chapitre IV du livre III *(Les Retours)*, qui n'a jamais été destiné à aucune Revue et n'a été conçu que pour clore la série de mes études sur la question socratique. Je ne m'excuserai donc point de présenter au public un volume fait, pour une si grosse part, d'analyses et de discussions relatives à des travaux d'autrui. Un compte rendu consciencieux est une œuvre très personnelle, et, même s'il s'interdit les discussions un peu étendues et prétend se borner à un simple « reportage », l'auteur est bien forcé de faire son examen de conscience et de prendre ses positions, ou de les assurer à nouveau

Histoire générale de la Science grecque, La Médecine grecque et la collection hippocratique, livre I, ch. I, § 1 et § 4-8.

Revue de Philosophie, avril 1913, p. 389-391, *L'anthropologie grecque*, livre I, ch. I, § 3...... p. 395-399, *Ecoles et Méthodes de rhétorique*, livre I, ch. III, § 1...... p. 400-420, *La Question socratique*, livre II, ch. I.

Revue de Philologie, de Littérature et d'Histoire Ancienne, XXXVII, 2, avril 1913, note sur *l'Eloge d'Hélène par Gorgias*, livre I, ch. III, § 2.

Revue des Sciences philosophiques et théologiques, juillet 1913, p. 412-431, *Le Socrate de Platon*, livre II, ch. II.

Annales de l'Institut Supérieur de Philosophie de Louvain, II (1913), p. 267-308. *La transposition platonicienne*, livre IV, ch. I...... III (1914), p. 137-196, *L'Idée de la Science dans Platon*, livre IV, ch. II.

Revue de Philosophie, mai-juin 1920, p. 316-329, *Le terme δύναμις... La notion d'Intermédiaire dans les dialogues de Platon d'après J. Souilhé*, livre III, ch. IV, § 3 et 4.

Journal des Savants, janvier-février et mai-juin 1922, p. 26-37 et 113-124, *Une édition nouvelle de Platon*, livre III, ch. II.

Revue de Philologie, de Littérature et d'Histoire Ancienne, XLVII, 2, (1923), *L'échelle finale des biens dans le Philèbe*, livre III, ch. IV, § 5.

Revue Belge de Philologie et d'Histoire, tome IV, n° 2 et 3, avril-septembre 1925, p. 279-300, *La légende socratique et les sources de Platon*, livre II, ch. III.

Inédits : *Les Retours*, livre II, ch. IV... *Le Dieu de Platon*, livre IV, ch. III... *La Religion de Platon*, livre IV, ch. IV.

si elles sont déjà prises : quelque discrète que soit cette mise au point tout intérieure, il évitera difficilement de la laisser paraître et livrera toujours quelque chose de sa propre pensée. Mais, ce qui pourra intéresser le lecteur des comptes rendus que je réédite, c'est, il faut croire, beaucoup moins l'exposé de mes idées personnelles que le tableau des variations ou des progrès de la critique à propos des grands problèmes de la philosophie platonicienne ou préplatonicienne. Le rôle des savants et particulièrement des médecins dans la formation de la terminologie et même de la méthode et de l'esprit philosophiques ; l'histoire de la Collection Hippocratique et des discussions auxquelles a donné lieu l'authenticité et la chronologie des pièces qui la composent ; les rapports de la pensée proprement philosophique avec les mouvements religieux que l'on couvre du nom général d'Orphisme, ou bien avec ses rivales dans l'éducation de la jeunesse, la rhétorique et la sophistique ; la personnalité de Socrate, son rôle, sa doctrine, et le terrible jeu des images, souvent contraires, que nous en donnent Xénophon, Platon, Aristophane, Aristote ; enfin, les dialogues de Platon et les questions de chronologie ou d'exégèse qui ont le plus occupé, à leur propos, la critique récente ; voilà, je pense, des problèmes dont le seul, honnête et simple exposé est sûr d'attirer et de retenir l'attention du lecteur. Cet exposé, je l'ai fait à mesure qu'un livre ou qu'un article nouveau paraissait, et, bien que tenant en grande estime nos publications françaises et y renvoyant fréquemment, j'ai souvent insisté davantage sur les publications étrangères, moins accessibles au public et, parfois même, aux travailleurs. J'ai cherché, avant tout, à comprendre et faire comprendre, mais je ne me suis point interdit de juger. Mes jugements sont faillibles ; ils sont, en tout cas, de bonne foi.

Ces comptes rendus sont faciles à dater, car ils suivent toujours d'assez près les livres qu'ils analysent ou discutent. Mais, puisque je les groupais suivant leurs affinités logiques, j'ai pensé qu'il n'était pas inutile de les ordonner, au moins dans une note, d'après leurs dates de publication[1]. Je n'ai donc point cherché à cacher leur âge. Oserai-je le dire ? J'ai cru n'avoir pas trop lieu de craindre qu'ils ne semblent aujourd'hui vieillis. Les *Varia Socratica* de Taylor, par exemple, sont de 1911. L'article où je les étudie (l. II, ch. I, § 2-4) est de 1913. Mais on verra (*ib.*, ch. IV, § 1) que, dans l'Introduction à son édition de la *Métaphysique* d'Aristote, parue en 1924, ce sont encore ces théories et ces constructions de Taylor que Ross a jugé nécessaire de soumettre à une critique des plus pénétrantes. M. Dupréel a peut-être réussi à dépasser les négations les plus extrêmes de la critique d'avant-guerre. Mais l'intention vraiment positive, et en soi, féconde, de sa *Légende Socratique* (1922), cette idée d'aller aux sources des personnages et des thèmes de la littérature socratique, Dittmar l'avait eue dès 1912 (l. II, ch. I, § 5), et, au lieu de la volatiliser dans des combinaisons sans frein ni règle, l'avait essayée utilement sur les dialogues d'Eschine de Sphettos. Le plaidoyer que Weissenborn esquissait en 1911 en faveur des *Mémorables* (l. II, ch. I, § 1), Heinrich von Arnim le reprend, en somme, en 1913 (*ib.*, ch. IV, § 2), mais pour le faire beaucoup plus profond et beaucoup plus suggestif. Enfin, si j'ai cru bon d'aller extraire, d'une chronique de 1907, mon compte rendu du livre de Heinrich Gomperz sur *l'Idéal de liberté*

1. Voir la note, page VI.

intérieure dans l'éthique grecque, c'est, avant tout, parce que le thème général m'en paraissait encore très intéressant aujourd'hui. Mais ce livre donne aussi au lecteur les idées premières de Heinrich Gomperz sur la question socratique, et nous ne faisons que suivre l'évolution même de la critique contemporaine, lorsque nous passons, de ce livre de 1906, aux articles tout récents du même auteur sur les rapports du Socrate de Xénophon avec le Socrate d'Antisthène ou le Socrate des Comiques (*ib.*, ch. IV, § 3). Ce n'est d'ailleurs pas seulement à propos de Socrate que la critique a de tels retours. Elle ne piétine pas, certes ! Elle progresse, mais en spirale, pour ainsi dire, et souvent ne dépasse ses propres errements qu'en les répétant à un plan nouveau. Je crois l'avoir montré assez clairement, au livre I, par le développement de la question hippocratique. On le vérifierait aussi bien à propos de la question platonicienne : je n'ai pas hésité à reproduire (l. III, § 3) la discussion que j'avais faite, en 1904, des hypothèses de Chiapelli sur la double rédaction du *Théétète*, parce que, en éditant le *Théétète* en 1924, je me suis trouvé devant une hypothèse analogue, soutenue dernièrement, on devine avec quelle science et quelle séduction, par U. von Wilamowitz-Möllendorf[1]. Mais on ne peut tout mettre dans un volume : j'ai dû me borner souvent à indiquer en note les travaux les plus significatifs des années actuelles sur la question que je traitais.

Ces additions bibliographiques sont les seules modifications que je me sois permis de faire aux comptes rendus ou notes que je rééditais. S'il y a, entre certaines

1. *Platon* (1re éd.) 1919, Bd II, p. 230-237, Cf. ma Notice au *Théétète*, p. 148-9.

de ces pièces, des divergences ou même des contradictions, je n'avais pas à les effacer ni à les masquer. Ma petite liste chronologique aidera même le lecteur que mes variations personnelles pourraient intéresser à les relever plus facilement. J'ai d'ailleurs tenu à marquer moi-même, hors texte, à l'occasion, les points où ma pensée s'était modifiée d'une façon notable. Mais il y a des cas où le texte ancien ne pouvait être laissé tel quel. Ainsi, en publiant à nouveau mon article de la Revue de Philologie de 1913 sur un passage corrompu de l'*Eloge d'Hélène* (l. I, ch. III, § 2), j'ai dû corriger mon propre essai de restitution d'après le résultat de mes réflexions postérieures. Mais, pour distinguer nettement, de mon texte primitif, mes corrections et les raisons dont j'ai cru nécessaire de les appuyer, je les ai enfermées entre crochets.

A ces comptes rendus, notes ou articles qui constituent mes trois premiers livres, j'ai ajouté quatre essais sur des points spéciaux de la doctrine platonicienne. Comme l'indique le titre de ce quatrième livre, je n'ai prétendu faire que des esquisses. Non qu'elles ne m'aient coûté beaucoup de travail et de longues méditations : je ne me suis décidé, par exemple, à fixer, dans ses grandes lignes, ma conception du Dieu de Platon, qu'après l'avoir longtemps éprouvée. Mais chacun des points que j'ai choisis fournirait la matière d'un volume, peut-être parce qu'ils sont des points où convergent naturellement les directions maîtresses du Platonisme, et je n'ai point l'audace de vouloir épuiser, en si peu de pages, des problèmes d'une telle profondeur. Mes chapitres, conçus isolément, sont naturellement inégaux, et le dernier est vraiment moins une esquisse qu'une ébauche. Mais je ne serais point du tout humilié si d'autres consentaient d'en profiter pour tracer un dessin plus ferme et pousser le tableau jusqu'à son achèvement. La récompense la meilleure des efforts que représente cet ouvrage serait d'avoir, dans ce vaste champ du Platonisme, fait lever quelques idées fécondes et, peut-être, suscité quelques vocations de travailleurs.

J'ai cru bon d'ajouter à mes volumes un Index des noms propres. Je ne pouvais songer à dresser un *Index Locorum* complet, mais, dans la liste des renvois aux œuvres de Platon ou des autres auteurs antiques, j'ai indiqué les textes que j'avais commentés un peu plus longuement.

Je dois remercier très vivement mon collègue, M. l'abbé Plessis, qui a eu l'aimable courage de vérifier avec moi tout l'Index, et M. Paul Mazon, qui a bien voulu relire, de son côté, toutes mes épreuves et me prêter l'assistance de sa science et de son goût si fermes.

TABLE DES MATIÈRES

LIVRE I. — **Les voisinages**

LIVRE II. — **Socrate**

LIVRE I

Les Voisinages

CHAPITRE PREMIER

La Philosophie et les Sciences

§ 1. — *Histoire générale de la science grecque*

Il n'y a pas de plus concise et plus claire introduction à l'histoire générale de la science grecque et de ses rapports avec la philosophie que le petit ouvrage de J.-L. Heiberg : *Naturwissenschaften und Mathematik im klassischen Altertum*, in-16, 102 pages avec index. Leipzig, Teubner, 1912[1].

1. Un manuel excellent, plus volumineux et de haute tenue scientifique, lui aussi, est celui de G. Loria, *Le Scienze Esatte nell' Antica Grecia*. (Manuels Hœpli, Milan, 1914). — En français, nous avons maintenant L. Laurand, *Manuel des Études Grecques et Latines*. Appendice I, *Les sciences dans l'antiquité*, Paris, Picard, 1923, qui donne un résumé très concis et très clair avec une bibliographie ; — enfin, Arnold Reymond, *Histoire des Sciences exactes et naturelles dans l'Antiquité Gréco-Romaine*, viii-238 pages, avec Index, Paris, Albert Blanchard, 1924. Une préface de L. Brunschvicg insiste heureusement sur l'importance éducative de l'histoire des sciences. Le livre se divise en deux parties : 1° Aperçu historique et Sources ; 2° Les Principes et les Méthodes. Cette dernière partie est spécialement instructive et pourra, par exemple, préparer le lecteur à comprendre les belles études de Pierre Boutroux, *Les principes de l'analyse mathématique, exposé historique et critique*, 2 vol., Paris, Hermann, 1914 ; et L. Brunschvicg, *Les étapes de la philosophie mathématique*, Paris, Alcan, 1912.

C'est l'adaptation à un plus grand public de l'article écrit par J. Heiberg pour le second volume de la plus récente introduction à la science de l'antiquité (Gercke-Norden, *Einleitung in die Altertumswissenschaft*). Comme il était naturel pour une telle adaptation, on a réduit au minimum l'apparat scientifique ; une très brève liste bibliographique et quelques notes, qui renvoient aux sources antiques ou bien aux plus indispensables parmi les publications spéciales. Mais je n'ai pas besoin de dire que, si la route s'ouvre large et claire, déblayée par une main experte, on reste aussi toujours sur le terrain solide et sûr, et c'est une vraie chance de pouvoir faire cette rapide exploration des sciences mathématiques et des sciences de la nature dans l'antiquité sous la conduite d'un maître qui en connaît de vieille date les voies multiples et en a réédité les plus importants monuments[1].

L'exposition comprend dix chapitres : la philosophie de la nature chez les Ioniens ; les Pythagoriciens ; le développement de la médecine au ve siècle : Hippocrate ; le développement des mathématiques au ve siècle ; Platon et l'Académie ; Aristote et son école ; la période alexandrine : l'ère des Epigones ; les Romains ; la littérature scientifique de l'époque impériale ; Byzance. L'ouvrage se termine par la bibliographie que j'ai dite et un index des noms propres. Je ne puis analyser ce résumé, que j'ai pourtant suivi ligne par ligne avec un intérêt continu. Ce que je ne puis taire, c'est le charme et le pouvoir suggestif de cette pensée toujours en éveil. Qu'elle synthétise une période, qu'elle juge un auteur, qu'elle dégage, des caractères généraux d'une époque, les

1. Archimède, 1880. — Euclide, 1883-1896. — Ptolémée, 1898-1903. — Apollonius, 1893. — Serenus d'Antinoe, 1896. — J.-L. Heiberg est un des collaborateurs du *Corpus Medicorum Græcorum*, commencé chez Teubner en 1908.

conditions favorables ou défavorables au développement des sciences, qu'elle relève, avec un jugement très sûr et très large, la valeur éternelle, scientifique ou simplement humaine d'une œuvre, cette pensée ne cesse d'éclairer, d'animer et d'alléger le dense tissu d'un tel exposé, dont le lecteur peut suivre ainsi le souple mouvement sans soupçonner que ses cent pages sont chargées de plus de deux cent vingt noms propres.

La soif de savoir qui se mêle à l'esprit d'entreprise des Ioniens apparaît déjà dans l'Odyssée : Ulysse a, « de beaucoup d'hommes, vu les villes et connu les mœurs » et, s'il court risque de mort dans l'antre du cyclope, c'est qu'il a voulu connaître par lui-même « ce que sont ces hommes : violents et sauvages, ou justes et amis de l'étranger, et s'ils ont, en l'âme, la crainte des dieux » (p. 2). Empédocle a, comme médecin, « un fort arrière-goût de charlatan de la foire » ; plus réceptif que personnel, il n'a rien fait pour la mathématique ou l'astronomie ; en physique même, ses quatre éléments, à qui les constructions d'Aristote vont assurer une domination millénaire, sortent plutôt de l'intuition populaire que de la pensée scientifique, mais c'est, entre la matière unique des Milésiens et l'infinité des semences d'Anaxagore, le premier pas sur la route qui conduit à la chimie moderne (p. 10-11). Platon a peu de sens pour les sciences naturelles. Mais, si nous n'avons, de ses travaux personnels dans le domaine mathématique, que des traces bien rares et bien suspectes, il n'en a pas moins eu, sur le développement des sciences exactes, une influence considérable. Par la formation logique donnée à ses élèves : la construction systématique de la mathématique élémentaire lui doit « son exactitude et sa finesse ». Par le développement de la méthode analytique : les découvertes qu'en tireront aussi bien Eudoxe que Léodamas sont dues, en tout premier lieu, à l'impulsion du maître. Enfin, par la façon neuve et féconde dont Platon a su poser le problème astronomique : quelles combinaisons de mouvements simples faut-il établir pour expliquer les mouvements apparents des planètes ? (p. 25-29). L'activité créatrice d'Aristote dans la zoologie et la biologie, sa méthode de classification, d'une avance telle que « c'est seulement Linné qui a dépassé le système aristotélicien », la part immense d'observation directe et le prudent empirisme qui en forment la base solide, les limites inévitables apportées par le manque d'instruments, par les sources de seconde main, assez souvent même par les jugements prématurés, le recul que constitue l'abandon du rôle du cerveau, reconnu depuis Alcméon, tout cela fait l'objet de deux pages serrées. Mais, puisqu'on fait gloire au Stagirite de l'abandon de la dichotomie, et qu'on relève avec raison cette largeur de vue toute scientifique, pour laquelle il n'y a point de petits objets dès lors qu'on y peut suivre un enchaînement causal, j'aurais aimé qu'on sût retrouver là un héritage de l'Académie : le *Politique* (287c) sait déjà nettement, là où il faut, remplacer la dichotomie par la division naturelle (κατὰ μέλη τοίνυν... ἐπειδὴ δίχα ἀδυνατοῦμεν), et le *Sophiste* avait proclamé, en termes d'une énergie plus que familière, l'impartialité de la « chasse scientifique » (διὰ στρατηγικῆς ἢ φθειριστικῆς 227b). A partir d'Alexandre, Athènes est éclipsée par la nouvelle capitale : « Si l'enseignement philosophique se conserve encore dans la ville de Platon, le motif en est essentiellement matériel : les écoles philosophiques avaient, dans Athènes, leur terrain et leurs fondations ». Alexandrie voit naître, dans la mince couche de haute société qui recouvre la masse profonde de population non-hellénique, « un culte de la littérature et de la langue classiques, qui est tout près de s'affadir en un archaïsme maladif ». Mais, tout ce qui était mortel pour la littérature est vivifiant pour la science : diffusion de la langue commune, nivellement des petits États, faveur des princes, qui assurent l'argent et le loisir indispensables. La systématisation des mathématiques, inaugurée sous l'impulsion de Platon, reçoit son achèvement définitif dans les *Eléments d'Euclide*, et, tandis qu'Euclide fait la somme des découvertes antérieures, Archimède se montre, en tous les domaines, inventeur et créateur. Cette vigoureuse floraison, continuée par les noms d'Apollonios de Perge, Aristarque, Hipparque, appelait, par sa force même, une époque de stérilité relative. « Il fallait le temps de s'assimiler et de refondre les résultats nouveaux. Mais, avant que, de cet obscur travail, pût s'épanouir une seconde floraison, le souffle glacial du romanisme s'étendit sur le monde (p. 66) ». Du moment où Posidonius eut mis sous les yeux de ses contemporains la grandeur politique de ROME, la littérature se laissa guider par la considération du goût romain et des besoins romains. Or, les Romains, avec « leur étroit horizon de paysans et la courte vue de leur bon sens pratique », ont toujours eu, pour la science pure, « ce mélange de défiance et de mépris que lui gardent encore souvent aujourd'hui les gens de demi-culture. A l'occasion, ils s'en faisaient gloire (p. 73). » A BYZANCE, on n'a guère plus de personnalité créatrice, mais on a gardé l'intérêt scientifique : les noms de Ptolémée, de Diophante, de Galien, témoignent de la vitalité de l'esprit grec. L'astronomie continue d'être cultivée jusque dans la plus basse époque byzantine et va refleurir, au XIVe siècle, sous l'influence persane. Ainsi, sous une surface gelée et durcie, se conserve le « feu sacré ». Ainsi les fondateurs de la science moderne ont pu recevoir des Grecs, non seulement les résultats, « mais la notion même de la science. »

§ 2. — *L'astronomie grecque*

Le premier récit de voyage vers le pôle est d'un Grec et d'un Marseillais. Polybe et Strabon prirent le περὶ ὠκεανοῦ de Pytheas pour une galejade et, aux yeux du rhéteur Aristide (129-189 ap. J.-C.) qui, pourtant, en vaut beaucoup d'autres en fait de crédulité, ce premier visiteur des côtes d'Islande et de Norwège (vers 310 av. J.-C.) n'est plus qu'un vieux conteur à l'imagination marseillaise : ὁ Μασσαλιώτης ἀρχαῖος καὶ ποιητικός (Ar. II, 475, Dind.). Pourtant les voyages de Pytheas devaient servir, dans sa pensée, et servirent, en effet, la géographie scientifique et l'astronomie grecques. A qui sait quel rôle ont joué, dans la philosophie antique, les cosmogonies et les cosmographies, et pendant combien de siècles l'astronomie aristotélicienne a dominé la science et la pensée humaines, il ne peut venir à l'esprit de regarder comme étrangères l'une à l'autre l'histoire de la philosophie et l'histoire de l'astronomie grecques. Sur celle-ci, nous avons eu, au dernier siècle, des travaux français qui font autorité, et je m'en voudrais de ne pas rappeler les noms de J.-B.-J. Delambre (*Histoire de l'astronomie ancienne*, 2 vol., Paris, 1817), Th.-H. Martin (*Astronomie grecque et romaine*, 1875, et de nombreuses études spéciales), P. Tannery (*Recherches sur l'histoire de l'astronomie ancienne*, 1893), A. Bouché-Leclercq (*L'astrologie grecque*, 1899), aussi bien que de ne pas indiquer les deux chapitres spéciaux (p. 227-297) consacrés à l'astronomie grecque dans un volume qui, d'ailleurs, la mentionne presque à chaque page, G. Bigourdan (*L'astronomie, évolution des idées et des méthodes*, 1911[1]).

1. Il faut ajouter ici l'œuvre magistrale de Duhem, *Le système du monde, Histoire des doctrines cosmologiques de Platon à Copernic*, 5 vols. Paris, Hermann, 1913-1917. Le premier volume est tout entier consacré

C'est, on le sait, un jésuite français, le P. Petau, que nous rencontrons à l'origine de tous ces travaux modernes, avec son *Uranologium* (1630). En Allemagne, où ces recherches historiques sont tout au moins aussi continues, les noms les plus importants de cette récente période sont ceux de Franz Boll, pour l'astronomie (*Sphæra, neue griechische Texte und Untersuchungen zur Geschichte der Sternbilder*, 1903)[1], et de Hugo Berger pour la géographie scientifique (surtout *Geschichte der wissenschaftlichen Erdkunde der Griechen*, 2e édition, 1903). C'est à la mémoire de H. Berger qu'est dédié le livre de Otto-Th. Schultz (*Entwickelung und Untergang des Kopernikanischen Weltsystems bei den Alten*, in-16, 143 pages avec index, Neue Weltanschauung, Stuttgart, Lehmann, 1909). Des prétentions de la collection dont cette étude est le premier volume, de la réclame où l'on convie les *hunderttausenden Anhänger* de E. Hæckel au bon combat contre la *klerikale Reaktion*, je ne veux point donner de spécimen. Tout cela est vraiment d'un ordre très inférieur au présent volume, qui veut faire et fait œuvre scientifique. Le petit ouvrage a des gravures nombreuses et claires, un index d'une dizaine de pages, mais pas de table des matières. Un premier chapitre nous montre, à la lumière des découvertes les plus récentes sur l'époque mycénienne et des premières épopées, quelle image du monde se sont faite les Grecs des temps mythiques et des temps héroïques.

à la cosmologie des philosophes grecs, depuis les antésocratiques jusqu'aux commentateurs d'Aristote, trop souvent négligés, Simplicius, Philopon et Damascius.

1. Cf., à côté de cette œuvre capitale, de nombreux travaux de détail, notamment les *Griechische Kalender*, 1910-11. J'aurai prochainement occasion, je l'espère, de compléter cette bibliographie récente de la philosophie et de la science grecques. Pour l'instant je me borne à ce rappel des œuvres essentielles, qui peut servir d'orientation première au début de chaque nouvelle question, et dont on voudra bien, pour ce motif, pardonner l'apparent pédantisme.

Un second chapitre étudie les philosophes ioniens, mais s'attache surtout, après quelques bonnes pages sur la cosmologie de Xénophane, à une comparaison assez détaillée et très intéressante des cartes d'Anaximandre, Hécatée, Hérodote. La question se pose alors, étant données les quelques observations simples et spontanées qui, sans exiger aucune complication d'appareils ni d'instruments, devaient suggérer naturellement une conception juste du système cosmique, de déterminer en quelle mesure les Grecs les ont connues ou faites, et cela nous ramène au problème des influences orientales, puis à l'exposition de la première cosmologie non géocentrique, celle des Pythagoriciens. Platon et son abandon, au moins possible, du géocentrisme ; Aristote, qui adapte et corrige, en le compliquant, le système d'Eudoxe, et reste encore, en géographie, sous l'influence des zones parménidiennes ; l'achèvement du système copernicien par Aristarque et Séleucus ; enfin, les travaux de Pytheas, d'Eratosthène, d'Hipparque, puis, au milieu de l'affaiblissement général du souci scientifique, les géographies de Polybe et de Posidonius, et le nom où se résument l'astronomie et la géographie qui domineront le Moyen Age, Ptolémée : on voit que, dans ce peu de pages, toute l'évolution de la science antique est racontée.

§ 3. — *L'anthropologie grecque*

Ce sont les très vieux débuts d'une science toute actuelle que nous aborderons avec A. Rivaud, *Recherches sur l'anthropologie grecque*, Revue Anthropologique, XXI, 5 (mai 1911), p. 157-181, XXI, 12 (décembre 1911), p. 457-474, XXII, 1 (janvier 1912), p. 20-28. Après une étude rapide de l'ethnologie grecque, A. Rivaud examine surtout l'anthropogénie et l'anthropologie.

A la question de l'origine des hommes, la première réponse est donnée par des fables. Cette anthropogénie légendaire revêt diverses formes. D'abord, la théorie des autochtones. Bien d'autres peuples que les Athéniens croient « être demeurés toujours sur le sol où leurs ancêtres avaient paru ». Mais comment sont apparus les premiers habitants ? Savants et philosophes répondent : ils y sont d'éternité. La foule répond : le sol même les a produits ; la terre d'Attique est, sans métaphore, la terre-mère. Primitivement, il n'y a qu'un autochtone : le héros éponyme. Ou bien, dans les généalogies divines des autochtones, revivent les plus vieilles formes magiques de la légende : fécondité des puissances naturelles, arbres, vent, sperme, sang. Puis interviennent, peut-être seulement à partir du VIe siècle, et sous l'influence de l'orphisme, des divinités actives : mythes de Deucalion, de Pandore, de Prométhée. Parmi les multiples formes que revêt ce dernier mythe, « la légende de Prométhée créateur apparaît peut-être pour la première fois, vers le début du Ve siècle, dans une épigramme de la poétesse Erinna ». Tous ces mythes seront interprétés par les philosophes. Je ne peux résumer la très intéressante étude de M. Rivaud sur l'utilisation de ces mythes dans le *Timée* et les *Lois*. Mais je tiens à citer la conclusion : « De toutes manières, et il y faut insister, nous ne trouvons jamais en Grèce de représentations absolument primitives. Au VIe et au VIIe siècles avant notre ère, la culture grecque avait derrière elle un très long passé. Elle remplaçait elle-même des civilisations plus anciennes, dont on commence à peine à soupçonner l'importance et la variété. Les conceptions grecques sur l'origine des hommes ne sont jamais des conceptions de primitifs, même quand on y retrouve le souvenir à demi effacé de représentations plus vieilles et plus sauvages... » A la légende, d'ailleurs, s'incorpore souvent, dès l'origine, un élément rationnel, et « cette interférence continuelle rend à peu près insoluble le problème des origines de nos mythes anthropogéniques. »

Il n'y a pas à chercher une anthropologie grecque : « la notion d'une anthropologie science distincte ne s'est dégagée que lentement et il s'en faut de beaucoup, aujourd'hui même, que les limites de cette science soient nettement définies ». Mais on peut se demander quelles réponses donnèrent les Grecs à certaines des questions que se pose l'anthropologie. M. Rivaud s'arrête à deux de ces problèmes : « 1° caractères distinctifs de l'homme par opposition aux animaux ; 2° classification des principaux types humains d'après les caractères anatomiques externes et notamment d'après la forme du crâne. » Quelques indications fragmentaires de Philolaos, le titre d'un ouvrage de Démocrite, la fameuse déclaration d'Anaxagore sur le rôle de la main, voilà ce qui nous reste des prédécesseurs d'Aristote. Dans la littérature médicale, à peu près rien d'intéressant. Mais, « à côté d'erreurs explicables, l'œuvre d'Aristote contient, en ces matières, quantité d'observations d'un grand intérêt ». Caractères physiques qui séparent l'homme des autres animaux : stature droite, visage, sutures du crâne. Relations entre le nombre de ces sutures et le développement du cerveau ou la longévité, inégalité de volume du cerveau suivant les sexes. Classification des types humains d'après « la forme du visage, la couleur des yeux, l'abondance et la couleur des poils, la quantité plus ou moins grande de la graisse ». Mais on ne pense pas à tenir compte de la forme du crâne. Ce qui est propre à Aristote, c'est surtout l'interprétation de ces faits, déjà connus, probablement : insistance très grande sur l'unité de la nature, curiosité universelle qui le fait noter des faits d'apparence insignifiante et dont l'utilité se révélera plus tard. Chez Pline, comme du reste chez les compilateurs du Moyen Age, c'est Aristote qu'on retrouve, plus ou moins déformé. Dans les médecins apparaît « le germe d'une classification des types crâniens » ; seulement le germe, car on essaiera de classer les hommes, non par des caractères anatomiques, mais plutôt par la théorie des tempéraments et surtout par la physiognomie.

En somme, si « la science grecque a eu l'intuition des problèmes plus qu'elle ne les a résolus », c'est surtout qu'elle a confondu, en une discipline unique, quantité d'études différentes : elle n'a jamais distingué nettement l'anthropologie de la psychologie. Les chirurgiens seuls étaient sur la voie. Mais, trop pratiques, ils « n'ont pas aperçu la portée générale de leurs recherches. Ils ont passé tout près des problèmes anthropologiques, mais ils ne les ont pas abordés ».

C'est un plaisir pour moi de signaler aux philosophes, peu habitués, peut-être, à chercher l'histoire de la pensée grecque dans certaines revues scientifiques, cette étude de M. Rivaud. L'auteur est de ceux qui ne veulent pas faire, de l'histoire de la philosophie antique, « une pure histoire logique », et qui abordent l'âme antique avec une âme disposée à la comprendre tout entière. Les meilleurs manuels allemands eux-mêmes, sauf *Les Penseurs grecs* de Gomperz, qui ne sont pas un manuel, sont plus que pauvres en ce qui concerne la science grecque[1]. Je souhaite que M. Rivaud nous donne, un jour prochain, ce manuel de la pensée antique, le manuel solide, mais large et « sans œillères », dont nous avons besoin[2].

1. La 11e édition du manuel d'Ueberweg, *Grundriss der Geschichte der Philosophie des Altertums*, Berlin, Mittler u. Sohn, 1920, a, sur presque 300 pages de bibliographie, une page et demie consacrée à l'histoire des sciences dans leur rapport avec la philosophie antique, mais cette bibliographie, aussi bien que l'Index des noms propres, ignore le nom de Duhem.

2. Je signale ici avec plaisir le récent volume de L. Robin, *La*

§ 4. — *La médecine grecque*

Je n'ai pas relevé, dans cette revue rapide, ce qui m'a peut-être le plus intéressé dans le petit livre de J.-L. Heiberg : l'histoire de la médecine antique. C'est que notre présente chronique lui doit une place à part. Il se fait, à cette heure, dans ce domaine, un travail intense, où il serait intéressant de voir la science française reprendre la place très importante qu'elle y eut il y a quelque trente ans, et dont les résultats peuvent, non seulement élargir notre connaissance, mais peut-être, en certains points, modifier notre interprétation de la pensée grecque.

Sur l'histoire de la médecine antique, nous avons, en français, les deux ouvrages d'un élève de Littré : *La Médecine, histoire et doctrines*, 1865. — *Histoire des Sciences médicales*, 1870, par Ch. Daremberg. Le premier volume de ce dernier ouvrage (t. I : *Depuis les temps historiques jusqu'à Harvey*) donne, en 255 pages, un résumé intéressant, parfois un peu trop éloquent, de l'histoire médicale depuis les origines jusqu'au Moyen Age. Pour des périodes plus restreintes, voir Ch. Daremberg, *Etat de la médecine entre Homère et Hippocrate*, 1869, et A. Corlieu, *Les Médecins grecs depuis la mort de Galien* (1885). En allemand, il y a d'assez nombreuses publications. Mais, au dire de J.-L. Heiberg, la meilleure est encore la plus ancienne : C. Sprengel, *Versuch einer pragmatischen Geschichte der Arzneykunde*, 1821 ; rééditée par Rosenbaum, 1846. Pour remplacer l'ancienne collection Kuehn (*Medicorum Græcorum opera omnia græce et latine*,

Pensée grecque et les Origines de l'esprit scientifique, Bibl. de synthèse historique, Renaissance du Livre, Paris, 1923. A. Rivaud prépare actuellement une *Histoire générale de la Philosophie*, et E. Bréhier doit nous donner une *Histoire de la Philosophie*, dont le premier fascicule *(L'Hellénisme)* est sous presse.

Leipzig, 1821-33, 26 volumes), l'association des académies de Berlin, Copenhague et Leipzig entreprend de publier un *Corpus Veterum Medicorum*, dont jusqu'ici un volume seulement est paru[1]. En attendant la publication critique des textes, et même avant d'entreprendre aucune étude approfondie, on pourra se familiariser avec les œuvres les plus marquantes des médecins grecs par la lecture des traductions de Ch. Daremberg : *Œuvres choisies d'Hippocrate*, 2e édit., 1855. — *Œuvres anatomiques, physiologiques et médicales de Galien*, 2 vol., 1854-56. — *Œuvres de Rufus d'Ephèse*, édition et traduction terminée par C. E. Ruelle, 1879. Pour une bibliographie plus complète, je ne puis que renvoyer à Christ-Schmid (*Gr. Lit.*, p. 632, n. 7) et surtout à H. Diels, *Berl. Akad. Abh.* 1908, *philos. hist.*, *kl. IV*, p. 71 *et suiv.* L'excellent manuel de Ueberweg-Praechter (11e éd., 1920) dont la bibliographie est si riche par ailleurs, est déplorablement pauvre sur ce point. Le livre de E. Chauvet (*La philosophie des médecins grecs*, 1885), donnera une vue d'ensemble toujours utile, mais ne saurait orienter sur les questions actuelles[2].

Une orientation rapide sera donnée au contraire par le petit volume de J.-L. Heiberg, ci-dessus analysé. Il n'y faut pas chercher de bibliographie, mais une esquisse intelligente et claire de l'évolution de la médecine antique. Après Daremberg (*Hist. d. sc. méd.*, p. 79, et surtout *La médecine dans Homère*, 1865), on nous montre que la médecine est,

1. Vol. X, i, 1 : *Philumeni de venenatis animalibus eorumque remediis*, de M. Wellmann, 1908. Le *Corpus* se continue lentement, cf. J. Ilberg, *Zur Medizingeschichte des Altertums*, Wiener Blätter, 1922, p. 124-127.

2. Le plus récent ouvrage d'ensemble sur la question hippocratique m'est malheureusement inaccessible. C'est le volume hongrois de J. Hornyansky sur *la science grecque dans le siècle des lumières : Hippocrate*, Budapest, 1910. Voir le compte rendu de F. Lang dans BPhW (1912), p. 673-677.

au temps d'Homère, aussi active que la chirurgie et possède déjà sa nomenclature anatomique essentielle. La médecine des temples, quelque charlatanisme et superstition qu'elle ait mêlé à son œuvre, prépare à la science la riche collection de ses observations empiriques ; l'athlétisme professionnel habitue à la prognose rapide, au traitement des fractures, à la diététique rationnelle : les deux premières écoles de médecine naîtront dans Cos, l'île d'Asclepios, et dans Crotone, la ville des athlètes. L'école scientifique d'Hippocrate domine le ve siècle ; au temps de Platon, c'est son esprit encore qui, avec Dioclès de Carystos, lutte victorieusement contre le charlatanisme. A l'époque alexandrine, Hérophile de Chalcédoine et le médecin de Séleucus, Erasistrate de Cos, fonderont deux écoles rivales. Mais c'est encore la théorie hippocratique des humeurs qui fera le fond de la discussion. Les épigones continueront de commenter Hippocrate ; Apollonius de Citium illustrera le traité *des fractures.* Enfin, le dernier en date des grands noms de la médecine grecque est celui de Galien. Or, Galien non seulement revient aux livres d'Hippocrate pour en faire d'abondants commentaires, mais il revient à la doctrine hippocratique pour y trouver la base de son éclectisme. Le système physiologique de Galien, dit J.-L. Heiberg, est en général fondé sur la théorie hippocratique des humeurs (p. 93). Et Daremberg avait dit de ce système : « Toutes les doctrines conciliables de la collection hippocratique, celles surtout qui semblent émaner de l'école de Cos, en représentent la trame » (*Hist. d. sc. méd.*, I, p. 209).

§ 5. — *La collection Hippocratique*

Ce serait méconnaître absolument le caractère scientifique de la médecine grecque et fausser l'exposition historique de

Heiberg que de réduire à une série de commentaires d'Hippocrate l'évolution laborieuse et complexe de la médecine antique. Mais constater que le nom d'Hippocrate n'a guère cessé de planer sur cette évolution, au point que, pour les âges postérieurs, il semble parfois, à lui seul, la contenir tout entière, c'est nous disposer à comprendre l'intérêt scientifique permanent qui s'attache à la soixantaine de traités contenus dans la *Collection Hippocratique*[1].

Avant d'entrer, au sujet de cette collection, dans les quelques préliminaires indispensables à l'intelligence des travaux modernes, je tiens à dire que cet intérêt scientifique n'en épuise pas la portée. Toutes ou presque toutes les questions qu'elle pose ont leur écho dans l'histoire de la philosophie grecque et, particulièrement, dans celle des grandes écoles socratiques. Prenons un exemple typique. Il nous est apporté par un ouvrage sur lequel nous aurons à revenir à plusieurs reprises : A.-E. Taylor, *Varia Socratica, First Series*, Oxford, Parker, 1911. La cinquième et dernière des études qui composent ce très intéressant volume (*The Words* εἶδος, ἰδέα *in pre-Platonic Literature*, p. 178-267) expose ce qu'on pourrait appeler, en traduisant le mot anglais par ce qui est, en français, un composé correct, mais peu usité, l'histoire « préplatonique » du terme en apparence le plus technique et le plus inaliénable de la langue platonicienne. On savait bien que Platon n'avait pas créé le mot εἶδος. On en avait souvent appelé, par exemple, à l'usage technique d'εἶδος ou d'ἰδέα dans Démocrite. Mais personne n'avait donné, à l'enquête indispensable,

1. Suidas (s. v.) parle de 60 livres ou traités (ἑξηκοντάβιβλος) en plus des 3 livres qu'il cite. Le « canon hippocratique tel qu'il se trouve dans nos livres imprimés » contient plus et moins que les listes antiques (Litt., i, 148) ; il comprend, en réalité, 53 traités en 72 livres [Christ-Schmid, p. 635].

cette étendue et cette précision. Laissons de côté, pour l'instant, les conclusions que A.-E. Taylor a cru devoir tirer de cette enquête. Le dépouillement de la collection hippocratique fournit trente pages (212-243) sur les quelque 90 pages de l'article entier. Je regretterai seulement que notre auteur se soit cru obligé, là où s'arrête Kühlewein, « de retomber sur Kühn » (p. 213) alors que notre Littré fait encore, assurément, figure plus honorable et fournirait un meilleur texte, à défaut du texte absolument correct, qui demeure toujours à l'état d'idéal. Mais les textes apportés par A.-E. Taylor sont tous sûrs, et je ne crois pas que, pour ce qui concerne son but direct, il en ait laissé de côté un seul qui soit de quelque importance. Or, si les mots εἶδος, ἰδέη, sont rares dans les traités qu'on pourrait appeler proprement « des manuels de médecine empirique », ils sont d'un usage fréquent dans les autres traités, sortes de dissertations ou de conférences qui s'adressent à un public plus étendu. A côté des nombreux emplois d'εἶδος ou ἰδέη dans le sens d'aspect physique (τὰ εἴδεα καλλίστους καὶ μεγέθεα μεγίστους, *Traité des airs, des eaux et des lieux*, KUEHLEWEIN, § 12), on rencontre des phrases suggestives comme celle du *Traité de l'Ancienne Médecine* : οὐ γάρ ἐστιν αὐτοῖς, οἶμαι, ἐξηυρημένον αὐτό τι ἐφ'έωυτοῦ θερμὸν ἢ ψυχρὸν ἢ ξηρὸν ἢ ὑγρὸν μηδενὶ ἄλλωι εἴδει κοινωνέον (Khlwn. 15). J'accepte donc facilement le jugement de A. Taylor : « les phrases techniques du *Phédon* ne sont pas invention de Platon, mais appartiennent à la langue scientifique du ve siècle » (p. 215). Je l'accepte d'autant plus facilement que j'ai eu plus d'une fois l'occasion de formuler, ici ou ailleurs, une conviction déjà vieille : il y a, au fond de toutes ces théories platoniciennes, à propos desquelles on nous parle si souvent d'emprunts, de survivances, de contaminations orphiques ou autres, une *transposition* très consciente et très sûre d'elle-même. Les endroits où Platon emprunte ainsi une langue toute faite sont ceux-là, j'espère le montrer prochainement s'il en est besoin, où Platon est le plus lui-même. Platon le sait mieux que personne et le dit équivalemment, lui qui professe, à l'égard des mots, une indifférence où il entre bien quelque coquetterie et quelque habileté (τὸ μὴ σπουδάζειν ἐπὶ τοῖς ὀνόμασι. — *Politique*, 261e). Donc le dépouillement fait par A. Taylor est précieux et suggestif. Un dépouillement plus large encore est à faire, qui comprendrait les termes techniques les plus importants de Platon et d'Aristote. Rappelons-nous, par exemple, ce qu'Aristote raconte de Platon à propos du terme *participation*, τὴν δὲ μέθεξιν τοὔνομα μόνον μετέβαλεν (*Met.* A. 5. 987b 10). Prenons maintenant, dans le *de Flatibus*, les deux formules parallèles de participation et communauté : καὶ περὶ τοῦ πελάγους ὅτι μέθεξιν ἔχει τοῦ πνεύματος παντί που δῆλον (Littré, vi, 94)[1]. — ὅτι οὖν μεγάλη κοινωνίη ἅπασι τοῖσι ζώοισι τοῦ ἠέρος ἐστίν, εἴρηται (*ibid.* 96, 5). M. Taylor n'a pas relevé ces textes et n'avait pas à les relever, bien qu'il ait pris plaisir à signaler au passage, dans le même traité, la notion de cause *auxiliaire* et *subsidiaire*, fréquente chez Aristote comme chez Platon : la cause véritable de l'épilepsie est dans la φῦσα... τὰ δὲ ἄλλα πάντα συναίτια καὶ μεταίτια (*ibid.* 114, 15, et *Varia Socratica*, 236).

On voit toute l'importance philosophique de la Collection Hippocratique. L'éminent platonisant qu'était L. Campbell, constatant « la large classe de mots entrés depuis peu dans l'usage à l'époque de Platon », avait eu la tentation de puiser à la source hippocratique ; mais la pureté de cette source lui paraissait douteuse : *but... the works ascribed to Hippocrates*

1. Note 15 de Littré *ad loc.* C'est le texte de la Vulgate. Littré a préféré la leçon de A : τὸ πέλαγος μετέχει πνεύματος.

are of doubtful authenticity[1]. A moins de se résigner à être perpétuellement paralysée par ce doute collectif, la critique moderne se devait d'entreprendre, dans cette masse compacte des œuvres dites hippocratiques, un travail de dégagement. Il fallait ou il faut, non seulement établir un texte authentique, mais encore, si l'attribution précise de chacun des traités est un idéal irréalisable, savoir au moins quelles relations les apparentent, quels groupements naturels s'y forment, quelles dates relatives on peut obtenir pour chacun de ces groupes, et sur quelle durée totale, avec quels intervalles, s'échelonne la collection.

Sur l'histoire du texte, les glossaires, les commentaires, les principaux travaux modernes et l'état actuel des questions, on ne trouvera nulle part autant de renseignements en un si petit espace que dans la *Griechische Literatur* de Christ-Schmid I[6], § 328-330. Je m'en tiendrai à l'essentiel[2]. De l'édition de Foes (Francfort, 1595, Genève, 1657, etc.), où le texte est beaucoup plus timide que la traduction, Littré a fait cet éloge (L. I, p. 548-9) : « c'est une mine qui doit être fouillée avec beaucoup de soin... à défaut de manuscrits, (elle) aurait suffi pour fournir les éléments d'un nouveau travail sur Hippocrate. » Une mine plus précieuse encore est la propre édition de Littré : *Œuvres complètes d'Hippocrate, traduction nouvelle avec le texte grec*

1. Jowet et Campbell, *The Republic of Plato*. Vol. II. *Essays*, p. 262-3 (1894).

2. La présente chronique n'a point l'ambition de resservir simplement au lecteur les renseignements de Christ-Schmid. Tout en les utilisant, j'ai tenu à faire ce qu'un manuel ne pouvait faire : rappeler l'œuvre et les positions essentielles de Littré pour les mettre en regard des positions actuelles.

Une excellente étude d'ensemble sur la collection hippocratique est donnée dans l'article de Gossen, *Hippokrates*, Pauly-Wissowa-Kroll, Real-Encyclopädie der classischen Altertumswissenschaft, Bd VIII, 2, *col.* 1801 à 1852, Stuttgart, Metzler, 1913.

en regard, collationné sur les manuscrits et toutes les éditions ; accompagnée d'une introduction, de commentaires médicaux, de variantes et de notes philologiques ; suivie d'une table générale des matières, Paris, 10 vol. 1839-1861. L'introduction avec son appendice comprend 554 pages et demeure l'étude fondamentale sur les questions générales se rapportant à la collection. Chaque traité est précédé d'une introduction particulière, souvent suivi d'appendices, et chaque alinéa de la traduction s'ouvre par un résumé en italique, la plupart du temps réduit à une ou deux lignes, mais, si l'alinéa est difficile, s'allongeant en un petit commentaire. Littré ne gardera pas seulement le mérite d'avoir ouvert la voie[1]. Sa traduction et son commentaire seront encore utiles, même le jour où son texte serait partiellement remplacé. Le nouveau texte, d'ailleurs, ne corrigera le sien qu'en utilisant en grande partie ses propres notes. La nouvelle édition ne paraît pas devoir être tout de suite achevée : entreprise, chez Teubner, par H. Kuehlewein et I. Ilberg, elle n'a encore donné que ses deux premiers volumes (I. 1895. II. 1902) et le dernier catalogue garde la mention : *Fortsetzung noch unbestimmt.* Il y a eu, de certains traités, des éditions séparées. Le περὶ τέχνης a été édité et commenté par Th. Gomperz *(Die Apologie der Heilkunst*, 1890 et 1910). Le même auteur donne, dans le *Philologus* de juillet 1911, pour la plus grosse partie du περὶ ἀρχαίης ἰητρικῆς, une recension nouvelle. A. Nelson a publié le περὶ φυσῶν (Uppsala, 1909. H. Diels maintient

1. Th. Gomperz, *Philologus*, LXX, 2, 213, qui, d'ailleurs, ne fait pas que parler de *seiner bahnbrechenden Neubearbeitung*, mais revient à une de ses thèses essentielles, que nous retrouverons plus loin. Littré lui-même, dans la préface de son dixième volume, résumant les résultats de ce labeur de vingt-cinq années, et rappelant ce qu'il avait fait pour « la critique de la collection hippocratique, la correction du texte et l'interprétation médicale », concluait : « Je ne laisse point Hippocrate tel que je l'ai trouvé. » (X, LIII.)

la graphie φυσέων, *Hermes*, XLV, 126 et 320, XLVI, 274) ; G. Helmreich, dans *Hermes*, XLVI, 1911 (p. 437-443), de nouveaux fragments du περὶ ἑβδομάδων. Enfin nous avons reçu une édition du περὶ φύσιος ἀνθρώπου : *Hippocratis de Natura Hominis liber ad codicum fidem recensitus scripsit* O. Villaret, in-8°, 88 pages, Berlin, 1911, Mayer et Müller.

Le *Traité de la Nature de l'Homme* (Littré, I, 345-350 et VI, 29-69), dont Daremberg a dit (p. 137, n. 1) : « Peu de traités ont eu une aussi grande fortune et exercé autant d'influence », est généralement tenu pour une collection d'extraits d'un ouvrage de Polybe, gendre d'Hippocrate. Le § 11, qui décrit les quatre paires de veines, est, en effet, reproduit, non seulement dans le traité hippocratique *De la Nature des Os* (§ 9 Littré, IX, 174/6), mais aussi dans l'*Histoire des Animaux* d'Aristote (III, 3, 512b 12 et suiv.) et, dans ce dernier endroit, introduit par les mots Πόλυβος δὲ ὧδε. D'autre part, Littré disait déjà du petit traité *Du Régime des gens en santé* (περὶ διαίτης ὑγιεινῆς) : « Il est très probable qu'il appartient à celui qui a composé le livre sur la *Nature de l'Homme* » (I, 350). Au dire de Galien, en effet, la plupart des anciennes éditions réunissaient les deux traités sous le nom de περὶ φύσιος ἀνθρώπου καὶ διαίτης (L. *ib.*) L'édition princeps (Aldine, 1526) fait, du tout, un seul livre en y distinguant trois parties : c. i-viii, ix-xv, xvi-xxiv, et est suivie en cela par l'édition de Bâle (Froben, 1538). Qui donc a, le premier, séparé, du traité sur *la Nature de l'homme*, ces neuf derniers chapitres ? M. Villaret pense à Mercuriali (les Juntes, 1588) : « primus autem, quantum video, capita illa 16-24 a prioribus seiunxit Mercurialis Foroliviensis... deinde hæc divisio usque ad Littræum in editionibus mansit » (p. 4). Mes ressources de bibliothèque ne me permettent pas de trancher la question. Mais voici ce qu'on peut lire dans Foes (Francfort, 1595, notes à la section IV, p. 100... Genève, 1657, p. 428) : « Hic libellus in omnibus exemplaribus quæ adhuc videre licuit adducitur ad ea quæ adscribuntur ad Librum de natura hominis, idque etiam vel Galeno teste, *ut mirum subeat quomodo Caluus quibusdam codicibus fretus, ista quæ hic scribuntur ad extremum lib. I.* περὶ διαίτης *apposuerit* ». Calvus était donc, à l'avance, plus radical que Mercuriali[1]. Mais l'édition de Bâle ne contient pas rien que des traductions de Calvus : on y voit paraître, entre autres, le nom d'André Brenta. Celui-ci, qui avait traduit et le *De natura hominis* et le *De salubri victus ratione* (d'abord dans la collection Champier, s. d., puis, en 1497, le premier traité dans la collection Rhasis ; enfin les deux à Lyon, 1506), les séparait bien nettement. Dans une réimpression de 1550 (non indiquée par Littré ; *excudebat Ludoicus Begatius anno* 1550) du premier traité, le dernier paragraphe est le morceau *de Febribus* ; après la phrase *hanc febrem minime diuturnam fore, nisi quid aliud homini efficiat,* on lit : *Libri de Natura Humana Finis*[2]. Le petit traité qui vient à la suite est, non pas le *De salubri victus ratione,* mais *Hippocratis liber de lege.* Quoi qu'il en soit de ce détail d'histoire, et même quelque parti que l'on puisse prendre dans la discus-

1. Pour mettre un peu plus de clarté dans ce pêle-mêle de noms propres, je donne la liste chronologique de ces plus vieilles éditions d'Hippocrate :

1° Version latine, sans le texte grec, par Calvus (Rome 1525 et Bâle 1526).

2° Édition princeps, Venise (*in ædibus Aldi,* mai 1526).

3° Édition de Bâle, par J. Cornarius (Froben, 1538).

4° Version latine, du même. Venise (*ap. Gryphium,* 1545).

5° Texte grec et version latine, par J. Mercuriali, à Venise (les Juntes, 1588).

6° Texte grec et version latine, par A. Foes, à Francfort (*ap. Wecheli hæredes*), 1595.

2. La feuille de titre manque dans l'exemplaire que j'ai sous les yeux.

sion Fredrich-Schoene[1], on sera reconnaissant à M. Villaret d'avoir tout imprimé à la suite et d'avoir ainsi repris la tradition des manuscrits.

Son travail a d'autres mérites. Une étude détaillée sur le dialecte du traité (pp. 9-19), un commentaire développé (pp. 53-88), un texte accompagné d'un apparat critique perpétuel, font, de son édition, un excellent instrument de travail. Un index avec une liste des passages parallèles, soit dans la collection hippocratique, soit en dehors, eussent rendu bien grand service. Le texte suit de préférence A (= n° 2253 de la *Bibl. nat.*, Paris X° s., cf. Lit. I, 511/12.) Mais il sait utiliser et les autres manuscrits et les corrections proposées par les philologues modernes. Au chapitre III, par exemple, la phrase ἔπειτα οὐδ', ἐὰν μὴ ὁμόφυλα ἐόντα μίσγηται καὶ τὴν αὐτὴν ἔχοντα δύναμιν, γεννᾷ, οὐδ'ἂν ταῦτα ἡμῖν ξυντελέοιτο (Lit. 27-38) est remplacée par la lecture suivante : εἶτ' οὐδ' ἐὰν ⌊Diels⌉... γέννα ⌊édition Ermerins⌉ οὐδ' ἂν μία ⌊Wilamowitz⌉ συντελέοιτο. Au lieu de la traduction Littré : « A moins que l'union ne soit d'êtres de même race et de même vertu, *la génération ne se fait pas, et notre industrie même ne réussit pas à la procurer* », on n'aura qu'à entendre : « *il n'en sortira même pas un seul produit* ». L'apparat critique, très complet, permettra, d'ailleurs, ou de vérifier à chaque instant, ou de critiquer en toute connaissance de cause le texte adopté. Le commentaire s'est donné pour but premier de légitimer ce texte ; mais il fournit aussi d'excellentes études de détail sur la langue, et des comparaisons toujours intéressantes entre la doctrine du traité sur *la nature de l'homme* et les autres œuvres médicales ou

1. Fr. rejette comme interpolation 9-15, intitule 1-8 *de n. hum.* et 16-24 *de sal. vict.* : Sch. maintient l'unité de ensemble ; Vill., bien que penchant pour Sch., n'ose pas *hanc tam difficilem quæstionem diiudicare*, p. 8.

philosophiques du temps. Sur ce dernier point, le commentateur ne pouvait prétendre épuiser la matière. Ceux qui voudraient, par exemple, étendre l'enquête de M. Taylor, trouveront encore à glaner dans le présent traité. Sans vouloir en tirer, peut-être, des conclusions trop ambitieuses, ils souligneront, au passage, de curieuses formules, dont le sens très clair illustre assez bien les parallèles techniques du Platonisme. S'il n'y a qu'une humeur à constituer l'homme, « il faut bien qu'il y ait au moins une époque où cette humeur se fasse voir exclusivement » (Lit. 37. — Vill. 27, 14) : εἰκὸς γὰρ εἶναί τινα ὥρην, ἐν ᾗ φαίνεται αὐτὸ ἐφ᾽ἑωυτοῦ ἐόν, ὅ ἐστιν. O. Villaret est d'avis, avec Diels, que les derniers mots du chapitre I (τὸν δὲ Μελίσσου λόγον ὀρθοῦν) ne visent que l'ensemble de la doctrine, et non un passage déterminé de Mélissos (O. Vill. 58-9). Je n'en suis pas bien sûr. M. Villaret justifie l'allusion à Mélissos par ces mots : *Melissus igitur commemoratur propterea quod in numero Eleaticorum est philosophorum, qui singula aliorum principia oppugnant atque unum esse affirmant* (59). » Or, il y a un fragment dont cette polémique fait le fond : c'est le fr. 8. Je ne relèverai pas seulement cette concordance avec la polémique générale (εἰ γὰρ ἔστι γῆ καὶ ὕδωρ καὶ ἀὴρ καὶ πῦρ καὶ σίδηρος κ. τ. λ. *D. Vors.*, 147, 10). Mais l'auteur du *De nat. hom.* ne transporte-t-il pas manifestement, au λόγος de chacun des philosophes en lutte, ce que Mélissos dit de chacun des principes matériels opposés ? Principes matériels, d'une part, thèses monistes, de l'autre, se détruisent et se remplacent tour à tour, convainquant de fausseté soit la connaissance vulgaire (ὥστε συμβαίνει μήτε ὁρᾶν μήτε τὰ ὄντα γινώσκειν, Mélissos, 148, 8), soit les convictions opposées des philosophes (εἴπερ ἐόντα γινώσκει καὶ ὀρθῶς ἀποφαίνεται, *De n. hom.* Vill., 26, 8). L'être vrai ne devrait être vaincu par rien (τοῦ γὰρ ἐόντος ἀληθινοῦ κρεῖσσον οὐδέν, Mél. 16) ;

la thèse vraie devrait toujours triompher de toute autre (δίκαιόν ἐστι τὸν φήσαντα ὀρθῶς γινώσκειν... παρέχειν αἰεὶ ἐπικρατέοντα τὸν λόγον τὸν ἑωυτοῦ, *De n. hom.*, 6/7). Ainsi les variables issues des disputes entre monistes peuvent-elles être dites « donner raison à l'argumentation de Mélissos, αὐτοὶ σφᾶς αὐτοὺς καταβάλλειν.... τὸν δὲ Μελίσσου λόγον ὀρθοῦν ». D'ailleurs, de l'avis de O. V., un passage déterminé de Mélissos (fr. 7) est utilisé ailleurs (c. II, p. 27, 3). Quand même on pourrait se séparer de M. Villaret sur des points de détail de cette sorte, on peut être assuré de trouver grand profit à son édition. Il est à souhaiter que beaucoup de traités hippocratiques aient la même fortune.

Le traité *De la nature de l'homme* cite Mélissos ; il commente, sans nommer Empédocle, le dogme fondamental de l'Agrigentin : « naissance et mort ne sont qu'union et séparation. » Certaines de ses formules annoncent les formules techniques du Platonisme, et sa théorie de la mesure dans le mélange des éléments ou des humeurs devance Aristote aussi bien que Platon. Un autre traité (περὶ διαίτης I), est un pastiche continu d'Héraclite. Le περὶ τέχνης a pu paraître quelque temps, à Th. Gomperz, être l'œuvre de Protagoras. Ce ne sont pas seulement quelques traités isolés, c'est la collection hippocratique tout entière, qu'une multiplicité de fils entremêlés relie à toute la philosophie antésocratique ou socratique. Quel est le sens de ces relations ? Nous ne le saurons complètement que le jour où nous pourrons répondre aux questions de chronologie et d'authenticité.

§ 6. — *La Chronologie Hippocratique et le Phèdre de Platon dans le système de Littré*

Chronologie globale, d'abord. A quelle époque s'est formée la Collection Hippocratique ? Littré répondait (I,

c. xi) : « La Collection hippocratique ne remonte pas, dans sa forme actuelle, au delà d'Hérophile[1]. La publication s'en est faite peu de temps après l'ouverture des grandes bibliothèques à Alexandrie (pp. 281/2). » Ceci pour « la collection en bloc » (p. 263), car « quelques écrits hippocratiques, écrits en très petit nombre, autant que nous pouvons le savoir, avaient eu une publicité avant la formation de la collection elle-même » (278). D'autre part, le chapitre xii de cette introduction de Littré (pp. 292-439) essayait de résoudre, autant que possible, les questions de chronologie relative et d'authenticité. Littré partageait tous les écrits de la collection hippocratique en onze classes[2]. Comme tout le monde n'a pas Littré sous la main, on me pardonnera peut-être de reproduire l'essentiel du « tableau servant de résumé » qui termine le chapitre xii.

I. Écrits d'Hippocrate[3].	*de l'Ancienne Médecine.*
	le Pronostic.
	Aphorismes.
	Epidémies, Ier et IIIe livres.
	du Régime dans les maladies aiguës.
	des Airs, des eaux et des lieux.
	des Articulations.
	des Fractures.
	des Instruments de réduction... Sur les veines.
	le Serment.
	la Loi.
II. Écrits de Polybe.	*de la Nature de l'homme.*
	du Régime des gens en santé.
III. Écrits antérieurs à Hippocrate.	*Prénotions de Cos.*
	Ier livre du Prorrhétique.

1. Fl. 285 av. J.-C., sous Ptolémée I et II.
2. Sa classification demeure distincte de la classification analogue de Petersen en cinq grands groupes, comprenant onze classes.
3. Ce tableau de Littré oublie ici les *Plaies de Tête* (I, pp. 293 et 341).

IV. Écrits de l'École de Cos, de contemporains ou disciples d'Hippocrate[1].	*des Ulcères.* *des Fistules et des hémorroïdes.* *du Pneuma.* *des Régions dans l'homme.* *de L'Art.* *du Régime et des songes.* *des Affections.* *des Affections internes.* *des Maladies, Ier, IIe et IIIe livre.* *de la Naissance à sept mois.* *de la Naissance à huit mois.*
V. Simples extraits ou notes.	*Epidémies, IIe, IVe, Ve, VIe et VIIe livres.* *de l'Officine du médecin.* *des Humeurs.* *de l'Usage des liquides.*
VI. Série particulière appartenant à un seul auteur.	*de la Génération.* *de la Nature de l'enfant.* *des Maladies (IVe livre).* *des Maladies des femmes.* *des Maladies des jeunes filles.* *des Femmes stériles.*
VII. Écrit appartenant peut-être à Léophanés.	*de la Superfétation.*
VIII. Traités les plus récents de la collection.	*du Cœur.* *de l'Aliment.* *des Chairs.* *des Semaines.* *Prorrhétique, IIe livre.* *des Glandes.* un fragment du traité *de la nature des os.*

1. La tableau oublie ici la *Maladie sacrée* (p. 353).

IX. Écrits non cités par les critiques anciens[1].	*du Médecin.* *de la Conduite honorable.* *Préceptes.* *Anatomie.* *de la Dentition.* *de la Nature de la femme.* *de l'Excision du fœtus.* *Aphorismes* (8e *section*). *de la Nature des os.* *des Crises.* *des Jours critiques.* *des Médicaments purgatifs.*
X. Écrits perdus.	*des Blessures dangereuses.* *des Traits et blessures.* *des Maladies le petit* (*Ier livre*).
XI. Pièces apocryphes.	: *Lettres et discours.*

On comprendra que, depuis 1839, le tableau de Littré ait été quelque peu dérangé par les vues nouvelles des critiques. Littré lui-même ne néglige rien de ce qu'il peut connaître de ces tentatives d'autrui. Il analyse et critique (II, pp. v-xxxiv, 1840), la dissertation de Ch. Petersen sur la chronologie hippocratique (Hambourg, 1839) ; contre un article du même auteur dans le *Philologus* (IV, 2), il maintient la provenance non hippocratique du livre *De la nature de l'homme* (VII, pp. vii-xvii) ; il prend note (VIII, p. xxxv) des vues, opposées aux siennes, sur la publication de la collection hippocratique, émises, dans le *Journal des Savants*, par Daremberg (1853) ; mais, dans la préface de son dixième et dernier volume, il en reste à ses thèses essentielles (p. liv).

La critique moderne est plutôt portée, comme l'était Daremberg, à remonter la publication plus haut que ne le

1. Le tableau laisse de côté, ici, l'opuscule *de la Vue* (p. 416).

faisait Littré. Le Ménon qui dressait, à l'instigation d'Aristote, la doxographie des médecins grecs jusque vers 370, prenait le περὶ φυσῶν pour un ouvrage d'Hippocrate (Diels, *Hermes*, xxviii, 431 et suiv.). Entre les livres hippocratiques et les livres aristotéliques, Littré trouvait déjà (I, 72) « une multitude » de ressemblances. F. Poschenrieder a montré (*Die naturwissenschaftlichen Schriften des Ar. in ihrem Verhältnis zu den Büchern der Hippocr. Sammlung* Progr. Bamberg, 1887) qu'Aristote utilisait déjà la plupart des livres de notre collection. Ce *Corpus Hippocraticum*, M. Wellmann en a cherché les traces chez un contemporain de Platon, Dioclès de Carystos (*Fragmentsammlung der Griechischen Aerzte*, Bd. I, 1901). Dioclès a connu certainement 12, peut-être 16 des traités hippocratiques (p. 65). Or, nous n'avons que des fragments de Dioclès ; on peut donc penser, avec Wellmann, qu'il connaissait, d'Hippocrate, « tout juste autant que nous en connaissons » *(Ib.)*. Wellmann, après Rose (*Arist. pseudepig.* 379) a même cru pouvoir attribuer à Dioclès la première collection de ce *Corpus hippocraticum* (p. 54). Wellmann ajoute : « Il y aurait là une explication suffisante du surnom que lui donnèrent les Athéniens : ἄλλος Ἱπποκράτης » *(Ib.)*. Il n'a pas été suivi dans cette dernière hypothèse[1]. Mais l'existence de l'ensemble des traités hippocratiques à l'époque de Dioclès demeure, semble-t-il, acquise. Le dialecte, qui serait, d'après Hoffmann, « la meilleure source du simple et naturel ionien écrit, sauf que la transmission n'en est pas assez sûre[2] », empêche, en tout cas, de descendre la

1. Rejetée par Diels, *Ueber einen neuen Versuch, die Echtheit einiger Hippokr. Schriften nachzuweisen*, Sitzber. d. Preuss. Akad. d. Wiss. 15, déc. 1910 ; retenue seulement par Hornyansky, *op. laud.*

2. *Geschichte der Griechischen Sprache*, I, 1911, p. 146.

collection au-dessous du IVe siècle. Pourtant, quant à ce qui concerne le collectionnement de tous ces écrits sous le nom d'Hippocrate, on ne peut pas dire que la position de Littré soit totalement abandonnée. Heiberg, pour qui « à peu près tous les livres de la collection sont du ve siècle[1] », se borne à cette affirmation prudente : « ce qui est sûr d'une façon générale..., c'est que le nom d'Hippocrate a servi de bonne heure à la désignation collective de tout ce qu'on possédait de littérature médicale ionienne ». Par contre, Fredrich ne fait que revenir, en somme, à la position de Littré, quand il déclare que la collection s'est constituée au début de l'époque alexandrine, au plus tard avant 250[2].

Nous avons vu la classification de Littré. Elle divise la collection tout entière en catégories successives sur une échelle d'authenticité décroissante. Mais, à la tête, elle pose avec certitude une série d'ouvrages qui sont « du grand Hippocrate, de celui dont parlent Platon et Aristote ». (X, LIV.) Témoignages externes et caractères internes s'accordent pour authentiquer ce groupe privilégié : « Tandis que l'on voit, dans la collection hippocratique, un certain nombre de livres marqués d'un même caractère et liés par d'incontestables rapports, on voit, dans l'histoire, un médecin, cité par des écrivains célèbres, qui ont vécu ou avec lui ou à peu près avec lui : citations que l'on rapporte à quelques-uns des ouvrages qu'une tradition de vingt-deux siècles nous a transmis. Ainsi, malgré un si long intervalle de temps, malgré les nuages, qui toujours s'amoncellent sur le passé, on discerne visiblement la grande figure d'Hippocrate, on aperçoit la trace de ses travaux, on peut poser le doigt sur ce qui

1. GERCKE-NORDEN, II, 432, *Naturwissenschaften*, p. 13. C'est aussi l'opinion de Th. GOMPERZ (*Les Penseurs de la Grèce*, trad. REYMOND, I, p. 299).
2. *Hippokratische Untersuchungen*, 11, 80 [*Philolog. Untersuch.* XV].

a été son œuvre. Ici, la critique touche de toutes parts à des réalités... » (I, 345).

Dans ce groupe d'œuvres parentes, appuyées sur des autorités concordantes, il y avait, d'ailleurs, pour Littré, une œuvre et une autorité privilégiées : le traité *de l'Ancienne Médecine*, le témoignage de Platon. « J'ai découvert, je pense, en faveur du traité de l'*Ancienne Médecine*, un de ces témoignages décisifs qui, une fois reconnus, ne laissent plus de place pour aucun doute ; c'est celui de Platon » (I. 295). Et Littré citait ce curieux morceau du *Phèdre* (269e-271a) où Socrate recourt à l'analogie de la méthode médicale pour montrer que la rhétorique doit se fonder sur une connaissance préalable de la nature de l'âme et surtout des caractères variés des âmes. Peut-on connaître sérieusement la nature de l'âme, demandait Socrate, si l'on n'a pas une connaissance préalable de la nature du tout ? (ἄνευ τῆς τοῦ ὅλου φύσεως). Mais, s'il faut du moins en croire Hippocrate, répondait Phèdre, on ne peut même pas, sans cette enquête méthodique, connaître la nature du corps (οὐδὲ περὶ σώματος ἄνευ τῆς μεθόδου ταύτης 270c). Ainsi, reprenait Socrate, à propos de quelque nature que ce soit (περὶ ὁτουοῦν φύσεως), il faudra faire ce que demande Hippocrate et la saine méthode (Ἱπποκράτης τε καὶ ὁ ἀληθὴς λόγος) : chercher, si elle est simple, ses propriétés actives et passives, et, si elle est composée, le nombre de ses parties et les propriétés actives et passives de chacune. Platon, explique Littré, ne cite pas les propres paroles d'Hippocrate, mais « il s'est inspiré d'une pensée qu'il avait rencontrée dans les écrits du médecin, qui l'avait frappé et qu'il avait retenue » (299)... Cette pensée que, « pour connaître l'homme, il faut embrasser l'universalité des choses qui l'entourent » (301), Littré la retrouvait au chapitre xx du traité de *l'Ancienne Médecine*, surtout en cette phrase : « Tout médecin doit étudier la nature humaine et rechercher soigneusement, s'il veut pratiquer son art convenablement, quels sont les rapports de l'homme avec ses aliments, avec ses boissons, avec tout son genre de vie, et quelles influences chaque chose exerce sur chacun » (trad. L. 302). Or, bien que Littré n'ait pas prétendu accorder, dès l'abord, à ce témoignage de Platon, la valeur de critère unique et fondamental, bien qu'il l'emploie concurremment avec un « mode de détermination » indépendant, à savoir, « l'examen des analogies que ce livre [*l'Ancienne Médecine*] aurait avec les autres livres d'Hippocrate » (p. 320), on trouve pourtant une phrase au moins qui prête, à ce témoignage, le privilège démonstratif qui devait faire un des principaux objets des discussions futures[1]. Parlant, en effet, des conformités frappantes entre le traité de *l'Ancienne Médecine* et celui du *Régime dans les maladies aiguës*, Littré demande : « Tout cela ne forme-t-il pas un corps de doctrine, un ensemble où les choses se tiennent, et qui, s'appuyant, par le livre de l'*Ancienne Médecine*, sur Platon, acquiert, de la sorte, la plus incontestable authenticité ? » (p. 332.)

En essayant d'authentiquer un livre déterminé de la collection hippocratique au moyen de *Phèdre* 270 E, Littré ne faisait que renouveler, très consciemment d'ailleurs (I, 297), une tentative de Galien. Celui-ci avait été aussi affirmatif que devait l'être Littré à indiquer la source de la citation platonicienne, mais la source était différente : « Après ce passage, disait-il (tr. Littré, p. 297. — Gal., v, p. 2, éd. de Bâle), ceux qui parlent au hasard doivent rechercher dans quel livre d'Hippocrate est consignée la méthode que loue Platon ; et ils verront qu'elle ne se rencontre dans aucun autre livre que dans celui sur la *Nature de l'homme.* »

1. Littré devait revenir lui-même sur ce que cette phrase, et d'ailleurs tout ce passage, pouvait avoir d'ambigu ou d'outré.

De Galien à Littré, ce « point d'histoire littéraire » n'avait « point sérieusement occupé les critiques » : ou bien l'on avait suivi aveuglément Galien, ou bien, reconnaissant « que ce passage et ce traité n'ont rien de commun », on s'était borné à croire « que le livre d'Hippocrate auquel Platon faisait allusion avait péri dès avant Galien » (I, 298). Pour Littré, le passage du *Phèdre* cite « une méthode seulement, et non une expression du médecin de Cos ». Or, non seulement c'est « une méthode, et justement la méthode indiquée par Platon », que l'on retrouve dans l'*Ancienne Médecine* (p. 306), mais encore Littré démontrait que « le passage de Platon ne devient clair et intelligible que par le passage d'Hippocrate » (309). Enfin, par la comparaison de certaines polémiques ou de certains usages que suppose l'*Ancienne Médecine*, soit avec les polémiques du *Sophiste*, soit avec les usages mentionnés en divers endroits des dialogues, Littré fortifiait sa conclusion « que Platon avait en vue le passage pris dans le traité de l'*Ancienne Médecine* et tout ce traité lui-même, lorsqu'il citait Hippocrate dans le *Phèdre* » (312). Pour lui, à cette heure, la question était tranchée : « Il en résulte que ce livre est un des plus authentiques que nous possédions ; la citation de Platon étant rapportée à sa véritable place, il ne reste plus aucun doute sur un écrit que le disciple de Socrate a tenu entre ses mains, a lu et a loué. Platon n'a pu en cela ni se tromper, ni être trompé » (313). En réalité, par de semblables phrases, la question était posée dans toute son importance, et, après Littré au moins, elle allait « sérieusement occuper les critiques ».

Elle venait déjà d'occuper un critique, dont le travail était resté inconnu de Littré au moment de l'*Introduction* aux œuvres d'Hippocrate ; travail qui livrait, pour une grosse part, les résultats avant les preuves, mais qui, s'il revenait ou restait aux conclusions de Galien, marquait, plus vigoureusement peut-être que ne le fit jamais Littré, l'importance privilégiée de la citation platonicienne. S. Meixner (*Neue Prüfung der Echtheit und Reihenfolge sämmtlicher Schriften Hippokrates des Grossen*, I, 1. München 1836; I, 2, ib., 1837), dans sa seconde dissertation, promettait « d'expliquer en détail le morceau de Platon sur Hippocrate, parce que ce morceau forme la seule base sûre, historiquement certaine, qui puisse servir à rétablir l'historicité et la succession des écrits hippocratiques ». Une des conclusions annoncées à l'avance était que le livre visé par la citation platonicienne est « le livre *Sur la nature de l'homme*, et que cet écrit est, dans l'ordre de succession, le premier des écrits d'Hippocrate » (Littré, II, xxxiv, xxxv). Ermerins, rendant compte du premier volume de Littré (*Allgemeine Hallische Literatur-Zeitung*, octobre n° 179 et suiv.) rejetait le rapprochement avec l'*Ancienne Médecine* et « pensait que le passage en question était relatif au traité *des Airs, des eaux et des lieux* » (L. II, xxxvii). Littré répondait : « la méthode scientifique que Platon attribue dans le *Phèdre* à Hippocrate étant certainement celle de ce médecin, elle doit se retrouver dans les écrits considérés comme authentiques, et elle s'y retrouve en effet. Le traité des *Airs, des eaux et des lieux*, le premier et le troisième livre *des Epidémies*, le traité *du Régime dans les maladies aiguës*, et même le *Pronostic*, en portent des preuves nombreuses et incontestables. Toutefois, je pense que, si l'on veut rapporter le passage de Platon, non pas à la doctrine générale d'Hippocrate telle que Platon peut la concevoir soit d'après l'ensemble des livres du médecin, soit même d'après son enseignement oral, mais à un écrit déterminé, il faut montrer une allusion plus précise du passage de Platon au passage d'Hippocrate ». Cette allusion à « l'enseignement oral » d'Hippocrate vise probablement une indication passagère que Littré venait de relever, sans autrement la souligner, dans une note de la dissertation de Petersen : *Hippocratis nomine quæ circumferuntur scripta ad temporis rationes disposuit C. P.* Hamburgi, 1839. Dans cette dissertation, qui paraissait en même temps que le premier volume de Littré, Petersen s'occupait du passage du *Phèdre ;* il retrouvait « l'observation du rapport entre les choses et l'univers... dans les premier et troisième livres des *Epidémies*, dans la troisième section des *Aphorismes*, et dans le traité *des Airs, des eaux et des lieux* ». Mais il avait soin d'observer (n. p. 19) « qu'on ne sait pas si le passage de Platon ne se rapporte pas à l'enseignement oral d'Hippocrate plutôt qu'à ses écrits » (L. II, xv). Littré ne s'attarde pas à réfuter cette hypothèse passagère de Petersen ; ce recours à l'enseignement oral d'Hippocrate devait lui paraître tout au moins inutile, puisque lui était sûr de retrouver les traces précises de l'enseignement écrit : « J'ai établi, dira-t-il plus loin (II, 214), par une discussion laborieuse, mais, je crois, décisive, que Platon, dans le *Phèdre*, avait fait allusion au livre de l'*Ancienne Médecine.* »

Mais ce n'est pas Littré, c'est Meixner, qui a cru trouver, dans la *citation* platonicienne, « la *seule*[1] base sûre, historiquement certaine, qui puisse servir à rétablir l'historicité et la succession des écrits hippocratiques ». Quand Littré revient sur les coïncidences, qu'il découvre toujours plus nombreuses, entre ce passage du *Phèdre* et l'*Ancienne Médecine*, il ne laisse point de rappeler les arguments d'un autre ordre qui confirment, en attendant qu'à son avis ils puissent, au besoin, remplacer cette preuve de témoignage. « Ces concordances, dit-il (II, xxxviii), me paraissent mériter la plus grande considération, d'autant que, ainsi que je l'ai déjà fait voir (*Intr.*, t. I, p. 314 et suivantes), le traité *de*

1. C'est moi qui souligne.

l'Ancienne Médecine tient par les liens les plus étroits à un livre regardé comme authentique, au livre du *Régime dans les maladies aiguës* ». Dans l'introduction à ce dernier traité, il relève les ressemblances de doctrine entre le *Pronostic* et le *Régime des maladies aiguës.* Or, « le *Pronostic* a été commenté par Hérophile, et son authenticité ne peut laisser aucun doute ; le traité du *Régime dans les maladies aiguës* a été regardé unanimement dans l'antiquité comme étant d'Hippocrate ». C'est alors seulement qu'il ajoute la phrase déjà citée sur l'allusion du *Phèdre* à l'*Ancienne Médecine.* La conclusion ramasse, en quelques lignes très claires, toute la méthode critique de Littré : « Voilà donc trois livres, qui, à trois titres divers, doivent être considérés comme authentiques. Or, de ces trois livres, le *Pronostic* a, comme on vient de le voir, une connexion certaine avec le traité *Du régime dans les maladies aiguës ;* de son côté, le traité *Du régime dans les maladies aiguës* a des rapports non moins évidents, non moins certains, je l'ai montré, avec le traité de l'*Ancienne Médecine.* De la sorte, ce qui est certifié par les témoignages extrinsèques est confirmé par les témoignages intrinsèques ; et rien ne peut ébranler, je pense, la croyance à leur authenticité » (II, 214).

La publication de l'œuvre hippocratique demanda vingt ans de travail. Tout le long de ce temps, les critiques d'autrui, la réflexion personnelle, une familiarité croissante avec le texte des livres hippocratiques et leurs mutuelles relations, ne pouvaient manquer de modifier, ou du moins d'éclairer et de préciser la pensée de Littré pour Littré lui-même. Quand il en est à clore l'édition des écrits constituant sa *première classe* par les *Remarques rétrospectives* du tome IV (p. 644-670), il revient sur la question de la citation platonicienne dans une longue note que, vu son importance et parce qu'on l'a, me semble-t-il, un peu oubliée dans les discussions subséquentes, je dois citer presque tout entière. Il apporte (p. 656, n. 1) de nouvelles concordances entre le *Régime des maladies aiguës* et l'*Ancienne Médecine*, et poursuit : « J'ai déjà indiqué, mais légèrement, ce rapport dans l'*Introduction*, t. I, p. 318 ; je le présente ici d'une manière plus frappante. Et, à ce point, j'arrête encore une fois le lecteur sur l'enchaînement de mon système de critique. Je montre d'abord les liens qui unissent le livre *De l'Ancienne Médecine* au livre *Du régime dans les maladies aiguës*, et celui-ci à toute la chirurgie ; puis, ayant établi que cet ensemble appartient au même auteur, je rappelle que cet auteur y a partout laissé son empreinte, c'est-à-dire l'empreinte d'un esprit puissant, d'un critique réformateur, en un mot d'un chef d'école. D'un autre côté, je sais par l'histoire générale qu'Hippocrate a été tout cela, et que de son influence date une ère médicale. Dès lors il ne peut plus être douteux que là, dans cet ensemble, est l'œuvre d'Hippocrate de Cos, de l'Asclépiade loué par Platon. Le témoignage de ce philosophe, que j'ai invoqué pour le livre *De l'Ancienne Médecine*, ne s'y appliquerait pas, je me serais trompé dans ma discussion (t. I, p. 295-310) que ce livre n'en resterait pas moins acquis à Hippocrate. Mais plus on peut en ceci se passer de ce témoignage, plus il devient probable que les rapports indiqués entre ce livre *De l'Ancienne Médecine* et le passage de Platon ne sont pas dus à une coïncidence fortuite. Il est possible d'établir ces rapports, cela est incontestable, je l'ai fait voir ; mais il se pourrait aussi qu'ils fussent illusoires ou qu'ils conduisissent à de tout autres conséquences. Or, la probabilité, en ce sens, se réduit presque à rien, dès lors que l'authenticité du livre *De l'Ancienne Médecine* est établie d'ailleurs. J'ai voulu revenir sur ce point, la forme que j'ai donnée à ma discussion dans le tome Ier ayant pu faire croire que je prétendais démontrer l'authenticité du livre en question par les passages de Platon ; cependant je n'ai pas moins insisté alors sur les rapports de ce livre avec celui *Du régime dans les maladies aiguës*, et, dans le fait, j'ai entendu signaler le concours de deux arguments puisés à des sources tout à fait différentes. Ce concours, je le signale avec plus de force encore, aujourd'hui que, resserrant de plus en plus les liens de mon système critique, je trouve que l'application du passage de Platon devient à la fois plus certaine, et plus indifférente à la question d'authenticité. » On pourra trouver qu'il y a, dans cette page de Littré, un effort visible pour ramener ses positions premières au niveau de sa position actuelle ; on pensera peut-être que l'ambiguité de la discussion originelle n'était pas seulement dans la forme. Mais on devra reconnaître que le passage de Platon n'est plus, s'il l'a jamais été, le pivot de la critique littréenne. A tort ou à raison, Littré croit posséder un système de preuves, externes et internes, où l'application de cette citation à un livre déterminé n'entre qu'à titre de confirmation subséquente ; l'hypothèse, possible encore qu'improbable aux yeux de Littré, de l'anéantissement de cette confirmation, n'est pas une menace pour la solidité du système. Si l'idée de trouver, dans la citation platonicienne, « le test infaillible d'authenticité » pour les livres hippocratiques est une illusion dont la critique a mis jusqu'à nos jours à se dégager[1], on a quelque droit de dire que Littré, tout en s'en réservant, pour ainsi dire, sous bénéfice d'inventaire, les profits possibles, s'en était dégagé le premier.

1. A. Nelson, *die Hippokratische Schrift* ΠΕΡΙ ΦΥΣΩΝ. *Text und Studien*, Uppsala, 1909, p. 92/3.

§ 7. — *La Chronologie Hippocratique après Littré*

Pour donner une idée du véritable chassé-croisé d'applications opposées, d'affirmations et de démentis qui fut le sort, après Littré, de la malheureuse phrase platonicienne, il n'y a qu'à mettre bout à bout quelques noms et quelques dates.

Ermerins, 1839 (cf. *supra*) : le passage se rapporte au traité *Des airs, des eaux et des lieux.*

Ermerins, 1859-64 (édition, II, *Prolegomena*, p. xxviii et suiv. Cf. Nelson, *op. laud.*, p. 91-2) : les paroles de Platon sont trop indéterminées pour qu'on puisse savoir si Platon a lu les écrits hippocratiques ou ne les connaît que de seconde main.

F. Poschenrieder, 1882 (*Die platonischen Dialoge in ihrem Verhältnisse zu den hippokratischen Schriften*, Landshut, p. 10-15), reprend la thèse de Meixner (cf. *supra*) : la citation s'applique au *De natura hominis.*

J. Ilberg, 1894 (*Die medicinische Schrift über die Siebenzahl*, in *Festschrift für Lipsius*, p. 26, p. 31 et suiv.)[1] : le passage s'applique mieux au livre *des Semaines* qu'à la *Nature de l'homme* ou à la *Vieille Médecine.* Galien ne pouvait y penser, parce qu'il regardait les *Semaines* comme apocryphes ; Littré non plus, parce que, à l'époque de son explication du passage platonicien, il ne connaissait que superficiellement les *Semaines;* enfin Platon a pu aussi bien croire à l'authenticité des *Semaines*, que Ménon, l'élève d'Aristote, à celle du ΠΕΡΙ ΦΥΣΩΝ.

C. Fredrich, 1899 (*Hippokratische Untersuchungen*, p. 4-8) : le principe hippocratique cité dans le *Phèdre* a fondé la

1. Je ne le connais qu'indirectement. Cf. W. H. Roscher, *über Alter, Ursprung u. Bedeutung der hipp. Schr. v. d. Siebenzahl*, 1911, p. 116-7.

médecine scientifique ; mais, s'il a fait l'objet d'une exposition écrite, le livre est certainement perdu. Toutes les tentatives d'identification sont vaines. Toutefois le principe se retrouve dans plusieurs des livres « hippocratiques », parce que les auteurs en sont élèves et successeurs d'Hippocrate et s'inspirent plus ou moins de son esprit. Les traces les plus claires sont dans : *Epidémies I et III*, *Airs, eaux et lieux*, *Vieille Médecine*, *Maladie sacrée*, *Régime des maladies aiguës*, *Pronostic*, *Des humeurs*, *Des articulations*, *Des fractures*, *Des blessures de la tête*, etc. Tous livres qui, pour la méthode, pourraient être d'Hippocrate ; mais qui, si différents de langue, ne peuvent être du même auteur. « Il nous faut être modestes : nous n'irons pas au delà d'hypothèses plus ou moins vraisemblables » (p. 10).

H. Diels, 1899 (*Deutsche Literaturzeitung*, compte rendu de Fredrich, p. 13 ; cf. Nelson, *op. laud.*, p. 92-3) : le passage de Platon ne peut nous servir à retrouver la vraie doctrine hippocratique, et le reproche fait à Fredrich est de paraître encore incomplètement dégagé de cette fausse méthode de recherche.

U. v. Wilamowitz-Moellendorf, 1901 (*Die hippokratische Schrift* Περὶ ἱερῆς νούσου. *Sitzbr. d. Berl. Akad., ph. hist. Cl.*, p. 2-23 ; cf. F.-E. Kind, *Bericht über die Literatur zur Antiken Medizin*, 1901-1910 dans C. Bursian, Jahresbericht. Bd. CLVIII, p. 141-144) : « le grand Hippocrate est inséparable d'*Epidémies I et III*. Mais ce n'est pas sur ces notes, qui ne furent certainement jamais destinées à une publication quelconque, que se fonda la gloire d'Hippocrate, gloire assurée au temps de Platon. Donc l'ouvrage visé par Platon reste toujours à chercher. » *Maladie sacrée*, *Airs, eaux et lieux*, qui sont tous deux du même auteur, ne peuvent être d'Hippocrate, car « ils ont un tout autre horizon géographique que les *Epidémies* ».

Max Wellmann, 1905 (dans W. Kroll, *Die Altertumswissenschaft im letzten Vierteljahrhundert*, Burs. Jbr., cxxv, p. 147 ; cf. Kind, *loc. laud.*, p. 141) : la question peut être posée très sérieusement de savoir s'il y a jamais eu un livre écrit par Hippocrate, et si celui-ci ne s'est pas, comme son contemporain Socrate, borné à l'enseignement oral.

Axel Nelson, 1909, p. 91-93 : le scepticisme de M. Wellmann est exagéré. Il serait surprenant au plus haut degré que la masse du *Corpus hippocratique* ne recélât pas quelques lambeaux de la vraie doctrine hippocratique, soit un écrit authentique, soit une transcription fidèle des leçons du maître. Mais tout effort d'identification de la citation platonicienne est absolument condamné, tout le monde le reconnaît. Et Nelson ajoute la phrase à laquelle j'ai fait allusion plus haut : « *und die Forschung hat sich endlich von dem Wahne emanzipiert, worin sie allzu lange gefangen war, indem sie sich ohne weiteres für berechtigt ansah, in den platonischen Worten den untrüglichen Prüfstein der « echten » hippokratischen Doktrin zu finden.* »

H. Schoene, 1910 (*Echte Hippokratesschriften im Corpus der ionischen Aerzte* dans *Deutsche Mediz. Wochenschrift*, nos 9 et 10; cf. Kind., *loc. laud.*, p. 142) : le passage de Platon vise un passage d'Hippocrate qui se retrouve cité dans une œuvre faussement attribuée à Galien, les Περὶ κατακλίσεως νοσούντων προγνωστικά (XIX, 530, Kuehn). Schoene s'appuie surtout sur le parallélisme de l'expression hippocratique ἀνὰ σκότον ἀλινδουμένη avec la phrase de *Phèdre*, 270 d/e : ἡ γοῦν ἄνευ τούτων μέθοδος ἐοίκοι ἂν ὥσπερ τυφλοῦ πορείᾳ. Le fragment hippocratique serait entré dans l'œuvre astrologique en passant par Dioclès.

H. Diels, 1910 (*Ueber einen neuen Versuch, die Echtheit einiger Hippokratischen Schriften nachzuweisen.* Sitzber. d. Preuss. Akad., 1910, pp. 1140-1155 ; cf. Kind. *loc. laud.*,

p. 142) : le sens de σκότος est tout différent dans le fragment dit hippocratique et dans Platon ; Dioclès a, d'ailleurs, certainement évité de « nommer » sa source (ὀνομαστὶ ἐλέγχειν), car, au ve siècle et au commencement du ive, la règle est de citer sans nom d'auteur. Ainsi pas de rapport étroit entre les deux passages, et pas de garantie pour le nom d'Hippocrate.

W.-H. Roscher, 1911 (*Ueber Alter, Ursprung und Bedeutung der hippokratischen Schrift von der Siebenzahl*, p. 116-7) fait siens les arguments d'Ilberg (cf. *supra*), qu'il traite de *sehr plausible Darlegungen*, pour appliquer la citation platonicienne au traité *Des Semaines*, que, d'ailleurs, W.-H. Roscher regarde comme tout à fait antérieur à Hippocrate. Pour expliquer l'erreur de Platon, W.-H. Roscher, renvoyant à ses *Hebdomadenlehren*, p. 56, n. 4, fait appel à « la conviction, récemment obtenue, que, à strictement parler, d'aucun ouvrage « hippocratique » on ne peut affirmer avec pleine certitude qu'il soit sorti directement de la plume du grand médecin de Cos ; mais que, plutôt, le *Corpus hippocratique* est une collection d'œuvres médicales très disparates, qui, dès avant Aristote et donc dès l'époque de Platon, étaient rassemblées et répandues sous le nom d'Hippocrate » (117).

On pourrait ajouter à cette liste :

Christ-Schmid, 1912, (*Gr. Lit.*, I⁶, p. 635, n. 7), appuyant sur A. Nelson sa déclaration que « le passage de Platon ne peut être appliqué à aucun des livres hippocratiques conservés en leur entier », et acceptant, pour le « fragment hippocratique » de Schoene, la réfutation de Diels.

Ernst Kind, 1912 (*Loc. laud.*, p. 144) qui, rendant compte du travail de Wilamowitz (1901, cf. *supra*), termine ainsi : « La parole de Wilamowitz : « *Hippocrate est, à l'époque, un nom fameux sans l'arrière-fonds d'un écrit quelconque* » caractérise bien l'état actuel de la question hippocratique. Pourtant on peut toujours se demander si Platon n'a pas pensé aux deux livres π. ἱρ. νούσ. et π. ἀέρ., ὑδ., τόπ. quand il mettait Hippocrate à côté de Polyclète et de Phidias : car la confusion sur l'origine de chacun des livres semble bien avoir existé dès l'époque de Platon. »

Mais Christ-Schmidt ne fait que signaler, et E. Kind, restant dans les limites de son programme, n'avait même pas à signaler l'article de Th. Gomperz, 1911 (*Die hippokratische Frage und der Ausgangspunkt ihrer Lösung*, Philologus, LXX, 2, pp. 213-241), qui marque une vigoureuse réaction contre l'évolution récente de la critique. Littré a éclairci, il y a plus de 72 ans, « *le maquis littéraire qu'on appelle la question hippocratique* ». Mais, depuis Littré, la brousse s'est refaite de plus en plus épaisse, et le présent article veut en délivrer le terrain. Les vues de Littré dans son premier volume, p. 295 et suiv., sont « *ce qu'on peut appeler une découverte* » (p. 213). Sa démonstration est irréfutable. Th. Gomperz ne fait, en somme, que la reprendre, en comparant à nouveau le passage du *Phèdre* et le traité de l'*Ancienne Médecine*. Si on a longtemps fermé les yeux sur cette concordance et sur la démonstration si claire de Littré, c'est qu'on ne tenait pas compte de la complexité du génie de Platon. Or, c'est ce qu'il garde de l'esprit socratique qui permet à Platon de sympathiser avec ce traité de l'*Ancienne Médecine*, dont l'auteur est tellement imbu de cet esprit « qu'on serait tenté de l'appeler le Socrate de la médecine» (218). On ne pourrait récuser le témoignage de Platon que si l'on avait, par ailleurs, un texte plus ancien qui fût en contradiction formelle avec ce témoignage. Cela supposerait que de tels témoignages antérieurs eussent permis de constituer « un fonds certain de livres authentiques d'Hippocrate, et, par là, d'obtenir un terme solide de comparaison, avec lequel on pût confronter le traité de l'*Ancienne Médecine* au point de vue du style, de la langue et du contenu. Mais un tel terme de comparaison, soustrait à tout doute, manque complètement. Toutes les tentatives qu'on a faites pour extraire de la collection hippocratique un noyau prouvé par ailleurs incontestablement authentique, ont échoué les unes comme les autres » (219). Il est d'ailleurs invraisemblable, et que, précisément, le livre cité par Platon sous le nom d'Hippocrate soit perdu. et que « cette œuvre extraordinaire, la plus riche de pensée de toute la collection, qui porte, d'un bout à l'autre, la marque personnelle la plus vigoureuse, dans laquelle entre, à titre de nouveauté, cette doctrine de la *crase*, reconnue en tous les temps comme la propriété d'Hippocrate, soit l'œuvre d'un inconnu » (228).

Ainsi, de Littré à Gomperz[1], l'évolution de la question

1. L'article de Th. GOMPERZ a suscité quelques commentaires, en majorité contraires à sa thèse :

a) GOSSEN (Pauly-Wissowa-Kroll, VIII, 2 (1913), *col.* 1814) : le traité de la *Vieille Médecine* est plutôt hostile (cf. chap. XX) à la doctrine hippocratique exposée dans le *Phèdre.* Le ton en est, d'ailleurs, trop dogmatique, pour que nous puissions l'attribuer à Hippocrate. Mais l'auteur utilise Alcméon et cite Empédocle : il doit avoir vécu à la fin du Ve et au début du IVe siècle.

b) Max POHLENZ, *Das* 20 *Kapitel von Hippokrates de prisca medicina* (HERMES, LIII, 1918, p. 396 et suiv.) L'auteur du traité est un membre de l'école hippocratique, mais un empirique, et, dans son chapitre XX, il combat directement les tendances métaphysiques de la méthode hippocratique exposée dans le *Phèdre.* Hippocrate n'avait donc pas encore, pour lui, l'autorité qu'il aura pour ses successeurs.

c) F. E. KIND, *Bericht über die Literatur zur antiken Medizin* 1911-1917 (Conrad BURSIAN, Iahresbericht, Bd. 180, 1919, p. 7 et suiv.), ne veut pas que l'on écarte sans examen la démonstration de Gomperz. « La suite des idées dans le *Phèdre* ne contredit nullement la thèse Littré-Gomperz. »

d) W. CAPELLE, *Zur Hippokratischen Frage*, Hermes, Bd LVII, 2 (1922), p. 247 à 265. Th. Gomperz comprend à contre-sens l'attitude de l'Hippocrate platonicien envers la « nature ». L'étude de la nature, telle que l'exige le *Phèdre*, a vraiment une orientation générale et

hippocratique a décrit une courbe curieuse : s'éloignant toujours de plus en plus de sa direction originelle, non pas en ligne droite toujours, mais souvent en sinuosités plus ou moins larges, parfois en oscillations presque parallèles à la ligne de départ ; puis, quand l'orientation nouvelle semble assurée et durable, retournant brusquement, en ligne droite, à son point d'origine. Gomperz eût dit que l'orientation nouvelle était tout le contraire d'une orientation, et certaines déclarations que j'ai notées au cours de ce petit tableau historique, d'autres encore qu'il serait facile de relever, donnent l'impression très nette d'une critique désorientée. C'est E. Kind concluant (*loc. laud.*, p. 144) : « Ainsi apparaît-il qu'une solution de la question est à peine possible. Il faudra se contenter de dater les livres du *Corpus* avec le plus de précision possible, et de distinguer les auteurs, sans chercher à leur donner des noms. » C'est la parole de Wellmann, déjà citée, sur la possibilité qu'Hippocrate n'ait rien écrit. C'est, après les protestations véhémentes que souleva la critique de Fr. Spaet (*Die geschichtliche Entwickelung der sogenannten Hippokratischen Medizin*, Berlin, 1897), la *graue Resignation* dont parle le même E. Kind (p. 141) et la parole de J.-H. Heiberg (dans Gercke-Norden, II², p. 425, 1912) qui, de la dépréciation subie par les témoignages et de Platon et d'Aristote, tire cette conclusion qu'on fera bien de ne pas rejeter sans examen la critique même la plus radicale.

Est-il totalement vain de se demander de quel côté, aujourd'hui, irait Littré ? Le lecteur de cette chronique, si rapide et fragmentaire qu'elle soit, aura peut-être en mains

métaphysique. Or, l'auteur de la *Vieille Médecine* est pour ce que nous appellerions « la science positive ». Ce n'est donc pas ce traité que le *Phèdre* a en vue : « Il faut enterrer définitivement l'hypothèse Littré-Gomperz. »

les éléments d'une réponse. Le système critique de Littré, comme lui-même l'appelle, était dès l'origine, et surtout, devint plus complexe que ne paraît se l'être représenté Gomperz. Celui-ci ne semble pas avoir lu, du moins avec assez d'attention, pas plus, d'ailleurs, que la majorité des critiques, les remarques dispersées ni surtout la longue note que j'ai citées. Quand Gomperz observe (*Philologus, loc. laud.*, p. 219) que tous les efforts dépensés à dégager, sans le secours du témoignage de Platon, un noyau d'œuvres authentiques, l'ont été en pure perte, son observation, sans qu'il paraisse en avoir conscience, atteint, en-deçà de la critique moderne, la critique même de Littré. Pour celui-ci, le témoignage d'Hérophile authentiquait le *Pronostic*; l'unanimité des témoignages anciens authentiquait le *Régime des maladies aiguës* (II, 214) ; et, dans le volume même auquel se réfère Gomperz, le témoignage de Platon en faveur de l'*Ancienne Médecine* se fortifiait des « étroites connexions » qui lient ce traité « avec un traité dont l'antiquité a admis l'authenticité » (I, p. 320). Enfin, la méthode exposée dans la note du tome IV s'efforçait de déterminer un groupe naturel dont les caractères internes fussent en accord avec le rôle et le caractère connus d'Hippocrate, et le témoignage de Platon ne venait que par surcroît. La phrase finale semble, à la vérité, faite pour appuyer, tout en la déclarant, à l'avance, inutile, une tentative comme celle de Gomperz : « l'application du passage de Platon devient à la fois plus certaine, et plus indifférente à la question d'authenticité. » (IV, 656, n. 1). Mais la robuste confiance de Littré aux « témoignages extrinsèques, au milieu desquels domine celui de Platon » (I, p. 314) aurait-elle tenu devant la découverte du papyrus de Ménon, qui infirme absolument le témoignage d'Aristote ? Littré n'en resterait-il pas, en les accentuant plus fortement encore, aux observations prudentes que lui suggéraient les rapprochements, faits par Petersen, entre certains passages d'Aristophane ou d'Euripide et le traité *Des airs, des eaux et des lieux* ? « Une incertitude générale plane sur toutes ces questions. La cause en est que nul contemporain ne cite un seul traité d'Hippocrate. Dès lors, nous ne pouvons affirmer, d'une façon absolue, que, dans la collection qui porte son nom, nous ayons un seul traité qui soit de lui ; l'affirmation est seulement extrêmement probable ; mais la sûreté diminue et la conjecture prend plus de place quand nous voulons déterminer tel ou tel livre comme lui appartenant. Des raisons plus ou moins vraisemblables, mais point de certitude complète, voilà l'état réel de la critique, quant aux livres hippocratiques, dénués d'une part de témoignages contemporains, d'autre part provenant évidemment de mains différentes » (VII, p. XI). Littré n'aurait d'ailleurs pas à modifier sa méthode de travail pas plus qu'à délaisser son probabilisme optimiste pour une *graue Resignation !* Le gros du labeur, soit de Littré, soit des critiques postérieurs, n'est point du labeur perdu, quoiqu'il en puisse paraître dans la première tristesse de graves déconvenues. Si « le besoin le plus pressant de l'histoire de la médecine est l'analyse et la classification des écrits hippocratiques » (J.-L. HEIBERG dans GERCKE-NORDEN II², 1912, p. 424), si, pour distinguer et dater, autant que possible, ces livres disparates, il faut « entreprendre des recherches stylistiques » (E. KIND, *loc. laud.* 144), c'est un travail qu'ont déjà bien avancé les *Hippokratische Studien* et *Hippokratische Forschungen* de H. DIELS (Hermes, XLV, 1, 125-150, XLVI, 2, 261-285)[1], précédé, dans cette voie, par les *Hippokratische Untersuchungen* de C. FREDRICH. Mais une masse de telles analyses, de

1. Ces études de Diels ont été continuées dans Hermes, XLVIII (1913), 3, 378-407, et LIII (1918), 1, 57-87. Il serait hautement désirable qu'elles fussent réunies en volume.

telles comparaisons détaillées, pour la doctrine et le style, entre les différents livres de la collection, remplit les *Introductions* et les *Remarques rétrospectives* ou les *Appendices* de Littré. Des travaux comme ceux de W. Schonack (*Curæ Hippocraticæ*, Berlin, 1908; *Zur Hippokrates-Philologie*, Janus 1909, XIII, p. 661-683) ne font que poursuivre, avec les ressources d'une philologie plus sûre d'elle-même, les recherches de l'introduction littréenne (*Caractère médical et style d'Hippocrate*, dans le tome I, p. 465-478) et de l'appendice à l'introduction (*Du dialecte des livres hippocratiques*, *ib.*, 479-502). Enfin malgré les remarques du tome VII (p. x et xi) à propos des recherches de Petersen, auquel il ne reproche que de prétendre, par ses rapprochements avec la tragédie ou la comédie grecques, authentiquer un livre déterminé, Littré, acceptant ou non le recul des dates posées par lui pour la formation de la collection, eût regardé comme une simple extension de sa méthode une étude comme celle de J. Psichari retrouvant, chez Sophocle, plusieurs des éléments dont précisément se constituera la collection hippocratique. (*Sophocle et Hippocrate, à propos de Philoctète à Lemnos.* Rev. de Philologie, 1908, p. 95-129).

La classification de Littré n'a donc été ni conservée ni remplacée. C. Fredrich (p. 8-12) ébauche un catalogue des œuvres authentiques : *Epid. I et III*, *Airs, eaux et lieux.* Mais le catalogue tourne court en classification basée sur la destination des livres : livres écrits pour être publiés, et destinés soit aux médecins, soit aux profanes, soit aux deux (ouvrages personnels, compilations et discours) ; d'autre part simples ὑπομνήματα qui sont les « recueils de notes ou d'extraits » de Littré (*classe V°*). Le manuel de Christ-Schmid (I^6 p. 636-7) ne fait que hasarder une liste d'authentiques, dont les attaches sont encore nombreuses à la liste de Littré. Livres portant le plus nettement « l'empreinte d'authenticité » et garantis par les témoignages des anciens : *Pronostic*, *Régime des maladies aiguës*, *Epidémies I et III*, *Blessures de la tête*. Livre qui *peut* contenir de l'authentique : *Aphorismes*. Livres qui *passent presque généralement encore pour* authentiques : *Vieille médecine*, *Fractures*, *Humeurs*, *Airs, eaux et lieux*, *Maladie sacrée*, *Articulations*. Ceux qui ne renoncent pas, malgré tout, à trouver, dès maintenant, de l'Hippocrate authentique, désireraient une classification plus méthodique et plus ferme. Gomperz (*art. cité*, p. 266-7) esquisse le plan d'une telle classification, sans trop d'espoir en un plein succès[1]. W.-H. Roscher avait déjà pensé trouver, dans le rôle que jouent les spéculations sur le nombre 7 ou le nombre 9, un critère qui nous permettrait de distinguer les écrits de la vieille école cnidienne des écrits de l'école de Cos (*Die Hebdomadenlehren der griechischen Philosophen und Aerzte*, 1906, p. 72-84 et *passim*.) Aujourd'hui, il croit avoir découvert, dans notre actuel traité *Des Semaines*, à la fois le premier écrit de l'école cnidienne (c. 12 *ad fin.*) et l'œuvre philosophique d'un vieux penseur ionien, antérieur même au Pythagorisme.

§ 8. — *Le traité Des Semaines*

Le livre de W.-H. Roscher sur le traité *Des Semaines*[2], a eu, très vite, toute une littérature. Je cite quelques-unes des publications suscitées par sa thèse : compte rendu

1. Ajouter Gossen (Pauly-Wissowa-Kroll, VIII, 2, *col.* 1811) : on peut considérer comme authentiques, d'après l'état actuel des recherches (c.-à-d. en 1913), *Epidémies I et III*, *Pronostic*, *Aphorismes*, *Régime des maladies aiguës*, *Fractures*, *Articulations*, *Blessures de tête*. Mais tout ou presque tout est encore à faire : il faudra étudier en détail livre par livre, avant d'entreprendre une classification.

2. *Ueber Alter, Ursprung und Bedeutung der hippokratischen Schrift von der Siebenzahl. Ein Beitrag zur Geschichte der altesten griechischen Philosophie und Prosaliteratur*. Abh d. Philolog. hist. Kl. d. Königl.

par H. Diels, dans *Deutsche Literaturzeitung*, n° 30, 1911, p. 1861 et suiv., note de G. Helmreich, dans Hermes, XLVI, iii, p. 437, n. 1, réponse de H. R. à H. Diels, dans *Die neuentdeckte Schrift eines altmilesischen Naturphilosophen und ihre Beurteilung durch H. Diels D. Lit. Ztg.* 1911, n° 30... S.-A. aus « Memnon » Bd. V, 3-4. Stuttgart 1912... et dans Philologus, LXX, 4, 528-536 (*Das Alter der Weltkarte in « Hippokrates »* περί ἑβδομάδων *und die Reichskarte des Darius Hystaspis*). On peut ajouter à cette bibliographie Fr. Lortzing, C. R. des livres de Roscher dans BPhW 1912, n° 44, 1369-1376. Je reviens à la thèse de Roscher.

Cinq chapitres : I. Antiquité du traité des *Semaines* au point de vue géographique et historique. — II. Antiquité... au point de vue philosophique. — III. Les théories particulières du traité comparées aux doctrines des autres antésocratiques et des plus anciens médecins. — IV. Le contenu de la dernière partie du Traité. — V. Histoire du Traité. — Conclusion. Enfin, en plus des index, on nous donne, entre autres additions, une étude sur le nombre des cordes dans les instruments antiques, p. 129-134, et la transcription, d'après Littré et Ilberg, de la dernière feuille du manuscrit grec n° 2142 de la Bibl. Nat., avec planche photographique en regard. Avant d'exposer la thèse de W.-H. Roscher, je me permets de donner, avec l'aide de Littré, Roscher (ch. v), Helmreich, une très brève histoire du traité.

Mentionné entre autres par Philon, Galien, Pollux, il ne fait plus partie de la collection hippocratique actuelle. Mais Littré l'a retrouvé dans un manuscrit latin de la Bibl. Nat. n° 7027 (cf. L. I. 384-410) et a publié cette traduction

sächs. Ges. d. Wiss. XXVIII. V. gr. in-8, 154 pages avec reprod. de ms. et planche photographique, index alphabétique, index grec, index locorum et additions. Leipz. Teubner 1911.

latine, très barbare, dans son tome VIII (p. 634-673). Le tome IX (p. 433-466) donne un texte meilleur, découvert par Daremberg « à la bibliothèque ambrosienne de Milan, dans un manuscrit fort précieux et du commencement du xe siècle » (G., 108 pars inf. parchemin., note de Dar. dans L. IX. 130). Entre temps, Littré avait découvert « un fragment assez étendu du texte grec du traité *Des semaines*, sur le dernier folio du manuscrit 2142 de la bibl. imp. » (*Ibid.*, 430). G. Helmreich avait trouvé, en 1877, dans le *Cod. gr. class. V. no* 12 de la bibl. Saint-Marc à Venise, parchemin du xe ou xie siècle d'après Zanetti, un περὶ αἰτίας παθῶν faussement attribué à Galien. Ce fragment s'est trouvé être fait de transcriptions plus ou moins longues de plusieurs livres hippocratiques, et contient, entres autres, sept passages du traité *des Semaines*, que G. H. a publiés dans l'*Hermes*. Ainsi nous n'avons que des débris du texte grec, qui pourtant existait encore au xviie siècle dans un manuscrit de l'Escurial, que détruisit l'incendie de 1671. Enfin il existe, du traité, une version arabe, traduite en allemand par Harder (1893). Ce n'est pas un des moindres mérites du volume de W. H. R. de nous donner à comparer les deux textes latins et la traduction de l'arabe, avec, quand il y a lieu, le texte grec du no 2142.

Il est intéressant de voir quels sont, aux yeux de W. Roscher, les mérites et les torts de Littré, par rapport à ce traité des *Semaines*. Seule, la traduction de Harder a mis quelque clarté dans les onze premiers chapitres du traité. Mais Littré, que W. Roscher appelle *der grosse Sospitator des Hippokrates* (p. 122), n'avait sous la main que de très faibles ressources. Or, non seulement il a recueilli presque tous les fragments transmis par la littérature grecque et romaine, mais encore, malgré le mauvais état du texte, il a su retrouver les pensées essentielles de chaque section, avec une perspicacité et une divination que confirme aujourd'hui la traduction arabe. Mais il a eu des torts. Celui, d'abord, d'attribuer à un même auteur le traité *des Semaines* et le traité *des Chairs*, attribution acceptée par Gomperz et un instant par W. Roscher *(Hebdomadenlehren.*, p. 63 et suiv.), mais que celui-ci a, depuis, démontrée être inacceptable (*Enneadische Studien*, 1907, p. 134 et suiv.). On devine quel fut le second tort de Littré : ce fut de descendre la composition du traité *Des Semaines* au delà d'Hippocrate, et même au delà d'Aristote. W. Roscher est, en effet, absolument convaincu d'avoir démontré l'origine très antique du traité.

Il faut distinguer. W. Roscher ne regarde comme *traité des Semaines* proprement dit que les onze premiers chapitres. Dans la dernière partie (quarante et un chapitres), si l'on met à part les périodes critiques aux chapitres xxvi et xxvii, la théorie septénaire ne joue plus aucun rôle. L'auteur de cette dernière partie, très postérieur au premier auteur, encore que premier en date des écrivains cnidiens, s'est contenté de transcrire, et de s'ajouter comme première partie ou introduction, une œuvre de beaucoup plus ancienne (p. 41, 108, *pass.*). C'est cette œuvre ancienne que W. Roscher étudie, et sur laquelle il donne les conclusions suivantes :

1° Ce qu'il regarde comme « un fait indiscutable » : le livre est né dans une ville de la côte d'Asie Mineure, à Milet ou à Cnide. Il en donne pour preuves : le dialecte strictement ionien, — la mention des sept voyelles, qui n'apparaissent, il est vrai, dans l'usage officiel de l'état athénien qu'à partir de 403, mais qui existaient, dans l'alphabet ionien ou milésien, entre 620 et 556, — la carte du monde en sept parties, tout entière conçue du point de vue étroit de la vieille Milet — la désignation de l'Ionie d'Asie-Mineure comme diaphragme du monde, — la rose des vents à sept branches, avec sa caractéristique négligence du Nord-Ouest.

2° Ce qu'il regarde « comme à peine moins inattaquable » : l'auteur a vécu longtemps avant la guerre persique, dans une période où Sparte avait encore une hégémonie militaire et politique incontestée sur tous les Hellènes, y compris ceux d'Asie-Mineure. Preuve : la carte du monde dressée par l'auteur au chapitre XI (cf. LITTRÉ, VIII, 639). L'Ionie y est appelée le diaphragme, le Péloponèse la tête, l'isthme de Corinthe le cou du monde. L'empire perse est complètement passé sous silence, mais aussi bien Athènes, dont l'apogée est postérieur aux guerres persiques, et à qui, au ve siècle, toutes les villes de la côte paient tribut.

3° L'ancienneté du traité des *Semaines* se prouve aussi bien par l'ancienneté des théories physiques ou philosophiques qui y sont contenues. Par exemple, l'auteur ne connaît pas encore la différence entre les planètes et les étoiles fixes, différence que connaîtront Anaximandre et Pythagore. Il est le premier à enseigner la sphéricité de la terre. Il fait encore, du diaphragme, le siège de l'âme pensante, conception de la plus ancienne épopée, rejetée par Hippocrate et son école, et qui repose sur cette vieille idée religieuse que la lune est le diaphragme du Monde et le siège de l'Ame du Monde. Il croit encore à l'importance décisive des crises hebdomadaires pour la biologie, l'embryologie et la pathologie.

Je ne puis songer à donner tout le détail de l'argumentation, si riche, si suggestive, si débordante de renseignements et d'indications, sur laquelle W. Roscher bâtit sa thèse si originale (amorcée déjà dans ses *Hebdomadenlehren*, 1906). Gardera-t-il la gloire d'avoir ajouté « à la si pauvre galerie des premiers penseurs grecs, un portrait d'importance, bien qu'anonyme ? » (p. 128). Il n'y a guère à l'espérer : je n'ai pas à relever tous les reproches qu'on a faits à sa démonstration, mais je rappellerai que, pour Helmreich, il n'y a, dans la langue du traité, aucune trace d'antiquité particulière par rapport au reste de la collection, et que, au contraire, certaines expressions, comme εὐαρμόστως ἔχειν (19), τὸ τοῦ σώματος σκῆνος (52), indiquent une origine tardive. (*Hermes* XLVI. 3. 437. n. 1). Cette observation vaut au moins contre la thèse de l'origine tout à fait préhippocratique de la seconde partie. W. H. Roscher tire les plus claires de ses preuves de la fameuse carte du chapitre XI, et c'est à fortifier ses arguments en faveur de l'antiquité de cette carte que vise l'article du *Philologus* (LXX. 4. 529-538). La carte du traité *des semaines* y est comparée aux deux plus vieilles cartes connues, celle d'Anaximandre et celle d'Hécatée, et enfin à l'inscription tombale de Darius Hystaspis. La carte d'Anaximandre est antérieure, d'après H. Berger, à 550 ; celle d'Hécatée peut être placée entre 524 et 500 ; l'inscription du tombeau de Darius suppose une carte née entre 500 et 486, qui, d'ailleurs, a très probablement servi au περίοδος γῆς d'Hécatée. Or, le point de vue géographique des trois « cartes » est beaucoup plus étendu et beaucoup plus avancé, donc beaucoup plus tardif que celui de la carte des *Semaines*. Mais H. Diels (*D. L. loc. laud.* cf. Lortzing, B. Ph. W., n° 44, 1272 et suiv.) a déjà réfuté l'hypothèse qui fait le fond des considérations géographiques de W. Roscher, à savoir que la vieille Milet est le centre du champ géographique de cette première partie des *Semaines ;* car une carte milésienne antérieure à Pythagore ne pourrait oublier, dans l'énumération des parties du monde, la Lydie et Delphes. Parmi les réponses qu'a suscitées la thèse de W. Roscher, je tiens à citer celle de F. Boll. Dans la seconde partie du VIIe volume de la Paulys Real-Encyclopaedie (J.-B. Metzler, Stuttgart, 1912), F. Boll, dont on sait l'autorité indiscutée en matière d'astronomie antique, au cours de son article *Hebdomas* (*col.* 2447-2578), fait, à propos des conceptions astronomiques du traité *des Semaines*, l'observation suivante : « Le livre περὶ ἑβδομάδων, qui, passant sous silence les planètes ou les comprenant parmi les étoiles fixes, offre la série : cercle igné, sphère des étoiles fixes, soleil, lune (Roscher, V, 25 et suiv.), ne donne pas, par là, l'impression d'une conception antérieure à celles, si l'on veut, de Démocrite. Mais l'auteur est assez négligent pour, tout simplement, laisser de côté Vénus » (2565-6).

Quel que soit le résultat de ces multiples discussions[1], la thèse de W. Roscher n'aura pas eu seulement le mérite de rappeler l'attention sur le traité *des Semaines* et de susciter, autour d'un livre assez négligé par les critiques et bien maltraité par le temps, un travail forcément utile. Cette étude, où W. Roscher sème à pleines mains renseignements, idées, hypothèses, sur les domaines les plus variés d'une discipline où il est le maître, restera une mine précieuse pour l'étude de la philosophie antésocratique et, en particulier, de la question hippocratique.

---

1. Cf. Gossen, Pauly-Wissowa-Kroll, viii, 2, *col.* 1825 : les bizarreries géographiques du traité s'expliquent par l'ignorance de son auteur. C'est un Cnidien, qui appartient encore au ve siècle, et dont l'œuvre présente, comme l'a déjà montré Fredrich (*Hipp. Forsch.*, p. 227), des parallèles frappants avec le traité *Du Régime*.

CHAPITRE II

Philosophie, Morale et Religion

§ 1. — *La conception grecque du monde*

Nous parlerons bientôt du livre de M. Wundt sur l'Éthique grecque. Il nous donne aujourd'hui, dans le 329e volume de la charmante collection Teubner, une rapide vue d'ensemble sur la conception grecque du monde[1]. C'est toujours la même largeur, la même clarté, la même solidité dans la synthèse, avec, peut-être, la contrainte des limites imposées y aidant, plus de ferme raccourci dans les formules. Six chapitres : la nature, Dieu, la destinée de l'homme, la société, l'art, la conception grecque et la conception chrétienne du monde. Le dernier chapitre est la synthèse de cette brève synthèse. L'évolution de la conception grecque du monde est partagée en trois périodes. Le point de départ est la conception mythologique. Elle repose sur une entière extériorisation du sujet, dont toutes les tendances sont projetées dans le monde objectif, pour, de là, revenir au sujet sous la forme d'actions des puissances démoniques. La nature et Dieu se confondent en une unité indivise ; une vie divine indéterminée pénètre le Tout, et se manifeste, non seulement dans les phénomènes de la nature extérieure, mais aussi dans les événements et les lois de la société, de l'Etat, de l'art, et, naturellement,

1. Max Wundt, *Griechische Weltanschauung* (*Natur und Geisteswelt*, Teubner, Leipzig, 1910, in-12, 139 pages).

dans le détail de la vie individuelle : l'individu est partie intégrante du Tout. L'homme anime ce Tout de sa propre vie spirituelle, mais n'a pas encore conscience de cette projection, et s'explique la parenté de ces deux vies, externe, interne, par l'action continue de l'externe sur l'interne : le sujet, dit M. Wundt, s'apparaît à lui-même comme un objet parmi les objets. Quand, peu à peu, de l'objet se dégage le sujet, la seconde époque prend naissance : elle sera, à son plein développement, l'ère de l'individualisme. Les Sophistes en sont les porte-parole les plus conscients et les plus brillants, et, parce qu'ils ont d'ordinaire attiré et retenu l'attention, on est porté à limiter, à leur cercle d'action, l'extension de cette conception individualiste. M. Wundt se plaît, plus nettement encore ici que dans son étude sur l'Éthique grecque, à en découvrir les racines dans un plus profond lointain du passé grec, et, aussi bien, à en étendre le développement sur la durée entière de l'hellénisme.

L'individualisme apparaît avec la première manifestation littéraire de la civilisation grecque, les poèmes homériques, et de là, se continue dans le développement postérieur de l'histoire ionienne. Il fait son apparition dans l'Attique au temps des guerres médiques et de Périclès, et, depuis lors, demeure la tendance dominante dans l'ensemble de la vie naïve et de la civilisation populaire, survivant à la domination d'Alexandre et de ses successeurs, pour durer jusqu'au déclin de l'histoire grecque dans la période romaine. C'est que la vie profonde du peuple grec n'a pas été sérieusement pénétrée par la pensée des philosophes. Ce que nous comprenons en général sous le nom de civilisation grecque, et qui, dit excellemment M. Wundt, exprime plutôt le règne de l'immédiatement vécu que du pensé ou du réfléchi, porte la signature de l'individualisme. La monarchie de l'hellénisme elle-même, si elle rassemble en un tout plus vaste et plus concentré les forces individuelles, les décharge aussi de toute préoccupation politique, et libère, par là, leur tendance à l'éparpillement dans la recherche de la jouissance, qui, sensuelle ou même esthétique, reste individualiste. Par une projection inverse de celle où le sujet se perdait dans l'objet, le sujet considère l'objet, société, cité, religion, comme autant de créations factices, destinées à sauvegarder la paix et la liberté nécessaires au jeu de sa vie personnelle, et la nature même n'est plus pour lui que la source d'émotions, inférieures ou nobles, où puisera son caprice raffiné.

C'est à cet individualisme, épuisé peut-être par les chefs-d'œuvre de grandeur, de force ou de beauté produits en sa maturité, mais plus sûrement encore par la simple fatalité de sa nature, que le Christianisme est venu porter remède. Avant le Christianisme, la philosophie antique avait tenté cette réaction. Rendre à la vie, trop individualisée, une valeur universelle ; redonner à l'individu, dans l'universalité de sa raison, une loi stable ; de la nature, dépouillée depuis longtemps de sa divinité, faire le monde empirique et passager, que l'homme doit dépasser par un continuel effort intellectuel et moral vers Dieu, raison générale et transcendante ; à la place de l'irrécouvrable possession immédiate du divin, mettre l'ascension continue, et même, entre la terre et le ciel si lointain, multiplier les intermédiaires ; telles sont, d'après M. Wundt, les lignes essentielles de la tâche que s'imposa cette troisième époque. On ne pourra lire sans intérêt le parallèle qu'esquisse l'auteur entre la pensée philosophique et la pensée chrétienne. Mais, sans vouloir le moins du monde nier les nombreuses parentés, que les Pères ont tant de fois pris plaisir à signaler, il me semble que l'échec de la philosophie était à souligner en conclusion de ce parallèle. Toutes autres raisons mises à part, le Dieu des plus religieux parmi les philosophes antiques n'a jamais guère pu devenir transcendant sans devenir étranger, ni rester immanent sans se perdre en un vague panthéisme polythéiste ou unitaire ; le *Deus intra vos est* y a bien rarement un son ferme et défini. Mais, de cet échec, la philosophie est, en réalité, moins responsable que la religion. Celle-ci était trop exclusivement cultuelle pour qu'elle pût servir à faire pénétrer dans les masses les idées les plus pures de la pensée réfléchie. L'effort intense des mystères ne put aboutir à dégager les doctrines de rédemption de la magie compliquée des rites. Privée du véhicule nécessaire pour cette pénétration dans la vie des foules, la philosophie resta, bon gré mal gré, une aristocratie de la pensée. Mais les concepts élaborés dans sa tour d'ivoire étaient des germes précieux, qu'une religion plus rationnelle fut seule capable de faire fructifier.

§ 2. — *La philosophie religieuse des Grecs*

A cette heure où les études d'histoire des religions se multiplient, un volume sur la philosophie religieuse des Grecs ne peut être que le bienvenu. Otto Gilbert était préparé à un travail de fond sur ce difficile sujet par tous ses travaux antérieurs : citons, d'une part, sa *Griechische Götterlehre* (1898) et, de l'autre, *Die Meteorologischen Theorien des griechischen Altertums* (Leipzig, 1907), sans compter les nombreux travaux dispersés dans les revues, articles originaux, recensions, chroniques. Malheureusement, Otto Gilbert est mort peu après l'achèvement du manuscrit, et c'est à une pieuse mémoire que nous devons de connaître cette dernière œuvre d'un grand travailleur[1]. Une introduction de 16 pages sur les origines de la pensée spéculative expose les idées principales des cosmogonies et de l'épopée. Puis huit cha-

1. *Griechische Religionsphilosophie*, in-8, 554 pages avec index. Leipzig, Engelmann, 1911.

pitres : 1° la fondation du monisme (Thalès, Anaximandre, Anaximène, Héraclite) ; 2° les commencements du dualisme (Pythagoras et Philolaos) ; 3° la lutte du monisme et du dualisme (Pythagore et les Ioniens, Xénophane, Parménide, Mélissus) ; 4° les compromis (Empédocle, Anaxagore) ; 5° le dualisme de Socrate et de Platon (les Sophistes, S. Pl.) ; 6° l'*énergétisme* d'Aristote ; 7° le matérialisme atomistique (Démocrite, Épicure) ; 8° le panthésime stoïcien (Zénon, Cléanthe, Chrysippe). Un index de six pages termine le volume, index dont il faut dire tout de suite que, si utile qu'il puisse être, on l'eût souhaité plus détaillé pour un livre si compact et un sujet si important. Celui qui terminait les *Metereologische Theorien* donnait, sous chaque concept important et sous chaque nom propre, la charpente d'une véritable monographie. En de tels livres, où la table des matières est si mince, où l'on n'a pas suivi l'habitude anglaise de sérier et de diviser, par des manchettes, la masse du développement, un bon index supplée à tout. Celui qu'on nous donne ici est bon. Mais je crois que, si Otto Gilbert eût pu mettre la dernière main à l'impression, il nous eût donné cet index excellent que seul un auteur est à même d'établir. Il eût aussi corrigé les quelques fautes d'impression, en général peu graves, qui, en certains endroits, déparent le texte de ce beau volume : p. 4, n. 1, l. 8, éd. Rülle au lieu de Ruelle, — p. 92, n. 2, l. 5, μέρα pour μέρη,, — p. 122, n. 2, le fr. 11 de Philolaos est assez maltraité : plusieurs fautes d'accentuation, mais surtout οὔ ἁρμονία au lieu de οὐδὲ ἁρμονία, — n. 1 de la page 150, p. 151, 1. 5. Demascius au lieu de Damascius, — p. 187, dernière ligne de la note 2 de la page précédente χαδαρωτέραν... pour καθαρωτέραν, et n. 1, l. 1 : τὸ γὰρ αἰσθάνεσθαι καὶ τὸ ὡς ταὐτὸ λέγει, au lieu de καὶ τὸ φρονεῖν ὡς ταὐτὸ λέγει.

Enfin Otto Gilbert n'a pu mettre, à son livre, la préface

qu'il avait rêvée. Cela nous prive de la synthèse qui eût résumé les résultats de cet immense travail. Mais cela nous montre aussi avec quelle conscience l'auteur a conduit son enquête, sans partir d'une thèse, avec la volonté de ne tirer les conclusions générales que d'une étude patiente et complète. Son livre est pourtant tout autre chose qu'un déballage de fiches. C'est une œuvre intelligente et pénétrante. C'est toute la masse de la philosophie grecque ordonnée, du point de vue de la pensée religieuse, par un esprit qui, depuis longtemps, a dominé cette masse. C'est, enfin, une étude d'histoire religieuse qui, à l'inverse de certaines productions hybrides et hâtives, où s'entremêlent sans se combiner, avec quelques lambeaux de philosophie antique, toute la richesse confuse des folk-lores et toutes les constructions contradictoires des fétichismes et des totémismes, demeure une étude d'histoire de philosophie. Rien que cela serait capable de me faire pardonner à la *Griechische Religionsphilosophie* une réserve peut-être un peu excessive sur l'Orphisme. Les grands systèmes classiques sont étudiés avec une ampleur à laquelle pourtant n'est étrangère aucune des précisions importantes : le Dieu d'Aristote ; sa parenté avec les Idées platoniciennes, pourtant si combattues ; les contradictions ineffaçables entre son immatérialité, si solennellement affirmée, et, de l'autre, sa localisation spatiale et son contact obligatoire avec le monde qu'il meut (cf. surtout p. 359, n. 2) ; sa supériorité, malgré ces imperfections, sur tout ce qu'a pu concevoir la pensée antique (368) ; la pénétration graduelle, à travers toute une série d'intermédiaires dont le soleil occupe le degré suprême, de cette « énergie transcendante » dans le devenir du Cosmos (377 et s.) ; tout cela est exposé d'une façon neuve et qui invitera parfois à la contradiction, mais d'une façon pénétrante et tellement organisée, que les cent pages de ce chapitre sont un véritable traité de l'aristotélisme. A propos de Platon, l'exégèse de l'école de Marburg est réfutée, on serait tenté de dire « exécutée » en un peu moins d'une page (323/4), que l'on voudrait traduire pour son bon sens robuste et sa franchise un peu rude. Mais il faudrait tout traduire ou, au moins, tout résumer, et notre chronique entière y passerait. Sur l'antésocratisme, il n'y a pas moins de 246 pages serrées, et cela n'est pas pour étonner ceux qui savent, d'une part, l'importance de cette période, dont les grands systèmes classiques corrigent et synthétisent la riche diversité, d'autre part l'attention laborieuse avec laquelle Otto Gilbert avait suivi, sur ce domaine, le travail fécond des années récentes[1]. J'ai peur, pour ma part, qu'il y ait parfois extension quelque peu exagérée des thèses antésocratiques dans le sens des conclusions qu'en tire l'exégèse d'Aristote ou des motifs qu'elle leur découvre ; je suis moins sûr, par exemple, que ne paraît l'être l'auteur, que la formule « une substance ne peut être contradictoire d'une substance » (οὐκ εἶναί φαμεν οὐσίαν ἐναντίαν οὐσίᾳ, *Phys.* 189a) exprime la pensée ionienne (p. 34, n. 1). J'ai peur aussi que cette matière ionienne, qui apparaît si nettement personnelle en même temps que divine, et qui se déploie ou se reploie tour à tour « in eigenster Initiative » (p. 35), ne soit un peu construite. Si je suis tout prêt à dire que la théologie des Ioniens n'est pas une rupture avec la foi populaire (kein Bruch mit dem Volksglauben), je n'irai pas jusqu'à y voir, et j'ai essayé ailleurs de motiver mon refus, « un effort pour approfondir et fonder en raison cette foi » (sondern der Versuch, den letzteren tiefer zu erfassen und zu begründen p. 65). Mais je ne saurais exagérer le profit qu'il y a, pour l'historien de la pensée antique, mais aussi bien

1. *Arch. f. Gesch. d. Phil.* XIV, 3 (1908) — XVI, 2 et 3 (1910), *Jahresbericht über die vorsokratische Philosophie.*

pour quiconque philosophe, à tirer de cette étude si approfondie, si consciencieuse et toujours suggestive de la philosophie religieuse chez les Grecs. On ne pourra trop regretter que la mort soit venue prendre l'ouvrier en pleine moisson. Mais c'est une belle mort pour un travailleur, car la gerbe était faite et les épis en sont pleins.

§ 3. — *L'Orphisme*

Il y aurait à faire, dans l'Italie méridionale, un beau voyage philosophique. Le voyage, à vrai dire, aurait quelque chose d'un pèlerinage mystique : Tarente, Métaponte, Siris, Thurium, Petelia, Crotone, toute cette côte de la mer Ionienne fut la terre d'élection du Pythagorisme et de l'Orphisme. Le guide parfait pour ce voyage d'évocation serait encore, bien qu'il ait vieilli sur quelques points, le savant et charmant ouvrage de François Lenormant : *La Grande-Grèce, Paysages et Histoire*, 3 vol. 1881/4. Lenormant se trouvait visiter le petit bourg de Terra Nova di Sibari à l'heure où, dans le voisinage immédiat, l'ingénieur Cavallari venait de fouiller les ruines de Thurium et surtout « la vaste nécropole » qui couvre le plateau de la Caccia di Favella della Corte (février-mars 1879 et commencement de 1880). Sa description de la localité, des tombes et des trouvailles qui y furent faites, est encore, au dire même de D. Comparetti, l'illustration la plus claire et le complément indispensable de tout ce qui fut publié à cette époque dans les *Notizie degli Scavi*. Je suis heureux, en relevant cet hommage adressé à notre compatriote par celui que Lenormant appelait « le premier helléniste de l'Italie » (I, p. 321), de renvoyer le lecteur non seulement aux pages qui concernent directement les fouilles (I, pp. 317-330), mais à l'ouvrage tout entier. Donc, dans cette nécropole, qui s'étend « sur un parcours de quatre kilomètres », il y avait, au milieu des tombes communes, « des tombes de personnages plus importants, indiqués par des tumulus, quelquefois d'un développement considérable, que dans le langage du pays on appelle *timponi* quand ils sont de grande proportion et *timparelli* quand ils sont plus petits » (Len. I, 319). C'est dans le plus grand, le *Timpone grande*, qu'on découvrit les premières[1] de ces minces lames d'or qui, sous le nom de tablettes de Thurium ou tablettes orphiques, ont suscité tant de travaux dans les trente dernières années.

Les inscriptions grecques tracées en caractères très fins sur ces lamelles furent déchiffrées et publiées par D. Comparetti dans ses *Notizie degli Scavi* de 1879-80, puis interprétées et confrontées par lui avec la tablette similaire de Petelia dans le *Journal of Hellenic Studies* de 1882. Lenormant en donna la première traduction française (*op. laud.*, I, 322, n. 1). Les problèmes nouveaux qu'elles soulevaient passionnèrent la critique. O. Kern (*Aus der Anomia*, 1890), A. Dieterich (*De hymnis orphicis*, 1891, et *Nekya*, 1894), E. Rohde (*Psyche*, 1re *éd.* 1894), E. Maas (*Orpheus*, 1895), P. Foucart (*Recherches sur la nature et l'origine des mystères d'Eleusis*, 1895), Th. Gomperz (*Griechische Denker*, I, 1re édit., 1895), H. Weil (*Etudes sur l'antiquité grecque*, 1900), H. Diels (*Festschrif f. Gomperz*, 1902), J.-E. Harrison (*Prolegomena to the Study of Greek Religion*, 1re éd. 1903), O. Gruppe (*Griechische Mythologie und Religionsgeschichte*, 1897-1906), discutèrent le sens et la portée de ces mystérieuses formules. Entre temps, G. Kaibel en avait fait entrer le texte dans le volume des *Inscriptiones*

1. Les tablettes de Thurium ne sont pas, en réalité, les premières, puisque celle de Petelia, trouvée on ne sait par qui et venue aux mains de l'archéologue James Millingen, avait été publiée dès 1836. Mais c'est seulement en la comparant aux tablettes de Thurium que D. Comparetti put, en 1882, en démontrer le caractère orphique.

Gr. Siciliæ et Italiæ, 1890 (IGSI, n° 638 Petelia — n° 641-2 Thurium), et c'est cette édition de Kaibel qui prévalut dans l'usage des savants. Or, ce texte, établi sans aucune consultation des documents, pourtant déposés au Musée de Naples, publié sans aucun dessin ni fac-similé, est, au jugement de Comparetti, en grande partie arbitraire et dépourvu de valeur critique. Le seul recueil d'ensemble qui ait été tenté par ailleurs est l'appendice ajouté par G. Murray aux *Prolegomena* de Miss Harrison et ne trouve pas davantage grâce aux yeux de Comparetti. Le texte donné par H. Diels dans ses *Vorsokratiker* (2e éd. 1906, pp. 480-81) est basé soit sur Kaibel, soit sur Murray, sauf pour la grande tablette du *Timpone Grande*, d'où H. Diels s'est efforcé, par un établissement personnel du texte, de dégager « un hymne orphique à Déméter », tentative d'ailleurs infructueuse, au jugement de Comparetti. Dans ces conditions, on comprend que celui-ci tînt à honneur d'établir lui-même le recueil critique et de tenter l'explication synthétique de ces textes qu'il fut le premier à publier. C'est ce qu'il a fait dans le présent ouvrage : *Laminette Orphiche edite ed illustrate* da Domenico Comparetti, fol., 8 et 52 pages, avec 4 planches photographiques, Firenze, Galletti e Cocci, 1910.

Photographies et agrandissements, fac-similés, établissement critique des textes, commentaire philologique et historique, on ne saurait rendre justice à un pareil travail dans une simple recension, si large qu'on la voulût faire. La publication de Comparetti ne peut manquer de renouveler toutes les discussions nées autour de ces documents, et ce sera un premier gain pour l'histoire de la philosophie et de la religion grecques. On discutera autour de certaines lectures ou de certaines corrections ; on discutera peut-être plus encore autour de l'interprétation et du commentaire. Dans la petite tablette du *Timpone grande*, par exemple (Compa-

RETTI, 6-10, KAIBEL, n° 642, *Murray-Harr.* 663-4, DIELS *Vors.* 66 B, 20, p. 481), il sera difficile de ne pas accepter définitivement, pour le second vers, le δεξιὸν ἐννοίας de Comparetti, mais je ne crois pas que tous les détails de sa traduction s'imposent. Au lieu de traduire : « Habile en sa pensée, observant toutes choses et en tenant compte, il (Pluton)... » on pourrait essayer, avec des chances tout au moins égales, d'entendre : « Habile en *ses* pensées (accusatif pluriel au lieu du génitif sing.), s'étant bien gardé en toutes choses (πεφυλαγμένον εὖ μάλα πάντα = *observer en chemin toutes les précautions voulues*, soit encore *observer toutes les abstinences commandées*, cf. Eurip. *Cret. ap. Porphyr. de abstin*, 4, 18 : τὴν ἐμψύχων βρῶσιν ἐδεστῶν πεφύλαγμαι — *je me suis abstenu de manger ce qui a vie*), il (le mort au lieu de Pluton)... » Mais Comparetti a eu une trouvaille heureuse en rejetant δεῖ τινα dans une troisième ligne de façon à laisser paraître clairement les deux premiers hexamètres. Au troisième vers, la traduction : « Tu as éprouvé ce que tu n'avais pas encore éprouvé » (FOUCART, 49 ; H. WEIL, 43 ; MURRAY, 663), est loin d'être aussi ridicule qu'elle semble à D. Comparetti (p. 9, n. 1). Rien n'est plus conforme à la doctrine orphique et aux privilèges de l'initié que cette assurance : « Tu as subi la transformation que tu n'avais pas encore subie, celle qui achève le cycle : tu es devenu dieu. » De pareilles discussions pourraient se renouveler pour plusieurs tablettes[1]. Mais, ce qu'on ne saurait trop dire, c'est que cette publication de D. COMPARETTI donne à la critique moderne les documents authentiques, la base de discussion solide et sûre, avec tous les moyens scientifiques de contrôle que l'on pouvait rêver, et que, avant de bâtir sur ces textes d'autres hypothèses que

1. Cf. DIELS, *Vorsokratiker*, II³, p. 177, et *Nachträge* (1922), p. XXIII et suiv., A. DELATTE, *Orphica* (Musée Belge, 40, 1913, p. 129 et suiv.).

les siennes, il faudra commencer par étudier et discuter à fond son commentaire. Thurium (pp. 1-30), Petelia (31-36), la Crète (Eleutherna, 37-41), Rome (42-46), enfin, en appendice, une inscription archaïque de Cumes (47-52), on pourrait dire que cette étude si complète est quelque chose comme le *Corpus commenté des inscriptions orphiques*[1].

Il est difficile, paraît-il, à l'heure actuelle, de parler sobrement de l'Orphisme et de son influence sur la philosophie grecque. Déjà K. Joel (*Der Ursprung der Naturphilosophie aus dem Geiste der Mystik*, 1903), a voulu chercher, dans les « doctrines des mystères », l'origine de la philosophie de la nature telle qu'elle se révèle dans les divers systèmes antésocratiques. Au dire de J. Doerfler, K. Joel aurait non seulement cherché cette filiation, il l'aurait trouvée « sondern auch gefunden ». Le mysticisme étant, pour nous, comme l'estime avec juste raison J. Dörfler, représenté principalement par l'Orphisme, c'est à l'influence de l'Orphisme qu'il nous faut remonter quand nous cherchons quelle influence le mysticisme a exercée sur la philosophie grecque. C'est ce que fait précisément M. Doerfler dans la dissertation suivante : *Die Eleaten und die Orphiker*, pp. 1-28 du 41e *Jahresbericht des Kaiser Franz Joseph-Staatsgymnasiums zu Friestadt in Oberösterreich* (1911).

Je tiens à dire tout de suite que le travail a été fait avec beaucoup de soin et témoigne d'une très sérieuse connaissance de la philosophie antésocratique. Mais qui veut trop prouver met tout de suite le lecteur en défiance. Voici, dès le début, acceptée la thèse de Joël : « C'est parce qu'ils s'inspirent de l'orphisme que Xénophane, Parménide, Empédocle écrivent leur philosophie sous forme de poème ».

1. Les tablettes orphiques ont été publiées, sous un format plus maniable, dans une petite édition avec commentaire, par A. Olivieri, *Lamellæ Aureæ Orphicæ*, Bonn, 1915 (Kleine Texte, n° 133).

Les principes les plus divers des premiers physiciens : l'eau de Thalès, l'ἄπειρον d'Anaximandre, l'air d'Anaximène, sont, aussi bien les uns que les autres, empruntés à l'Orphisme. Avec le même Orphisme, Héraclite est « en rapport étroit », et « nulle part on ne trouve autant d'idées orphiques que dans le système pythagoricien » (p. 5). J'ai peur que tout cela, ainsi jeté pêle-mêle, ne soit pas à recevoir si facilement comme thèses prouvées que ne le croit notre auteur. Sa contribution spéciale est sur le rapport entre Eléatisme et Orphisme. Il y a des inductions probables et des faits certains, mais qui prouvent peu : Xénophane a pu et dû, en Italie, connaître l'Orphisme (p. 7) ; le panthéisme à tendance moniste est caractéristique de l'Orphisme (p. 8). Mais il n'y a pas que l'Orphisme à rêver d'un monde unique et divin. Il n'y a même pas rien que l'Orphisme à parler d'une descente de l'Un et d'un retour à l'Un. Pourquoi M. Dörfler ne se pose-t-il pas la simple question : y a-t-il emprunt plutôt que parallélisme de deux tendances très distinctes, et, même s'il y a emprunt, l'Orphisme n'a-t-il pas reçu autant et plus qu'il a donné ? Ne devrait-on pas commencer par faire la liste des thèses spécialement orphiques, au lieu de partir au hasard, flairant à la piste tout ce qui peut avoir un vague parfum de bacchique ou d'orphique ? En quoi le début des élégies de Xénophane sonne-t-il si nettement « ganz bacchantisch » (p. 7) ? Pourquoi la ψυχὴ πνεῦμα ne serait-elle pas un bien commun ? En quoi la dédaigneuse condamnation des légendes sur les « combats des Titans, géants et centaures, fables des anciens, πλάσματα τῶν προτέρων [D. *Vors.*, I, 45, 21 (11b)] », peut-elle être rapprochée, sinon comme protestation, des mythes orphiques sur les Titans « qui représentent le principe mauvais » (p. 8) ? N'est-ce pas procéder sans aucune règle et vouloir tout brouiller, que d'identifier la confusion désordonnée du chaos orphique (omnia simul mixta) et l'homogénéité compacte de l'être parménidien, tout simplement parce que ce dernier est, lui aussi, en un tout autre sens que le chaos, ὁμοῦ πᾶν ? Les paralogismes de Zénon d'Élée semblent eux-mêmes venir de traditions mystiques « scheinen allerdings aus mystischen Traditionen zu stammen »[1]. M. J. Doerfler aurait mieux fait de mettre, à sa dissertation, un autre titre : « Qu'y a-t-il et peut-il y avoir quelque chose qui, dans la philosophie grecque, ne soit pas orphique ? »

Une des études préliminaires, indispensables au départ exact des théories spécialement orphiques, est entreprise et menée à bien par Max. Hauck : *De Hymnorum Orphicorum ætate*, in-8°, 63 pages, M. et H. Marcus, Breslau (*Breslauer Philologische Abhandlungen*, 43 Heft, 1911). Le recueil des hymnes orphiques commence par un hymne à la déesse de la naissance, Eileithyia, et finit par un hymne au dieu de la mort, Thanatos. Depuis Buechsenschuetz (*De hymnis orphicis*, Berlin, 1851), les dissertations n'ont pas manqué sur l'âge et la portée de ces hymnes : Chr. Petersen (*Verhandl. d. Philol. Vers. in Hannover*, p. 124 *suiv.*, *Philologus XXVII*, p. 391 *et suiv.*), Albr. Dieterich (*De Hymnis orphicis*, Marburg, 1891), E. Maas (*Orpheus*, 1895), O. Gruppe (Roscher Lexikon, *s. v. Orpheus*), sont revenus travailler sur ce terrain, qu'avaient ouvert à la critique les travaux de Hermann (1805) et de Lobeck, (*Aglaophamus*, 1829)[2]. Encore que les discussions portent sur

1. P. 27. L'auteur hésite à faire, de ces traditions mystiques, des traditions spécialement orphiques. Pourtant l'hésitation lui paraît moins commandée pour l'argument de la flèche, car la flèche est « un attribut de l'Eros orphique ». Il est vraiment regrettable de voir de si louables efforts perdus à bâtir, sur ce qu'il y a de plus fantaisiste dans les trouvailles de W. Schultz, des thèses aussi vastes qu'inconsistantes.

2. Une édition complète des monuments de la littérature orphique a été faite récemment par Otto Kern, *Orphica* (Orphicorum fragmenta), gr. in-8°, x et 407 pages, avec Index, Berlin, Weidmann. 1922.

un âge relativement tardif, la distance est large entre les dates auxquelles parvient M. Hauck et les dates auxquelles s'arrêtaient ses prédécesseurs. Petersen plaçait la composition de la majorité des hymnes aux Ier et IIe siècles avant Jésus-Christ; Dieterich remontait encore plus haut et les datait de l'extrême fin du IIIe; M. Hauck prend, comme *terminus post quem*, le milieu du Ve siècle après Jésus-Christ et, comme *terminus ante quem*, l'époque de la composition des hymnes de Proclus : ainsi incline-t-il à dater les hymnes orphiques de la fin du Ve siècle après Jésus-Christ. Son argumentation commence par décliner tout appel aux preuves métriques. De l'inobservance, dans les hymnes, des règles de Nonnus, on ne peut nullement conclure à l'antériorité des hymnes. Les poètes mêmes qui sont les plus fidèlement soumis aux préceptes de Nonnus, comme Paul le Silentiaire et Proclus, sont loin de s'astreindre à toute la rigueur de ces règles. Les autres poètes contemporains sont très variés dans leur métrique, et au Ve siècle même, la poétesse Eudocia répudie complètement la métrique de Nonnus. Enfin, Buechsenschuetz avait déjà prétendu avec quelque raison qu'un faussaire, attribuant à l'antique Orphée sa propre fabrication, ne pouvait observer ces règles de Nonnus sans dévoiler immédiatement la supercherie et devait donc en éviter consciemment l'application. Mais, dans un second chapitre (*De locis hymnorum ex aliis poetis translatis*), M. Hauck étudie la provenance des mots, des hémistiches, des vers entiers, qui sont venus former la trame composite de ces hymnes, lesquels sont de véritables centons. Or, le fabricant des hymnes orphiques a compilé non seulement Homère, Hésiode et Callimaque, mais encore Maxime, Manéthon, le poète des Argonautiques, Nonnus, Synesius et Proclus. Un troisième chapitre recueille, dans le vocabulaire, les mots qui datent nettement de l'époque chrétienne. Sur les 1200 vers des hymnes, 76 mots sont particuliers aux écrivains de l'ètre chrétienne, et, dans les 215 mots qu'on ne trouve que dans le vocabulaire des hymnes, 32 encore sont du même âge. Petersen fondait sa chronologie sur deux arguments principaux : on ne trouve dans les hymnes le nom d'aucune de ces divinités étrangères qui font invasion dans le culte grec après le IIIe siècle de l'ère chrétienne (Serapis, Mithra jamais nommés, pas plus qu'Ammon et Osiris ; Isis une seule fois) ; — la philosophie des hymnes ignore le Néoplatonisme et utilise en grand le Stoïcisme. Hauck répond : le poète ne pouvait nommer ces divinités nouvelles sans enlever à son œuvre la patine antique, et les quelques divinités spéciales à l'époque alexandrine qui trouvent accueil dans son poème pouvaient déjà lui paraître assez anciennes. Les idées qui ont couleur de Stoïcisme sont ou bien d'une teinte assez pâle pour être des idées communes à bien des systèmes, ou bien des emprunts faciles de l'auteur, dont on n'a nul besoin de faire un philosophe stoïcien. Dieterich a, comme argument nouveau, la parenté, avec ces hymnes orphiques, des papyrus magiques trouvés en Égypte. Mais les mots communs, qui sont surtout des épithètes de dieux, ne supposent pas absolument l'emprunt, et, l'emprunt admis, il n'est pas dit que le poète des hymnes ne soit pas l'emprunteur. Sur le lieu de naissance des hymnes, la discussion est entre Dieterich (côte d'Asie-Mineure et d'Égypte aux environs d'Alexandrie) et Kern (*Genethliakon f. Robert*, 1910, pp. 81-101 ; non l'Égypte, mais l'Asie). M. Hauck se rattache à ce dernier. Lobeck et Saupp voyaient, dans les hymnes, un simple exercice de rhétorique. M. Hauck se rallie aux thèses contraires de R. Schœll et O. Gruppe, et conclut : « Rien ne nous empêche de penser que les hymnes furent composés pour l'usage de certains conventicules orphiques, mais nous ne pouvons savoir de façon certaine si, en réalité, ils ont servi à cet usage ».

§ 4. — *Héraclite et la Mystique*

Que penser d'Héraclite ? « C'est, pour Schuster, un sensualiste et un empiriste, pour Lassalle un rationaliste et un idéaliste. Le fondement de sa doctrine, Teichmüller le trouve dans sa physique, Zeller dans sa métaphysique, Pfleiderer dans sa religion. Pour Teichmüller et Tannery, sa théologie est venue de l'Égypte; pour Gladisch, de Zoroastre; pour Lassalle, de l'Inde ; pour Pfleiderer, des mystères grecs. Pour le même Pfleiderer, la doctrine héraclitéenne du « flux » dérive des théories générales ; pour Teichmüller, les théories générales dérivent de l'observation du « flux ». Pfleiderer fait d'Héraclite un optimiste, Mayer en fait un pessimiste ; il est, pour Schuster, hylozoïste ; pour Zeller, panthéiste ; pour Pfleiderer, panzoïste; pour Lassalle, panlogiste[1] ! » Voilà, n'est-ce pas, une assez longue énumération de thèses contradictoires ? De fait, M. Bodrero (*Eraclito*, in-12, XXII 212 p., Torino, Bocca, 1910) aurait pu continuer longtemps encore. Mais il sait s'arrêter. Est-ce pour ajouter, à tant d'hypothèses qui se combattent, une hypothèse nouvelle ? M. Bodrero aurait de quoi la développer avec abon-

1. A tous ces systèmes sur Héraclite, un autre est venu s'ajouter récemment : Vittorio Macchioro, *Eraclito, Nuovi studi sull' Orfismo*, in-8, 137 pages, Bari, Laterza, 1922. La connaissance n'est pas, pour Héraclite, une activité de l'esprit : elle est divination et extase. Sa pensée n'est pas seulement mystique, elle est *un mystère* au sens religieux du mot. Le *Discours Théologique*, qui, au dire de V. Macchioro, est la source directe où puise Hippolyte (*Ref. omn. haer.*, IX, 9 et 10), n'est, en somme, que la théologie orphique repensée par un philosophe religieux et antiintellectualiste. V. Macchioro affirme tout cela avec une très grande certitude. On lira, avec au moins autant de profit, les études modestes, très solides et très suggestives, de H. Gomperz, *Ueber die Ursprüngliche Reihenfolge einiger Bruchstücke Heraclits* (Hermes, LVIII, 1 (1923), p. 20 à 56), et « *Heraklits Einheitslehre* » *von Aloys Patin als Ausgangspunkt zum Verständnis Heraklits* (Wiener Studien, XLIII, p. 115-135).

dance et avec talent, car il connaît, par une longue pratique, la philosophie grecque, et sa plume, je ne veux certes point lui en faire un reproche, semble s'attarder amoureusement au développement de la belle phrase italienne. Vingt-deux pages d'une lettre-préface sont là pour témoigner, et de la conception très haute et très humaine qu'il se fait de la philosophie, et de cet intérêt qu'il porte à l'art de bien dire. Après cela, quatre-vingt-deux pages d'introduction générale sur la philosophie antésocratique et sur le caractère propre de la philosophie d'Héraclite. Il y a là beaucoup de vues intéressantes, une synthèse large et qui ne veut pas être dogmatique. Mais tout cela n'est que l'enveloppe, une enveloppe très agréable et très brillante, destinée de toute évidence à faire passer un travail d'aspect plus positif et plus sévère, mais infiniment utile : la traduction des sources. Quand il a bien rangé en ligne de bataille les multiples et adverses systèmes de la critique moderne (p. 25), M. Bodrero nous déclare humblement et sagement à la page suivante : « La meilleure histoire de la philosophie antésocratique est, en fin de compte, le recueil nu, mais presque parfait, de fragments qu'a publié Hermann Diels ». Et c'est un excellent exemple de dévouement et de renoncement que nous donne là M. Bodrero, qui, au lieu d'ajouter hypothèse à hypothèse, dit bravement au lecteur : voici tout ce que les anciens nous rapportent sur la vie et la doctrine d'Héraclite ; voici les fragments de son livre *sur la Nature* ; voici les imitations contemporaines qui paraphrasent sa pensée sibylline ; voici jusqu'aux lettres où d'astucieux plus qu'habiles faussaires l'imaginent répondant aux invites de Darius ou exhalant dans le sein d'Hermodore son mépris pour le peuple d'Éphèse. Voici enfin la liste détaillée des travaux modernes. Lisez, pénétrez-vous de cette pensée profonde et, s'il vous plaît d'entrer dans le dédale de l'érudition, les guides ne vous manqueront pas.

Je ne crois pas qu'on pût mieux faire. La bibliographie est très riche (8 pages) et clairement classée. Au-dessous de la traduction italienne du texte édité par H. Diels, Bodrero imprime d'abord les indications et notes de Diels, puis, au-dessous encore, ses notes personnelles. La traduction vise avant tout à la fidélité : elle veut « faire passer dans l'italien jusqu'à l'obscurité de l'Éphésien, avec tous ses caractères, sans essayer jamais de violenter la pensée mystérieuse, p. 80 ». Mais les notes sont là pour rappeler les explications déjà proposées ou offrir l'interprétation personnelle. En somme, c'est, avec la petite adjonction des lettres, empruntées à Bywater, tout l'immense travail de Diels mis à la portée des lecteurs italiens, sans que, d'ailleurs, l'admiration du traducteur fasse tort à l'indépendance du critique. Un index des noms propres termine ce petit volume. Mon seul vœu est que M. Bodrero continue, pour les plus marquants au moins des antésocratiques, ce travail de première et fondamentale utilité[1] et surtout qu'il puisse trouver, chez lui, beaucoup de lecteurs et, chez nous, des imitateurs.

Dans la bibliographie, pourtant copieuse, de M. Bodrero, j'ai en vain cherché le nom de W. Schultz[2]. Le premier fascicule des *Studien zur antiken Kultur* (Leipzig u. Wien 1905) de M. Schultz était cependant consacré à Pythagore et Héraclite, et l'on pouvait au moins citer cette étude au lecteur comme exemple de construction hypothétique, har-

1. Un travail excellent a été fait, dans ce genre, pour Empédocle, par E. Bignone, *Empedocle*, Turin, 1916 ; édition italienne commentée des fragments d'Empédocle et de tous les témoignages relatifs à sa vie et à sa doctrine.

2. Wolfgang Schultz : *Die Kosmologie des Rauchopfers nach Heraklits* fr. 67 (*Archiv. f. Gesch. d. Phil.*, XXII, 2, 197 à 227).

die, et, faut-il le dire, passablement aventureuse. Deux autres fascicules ont suivi, qui traitent de la Mystique des premiers Ioniens (*Die Altjonische Mystik*), et que je n'ai pas le bonheur de posséder. On nous promet enfin un quatrième et un cinquième fascicule, et j'avoue les attendre avec quelque impatience, car eux seuls nous donneront, à vrai dire, la clef de tout le système : c'est là que M. Schultz entend faire une «exposition complète de l'antique symbolique des nombres. *Archiv.*, XXI, 2, p. 245, 7. » Avant de nous exposer cette symbolique, M. Schultz ne s'est pas interdit de l'appliquer en grand à l'interprétation des antésocratiques. Déjà pourtant, dans son article des *Archiv.* (XXI, 2, p. 240 à 252), il avait senti le besoin de revenir sur ses études générales antérieures et d'éclairer quelque peu sa méthode par un exemple typique et approfondi. L'αὐτὸς ἔφα des Pythagoriciens s'y révélait à nous comme le symbole d'un symbole, la formule exotérique et pourtant signifiante, le nombre parfait (100) qui n'est pourtant que l'annonce du nombre définitif (1111) où se résument tous les mystères contenus dans le nom magique du maître, Pythagoras. Cette fois, nous voici devant un exemple plus étendu et plus significatif encore : il s'agit d'interpréter le fragment 67 d'Héraclite. On a trouvé bien des choses dans Héraclite, et nous avons vu M. Bodrero se distraire quelque peu à cet alignement d'hypothèses. Mais je ne croyais pas que, d'un seul fragment, on pût nous faire sortir tant de révélations.

On connaît le fragment. Dieu est jour-nuit, hiver-été, guerre-paix, satiété-faim. Il se change (comme le feu), qui, mêlé aux parfums, change de nom suivant le bon plaisir de chacun (1re *édition Diels*) — suivant l'impression de chacun (2e *édition Diels*) — suivant leur odeur (l'odeur de chaque parfum, *Tannery*) — ou, enfin, dégage l'odeur de chacun (de chaque parfum, *Schultz*).

Mettons de côté la restitution « comme <le feu> — ὅκωσπερ <πῦρ> — », que n'adoptait pas encore la traduction Tannery, mais sur laquelle il n'y a pas de discussion. On voit que ce qui reste en litige, c'est le choix entre deux lectures : ὄζεται καθ'. ἡδονὴν ἑκάστου et ὀνομάζεται καθ' ἡδονὴν ἑκάστου. La dernière lecture est celle de Diels : si on l'adopte, il faut encore choisir, ou de rapporter ἑκάστου aux parfums (Tannery), ou de le rapporter à ceux qui respirent les parfums (Diels). M. Schultz ne paraît pas connaître la traduction Tannery. Mais il est clair qu'elle pourrait faire valoir à son compte certains arguments sur lesquels s'appuie la traduction Schultz : v. g. l'emploi de ἡδονή dans le sens de bonne odeur (Anaxagore fr. 4), ou l'emploi analogue de ἥδυσμα, que M. Schultz ajoute aujourd'hui à son premier exemple. Il n'y a là, d'ailleurs, ni découverte ni révélation : le dictionnaire Bailly, tout le premier, nous donnera, pour ἡδονή, A) plaisir ; B) qualité sensible d'un objet (goût, odeur, saveur, etc.). J'avoue que, la lecture de Diels acceptée, la traduction Tannery me paraît plus signifiante et plus suivie : le feu change de nom suivant l'odeur de chaque parfum.

On peut donc accorder, il me semble, à M. Schultz, et que le fr. 48 d'Héraclite, invoqué par Diels, ne l'autorise pas à s'en remettre, pour le nom, au bon plaisir de chacun (car ce n'est pas le caprice qui donne à l'arc le même nom qu'à la vie), et que, d'ailleurs, on ne gagne pas beaucoup à substituer, à « bon plaisir », « impression », à « Wohlgefallen », « Wohlempfinden ». Mais, cela dit, il me paraît que, si l'on continue à rapporter ἑκάστου aux parfums, la dispute sur l'alternative ὄζεται ou ὀνομάζεται n'est pas de grande importance. Car si le feu prend, tour à tour, le nom de chaque parfum, c'est évidemment parce qu'il en a pris l'odeur. Donc, entre Tannery et Diels d'une part, Lortzing et Schultz de l'autre, il me semble difficile et même inutile de décider. Si quelque chose pouvait imposer une décision, ce ne pourrait être que l'intention générale du fragment. Et c'est là que nous attend M. Schultz. Cette intention générale, il prétend nous la révéler. Et sa révélation tombe des hauteurs d'une érudition « Kulturhistorischen », biblique, cabbalistique, égyptienne et panbabylonienne, où, malheureusement, il y a plus d'éclairs que de clarté.

Ce n'est pas que la thèse soit déraisonnable en ses données essentielles. Que le feu pris comme exemple par Héraclite soit le feu des sacrifices, que les parfums soient les essences ou matières brûlées dans ce « Rauchopfer », c'est une hypothèse très naturelle, et pour laquelle H. Diels, par exemple, ne devrait guère avoir de répugnance, lui qui, pour sa restitution « ὅκωσπερ <πῦρ> », s'est inspiré d'un passage des *Cramer Anecdota* et d'une scholie de Pindare, où ce sacrifice par le feu est nettement désigné. Que les oppositions « jour-nuit, été-hiver, etc., » ne soient pas venues là sans une intention spéciale, c'est encore probable. On peut même admettre le raisonnement de M. Schultz (p. 189) : Héraclite, d'une part, sans dire que la divinité se transforme, énumère les stades de cette transformation, et, d'autre part, dit que le feu se transforme en se mêlant aux parfums (et, ajoutons-nous, que la divinité se transforme parallèlement), sans indiquer à quoi doit se mélanger la divinité pour traverser ces transformations successives. Ce qu'il n'indique pas, il le présuppose connu ; ce qu'il indique, il le formule, dans sa manière antithétique, par rapport à ce connu présupposé. Laissons donc M. Schultz nous développer le fragment en sa teneur explicite et sa formule complète. Dégagée du luxe d'érudition qui la prétend fonder, comme aussi d'applications trop précises dont j'ai peur qu'elles ne débordent souvent la pensée d'Héraclite, la formule est encore assez simple et, sinon acceptable en bloc, du moins pas trop infidèle à l'héraclitéisme, dont elle pourrait fournir une intéressante « illustration ». « La divinité (p. 228), mélangée aux éléments, revêt successivement les états opposés du monde ; le feu, mêlé aux essences, devient successivement chacun des parfums contraires. Les essences répondent aux éléments, les états cosmiques aux parfums. La flamme qui palpite et le parfum qui monte en vapeur se correspondent comme le κόρος et la χρησμοσύνη (la satiété et la faim), et sont le symbole de la succession rythmique des Mondes. » La doctrine de l'ἀναθυμίασις devient ainsi (p. 229), « l'explication philosophique du rituel du sacrifice par le feu ». Je ne puis nier que ce soit là une thèse intéressante. Le malheur est que, au moment où l'on se sent porté à profiter des lumières de M. Schultz, on ne puisse oublier les nuages d'où elles sortent. Non seulement on nous parle, à propos d'Héraclite, d'un οἰκεῖος τόπος des éléments, qui serait l'autel du sacrifice ; mais encore, à ce lieu propre, on relie les éléments par une εὐτονία πνεύματος. Sur quoi donc fonde-t-on cette attribution à Héraclite, d'une part, d'une théorie proprement platonicienne et aristotélicienne, et, d'autre part, d'une théorie toute stoïcienne ? L'argumentation vaut la peine d'être exposée. Les Séthiniens ou Séthéens, secte gnostique du IIe siècle, dont Hippolyte nous décrit la curieuse hérésie, nous parlent de deux principes, la lumière, φῶς, et l'obscurité, σκότος, et d'un πνεῦμα intermédiaire qui les relie. Ce πνεῦμα n'est pas une simple brise ou un léger souffle ; c'est une vapeur d'essence ou de parfum, μύρου τις ὀσμὴ ἢ θυμιάματος. Or, lumière et obscurité sont des lieux naturels (χωρίον ἴδιον, τὰ οἰκεῖα). Toutes choses y tendent « comme le fer vers l'aimant » : le feu vers la lumière, en haut ; l'eau vers l'obscurité, en bas ; quant à l'or, il tend vers le centre du monde, vers le milieu « de cet épervier marin gigantesque, qui, par en haut, est oiseau battant des ailes dans l'air, et, par en bas, est serpent sifflant dans les eaux ». J'espère que le lecteur aura compris. Entre les Séthéens et notre fragment d'Héraclite, voici donc un point de rencontre : la flamme ou la vapeur odorante du parfum. Mais cet or des Séthéens, qui tend vers le centre, ne s'explique-t-il pas par le fragment 90 d'Héraclite : « Tout s'échange contre le feu comme les marchandises contre l'or » ? L'or est donc, pour les Séthéens, symbole de la transformation du feu en πνεῦμα. Or, les Séthéens puisent à la vieille tradition juive orthodoxe. Et les Stoïciens n'ont donc fait que systématiser la représentation mythique de cet oiseau gigantesque ou πνεῦμα, qui, tendu (τόνος) entre la lumière et les ténèbres, maintient (ἕξις) le monde. Il y a donc, chez Héraclite, une théorie des lieux naturels et une théorie de l'εὐτονία πνεύματος. Est-ce clair ?

J'en passe, je l'avoue. Non pas des raisonnements, mais des textes, textes grecs d'Hippolyte et d'Eusèbe, textes hébreux de Job et de bien d'autres livres de la Bible, et textes du Bababathra. Mais ne laissons pas de côté un raisonnement convaincant. Les trois termes prétendûment stoïciens πνεῦμα, τόνος, ἕξις, appartiennent à la mystique des nombres, car leur total donne, dans le système milésien, $576 + 670 + 275 = 39^2$. Par contre πνεῦμα tout seul $= 24^2$ et, « pour des raisons qu'on ne peut donner ici, wie hier nicht erwiesen werden kann » (p. 214, 42), il est incontestablement plus ancien que les deux autres qui, « en raison du peu de tendance des écrivains postérieurs à une telle symbolique (l'auteur oublie de citer, comme preuves, les néophythagoriciens et Philon), devraient être attribués à quelqu'un des plus vieux disciples d'Héraclite plutôt qu'aux Stoïciens. »

J'ai donné un exemple des calculs de M. Schultz. Il a eu l'idée, naturelle pour qui connaît Héraclite, de faire correspondre, à la série des oppositions du fr. 67, la série des éléments : terre, air, eau, feu, et, déjà, la simple comparaison avec le fr. 30, où le feu est dit « s'allumer en mesure et s'éteindre en mesure », permettait de penser que le passage de κόρος à χρησμοσύνη est une oscillation rythmique. Mais il faut le vérifier par la symbolique. Et donc on s'évertuera à tirer ce rythme de la mesure prosodique des oppositions du fr. 67, de la valeur des lettres dans chaque mot d'après le système additif, de leur valeur d'après le système milésien, du nombre de lettres dans chaque mot (auquel propos on compte, je ne sais pourquoi, 13 lettres dans ἡμέρη + εὐφρόνη), de la comparaison des sommes additives et des sommes milésiennes, etc. Songez à quelle mutiplicité de combinaisons devait être apte un mot quelconque avant qu'Héraclite lui fît l'honneur de le choisir, et combien le sombre philosophe était excusable de n'avoir pas la méditation bien hilarante !

Ce n'est pas tout. Un texte de la *Genèse* (VIII, 22) nous présente une série d'oppositions parallèles à la série héraclitéenne : « semailles et moisson, froid et chaleur (*scriptio defectiva* en hébreu), été et hiver, jour et nuit. » Le premier couple correspond, nous dit-on, au couple κόρος λιμός, et l'on nous assure, sans référence à l'appui, que l'exégèse juive identifiait les termes froid, chaleur, aux termes paix et guerre. On aurait donc là un premier point de contact.

Mais on va plus loin. La *Bereshit rabba* connaît une secousse du ciel qui doit se produire tous les 1656 ans, chiffre obtenu, sans nul doute, par un calcul rabbinique qui additionnait, dans les couples de la Genèse, les lettres hébraïques de tous les termes, écrits d'ailleurs avec la *scriptio plena*. Et voici le gain merveilleux qu'en tire M. Schultz : $1656 = 3^2 \times 2^2 \times 23$; or, une addition semblable des couples d'Héraclite donnait $4669 = 23 \times 203$. L'accord est frappant (auffällig), puisque, dans les deux cas, nous avons le même entrelacement des chiffres 2 et 3 !

Mais M. Schultz éprouve un scrupule. Ce merveilleux accord perdrait de son importance si le chiffre 1656 n'était qu'une trouvaille postérieure. A cela, M. Schultz a deux réponses. La structure numérique du chiffre du *Midrasch* est plus élégante à la fois et pourtant plus pauvre, bâtie seulement comme elle est sur le système additif, que celle du chiffre d'Héraclite. Ensuite, avant la symbolique d'Héraclite et du *Midrasch*, avant que la *Genèse* alignât sa chronologie mystérieuse et dont on perdit trop vite la clef, les Babyloniens connaissaient un retour périodique du déluge. Cette périodicité était, chez eux, une doctrine courante (gelaüfige). Ils sont, en tout cas, les témoins d'une tradition qui influencera plus tard les chronologistes hébreux et les rabbins. — M. Schultz est bien renseigné sur Babylone, peut-être même trop bien. Bérose, en effet, auquel renvoie M. Schultz (cf. Sénèque, *Nat. Qu.* III, 29) suppose, à la fin des temps actuels, un déluge par le feu, puis un déluge par l'eau, dont l'époque peut être connue d'avance « par le cours des astres ». Mais Bérose est bien tardif, et les récits fragmentaires sur le déluge (spécialement le frg. de Scheil, et K. 3399) s'ils supposent de nouvelles punitions des dieux, n'appuient nullement sa thèse[1]. Il est vrai que les Panbabylonistes ont relevé, dans la littérature cunéiforme, une doctrine des âges successifs du monde ; mais chaque âge n'a point, semble-t-il, son ou ses déluges. Les calculs astronomiques des Babyloniens, avec les déductions mythologiques ou cosmiques dont ils sont la base, ont pu influencer les milieux les plus divers : ces calculs portaient de préférence, on le sait, sur la précession des équinoxes. Or, ceux que suppose le texte sus-mentionné

1. Voir, sur ce sujet, G. Hilion, *Le Déluge dans la Bible et dans les Inscriptions akkadiennes et sumériennes*, Paris, Geuthner, 1925.

de Bérose visent l'avance du soleil à travers non pas une, mais toutes les constellations zodiacales. Nous aurions donc, non plus des âges du monde de 2200 ans environ, mais des périodes mondiales de 12 × 2200. (Cf. Jeremias, *Das alte Testament im Lichte des Alten Orients* 2 p. 23.) Le jeu des chiffres 2, 3, 23, n'est donc plus possible, et le merveilleux accord n'existe plus. La savante argumentation de M. Schultz n'a plus sur quoi se poser.

Que le lecteur me pardonne. Si je l'ai, pour suivre M. Schultz, engagé dans le labyrinthe de la Bible, du rabbinisme et du Babylonisme, c'était à mon corps défendant ; c'était aussi, je dois le dire, avec la science d'autrui[1]. Ce qu'il fallait montrer, c'était ceci : que, malgré toute la science de M. Schultz, ses thèses n'ont pas plus de base scientifique que de fondement logique. Il est malheureux qu'un projet d'étude sur la symbolique des antésocratiques, puisque M. Schultz prétend retrouver chez eux une mystique des nombres, aille se perdre en un tel luxe d'érudition inutile et de déductions fantaisistes. Attendons l'étude générale promise... Nous pardonnerons facilement à M. Schultz d'y mettre un peu moins de science, s'il le faut, mais un peu plus de logique.

§ 5. — *L'éthique grecque*

1. *L'idéal de liberté intérieure dans la conception grecque de la vie*[2]

L'éthique philosophique des Grecs, en opposition avec les conceptions morales populaires, est une éthique de liberté

1. Toute la substance des pages 79 à 81 me fut communiquée, en effet, par Mgr L. Gry, professeur de langues sémitiques à la Faculté de Théologie et, actuellement, recteur des Facultés catholiques de l'Ouest.

2. Heinrich Gomperz. *Die Lebensauffassung der Griechischen Phi-*

intérieure, on ne peut la comprendre qu'avec cette idée d'indépendance, d'*autarchie*, pour centre. Telle est la thèse de Heinrich Gomperz. Dans la morale populaire, il distingue deux courants, qui s'accompagnent à travers toute l'histoire de la vie grecque, mais dont l'un, le courant plébéien, coule en dessous, en profondeur, et n'arrive à dominer que très tard ; l'autre, le courant aristocratique, est le premier et le plus longtemps sensible. Cette opposition des deux tendances fondamentales de la morale grecque se rattache à la vieille opposition sociale. L'aristocrate riche a naturellement comme idéal l'harmonie de la vie, la domination de soi-même, la sagesse. L'homme de condition inférieure, engagé dans la lutte pour la vie, est porté à regarder ces nécessités et ces obstacles comme le résultat d'un renversement de l'ordre originel, la punition d'une faute primitive, et tout son effort tend à expier cette ancienne faute et à se garder pur de fautes actuelles. C'est un idéal de sainteté. Ce n'est que très tard, comme conséquence extrême de l'extension démocratique, qu'il parvient à se faire jour et à refouler l'autre. Sa victoire marque la fin de la vie antique. Mais l'éthique philosophique est loin de se confondre avec les idées morales du peuple ; à toutes les époques, son attitude envers la morale de la masse fut une opposition consciente. La morale des penseurs a bien été, jusqu'à un certain point, socialement déterminée : l'idéal philosophique de liberté intérieure a ses racines historiques dans les vieux sentiments d'indépendance du Grec aristocrate. Là, comme ailleurs, par une espèce de mode sentimentale, les avantages de fait et les caractères distinctifs des classes privilégiées sont devenus l'idéal de la masse : l'opposition du noble et du vilain, du

losophen und das Ideal der Inneren Freiheit ; zwölf gemeinsverständliche Vorlesungen mit Anhang zum Verständniss der Mystiker ; Iena und Leipzig, 1904, vi et 322 pages.

libre et de l'esclave, s'est traduite en formules de valeurs morales. Mais cette indépendance est devenue, pour les penseurs, une indépendance intérieure. Elle se traduit par une attitude de détachement de l'extérieur, dont Plotin aussi bien qu'Epictète ont donné une même formule : « La vie est un jeu. » Ce n'est pas le succès qui importe, c'est le jeu ; le bon joueur, perdît-il, n'a pas fait une faute, il n'a rien à se reprocher, il a goûté toute la joie du jeu. Le mauvais, gagnât-il, ne peut oublier les fautes qu'il a faites, pas plus qu'il n'a pu se délivrer, tout le long du jeu, des doutes et des angoisses. Le développement de la comparaison est moderne, il est de l'utilitariste Adam Smith. Mais l'idéal de liberté intérieure est une forme qui peut recevoir des contenus positifs bien divers. L'effort de M. Gomperz a été de montrer comment ces contenus ont été déterminés, dans l'histoire de l'éthique grecque, par deux facteurs essentiels : le caractère, d'une part, et, de l'autre, les idées dominantes de chaque penseur.

L'histoire de ce développement se divise en quatre périodes : la préparation, 550-420 av. J.-C. ; la floraison 420-300 ; l'époque des épigones, 300-100 ; la décadence 100 av. J.-C. à 500 ap. J.-C. La morale d'Aristote, purement descriptive et expérimentale, est en dehors de cet exposé.

Dans la période de préparation, l'idéal démocratique de sainteté et de rédemption trouve sa formule philosophique, en aphorismes encore ou en développements poétiques plutôt qu'en un système logique, dans l'école orphique-pythagoricienne : les *Purifications* d'Empédocle en exposent les idées principales. Il n'y a d'ailleurs, dans les antésocratiques, qu'à glaner quelques aphorismes et relever quelques tendances : dans Héraclite, l'optimisme (« Pour Dieu tout est bon et beau »), et, peut-être, l'indépendance de l'homme vis-à-vis des choses extérieures, puisque « son caractère est son destin » ; cela expliquerait sa faveur chez les Stoïciens. Dans Démocrite, des germes d'une morale de la mesure, et, d'autre part, la vertu se suffisant à elle-même ; l'ignorance du meilleur, cause du mal. A propos des Sophistes, l'auteur défend avec raison la thèse de Théodore Gomperz : qu'il n'y a point de morale sophistique. Mais, puisqu'il donne lui-même plusieurs causes valables à la défaveur qu'ils ont rencontrée, ne pourrait-on, une fois, faire justice à Platon pour une part, au moins, de sa critique passionnée ? On avoue que recevoir un salaire les rendait dépendants de leur auditoire ; ne faut-il pas généraliser, et n'y avait-il pas, dans leur adaptation systématique à l'opinion et aux tendances dominantes, de quoi justifier la haine d'un réformateur ?

La période de floraison est dominée par Socrate : Aristippe, Antisthène, Platon, d'une part ; Epicure, Zénon, de l'autre, même les Sceptiques, si on veut les rattacher aux Mégariques, ne font que développer en des sens divers son idéal. Mais quel est le vrai Socrate ? Le dogmatique ou le sceptique ? Le rationaliste ou le mystique ? Le révolutionnaire ou l'aristocrate ? Il n'a pas écrit ; il n'a pas même enseigné ; s'il dialogue, il n'y fait pas figure de professeur, mais de questionneur. Autant d'embarras pour choisir entre les diverses sources d'information : qui croire, d'Aristote ou d'Aristophane, de Platon ou de Xénophon ? Une preuve que la critique de K. Joël, dont l'audace fit d'abord scandale, a trouvé le bon chemin, c'est la tranquillité et la clarté avec laquelle M. Gomperz nous dirige en ce dédale. D'Aristote, le témoignage est inattaquable, mais peu riche. De Xénophon, l'*Economique* nous offre, sous le nom de Socrate, des discours absolument fictifs ; or, ce livre se donne comme une simple continuation des *Mémorables* et prétend à la même authenticité. Par ailleurs, les *Mémorables* contiennent bien des choses dont Socrate n'avait cure et dont l'intérêt était personnel à Xénophon ; surtout, nombre de superstitions et de petitesses qui les remplissent ont leurs analogues dans tous les autres ouvrages de Xénophon et paraissent inconciliables avec ce qu'on nous enseigne, par ailleurs, de la doctrine socratique. Au *Banquet* qu'il raconte, Xénophon avoue n'avoir pas assisté ; au procès de Socrate que relate son *Apologie*, il est impossible qu'il ait assisté ; l'authenticité d'ailleurs en est contestée. Trouverons-nous en Platon le témoin oculaire fidèle que Xénophon n'est certainement pas ? A aucun des dialogues où Socrate figure, Platon ne prétend avoir été présent ; il dit expressément n'avoir pas été témoin du drame que raconte le *Phédon ;* il date une série de dialogues d'un temps où il n'a pu ni les entendre, ni les connaître par des rapports authentiques ; tels le *Parménide* et le *Banquet*. D'ailleurs, en plusieurs, Socrate expose la théorie des Idées, qu'Aristote affirme n'avoir jamais été sienne ; et ces dialogues n'ont pas, extérieurement, une moindre prétention historique que les autres. Par contre, Platon prétend rapporter « ex auditu » l'*Apologie*, mais il ne faut pas se presser d'en conclure que tout y est narration fidèle et scrupuleuse : à côté de détails historiques indéniables, il y a des marques d'une idéalisation et d'une liberté que rend, d'ailleurs, probable le nombre des ouvrages composés sur ce thème (quatre apologies de Socrate dans l'antiquité, et, en plus, une accusation fabriquée par Polycrate cinq ans après la mort de Socrate), et qu'explique l'habitude des discours fictifs chez les historiens. Avec quoi donc reconstruire le vrai Socrate ? Avec Aristote, pour la doctrine ; avec les Petits Socratiques, par induction régressive, pour sa conception de la vie. Mais, sa personnalité, et c'est le plus important, c'est à Platon qu'il faut en demander l'impression fidèle. Le caractère de Socrate était rebelle à une idéalisation dans le sens platonicien. Les traits qui caractérisent sa manière, dialogue, ironie, démon, n'ont point de lien nécessaire avec l'idéal éthique de Platon ; et, surtout, Platon et Socrate s'opposent comme s'opposent enthousiasme et réalisme. D'ailleurs quand, malgré tout l'art de Platon, il arrive à Socrate de *platoniser*, Platon trouve toujours un moyen de nous en avertir : tantôt l'exposition mythique (*Gorgias*, *Phèdre*, *République*), tantôt la nouveauté de certains discours socratiques expliquée par une inspiration étrangère (Diotime dans le *Banquet*) ou bien par un enthousiasme subit, inattendu de Socrate lui-même (le *Phèdre*). « Les dialogues platoniciens, conclut M. Gomperz, sont une œuvre d'art, dont la pensée platonicienne a fourni la matière, et la personnalité socratique, la forme » (p. 66).

Ce qu'on expose sous le nom de doctrine socratique ne peut être que la synthèse d'idées, peut-être jamais exprimées didactiquement, mais sous-jacentes à son jeu de questions et de réponses. Aristote nous dit qu'il ne s'occupait que de morale et cherchait, en ce domaine, des définitions générales ; que, pour lui, toute vertu était science, la science étant d'ailleurs, par elle-même, efficace ; que lui-même, enfin, ne prétendait point posséder cette science, mais avouait ne rien savoir. M. Gomperz fait bien ressortir les confusions latentes d'une telle attitude. L'induction socratique, illustrée toujours par des exemples tirés des métiers, pose en thèse : celui qui sait comment est faite une bonne chaussure fera une bonne chaussure ; sera brave celui qui sait ce qu'est la bravoure. C'est laisser de côté deux conditions essentielles : l'exercice nécessaire à l'apprentissage, et la volonté de réaliser la science acquise. Or, ni chez Aristote, ni chez Xénophon, ni chez Platon, il n'y a trace d'un pareil rôle de l'exercice dans la morale socratique. On y confond, d'une part, les deux sens du mot *apprendre* : apprendre une science, apprendre un métier. On y confond aussi les deux sens du mot *beau*, qui désigne tantôt ce qui est objet de désir, tantôt ce qui est objet d'approbation. Les acceptions diverses du mot n'étaient pas encore arrivées à se différencier, pas plus d'ailleurs, que celles du mot *bien*. Mais, plus encore que par l'intellectualisme de l'époque, cette confusion s'explique par l'intellectualisme de la personnalité socratique : la vie s'exprime, avant tout, en fonction de pensée et de science pour qui, comme Socrate, demeure tellement étranger à la partie subconsciente de son être, qu'il l'extériorise sous le nom de *démon*. Enfin, cette science socratique est purement formelle : que cette science du bien ne se soit jamais définie, chez Socrate, ni comme science de l'utile, ni comme science de l'agréable, etc., cela serait presque incroyable, si le caractère formel et vide de ce savoir n'était confirmé par la diversité même des contenus qu'y mettent tour à tour les disciples. Toutefois un idéal leur est commun : la liberté intérieure, l'indépendance à l'égard de tout ce qui est étranger, l'auto-rédemption de l'individu ; et c'est là que se marque l'empreinte durable de Socrate, qui a moins agi par des thèses que par la force de sa personnalité, et qui, « là où il exprime le moins, incarne le plus ».

Là même où l'effort a son rôle nettement reconnu, chez les Cyniques, cette conquête lente de la vertu est bien caractérisée, par son côté volontaire, comme éducation, exercice, labeur ; mais le but en est encore l'acquisition d'une vue claire de l'esprit, d'une science. Distinguer ce qui est propre à l'homme de ce qui lui est étranger ; reconnaître ce qui, dans les jugements de valeur, est naturel, et, d'autre part, ce qui est convention ou imagination, voilà ce qui délivre. L'absence d'illusions est liberté et vertu. M. Gomperz note simplement, sans appuyer, un trait du Cynisme qui, étudié à fond, ferait peut-être apparaître l'insuffisance de ce seul principe de liberté intérieure et d'une méthode trop unilatérale pour expliquer toute l'éthique grecque. C'est l'esprit d'apostolat. Presque tous les philosophes ont été réformateurs sociaux et, de Platon jusqu'à Plotin même, qui rêvait d'une *Platonopolis*, ont cherché à mettre en œuvre, ou du moins « en plans », ce que M. Gomperz appellerait une rédemption de l'individu par des secours externes. Les Cyniques avaient aussi leur État idéal, mais leur apostolat a surtout pour but la conversion individuelle : Diogène se prétend libérateur des hommes et médecin des passions, Cratès assiège les maisons des particuliers pour y prêcher. Il est vrai que cet apostolat trouve un sérieux obstacle dans l'opposition si accusée de leur principe de liberté intérieure avec le moralisme commun, et même avec les thèses les plus essentielles de la morale humaine. Pareille indépendance à l'égard de la pratique commune se rencontre naturellement chez les Cyrénaïques et leur héritier, Épicure : mais Aristippe n'était guère apôtre, et le jardin d'Épicure n'est fait que pour un cénacle. La difficulté se pose, au contraire, dans toute sa force, pour les Stoïciens. Du seul postulat de la liberté intérieure, comment déduire les règles de la morale traditionnelle ? Il ne peut y avoir de devoir éthique pour le sage : pour l'homme intérieurement libéré, les actes sont indifférents. Ariston de Chios pousse, en effet, la doctrine à cette logique extrême : la liberté intérieure est une comme la faculté de voir ; à qui la possède, les règles particulières sont superflues ; à qui en manque, elles sont inutiles ; le seul devoir du sage est de faire ce qui lui plaît, variant son action suivant la diversité de ses fins particulières et des circonstances. Ce qui montre bien que l'école tend à avoir une morale sociale, c'est qu'elle se refuse à une telle logique : entre la liberté de l'individu et la morale générale, elle cherche un compromis. A ce but répond sa distinction de deux séries de valeurs, biologiques et morales, où elle essaie de sauvegarder la distinction absolue entre la valeur d'un acte et son succès, tout en reconnaissant, à l'activité propre de chaque être et à la rectitude des actes, une valeur matérielle. En étudiant, dans sa dernière conférence, la décadence de l'Éthique ancienne, M. Gomperz s'arrête un instant à la renaissance du Socratisme dans le Stoïcisme et le Cynisme d'époque romaine. Il y a là beaucoup plus de vie stoïcienne (et surtout de morts) qu'au temps des diadoques ; la doctrine n'a passé que tardivement de la théorie à la pratique. C'est à une histoire de la morale, plus qu'à une histoire de l'éthique philosophique, de nous décrire les causes multiples de cette diffusion ; mais, puisqu'on s'était arrêté à chercher les origines sociales, et de la morale commune, et du principe même des diverses morales philosophiques, on eût bien fait d'accorder plus d'attention à cette dernière période, où, la théorie dépérissant, fleurit la pratique.

Le volume se termine par une brève et intéressante étude sur la Mystique. En somme, c'est un ouvrage complet : l'examen des doctrines, la psychologie des individus s'y mêlent d'une façon très heureuse, et en font une histoire très vivante des philosophes grecs.

2. *Les origines de l'éthique grecque*[1]

L'ouvrage de M. Wundt est bâti sur des proportions un peu larges. C'est qu'il conçoit l'histoire de l'éthique grecque comme une partie de l'histoire de l'évolution générale de l'esprit grec. Cette conception un peu vaste a nécessité toute une série de considérations, d'ailleurs très utiles, sur le dé-

1. Max Wundt : *Geschichte der Griechischen Ethik*. Bd I. *Die Entstehung der griechischen Ethik*. Un vol. grand in-8°, IX et 355 p. chez Engelmann, Leipzig, 1908.

veloppement de la civilisation, telle que la manifestent la littérature et l'histoire. La simple table des matières nous éclairera tout de suite sur l'étendue de cette enquête. Après une courte introduction, dix chapitres : I. Homère : l'homme homérique, la société et la religion. — II. Le monde ionien : caractère général, développement de la personnalité, conception du monde. — III. Le continent grec et le développement d'Athènes jusqu'aux guerres Persiques : l'agrarisme grec, l'aristocratie, la formation de l'ionisme. — IV. Le mouvement religieux : divinités cthoniennes, cultes orgiaques ; Orphiques et Pythagoriciens. — V. L'époque des guerres persiques : la lutte contre les barbares, les vieilles et les nouvelles voies, la philosophie des tragiques, Eschyle. — VI. L'époque de Périclès : les Ioniens, Périclès et Athènes, Sophocle, la comédie. — VII. L'époque de la guerre du Péloponèse : les Sophistes, la guerre, Euripide, Aristophane. — VIII. L'âme attique à la fin du ve siècle : caractère général, le prix de la vie, la poursuite d'une vie nouvelle, la libération du sujet. — IX. Socrate et les Socratiques : Socrate, les Cyniques, Aristippe, Euclide. — X. Platon : sa vie et ses écrits, le socratique, le mystique, le réformateur.

Une telle synthèse ne s'analyse guére : M. Wundt y résume, en somme, toute une partie de l'histoire de la civilisation grecque, et résumer ce résumé serait donner, au lieu de l'impression d'ensemble, quelques phrases sèches et sans portée. Il ne faut pas songer davantage à reprendre et à vérifier, l'un après l'autre, tous les faits qui servent de base à cette synthèse. Je ne puis que relever çà et là quelques idées intéressantes.

Dans son appréciation de la religion homérique, l'auteur reste fidèle, en somme, aux thèses bien connues de Rohde. Qu'il ne faille pas chercher, soit dans la vie d'ici-bas, soit dans l'ombre de vie de l'au delà, l'idée d'une rémunération morale, c'est la conclusion claire qui se dégage d'une lecture attentive de l'*Iliade* et de l'*Odyssée :* s'il y faut une lecture quelque peu attentive, c'est que nous sommes portés à lire avec notre imagination moderne, qui colore, par exemple, l'enfer homérique de lueurs tout à fait étrangères à ce brumeux séjour des ombres. Mais, pour expliquer les tourments des grands suppliciés de l'Hadès, est-il indispensable de recourir avec l'auteur, à la suite de M. de Wilamowitz, à l'hypothèse d'une interpolation orphique ? L'interpolation est certes possible. Mais les tourments des trois suppliciés fussent-ils des tourments réels, et non des ombres de choses, dans cette vie où tout, et les vivants et leurs gestes, n'est que vains reflets, la portée morale d'une telle punition serait encore nulle : cette punition ne serait encore qu'une vengeance personnelle de dieux personnellement outragés.

Le monde ionien, avec son histoire troublée, ses guerres du dedans et du dehors, sa vie faite à la fois de passion et de réflexion, arrête assez longtemps M. Wundt, pas plus longtemps, d'ailleurs, qu'il ne convient ; car, de tous ces troubles, est sortie, et la poésie d'Archiloque et des deux Simonide, et la philosophie d'Héraclite et de Xénophane. L'auteur condense ici en quelques pages l'étude très originale qu'il avait consacrée à Héraclite dans les *Archiv*. (Bd XX, pp. 431 suiv.). Après les travaux de Diels, je ne crois pas qu'aucune étude particulière ait jeté plus de clarté sur l'arrière-fonds historique de « l'obscur Héraclite ». Replacer dans son milieu, en pleine lutte de classes, ce descendant des rois d'Ephèse, retrouver, dans sa doctrine du flux et dans son unité des contraires, à la fois la trace de cette mobilité d'un monde en ruines et la réaction contre cet émiettement, c'était la plus simple manière de nous préparer à comprendre cette pensée qui veut, « sans se dire ni se cacher, se faire entendre à qui sait entendre (fr. 93) ». Je ne m'arrêterai pas au chapitre sur les Orphiques et les Pythagoriciens, qui résume pourtant de façon claire le peu que l'on sait encore sur la question. Dans cette rapide synthèse, bien des questions ne sont qu'effleurées ; M. Wundt garde, à propos d'Empédocle, l'hypothèse de « l'âme double » de Th. Gomperz, peut-être bien inutile ; mais une toute petite phrase nous apprend qu'Empédocle « semble avoir cherché à mettre d'accord sa *théorie mystique de l'âme* et sa cosmologie », et je regrette que le temps et la place aient manqué à l'auteur pour nous expliquer comment il concevait cet accord.

Le mouvement sophistique est rattaché à l'Ionisme. Les chefs de file, Protagoras, Gorgias, Prodicus, Evenus, sont ioniens. Le discours public, la « conférence » sophistique, n'est qu'une forme moderne de la récitation des rhapsodes ; et le sophiste apparaît comme le dernier venu de cette série de poètes et de chanteurs, de savants et de sages, qui, des îles ou de la côte, faisant argent de leur esprit, s'acheminèrent vers le marché d'Athènes. La sophistique est responsable d'un redoutable défaut de la rhétorique postérieure : le verbosisme. Mais son amour de l'antithèse n'a pas été sans influence heureuse sur la construction logique de la phrase. L'auteur note à bon droit que les Sophistes se rattachent beaucoup moins à la philosophie scientifique de leur temps qu'à la dialectique d'Héraclite et des Éléates ; cette préparation de la sophistique dans l'Éléatisme, ici brièvement indiquée, a déjà été clairement exposée chez nous dans le savant travail de M. Rivaud (*Le problème du devenir*, § 149 suiv.).

Il eût été intéressant de voir traiter par M. Wundt une question bien des fois soulevée et qui a provoqué des réponses bien contradictoires : quel est le rapport de Socrate avec la sophistique ? Il n'y a pas longtemps qu'un article curieux de M. Anathon Aall posait à nouveau le dilemme : Socrate adversaire des Sophistes ou Socrate sophiste (*Sokrates-Gegner oder Anhänger der Sophistik ?* pages 1 à 14 des *Philosophische Abhandlungen Max Heinze gewidmet*, Berlin, 1906). La réponse avait, je l'accorde, au premier énoncé, un air de paradoxe et de scandale : « Les contemporains de Socrate, en le comptant au nombre des Sophistes, ne commettaient pas une erreur aussi grossière qu'on le croit. » L'impression profonde qu'il fit sur ses disciples les plus intimes détruisit cette première impression d'ensemble ; car les disciples s'attachèrent davantage au sérieux antisophistique de sa logique, à son idéalisme d'éducateur, qu'à sa critique de réformateur. La mort en fit un saint : elle accentua les quelques traits qui le distinguaient des Sophistes ; et les dialogues de Platon creusèrent, entre les Sophistes et lui, un abîme. Mais la science doit-elle juger un théoricien avant tout par sa morale, ou par sa vie ? Et M. Aall concluait que, pour apprécier Socrate en tant que philosophe, il fallait le replacer dans le milieu sophistique, et que le caractère essentiel de sa doctrine ne pouvait se déterminer que par sa parenté avec les Sophistes (*loc. cit.*, p. 13). M. Wundt ne s'est pas posé la question. Il avoue pourtant que l'accusation portée contre Socrate, de ne pas croire aux dieux de la cité, simple application particulière de la formule « stéréotypée » par laquelle la pensée vulgaire condamne toute pensée progressive, tout en portant à faux contre le citoyen pieux qu'était Socrate, répondait pourtant à une impression juste : demander compte de tout, pourrions-nous dire, n'est-ce pas mettre tout en doute ?

Cette attitude de questionneur perpétuel est bien mise en lumière par M. Wundt. Et c'est bien par là, peut-être, qu'on devrait corriger ce qu'il peut y avoir d'excessif dans la réponse de M. Aall aussi bien que dans toute réponse contraire.

Car de quel droit parler d'une doctrine de Socrate ? Et ce n'est pas seulement la critique de Joël qui nous l'interdit. M. Wundt a raison de lui accorder que le Socrate de Xénophon est bien souvent un Socrate cynique ; encore qu'il lui reproche à bon droit d'avoir, par contre, donné une confiance trop exclusive au témoignage d'Aristote, lequel est souvent le simple écho des premiers dialogues de Platon. Natorp, trop souvent injuste envers Aristote, me paraît avoir ici manifestement raison, et je regrette de ne le voir pas, à cet endroit, cité par M. Wundt. Mais, si l'on veut encore, avec ce dernier, retrouver, dans Xénophon, les éléments du socratisme authentique, comment ne pas retenir de Xénophon cet aveu significatif : Socrate questionne toujours, il ne répond jamais ? [*Mém.*, IV, 4, 10]. Cet aveu, qui contredit tant de pages des *Mémorables*, Xénophon, je le reconnais, ne le fait pas en son nom ; ce n'est que le reproche d'un sophiste à Socrate ; mais, reproduit par ce disciple vulgarisateur qui a tant prêté de positif à son maître, ne confirme-t-il pas et tant de passages de Platon, et le texte formel d'Aristote ? [*Soph. el.* 34, 183 b. 7]. M. Wundt, constatant que Socrate n'a rien écrit, raisonne ainsi : en un temps où la production littéraire était si abondante, si Socrate n'a rien écrit, c'est qu'il n'avait rien à écrire. Je ne crois pas que M. Wundt se refuserait à préciser encore cette explication et à dire : si, aux questions qu'il posait, Socrate ne répondait pas, c'est qu'il n'avait rien à répondre. Non qu'il fût un sceptique. Le sceptique ne cherche plus, et Socrate cherchait toujours. Comment accorder, avec cette enquête indéfinie, les définitions positives et arrêtées que nous trouvons partout dans Xénophon ? Ce sont, pour traduire d'une façon large la réponse de M. Wundt, les étapes successives de la dialectique socratique, les arrêts provisoires d'une pensée qui se dépasse elle-même par une auto-critique progressive. Ou bien, et par là M. Wundt reste plus nettement sur le terrain assez plat des *Mémorables*, ces conseils pratiques, ces définitions toutes faites sont accommodations aux besoins de l'auditeur vulgaire, Socrate réservant à des occasions plus rares la discussion des problèmes qui, pour sa pensée, sont les plus profonds. Mais, chez Xénophon même assez souvent, chez Platon le plus souvent, les dialogues ne concluent pas ; la condition fondamentale du bien agir, la conscience de ce qu'on fait, le savoir technique, ne suffit pas à spécialiser les vertus ; et, quels que soient les contenus concrets qu'on y met l'un après l'autre, la définition, en fin de compte, se vide à mesure que progresse la discussion. Et M. Wundt est d'accord, en somme, avec la majorité des critiques, avec M. Aall lui-même, avec aussi M. H. Gomperz, qu'il ne cite pas plus que M. Aall, mais dont les *Conférences sur l'éthique grecque*[1] contiennent à ce propos quelques pages si claires, pour nous dire que l'influence de Socrate lui vint avant tout de sa personnalité. Lié encore à son temps, il n'a pas encore dégagé sa pensée des besoins pratiques et des nécessités de l'action extérieure : si tout contenu concret finit toujours par lui sembler insuffisant, il n'a pourtant pas encore fait le dernier pas vers la « subjectivation » des concepts moraux. Et son caractère même n'eût pas eu, pour la postérité, son influence décisive, sans l'idéalisation que provoqua sa mort. Elle fut pourtant bien simple, cette mort ; était-ce, se demande M. Wundt, l'État qui se défendait ou la masse qui se vengeait ? C'étaient les deux, me semble-t-il. Et, puisqu'il y eut si peu de remords dans le peuple d'Athènes, qu'Eschine osera, assez peu de temps après, le féliciter de cette condamnation ; puisqu'une telle fin, par le poison, dans l'ombre d'une prison, boule-

1. Cf. *supra*, p. 81 et suiv.

versait, comme dit M. Wundt, tous les idéaux naïfs du Grec, je me reprocherais presque d'avoir parlé avec lui d'une idéalisation. La mort de Socrate servit moins à transfigurer qu'à dégager et à libérer la valeur de sa personnalité ; et c'est cette personnalité, ainsi dégagée et libérée, qui, plus que les doctrines, garde une unité aux écoles si divergentes qui la prirent comme modèle : Cynisme, Cyrénaïsme et Platonisme.

Sur Antisthène, M. Wundt porte un jugement qui va très consciemment contre la théorie de K. Joël, mais qui, assurément, et cela me semble un peu plus gênant, eût fait bondir Platon lui-même : la philosophie d'Antisthène est de l'Athénisme pur. L'histoire, il est vrai, n'est pas forcée d'épouser les rancunes d'un mort, ce mort fût-il Platon. Et surtout j'avoue qu'il ne me paraît ni possible, ni utile, de discuter en quelques lignes une formule si vaste ; d'autant que, dans l'état actuel de nos sources, nous devrons peut-être longtemps encore subir, à propos d'Antisthène, bien des appréciations contradictoires. Laissons donc l'Athénisme d'Antisthène à la charge de M. Wundt. Puisqu'il s'agit de formules, j'aime mieux lui accorder que la pensée platonicienne est une synthèse des deux tendances les plus importantes de la vie grecque : la piété athénienne et l'intelligence ionienne, l'enthousiasme et la pensée claire. Mais il me semble que M. Wundt est trop porté, comme beaucoup d'autres critiques, à expliquer, par des influences mystiques, et la théorie de l'Ame et la théorie des Idées. La doctrine platonicienne de l'âme du monde, l'harmonie du cosmos, que l'âme particulière doit comprendre et imiter, tiennent beaucoup plus à la pensée grecque antérieure qu'à l'âme très peu définie des migrations pythagoriciennes et des rédemptions orphiques. Si donc, après le *Timée*, l'esprit de Platon « trouve son repos dans la contemplation de l'univers », je ne croirais pas expliquer ce fait en disant avec M. Wundt : « la doctrine mystique de l'âme attire dans son rayonnement la nature tout entière, p. 492 ». Il y a, dans cette intelligence de l'harmonie cosmique, aussi bien que dans l'idée de « mesure », si prédominante dans les derniers dialogues, et où M. Wundt veut bien reconnaître une très vieille idée attique, une sensation de confiance et de repos tout à fait étrangère à cette inquiétude orphique qui aspire à briser « le cercle des douleurs ». Qu'on parle encore de mysticisme, si l'on veut ; mais c'est un mysticisme d'un tout autre ordre que celui des cultes orgiaques, et de l'Orphisme, et d'Empédocle ; c'est un mysticisme fait d'harmonie et de clarté, et, si l'on en trouverait peut-être d'autres dans Platon, c'est définitivement celui-là qui est le plus à lui.

M. Wundt a, d'ailleurs, il me semble, fait tort à sa propre exposition de la théorie des Idées et de la morale qu'elle implique en la classant sous la rubrique : *Platon mystique* (ch. x, 3, *der Mystiker*, pp. 450 à 494). Car il cherche lui-même la source historique des Idées platoniciennes dans la méthode socratique ; et tout en relevant, dans le *Phèdre* et le *Phédon*, les multiples souvenirs des mystères et des sectes, il sait reconnaître « que l'expérience suprême, pour le Socrate du *Phédon*, n'est pas l'ivresse de l'extase, p. 458. » Et cela me paraît tout aussi vrai du *Phèdre* que du *Phédon*. M. Wundt n'a-t-il pas ajouté, deux lignes plus bas : « Le monde entrevu dans l'extase du mystique, Platon le peuple des créations de la pensée scientifique ? » On ne saurait mieux dire, et quiconque veut juger la portée, soit du *Phèdre*, soit de certains autres mythes, devrait partir de cette constatation très simple. La langue du *Phèdre* est particulièrement chargée de métaphores mystiques et de tout ce que j'oserais appeler « l'imagerie des mystères ». La contemplation des vérités intelligibles, comme tout ce qui la prépare et tout ce qui la suit, s'exprime consciemment et volontairement par des images, souvent obscures pour nous, mais éclatantes pour la majorité des lecteurs, qui y retrouvaient les formules sacrées, les gradations savantes, les jeux d'ombre et de lumière, les terreurs et les ravissements des spectacles si bien agencés de l'initiation. La couleur première du *Phèdre* est ainsi toute poétique et toute mystique, à prendre le mot *mystique* dans le sens vague et indéfini qu'on lui laisse d'ordinaire. Mais, il n'y a rien, au fond, de plus intellectuel, de plus scientifique, de plus dialectique, au sens platonicien, que ce dialogue du *Phèdre*, même en sa première partie. C'est que, cette phraséologie des mystères, la pensée platonicienne ne s'y asservit pas, elle s'en sert : elle s'en sert en la renouvelant par un sens plus riche et plus relevé. C'est ce que M. Wundt appellerait, d'une expression qu'il affectionne, une transformation des valeurs. C'est une *transposition* continue, où tout ce qui n'avait que valeur mnémonique de « guide » à travers les sentiers ambigus de l'autre monde prend valeur métaphysique de réminiscence, où tout ce qui n'avait que rôle magique de purification encore toute physique devient purification intellectuelle et morale, où le privilège d'initiation est remplacé par le libre effort de l'esprit, où le retour au séjour divin, du droit d'une parenté originelle ou acquise, se transforme en ce travail de clarté progressive qui reconquiert le Ciel des vérités éternelles. Mysticisme, certes ; mais, de celui des Orphiques à celui de Platon, il y a un abîme : c'est abuser et s'abuser que d'appeler l'un et l'autre du même nom, et surtout de croire expliquer l'un par l'autre. Il serait peut-être bon, par exemple, de s'entendre sur ce que M. Wundt n'est pas le seul à nommer « le concept mystique de l'âme ». Qu'on y comprenne, si l'on veut, comme le fait un instant l'auteur (p. 457), la divinité et l'immortalité, deux notes où, si l'on voulait bien voir, l'élément magique, est, *avant Platon*, tout aussi important que l'élément mystique. Mais, quand on veut trouver « préparée », dans la Mystique (entendez l'Orphisme) aussi bien que dans la philosophie, la simplicité de l'âme (*ib.*) ; quand on prétend fonder l'espoir mystique de survie sur cette simplicité, et faire apparaître cette simplicité à l'effort de recueillement du mystique « qui se soustrait à la plénitude de la vie pour se retirer en lui-même », on se trompe de date et on se trompe de mysticisme. Ni l'Orphisme, ni Pythagore, ni Empédocle n'ont eu besoin de cette abstraction. La simplicité est venue à l'âme, chez Platon, de sa parenté avec les Idées, et, s'il en est sorti un plus riche et plus durable mysticisme, on ne niera pas qu'il n'ait eu une source tout intellectuelle. La pensée de Platon a été une rénovation et une création ; pour comprendre et le passé qu'elle transforme et l'avenir qu'elle prépare, il est prudent de ne pas l'aborder avec des concepts trop extérieurs et trop composites, sans définir ni distinguer. De ces concepts, celui de mysticisme est peut-être le plus trouble et le plus dangereux.

CHAPITRE III

Philosophie et Rhétorique

---

§ 1. — *Écoles et Méthodes*

L'article de E. Wellmann sur Gorgias, dans l'Encyclopédie[1], nous servira d'introduction. Pour la chronologie, E. Wellmann s'en tient aux dates de Frei : 483-376. La τέχνη attribuée par Diogène Laerce à Gorgias, d'après Satyros, dut être moins une œuvre de théorie qu'un recueil de recettes pratiques, avec des modèles à apprendre par cœur, dont nous sont restés des exemples comme l'*Éloge d'Hélène* et *l'Apologie de Palamède.* L'homme est bien caractérisé, d'après la façon dont Platon a voulu que nous le jugions : brillant orateur et penseur superficiel. Et Wellmann rejette l'hypothèse que le livre *De la Nature* ou *Du Non-Être* ait simplement voulu ridiculiser la dialectique de Zénon : non seulement des écrivains postérieurs, mais des élèves mêmes de Gorgias, comme Isocrate, ont pris le traité au sérieux[2]. Mais l'influence scientifique est bien faible devant l'influence rhétorique : formation de la prose d'art. Sur les figures de

1. Pauly-Wissova, *Real Encyclopädie der classischen Altertumswissenschaft*, Bd. VII, 2, *col.* 1597-1618.

2. W. Nestle (*Die Schrift des Gorgias « Ueber die Natur » oder « Ueber das Nichtseiende »*, Hermes, LVII, 4 (1922), p. 551 à 562) veut que ce livre de Gorgias soit dirigé contre Parménide et ait été réfuté par Zénon dans ses fameux *Arguments*. Cf. là contre, mon édition du *Parménide*, p. 57, note 1.

style et ce qui constitue, dans la littérature antérieure, un gorgianisme avant Gorgias, Süss renvoie exclusivement à l'excellent livre de NORDEN. Mais O. NAVARRE a, sur le sujet, une étude autrement riche et précise (*Essai sur la rhétorique grecque avant Aristote*, 1900, pp. 92-111) ; on s'étonne de ne voir ce livre ni utilisé à cette place, ni cité dans la bibliographie.

Le livre de W. Süss est un livre fécond autant par les questions qu'il soulève et les horizons qu'il ouvre que par les résultats nouveaux qu'il apporte[1]. Les historiens de la philosophie auraient tort de s'imaginer qu'il y a peu à cueillir pour eux dans un tel ouvrage. W. Süss étudie l'emploi de l'ἦθος dans la théorie (I. pp. 3-225) et dans la pratique (II, 225-267) des orateurs grecs. Ἦθος ou « caractère » a eu plusieurs acceptions simultanées ou successives, qu'on peut classer, avec l'auteur, sous trois chefs. Le discours peut analyser le caractère des personnes en cause, et c'est l'ἦθος objectif ou psychologique. Il peut tendre à faire voir l'orateur lui-même sous un jour favorable et, par là, lui assurer l'action sur les auditeurs, le prestige, et c'est l'ἦθος de valeur ou moral. Enfin, le discours lui-même peut être personnalisé et posséder alors un caractère, une puissance déterminée d'action sur l'auditeur : c'est ce que W. Süss appelle l'ἦθος subjectif-dynamique. Ces différentes conceptions de l'ἦθος donnent lieu à une série d'études très pénétrantes sur la lutte entre l'école de Gorgias et l'école sicilienne (15-107), la rhétorique d'Anaximène (107-124), la rhétorique d'Aristote (125-225) ; après quoi, dans une seconde partie, vient une riche moisson d'exemples pris dans la pratique judiciaire. Le livre est plutôt fait d'analyses juxtaposées que d'études composées et ordonnées à la manière française, et c'est véri-

1. W. SUESS. *Ethos, Studien zur älteren griechischen Rhetorik*, in-8°, v et 273 pages, avec double index et addenda, Leipzig, Teubner, 1910.

tablement une gêne pour la première lecture. Mais, cette gêne surmontée, il y a grand plaisir et surtout grand profit à suivre l'auteur dans cette série d'analyses. Sans entreprendre de résumer les démonstrations et les résultats proprement rhétoriques de ce livre, j'appellerai l'attention du lecteur sur certaines thèses qui touchent de plus près à l'histoire de la philosophie antésocratique ou platonicienne.

Le discours de Lysias, critiqué par Socrate dans le *Phèdre* de Platon, est accepté comme document authentique, acceptation justifiée par un simple renvoi aux démonstrations de Vahlen. Ce discours est, pour W. Süss, un modèle et un programme de théorie de la rhétorique, et, comme tel, a sa place à côté des tétralogies d'Antiphon. Or, avec ce discours, nous entrons dans la lutte entre la vieille τέχνη ῥητορική, inaugurée par l'école sicilienne et suivie par Lysias, et la technique proprement attique, fondée par Gorgias, suivie par Isocrate et, en même temps, par le rival d'Isocrate, Alcidamas. Le rhéteur de la première école, élève de Corax et Tisias, ne cherche pas à établir et maintenir, entre son auditeur et lui, le contact sentimental ; s'il cherche à persuader, c'est par une suite d'analyses psychologiques, de raisonnements dialectiques, dont, en principe, le but demeure toujours une conviction rationnelle ; son mot d'ordre est la vraisemblance, l'εἰκός. Le rhéteur instruit par Gorgias cherche moins à tirer, des faits de la cause, une conclusion, que, de leur habile maniement, une impression ; cette impression à produire dépendant des dispositions actuelles de l'auditeur et, par conséquent, des impressions antérieurement reçues, le rhéteur s'attachera moins à une analyse de la teneur des faits qu'à une transformation de la valeur des faits dans le sens qu'exigent, et le public, et les circonstances : *rem augere laudando, vituperandoque rursus affligere.* L'élève de Gorgias se préoccupe donc moins de la matière que de la manière : son mot d'ordre à lui est l'opportunité ou le point de vue, καιρός. D'où une conception plus souple et plus mobile de la nature et des puissances du discours : par une formule dont nous retrouverons chez Isocrate, Alcidamas et surtout Platon, des applications multiples, le λόγος est assimilé à un organisme, à un vivant, ζῷον. D'où la préférence donnée, sur un enseignement par modèles écrits, par clichés d'argumentations rédigés en passe partout et appris de mémoire, à un enseignement basé sur le flair inné du disciple (φύσις) et le développement, par un exercice progressif et varié, de ce flair inné en une puissance d'assimilation rapide, d'utilisation immédiate, d'adaptation infaillible : le discours use de toute la violence du conquérant et de toutes les passes endormeuses du magicien pour conduire à son but l'âme de l'auditeur ; il est δυνάστης μέγας, γοητεία, ψυχαγωγία. D'où la condamnation du discours écrit, qui n'est, comme la peinture ou la sculpture, que représentation morte. D'où, enfin, par l'analogie des buts et des moyens, par une égale préoccupation de la diversité des natures et des circonstances, la comparaison continue de la rhétorique avec la médecine. On comprend que, pour W. Süss, ce soit à Gorgias que se nouent les fils qui conduisent aux trames, si souvent parallèles même en leurs oppositions, du discours d'Isocrate *Contre les sophistes*, du discours d'Alcidamas *Sur les sophistes*, et du *Phèdre* de Platon.

Je crois avoir résumé fidèlement, bien que librement, ces quelques idées fondamentales de W. Süss. Mais un résumé ne peut en faire que deviner la richesse en détails et la puissance de suggestion. L'art que met Platon, dans le *Gorgias*, à tourner contre le rhéteur les armes mêmes forgées par lui est excellemment observé (98-107). Mais je crois que le *Phèdre* n'est pas estimé à sa pleine valeur. Si même l'opposition entre les méthodes de l'école sicilienne et de l'école attique n'est pas un peu trop accusée, il s'en faut que l'accord de Platon avec Gorgias soit aussi large, à l'époque du *Phèdre*, que se le représente W. Süss (81). Je ne crois pas, par exemple, qu'après avoir lu la déclaration si nette sur cette formation rhétorique dont le but est de plaire, en paroles et en actes, non pas aux hommes, mais aux dieux (273*e*), personne puisse souscrire à cette phrase : « Avant tout manque (dans le *Phèdre*) toute trace d'une opposition morale à la rhétorique de Gorgias (82). » L'affaire est d'importance, et pour la conception platonicienne de la rhétorique, et même pour la chronologie platonicienne, puisqu'on s'aide, au besoin, de ces divergences entre le *Gorgias* et le *Phèdre*, pour intervertir les positions respectives des deux dialogues. L'importance de Gorgias est très bien mise en lumière. Trop bien, faut-il dire, car c'est une lumière éclatante qui laisse, dans une ombre imméritée, au moins un autre personnage : Protagoras. Je sais bien que W. Süss a, sur le grand Sophiste, une page (61) où se fait jour le soupçon de sa très grande influence, même sur cette « puissante réforme » de la rhétorique. Mais, à une étude plus précise des rapports de Gorgias avec Protagoras, fait obstacle, aux yeux de W. Süss, la pauvreté des documents. N'empêche que la stabilité du piédestal où l'on hisse Gorgias en demeure un peu ébranlée. Elle le serait peut-être définitivement, si l'on voulait bien extraire, de ces maigres documents, tous les renseignements qu'ils recèlent, et surtout si l'on accordait l'attention qu'ils méritent aux passages de l'exposition platonicienne où Protagoras déduit lui-même, de son relativisme, cette notion active de « transformation des valeurs » en laquelle se résume, pour lui, tout ce qui est art humain : éducation aussi bien qu'agriculture, et rhétorique aussi bien que médecine[1]. Là

1. Cf. *Théétète*, 166 a. 168 e.

où tant de fils se croisent, n'en suivre qu'un peut être un excellent parti pris de méthode, tant que ce parti pris demeure provisoire : encore ne faut-il point pendre, à ce fil unique, des conclusions trop générales et trop absolues. Critiques après lesquelles je tiens à répéter que le livre de W. Süss est à lire en détail et à relire : s'il peut sentir parfois et demander l'effort, il paie largement la peine qu'il coûte.

§ 2. — *L'Éloge d'Hélène par Gorgias*

La seconde édition des *Vorsokratiker*, dans la section consacrée aux fragments de Gorgias[1], ne citait, du *Palamède*, que le titre, et, de l'*Hélène*, que le passage relatif aux différentes espèces de discours (§ 13 et 14). H. Diels, à cette date, considérait comme injustifiés les doutes émis contre l'authenticité du *Palamède*, mais il hésitait encore à prendre parti dans le débat qui divisait les critiques au sujet de l'*Hélène*. Entre temps, la préface de E. Drerup a répondu à la grave objection de Spengel, reprise par R. C. Jebb et K. Münscher. Le fait qu'Isocrate, au début de son *Hélène*, compte Gorgias parmi les sophistes, contemporains de Protagoras, « qui nous ont laissé des écrits d'allure beaucoup plus paradoxale que ceux d'à présent », ne prouve pas absolument que Gorgias était mort à l'époque où écrivait Isocrate, et c'est faire violence au texte que de traduire avec K. Münscher : συγγράμματα κατέλιπον ἡμῖν par « scripta post obitum nobis reliquerunt[2] ». W. Nestle, dans un article du

1. H. Diels, *Die Fragmente der Vorsokratiker*, II² (1906), p. 558-9.
2. Spengel, Συναγωγὴ τεχνῶν, 1829, p. 74. R. C. Jebb, *The attic orators from Antiphon to Isaeos*, 1893, p. 97. K. Muenscher, Ἰσοκράτους Ἑλένης ἐγκώμιον, Rh. Mus. f. Ph., LIV (1899), p. 271 et suiv. Cf. E. Drerup, *Isoc. Op.*, I (1906), p. cxxxiii et suiv. et K. Emminger, *Bericht über die Literatur zu den attischen Rednern* ap. C. Bursian,

Philologus, a mis en parallèle la classification des espèces du discours, telle que l'établit l'*Hélène* de Gorgias, avec les divisions analogues que présentent, soit le discours *contre les sophistes*, soit d'autres passages dispersés dans les œuvres d'Isocrate, et vu, dans cet accord, une garantie nouvelle d'authenticité pour le discours attribué à Gorgias[1]. Enfin le récent volume de H. Gomperz sur la sophistique et la rhétorique soutient, lui aussi, la cause de l'authenticité[2]. Que cette cause soit gagnée à peu près définitivement, la troisième édition des *Vorsokratiker* nous en apporte le signe manifeste en insérant, dans les œuvres de Gorgias, le texte complet de l'*Hélène* et du *Palamède*[3].

Dès 1881, Blass s'affirmait de plus en plus convaincu : « Gorgiae utraque mihi genuina videtur. quoque saepius relego, eo firmius id apud me iudicium stat[4]. » Commentant cette déclaration, M. Alfr. Croiset, dans sa contribution bien connue aux Mélanges Graux, disait : « S'il en est ainsi (et je suis, pour mon compte, assez disposé à partager cette opinion), la question change de face. Au lieu d'une œuvre sans intérêt, nous avons là sous les yeux un des plus anciens et des plus curieux monuments de la prose grecque savante. Il vaut alors la peine d'y regarder

Jahresbericht, CXII, p. 93 et suiv. Je n'ai évidemment pas l'intention de donner une bibliographie complète. La portée de ma note est, d'ailleurs, indépendante des solutions données à la question d'authenticité.

1. Philologus, LXX, 1. *Spuren der Sophistik bei Isocrates*, p. 9 à 11 et p. 51.

2. *Sophistik u. Rhetorik*, 1912, p. 3 et suiv.

3. *Vorsokratiker*, II³ (1912), p. 249-264. U. v. Wilamowitz (*Platon*, II² 118) reconnaît maintenant que l'*Éloge d'Hélène* ne peut avoir été écrit qu'au vᵉ siècle, et, tout en se refusant à dire qu'il est nécessairement authentique, accorde que le style en est tout à fait du genre de Gorgias.

4. *Antiphontis orationes et fragmenta*, p. XXVIII (dans l'édition de 1908).

de près[1]. » Ce n'est pas seulement pour l'historien de la rhétorique ou de la prose savante, c'est aussi pour l'historien de la philosophie qu'une étude attentive des deux discours aurait chance de devenir très fructueuse : la théorie de la science dans Platon, certains chapitres de la logique d'Aristote, en recevraient quelque lumière. Mais, dès maintenant, il est peut-être permis de revenir au travail moins ambitieux qui pourrait servir de base solide à de telles recherches : le texte des deux discours, et surtout de l'*Hélène*, est fautif en bien des endroits, et la présente note sera excusable si elle-même apporte quelque clarté en certains passages, ou douteux, ou manifestement corrompus, de l'*Hélène*[2].

Dans l'exorde, Gorgias annonce son intention de réfuter ceux qui blâment Hélène : (§ 2) τοῦ δ' αὐτοῦ ἀνδρὸς λέξαι τε τὸ δέον ὀρθῶς καὶ ἐλέγξαι.... τοὺς μεμφομένους Ἑλένην, γυναῖκα περὶ ἧς ὁμόφωνος καὶ ὁμόψυχος γέγονεν ἥ τε τῶν ποιητῶν ἀκουσάντων πίστις ἥ τε τοῦ ὀνόματος φήμη, ὃ τῶν συμφορῶν μνήμη γέγονεν.

Entre ἐλέγξαι et τοὺς μεμφομένους, Dobree a, le premier, constaté une lacune et suppléé τὸ ψεῦδος... H. Diels propose, pour le membre de phrase manquant, le sens suivant : τὸ λεγόμενον οὐκ ὀρθῶς· προσήκει τοίνυν ἐλέγξαι.

[Je crois qu'il est plus simple de lire : καὶ ἐλέγξαι <ψευδομένους> τοὺς μεμφομένους... L'orateur veut « convaincre de mensonge ceux qui blâment Hélène ». La for-

1. A. Croiset, *Essai de restitution d'un passage de l'éloge d'Hélène attribué à Gorgias*, dans les Mélanges Graux (1888), p. 127-132. La citation est prise à la p. 128.

2. Sauf indications contraires, je citerai toujours l'*Éloge d'Hélène* d'après la 3e éd. des *Vorsokratiker*.

mule est tout à fait naturelle, cf. Platon, *Théétète*, 171d : πολλὰ ἂν ἐμέ τε ἐλέγξας ληροῦντα.]

Deux lignes plus bas, dans ἥ τε τῶν ποιητῶν ἀκουσάντων πίστις, H. Diels rejette ἀκουσάντων. Le mot avait déjà paru suspect à Sauppe, qui le remplaçait par ἁπάντων. H. Diels conjecture ὁμοῦ πάντων. Ne faudrait-il pas avoir épuisé tous les moyens de justifier le très significatif ἀκουσάντων avant de lui substituer un mot ou groupe de mots quelconque ? Or ἀκουσάντων trouve, et dans son voisin πίστις, et dans les remaniements qu'a subis la légende d'*Hélène*, une justification naturelle : ἀκουσάντων πίστις équivaut à *fides ex auditu.* Sur la légende à laquelle fait allusion l'ἀκουσάντων de Gorgias, ni les *Troyennes*, ni l'*Hélène* d'Euripide ne nous fournissent de témoignage direct ou, du moins, je n'ai pas su l'y découvrir[1]. Mais Isocrate et Platon, d'une part, ont repris le thème de Gorgias, et, de l'autre, Pausanias avec le scoliaste du *Phèdre* nous livrent des renseignements curieux.

La version de Platon sur les origines de la palinodie de Stésichore semble attribuer, à la réflexion spontanée du poète, privé de la vue à la suite de son « *accusation d'Hélène* », sa conversion salutaire : τῶν γὰρ ὀμμάτων στερηθεὶς διὰ τὴν Ἑλένης κατηγορίαν οὐκ ἠγνόησεν ὥσπερ Ὅμηρος, ἀλλ' ἅτε μουσικὸς ὢν ἔγνω τὴν αἰτίαν (*Phèdre*, 243 *a*). La version parallèle d'Isocrate traduit le fait d'une façon plus vague et qui laisse encore ouvertes toutes les hypothèses : ἐπειδὴ δὲ γνοὺς τὴν αἰτίαν τῆς συμφορᾶς τὴν καλουμένην παλινῳδίαν ἐποίησεν (*Helen. Encom.*, 64 ⌊218*e*⌉). Mais, au dire du même Isocrate, certains des Homérides attribuaient à une apparition d'Hélène et à son ordre exprès la composi-

1. M. Preuss (*de Eur. Helen.*, 1911, cité par H. Diels, *Vorsok.*, p. 249), place la composition de l'*Hélène* de Gorgias entre les *Troyennes* et l'*Hélène* d'Euripide (circa 414).

tion des poèmes homériques : λέγουσιν δέ τινες καὶ τῶν Ὁμηριδῶν, ὡς ἐπιστᾶσα τῆς νυκτὸς Ὁμήρῳ προσέταξεν ποιεῖν περὶ τῶν στρατευσαμένων ἐπὶ Τροίαν... (65 [219a]). Pausanias (III, xix, 11-13) nous rapporte ce que racontaient, à propos d'Hélène, les habitants de Crotone. Le général des Crotoniates, Léonyme, blessé dans une bataille contre les Locriens, est envoyé, par la Pythie, dans l'île de Leuké ; là, il trouve, avec plusieurs des héros homériques, Hélène, qui le charge d'un message pour Stésichore : προστάξαι δέ οἱ πλεύσαντι ἐς Ἱμέραν πρὸς Στησίχορον ἀγγέλλειν ὡς ἡ διαφθορὰ τῶν ὀφθαλμῶν ἐξ Ἑλένης γένοιτο αὐτῷ μηνίματος. Στησίχορος μὲν ἐπὶ τούτῳ τὴν παλινῳδίαν ἐποίησεν. La même histoire est contée par le scoliaste du *Phèdre* (*ad* 243*a*..., cf. Hermann, *Appendix platonica*, 1885, p. 268-9). Hélène fait annoncer à Stésichore qu'il recouvrera la vue au prix d'une palinodie ; Homère, lui aussi, ne fut aveuglé que pour l'avoir diffamée. Le scoliaste ajoute : καὶ οὕτω τὸν Στησίχορον ἀκούσαντα παρὰ τοῦ Λεωνύμου γράψαι τὴν παλινῳδίαν καὶ οὕτως ἀναβλέψαι. Enfin le scoliaste d'Horace[1] résume plus brièvement la légende : « Stesichorum aiunt excaecatum esse quod infamia carmina in Helenam fecisset. Deinde *oraculo admonitum* palinodiam fecisse... »

Donc Hélène a dicté au vieil Homère, a fait dicter à Stésichore, l'injonction qui suscitera ou l'épopée ou la palinodie. N'y a-t-il pas, sous l'ἀκουσάντων de Gorgias, le souvenir de quelque légende de cette sorte, où, soit l'instigation à écrire, soit même la révélation de vérités jusque-là ignorées ou travesties, seraient venues au poète, directement ou indirectement, ou d'un oracle, ou d'une apparition d'Hélène ? Stésichore n'a-t-il pas dû justifier lui-même sa

1. Porphyrion, *Epodes*, 17, 42 [Holder, p. 219]. Je dois la communication de ce texte et sa référence exacte à la bienveillance de M. Paul Lejay, mon ancien maître.

palinodie par quelque récit de ce genre, et n'est-ce pas de son poème que peuvent le plus naturellement provenir et les dires des Homérides, que cite Isocrate, et les visions de Léonyme, que relatent Pausanias et le scoliaste ? En tout cas, on admettra peut-être qu'il n'y a aucune difficulté, qu'il y a plutôt gain d'un mot significatif et d'échappées intéressantes sur les variantes de la légende d'Hélène, à garder la lecture : ἥ τε τῶν ποιητῶν ἀκουσάτων πίστις.

Gorgias se fait fort de démontrer, par un raisonnement spécial (λογισμόν τινα τῷ λόγῳ δούς), l'injustice des reproches adressés à Hélène. Après quelques phrases sur l'origine d'Hélène et la renommée que lui valut sa beauté (§§ 3 et 4), le sophiste annonce qu'il examinera les causes qui purent déterminer Hélène à s'enfuir aux rives troyennes : προθήσομαι τὰς αἰτίας, δι' ἃς εἰκὸς ἦν γενέσθαι τὸν τῆς Ἑλένης εἰς τὴν Τροίαν στόλον (§ 5). C'est alors que se formule et se développe le raisonnement nouveau imaginé par Gorgias ; c'est un véritable syllogisme disjonctif à quadruple alternative, qui, énoncé au § 6, sera, dans un ordre inverse, mais sous une forme très claire, résumé au § 20 : πῶς οὖν χρὴ δίκαιον ἡγήσασθαι τὸν τῆς Ἑλένης μῶμον, ἥτις εἴτ' ἐρασθεῖσα εἴτε λόγῳ πεισθεῖσα εἴτε βίᾳ ἁρπασθεῖσα εἴτε ὑπὸ θείας ἀνάγκης ἀναγκασθεῖσα ἔπραξεν ἃ ἔπραξε, πάντως διαφεύγει τὴν αἰτίαν; Influence mystérieuse d'une nécessité divine, violence matérielle, puissance persuasive du discours, séduction irrésistible de l'amour, quelle qu'ait été la cause opérante de ce départ, en tous les cas, elle fut une contrainte et, dans toutes les hypothèses, Hélène demeure irréprochable. Les deux premières hypothèses sont examinées, assez brièvement, dans les §§ 6 et 7. Les deux dernières occupent, à elles deux, tout le reste du discours (§§ 8-14 et 15-19). C'est, naturellement, aux développements de Gorgias sur la force persuasive du λόγος que s'est attachée, le plus spontanément, l'attention des critiques. C'est là aussi, malheureusement, que le texte a été le plus maltraité : la moitié du § 12 nous est parvenue dans un état de corruption que de très bons juges ont regardée comme irrémédiable[1], et le § 13, bien qu'il soit le plus fréquemment utilisé par les historiens modernes de la rhétorique, est incompréhensible dans sa teneur actuelle.

Dans son article, que ceux-là mêmes liront toujours avec profit qui n'accepteront pas toutes ses conclusions, M. Alfr. Croiset résume, en une formule excellente, l'idée fondamentale de ce développement sur la force persuasive du λόγος : « Si Hélène, en fuyant la demeure de son mari, a obéi à la persuasion artificieuse, elle est aussi excusable que si elle avait cédé à la force[2]. » La parole, en effet, a, dans sa mince et invisible enveloppe, une puissance tyrannique : elle peut, à son gré, apaiser, éveiller, surexciter les passions (§ 8). Illusion de la sympathie produite par ce discours en vers qu'est toute poésie : le frisson de la crainte, les larmes de la pitié, la douleur et le chagrin s'emparent de l'âme, qui souffre, dans une émotion personnelle, les souffrances d'autrui ! (§ 9). Incantation magique de la parole, qui, remplaçant le chagrin par le plaisir, endort la croyance par son charme, et, la transformant à son gré, égare l'âme en trompant l'esprit (§ 10). Cela explique le nombre de ceux qui furent induits en erreur par la parole menteuse ; car la science est rare, qui assurerait le souvenir du passé, l'intelligence du présent et la prévoyance de l'avenir, et, dans la majorité

1. H. Diels, *Vorsokratiker*, II³, p. 252, 18 (en note) : heillos verderbt.
2. Mél. Graux, p. 129.

des cas, la majorité des hommes n'a de guide que l'opinion. Or, l'opinion n'a rien que de fragile et d'instable, et qui la suit n'atteint que des positions branlantes (§ 11). C'est ici que, souvent, arrêtent leur analyse ceux qui tentent de rendre intelligible le texte corrompu du § 12. Mais un texte s'explique autant par ce qui le suit que par ce qui le précède. Il faut donc traduire les deux phrases qui terminent ce paragraphe obscur : « car le λόγος qui persuade l'âme, cette âme qu'il persuade, il la contraint de donner sa créance aux paroles et son assentiment aux actions. Celui donc qui persuade est coupable en tant qu'il contraint ; mais, à celle qui fut persuadée, puisqu'elle fut contrainte par le λόγος, c'est à tort qu'on adresse des reproches. » Il est temps de clore cette analyse et de citer enfin le texte dont elle rendra peut-être plus facile et plus intelligible la restitution : τίς οὖν αἰτία κωλύει καὶ τὴν Ἑλένην ὕμνος ἦλθεν ὁμοίως ἂν οὐ νέαν οὖσαν ὥσπερ εἰ βιατήριον βία ἡρπάσθη. τὸ γὰρ τῆς πειθοῦς ἐξῆν ὁ δὲ νοῦς καίτοι εἰ ἀνάγκη ὁ εἰδὼς ἕξει μὲν οὖν, τὴν δὲ δύναμιν τὴν αὐτὴν ἔχει.

Blass se plaignait, dans sa préface, qu'un trop petit nombre de savants eussent étudié le texte de ces discours de Gorgias[1]. Aussi n'ai-je vu, nulle part, cité un essai de restitution antérieur à Blass. Après lui, par contre, ils ont été relativement assez nombreux. Je les reproduirai dans l'ordre chronologique et ne les discuterai qu'autant qu'il sera nécessaire pour éclaircir mon propre essai de solution.

Blass (1881 et 1908) : τί οὖν κωλύει καὶ τὴν Ἑ.ὁμοίως ἐλθεῖν ἄκουσαν ὥσπερ εἰ βίᾳ ἡρπάσθη ; τὸ γὰρ τῆς πειθοῦς (τ.

1. *Antiph. or. et fr.*, XXIX : « ceterum viri docti in his declamationibus... haud multum elaboraverunt ».

γ.τ.πειθ.εἶδος) ἔχει μὲν ὄνομα ἐναντίον ἀνάγκῃ, τὴν δὲ δύναμιν κτλ. ?

A. Croiset (1884) : τίς οὖν αἰτία κωλύει καὶ τὴν Ἑλένην <λέγειν> λόγῳ <ἐλθεῖν πεισθεῖσαν>, ἐλθεῖν ὁμοίως ἂν οὐχ ἑκοῦσαν ὥσπερ εἰ ἀνόμως ἐβιάσθη καὶ βίᾳ ἡρπάσθη ; τὸ γὰρ τῆς πειθοῦς ἐνῆν · ἡ δ'ἐνοῦσα πειθὼ ἀνάγκης εἶδος ἔχει μὲν οὔ, τὴν δὲ δύναμιν τὴν αὐτὴν ἔχει.

W. Paton (*Classical Rev.*, 4 [1890] 448 ; cité par H. Diels, *Vorsokratiker*, p. 252) : τίς οὖν αἰτια κωλύει καὶ τὴν Ἑλένην λόγων ἐνθέων ἀκούουσαν ὥσπερ ἐμβατηρίων βίᾳ ἁρπασθῆναι · τὸ γὰρ τῆς πειθοῦς ἐπῆν, ὁ δὲ νοῦς οὐκέτι παρῆν. Un scoliaste aurait ajouté : καίτοι ἡ ἀνάγκη ὁ εἰδὼς ἔχει μὲν νοῦν, τὴν δὲ δύναμιν τὴν αὐτὴν ἔχει.

W. Süss (*Ethos*, 1910, p. 53, n. 1) : τίς οὖν αἰτία κωλύει καὶ τὴν Ἑλένην (scil. περιβάλλειν) : Ὑμ(έ)ν(αι)ος (c'est sous cette forme que le Logos vint vers Hélène[1]) ἦλθεν ὁμοίως <ὡς> ἄνου(ν) νέαν οὖσαν ὡσπερεὶ βίᾳ θηρίον, βίᾳ ἡρπάσθη. Pour le reste, W. Süss accepte, quant au sens, la restitution proposée par A. Croiset.

H. Diels (*Vorsokratiker*, 252) : τίς οὖν αἰτία κωλύει <νομίσαι> καὶ τὴν 'Ελένην ὑπὸ λόγους ἐλθεῖν ὁμοίως ἂν οὐχ ἑκοῦσαν ὥσπερ εἰ βιατήρων βίᾳ ἡρπάσθη · τὸ γὰρ τῆς πειθοῦς ἐξῆν ἰδεῖν ὡς κρατεῖ, ἣ ἀνάγκης εἶδος ἔχει μὲν οὔ, τὴν δὲ δύναμιν τὴν αὐτὴν ἔχει(ἀνάγκης, etc., comme A. Croiset).

[Diès (*Rev. de Philol.* XXXVII, 2, 1913, p. 198 et suiv.) : τίς οὖν αἰτία κωλύει καὶ τὴν Ἑλένην ἀμυμόνως ἐλθεῖν ὁμοίως ἂν συναινοῦσαν ὥσπερ εἰ διὰ θηρίον βίᾳ ἡρπάσθη. Τὸ γὰρ τῆς πειθοῦς ἕξει ὄνειδος· καίτοι ἡ ἀνάγκη, ὄνειδος ἕξει μὲν οὔ, τὴν δὲ δύναμιν τὴν αὐτὴν ἔχει.

Je n'ai connu que par les *Suppléments aux Fragments des Antésocratiques* les restitutions suivantes :

1. *Ib.* (in dieser Gestalt kam der Logos zu Helena).

Radermacher (lettre à H. Diels[1]) : τίς οὖν αἰτία κωλύει <εἰ> καὶ τὴν 'Ελένην ὁ μῦθος ἔθελγεν ὅμοιως ἄκουσαν ὥσπερ εἰ ληστήρων βίᾳ ἡρπάσθη · τὸ γὰρ τῆς πειθοῦς ἕξιν μὲν οὐδαμῶς ἔοικεν ἀνάγκῃ, τὴν δὲ δύναμιν τὴν αὐτὴν ἔχει.

Pohlenz (*Nachr. d. G. G. d. W.* 1920, 167[2]) : τίς οὖν αἰτία κωλύει καὶ τὴν Ἑλένην <εἰ διὰ λόγων ἐπῳδὰς ὁ πείσας ἐπιστά>-μενος ἦλθεν ὁμοίως ἀκολουθεῖν ἄκουσαν ὥσπερ εἰ βιατήρων βίᾳ ἡρπάσθη· τὸ γὰρ τῆς πειθοῦς <ὄνομα δοκεῖ μὲν νοεῖν ὅτι τῷ πεισθέντι πράσσειν> ἐξῆν οὐδενὸς <ἀναγκάσαντος> καίτοι εἰ ἀνάγκῃ <λέγεται πράσσειν ὁ ἄκων ἑτέρῳ> εἴξας, ἕξει μὲν ὄνομα <διάφορον ἡ πειθώ>, τὴν δὲ δύναμιν τὴν αὐτὴν ἔχει.

Enfin, dans l'intervalle, j'avais moi-même cru nécessaire de revenir sur ma restitution de 1913, pour en modifier certains points, et c'est cette restitution corrigée, communiquée par lettre à H. Diels et insérée dans ses *Nachträge*[2], que je publie dans le présent essai, en utilisant, de mon premier essai dans la *Revue de Philologie*, tout ce que cette correction n'a pas rendu caduc.

Je propose donc de lire ainsi le passage altéré :

τίς οὖν αἰτία κωλύει καὶ τὴν 'Ελένην ὑ<πὸ τῆς τοῦ λόγου δυ>νάμεως ἐλθεῖν ὁμοίως ἂν συναινοῦσαν ὥσπερ εἰ διὰ <θελκ>-τήριον βίᾳ ἡρπάσθη· τὸ γὰρ τῆς πειθοῦς ἕξει ὄνειδος · καίτοι ἡ ἀνάγκη ὄνειδος μὲν ἕξει οὔ, τὴν δὲ δύναμιν τὴν αὐτὴν ἔχει.]

Le texte actuel de la première phrase est donc : τίς οὖν αἰτία κωλύει καὶ τὴν 'Ελένην ὕμνος ἦλθεν ὁμοίως ἂν οὐ νέαν

1. H. Diels, *Die Fragmente der Vorsokratiker, Nachträge zusammengestellt für die Besitzer der Dritten Auflage*, in-8, XLVIII, XXXVIII, CXVIII pages, Berlin, 1922. (vol. II p. XXIX).

2. Je n'apporte d'autre changement, au texte communiqué par moi à H. Diels, que le remplacement de ἡ ἀνάγκῃ par ἡ ἀνάγκη.

οὖσαν ὥσπερ εἰ βιατήριον βίᾳ ἡρπάσθη. Dans ce texte, trois mots ou groupes de mots sont à considérer de près : ὕμνος, οὐ νέαν οὖσαν, βιατήριον.

[En ce qui concerne ὕμνος, la correction de W. Süss (ὑμέναιος) est très brillante au point de vue paléographique, et j'avais essayé moi-même de remplacer ὕμνος par un seul mot, en lisant ἀμυμόνως. M. Haussoullier avait probablement raison de n'accueillir ce néologisme qu'avec quelque défiance[1], car j'ai dû l'abandonner et remplacer ὕμνος par toute une périphrase : ὑ<πὸ τῆς τοῦ λόγου δυ>ναμέως. Je traduis donc : « Qui empêche qu'Hélène soit partie, (entraînée) par la puissance du discours... » Cette tournure ὑπὸ τῆς τοῦ λόγου δυνάμεως ἦλθεν a son équivalent dans le paragraphe 4, où l'on dit, en parlant des nombreux amants d'Hélène : ἧκον ἅπαντες ὑπ' ἔρωτός τε φιλονίκου φιλοτιμίας τε ἀνικήτου.]

οὐ νέαν οὖσαν a donné lieu à trois classes de corrections : à l'ἄκουσαν de Blass, Radermacher et Pohlenz, correspond le οὐχ ἑκοῦσαν de A. Croiset et H. Diels ; d'autre part, W. Paton lit <ἐνθέ>ων ἀκούουσαν et W. Süss <ἄν>ουν νέαν οὖσαν. N'est-il pas plus simple et plus topique de lire συναινοῦσαν ? La corruption s'expliquera ainsi : CYNAINOYCAN a été lu OYNAINOYCAN, et l'inintelligible ναινουσαν a été corrigé en νέαν οὖσαν. Au point de vue du sens, la lecture se justifiera par le début de l'avant-dernière phrase du § 12 : λόγος γὰρ ψυχὴν ὁ πείσας, ἣν ἔπεισεν, ἠνάγκασε καὶ πιθέσθαι τοῖς λεγομένοις καὶ συναινέσαι τοῖς ποιουμένοις.

[βιατήριον a été traduit par <ἐμ> βατηρίων (W. Paton), βιατήρων (H. Diels), βία θηρίον (W. Süss et Pohlenz) ληστήρων (Radermacher), διὰ θηρίον (Diès). Je crois qu'il

1. Cf. *Rev. de Philol.*, XXXVII, 2, p. 202.

faut lire διὰ <θελκ> τήριον, et traduire ainsi la phrase : « Qu'est-ce donc qui empêche qu'Hélène elle-même soit partie, cédant à la puissance du λόγος, avec ni plus ni moins de consentement que si elle eût été enlevée de force, grâce à l'effet d'un charme ? » La restitution <θελκ> τήριον s'autorise de la puissance magique du λόγος, si vantée par notre auteur : « Les divins enchantements qu'opèrent les discours amènent le plaisir, enlèvent la douleur, car, s'exerçant sur l'opinion qui régnait dans l'âme, la vertu de l'enchantement la charme, la persuade, la transforme par son action magique, ἔθελξε καὶ ἔπεισε καὶ μετέστησεν αὐτὴν γοητείᾳ. »

Le mot θέλγω est bien choisi par Gorgias, car il contient, à la fois, la séduction et la contrainte. L'Odyssée l'emploie en parlant de Circé, qui *charme* les compagnons d'Ulysse. Elle les attire par son chant, ils la suivent comme des fous, et, quand ils ont bu le breuvage qu'elle leur a préparé, les voilà changés en porcs, enfermés dans les soues bien closes : « Ils pleuraient, et Circé leur jetait à manger faînes, glands et cornouilles[1]... ». L'Odyssée l'emploie aussi en parlant des Sirènes : « Elles *charment* tous les mortels qui les approchent. Mais bien fou qui relâche, pour entendre leurs chants ! Jamais, en son logis, sa femme et ses enfants ne fêtent son retour : car, de leurs fraîches voix, les sirènes le *charment*, et le pré, leur séjour, est borné d'un rivage tout blanchi d'ossements et de débris humains, dont les chairs se corrompent[2]... » L'action de ce charme séduisant et funeste est comparable à celle de la suggestion hypnotique. Elle s'exerce, avant tout, sur l'intelligence et la volonté. Platon a gardé toute la force du mot θέλγω quand il parle de l'Amour « qui *charme*, par son chant, la pensée de tous

1. *Od.*, x, 240, trad. V. Bérard.
2. *Ib.*, x, 40-46, trad. V. Bérard.

les dieux et de tous les hommes, ᾄδει θέλγων πάντων θεῶν τε καὶ ἀνθρώπων νόημα[1]. » Le véhicule de cette puissance magique, le θέλγητρον, θέλκτρον ou θελκτήριον, est, le plus souvent, une drogue comme celle de Circé : « Quel grand miracle ! quoi ! sans être ensorcelé, tu m'as bu cette drogue ! ... Jamais, au grand jamais, je n'avais vu mortel résister à ce charme, dès qu'il en avait bu, dès que cette liqueur avait franchi ses dents[2]. » Mais ce breuvage magique n'est-il pas lui-même l'image d'un véhicule moins matériel ? Eschyle, dans les *Euménides*, nous dira que la persuasion produite par la parole d'une déesse est elle-même un θελκτήριον : « Si tu sais respecter la Persuasion sainte, qui donne à ma parole sa magique douceur, tu resteras ici, ἀλλ'εἰ μὲν ἁγνόν ἐστί σοι πειθοῦς σέβας, γλώσσης ἐμῆς μείλιγμα καὶ θελκτήριον[3] ». Gorgias a donc au moins un devancier, et que cet illustre devancier soit un tragique n'est point pour diminuer la probabilité en faveur de cette alliance entre πειθώ et θελκθήριον, car le style de Gorgias imitait souvent celui des tragiques[4].

Cette probabilité se reporte, par là même, sur la lecture συναινοῦσαν. Il faut, pour exprimer toute la puissance du charme produit par la persuasion, mettre en relief aussi bien le consentement que la contrainte. Il y eut consentement dans la fuite d'Hélène, mais consentement inévitable et contraint, pareil à celui d'une personne qui se laissa séduire par un breuvage insidieux, et qu'on emporte de force, impuissante et vaincue.]

1. *Banquet*, 197*e*.
2. *Od.*, x, 326-329, trad. V. Bérard.
3. *Eum.*, 885/6, trad. P. Mazon.
4. Cf. Platon, *Ménon*, 76*e* (édition Croiset-Bodin, p. 243).

*
* *

L'action du λόγος est persuasion, mais persuasion tyrannique : il est δυνάστης μέγας, et toute la première partie de la présente hypothèse a été consacrée à démontrer sa toute-puissance. Obéir à la séduction de la parole, c'est toujours céder à la violence ; car, dans la persuasion même qu'opère le discours, réside la contrainte. C'est sur ce mélange d'effets particuliers au λόγος qu'est bâtie la complexité de la phrase qui suit :

τὸ γὰρ τῆς πειθοῦς ἐξῆν ὁ δὲ νοῦς καίτοι εἰ ἀνάγκη ὁ εἰδὼς ἕξει μὲν οὖν, τὴν δὲ δύναμιν τὴν αὐτὴν ἔχει.

Le présent texte est celui de A. Mais X, au lieu de ἐξῆν, offre ἕξειν, et, au lieu de ὁ εἰδὼς ἕξει μὲν οὖν, ὄνειδος. ἕξει μὲν οὖν (d'après H. Diels), ὄνειδος ἕξει ὁ μέν (d'après Blass). En tout cas, la variante ὄνειδος est très intéressante. Dès maintenant nous pouvons, en adoptant, comme tous l'ont fait jusqu'ici, la lecture οὔ (CE) au lieu de οὖν, écrire ainsi la dernière partie de la phrase : ὄνειδος ἕξει μὲν οὔ, τὴν δὲ δύναμιν τὴν αὐτὴν ἔχει. Le scribe du ms. A dut avoir sous les yeux un manuscrit où, le copiste ayant écrit οειδος ἕξει μὲν οὔ, quelque correcteur avait ajouté un ν marginal. Il a corrigé οειδος en ὁ εἰδώς et transporté le ν marginal à la suite de οὔ.

Blass disait : « Dittographiarum omnia plena videntur[1]. » Comme l'ont très bien vu A. Croiset et W. Süss, les fautes de notre texte sont beaucoup moins en des dittographies qu'en des omissions. Celles-ci s'expliquent sans peine, dit A. Croiset, « par le style particulier du morceau, où d'incessantes répétitions de sons et de mots semblables devaient être, pour le regard distrait d'un copiste, un piège perpétuel [2]»,

1. *Op. laud.*, p. 155, en note.
2. Mél. Graux, p. 131.

et W. Süss affirme, de son côté, « que les dittographies suspectées par Blass sont les plus sûrs éléments du style de Gorgias[1] ». Le principe est excellent et son application au cas présent nous sera d'un grand secours. Dans la première partie de la phrase, à la place de ὁ δὲ νοῦς, transportons notre ὄνειδος ; à la place de ἐξῆν, transportons notre ἕξει de la dernière partie ; à la place de εἰ, écrivons ἡ. Nous obtenons une phrase absolument correcte et parfaitement intelligible : τὸ γὰρ τῆς πειθοῦς ἕξει ὄνειδος · καίτοι ἡ ἀνάγκη ὄνειδος ἕξει μὲν οὔ, τὴν δὲ δύναμιν τὴν αὐτὴν ἔχει. [« La persuasion (le fait d'obéir à la persuasion) mérite le blâme ; la contrainte, par contre, échappe au blâme, et pourtant sa vertu est la même. »

Persuasion et contrainte ont-elles donc même vertu ? Oui, puisque, poursuit Gorgias, « le discours qui persuade l'âme la contraint, par cette persuasion même, de donner à la fois sa créance aux paroles et son assentiment aux actes. Celui donc qui persuada Hélène est coupable de l'avoir contrainte, mais puisque être persuadée, ce fut vraiment, pour elle, être contrainte par le discours, Hélène ne mérite pas les reproches qu'on lui fait. » Ainsi la persuasion est à la fois séduction et contrainte : en tant qu'elle est séduction, elle rend l'acte coupable ; en tant qu'elle est contrainte, elle enlève à l'acte sa faute et n'en demeure pas moins persuasion. La contrainte qu'exerce le discours n'est pas une violence matérielle (βία) ; elle est, comme la mystérieuse influence de la divinité (ὑπὸ θείας ἀνάγκης, § 20), quelque chose de plus complexe et de plus subtil que la force ; mais elle n'est pas moins nécessitante.

C'est pourquoi l'âme qui cède à la persuasion demeure irresponsable, et le seul coupable, c'est celui qui la persuade :

1. *Ethos*, p. 53, n. 1.

ὁ μὲν οὖν πείσας ὡς ἀναγκάσας ἀδικεῖ. A propos de cette identification hardie entre πείσας et ἀναγκάσας, W. Süss rappelle excellemment le passage du *Philèbe* (58 *a-b*), qui rapporte une des formules par lesquelles Gorgias aimait à caractériser la puissance originale de la rhétorique : ἤκουον μὲν ἔγωγε, ὦ Σώκρατες, ἑκάστοτε Γοργίου πολλάκις ὡς ἡ τοῦ πείθειν πολὺ διαφέροι πασῶν τεχνῶν — πάντα γὰρ ὑφ' αὑτῇ δοῦλα δι' ἑκόντων ἀλλ' οὐ διὰ βίας ποιοῖτο. La puissance du λόγος sur l'âme qu'il persuade est bien celle du maître sur l'esclave ; mais l'âme est réduite en esclavage par la contrainte mystérieuse exercée sur son consentement (δι' ἑκόντων) et non par la force. L'accord est complet entre le discours et la citation si l'on veut bien lire qu'Hélène, alors qu'elle accordait son consentement à la parole persuasive, fut aussi véritablement contrainte que si elle eût cédé à la violence matérielle, après avoir été asservie par un « charme » : συναινοῦσαν... ὥσπερ εἰ βίαι ἡρπάσθη... διὰ θελκτήριον.]

A lire et surtout à détailler un tel raisonnement, on se fait quelque idée de la masse de matériaux qu'Aristote dut trouver, non seulement chez Platon, mais aussi chez les rhéteurs, au moment de bâtir sa logique. Sous les redondances et les allitérations de Gorgias, il y a, en effet, une logique réelle. La logique du *Palamède* est plus pressée, plus véhémente : c'est, bien que dans un sujet fictif, le duel serré des débats judiciaires. La logique de l'*Eloge d'Hélène* se déroule plus ample et plus ondoyante ; elle s'enveloppe davantage dans le vêtement brillant des lieux communs de morale ou des considérations littéraires ; dans un sujet choisi comme exercice de virtuosité, elle a tout l'apparat du discours épidectique, toute la liberté d'allures du παίγνιον ; mais, de toutes ces pièces qui pourraient sembler n'être que de purs ornements, elle fait des preuves qui s'enchaînent et se subordonnent étroitement au sujet principal. Les deux paragraphes qui suivent ont dû, peut-être, au fait d'avoir été les premiers incorporés dans les *Fragments des Antésocratiques*, l'honneur d'être plus souvent cités. Mais c'est peut-être aussi parce qu'ils n'entraient dans le recueil de H. Diels que détachés de tout leur contexte, que l'on s'est habitué à les utiliser comme des fragments indépendants, sans se demander si, dans cet isolement, ils ne perdaient pas quelque chose de leur sens et de leur portée. Cela est vrai plus particulièrement du §13. Il offre, en effet, une lacune qui, me semble-t-il, n'a pas été aperçue jusqu'ici et qui, cependant, en rend la teneur incompréhensible. L'examen en sera plus facile si l'on me permet de le reproduire en entier :

ὅτι δ' ἡ πειθὼ προσιοῦσα τῷ λόγῳ καὶ τὴν ψυχὴν ἐτυπώσατο ὅπως ἐβούλετο, χρὴ μαθεῖν πρῶτον μὲν τοὺς τῶν μετεωρολόγων λόγους, οἵτινες δόξαν ἀντὶ δόξης τὴν μὲν ἀφελόμενοι τὴν δ' ἐνεργασάμενοι τὰ ἄπιστα καὶ ἄδηλα φαίνεσθαι τοῖς τῆς δόξης ὄμμασιν ἐποίησαν · δεύτερον δὲ τοὺς ἀναγκαίους διὰ λόγων ἀγῶνας, ἐν οἷς εἷς λόγος πολὺν ὄχλον ἔτερψε καὶ ἔπεισε τέχνῃ γραφείς, οὐκ ἀληθείᾳ λεχθείς · τρίτον δὲ φιλοσόφων λόγων ἁμίλλας, ἐν αἷς δείκνυται καὶ γνώμης τάχος ὡς εὐμετάβολον ποιοῦν τὴν τῆς δόξης πίστιν.

Dans l'état présent du texte, il n'y a qu'une manière légitime d'en comprendre l'intention générale. « La persuasion qui s'attache au λόγος façonne l'âme à sa guise. *C'est pour cela qu'il faut apprendre*, et les discours des « météorologues », qui, substituant croyance à croyance, font apparaître, au regard de l'esprit, ce qui n'est, par soi, ni visible, ni manifeste, et les discours qui se produisent dans la contrainte des débats (judiciaires), où un seul discours charme et persuade une foule nombreuse, discours artificiellement écrit et qui n'est parlé qu'en apparence; enfin les discours des luttes philosophiques, où se révèle la rapidité de la pensée, qui rend si facilement variable l'assentiment de la croyance. » C'est bien en ce sens que notre paragraphe est interprété par W. Nestle dans son excellent article sur Isocrate et la sophistique[1]. Mais un développement de ce genre, intercalé au milieu d'une apologie d'Hélène, en rompt complètement la trame. Que vient donc faire, dans ces raisonnements destinés à prouver que le départ d'Hélène fut exempt de faute, cette leçon sur la formation de l'orateur ? Une telle instruction, sur les genres divers où doit s'être exercé le bon élève de rhétorique, est plus qu'une parenthèse inattendue : c'est un simple hors-d'œuvre, qui, d'être prolongé par un autre hors-d'œuvre sur les effets parallèles de la rhétorique et de la médecine, n'en devient ni plus naturel, ni plus admissible en un discours jusqu'ici harmonieusement composé. Si, au contraire, l'on parvient à rétablir la continuité entre ce développement sur les espèces du discours et les développements précédents, ce sera, du même coup, rattacher à l'exposition tout entière ce parallèle que le § 14 établit entre l'action de la parole et celle des remèdes.

Or, que peut-on attendre d'une énumération des genres oratoires succédant immédiatement à la thèse que nous avons analysée ? Évidemment, qu'elle serve à corroborer cette thèse. Comment l'énumération fortifiera la thèse, il est assez facile de le prévoir. Hélène, dit Gorgias, même dans l'hypothèse d'un départ consenti, ne fut pas coupable. Persuadée par la puissance de la parole, elle fut, en effet, par là-même, contrainte, car la parole contraint l'âme qu'elle persuade.

1. Philologus, LXX, 1 p. 11. W. Nestle parle des trois classes de λόγοι « auf die sich nach Gorgias (*Hel.*, 13) der Redner verstehen muss ».

Que la persuasion produite par le discours « façonne l'âme à sa guise », quelle meilleure preuve en donner que les effets de la parole dans les genres oratoires les plus différents ? Les audacieuses affirmations des physiciens, qui contredisent le témoignage direct des sens et détruisent les croyances les plus spontanées, créent, dans l'âme, un nouvel ordre d'expérience et lui rendent visible l'invisible. Le discours écrit à loisir par les logographes n'a plus la spontanéité de la parole vivante, et, pourtant, cette imitation artificieuse garde encore, étroitement comprimée dans les contraintes multiples que sont les lois du débat judiciaire, la vertu de charmer et convaincre les foules[1]. La dispute philosophique, ce dialogue d'âme à âme où Platon verra la seule forme véritablement vivante du λόγος, et, surtout, ce à quoi pense le plus probablement Gorgias, cette joute brillante des éristiques, où l'adhésion et l'applaudissement vont sans manque à celui qui a, plus promptes, la parade et la

1. Pour ἀναγκαίους, H. Diels (p. 253, 8, en note), renvoie excellemment au *Théétète*, 172 e. Cf. aussi W. Nestle, *loc. laud.*, p. 12. On s'apercevra facilement que j'interprète ces développements de Gorgias à l'aide, et de ce passage du *Théétète*, et de la seconde partie du *Phèdre* (257 *c* et suiv.), aussi bien que du discours d'Alcidamas *sur les Sophistes* (Blass, *Antiph. orat. et fragm.*, p. 193 et suiv.). H. Gomperz (*Soph. u. Reth.*, p. 29) estime que cette classification des genres oratoires n'est pas encore éclaircie en tous ses détails. Lui-même, à cet endroit, traduit ainsi le début du § 13 (ὅτι δὴ πειθὼ κ. τ. λ.) : « Was aber das angeht, dass die Ueberzeugungskraft, wenn sie der Rede beiwohnt, auch der Seele aufprägt, was sie will, so heisst's erkennen : erstens die Reden... » etc. C'est bien dire encore, avec W. Nestle, que, la persuasion produite par le discours façonnant l'âme à sa guise, l'obligation s'impose à l'orateur de connaître les divers genres oratoires. Mais j'ai plaisir à me rencontrer avec H. Gomperz sur plusieurs points, par exemple sur l'originalité littéraire de l'*Hélène* et sur la différence de ton qui distingue l'*Hélène* et le *Palamède*, différence que H. Gomperz explique par l'opposition naturelle du discours judiciaire et du discours d'apparat (p. 4 et 5). H. Gomperz donne (p. 12-16) une analyse détaillée du *Palamède*, mais résume l'*Hélène* en une demi-page (p. 11). J'espère avoir montré qu'une analyse très attentive de ce derniers discours a quelque utilité.

riposte, voilà le genre où se révèle, dans tout son éclat, la rapidité d'éclosion de la pensée et sa puissance à conquérir et reconquérir, au gré de son mobile caprice, « l'assentiment de la croyance ». Que faut-il pour introduire, dans le texte, cette continuité ? Simplement intercaler, entre μαθεῖν et πρῶτον, le mot ὁρῶντα. On obtient alors une phrase intelligible en elle-même et naturellement amenée par les propositions précédentes : ὅτι δ' ἡ πειθὼ προσιοῦσα τῷ λόγῳ καὶ τὴν ψυχὴν ἐτυπώσατο ὅπως ἐβούλετο, χρὴ μαθεῖν <ὁρῶντα> πρῶτον μὲν τοὺς τῶν μετεωρολόγων λόγους κ. τ. λ.

La chute de ὁρῶντα devant πρῶτον serait peut-être assez facilement explicable par la distraction d'un scribe. Mais l'abandon de ὁρῶντα après μαθεῖν peut très bien être volontaire de la part d'un scribe, qui n'ayant pas gardé en tête ou n'ayant pas compris l'enchaînement des idées dans le passage précédent, n'aura pu trouver, dans ce mot « voir » succédant au mot « apprendre », qu'une répétition inutile et fautive. D'autre part, la construction ὅτι δ' ἡ πειθὼ.... ἐτυπώσατο..., χρὴ μαθεῖν se retrouve exactement dans la première phrase du § 15 : καὶ ὅτι μέν, εἰ λόγῳ ἐπείσθη, οὐκ ἠδίκησεν ἀλλ' ἠτύχησεν, εἴρηται.

Enfin, par l'intermédiaire de ce développement sur les effets des divers genres de discours, le § 14 se rattache étroitement à l'ensemble de la démonstration. Que la persuasion soit, au gré de la parole, maîtresse absolue de l'âme, on ne l'illustrera pas seulement par ce recours à l'expérience, qui n'est qu'un σημεῖον ; on le prouvera par une démonstration scientifique. Au § 10, on avait comparé la puissance de la parole à la puissance des incantations. Ici, le parallèle est pris dans un art véritable, qui sait subordonner le choix et l'ordonnance de ses moyens d'action (ἥ τε τῶν φαρμάκων τάξις) à la nature de son objet (πρὸς τὴν τῶν σωμάτων φύσιν). La puissance de la parole est identique à celle de la médecine. Les « drogues » expulsent du corps, l'une une humeur et l'autre une autre, et, si certaines le délivrent de la maladie, d'autres le privent de la vie. Ainsi les discours peuvent faire naître, dans l'auditeur, le chagrin ou le plaisir, la crainte ou l'audace, et d'autres, par une persuasion malfaisante, enlèvent à l'âme la conscience et la maîtrise d'elle-même, et la subjuguent par leur magie ensorcelante : τὸν αὐτὸν δὲ λόγον ἔχει ἥ τε τοῦ λόγου δύναμις πρὸς τὴν τῆς ψυχῆς τάξιν ἥ τε τῶν φαρμάκων τάξις πρὸς τὴν τῶν σωμάτων φύσιν. ὥσπερ γὰρ τῶν φαρμάκων ἄλλους ἄλλα χυμοὺς ἐκ τοῦ σώματος ἐξάγει, καὶ τὰ μὲν νόσου τὰ δὲ βίου παύει, οὕτω καὶ τῶν λόγων οἱ μὲν ἐλύπησαν, οἱ δὲ ἔτερψαν, οἱ δὲ ἐφόβησαν, οἱ δὲ εἰς θάρσος κατέστησαν τοὺς ἀκούοντας, οἱ δὲ πειθοῖ τινι κακῇ τὴν ψυχὴν ἐφαρμάκευσαν καὶ ἐξεγοήτευσαν. L'art très savant de Gorgias se plaît ainsi, en achevant la démonstration de sa thèse, à ramener dans cette finale les principales idées du début. Les φρίκη περίφοβος καὶ ἔλεος πολύδακρυς καὶ πόθος φιλοπενθής du § 9, les γοητείας καὶ μαγείας δισσαὶ τέχναι du § 10, et le πείθουσι δὲ ψευδῆ λόγον πλάσαντες du § 11, sont rappelés ici par des expressions équivalentes, de manière à produire cette harmonie complexe, où, non seulement les membres de chaque phrase, mais aussi les parties plus larges de chaque section et de l'ensemble, se répondent par le groupement parallèle des mêmes sons et des mêmes idées.

LIVRE II

Socrate

CHAPITRE PREMIER

La Question socratique

Le problème socratique est à l'ordre du jour. Les livres que j'ai à recenser peuvent s'ordonner de manière à constituer une revue assez générale des questions qui se posent et des principaux essais de solution.

E. Mueller : *Sokrates geschildert von seinen Schülern.* 2 vol. in-8°, xi-492 et 472 pages, 1911, Leipzig, Insel-Verlag.

L. Robin : *Les Mémorables de Xénophon et notre connaissance de la philosophie de Socrate,* Année philosophique (XXIe 1910), p. 1-47, Paris, Alcan, 1910.

H. Weissenborn : *De Xenophontis in Commentariis scribendis fide historica,* diss. 52 pages, Iéna, 1910.

A.-E. Taylor : *Varia Socratica,* in-8°, xii et 269 pages (St Andrews University Publications, n° 9). Oxford, J. Parker, 1911.

J. Burnet : *Plato's Phaedo.* Oxford, 1911. Ici rentre seulement la préface : lxvi pages.

H. Röck : *Aristophanischer und geschichtlicher Sockrates* (Arch. f. Gesch. d. Philos., XXV, 2, p. 175-195, et 3, p. 251-274), 1912.

H. Dittmar : *Aischines von Sphettos, Studien zur Literaturgeschichte der Sokratiker, Untersuchungen und Fragmente* (Philologische Untersuchungen herausgeg. von A. Kiessling u. U. v. Wilamowitz Moellendorf, XXI), in-8°, avec index des mots grecs, index locorum et table analytique, xii et 326 pages, Berlin, Weidmann, 1912.

Carlo Pascal : *Dioniso, Saggio sulla Religione e la Parodia Religiosa in Aristofane*, in-12, xv et 255 pages, Catania, Battiato, 1911.

H. Markowski, *De Libanio Socratis Defensore*, in-8°, 196 pages avec index, Marcus, Breslau, 1910.

§ 1. *Le Socrate de Xénophon*

Les deux volumes de E. Mueller ont un premier mérite : celui de rassembler et traduire les plus indispensables documents. Le premier volume contient les *Mémorables* et l'*Economique* de Xénophon, le *Protagoras* et le *Banquet* de Platon. Le second volume contient, de Platon, le *Gorgias*, l'*Apologie*, le *Criton* et le *Phédon ;* de Xénophon, le *Banquet ;* enfin, en appendice, trois études sur Critias, Xénophon, Platon, études où domine encore le souci documentaire, puisqu'on nous donne pour Critias les fragments de la *Constitution des Athéniens* en ordre systématique, et l'histoire des *Trente* dans les *Helléniques* de Xénophon. Les traductions sont bonnes ; les notes sont surtout historiques et destinées à faciliter, au lecteur non initié, l'intelligence des multiples allusions aux mœurs, aux hommes, aux systèmes de ce lointain passé. Dans ce sens encore a été écrite l'introduction (p. 1-100) par laquelle s'ouvre le premier volume. L'auteur n'a point cru de son devoir, offrant au public les différents portraits de Socrate que nous ont légués ses disciples, « de comparer, analyser, critiquer ces différentes expositions pour en dégager la teneur historique, et d'ajouter ainsi, de sa propre main, un portrait à ces portraits antiques. Son unique dessein est de donner une idée du monde où Socrate a vécu, de l'état et de l'histoire d'Athènes à l'époque où il enseigna, des circonstances qui ont amené son jugement et sa mort » (p. 4). Cette exposition historique est d'ailleurs excellente et très bien appropriée à son but de vulgarisation. L'auteur n'en est pas moins au courant des graves questions de la critique et même, de temps à autre, prend parti dans une note ou dans une des petites introductions particulières. Prendre parti est excellent. Mais, dans une œuvre avant tout documentaire, s'autoriser de ses soupçons ou de ses certitudes pour omettre dans sa traduction, ici quelques phrases (*Economique*, I, p. 267), ailleurs des pages entières (le dialogue entre Alcibiade et Périclès dans les *Mémorables*), c'est offrir au lecteur les pièces du procès expurgées à l'avance et le priver de comparaisons intéressantes. Par contre, je pense que le livre n'aurait guère perdu de ses chances d'accès auprès du grand public en gardant, en manchettes, la pagination usuelle du texte grec, pagination qui permet au travailleur de se retrouver.

Les études qui suivent entrent davantage au cœur du problème. M. Robin n'a pas la prétention de poser le premier la question Xénophon. Mais personne, avant lui, ne l'avait exposée si clairement au public français, et ceux mêmes qui, par métier ou libre curiosité, ont eu à feuilleter les éditions, dissertations et préfaces des quelques années passées et surtout à retrouver leur voie dans la masse chaotique des deux volumes de K. Joel, trouveront avec plaisir, dans l'article de l'*Année philosophique*, un résumé solide et clair des positions actuelles de la critique, une orientation très experte dans cette multiplicité de voies divergentes.

La direction de M. Robin est, d'ailleurs, tout de suite apparente : il n'a « d'autre dessein que d'exposer sommairement l'état et les données du problème, et de montrer quelles inquiétudes peut éveiller le témoignage de Xénophon dans les *Mémorables* ». Ce témoignage a joui longtemps de la confiance générale ; confiance vague d'abord, avec Brucker, Hegel, etc., et n'éprouvant aucun besoin d'analyser ses raisons, puis, avec M. Boutroux, se formulant en méthode précise, pour arriver, avec Döring, à une thèse absolue, qui s'exprime en ce jugement pittoresque : « Xénophon est un commissionnaire, qui nous transmet une marchandise dont il ne connaît qu'imparfaitement la véritable nature, mais qu'il nous fait parvenir avec une honnête fidélité. En somme, il est le seul auteur qui nous mette en possession de matériaux authentiques pour la connaissance de la doctrine de Socrate... au moins pour la période des dix années pendant lesquelles il l'a connu. » Mais si son genre d'intelligence empêche Xénophon d'altérer le Socratisme, elle l'empêche aussi de le pleinement comprendre, et un tiers parti, de Schleiermacher à Zeller, Christ, A. Croiset, s'efforce de conférer à ce témoignage, en le vivifiant par l'exposition plus libre de Platon, « une signification et une portée philosophiques ». Cependant que la critique radicale, dont les arguments ont fini par se concentrer dans le manifeste imposant et massif de K. Joël, ne se borne pas à nier, avec U. von Wilamowitz-Moellendorf, que Xénophon ait jamais prétendu faire œuvre d'historien, mais « soutient que, s'il l'eût voulu, il eût été incapable de la faire ».

C'est de cette critique radicale que M. Robin veut grouper et juger les résultats. Son étude est trop facilement abordable et, d'autre part, trop dense pour que je m'attarde à la diluer en la résumant. Envisageant, d'une part, l'homme dans sa personnalité morale et dans sa personnalité littéraire, d'autre part l'œuvre dans les conditions où elle fut entreprise, dans sa forme littéraire et dans son contenu, M. Robin conclut dans un sens nettement défavorable à la véracité historique de Xénophon. Celui-ci n'était pas fait pour nous donner l'histoire objective de Socrate : historien seulement d'occasion et, par tempérament, romancier (p. 19), c'est dans le roman historique, dans la *Cyropédie*, qu'il est le plus lui-même. En fait, les *Mémorables* n'ont aucune chance d'être cette histoire objective : composés longtemps après les faits et les entretiens qu'ils rapportent, parents par leur forme et leurs tendances des « dialogues socratiques » et des « récits moraux » de l'époque, et d'ailleurs les imitant ou les combattant, ils sont, comme eux, une œuvre littéraire, dont Socrate est moins le sujet que l'étiquette (p. 35 et *pass.*). D'une part, le contenu biographique en est pauvre : « L'historien Xénophon nous fournit sur la vie de Socrate moins de renseignements que le philosophe Platon. » D'autre part, le contenu doxographique en est suspect : connaissances prêtées à Socrate que seul pouvait avoir le Xénophon de l'*Anabase;* préoccupations, croyances, tendances attribuées à Socrate et qui sont, précisément, « la marque de l'esprit de Xénophon et de son caractère » ; attestations d'autopsie ou invocations de témoignages qui se retrouvent identiques là où la fiction est manifeste et, non pas le mensonge, mais l'artifice littéraire évident ; image finale de Socrate dont le prosaïsme pédant, la minutieuse insignifiance laissent inexpliquées l'opposition meurtrière et la floraison féconde que suscite son enseignement ; tout nous interdit de voir, en Xénophon, « le témoin naïf et entre tous fidèle du Socratisme ». Tel est le réquisitoire dressé par M. Robin, réquisitoire auquel mon analyse prête, avec des formules barbares, une raideur qu'il n'a point ; car il s'accompagne d'une estimation circonspecte et bienveillante des faits et des intentions. Le témoignage de Xénophon ainsi condamné, ou du moins écarté, que reste-t-il à ceux qui, avec Edm. Pfleiderer, voulaient voir, en ce témoignage, « l'unique source historiquement certaine » du Socratisme authentique ? Évidemment, pas autre chose qu'un aveu d'ignorance. Eux du moins ne peuvent que souscrire à cette phrase de M. Robin : « Ainsi cette grande figure de Socrate, la plus populaire de toute la philosophie grecque, celle dont les philosophes modernes apprécient le rôle avec le plus de complaisance et aussi avec le plus de sérénité, nous apparaît comme celle d'un héros de légende dont l'histoire est encore à écrire ».

Contre des dossiers si formidables, des juges si graves et si nombreux « omnes fere viri docti nostræ ætatis », il a fallu à H. Weissenborn le beau courage de la jeunesse pour intituler son plaidoyer inaugural : *De Xenophontis in Commentariis scribendis fide historica.* Les dossiers, d'ailleurs, lui paraissent plus gros que solides et les juges quelque peu légers, puisqu'il écrit : « Sed cur tandem fieri non posset, ut Xenophon nihil certius de Socrate sciret, id certis argumentis demonstrare atque confirmare plurimi obliti sunt. » Il s'attaque surtout à la thèse de K Joël. En quelques réflexions préliminaires, il essaie d'écarter le déni de compétence formulé contre Xénophon (p. 6-10). Dans ces quelques pages, où il fait surtout état des déclarations de Xénophon pour établir ses relations d'amitié avec Socrate, son attachement à la personne et à l'enseignement du maître, il fait cette remarque d'apparence assez raisonnable : on ne peut rejeter *a priori* comme non socratique toute idée qui se rencontre à la fois dans les *Mémorables* et dans les autres ouvrages de Xénophon, car il est naturel que Xénophon ait gardé et porté un peu partout la doctrine et l'esprit socratiques. Auquel raisonnement, pourtant, on à tout autre analogue, M. Robin répondra : ce serait certes une pétition de principe que de prétendre *a priori* déclarer socratique ou non socratique telle ou telle sentence des *Mémorables* ou d'un autre écrit de Xénophon, alors que nous n'avons aucun critère préalable du Socratisme; mais il y a autre chose que cette parenté entre des assertions particulières et, par exemple, « on ne peut penser qu'il (Xénophon) ait reçu de Socrate jusqu'au timbre de sa pensée, jusqu'aux nuances les plus personnelles de sa façon de l'exposer ». Or, c'est sur une telle transparence de la personnalité de Xénophon, aussi éclatante dans les *Mémorables* que dans les autres écrits, que se fonde la suspicion (cf. *supra*, et L. Robin, p. 35).

Le corps de la dissertation de H. Weissenborn comprend trois thèses : I. Xénophon n'a pas pillé les Cyniques, car 1º les doctrines attribuées par Xénophon et Platon à Socrate et qui se retrouvent dans Antisthène sont vraiment socratiques : 2º les *Commentaires*, en plusieurs endroits, soutiennent des doctrines non seulement étrangères, mais directement opposées aux doctrines cyniques. — II. Xénophon n'a pas, comme Platon, prêté à Socrate ses propres pensées, car 1º l'usage de la forme dialoguée ne prouve pas que le fond soit fictif ; 2º Xénophon écrit expressément pour défendre son maître, alors que Platon ne prétend pas écrire pour exposer la vie et la philosophie de Socrate ; 3º les contradictions que l'on découvre à l'intérieur des *Commentaires*, disparaîtraient peut-être si les textes discutés étaient simplement mieux compris. — III. Par exemple, les chapitres I, 4, et IV, 3, ne s'opposent nullement au reste de l'ouvrage, car 1º l'aversion de Socrate pour la philosophie naturelle n'y est vraiment pas contredite ; 2º l'usage de l'argumentation téléologique ne prouve pas que ces chapitres n'aient pu être écrits qu'après Aristote ; 3º la religion qu'ils prêtent à Socrate n'est pas un panthéisme stoïcien et ne contredit point la fidélité aux dieux nationaux qui s'exprime dans les chapitres 1 et 3 du livre I ; 4° la doctrine qu'ils contiennent est vraiment socratique.

Je ne m'arrêterai pas à regretter qu'un plan si vaste et si intéressant se réduise à la cinquantaine de pages que comporte une dissertation écrite « ad summos in philosophia honores rite impetrandos », et pourtant une seule des thèses ainsi esquissées eût fourni matière à des recherches précises, d'un vif intérêt et, peut-être, d'un résultat plus inattaquable et plus fructueux. La dissertation, telle quelle, est bien conduite, encore que, souvent, un peu verbeuse. Je me borne à relever quelques idées. La forme dialoguée était la seule forme d'exposition qui pût prétendre à reproduire fidèlement l'enseignement socratique. Mais on ne prétend pas que tous les dialogues rapportés par Xénophon soient historiques un par un : encore que l'on réclame, pour plusieurs, une authenticité de relation historique seulement quelque peu amplifiée, on regarde le plus grand nombre des dialogues comme des *dialogues-types*. Les idées sont de Socrate, les circonstances du dialogue sont construites. Cette formule est excellente. Un seul dialogue, dans Xénophon, suffit à convertir l'auditeur : « Id autem quod Socrates re vera multis atque difficillibus artibus disserendi consecutus erat, id Xenophon eum uno brevi dialogo exemplo quasi typico posito impetrantem fecit » (p. 26). Donc, le charme en moins, le dialogue de Xénophon est une œuvre d'art comme celui de Platon. Mais Xénophon n'a-t-il *arrangé* que la forme ? Voici deux phrases où s'opposent les intentions de Platon et de Xénophon : « Plato autem nullo loco postulavit ut descriptor vitæ Socratis haberetur... Quid autem Xenophon libro suo perficere voluerit, recte nobis inscriptio Ἀπομνημονεύματα indicat » (p. 27). D'aucuns soutiendront, nous allons le voir, ou que Platon prétend davantage à la fidélité historique, ou que, sans y prétendre, il l'obtient. Mais ce n'est pas seulement dans son titre que Xénophon affiche ses prétentions à l'historicité, et l'historicité qu'il revendique pour ses dialogues n'est pas seulement une historicité de fond. Il dit à chaque instant : « J'étais là, j'ai entendu Socrate dire... », et cela en bien des cas où, manifestement, il n'a pu ni voir ni entendre. D'ailleurs, pour H. Weissenborn, les circonstances des dialogues sont le plus souvent fictives. Pourquoi un titre serait-il une indication plus certaine que ces attestations répétées ? H. Weissenborn a de bonnes pages sur la théologie des *Mémorables*, mais il faudrait vraiment plus de sept pages pour résoudre ou seulement poser d'une façon précise de tels problèmes. Et, puisqu'on discute la portée de formules comme ἡ ἐν τῷ παντὶ φρόνησις, pourquoi ne pas en appeler au *Philèbe* de Platon (28 d. et suiv.) ?

§ 2. *Le Socrate d'Aristote*

Amis comme adversaires de Xénophon se sont au moins, jusqu'ici, entendus sur un point : s'il y a un Socrate historique, il est admis d'avance que ce n'est pas celui de Platon. Ceux-là mêmes qui ne trouvent rien de solide en Xénophon, s'ils cherchent un nom où raccrocher leur critique en dérive, s'ancrent délibérément au témoignage d'Aristote. Une réaction était peut-être nécessaire. Elle est venue éclatante et presque révolutionnaire avec les *Varia Socratica* de A.-E. Taylor et la préface de J. Burnet à son *Phédon*.

Le volume de A.-E. Taylor est un recueil d'études qui, sous des titres divers, aboutissent toutes au Socrate de Platon, ou, si l'on préfère, au Socrate que A.-E. Taylor découvre dans les dialogues de Platon. Comme je dérangerai l'ordre de ces études pour les analyser, je tiens à reproduire la table des matières : 1° l'impiété de Socrate (1-39) ;

2° la prétendue distinction aristotélicienne entre Σωκράτης et ὁ Σωκράτης (40-90) ; 3° Socrate et les δισσοὶ λόγοι (91-128) ; 4° le φροντιστήριον (avec *Postcript* 129-177) ; 5° les mots εἶδος ἰδέα dans la littérature préplatonicienne (178-267). Épilogue (268-270). La dernière étude a déjà été mentionnée à propos de la médecine grecque[1]. Le détail en appartient à notre chronique platonicienne, mais les conclusions en importent, comme celles des autres articles, à la détermination du Socrate historique. Toute révolution est abolition ou transport de privilèges : A.-E. Taylor ne juge plus nécessaire, j'imagine, de s'attaquer au privilège de Xénophon, et s'en prend tout de suite à celui d'Aristote.

Nous savons que M. Taylor n'est pas le premier à protester contre l'appréciation exclusive du témoignage d'Aristote à propos de Socrate[2]. Mais il a mieux à faire que de se chercher des prédécesseurs et entre tout de suite dans le vif de sa thèse. Le témoignage d'Aristote n'a pas du tout une valeur privilégiée ; bien plus, il n'a même pas une valeur indépendante ; car il n'est que l'écho des Socratiques et spécialement de Platon, et tout ce qui ne lui vient pas directement des dialogues platoniciens se réduit à quelques anecdotes triviales, mais aussi tout ce qui lui vient, soit des dialogues, soit d'ailleurs, est accepté sans critique et simplement transcrit. D'où la conclusion : ou le Socrate des dialogues est le vrai Socrate, ou bien il n'y a pas, pour nous, de vrai Socrate.

Telle est donc la thèse de A.-E. Taylor, et voici les preuves qui l'étaient :

a) Pour établir qu'Aristote distingue entre le Socrate de Platon et le Socrate de l'histoire, on s'est appuyé jusqu'ici sur l'opposition des formules Σωκράτης et ὁ Σωκράτης :

1. Cf. *supra*, p. 15-17.
2. Cf. *supra*, p. 91.

la première désignerait la réelle personne de Socrate, la seconde la *dramatis persona* des dialogues. Or, un tel canon (the so-called « canon of Fitzgerald », p. 42) est absolument imaginaire. D'abord il faut écarter du débat les phrases où Σωκράτης figure en exemple logique, à côté, le plus souvent, de Callias et Coriscus. A.-E. Taylor incline à voir, dans cette habitude aristotélicienne, un héritage d'un procédé scolaire de Platon, lequel prend, comme sujets de ses exemples logiques, des noms d'élèves présents à son cours ; le Socrate de telles formules serait le jeune Socrate du *Théétète*, du *Sophiste* et du *Politique*, l'élève de l'Académie. En second lieu, ce n'est pas pour distinguer le Socrate de l'histoire du Socrate de Platon, qu'Aristote emploie, ici, Σωκράτης et, là, ὁ Σωκράτης. C'est ce que prouve l'usage des deux formules dans la *Rhétorique :* 1398b 30 τὸν Σωκράτην est mis pour le Socrate historique, 1419a 8 Σωκράτης pour le Socrate de l'*Apologie*, 1367b 8 et 1415b 31 ὁ Σωκράτης d'abord et, en second lieu, Σωκράτης pour introduire une seule et même citation du *Ménexène*. Enfin, le même flottement est visible dans l'emploi ou le non-emploi de l'article pour les noms propres autres que celui de Socrate. Par exemple, toujours dans la *Rhétorique*, la règle qui réserve l'article aux *personæ dramatis* est violée par 12 fois l'article pour la réelle personne de l'histoire, et 5 fois absence d'article pour les personnages littéraires : énumération, d'ailleurs, qui ne se donne nullement pour exhaustive. L'examen de la *Poétique* et du premier livre de la *Métaphysique* montrerait le même flottement.

b) Où Aristote a-t-il pris ce qu'il dit de Socrate ? A.-E. Taylor soulève d'abord et résout une question préjudicielle : d'où pouvaient lui venir des renseignements sur Socrate ? Pas d'un autre endroit qu'Athènes : on peut le présumer par l'ignorance de Platon à l'égard de l'Abdéritain Démocrite. Dans Athènes même, pas d'une autre source que la tradition préservée dans l'Académie, tradition qui s'alimente elle-même principalement aux dialogues de Platon. La continuité de l'école platonicienne explique seule l'importance littéraire et la vitalité de cette unique source ; le Socrate des autres Σωκρατικοὶ λόγοι s'est rapidement effacé, faute d'une école assez solide pour conserver, avec les livres, une tradition définie. Or, la conception qu'Aristote s'est faite des Σωκρατικοὶ λόγοι entraîne, au jugement de Taylor, la croyance à leur fidélité historique essentielle : ce sont des drames en prose, des drames mimétiques, dont la loi est de reproduire exactement les caractères et les mœurs ; donc Aristote regarde ces discours socratiques « as a highly realistic kind of composition » (p. 55). Ainsi, *a priori*, il n'avait pas à faire une distinction foncière entre le Socrate des dialogues platoniciens et le Socrate de l'histoire. Et, de fait, pour tous les passages qui se réfèrent à des théories particulières de Socrate, Taylor prouve, dans une enquête exhaustive, « qu'il est très facile d'indiquer, avec probabilité ou certitude, la source platonicienne de la référence » (p. 63 et suiv.).

Pour tous les passages ? Il y a une « troisième vague », et Taylor sait bien qu'elle suffirait à balayer toute sa construction : « Socrate, dit Aristote (*Met.* 1078 b 30), ne séparait point l'universel ni les concepts ; eux autres (les fondateurs de la théorie des Idées) les séparèrent... » Quelle digue élever contre cette menaçante distinction entre Socrate et Platon, c'est-à-dire entre le Socrate de l'histoire et le Socrate des dialogues ? Pour trouver ses matériaux, Taylor creuse un peu partout et creuse à fond ; cela nous vaut une étude très suggestive sur l'induction socratique comparée avec l'induction *hippocratique* (p. 72-74), sur l'usage de l'ὑπόθεσις dans le *Phédon*, la collection *hippocratique* et les *Mémorables* (75-80), et enfin sur le *Théétète*, le *Parménide* et le *Sophiste*. C'est, en effet, le *Sophiste* qui fournira le roc et le ciment pour la digue : ce n'est pas Platon, ce n'est pas le Socrate de Platon qui a séparé les Idées que le réel Socrate ne séparait pas ; ce sont les εἰδῶν φίλοι combattus dans le *Sophiste*. Aristote voit, derrière cette lutte que décrit le *Sophiste*, une opposition historique entre Socrate et une secte éléatique de son temps ; et Aristote, ici, voit juste. Il pourra trouver que Platon lui-même n'a pas réussi à masquer par ses métaphores le vide qu'il laisse entre les Idées et les choses sensibles. Mais, ici, ce qu'il oppose, c'est le Socrate, pour lui, réel, qu'il connaît à travers les dialogues, et une secte contemporaine de Socrate, secte qu'il connaît seulement par un dialogue, le *Sophiste*, et, peut-être, en plus, par le début du *Parménide*. Je n'examinerai pas ce que vaut cette défense. Je me suis promis de me borner au rôle de *reporter* pour ne pas faire, de cette chronique, un volume, et pour qu'on puisse d'abord connaître la thèse entière de Taylor en sa très vive originalité. La conclusion qui s'impose, une fois esquivée « la dernière vague », est celle-ci : le Socrate d'Aristote ne fait que reproduire et vaut exactement ce que vaut le Socrate de Platon.

§ 3. *Le Socrate de Platon et le Socrate de l'Histoire d'après M. Taylor*

Le jugement le plus officiel qui ait été porté sur Socrate est celui du Tribunal qui l'a condamné. Il avait été préparé, au dire même de l'*Apologie*, par le burlesque réquisitoire des *Nuées*. Acte d'accusation aussi bien que parodie le mettent en rapport étroit, aux yeux de Taylor, avec les mêmes gens qui forment son cortège habituel dans les dialogues de Platon, et de qui Socrate a reçu ce qu'on regarde d'ordinaire comme l'invention propre de Platon, attribuée par lui à son maître par une pure fiction poétique : la théorie des Idées. Donc trois représentations différentes de Socrate qui, soit qu'elles le condamnent, le raillent ou l'exaltent, nous laissent entrevoir un seul et même Socrate historique : orphique et pythagoricien, aussi bien par ses doctrines scientifiques et rationnelles que par ses tendances religieuses.

a) *L'impiété de Socrate.* Que fut cette ἀσέβεια pour laquelle on condamna Socrate ? Ce ne fut pas le refus de croire aux mythes d'Homère ou d'Hésiode ou la tendance à les dépouiller de certains détails jugés immoraux : « Les mythes d'Hésiode et d'Orphée n'étaient point des dogmes, et la chose essentielle dans la religion athénienne n'était pas le dogme, mais le culte, l'observance des règles authentiques du *do ut des* entre Dieu et l'homme » (p. 16). On peut être sûr à l'avance que cette accusation d'impiété visait « des pratiques religieuses irrégulières », l'adhésion à un culte qui n'avait pas l'estampille officielle, adhésion que la démocratie athénienne devait regarder « comme une espèce de haute trahison ». Or, en fait, le *Phédon* et le *Gorgias* nous révèlent un Socrate intimement lié avec la secte orphico-pythagoricienne, secte très impopulaire dans Athènes, s'il faut en croire Taylor, parce que « le δῆμος avait les mêmes raisons naturelles de suspecter les rites secrets internationaux, qu'ont eues, jusqu'ici, les chefs de l'Église romaine d'être hostiles à la Franc-Maçonnerie » (p. 30). Ainsi s'explique la formule ἀδικεῖ Σωκράτης.... ἕτερα... καινὰ δαιμόνια εἰσηγούμενος. Socrate importe non pas *recentia numina*, mais *insolita numina :* des pratiques religieuses non officielles, étrangères (p. 23). Il est, politiquement, « le centre d'une ἑταιρία antidémocratique » ; religieusement, « l'adhérent d'une *religio non licita ;* en fait, le premier non-conformiste notable de l'histoire » (p. 30). Aristote ne nous donne « qu'un Socrate de seconde main ». Xénophon « banalise » volontairement Socrate en le noyant dans la vulgarité inoffensive de ses lieux communs. Au contraire, le croyant, Taylor dira quelque part (p. 150, n. 1) le Saint que Platon nous dépeint, conversant et mourant au milieu d'amis orphiques et phythagoriciens, est bien l'hérétique mis à mort par une démocratie soupçonneuse, et aussi le charlatan, chef d'une secte mystico-scientifique, le ridicule et impie φροντιστής que la simplicité vengeresse de Strepsiade incendiait au milieu de son φροντιστήριον.

b) *Le Phrontisterion.* Sous la caricature que brosse Aristophane, il est possible, en effet, de retrouver le portrait, et le portrait qu'on retrouve est celui-là même qu'auréole et immortalise Platon. Je ne sais si, de toutes les études qui composent ce volume, ce n'est pas en celle-ci que Taylor a mis le plus d'ingéniosité pénétrante, le plus de subtile patience à faire saillir les détails inapparents et suggestifs, le plus d'adresse heureuse à faire jaillir, en éclairs soudains, les rapprochements inattendus. A une étude si originale, si concrète à la fois et si riche en idées générales, tout entière en détails, en confrontations et en suppositions de détails, d'où fusent, de-ci de-là, des hypothèses et des conclusions immenses, une recension abstraite ne peut faire que du tort. Il faut avoir lu ligne par ligne ; il faut avoir passé de « l'idée avortée » des *Nuées* (vers 137) à la maïeutique du *Théétète*, à la théorie de l'Amour du *Banquet* et du *Phèdre*, au « mariage sacré » des mystères et à « l'épithalame » du VIe livre de la *République* (p. 148-151). Il faut avoir trouvé avec A.-E. Taylor, dans tous les détails de la grosse ruse de Socrate pour voler son dîner, dans l'étrange posture de ses élèves pour observer le ciel, dans la mesure du saut de la puce, dans les retorses chicanes sur la nouvelle lune (p. 152-

166), aussi bien que dans le Tonnerre, l'Humidité ennemie et le Tourbillon, la cosmologie même à laquelle le Socrate du *Phédon* n'a dit adieu que sur le tard. Il faut avoir vu tout le jargon mystique et toute la gesticulation rituelle de la comédie se transformer en preuves positives de l'orphisme de Socrate (p. 166-170), tout l'appareil scolaire de la scènerie des *Nuées* et toutes les étapes de l'éducation de Strepsiade utilisées pour expliquer les méthodes et les étapes de l'éducation platonicienne. Alors seulement on aura pu juger la richesse très mélangée de ces aperçus, la multiplicité d'inductions fragiles aussi bien que le grand nombre d'idées neuves sur lesquelles s'appuient les conclusions si originales de A.-E. Taylor. Alors aussi on abordera d'un esprit libre ces conclusions, que l'auteur nous résume lui-même (p. 174/5) :

1° Socrate, par ses rapports étroits avec les derniers physiciens, Anaxagore, Archélaos, Diogène, se relie à l'école médicale de Crotone et, par elle, au Pythagorisme... 2° Socrate, par ses connaissances mathématiques avancées, se relie encore à la science pythagoricienne... 3° Socrate est une figure centrale dans le groupe des φιλόσοφοι de Platon ou des φροντισταί d'Aristophane : table commune, études mathématiques et physiques, religion privée ascétique, conceptions mystiques sur la vie future et le monde à venir, font, de ce groupe, une école scientifique et un θίασος religieux ; c'est une communauté orphico-pythagoricienne... 4° L'éducation socratique vise à former des hommes d'État ; sa méthode est la dialectique ; son fondement est une étude encyclopédique du langage, rythmes, mètres, « choses météoriques »... 5° L'enseignement de Socrate est une maïeutique... 6° La connaissance de soi-même est, pour lui, la grande science.

c) *Socrate et la théorie des Idées.* (*The Words* εἶδος, ἰδέα *in Pre-Platonic Literature*). Même s'il ne devait rien rester d'autre du livre d'A.-E. Taylor, son étude si fouillée et si riche sur la terminologie préplatonicienne de la théorie des Idées suffirait à renouveler le vaste champ de l'Antésocratisme et du Platonisme. J'ai dit que, seules, les conclusions qui concernent le rôle propre de Socrate nous retiendraient dans cette chronique. Socrate est, encore ici, le dernier anneau de la chaîne qui relie Platon au Pythagorisme. Car la théorie des Idées, la conception d'une « essence réelle » et l'usage des termes εἶδος, ἰδέα, σχῆμα, μορφή, pour désigner cette essence réelle, n'est ni invention de Socrate, ni invention de Platon, mais fruit de la spéculation pythagoricienne modifiée par la philosophie d'Empédocle. Ainsi, à chercher une origine à cette doctrine, qui n'est, au vrai, que l'éternelle opposition entre l'illusion sensible et l'invisible réalité, nous sommes encore ramenés à l'Orphisme, à un orphisme qui, avec Empédocle et Socrate, a pour Dieu Apollon et non plus Dionysos (p. 254 et suiv.). Si j'ajoute que, dans sa troisième étude, A.-E. Taylor tend à attribuer les δισσοὶ λόγοι « à une branche de ces demi-éléatiques représentés pour nous, dans le cercle socratique, par Euclide et ses compagnons Mégariques » (p. 128), j'aurai achevé d'indiquer la haute valeur de suggestion de son livre.

§ 4. *Le Socrate de Platon et le Socrate de l'Histoire d'après M. Burnet*

L'Introduction que J. Burnet a mise à son édition du *Phédon* nous ramène dans les mêmes sentiers, et cette concordance même est intéressante : « My colleague Professor Taylor's *Varia Socratica*, dit J. Burnet (p. xiv, note 2), came into my hands too late for me to refer to it in detail.

Though I cannot accept all his conclusions, I am glad to find myself in substantial agreement with him. » Analyser en détail les pages de J. Burnet serait, effectivement, redire des choses déjà dites. J. Burnet s'arrête (p. xiv-xxiii) à détruire le préjugé favorable à Xénophon et, au bout d'une très claire argumentation, émet l'idée qu'une grosse part du contenu des *Mémorables* est adaptation de Platon, emprunt aux « apocryphes socratiques » autant qu'aux œuvres d'Antisthène (p. xxi). Pour lui, non plus, l'autorité d'Aristote, dernier refuge de M. Joel, n'a ni valeur privilégiée ni valeur indépendante ; le Socrate qu'il cite et, absolument, le Socrate qu'il connaît, est le Socrate de Platon : « Toujours prêt qu'il était à critiquer Platon, s'il eût été en mesure de confronter le Socrate historique avec le Socrate de Platon, nous pouvons être sûrs qu'il l'eût fait quelque part en clair et intelligible langage » (p. xxv). Sur les rapports de Platon avec Socrate, J. Burnet a des idées personnelles et très intéressantes : les ambitions du jeune Platon étaient politiques et non scientifiques ; il dut appartenir au cercle socratique, mais pas au cercle le plus intime ; sa conversion totale est tardive et c'est la mort de Socrate qui fit, de Platon, le vrai disciple de Socrate (p. xxix). Cela ne l'empêche pas d'être notre meilleure autorité : tout jeune, il a connu Socrate, il a eu, à son sujet, des traditions de famille et, par-dessus tout, s'il ne faut point chercher en ses dialogues « une narration objective », il y faut reconnaître la forme la plus réaliste de cette prose mimétique, dont Aristote donne comme exemplaires à la fois les mimes de Sophron et les « discours socratiques » (p. xxxi). Platon a, en perfection, le don de revivre et de ressusciter le passé : c'est toute l'époque et rien que l'époque d'avant les révolutions qui sert de cadre à ses dialogues et, quant au fond dramatisé qui remplit ce cadre, on peut s'assurer de sa fidélité en comparant, par exemple, l'Aristophane du *Banquet* à l'Aristophane qui transparaît à travers les comédies. La vérité de ce portrait d'Aristophane est au moins « une haute présomption » en faveur de la vérité du portrait de Socrate (p. xxxiv). J. Burnet ajoutera d'ailleurs, avant de conclure, à tous ces motifs de confiance, un motif, à ses yeux, supérieur : la vivacité de ce portrait. « The Platonic Socrates is no mere type, but a living man. That, above all, is our justification for believing that he is in truth the historical Socrates » (p. lxi).

Quel est donc, d'après J. Burnet, ce Socrate de Platon, en qui nous trouvons enfin le Socrate de l'histoire ? A propos de Xénophon, Schleiermacher se posait cette question directrice : « Que *peut* avoir été Socrate, en plus de ce que Xénophon nous rapporte de lui, sans pourtant contredire les traits de caractère et les maximes de conduite que Xénophon nous présente comme positivement socratiques?... Que *doit-il*, en outre, avoir été pour avoir fourni à Platon l'occasion et le droit de lui donner dans ses dialogues le rôle qu'il lui a donné ? » (L. Robin, p. 6-7, J. Burnet, p. xxxvii.) A son tour, J. Burnet se demande : « Que *doit* avoir été Socrate pour s'être attiré la dévotion enthousiaste des Pythagoriciens de Thèbes et de Phlies, comme des Eléates de Mégare ? » (p. xxxviii.) Avant tout, il a dû ne pas rester à l'écart du grand mouvement scientifique de son temps ; il a vraiment subi les influences que décrit le *Phédon :* sa jeunesse philosophique a marché dans les voies de Diogène d'Apollonie, Archélaos, Anaxagore, Empédocle, et cette dernière voie nous ramène à la grande route pythagoricienne, où débouchent les obscurs sentiers de l'Orphisme. Au Pythagorisme appartient, entre autres, la doctrine qu'on ne se lasse pas d'appeler du nom, entre tous impropre et illusionnant, de *Théorie des Idées*, et à laquelle J. Burnet restitue, au moins une fois (p. XLV), le plus juste nom de *Théorie des Formes.* Au Pythagorisme et à l'Orphisme appartient la croyance à l'immortalité de l'âme et le mysticisme qui fait, de la vie, une préparation à la mort. Mais ici, J. BURNET s'arrête sur le seuil qu'A. TAYLOR a franchi et se refuse à faire, de Socrate, un orphique : « But Socrates was no Orphic for all that » (p. LV). J. BURNET se refuse à fermer les yeux sur un trait essentiel du caractère de Socrate : l'ironie attique. Enthousiasme tempéré d'ironie au sens grec, ou, comme disait GOMPERZ, un cœur chaud sous une tête froide, voilà, pour J. BURNET, la vraie caractéristique de Socrate (p. LVI).

Je n'ai pas voulu mêler de critique à cet exposé des théories parallèles d'A. TAYLOR et de J. BURNET. Puisque j'ai l'occasion prochaine et dangereuse de dire mon mot sur le Socrate de Platon, il était peut-être inutile de juger la pensée d'autrui d'un point de vue que je n'avais pas le temps d'exposer ; et m'attarder à relever des erreurs de détail, noter au fur et à mesure les pièces qui me paraissaient branlantes ou les proportions qui me semblaient fautives, c'était risquer d'affaiblir injustement l'impression d'ensemble de ces constructions originales. Et pourtant, certaines réflexions viennent d'elles-mêmes. Nous avons vu la critique passer successivement, ou, pour vrai dire, sauter par bonds d'un exclusivisme à un exclusivisme : Platon, jadis, puis Xénophon, puis Aristote, enfin Platon à nouveau, il fallait un témoin unique et privilégié de l'authentique Socratisme. Ceux-là seuls ont évité cette cascade qui, de prime abord, ont laissé ouvertes toutes les sources en se bornant à mesurer plus ou moins leur débit respectif pour assurer ce qu'ils regardaient comme « le juste mélange ». Peut-être sont-ils les sages de l'avenir, et peut-être est-ce à une telle μεῖξις εἰδῶν que la critique arrêtera, quelque jour, son errance. Mais si l'on juge qu'un tel mélange ne peut être, à pareille heure, qu'une estimation provisoire des justes proportions, combien plus précipitées doivent paraître ces exclusions et « occlusions » d'une part, et ces acceptations globales, d'autre part ! Avant d'exclure ou d'accueillir, ou de mélanger, que n'achève-t-on l'analyse séparée de chaque source ? Avant de substituer, au Socrate exclusif de Xénophon, le Socrate exclusif de Platon, encore faudrait-il s'être entendu sur ce qu'est, au fait, le Socrate de Platon. Les dialogues qui se succèdent nous offrent-ils, de Socrate, une image constante ? Cette image est-elle celle d'un orphico-pythagoricien, ou d'un pythagoricien rationaliste, ou d'un penseur utilisant, au profit d'une idée personnelle, les tendances et les aspirations du monde qui l'entoure ? Cette image n'est-elle pas transposition et transfiguration progressive ? Puisqu'on fait tant de cas de la comparaison des dialogues avec les mimes de Sophron, refusera-t-on de voir, dans l'image qu'ils nous laissent de Socrate, une œuvre d'art ? Quelle est la méthode et quels sont les procédés ordinaires de l'art platonicien, et pouvons-nous comprendre l'image platonicienne de Socrate sans l'interpréter en fonction de cette méthode et de ces procédés ? Le même travail d'analyse, déjà très avancé pour les écrits de Xénophon, est à continuer pour tous les fragments de dialogues socratiques à nous connus, mais aussi bien pour les *Nuées* d'Aristophane, comparées avec toute l'œuvre du comique. Alors, seulement, on aurait quelque chance de retrouver un peu du vrai Socrate sous les oripeaux décrochés au vestiaire de la comédie, comme sous le rayonnement d'apothéose que projette le « soleil intelligible ».

§ 5. *Le Socrate des Comiques et le Socrate des Socratiques*

De quel côté la chance est-elle plus grande ? Est-ce le poète comique ou le philosophe poète qui nous laissera le mieux deviner le véritable Socrate ? H. Röck est d'avis que, fiction littéraire au même degré et seulement au même degré que les *Mémorables* ou l'*Apologie*, c'est encore la comédie qui a le plus de valeur historique... Aristophane nous livre le vrai Socrate au moins en tant qu'il nous le dépeint comme un athée, « un athée radical ». C'est une découverte de H. Röck que cet athéisme radical de Socrate, et comme toutes les découvertes, elle a suscité pas mal de surprises et des contradictions de toute sorte. Les deux articles des Archiv sont la réponse, ou plutôt une série de réponses, aux objections qui ont accueilli son volume *Der unverfälschte Sokrates* (Innsbruck, 1903). Il y a de tout dans ces réponses : une étude sur la définition de l'athéisme, où l'on regarde comme un athéisme conscient tout panthéisme, même antique ; une protestation contre la tendance actuelle à mysticiser la philosophie antésocratique, protestation qui serait très utile si elle ne s'exagérait jusqu'à voir l'athéisme partout, même chez Xénophane, et, entre autres choses, une interprétation curieuse de la formule d'accusation. On sait qu'elle reproche à Socrate « d'importer des divinités nouvelles ». Comment donc faire de Socrate un athée ? H. Röck a une réponse ingénieuse. Les ennemis de Socrate, qui le savaient positivement athée, ne pouvaient l'accuser formellement de nier les dieux sans s'exposer à la réponse que, précisément, donnera le Socrate de l'*Apologie :* qui croit à un démon ne peut refuser de croire aux dieux. Donc Socrate a été condamné *formellement* pour négation des dieux de l'État, mais *matériellement* pour athéisme. Athéisme dont le Démonax de Lucien donnera une preuve qui paraîtrait étrange à A.-E. Taylor : Socrate seul ne s'est pas fait initier aux mystères d'Éleusis. Athéisme qui se confirme, nous dit-on, par les rapports de Socrate avec Euripide. La caricature est, d'ailleurs, beaucoup moins ressemblante dans le détail pour Socrate que pour Euripide. Socrate est un « type » : Aristophane combat en lui le matérialisme du temps, et bien des traits qui complètent le type ne lui étaient pas, en réalité, personnels. Alors pourquoi plus l'athéisme que, par exemple, la météorologie ? Mais H. Röck juge qu'une étude précise serait plus utile que toutes ces polémiques. Tout le monde pensera comme lui. Et, en attendant que l'accord soit fait sur la *valeur respective* des sources ou, plutôt, pour l'aider à se faire, on peut continuer avec profit *l'analyse* des sources : il ne serait pas inutile, par exemple, de déterminer autant que possible, indépendamment de la question socratique, la nature et les coefficients divers de vérité historique des « victimes » d'Aristophane.

L'idéal serait aussi de pouvoir classer et comparer les différents thèmes de la littérature socratique. Mais, à part les œuvres de Platon et de Xénophon, nous n'avons que des débris, et le premier devoir est de recueillir et d'essayer d'interpréter ces débris. C'est un tel travail que nous livre H. Dittmar à propos d'Eschine de Sphettos. La première partie (p. 1-247) est faite d'études sur quelques personnages fameux des dialogues socratiques : I. Aspasie ; reconstitution de la tradition concernant Aspasie (1-10), l'Aspasie d'Antisthène ; l'Aspasie d'Eschine ; leur influence respective (10-59). II. Aristippe dans les œuvres d'Eschine (60-62). III. Le personnage d'Alcibiade chez les Socratiques : chez Platon (65-68), chez Antisthène (68-90), chez Eschine (97-159). Alcibiade apparaît dans deux dialogues d'Eschine :

l'*Alcibiade* et l'*Axiochos.* L'*Alcibiade* est, avec l'*Aspasie,* le mieux connu des dialogues d'Eschine : Chrysippe, Maxime de Tyr, Élien, Aristide, nous en ont conservé des fragments, recueillis successivement par Hermann, Keil, et complétés ,par Hirzel à l'aide de Priscien. La méthode de H. Dittmar qui consiste à rechercher les principaux « motifs » utilisés par la tradition biographique et anecdotique sur Alcibiade, lui permet, à la fois, d'augmenter le nombre des fragments et d'obtenir une vue plus claire de l'enchaînement du dialogue. Il essaie donc, d'après les fragments, de déterminer le plan, le but, l'époque du dialogue ; il étudie comparativement le rôle que joue Alcibiade chez Xénophon et dans le *premier Alcibiade,* et donne enfin ses conclusions sur l'*Alcibiade* d'Eschine : le dialogue est une apologie de Socrate en réponse à l'accusation de Polycrate, il a été composé peu après le *Gorgias* de Platon, c'est-à-dire entre 394-3 et 391-90 (p. 159). L'*Axiochos* a dû suivre d'assez près l'*Alcibiade* et se proposer pour but de montrer, par une discussion sur le plaisir, les véritables causes de la perversion d'Alcibiade (p. 163). Une comparaison des caractères du personnage d'Alcibiade dans les quatre Socratiques permet à J. Dittmar de construire une table chronologique très intéressante :

Circa 394-3 : l'*Accusation* de Polycrate et le *Gorgias* de Platon.

Après 394-3 : le *Cyrus* d'Antisthène.

Entre 394-3 et 391-90 : l'*Alcibiade* d'Eschine.

Peu après : l'*Axiochos* d'Eschine.

391-90 : le *Ménon* de Platon.

Entre 384 et 380 : le *Banquet* de Platon (et l'*Alcibiade* d'Antisthène ?).

Environ après 370 : *Mém.*, I, 2, 12-47, de Xénophon.

Entre 340 et 330 : *Alcibiade I.*

Enfin, après une revue rapide des autres dialogues socratiques qui mettent en scène Alcibiade et une échappée sur la fortune postérieure de l'Alcibiade des Socratiques, on étudie les autres dialogues d'Eschine : *Miltiade*, *Callias*, *Thélaugès*. Entre temps, on établit (p. 210-212) que le *Callias* d'Eschine, le *Protagoras* et le *Banquet* de Platon, ont servi de base au *Banquet* de Xénophon. La seconde partie (p. 247-327) nous livre les textes et les Index : fragments des dialogues d'Eschine (p. 266-296) et fragments d'*Aspasie*, *Héraclès*, *Cyrus*, *Alcibiade* d'Antisthène. Un tel ouvrage est digne de tous points de l'excellente collection où il paraît ; il fournira, pour l'étude de la littérature socratique tout entière, un excellent instrument de travail et d'utiles directions.

J'ai dit que les études préparatoires étaient à faire autant sur Aristophane que sur les Socratiques : le *Dioniso* de Carlo Pascal nous donne, sous une forme très claire et très attrayante, un essai de ce genre sur *la religion et la parodie religieuse dans Aristophane*. J'étais en dettes depuis longtemps avec C. Pascal et le suis plus encore depuis l'apparition de ce volume (1911), suivi de très près par deux volumes sur *les croyances d'outre-tombe dans l'antiquité classique*[1], auxquels je reviendrai quelque jour : c'est un des défauts d'une revue critique un peu détaillée de ne pouvoir être que rarement une revue de la première heure. Le présent livre contient treize chapitres : il étudie successivement, dans Aristophane, la représentation générale du monde divin et les dieux étrangers, Dionysos, les dionysies rurales, la fête des outres, les noces de la reine, Zeus,

1. *Le Credenze d'Oltretomba nelle Opere Letterarie dell' Antichita Classica*, 2 vol. in-8°, xii, 262-262 p., Catania, Battiato, 1912. L'ouvrage est paru en seconde édition en 1923-24.

Hercule, Hermès, Prométhée, les sanctuaires et superstitions populaires, les mystères d'Éleusis, la parodie théologique et les cosmogonies et théogonies, la parodie des systèmes scientifiques. C. PASCAL excelle dans le genre, très français d'ailleurs, peut-on dire, ou, mieux, très classique, d'une exposition suivie et limpide que n'interrompt ni n'embarrasse aucune discussion trop spéciale, mais qui s'appuie sur une base de notes bibliographiques et documentaires très riches et très solides. Ses livres sont de merveilleux initiateurs, ce qui ne les empêche pas d'être personnels et nouveaux. Sous quelle forme s'étaient fixés, dans la tradition populaire et littéraire, les différents « types divins » ; jusqu'à quel point Aristophane utilise ces types, quels nouveaux éléments il y introduit, comment toute cette vie religieuse devient, en sa pensée, une puissance active et s'y transforme en matière d'art : voilà ce que prétend montrer le livre de C. PASCAL. L'auteur est très conscient de l'exagération qu'il y aurait à faire d'Aristophane un zélateur et un apologiste de la religion grecque, et ce n'est pas lui, vraisemblablement, qui ferait du poète, avec H. RÖCK, un apôtre de l'antimatérialisme. Aristophane a ses ennemis : Socrate, Euripide, Cléon. Pour combattre le dernier, il ridiculisera les superstitions et les oracles ; pour combattre les deux autres, il se révélera défenseur des dieux et de la vieille foi ; mais les dieux lui sont, d'ordinaire, moins objets de vénération que figures de comédies. La description des enfers dans les *Grenouilles* est, tout probablement, empruntée aux mystères d'Éleusis (p. 195 et suiv.). C. PASCAL ne relève pas, comme le fait A.-E. TAYLOR, les détails analogues qui se retrouvent dans les *Nuées*, détails empruntés aux cérémonies de l'initiation. Mais, à propos de la parodie scientifique, il arrive, indépendamment du critique anglais, à des conclusions parallèles : lui aussi note les analogies de la comédie avec le *Théétète* pour la maïeutique ou le portrait du sage (p. 232 s.) et regarde le Socrate d'Aristophane comme reproduisant assez fidèlement le Socrate *première manière* de l'histoire. Il y a là des vues très intéressantes. Mais on oublie un peu que Platon a écrit après Aristophane et que plusieurs correspondances peuvent s'expliquer par une transposition platonicienne du Socrate d'Aristophane. Beaucoup d'autres s'expliquent, d'ailleurs, par une transposition, en deux sens opposés, d'un même fonds général et « typique » : hiérophante et psychagogue, Dionysos et Éros, accoucheur d'âmes, sage perdu dans les cieux, la matière est la même qui, du même visage, fournira une caricature ou une transfiguration.

§ 6. *Le Socrate de Libanius et le Socrate de Polycrate*

La personnalité réelle de Socrate s'est doublée très vite d'une personnalité littéraire et, si l'on en croyait des critiques comme K. Joël, la première aurait été très vite absorbée totalement dans la seconde. Ce n'est pas seulement pour la première génération des Socratiques, c'est jusque pour un rhéteur du IVe siècle après Jésus-Christ que l'apologie de Socrate est restée un thème littéraire ; on ne pourra que trouver profit dans l'étude de H. Markowski : *De Libanio Socratis defensore*[1]. L'apologie de Libanius dut être composée vers le milieu ou la fin de l'année 362 et dans le but de collaborer à l'œuvre de restauration philosophique et théologique entreprise par Julien. A ce propos, il eût été non seulement curieux, mais aussi très utile, à mon

1. C'est le 40e fascicule des *Breslauer Philologische Abhandlungen* éditées par M. R. Förster.

avis, de comparer cette apologie de Socrate avec le *Discours contre les Cyniques*, écrit précisément par Julien la même année et qui est, en réalité, comme nous le montre M. Asmus, une apologie de Diogène et de la philosophie païenne contre les attaques de certains Cyniques, alliés du Christianisme[1]. On arriverait peut-être ainsi à préciser quelque peu les circonstances et les accusations contemporaines qui amenèrent Libanius à choisir la personnalité de Socrate comme thème de cette apologie de la philosophie grecque. Mais ceci est problème d'un temps postérieur. Le plus important est de voir quels renseignements nous pouvons tirer de cette apologie pour la personnalité de Socrate et l'histoire de la première controverse littéraire à son sujet. Cette préoccupation a conduit M. Markowski à une étude très étendue et très pénétrante des sources de Libanius. Il a donc reconstruit l'accusation et montré que les griefs auxquels répond Libanius ne sont pas reproduits d'après les *Mémorables* de Xénophon, ni d'après une autre apologie, mais directement empruntés à l'*Accusation* de Polycrate : les arguments de Polycrate, son style même, où il imitait si jalousement Gorgias, se retrouvent, chez Libanius, plus reconnaissables encore que chez Xénophon. M. Markowski recherche aussi les sources où Polycrate a pu trouver la matière de son accusation, et c'est sur ce point qu'il se sépare nettement de K. Joël. Les panégyriques des Socratiques ont pu être une des causes qui déterminèrent l'accusation de Polycrate ; ils ont dû, et entre tous, les écrits d'Antisthène ont dû être visés par Polycrate. Mais ce n'est pas le Socrate littéraire, ce n'est pas, comme le croit Joël, uniquement le Socrate d'Antisthène que condamne Poly-

1. Rudolf Asmus, *Kaiser Julians Philosophische Werke*, Leipzig, 1908, p. 47 et suiv.

crate, car les faits qui appuient son accusation lui étaient fournis par la vie et les conversations du Socrate historique. La question de dates serait des plus intéressantes. Comme tout le monde, à peu près, M. Markowski date l'*Accusation* de Polycrate de 393-2. Lysias, Isocrate, Xénophon, peut-être Théodecte et Démétrius de Phalère, Platon enfin, ont réfuté Polycrate ; mais l'*Apologie* de Platon, pas plus que l'*Apologie* de Xénophon, ne connaissent encore cette accusation littéraire; par contre, à partir du *Gorgias* et du *Ménon*, les allusions sont fréquentes dans Platon, et M. Markowski, par les textes qu'il ajoute à ceux qu'avait recueillis Gercke, fortifie encore, s'il en était besoin, l'opinion qui place le *Gorgias* après 393. On trouvera, à la fin de cette étude (p. 179-196), une série d'index auxquels les travailleurs ne peuvent que faire bon accueil : trois index pour l'*Apologie* et les autres ouvrages de Libanius, un index abondant pour les citations d'auteurs antiques.

CHAPITRE II

Le Socrate de Platon

---

§ 1. *Le Critique au rouet*

Il y a, vers la fin de l'*Apologie* platonicienne, un de ces traits de caractère où l'héroïsme socratique se voile d'ironie souriante. On dira peut-être à Socrate : garde le silence et demeure en paix, tu vivras alors sans que personne t'inquiète. Mais vivre sans discuter, ce ne serait plus vivre[1]. Et, devant cette mort qu'il prévoit, qu'il accepte, si quelque lueur éclaire pour lui le mystère de l'au delà, c'est l'espoir d'y poursuivre, sur les âmes illustres de l'Hadès, son éternel examen ; d'y mettre à la question les Ulysse, les Ajax et les Palamède, sans que l'on tente de l'effrayer par de vaines menaces, puisque l'Hadès, dit-on, ne connaît plus la mort[2]. Éternellement discutant, Socrate se voyait-il aussi, dans la série des siècles à venir, éternellement discuté ? Nul autre, en tout cas, des personnages de l'histoire antique, nul même des héros de la légende et du mythe, n'a donné lieu à des jugements plus opposés, à des représentations plus contradictoires, à plus de recherches, de discussions et de doutes, que ce bourgeois de l'Athènes du ve siècle, dont la vie s'écoula tout entière entre les murs étroits de sa ville, dont les leçons n'eurent d'autre local que le libre

1. 38a ὁ δὲ ἀνεξέταστος βίος οὐ βιωτὸς ἀνθρώπῳ.
2. 40c-41c.

espace des rues et des marchés, dont la figure de Silène fit prime aux concours de la comédie, dont le bavardage quotidien suscita toute une forme nouvelle de littérature, dont l'action fut condamnée par les actes solennels d'un procès meurtrier, dont l'enseignement fut transmis par les relations écrites de disciples immédiats. Il semble que les *Nuées* où le hissait la grossière machinerie d'Aristophane se soient épaissies, au cours des siècles, autour de cette figure de clarté attique, et la science d'aujourd'hui, si habile à extraire de l'enveloppe vaporeuse des légendes la lueur d'histoire qui sommeille en leurs plis, s'effraie ou parfois se complaît à voir, entre ses mains, l'histoire socratique se volatiliser en légendes inconsistantes.

Socrate n'a rien écrit. Mais, paraît-il, on a trop écrit sur Socrate. Aristophane, Xénophon, Platon, Aristote, pour ne citer que les relations transmises en leur entier à la postérité, ont dit ce qu'ils pensaient, ce qu'ils voulaient que nous pensions de Socrate. Entre la parodie bouffonne, le mémoire grave, le dialogue étincelant et la sèche interprétation scientifique, la critique moderne s'est, dirait-on, trouvée trop riche et, bien qu'assez assurée d'ordinaire, s'est prise tout à coup à douter de sa maîtrise. Ceux-là sont rares qui ont eu le beau courage de monter sur le quadrige et, souples conducteurs, de compter sur leur familiarité avec les mœurs et l'allure des coursiers pour mesurer à chacun l'excitation ou le frein et guider victorieusement, autour de la borne, l'attelage harmonieux[1]. Plutôt que de conduire à quatre, la critique a préféré, d'ordinaire, disqualifier tous les coursiers moins un, pour laisser cet «un» privilégié courir à sa guise et s'abandonner à lui au lieu de le guider. Il serait long de

1. M. C. Piat, mon ancien maître, a fait cette exposition d'ensemble de la vie et de la doctrine socratiques. Son *Socrate* (Paris, 1900) est un chef-d'œuvre d'érudition élégante et claire.

raconter en détail les étapes de ce jeu laborieux. Platon d'abord a joui longtemps de cette confiance privilégiée. Mais on s'avisa qu'il était trop métaphysicien pour n'être pas suspect d'avoir exhaussé Socrate au niveau de son grand rêve idéaliste. Alors, depuis le vieux Brucker (1767) jusqu'à Doehring (1895), le favori de la critique fut Xénophon. Honnête commandant de cavalerie en retraite, disait-on ; trop positif et trop banal pour comprendre à fond les doctrines qu'il transmet, mais aussi, trop positif et trop banal, trop honnête, en même temps, pour les altérer. Contre une telle garantie formulée sur de tels motifs, les protestations isolées ne manquèrent pas. Mais elles n'auraient pas suffi à ébranler le privilège de Xénophon, si quelqu'un ne s'était trouvé pour les rassembler et les grouper, en leur donnant l'apparence massive et la vigueur un peu outrée qui, peut-être, sont nécessaires pour en imposer à notre siècle de réclame. Les quelque deux mille pages de Karl Joël sur *le Socrate authentique et le Socrate de Xénophon* (1893-1901) eurent assurément moins de lecteurs qu'elles ne firent de convertis[1]. Mais, circulant à travers cette masse chaotique, un raisonnement clair s'imposait au lecteur le plus profane : l'inintelligence ou, si vous voulez, l'incompétence serait-elle une garantie de véracité ? S'il n'avait pas la qualité d'imagination nécessaire pour idéaliser Socrate, Xénophon avait celle qui suffit à le « banaliser ». Romancier plutôt qu'historien, il a fait, de Socrate, le héros d'un roman moral. Et, de fait, le Socrate des *Mémorables* pense et parle comme pense et parle le Xénophon de l'*Anabase* et de la *Cyropédie*. En qui donc voir le témoin unique et privilégié de l'authentique Socra-

1. K. Joel, *Der echte und der Xenophontische Sokrates*, I (1893) et II (1901).

tisme ? En nul autre qu'Aristote, dit Karl Joël. Il a tout ce qu'il faut pour être bon juge : renseignements complets, intelligence froide et pénétrante, indépendance personnelle, éloignement suffisant pour être exempt de toute passion[1]. Mais voici que l'anglais A.-E. Taylor, dans une enquête récente (1911), établit que ce témoignage d'Aristote n'a ni valeur privilégiée ni valeur indépendante : Aristote ne fait que reproduire ou commenter ce qu'il a lu dans les dialogues de Platon[2]. Et nous sommes « au rouet ». Car, pendant que Hubert Röck (1903-1912) demeure à peu près seul à trouver, dans Aristophane, le témoin du véritable Socratisme, c'est-à-dire, de l'athéisme absolu[3], M. Taylor ramène la critique du Socratisme à son point de départ, et le parallélisme des conclusions du célèbre éditeur de Platon, John Burnet, avec les conclusions de M. Taylor est et ne pouvait manquer d'être un précieux appoint pour le succès de sa thèse, que voici : il n'y a pas à distinguer entre le Socrate de l'histoire et le Socrate de Platon ; l'effort de Platon n'a pas été de transfigurer Socrate, mais de le comprendre, et l'exposition platonicienne du Socratisme est, dans ses thèses essentielles, strictement historique[4]. Ainsi la critique a passé, par bonds, de Platon à Xénophon, de Xénophon à Aristote, et d'Aristote est retombée finalement en Platon.

On pouvait certes plus mal tomber. Aucun ami de Platon

1. Cf. Th. Gomperz, *Les Penseurs de la Grèce* (trad. A. Reymond, II, p. 65-66), qui, à propos du témoignage d'Aristote, fait sien le raisonnement de K. Joël.

2. A.-E. Taylor, *Varia Socratica* (Oxford, 1911). II. La prétendue distinction aristotélicienne entre Σωκράτης et ὁ Σωκράτης (p. 40 à 90).

3. H. Roeck, *Der unverfälschte Sokrates* (Innsbruck, 1903). — *Aristophanischer u. geschichtlicher Sokrates* (*Archiv. f. gesch. d. Philos.*, XXV, 2, p. 175-195 et 3, p. 251-274).

4. A.-E. Taylor, *op. laud.*, pp. IX et suiv. J. Burnet, *Plato's Phaedo* (Oxford 1911), p. XXIII à LVI, voir le chapitre précédent.

ne se plaindra que son nom soit remis en honneur et qu'on se reprenne à lire son exposition du Socratisme. Mais peut-être y a-t-il différentes façons de la lire et, par exemple, si j'en avais jamais le loisir et la force, j'aimerais à vérifier quelque jour en détail la lecture de M. Taylor. N'est-il pas au moins curieux de voir celui que d'aucuns regardent comme un rationaliste, sinon un athée, interprété par le critique anglais en sectateur dévoué de l'Orphisme et présenté, d'une façon neuve mais un peu déconcertante, comme le général d'une antique Armée du Salut[1] ? Mais ce n'est pas ici le lieu pour une contre-enquête de cette étendue. Il y a peut-être autre chose à faire. C'est, puisque le temps nous manque pour relire en son entier l'exposition platonicienne du Socratisme, c'est, dirai-je, de la prélire dans un regard d'ensemble. Un écrivain a son alphabet propre, un peintre a sa gamme de couleurs à lui. L'un comme l'autre a son angle visuel, son point de vue original, sa tonalité, sa manière, ses intentions, que nous révélera, mieux que l'étude minutieuse d'une œuvre, l'examen synoptique d'une série des œuvres. Ce que nous allons donc examiner, dans l'exposition platonicienne du Socratisme, c'en est le dessin d'ensemble,

1. A.-E. Taylor, *op. laud.*, p. 146, note 2, dit lui-même de Socrate : « He was one of the Pythagorizing seekers after salvation. » Ai-je besoin de dire que je n'ai aucune intention de ridiculiser cette conception de W. Taylor, tout en la traduisant en cette formule moderne, que lui-même semble bien avoir eue dans l'esprit ? Je me suis efforcé, dans ma *Revue critique*, d'analyser, le plus impartialement possible, sa série d'études sur Socrate et d'en montrer la très grande puissance suggestive. Mais je crois que le mysticisme du Socrate d'Aristophane est dû, pour la plus grosse part, au procédé de transposition, de travestissement, habituel au grand poète comique. Le mysticisme du Socrate platonicien a une tout autre allure et pourtant, là aussi, il y a bien des distinctions à faire avant d'accepter le tout ou comme reproduction de la doctrine socratique ou comme exposé de la doctrine platonicienne. Cf. A. Diès, *La Transposition platonicienne* (p. 298 à 307) dans les *Annales de l'Institut Supérieur de Philosophie de l'Université de Louvain* (II, 1913).

la manière générale, le procédé ordinaire, l'intention profonde. Au surplus, qu'elle soit heureuse ou malheureuse, l'attitude actuelle de la critique ne nous laisse pas le choix d'une autre méthode. La critique a disqualifié tous les autres témoignages. En l'absence de toute autre exposition tenue pour *historique*, à laquelle nous pourrions mesurer l'*historicité* de l'exposition platonicienne, il ne nous reste qu'une question à nous poser : étant donnée la place qu'elle tient dans l'œuvre platonicienne, étant donnés ses tendances générales et ses procédés apparents, quelle chance avons-nous de trouver, dans la peinture que Platon nous a faite de Socrate, soit un portrait, soit une transfiguration ?

§ 2. *Les dialogues de Platon et les dialogues des Socratiques*

Et, dès l'abord, une observation très simple et presque matérielle s'impose. Sur la vague du temps, où sombrèrent tant d'œuvres et parfois de chefs-d'œuvres antiques, l'œuvre entière de Platon est parvenue jusqu'à nous. Or, elle n'est faite que de dialogues et, de ces dialogues, du premier jusqu'au dernier, c'est Socrate qui demeure le personnage central. Ne m'arrêtera-t-on pas dès cette première thèse ? J'entends bien, et, certes, il serait vain de ne pas vouloir entendre, encore qu'il commence à s'affaiblir, tout le bruit fait par la critique autour de certaines constatations et surtout de certaines théories : il y a un dialogue, le dernier, les *Lois*, où Socrate ne paraît pas ; il y a plusieurs dialogues, *Parménide*, *Politique*, *Sophiste*, où ce n'est pas Socrate qui a la grosse part dans l'exposition ni la direction apparente de la discussion, où, parfois même, personnage presque muet, Socrate n'est plus, suivant une formule heureuse, que le président d'honneur[1]. Laissons de côté les conclusions

1. Th. Gomperz, *op. laud.*, p. 592.

grandioses qu'on a voulu tirer de ces particularités pour l'évolution de la doctrine platonicienne. Tenons-nous-en à la place que garde le personnage de Socrate dans les dialogues de Platon. Socrate, il est bien vrai, n'apparaît pas dans les *Lois.* Mais qui donc s'attendrait à trouver, parmi les vieillards qui conversent en cheminant, sur la route qui va de Cnosse à l'antre de Jupiter, dans cette lointaine île de Crète, ce Socrate dont Platon nous dit qu'il ne quitta jamais Athènes que pour de courtes expéditions militaires ? Quelqu'un a pris sa place, ou plutôt ce n'est pas quelqu'un : c'est l'anonyme et vague étranger d'Athènes, de qui la physionomie incertaine ou plutôt la totale absence de physionomie semble avoir été choisie pour ne mettre rien ou pour ne mettre qu'une ombre là où ne pouvait paraître le réel personnage dont la présence anime les autres dialogues. Socrate n'est plus, dans le *Politique* et le *Sophiste,* qu'un président d'honneur ; mais il y est le maître autour duquel se groupent les disciples et devant qui un hôte philosophique est convié à s'entretenir avec ces mêmes disciples ; et cet hôte, cet étranger d'Élée choisi comme interprète et comme critique autorisé de thèses qui ont leur source en cette école d'Élée, n'est, lui, non plus, que le vague anonyme dont l'ombre n'a été voulue si imprécise et si légère que pour laisser transparaître, tout au long de la discussion, la muette mais réelle personne du maître qui la surveille. Socrate est jeune, tout à fait jeune, dans le *Parménide.* Pourquoi s'en étonner et s'en scandaliser ? Socrate n'est-il pas jeune dans le *Protagoras,* où le grand sophiste l'accable de son admiration protectrice ? Et, si Platon avait ses raisons de faire juger, par le vieux Parménide, certaines attaques dirigées contre le Socratisme platonicien par des gens qui se rattachaient à Parménide, comment faire paraître, dans le dialogue, un autre Socrate que le jeune Socrate et le très jeune Socrate ?

Et celui-ci, dont la solide ironie dégonfle la solennelle emphase du sophiste Protagoras, pouvait-il faire autre chose ici que rendre honneur à Parménide, ce grave ancêtre de l'Idéalisme, dont il dit lui-même, dans le *Théétète*, qu'il lui paraît à la fois vénérable et redoutable et qu'il y a, en lui, une profondeur sublime[1] ? Que si l'on nous apporte le *Timée* et le *Critias* où, soit l'épopée cosmogonique, soit la merveilleuse et préhistorique histoire de l'Altantide sont contées par deux personnages illustres à la fois dans la philosophie et dans la politique, Socrate, qui leur délègue la parole et leur distribue les sujets, n'indique-t-il pas les raisons de haute convenance qui ont dicté cette distribution et ce choix[2] ? Que conclure sinon que, d'un bout à l'autre des dialogues, il n'y a pas de rupture dans la méthode et les intentions de l'exposition platonicienne ? Platon n'a vraiment écrit ses dialogues que dominé par le souvenir de Socrate, et c'est en Socrate, c'est invariablement et uniquement en Socrate qu'il a voulu trouver, pour toute la série si riche et si diverse de ses dialogues, le centre d'intérêt et le centre de vie. Drames philosophiques, brillantes comédies de salons littéraires, comédies d'école, plus sèches de style et d'allure presque entièrement technique, drames cosmogoniques où l'épopée se mue en poème encyclopédique, les personnages en sont multiples et, de l'anonymat au simple nom tout nu, de l'esquisse au vivant relief, très inégalement dessinés ; mais, que la figure de Socrate soit dans la pénombre ou en pleine lumière, c'est autour d'elle que tous ces personnages se groupent et se meuvent. Multiples aussi, de toute provenance et de tout caractère, sont les doctrines qui s'y rencontrent et s'y croisent, mais, de quelque côté

1. *Théét.* 183e. Παρμενίδης δέ μοι φαίνεται, τὸ τοῦ Ὁμήρου, (αἰδοῖός) τέ μοι εἶναι ἅμα δεινός τε....
2. *Timée*, 19b-20c.

qu'elles affluent ou refluent, c'est dans la pensée de Socrate qu'elles ont leur foyer réel ou leur foyer virtuel. Or, ces vingt et quelques dialogues, dont toute la vie gravite autour d'une vie disparue et dont toute la pensée rayonne autour d'une pensée éteinte, épuisent l'activité littéraire de Platon. Activité littéraire d'un écrivain qui dut prendre la plume aux environs de trente ans et ne la posa que pour mourir, à quatre-vingt ; d'un penseur dont le génie fut assez divers pour éveiller, à côté d'Aristote, des esprits qui devaient marquer dans tous les domaines de la science, assez vigoureux pour, à la fois, fonder une école qui devait durer dix siècles et susciter l'opposition féconde de cet autre génie, son élève, maître à son tour d'une école pour le moins aussi durable ; d'un lutteur qui eut ses haines doctrinales et personnelles, ses rancœurs de parti et ses grands rêves politiques, un terrible besoin de réalisation dans une puissance de conception merveilleuse. Quel foyer de flamme vive l'image de Socrate a dû entretenir, cinquante ans durant, au cœur de cet homme, pour que toutes ces flammes d'une âme puissante et d'une vie agitée soient venues s'y absorber et s'y anéantir ! Quelle merveille si l'artiste a pu faire revivre si puissamment le passé sans y projeter quelque chose d'un présent si intensément vécu, si le penseur a pu rendre à la doctrine d'autrui tout son feu, tout son bouillonnement et toute sa chaleur de fusion sans que sa doctrine à lui y ait mêlé le bouillonnement de son flot brûlant, si le lutteur a pu raviver les conflits oubliés entre une âme passionnée de vérité et les puissances d'illusion et de mensonge, sans que la guerre qu'il menait lui-même contre d'autres puissances d'illusion et de mensonge contribuât, de ses haines actuelles et de ses rancœurs quotidiennement renouvelées, à vivifier et dramatiser ces conflits antiques ! Ne faut-il pas s'attendre, plutôt qu'à ce miracle d'une dualité, maintenue avec effort jusqu'à la tombe, entre une vie revécue et une vie vécue, au mystère plus humain d'une assimilation et d'une fusion spontanée de deux vies ? C'est une attente que, peut-être, confirmera l'étude rapide de la nature littéraire et des procédés habituels de cette « représentation socratique » dans les dialogues platoniciens.

Nous oublions facilement, à lire les œuvres, en cela presque trop parfaites, de Platon, qu'elles sont des dialogues parmi d'autres dialogues et que Platon est un Socratique parmi d'autres Socratiques. Lui ne l'oublie pas. Le Socrate de son *Apologie* prédit aux Athéniens que, lui disparu, les censeurs ne leur manqueront point : d'autres parleront, que son autorité respectée maintenait dans le silence, et, plus jeunes, ils n'en seront que plus amers[1]. Les Socratiques attaquèrent-ils les premiers ou ne firent-ils que répondre aux attaques des rhéteurs ? En tout cas, la survie littéraire de Socrate a suivi de très près sa mort ; sa personne littéraire continue de se dresser, autant que sa personne réelle, en signe de contradiction ; et la même fiction qui permet à un Polycrate de rédiger, six ans au moins après la condamnation, la pseudo-accusation judiciaire de Socrate, autorise les disciples à perpétuer et venger la mémoire du maître en le faisant revivre, discuter, enseigner dans ces compositions d'allure toute nouvelle que l'on appellera « les entretiens socratiques[2] ». Cette forme du dialogue avait, au dire d'Aristote, déjà fait son apparition avant l'époque des Socratiques, avec Alexamène de Téos ; elle avait trouvé ses modèles dans la comédie athénienne et peut-être surtout dans les mimes siciliens de Sophron[3] ; quand Platon y vient, lui le plus jeune des disciples, il est

1. 39d. Πλείους ἔσονται ὑμᾶς οἱ ἐλέγχοντες, οὓς νῦν ἐγὼ κατεῖχον, ὑμεῖς δὲ οὐκ ᾐσθάνεσθε καὶ χαλεπώτεροι ἔσονται ὅσῳ νεώτεροί εἰσιν...

2. Οἱ Σωκρατικοὶ λόγοι, Ar. *poét.*, 1, 1147b, 11.

3. Diog. La. III, 48 = Aristot. *frg.* 61, 1485b 41 et 1486a 10.

infiniment probable que ses aînés l'avaient déjà utilisée pour la reproduction des conversations socratiques : il y entre comme en un moule tout fait et, pour ainsi dire, obligatoire. C'est dans la comédie, mais c'est aussi dans les dialogues d'autres élèves de Socrate que nous retrouvons les personnages des dialogues platoniciens : Chéréphon apparaît dans les *Nuées* d'Aristophane dès 423, Callias dans les *Flatteurs* d'Eupolis dès 421 ; Eschine de Sphettos compose un *Callias ;* le même Eschine, d'une part, et, de l'autre, Antisthène écrivent un *Alcibiade* et une *Aspasie.* Aussi bien que les personnages, les cadres et les motifs du dialogue platonicien sont cadres et motifs du genre. Avant le *Protagoras*, la comédie avait montré les sophistes pérorant dans la maison de Callias, et la merveilleuse mise en scène du *Banquet* de Platon, comme le *Banquet* de Xénophon et peut-être le *Callias* d'Eschine, sont des souvenirs de ce festin des *Flatteurs* d'Eupolis. Que ce soit sur le marché, dans le gymnase, dans une salle de festin ou dans le salon littéraire d'un Mécène, les autres dialogues socratiques, aussi bien que les dialogues de Platon, nous montrent Socrate réfutant et ridiculisant ces mêmes sophistes que la comédie avait déjà bafoués, mais la comédie avait pris Socrate comme le sophiste par excellence et comme le but le plus naturellement indiqué de son jeu de massacre. L'intention apologétique est très nette. Elle est aussi apparente en tous ces dialogues qui nous montrent, conversant avec Socrate, se regimbant contre ses critiques ou bien avouant, sous la contrainte de ses interrogations pressantes, la périlleuse vanité de leurs ambitions, les deux hommes d'insolente et sanglante mémoire que démocrates et rhéteurs reprochaient à Socrate d'avoir eu pour trop fidèles élèves : Alcibiade et Critias. Le premier personnage surtout est le pivot autour duquel tourne la plus grosse part de l'attaque et de la défense :

l'*Accusation* de Polycrate, l'*Alcibiade* d'Eschine, le *Banquet* de Platon, l'*Alcibiade* d'Antisthène, tout un chapitre du premier livre des *Mémorables* de Xénophon, enfin, l'*Alcibiade* inscrit sous le nom de Platon, œuvres qui, sauf la dernière, s'étagent entre 393 et 370, nous indiquent la part énorme qu'a tenue, dans la littérature socratique, cette lutte d'interprétation autour des rapports d'Alcibiade et de Socrate[1]. Ainsi le dialogue socratique se révèle comme un genre littéraire qui a son cadre, ses personnages, ses motifs, ses problèmes à lui : chez Eschine, Antisthène, Platon ou Xénophon, ce sont les mêmes questions qui s'agitent, et c'est dans les mêmes personnalités que ces questions, nature de la science, rapports de la science et de la vertu, rapports de la science et de la politique, trouvent leurs racines historiques et leur signification vitale.

Comment se fait-il que, de toute cette floraison, n'ait subsisté, à part quelques apocryphes, aucun autre dialogue que les dialogues de Platon ? Est-ce leur charme, leur perfection achevée, qui a sauvé de l'oubli commun les œuvres du plus grand poète en prose qui fut jamais ? La réponse vaudrait assurément pour les dialogues classiques, pour les drames immortels que sont l'*Apologie*, le *Phédon*, le *Banquet*. Mais quel que soit, dans leur apparente sécheresse, l'art profond qui se dérobe sous les discussions techniques du *Sophiste* et du *Politique*, la réponse ne vaudrait guère ici : l'art y est trop savant, trop profond précisément et trop dérobé[2].

1. Cf. H. Dittmar, *Aischines von Sphettos*, Untersuchungen und Fragmente [*Philologische Untersuchungen* herausgegeben von A. Kiessling, u. U. v. Wilamowitz-Moellendorf, XXI, Berlin, 1912], spécialement p. 174. Dans l'état présent de la question socratique, des monographies comme celle qu'a écrite H. Dittmar et de telles analyses comparatives des principaux thèmes de la littérature socratique seraient la préparation indispensable à un travail d'ensemble.

2. On s'expose à surprendre quelques lecteurs, quand on parle de l'art profond que suppose la composition du *Sophiste* ou du *Poli-*

Serait-ce la vérité plus complète, le réalisme plus parfait de l'image que les dialogues platoniciens nous donnent du Socrate historique ? Mais la tradition nous atteste que, de tous les « entretiens socratiques », c'était en ceux d'Eschine que se retrouvait, le plus fidèlement rendue, la manière de Socrate. Serait-ce qu'aux œuvres d'Eschine et d'Antisthène il a manqué le solide soutien d'une tradition d'école permanente[1] ? C'est la réponse que propose M. Taylor et, pourvu qu'on veuille l'entendre, il n'y a aucune difficulté à la faire nôtre. Oui, certes, on peut admettre que l'Académie fut la serre intime et jalouse où se conservèrent ces plantes d'élection. Mais à quelles conditions ? C'est que l'Académie ait vu, dans ces souvenirs du lointain Socratisme, non les fleurs curieuses d'un herbier historique, mais l'épanouissement vivace d'une pensée qui était sienne ; c'est que le Socratisme des dialogues n'ait pas été, à ses yeux, la simple résurrection artistique d'une doctrine du passé, mais une doctrine qui se continuait sans rupture et qui se fondait sans effort dans la doctrine présente de l'école ; c'est que le Socratisme du drame littéraire et le Platonisme de l'ensei-

tique. C. Ritter (*Neue Untersuchungen über Platon*, München 1910, p. 65), qui a pourtant fait, de ces « derniers dialogues », une étude si pénétrante, ne dit-il pas : « Der gealterte Platon ist eben nicht mehr der Meister des Dialogs, den wir in den Schriften seines früheren Mannesalters und noch im Phaidros und Theaitetos bewundern » ? Mais je crois que ces apparentes défaillances de l'art platonicien s'expliquent, le plus souvent, par la nature spéciale de ces dialogues *scolaires.* Dans ma thèse sur *la Définition de l'Etre et la nature des Idées dans le Sophiste de Platon* (1909), j'ai essayé de montrer (p. 1 à 16, p. 125 à 129 et *passim*) avec quelle logique à la fois savante et souple est construit le *Sophiste.* — Cf. mon édition du *Sophiste*, p. 298-9.

1. *Varia Socratica*, p. 54 : « As it is, the reason why we know next to nothing of the figure of Socrates as it may have been conceived by most of those whose names have come down to us as authors of Σωκρατικοὶ λόγοι, is that they vhere not connected with permanent « schools » by which their writings would have been preserved, and in which a definite tradition might have been perpetuated ».

gnement intérieur n'aient pas été deux choses, mais le dehors et le dedans d'une même unité vivante. Parmi toutes les figures de Socrate brodées sur le canevas commun, si l'Académie, dédaignant tout le reste, a gardé, avec un soin égal, tous les portraits, si divers en leur unité, qu'avait dessinés Platon, c'est que, dans le progrès de ces images socratiques, elle suivait le progrès de l'âme et de la pensée platonicienne. Le Socrate de Platon était, pour l'Académie, un symbole actuel et une doctrine actuelle. Fut-il et demeure-t-il autre chose pour la postérité ? Si la survie du Socrate platonicien a triomphé de l'oubli où s'ensevelirent les autres essais de résurrection, n'est-ce pas que Platon seul a su dégager et libérer les puissances d'éternité que recélait cette vie d'homme ? On peut appeler cela un procédé de composition, parce que l'art de Platon demeure conscient et clair en ses démarches les plus profondes. Mais c'est un procédé vital, c'est, accompagnant la vision concrète, une intuition intemporelle et pure qui, à chaque instant de cette représentation socratique, prolonge l'homme en symbole et les attitudes en doctrine, et qui, d'une valeur transitoire de vie, dégage l'éternelle valeur de signe et l'éternelle valeur de pensée.

§ 3. *L'Apologie de la vie et l'Apologie de la mort*

Comme tous les autres Socratiques, Platon a fait l'apologie de l'homme qui fut Socrate. Il a donc fait, avec eux tous, « l'apologie de la vie ». Né en 427, il a dû se faire l'élève de Socrate aux environs de sa vingtième année. Socrate avait alors dépassé la soixantaine et c'est de sa vieillesse seulement que Platon put être le témoin pendant ces huit années d'études, partagées peut-être entre la familiarité de Socrate et l'assistance aux leçons d'autres maîtres, sophistes ou rhéteurs, traversées, d'ailleurs, par les devoirs militaires ou politiques dont ne se dispensait guère un Athénien de son âge et de son rang. Platon a donc, en somme, peu vu de la vie de Socrate. Mais Socrate pouvait raconter son passé ; les élèves devaient entretenir une tradition toujours fraîche et, surtout, les oncles de Platon, Critias et Charmide, avaient été trop longtemps les amis de Socrate pour que Platon ne fût pas, de bonne heure, au courant de ce qui se perpétuait dans le cercle le plus intime. Ainsi Platon pourra illustrer le courage militaire de Socrate par sa conduite à Potidée, Délion et Amphipolis ; il pourra illustrer le courage civique de Socrate par sa noble résistance aux injonctions des Trente et par son attitude en ce funeste procès du lendemain des Arginuses, où Socrate fut seul, entre tous les prytanes, à braver une foule furieuse et voter en faveur de la légalité et de l'humanité[1]. C'étaient là, probablement, les seuls faits extérieurs d'une vie tout entière absorbée en sa vocation réformatrice. Comment naquit cette vocation de réformateur intellectuel et moral, comment Socrate devint, parce que prédicateur de l'action droite, missionnaire de l'idée claire ; comment, la critique commencée sur lui-même, il la poursuivit sur les autres, et comment poètes, sophistes, rhéteurs et politiques, voyant se déchirer, sous l'aiguillon de son ironie, l'apparence illusoire de leur science, lui vouèrent une haine mortelle, Platon le fait conter au Socrate de son *Apologie*[2]. A l'accusation d'avoir préparé, en Alcibiade, le contempteur du peuple et le fléau d'Athènes, le Socrate de Platon répondra, dans la *République*, sans que le nom d'Alcibiade soit prononcé, par une page de psychologie pénétrante : il est dangereux, pour le futur philosophe, d'être jeune.

1. *Apol.* 28e. *Banquet*, 219e, 221a. *Laches*, 181a. *Charmide*, *init.*
2. *Apol.* 20b-23c.

beau et riche ; les flatteurs s'étudient à le corrompre, le peuple se fabrique en lui une idole vivante, et toutes les puissances de salut que renfermait cette nature généreuse se tournent en forces de destruction[1]. Certaines accusations, que favorisait la triste réalité d'une déviation morale qui s'est traduite souvent en mode littéraire, étaient plus délicates à réfuter et même à formuler ; il fallait la liberté d'un festin grec, la franchise impétueuse d'Alcibiade et les impudentes confidences d'Alcibiade ivre, pour que fût mise en lumière pleine et crue, devant la corruption du disciple, la chaste intégrité du maître : la dernière partie du *Banquet* venge magnifiquement la mémoire de Socrate[2]. On voit comment Platon raconte et innocente la vie de Socrate. Il ne dit pas, comme Xénophon : « Pour démontrer que Socrate n'a jamais rien dit qui ne fût vertueux et apte à rendre vertueux les auditeurs, je rapporterai l'entretien qu'il eut, en ma présence, avec Aristodème, ou Aristippe, ou Lamproclès ». Il n'annonce rien, il ne dit rien, il cesse d'exister et de vivre pour que Socrate revive, et c'est dans une série de visions concrètes, de tableaux animés par une puissance dramatique incomparable, que, devant le lecteur, Socrate agit et parle. Ainsi, aux reproches d'hostilité dénigrante envers les lois nationales, répondent et le duel oratoire du *Criton* et la sereine veillée funèbre du *Phédon :* Socrate refuse de se soustraire, par la fuite, à la condamnation injuste ; Socrate accueille, avec une bénignité souriante, la mort injuste. Il y a peut-être eu des apologies plus véhémentes, il n'y en a pas eu de plus persuasives.

1. *Républ.* 494c-495b.

2. *Banquet*, 217a-219d. Cf. sur les discours d'Alcibiade, V. Brochard, *Sur le Banquet de Platon* (surtout p. 87 et suiv.), dans *Etudes de Philos. ancienne et de Philos. moderne* (Paris, 1912). — L. Robin, *La théorie platonicienne de l'amour* (Paris, 1908), p. 194. — R.-G. Bury, *The Symposium of Plato* (Cambridge, 1909), p. LXV.

Mais, cette *Apologia pro vita*, d'autres, néanmoins, l'avaient faite ou devaient la faire. Nul autre que Platon n'a imaginé, nul autre que lui, peut-être, n'eût été capable d'écrire l'*Apologia pro morte*[1]. Elle est disséminée un peu partout, cette Apologie de la mort, tout comme l'Apologie de la vie ; mais elle s'est rassemblée surtout en quelques dialogues : le *Gorgias*, le *Phédon*, la *République*, le *Théétète*. Qu'il fût plus nécessaire encore de réhabiliter la mort de Socrate que de réhabiliter sa vie ; que, pour l'opinion des adversaires, des indifférents et même des disciples hésitants, le scandale fût moins dans les apparences de culpabilité que dans la défense impuissante, la condamnation et le supplice, le fait peut sembler étrange au premier abord, mais trop de passages de Platon le supposent et l'orientation de l'éducation grecque à cette époque le rend intelligible. De quoi s'agissait-il, en dernier ressort, dans cette formation à la vertu que promettaient les programmes des sophistes et des rhéteurs ? De développer, dans le futur citoyen et le futur homme d'État, la capacité civique et politique, et cette double capacité tenait dans une même puissance : la puissance de la parole. Savoir se défendre et savoir attaquer, savoir séduire ou violenter le succès, réussir, c'était la marque de l'orateur, c'était la nécessité qui s'imposait à tout citoyen aussi bien qu'à l'homme d'État, et c'était le rêve de tout jeune homme qui venait s'asseoir aux pieds d'un maître. La conscience générale du temps était un peu comme la langue : elle ne faisait pas de différence entre la cause faible

1. A moins qu'on n'en veuille trouver quelque ébauche grossière ou quelque imitation dans l'*Apologie* de Xénophon. Socrate y envisage la mort avec calme, parce qu'elle lui épargnera les tristesses de la sénilité (§ 6). Sur la question d'authenticité, voir la préface de E.-C. Marchant, dans son édition (*Xenophontis Opera omnia*, Oxford, 1900, tome II).

et la cause injuste[1]. « Ce qu'il y a de beau », dit Hippias à Socrate, qui lui démontre son impuissance à définir la notion de beauté, « ce qu'il y a de vraiment valable, c'est de savoir bâtir un discours qui se tienne et, devant un tribunal, devant l'assemblée ou toute autre autorité judiciaire, de savoir gagner sa cause et remporter la plus précieuse des récompenses, son salut, le salut de ses biens et de ses amis[2]. » Pour de tels esprits, quelle démonstration par le fait que cette condamnation et cette mort ignominieuse de Socrate ! Lâcheté des disciples, sottise du maître et, par-dessus tout, impuissance et, si l'on peut dire, vertu dévirilisante de la philosophie, voilà quelle en devait être l'explication naturelle et la leçon permanente[3]. C'est le mot de Criton à Socrate pour le décider à la fuite : « Quels impuissants et lâches ne paraîtrons-nous pas, et nous et toi-même, de n'avoir su ni empêcher ta comparution devant le tribunal, ni faire aboutir le procès à une issue meilleure, ni te sauver en dernier ressort[4] ! » C'est l'objurgation railleuse de Calliclès : « Que gagnera Socrate à balbutier dans un coin, le long des jours, avec trois ou quatre adolescents ? Qu'il laisse donc aux jeunes ce mol exercice de la philosophie et se tourne vers les lois, vers la parole, vers les plaisirs et les désirs humains, en un mot vers la vie ; sans quoi, le jour venu d'une accusation portée par l'adversaire le plus vil, il ne saura que trembler et rester bouche bée, et l'autre, s'il le veut, le fera condamner à mort[5]. » On a dit de Platon que, disciple pendant huit ans

1. Sur le double sens de ἥττων λόγος, cf. les *Nuées* d'Aristophane, vers 892 et suiv.

2. *Hipp. Maj.* 304a/b.

3. Pour la « vertu dévirilisante » de la philosophie, cf. le mot de Calliclès (*Gorgias* 485d) : ὑπάρχει τούτῳ τῷ ἀνθρώπῳ, κἂν πάνυ εὐφυὴς ᾖ, ἀνάνδρῳ γενέσθαι κ. τ. λ.

4. *Criton*, 45e/46a.

5. *Gorgias*, 484c/d. 485e-486b.

du Socrate vivant, c'est la mort de Socrate qui en fit un apôtre ; du lit où il gisait malade pendant que Socrate buvait la ciguë, il se releva un homme nouveau[1]. C'est que la mort de Socrate lui fut, comme aux autres, un symbole et une doctrine ; mais ce qui était aux autres scandale et pierre d'achoppement lui fut pierre angulaire, base d'une vie et d'une philosophie.

Cette *Apologia pro morte* se concrétise encore en tableaux et en drames. C'est, dans l'*Eutyphron* et dans le *Théétète*, Socrate discutant posément sur l'essence de la piété ou la nature de la science à l'heure où s'introduit, contre lui, l'accusation d'infidélité aux dieux nationaux, devant les marches mêmes du Portique Royal où l'appelle la citation de Mélétos. C'est, dans l'*Apologie*, Socrate se refusant aux supplications coutumières, rejetant la vie offerte au prix d'un silence indigne, accueillant d'avance la mort ou comme le repos bien gagné dans un sommeil sans rêve et sans réveil, ou comme le prolongement, dans une paix éternelle, de sa vie quotidienne d'interrogations et de critique[2]. C'est, dans le *Criton*, Socrate examinant, avec le calme et la méthodique précision de ses entretiens habituels, à la froide lumière d'une raison impersonnelle, comme un problème que ne trouble aucune passion présente, l'évasion facile et presque légale, tant les mœurs lui étaient indulgentes, que lui proposent les disciples. C'est, dans le *Phédon*, Socrate occupant ses journées de prison à mettre en vers les fables d'Ésope, jouant avec les boucles de cheveux d'un élève, laissant errer son souple esprit sur de fines et subtiles questions de

1. J. Burnet, *op. laud.*, p. xxix. « In fact, though his first awakening went back to the year of the Thirty, his final conversion dated only from the death of Socrates. He probably rose a new man from the sickbed on which he was then lying. It would not be the only case of a man called to be an apostle after the death of his Master ».

2. *Eutyphron*, 2a-3b, etc. *Théétète*, 210d. *Apol.*, 34c/d, 38a et suiv., 40c et suiv.

psychologie, ne parlant de la mort que pour défendre son attitude en ce procès contre les reproches désolés de ses amis, recevant avec des mots affables le serviteur qui lui présente la coupe, surveillant, d'une âme tranquille, les progrès de la mort qui s'infuse en ses veines, pendant qu'au-dehors le soleil s'incline sur les coteaux[1]. Mais le tableau s'élargit si aisément en symbole et le symbole, si naturellement, s'approfondit en doctrine, que le drame devient une méditation et la méditation une philosophie, sans que la vision concrète y perde en intensité ni l'entretien familier en souplesse de vie. C'est bien le Socrate du dème d'Alopèce, fils du sculpteur et de Phénarète, le vieillard au nez camus, au regard torve, à la physionomie à la fois railleuse et souriante, le causeur d'apparence un peu radoteuse et dont la parole tour à tour paralyse et galvanise, le maître qu'entourent les Criton d'Athènes, les Phédon d'Élis, les Simmias de Thèbes et les Terpsion de Mégare, le critique obstiné que ni les menaces d'hier ni la condamnation d'aujourd'hui n'ont ébranlé dans son entêtement. Mais c'est aussi le Philosophe, la Philosophie incarnée, l'Idée claire de la Science, la Volonté de Justice et de Vérité.

§ 4. *Le Symbole et l'Histoire*

Symbole, tout homme l'est, qui garde un vouloir fort autour d'une idée grande. L'homme, grêle et fragile dessin, ne vaut que par sa projection symbolique ; de la singulière,

1. *Phédon*, 116e : ἀλλ' οἶμαι... ἔτι ἥλιον εἶναι ἐπὶ τοῖς ὄρεσιν καὶ οὔπω δεδυκέναι. Le regretté J. Adam, qui, mieux que personne, sut comprendre Platon avec toute son âme, a fait, de cette image du *Phédon*, une transposition magnifique, lorsque, terminant une conférence sur la vitalité du platonisme, il disait : « I hope that some of you may have at least begun to realise that Plato's sun still shines upon the everlasting hills ». (*The Vitality of Platonism and other Essays*. Cambridge, 1911, p. 34).

éphémère personne qui vit en un jour, en un point, c'est l'Idée qui fait l'extension indéfinie dans le temps et l'espace. Socrate était symbole pour ses adversaires : pour la parodie bouffonne d'Aristophane, symbole de l'astrologie bavarde et du rationalisme destructeur ; pour la haine des démagogues, symbole de la résistance à l'incompétence brouillonne, au caprice de l'irréflexion et du bon plaisir ; pour la raillerie des rhéteurs, symbole de la pensée abstraite, qui se perd dans le rêve d'une vérité inutile et désapprend la vigueur et les profits de l'action. Mais ceux-là s'étaient mis, pour apprécier la valeur symbolique de Socrate, au point de vue tout extérieur de leurs préjugés, de leurs attaches temporelles, de leurs intérêts de métier ou de parti. Platon se place d'emblée au centre du rayonnement symbolique, en cette volonté de clarté dans l'idée et l'action, qui fut le cœur battant sous l'enveloppe individuelle de Socrate et sa force d'éternelle et universelle survivance. Les symboles s'engendrent les uns les autres et se multiplient dans cette vision transfigurante de Platon. Mais c'est toujours dans cette nature intime de Socrate et dans ses attitudes concrètes que cette idéalisation garde ses racines vivantes. Ironie socratique, idée claire que tout savoir doit se formuler en notion vablable pour tous les cas et que détruire la notion vague et la notion confuse est la condition la plus indispensable de la libre recherche : le Philosophe consciemment ignorant contre l'illusion du Savoir. Idée claire des exigences de l'action contre toute précipitation ambitieuse et aveugle : le Philosophe contre les Politiciens. Idée claire des exigences de la science contre la prétention ignorante et bavarde : le Philosophe contre les Sophistes. Idée claire de la puissance du Vrai et volonté absolue du Vrai contre le maniement intéressé de la vraisemblance et de l'illusion : le Philosophe contre les Rhéteurs et les Éristiques. Désintéressement socratique, abstraction du philosophe dans la recherche de la vérité : le Philosophe astronome et les railleries de la servante Thrace, le Philosophe contre les sages de ce monde ; — amour unique pour la Vérité : le Philosophe contre l'Injustice, le Juste heureux sur sa croix de tortures ; — fuite de la terre et certitude d'une vérité éternelle : le Philosophe devant la mort, le chant du Cygne. Tout ce symbolisme tendrait à volatiliser la personne réelle, si Platon ne choisissait, avec un art parfait, dans la biographie de Socrate, les traits de caractère qui réalisent le symbole en image concrète : le Philosophe du *Théétète* n'est plus attaché à la terre que par le poids de son corps, et son âme plane dans les célestes espaces ; mais le Socrate qui s'en va, tout brillant au sortir du bain et chaussé de sandales, dîner à la fête d'Agathon, s'oublie en chemin dans une extase immobile, et l'on nous raconte que, dans une de ses campagnes, les soldats se relevaient pour veiller curieusement cet homme, qui demeurait debout, en plein air, perdu dans une contemplation muette, tout un jour et toute la nuit qui suivit, jusqu'au lever du soleil[1]. Le *Banquet*, d'ailleurs, est peut-être l'exemple le plus parfait de cette alliance merveilleuse entre la personne concrète et le symbole qui la prolonge : toutes ces images d'amour, de poursuite jalouse autour des beaux jeunes gens, où Socrate enveloppait son effort infatigable d'éducateur, se concentrent dans la théorie de l'Instinct Philosophique et, dans le savant désordre des comparaisons que multiplie l'ivresse d'Alcibiade, c'est le Philosophe et c'est le vivant Socrate qui se trouvent transfigurés en Éros, dieu de l'Amour[2].

Le symbolisme, retenu d'une part à l'individu par des

1. *Théét.*, 173e. *Banquet.* 174a, 175a/b, 220c.

2. Cf. L. Robin, *op. laud.*, p. 194-198. — R.-G. Bury, *op. laud.* p. LX-LXII.

images précises, se fixe d'autre part à l'éternité de la doctrine par des attaches logiques. Si le Philosophe du *Théétète* plane dans les cieux, c'est que, d'après le Socrate du *Phédon*, le corps n'est qu'un obstacle à notre effort de connaître ; la mort seule, en tranchant tous les liens qui attachent l'âme à sa prison grossière, lui permettra de s'unir à la réalité dans un contact intime ; et ce n'est ici-bas qu'une mort progressive, le dépouillement graduel de toute passion, de tout désir, de toute sensation terrestre, qui peut permettre des contacts passagers, des visions fugitives, et acheminer vers l'union totale et la contemplation indéfectible[1]. Si, dans les pages finales du *Banquet*, Socrate est à la fois symbole de la Philosophie et symbole de l'Amour, c'est que tout ce dialogue a été fait pour transposer l'ascension dialectique de la *République* vers le Bien en soi en ascension esthétique vers la Beauté absolue[2]. Cette ascension dialectique elle-même est-elle autre chose que le prolongement en doctrine de la méthode habituelle du Socrate platonicien, la traduction en théorie métaphysique du mouvement logique de ses entretiens journaliers ? Ce sont les attitudes concrètes de Socrate, les gestes familiers de sa vie intellectuelle et morale qui se déploient et s'éternisent en un système de pensée. La pratique d'interrogation et de critique du fils de la sage-femme se fixe, pour l'intuition, dans le symbole de l'accoucheur ; elle s'analyse, pour la méthode logique, dans la maïeutique et, pour la théorie de la connaissance, dans la réminiscence. La recherche de la définition, la conviction initiale que la science doit atteindre une nature déterminée, constante, distincte de toute autre, indépendante à la fois de l'acte de pensée individuelle qui la saisit et des exemples

1. *Phédon*, 66b-67b.
2. Cf. *Transposition platonicienne* (*Infra*, p. 434 et suiv.).

concrets d'où se dégage cette pensée, c'est une orientation pratique et une hypothèse de travail, plus ou moins consciente, dont la Théorie des Idées explicite et fonde en raison métaphysique l'acte de foi fondamental. La lutte de Socrate contre les sophistes et les rhéteurs, son dédain pour les artifices de vraisemblance et d'illusion, le symbole du médecin traduit en justice par le confiseur devant un tribunal d'enfants, le mythe du jugement dernier où trembleront, à leur tour, les rhéteurs dépouillés de leurs puissances de mensonge, l'image sublime du juste méconnu, supplicié, mais heureux dans la conscience de sa justice, toutes ces attitudes vécues et toutes ces images où elles se transfigurent se légitiment, dans le *Gorgias*, la *République*, le *Théétète*, par la thèse que l'injustice est le malheur et l'erreur suprêmes, et que le Bien, soleil intelligible, est la source à la fois de toute existence et de toute vérité[1]. Enfin le calme de Socrate devant la mort se justifie, dans le *Phédon*, par la série progressive des arguments qui démontrent que l'âme, parente de l'Idée, participe à son immortalité et que la mort terrestre est, pour le philosophe, l'entrée définitive dans cette vie intelligible où tendait son effort continu de justice et de clarté.

Est-il utile de poser la question que se pose et résout affirmativement M. Taylor : le Socrate de Platon est-il le Socrate réel, doit-il être pour nous le Socrate de l'histoire ? A qui a bien voulu suivre cette esquisse, la question apparaîtra peut-être d'une rigueur un peu simpliste. Le Socrate de Platon est réel d'une réalité puissante et qui demeure. Il est historique, si l'on veut, en ce que, pour des siècles nombreux de l'humain effort vers la justice et la vérité, il a été et restera une source inépuisable, encore qu'humaine et

1. *Gorgias*, 518a et suiv. 521e-527b. *Républ.* les deux premiers livres et VI, 509a/b. *Théét.* 176a et suiv.

parfois trouble, de pensée et d'action. Aux yeux de M. Brunet, la meilleure garantie de vérité historique est encore dans le réalisme vivant de ce portrait[1]. Mais c'est une question de savoir si la vie du drame platonicien ne lui vient pas de son complet détachement, de son énergique dédain à l'égard de tout ce que nous appellerions histoire. On n'écrit l'histoire que de ce qui est mort, et Socrate, l'âme de volonté et de pensée de Socrate, vivait encore pour Platon. Elle vivait en Platon. Ce n'est pas un désir de restitution archéologique du passé, ce n'est même pas une intention de pieux mémorial aux mânes d'un maître cher, qui le fit dresser à nouveau le lutteur antique en plein champ de bataille, remettre en branle son enquête perpétuelle et sa critique indomptable, relancer vers les cimes idéales l'ascension de sa pensée inassouvie, universaliser en symboles, éterniser en doctrines les démarches et les conquêtes progressives de cette ascension. C'est la conscience de continuer sans rupture ce passé,

1. J. Burnet, *op. laud.*, p. lvi. « The Platonic Socrates is no mere type, but a living man. That, above all, is our justification for believing that he is in truth the historical Socrates ». — Je n'ai point prétendu, en ce rapide essai, résoudre la question socratique. J'ai voulu seulement montrer que la critique ne trouverait pas davantage, trouverait encore moins son repos dans la confiance exclusive au témoignage de Platon qu'elle ne l'a trouvé dans la confiance exclusive à d'autres témoignages. D'ailleurs, aucune de ces expositions antiques du Socratisme n'est un simple témoignage, alors même qu'elle se donne pour telle. Chacune d'elles est, plus ou moins habile et plus ou moins originale, une *construction ;* chacune d'elles transpose, à un plan de pensée qui n'est pas nécessairement supérieur, les thèmes spécifiques du Socratisme. Dégager ces thèmes essentiellement socratiques des thèmes étrangers ou des thèmes personnels qu'y mêle chaque écrivain ne sera possible que par une série méthodique de recherches, par une alternance continue d'analyses monographiques et de confrontations d'ensemble. Notre conception de la doctrine ou de la pensée socratique ne pourra être, d'ici longtemps, que provisoire ; mais elle ne peut que progresser à mesure que s'enrichiront ou s'ordonneront, pour nous, les débris du « Petit Socratisme », d'une part, et, d'autre part, nos fragments d'information sur les physiciens, rhéteurs et sophistes du ve siècle.

de prolonger, dans sa direction foncière, cette vie disparue. Ce n'est pas le simple souvenir de passions éteintes, c'est la chaude passion du présent qui anime les dialogues. La lutte de Socrate pour le droit et la clarté n'était pas achevée ; l'âme de sa critique, la force motrice de son ascension était, comme l'amour du *Banquet*, une aspiration jamais satisfaite. Le Socrate de Platon était symbole d'une philosophie, non pas faite, mais qui se fait, et la seule façon de reproduire cette philosophie était de continuer à la faire. Platon s'est établi au cœur même de cette aspiration infinie qui fut l'âme de Socrate ; dans la courbe montante qu'elle décrit, pratiquer des coupures, prétendre marquer où s'arrête Socrate, où commence Platon, c'est vouloir dissoudre ce qui fait la vie même du Socrate platonicien : la fusion de deux êtres en une seule pensée.

CHAPITRE III

La Légende socratique et les Sources de Platon

---

§ 1. *La thèse de M. Dupréel*

Il y a déjà un certain temps que M. Dupréel a publié son gros travail sur *La Légende Socratique et les Sources de Platon*[1], si magnifiquement édité par les soins de la Fondation Universitaire de Belgique. Des circonstances très étrangères à ma volonté m'ont seules empêché d'acquitter plus tôt ma dette envers l'auteur et envers la *Revue Belge de Philologie et d'Histoire.*

M'acquitter aujourd'hui est un devoir très simple, en apparence. M. Dupréel a si nettement redit, à la fin de son volume (p. 439), les devoirs de l'historien, qui sont, tout aussi bien, les devoirs du plus modeste recenseur, qu'il s'étonnerait assurément, lui le premier, de me voir hésiter à lui dire ce que je pense. A supposer même que certaines de ses conclusions eussent pu blesser en moi des préjugés inconscients, ou même cette espèce de fidélité sentimentale que crée insensiblement la pratique assidue d'un grand écrivain, — M. Dupréel est bien loin de refuser ce titre à Platon, — il s'est passé assez de temps pour permettre à ma volonté de réagir et à mon jugement de se rasseoir.

1. A propos du livre de M. Eugène Dupréel, professeur à l'Université de Bruxelles : *La Légende socratique et les Sources de Platon*, grand in-8°, 450 pages avec index, éditions Robert Sand, Bruxelles (Fondation Universitaire de Belgique), 1922.

Non, ce qui m'embarrasse devant le compte rendu à faire de ce considérable travail, ce n'est pas la crainte de blesser son auteur en lui disant modestement ce que je pense, ni la crainte plus grave de ne pouvoir penser droitement, sans rancune et sans injustice ; c'est bien plutôt le sentiment de ne savoir souvent ce que penser, parce que ce livre, si prodigieusement intéressant par les problèmes qu'il traite, par les pistes qu'il amorce et les échappées qu'il ouvre, est encore plus déconcertant par sa méthode, par la trop fréquente faiblesse de ses preuves, par la rapide aisance avec laquelle les vérités banales s'y muent en paradoxes, et les hypothèses, d'abord présentées comme telles, en découvertes grandioses, dogmatiquement affirmées.

Un résumé authentique et officiel des thèses de M. Dupréel nous est donné en tête du volume : « L'œuvre, la vie et la mort de Socrate sont une fiction littéraire. Il n'y a pas eu de révolution socratique dans la pensée grecque. Les *Dialogues* ont été composés d'après des écrits du ve siècle, dus notamment aux sophistes, aux comiques, aux orateurs. La recherche des « Sources de Platon » permettra de démêler une collection de doctrines indûment confondues jusqu'ici sous un prétendu platonisme, et elle oblige déjà à poser, avec l'espoir de le résoudre, le problème des origines de l'aristotélisme. »

Le livre de M. Dupréel se divise en trois parties : *La Doctrine socratique* (p. 15 à 255), *La Figure socratique* (p. 259 à 334), *La Postérité socratique* (p. 337-394). Une *conclusion générale* en résume les résultats et la portée.

Ni la physionomie de Socrate, ni sa doctrine, ni l'histoire de ce que l'on appelle le Socratisme, petit ou grand, ne nous sont attestées par des sources dignes de foi. Les écrits postérieurs à Aristote n'ajoutent rien de valable aux sources plus anciennes que nous possédons : elles n'en sont qu'une première interprétation historique, et nous avons mieux à faire que de nous en inspirer, même avec précaution, puisque nous pouvons faire directement la critique des sources anciennes. Or, celles-ci, les écrits des Platon et des Xénophon, ne sont pas et n'ont pas voulu être œuvres d'historiens, ce sont œuvres de « littérateurs qui usent de tous les droits de la fiction. Toutefois, et c'est par où l'illusion a pu se produire, si ces écrivains font du roman, c'est dans le genre historique, et s'ils usent de l'imagination et de la fantaisie, les idées qu'ils développent viennent d'un fonds étranger, que la tâche de l'historien est de faire entrevoir dans toute son originalité » (p. 398). Quant aux doctrines que nous exposent Platon et Aristote, elles ne sont pas de leur invention propre ; Platon et Aristote « ne font que reproduire les résultats de l'effort philosophique du ve siècle, dont ils nous cachent, ou dont ils ignorent, parfois, les vrais auteurs » (p. 399).

Ces vrais auteurs sont les Sophistes. Certains de leurs écrits disparus « sont la source principale d'où Platon extrait la matière de ses premiers dialogues ». Il y prend « aussi bien ce qu'il met dans la bouche de Socrate que ce qu'il fait dire aux interlocuteurs que Socrate confond ». Il y trouve à la fois « et les théories que les dialogues développent, reprennent, combinent, et les deux thèses qu'il y fait se heurter » (p. 29-30).

M. Dupréel s'est donc donné pour tâche de réhabiliter tout à fait les Sophistes et de montrer « que les mérites scientifiques et moraux attribués à Socrate, il ne faut les reconnaître qu'à eux seuls » (p. 428). Quant à ce que nous appelons le Platonisme, M. Dupréel pense en renouveler totalement la face en usant d'une méthode dont l'idée est assurément très heureuse : « Il faut élucider Platon par les sources de Platon » (p. 404). Mais n'ayons point la pensée d'ajouter, aux sources de Platon, le génie propre de Platon ; c'était pensée que l'on pouvait avoir jadis, « lorsqu'on voyait dans Platon un penseur original » *(ib.)*. M. Dupréel ne l'a pas un instant. Platon n'est qu'un littérateur. Les dialogues de la période dite socratique « sont, au sens moderne du mot. œuvre de pure rhétorique, non oratoire, mais dialectique, Les thèmes sont consacrés par une littérature antérieure et devenus classiques par l'enseignement libéral issu des écrits de leurs inventeurs. Les réponses sont données et beaucoup d'arguments connus d'avance. La curiosité, amortie pour le fond, a loisir de s'attacher à l'art de l'exposition, aux finesses de l'exécution, aux beautés de l'expression. La spéculation sur ces thèmes est sortie du domaine de la science pour entrer dans celui de la littérature » (p. 61). Mais, direz-vous, les autres dialogues, de la *République* au *Parménide* et au *Timée*, sont-ce là aussi œuvres d'un pur littérateur ? N'y a-t-il là rien de plus que dans ces premiers dialogues, échos des discussions des Sophistes ? M. Dupréel répond : « S'il y eut sans doute d'importantes œuvres originales dont Platon ne prit connaissance qu'en avançant dans sa carrière, si, de plus, il demeure possible qu'il s'avisa parfois de mettre dans ses écrits le résultat de sa réflexion propre, il ne renonça jamais à exploiter le fond d'écrits dont il avait profité dès ses débuts. » Raison qui doit, entre parenthèses, nous détourner de tout essai de chronologie des dialogues : la tâche est impossible et inutile (p. 405).

Ce n'est donc pas seulement la légende de Socrate que M. Dupréel a entrepris de démolir et, véritablement, se flatte d'avoir démolie : c'est la légende du Socratisme. Socrate, Platon, Aristote, doivent cesser d'être les grands noms de la pensée grecque et de la pensée occidentale. Socrate n'est qu'une figure bien peu signifiante, transposée et transfigurée par la comédie, par les dialogues et par la tradition qui en est issue. Platon et Aristote n'ont fait qu'exploiter les découvertes des Sophistes. M. Dupréel venge enfin ceux-ci d'injures longtemps impunies : « Le juste rétablissement de l'histoire de la pensée grecque montrera qu'ils furent grands de toute la grandeur de leur siècle ; nous avons le devoir de placer les noms de Protagoras, de Prodicus et d'Hippias, de Gorgias même, à côté de ceux d'Hérodote, de Pindare et de Périclès. Sous la couche des railleries et des injures et sous les repeints du Socratisme, nous avons à retrouver leurs traits, grands et simples comme la ligne d'Ictinos et de Phidias » (p. 428).

Comment M. Dupréel retrouve effectivement leurs traits, c'est ce que nous allons voir sur un exemple précis. Il est inutile que je m'attarde à une critique générale des thèses et des méthodes de M. Dupréel : celle que j'essaierais aurait, comme premier tort, celui de venir après beaucoup d'autres, et je ne vois pas ce que j'ajouterais, par exemple, de solide et de clair aux pages, toutes fraîches encore, que M. Mansion a écrites sur cette question d'ensemble[1]. Non, je prendrai, comme échantillon des méthodes critiques et des méthodes constructives de M. Dupréel, un des chapitres qu'il consacre à la glorification d'Hippias, le chapitre premier et fondamental de cette reconstruction doctrinale. Ce chapitre est, précisément, une étude sur le *Grand Hippias* de Platon, étude qui a pour centre un passage trop souvent commenté à la légère, et où M. Dupréel n'est pas le seul, ni le premier, à avoir découvert des choses qui étonneraient peut-être beaucoup Platon lui-même. Ainsi M. Dupréel ne pourra se plaindre que je me sois fait la partie belle pour ma critique, et le lecteur trouvera peut-être, dans ces pages auxquelles il

1. A. Mansion, « Bulletin d'Histoire de la Philosophie ancienne », dans la *Revue Néo-Scolastique de Philosophie*, mai 1924, p. 214 à 219.

me faut donner l'allure d'une réfutation en apparence toute négative, quelque profit positif et quelque enseignement précis.

§ 2. *Un texte du Grand Hippias* *M. Dupréel et Hippias d'Élée*

Le héros de M. Dupréel est Hippias d'Élée. Celui-ci « est le plus méconnu des grands Sophistes (p. 432). ...Non seulement universel, mais original en tout, il a conçu la science comme l'ordonnance et l'accumulation des découvertes, il a voulu combiner l'idée d'une méthode générale d'invention avec celle d'une science des sciences... il s'est posé en adversaire de toute forme de réalisme idéaliste, ne trouvant dans l'univers que des individus... » (p. 433-434). J'en passe et je résume : Hippias d'Élée est le Leibniz du ve siècle, et, parmi les traits qui légitiment ce rapprochement, M. Dupréel note « la tendance à la conciliation des affirmations opposées, on pourrait dire le don de synthèse en profondeur. Il semble qu'à tous ceux avec lesquels il s'est trouvé en désaccord, Hippias ait emprunté quelque partie féconde pour la faire entrer dans une théorie plus approfondie : la théorie de la connaissance, telle que le *Cratyle* nous l'a révélée, s'est présentée comme une conciliation de l'idéalisme et d'un empirisme héraclitien. Si quelqu'un est parti de l'idée de la rhétorique formelle pour jeter les fondements de la logique formelle, ce doit être Hippias. Lui seul a pu s'aviser de la sorte de fixer les règles formelles de l'exposition, non de l'apparence ou du vraisemblable, mais de la vérité... » (p. 435).

J'en passe encore, parce que je ne saurais tout copier. Mais voulons-nous essayer de vérifier quelques traits de cette apothéose ? Là où M. Dupréel semble avoir mis tout son cœur, tout l'enthousiasme de sa pensée, il a dû mettre aussi tout son esprit critique. Voyons un peu si la statue la plus grandiose de son temple a des pieds de bronze ou des pieds d'argile.

Première partie, chapitre VIII : le *Grand Hippias et l'Idéalisme au Ve siècle.* Je cite tout de suite la conclusion : « Le *Grand Hippias* ne témoigne pas seulement que l'idéalisme remonte au ve siècle, il y reporte du même coup les racines de l'aristotélisme. Il s'est trouvé un Hippias pour reprocher aux réalistes de son temps de substantialiser les concepts, de séparer les affections de l'essence, de découper arbitrairement les êtres dont le sens commun reconnaît l'individualité, pour parler, enfin, la langue d'Aristote avant Aristote. » Sur quoi se fonde cette conclusion dithyrambique ? Essentiellement sur un passage du *Grand Hippias* : « Le passage 301 B (trad. p. 162) est tout à fait significatif ; de toute évidence, nous trouvons ici les propres termes de l'auteur de la théorie, c'est-à-dire d'Hippias lui-même » (p. 220). Je demande pardon au lecteur : il me faut absolument, pour suivre M. Dupréel, donner le texte grec de ce passage, la traduction Saisset que cite M. Dupréel en la déclarant insignifiante, et la propre traduction commentée de M. Dupréel.

Socrate est en train de taquiner Hippias sur une faute de logique : Hippias croit qu'une qualité ne peut appartenir à un couple de termes sans appartenir à l'un et à l'autre des termes séparément ; Socrate dit, au contraire, « Je pense que ce que je n'ai jamais été en particulier, et ce que ni toi ni moi ne sommes séparément, nous le pouvons être tous deux ensemble ; et, réciproquement, que nous sommes peut-être tous deux ensemble ce que ni toi ni moi ne sommes séparément ». Hippias réplique : « Si nous sommes justes tous les deux, nous le sommes l'un et l'autre », et profite de son apparente victoire pour donner à Socrate une bonne leçon de méthode :

ἀλλὰ γὰρ δὴ σύ, ὦ Σώκρατες, τὰ μὲν ὅλα τῶν πραγμάτων οὐ σκοπεῖς, οὐδ' ἐκεῖνοι, οἷς σὺ εἴωθας διαλέγεσθαι, κρούετε δὲ ἀπολαμβάνοντες τὸ καλὸν καὶ ἕκαστον τῶν ὄντων ἐν τοῖς λόγοις κατατέμνοντες, διὰ ταῦτα οὕτω μεγάλα ὑμᾶς λανθάνει καὶ διανεκῆ σώματα τῆς οὐσίας πεφυκότα. καὶ νῦν τοσοῦτόν σε λέληθεν, ὥστε οἴει εἶναί τι ἢ πάθος ἢ οὐσίαν, ἣ περὶ μὲν ἀμφότερα ταῦτα ἔστιν ἅμα, περὶ δὲ ἑκάτερον οὔ, ἢ αὖ περὶ μὲν ἑκάτερον, περὶ δὲ ἀμφότερα οὔ, κ. τ. λ.

Traduction Saisset : « Ton défaut, Socrate, et celui de tous ceux avec qui tu as coutume de disputer, c'est de ne pas considérer les choses dans leur ensemble. Vous examinez à part le Beau, ou tout autre objet, en le séparant du tout. De là vient que vous ignorez les grands corps dans la nature desquels tout se tient ; et vous les comprenez si peu, que vous croyez qu'il y a des qualités qui se trouvent dans deux choses à les prendre toutes deux à la fois, et qui ne s'y trouvent plus quand on vient à les séparer, des qualités qui, se rencontrant dans un objet en particulier, ne se trouvent plus dans deux objets pris ensemble. »

Voyons comment traduit et commente M. Dupréel :

1° « ἀλλὰ γὰρ δὴ σύ, ὦ Σώκρατες, τὰ μὲν ὅλα τῶν πραγμάτων οὐ σκοπεῖς... « Vous ne considérez pas les choses dans l'ensemble de leurs qualités, c'est-à-dire le tout concret et indivisible que forme chaque être. » C'est montrer que lui, Hippias, met à la base de sa philosophie l'affirmation des êtres individuels, et l'on voit, par sa manière de s'exprimer, qu'en cela il ne s'oppose pas à un seul penseur, qui serait Socrate, mais à une pluralité de philosophes, nous pourrions dire, à une école. »

2° « κρούετε δὲ ἀπολαμβάνοντες τὸ καλὸν καὶ ἕκαστον τῶν ὄντων ἐν τοῖς λόγοις κατατέμνοντες. Voilà l'idéalisme : vous idéalistes, vous considérez le beau en le prenant à part et en découpant chacun des êtres en les concepts qui s'en affirment, tels que le beau, etc ».

3° « Les paroles qui suivent ne se bornent plus à exposer l'erreur des idéalistes, elles lui opposent la pensée propre d'Hippias en cette matière. Elles sont si bien une citation qu'elles se rapportent assez mal à tout ce qui a été dit dans le dialogue, elles dépassent la circonstance qui les suggère et *demeurent fort obscures pour nous* (ce n'est pas M. Dupréel qui souligne). ...διὰ ταῦτα οὕτω μεγάλα ὑμᾶς λανθάνει καὶ διανεκῆ σώματα τῆς οὐσίας πεφυκότα : ce que nous interprétons ainsi : par là, vous, idéalistes, vous méconnaissez la continuité des êtres concrets, c'est-à-dire cette unité indéfectible qui lie à l'essence d'un être l'ensemble de ses qualités constitutives, cette unité dans laquelle consiste l'individualité d'un être réalisé » (p. 201).

4° « Hippias continue ainsi : καὶ νῦν τοσοῦτόν σε λέληθεν, ὥστε οἴει εἶναί τι ἢ πάθος ἢ οὐσίαν, et la nature du réel t'échappe à tel point que tu considères que l'attribut et l'essence sont des choses à part. Et de là enfin le paradoxe absurde de Socrate, qui a provoqué cette tirade : ἢ περὶ μὲν ἀμφότερα ταῦτα ἔστιν ἅμα, περὶ δὲ ἑκάτερον οὔ, etc... » (p. 202).

§ 3. *L'exégèse de M. Dupréel*

J'ai laissé parler M. Dupréel et me suis bien gardé de déflorer, par mes commentaires, un spécimen si brillant de son exégèse. J'ai seulement ajouté les chiffres qui numérotent les étapes successives du texte et du commentaire : cela me permettra d'abréger les formules de renvoi. Je me suis permis aussi, sous (3°), de mettre en italiques les mots de M. Dupréel : « Les paroles qui suivent... demeurent fort obscures pour nous », car elles éclairent merveilleusement la méthode : là même où M. Dupréel avoue que le texte est obscur, là où il ne se risque plus à le traduire, il le commente encore avec assurance, il l'*interprète*, et il bâtit dessus des conclusions grandioses. J'avoue que ce trait m'a rendu tout de suite défiant. Ai-je eu tort ? Voyons un peu.

*
* *

1° ἀλλὰ γὰρ... οὐ σκοπεῖς... Affirmation des êtres individuels, s'opposant à toute une école qui ne sait pas voir « le tout concret et indivisible que forme chaque être » ? Saisset traduit simplement : « Ton défaut... est de ne pas considérer les choses dans leur ensemble », et Croiset : « Vous ne voyez jamais les choses d'ensemble ». Et ils ont raison. Le tort de Socrate et de ceux qui se plaisent à ergoter ou dialectiquer avec lui, c'est de ne pas savoir considérer une chose dans son tout. Gardons le mot *choses* (πράγματα). Et ne le traduisons pas trop vite en « êtres concrets et indivisibles ».

*
* *

2° κρούετε... κατατέμνοντες. M. Dupréel : « Vous considérez le beau en le prenant à part et en découpant chacun des êtres en les concepts qui s'en affirment, tels que le beau, le bon, etc. » Donc Hippias attaque l'idéalisme. — Eh bien, non. Cela s'appelle métaphysiquer un texte et non pas le traduire ni même le commenter. Qu'est-ce qu'Hippias reproche à Socrate ? Tout simplement *de toujours couper les cheveux en quatre*, de ne pouvoir envisager quelque chose que ce soit, le beau, par exemple, ou toute autre chose, sans l'isoler de tout le reste et la découper pour la mieux critiquer. C'est l'éternelle dispute entre le sophiste rhétoriqueur, ami des grosses idées et des formules redondantes, et le dialecticien qui isole, analyse et critique. En voulons-nous la preuve ? Il est bien étonnant que M. Dupréel, qui commente le *Petit Hippias* (p. 138-142) et qui aime les rapprochements de textes par tableaux parallèles (p. 42-43 et 234-236), ne nous ait pas dressé le tableau suivant, qui est classique :

Grand Hippias (301b)

Ἀλλὰ γὰρ δὴ σύ, ὦ Σώκρατες, τὰ μὲν ὅλα τῶν πραγμάτων οὐ σκοπεῖς, οὐδ' ἐκεῖνοι, οἷς σὺ εἴωθας διαλέγεσθαι, κρούετε δὲ ἀπολαμβάνοντες τὸ καλὸν καὶ ἕκαστον τῶν ὄντων ἐν τοῖς λόγοις κατατέμνοντες.

304a/b

ἀλλὰ δή γ', ὦ Σώκρατες, τι οἴει ταῦτα εἶναι ξυνάπαντα ; κνήσματά τοί ἐστιν καὶ περιτμήματα τῶν λόγων, ὅπερ ἄρτι ἔλεγον, κατὰ βραχὺ διῃρημένα, ἀλλ' ἐκεῖνο καὶ καλὸν καὶ πολλοῦ ἄξιον, οἷόν τ' εἶναι εὖ καὶ καλῶς λόγον καταστησάμενον....

Petit Hippias (369b)

Ὦ Σώκρατες, ἀεὶ σύ τινας τοιούτους πλέκεις λόγους, καὶ ἀπολαμβάνων ὃ ἂν ᾖ δυσχερέστατον τοῦ λόγου, τούτου ἔχῃ κατὰ σμικρὸν ἐφαπτόμενος, καὶ οὐχ ὅλῳ ἀγωνίζῃ τῷ πράγματι περὶ ὅτου ἂν ὁ λόγος ᾖ·.... εἰ δὲ βούλει, σὺ αὖ παράβαλλε λόγον παρὰ λόγον....

Grand Hippias (301b)

En vérité, Socrate, vous ne voyez jamais les choses d'ensemble, toi et tes interlocuteurs habituels : vous détachez, vous isolez le beau ou toute autre partie du réel, et vous les heurtez pour en vérifier le son...

(Trad. Saisset.)

304a/b

Mais réellement, Socrate, que penses-tu de toute cette discussion ? Je te répète ce que je te disais tout à l'heure : ce sont là des épluchures et *des rognures de discours* mis en miettes. Ce qui est beau, ce qui est précieux, c'est de savoir, avec art et beauté, *produire... un discours* capable de persuasion...

(Trad. Croiset.)

Petit Hippias (369b/c)

Socrate, voilà bien un de ces raisonnements que tu t'entends à tisser ! Tu détaches un morceau d'argumentation, le plus abstrus, tu t'y tiens, tu t'y attaches de plus en plus, au lieu de t'en prendre à l'ensemble du sujet en discussion... (Je vais te démontrer qu'Homère a représenté son Achille meilleur qu'Ulysse et incapable de tromperie, tandis que l'autre, il l'a fait rusé, usant sans cesse du mensonge, et en somme, inférieur à Achille). A ton tour, si bon te semble, *oppose discours à discours* (et démontre qu'Ulysse est supérieur).

(Trad. Croiset.)

Voilà, n'est-ce pas, des textes qui se correspondent assez bien et qui s'expliquent assez bien l'un l'autre ? Si M. Dupréel n'avait pas été « préoccupé » par sa thèse, s'il n'avait pas été convaincu d'avance qu'Hippias était le tenant d'un préaristotélisme, et, qui mieux est, l'adversaire de la rhétorique au profit de la dialectique (p. 76), n'eût-il pas étudié ces textes des deux *Hippias* dans son chapitre sur le thème « Katà Brachù Dialégesthai » ?

Non, il ne s'agit pas ici d'un idéalisme qui « découpe chacun des êtres en les concepts qui s'en affirment, tels que le beau, le bon, etc. » Il s'agit d'un dialecticien, ou, si vous voulez penser comme Hippias, d'un ergoteur, qui ne veut jamais accepter de manier ou voir manier massivement, rhétoriquement, sans analyse ni définition, un concept ou une qualité « comme le beau ou quelque autre objet qui soit. » Car c'est bien là le sens de τὸ καλὸν καὶ ἕκαστον τῶν ὄντων. Je n'irai pas en chercher la preuve dans les formules habituelles aux autres dialogues, M. Dupréel récuserait ces dialogues, mais il me suffit de rappeler ce passage du *Grand Hippias* (300b) où, en face des plaisirs (ἡδοναί), on met, par une formule analogue à celle de 301*b*, τι τῶν ὄντων ὁτιοῦν. Je regrette d'être obligé d'établir si longuement des choses si simples.

3° διὰ ταῦτα οὕτω μεγάλα ὑμᾶς λανθάνει καὶ διανεκῆ σώματα τῆς οὐσίας πεφυκότα. « De là vient que vous ignorez ces grands corps dans la nature desquels tout se tient » (Saisset). — « C'est pour cela que les grandes réalités continues des essences vous échappent » (Croiset). Donnons le commentaire entier de M. Dupréel (p. 201) : « Par là, vous idéalistes, vous méconnaissez la continuité des êtres concrets, c'est-à-dire cette unité indéfectible qui lie à l'essence d'un être l'ensemble de ses qualités constitutives, cette unité dans laquelle consiste l'*individualité* d'un être réalisé. C'est le mot διανεκῆ qui exprime l'idée d'individualité ; quant à l'autre adjectif μεγάλα, rien dans le contexte ne l'appelle ; c'est ce mot surtout qui, par son inutilité même, fait songer à une citation. L'isolement ou le manque d'à-propos de l'idée empêche de la comprendre ; faut-il opposer le mot μεγάλα σώματα à μικρὰ σώματα, aux petits corps, c'est-à-dire aux atomes ? Les grands corps seraient tous les objets qui tombent sous notre perception, tandis que les petits corps ou atomes échappent à nos sens ; les grands corps seraient en même temps les objets susceptibles de naître et de périr, les atomes étant au contraire éternels et immuables. Nous ne sommes pas à même d'éclaircir ce point. »

Voilà une finale bien modeste, mais aussi un commentaire bien ambitieux, pour des paroles dont M. Dupréel vient de nous dire : « Elles sont si bien une citation, qu'elles se rapportent assez mal à tout ce qui a été dit dans le dialogue, elles dépassent la circonstance qui les suggère et demeurent fort obscures pour nous. » Si le texte est si obscur, comment osez-vous en tirer tout un système de métaphysique ? Mais est-il donc si obscur en fait, et si, à votre avis, les paroles d'Hippias « se rapportent assez mal à tout ce qui a été dit dans le dialogue », n'est-ce pas parce que l'idée que vous vous faites des habitudes platoniciennes de démarquage, et le roman que vous vous êtes bâti du métaphysicien Hippias, vous empêchent de chercher et de saisir la continuité et le sens de toute cette discussion ? C'est, en vérité, une manière bien commode de s'autoriser à bâtir des raisonnements à perte de vue sur des textes que l'on ne comprend pas, que d'affirmer, de la doctrine qu'Hippias opposerait à celle de Socrate : « Elle n'est pas exposée avec la même complaisance, elle est même éludée par places, parce qu'il faut qu'Hippias ait toujours le dessous, mais elle transparaît d'un bout à l'autre de l'entretien »! (p. 200.)

Non, nous n'avons point besoin de recourir à toutes ces « transparences ». Non, le texte d'où M. Dupréel tire de si ambitieuses conclusions n'est ni si mystérieux, ni si chargé de révélations métaphysiques. Non, nous n'avons point le droit de dire que ce texte « se rapporte assez mal à ce qui a été dit dans le dialogue ». Il est à sa place et il dit, là où il est, des choses naturelles et qui se comprennent, encore qu'il soit une parodie du parler redondant et prétentieux d'un rhéteur.

a) Sa forme grammaticale et son sens immédiat sont naturels, encore que sa construction soit volontairement compliquée. Car la phrase διὰ ταῦτα οὕτω μεγάλα ὑμᾶς λανθάνει καὶ διανεκῆ σώματα τῆς οὐσίας πεφυκότα veut dire : « C'est pour cela que ces masses si grandes et si continues que sont naturellement les essences vous échappent » ; autrement dit : « C'est pour cela que vous ne savez pas voir que l'essence constitue naturellement des masses si grandes et si continues ». Voilà le sens grammatical. On peut, si l'on veut, traduire mot pour mot et dire : « ...constitue naturellement des *corps* si grands et si continus ». Tout le monde est habitué à cet emploi du mot *corps* dans le sens de dimension, épaisseur, volume, masse, substance, et l'on parle chez nous d'un *corps de logis*, comme d'un *corps de voilure*, mais aussi, comme Pellisson (cf. Littré), du *corps de la langue.* Littré encore m'aiguille vers une phrase de Montaigne qui va très bien à notre sujet : « Car des Lancelots du Lac, des Amadis, des Huons de Bordeaus, et tel fatras de livres à quoy l'enfance s'amuse, je n'en connoissois pas seulement le nom, ny ne fais encore le corps, tant exacte estoit ma discipline » (éd. Villey, I, p. 229). De même Socrate nous parlera tout de suite de la *définition continue de l'essence* (διανεκεῖ λόγῳ τῆς οὐσίας) après nous avoir parlé *des corps continus de l'essence* (διανεκῆ σώματα τῆς οὐσίας). Ainsi la formule grecque σώματα τῆς οὐσίας est pléonastique au même degré que l'est la formule de Montaigne « les corps des livres », au même degré que le sont les nombreuses formules avec δέμας, μένος chez Empédocle, φύσις, δύναμις ou même ἰδέα, εἶδος chez Platon, *nature* ou *forme* chez Descartes et Leibniz. La traduction Croiset est peut-être un peu rapide, mais elle est exacte au fond, quand elle dit : « les grandes réalités continues des essences ».

b) Qu'est-ce que cette οὐσία que je traduis, avec M. Croiset, par *essence* ? Le contexte immédiat nous l'explique.

On a dit, dès le début (287d) : puisque c'est par la beauté que les choses sont belles (τὰ καλὰ τῷ καλῷ καλά), et que cette beauté est assurément quelque chose (ὄντι γέ τινι τούτῳ), qu'est-ce donc que cette beauté (τί ἐστι τοῦτο τὸ καλόν) ? Comme tant d'autres, notre dialogue a pour but une définition. Parmi les définitions que propose et réfute successivement Socrate, et qui, M. Dupréel a raison de le dire, après beaucoup d'auteurs, sont *probablement* empruntées à quelque ouvrage d'Hippias, la plus voisine du texte que nous discutons est celle-ci : « Le beau est le plaisir qui vient de l'ouïe et de la vue » (299c).

Si ces deux sortes de plaisirs, plaisir de l'ouïe et plaisir de la vue, sont beaux, ils ont donc quelque chose d'identique par quoi ils sont beaux, et ce caractère commun « se rencontre à la fois dans chacune des deux sortes et dans les deux ensembles », car « un caractère commun à ces deux plaisirs, mais étranger à chacun en particulier, ne saurait être cause de leur beauté » 300 b, (trad. Croiset). A quoi Hippias s'empresse de répondre : « Mais c'est toujours comme cela, Socrate, et toute qualité que possède un couple, chacun des deux termes la possède nécessairement. Si nous sommes justes tous deux ou tous deux d'or, d'argent, d'ivoire, ou tous deux nobles, savants, honorés, vieux, jeunes, nous le sommes forcément l'un et l'autre. Si nous avons, l'un et l'autre, subi quelque accident (ὁτιοῦν πεπονθώς), maladie, blessure, coup, nous l'avons subi tous les deux » (301a)[1]. Ainsi, d'après Hippias, *ce qu'est* un couple de termes, *ce qu'a subi* un couple de termes, chacun de ces termes *l'est* ou *l'a subi :* le τί ἐστι du couple, le τί πέπονθε du couple s'*étend* à chacun des termes composant le couple. Donc l'οὐσία ou le πάθος du couple *s'étend* aux composants du couple. Et la réciproque est vraie.

On comprend l'apostrophe triomphante d'Hippias : « Mon pauvre Socrate, à force de ne pouvoir examiner un objet sans le morceler, tu n'aperçois plus les ensembles, et c'est pour cela que tu ne sais pas voir *que les essences ont l'étendue et la continuité que je dis* » (301 *b*). Socrate dégonfle un peu cette suffisance. Encore que, par suite de cette continuité qui est, d'après Hippias, un caractère définissant l'essence (τῷ διανεκεῖ λόγῳ τῆς οὐσίας 300e), il penche à dire avec lui que, ce qu'est l'ensemble, les éléments le sont aussi, Socrate prouve tout de suite le contraire : toi et moi ensemble sommes deux, sommes un nombre pair, alors que, chacun de notre côté, nous ne sommes qu'un et qu'un nombre impair. Donc il n'est pas universellement nécessaire que chacun des termes *soit ce qu'est* le couple (302 a /b).

Mais, s'il nie que ce soit nécessaire dans tous les cas, Socrate affirme que c'est absolument nécessaire dans le cas présentement discuté. Si on définit le beau par le plaisir de la vue et de l'ouïe, si ces deux formes de plaisir ont de la

1. Quand une citation entre guillemets n'est pas expressément empruntée à la traduction SAISSET ou CROISET, cela veut dire que je traduis ou résume directement le raisonnement de Platon pour en mieux faire voir la suite.

beauté, c'est donc « par *l'effet d'une essence* qui leur appartient à l'une et à l'autre et non d'une essence qui manquerait à l'une d'elles, τῇ οὐσίᾳ τῇ ἐπ' ἀμφότερα ἑπομένῃ, ...τῇ δὲ κατὰ τὰ ἕτερα ἀπολειπομένῃ μή » (302c, trad. Croiset).

Ainsi la suite de la discussion conserve au mot οὐσία le sens qu'Hippias lui-même lui a donné dans sa fameuse apostrophe et dans les quelques phrases qui la précèdent immédiatement. Hippias et Socrate parlent, au fond, la même langue. L'οὐσία, c'est le τί ἐστι, la qualité constitutive : je suis beau ou juste, ou d'or ou d'argent, ou savant ou honoré, etc. Une telle οὐσία, c'est τὸ καλόν, τὸ δίκαιον ; c'est, pour les plaisirs de la vue et de l'ouïe, « ce qui les constitue beaux, ὃ ποιεῖ αὐτὰς καλάς » (300a, 302d).

Ainsi nous comprenons ce qu'Hippias veut dire par τὸ καλὸν καὶ ἕκαστον τῶν ὄντων. N'en déplaise à M. Dupréel, c'est une formule platonicienne, et de la belle époque, ou plutôt de toutes les époques platoniciennes. C'est le beau, le juste, la noblesse, la science et toutes les autres qualités, formes ou Idées, comme vous voudrez. Rien là qui nous parle « d'êtres concrets ». L'οὐσία n'est pas l'être concret, mais la qualité ou l'essence, le caractère possédé d'une façon permanente et constitutive.

c) Que veulent dire les épithètes accolées à cette essence ?

M. Dupréel en veut à l'adjectif μεγάλα : « Rien dans le contexte ne l'appelle ; c'est ce mot surtout qui, par son inutilité même, fait songer à une citation » (p. 201). Si la « citation » n'a pas de base plus solide, elle est donc bien problématique. Comment peut-on trouver étrange l'adjectif μεγάλα ? Parce qu'on s'est interdit de le comprendre clairement, du moment où l'on traduisait ἕκαστον τῶν ὄντων ἐν τοῖς λόγοις κατατέμνοντες par « découpant chacun des êtres en les concepts qui s'en affirment ». Parce qu'on n'a jamais pris la moindre ligne de ce passage en son sens obvie et littéral, mais toujours en un sens « mystique » et figuré. Hippias se plaint que Socrate ne sache pas voir les choses en leur tout (τὰ μέν ὅλα τῶν πραγμάτων οὐ σκοπεῖς), et qu'il découpe, qu'il morcelle chaque objet qu'il veut considérer (κατατέμνοντες). Quoi de plus naturel alors que d'ajouter : « Aussi tu ne sais voir combien les essences sont grandes », ou plutôt, pour enfler la phrase en bon rhéteur, « combien grandes sont naturellement les masses de l'essence » ?

A quoi s'oppose μεγάλα σώματα ? Aux « petits corps ou atomes », qui « échappent à nos sens », et qui sont « éternels et immuables » ? M. Dupréel me trouvera suffisant. Je crois, moi, contrairement à sa remarque si modeste, que « nous sommes *tout à fait à même* d'éclaircir ce point ». Que M. Dupréel relise la dernière déclaration d'Hippias, battu dans cette joute, et cherchant à se rengorger dans son dédain. Voici sa flèche de Parthe : « Mais réellement, Socrate, que penses-tu de toute cette discussion ? *Je répète ce que je te disais tout à l'heure :* ce sont là des épluchures et des rognures de discours mis en miettes, κνήσματά τοί ἐστιν καὶ περιτμήματα τῶν λόγων, ὅπερ ἄρτι ἔλεγον, κατὰ βραχὺ διηρημένα » (304a, trad, Croiset). Eh bien, le μεγάλα s'oppose au résultat du κατατέμνοντες ἐν τοῖς λόγοις, aux « épluchures et rognures de discours mis en miettes ». Et c'est Hippias lui-même qui rcvient ainsi sur sa phrase pour l'expliquer.

Que veut dire διανεκῆ et pourquoi vient-il ici ? Le mot veut dire « continu », et rien de plus. Où donc M. Dupréel a-t-il pris sa déclaration si formelle : « C'est le mot διανεκῆ qui exprime l'idée d'individualité ? » Il n'avait qu'à feuilleter son *Index des Antésocratiques.* Il y aurait trouvé un renvoi au fragment 72 d'Héraclite : διηνεκῶς, continuellement, *beständig*, traduisait Diels. Et surtout un renvoi à Empédocle, *De Natura*, fragment 59, où les membres qui avaient poussé à l'état dispersé, têtes sans cous, bras sans épaules, commencent à se rejoindre au hasard des rencontres, et ainsi naissent des séries *continues* de productions monstrueuses..., ἄλλα τε πρὸς τοῖς πολλὰ διηνεκῆ ἐξεγένοντο (Diels, *Vorsokratiker*, I³, p. 246, 8). Mais M. Dupréel était hanté par sa poursuite du grand inventeur Hippias : « Le mot est fort peu usité ; nos deux passages sont probablement les plus anciens de tous ceux où il est pris dans un sens technique, et l'on peut conjecturer que son introduction dans la langue philosophique fut le fait d'Hippias » (p. 204). Il n'y a point ici de sens « technique » spécial à Hippias, car le mot διανεκῆ a son sens ordinaire.

Pourquoi Hippias affirme-t-il ici la continuité de l'essence ? Tout simplement par opposition à l'assertion que Socrate vient d'émettre : « Il me semble qu'une certaine qualité que je n'ai jamais trouvée en moi, que je ne possède pas en ce moment, ni toi non plus, peut se trouver en nous deux ; et que, par contre, ce qui se trouve en nous deux peut n'être pas en chacun de nous, ἐμοὶ γὰρ φαίνεται, ὃ μήτ' ἐγὼ πέπονθα εἶναι μήτ' εἰμὶ μηδ' αὖ σὺ εἶ, τοῦτο ἀμφοτέρους πεπονθέναι ἡμᾶς οἷόν τ' εἶναι· ἕτερα δ' αὖ, ἃ ἀμφότεροι πεπόνθαμεν εἶναι, ταῦτα οὐδέτερον εἶναι ἡμῶν, 300e, trad. Croiset ».

Car, ce que Socrate affirme là, c'est une certaine discontinuité de la qualité constitutive (εἰμί) ou communiquée (πέπονθα εἶναι), c'est-à-dire, de l'οὐσία ou du πάθος. Et, quand Hippias a lancé sa fameuse phrase sur la continuité de l'essence (301b), Socrate lui démontre qu'il y a des cas où cette continuité n'existe pas, c'est-à-dire qu'il y a des cas où l'essence du couple ne s'étend pas à chacun des termes ou inversement : v. g. toi et moi sommes deux, mais je suis un, et tu es un (301 d-302 a). Qu'il y ait là un sophisme, si M. Dupréel y tient tant que cela (p. 202), je veux bien ne pas chicaner là-dessus : je crois n'avoir jamais caché que le Socrate de Platon ne se gênait pas pour user de la taquinerie dialectique ou même éristique. Mais ce serait à voir !

Or, M. Dupréel, qui reproche gravement à Socrate, à ce propos, de « confondre les deux modes de participation », a, je ne sais pourquoi, interrompu son analyse du *Grand Hippias* à l'endroit où Socrate, après cette passe d'armes, reprend sa propre thèse, qui affirmait, en certain cas, la continuité de l'essence entre le couple et les termes qui le composent (300b, 302c). Il s'agit, en effet, dans les deux endroits, de la beauté du couple « plaisir de la vue et de l'ouïe ». Venir de la vue et de l'ouïe n'appartient qu'au couple, et non à chacun des termes : le plaisir de la vue ne vient pas de l'ouïe. Il y a donc ici discontinuité d'essence entre le couple et les termes (τὸ γὰρ ἀμφότερον ἑκατέρῳ οὐχ ἕπεται). Or, on ne peut admettre que la beauté appartienne au couple « plaisir de la vue et de l'ouïe » sans appartenir séparément aussi bien au plaisir de la vue qu'au plaisir de l'ouïe. Donc nous ne pouvons pas accepter de dire que, le beau, c'est le plaisir de la vue et de l'ouïe (303 d).

Ainsi le mot διανεκῆ apparaît parfaitement à sa place dans une discussion où il n'est question que de distinguer, d'une part, les couples où l'essence appartient en même temps et au couple et à chacun des termes qui le composent, et, d'autre part, les couples dont l'essence est autre que l'essence de chacun des termes composants. C'est bien là une question de continuité ou discontinuité de l'essence, et rien de plus naturel que d'appeler continue (διανεκής) l'essence qui s'attache à l'un et à l'autre des termes (τῇ οὐσίᾳ τῇ ἐπ' ἀμφότερα ἑπομένῃ). Or, à la question de savoir « si un attribut peut être au tout sans être à la partie et inversement » (Dupréel, p. 202), Hippias répond négativement. Il est donc naturel qu'il affirme la continuité de l'essence, encore qu'il doive, au cours de la dicussion, se rendre assez piteusement aux raisons de Socrate (302b, 303a, 303d).

Mais il n'y a rien là d'un Hippias « reprochant aux réalistes de son temps de substantialiser les concepts » (p. 213). Quand Hippias mentionne τὸ καλὸν καὶ ἕκαστον τῶν ὄντων, quand il parle des σώματα τῆς οὐσίας (301b), nous avons vu que, ces êtres et cette essence, c'étaient... des qualités, ou ce que M. Dupréel appelle des attributs ou des concepts.

Disons que la formule « μεγάλα καὶ διανεκῆ σώματα τῆς οὐσίας », peut être, doit être une citation d'Hippias, et que la phrase où elle est enchâssée doit être au moins une parodie de sa manière. Mais reconnaissons *qu'elle se rapporte parfaitement* à tout ce qui a été dit dans la présente discussion, et que sa redondance un peu creuse n'est point chargée de la métaphysique antiréaliste qu'y découvre M. Dupréel.

4° « Hippias continue ainsi :

...καὶ νῦν τοσοῦτόν σε λέληθεν, ὥστε οἴει εἶναί τι ἢ πάθος ἢ οὐσίαν ; et la nature du réel t'échappe à ce point que tu considères que l'attribut et l'essence sont des choses à part. Et de là enfin le paradoxe absurde de Socrate, qui a provoqué cette tirade : ἢ περὶ μὲν ἀμφότερα ταῦτα ἔστιν ἅμα, περὶ δὲ ἑκάτερον οὔ, etc. » (Dupréel, p. 202).

Ici j'avoue que j'ai eu peine et que j'ai peine encore à en croire mes yeux. C'est donc non seulement sur un contresens formel, mais sur une phrase totalement dénaturée par la façon arbitraire et abusive dont il la coupe, que M. Dupréel a bâti ce beau mythe, d'un Hippias précurseur et source de l'Aristotélisme ?

Que l'on en juge. Socrate et Hippias se chamaillent sur la

question de savoir si l'essence du couple peut ne pas appartenir à chacun des termes qui le composent. Socrate dit oui. Hippias dit non, et reproche à Socrate de ne jamais voir un objet dans son entier, de toujours le morceler dans son argumentation, et par suite d'ignorer la continuité naturelle des essences. Et voici, en son intégrité, la phrase que M. Dupréel désarticule si étrangement :

Καὶ νῦν τοσοῦτόν σε λέληθεν, ὥστε οἴει εἶναί τι ἢ πάθος ἢ οὐσίαν, ἣ περὶ μὲν ἀμφότερ' ἄττα ἔστιν ἅμα, περὶ δὲ ἑκάτερον οὔ, ἢ αὖ περὶ μὲν ἑκάτερον, περὶ δὲ ἀμφότερα οὔ. « En ce moment même, tu commets ce grave oubli ; si bien que tu conçois une qualité ou une essence qui peuvent appartenir à un couple sans appartenir à ses éléments, ou inversement aux éléments sans appartenir au couple. » (301b/c, trad. Croiset.)

Où donc M. Dupréel a-t-il vu qu'Hippias reproche à Socrate « de considérer que l'attribut et l'essence sont des choses à part » ? Dans la phrase telle qu'il la ponctue ? Elle fait dire, en effet, à Socrate « que quelque chose est, ou bien attribut, ou bien essence. » Mais, alors même, je défie M. Dupréel de justifier l'interprétation qu'il donne de ce bout de phrase : même si Socrate disait « que quelque chose est, ou bien attribut, ou bien essence », il est inouï de voir là « qu'il sépare les affections de l'essence » (p. 213). Quand, dans la phrase « Pierre est savant », je dis que *Pierre* et que *savant*, sont, l'un, sujet, l'autre, attribut, est-ce que j'affirme pour cela que la science de Pierre est séparée de l'essence de Pierre ?

Mais surtout M. Dupréel ne s'est donné loisir de créer une équivoque pareille que par une coupure absolument fautive, qui n'est certainement pas une déformation consciente et intentionnelle, et qui est donc une bien forte distraction. *Aliquando bonus dormitat Homerus.* Tout le monde est faillible. Mais quand on fait porter, à un texte de quelques lignes, le formidable poids d'inductions destinées à renouveler la face entière de la philosophie grecque, on aurait, vraiment, quelque obligation de s'assurer que cette base précieuse n'est pas posée à faux et ne fera pas, au premier heurt, crouler tout l'édifice.

D'ailleurs, l'indissolubilité qu'Hippias affirme, ce n'est pas celle de l'attribut et de l'essence, du πάθος et de l'οὐσία, c'est celle de l'essence commune au couple et à ses termes composants, c'est celle aussi de la qualité, de l'attribut ou accident, comme vous voudrez, commun au couple et à ses termes composants. C'est une continuité d'essence (οὐσία) entre le couple et ses termes, une continuité de qualité (πάθος) entre le couple et ses termes. « Σκόπει γάρ· πότερον εἰ ἀμφότεροι δίκαιοί ἐσμεν, οὐ καὶ ἑκάτερος ἡμῶν εἴη ἄν, ἢ εἰ ἄδικος ἑκάτερος, οὐ καὶ ἀμφότεροι, ἢ εἰ ὑγιαίνοντες, οὐ καὶ ἑκάτερος ; Ἢ εἰ κεκμηκώς τι ἢ τετρωμένος ἢ πεπληγμένος ἢ ἄλλ' ὁτιοῦν πεπονθὼς ἑκάτερος ἡμῶν εἴη, οὐ καὶ ἀμφότεροι αὖ ἂν τοῦτο πεπόνθοιμεν ; — Réfléchis un peu : si nous sommes justes tous deux, ne le sommes-nous pas l'un et l'autre ? Et de même si nous sommes injustes tous deux, bien portants tous deux, chacun de nous ne l'est-il pas ? Inversement, si chacun de nous est malade, ou blessé, ou frappé, ou atteint d'une manière quelconque, ne le sommes-nous pas tous deux ? » (301a, trad. Croiset).

Donc, si le couple a telle οὐσία (être juste), chacun des termes l'a aussi ; si le couple a tel πάθος (être malade), chacun des termes l'a aussi. Toute qualité essentielle (οὐσία) ou accidentelle (πάθος) qui appartient au couple appartient, par là même, à chacun de ses termes composants. Est-ce clair ? Hippias ne considère-t-il pas, lui aussi, bien à part l'une de l'autre, l'essence et la qualité ou attribut ?

§ 4. *Les conclusions de M. Dupréel et les nôtres*

Or, voici les conclusions de M. Dupréel :

« Les seuls êtres réels sont les choses ou les individus tels que le commun des hommes les aperçoit et les affirme. Ils sont la totalité indivisible (διανεκής), dans un sujet, de son essence (οὐσία) et de l'essence de ses affections (πάθη). En vain chercherait-on des êtres en dehors de ces individus ; tout ce qu'on trouverait se ramènerait inévitablement soit à leurs attributs, soit aux circonstances et aux relations dans lesquelles ils peuvent se trouver engagés... »

« La plus grande erreur est d'attribuer l'être, c'est-à-dire l'existence séparée, à ces attributs communs à une multiplicité d'objets, dont chacun est désigné par un concept (λόγος) tel que le beau, et de croire que les objets réels sont constitués par l'addition de tous les concepts distincts qui s'en affirment. »

« Ainsi se résume la doctrine indirectement combattue dans le *Grand Hippias*. Mais cette doctrine, avec les termes mêmes dont on se sert pour l'exposer, οὐσία, πάθη, λόγοι, n'est-ce pas exactement le noyau de l'aristotélisme ? Ne croit-on pas entendre Aristote défendre son système en l'opposant à la théorie des Idées ? » (p. 204 à 206).

Nous avons vu sur quelle exégèse fantaisiste est construite cette interprétation du *Grand Hippias*.

Quand nous rencontrons, dans Platon, des termes ou des idées qui ressemblent par avance à l'Aristotélisme, οὐσία, πάθη, λόγοι, nous trouvons cela passablement naturel, nous, simples gens, qui croyons encore à la vieille histoire et qui traduisons encore les vieux textes dans leur sens obvie : Aristote n'a-t-il pas été vingt ans l'élève de Platon ?

Et, quand nous rencontrons ces termes dans le *Grand*

Hippias, nous n'avons point besoin de recourir aux fulgurantes anticipations du grand méconnu Hippias, nous qui prenons la peine de relire l'*Euthyphron* : « De telle sorte, Euthyphron, qu'étant prié par moi de définir ce qui est pieux, il semble bien que tu ne veuilles pas m'en révéler la vraie nature (τὴν μὲν οὐσίαν), et que tu t'en tiennes à un simple accident (πάθος δέ τι)[1] » Nous avons encore beaucoup à découvrir dans la philosophie platonicienne et préplatonicienne.

Platon n'a point fait ses œuvres avec rien. Nous le croyons tous. Quant à moi, je ne me suis point lassé de le dire. Il a pris son bien où il le trouvait, pour le transposer et le muer en sa propre doctrine. Les plus vains et les plus creux des Sophistes ont pu lui servir, Hippias comme les autres. Voilà des indications probables. Mais ce que M. Dupréel nous révèle de la métaphysique d'Hippias, d'après son analyse et son commentaire du *Grand Hippias*, cela n'est qu'un roman tout pur. Je crois l'avoir démontré.

Je ne puis imposer aujourd'hui au lecteur une revue critique du chapitre de M. Dupréel sur *Le Cratyle et les Origines de l'Aristotélisme*. J'ai déjà trop largement abusé de l'hospitalité de la Revue et de la patience de tous. Je puis seulement affirmer que nous y trouverions çà et là des remarques excellentes et des idées très suggestives, mais aussi la même méthode générale d'exégèse. L'élimination de l'héraclitéisme de Cratyle (j'entends le Cratyle du dialogue) y est obtenue par des procédés qui laissent rêveur : « Il est vrai que tout à la fin Cratyle fait une profession de foi héraclitienne, c'est-à-dire antiidéaliste, *mais il ne faudrait pas y attribuer trop d'importance*. Cette déclaration est en contradiction formelle avec les réponses qu'il vient de faire à Socrate, où il affirme

1. *Euthyphron*, 11 a, p. 198, trad. Croiset. Cf. *infra*, p. 289-290.

sa croyance à l'existence des idées, comme d'ailleurs avec l'esprit du personnage dans tout le dialogue, *cette phrase inattendue aura été ajoutée conformément à des intentions que nous ne saurions préciser...* » (p. 240, note 1 ; c'est moi qui souligne).

J'ai dit la gêne que j'éprouvais au moment de rendre compte de l'ouvrage de M. Dupréel et avoué que, tout en l'étudiant, il m'arrivait de ne savoir ce que penser.

Au début de sa conclusion générale, M. Dupréel nous dit (p. 397) : « A côté de quelques propositions que nous regardons comme à peu près évidentes, nous ne nous dissimulons pas le grand nombre d'hypothèses dont foisonnent les trois parties de ce livre et parmi lesquelles il en est d'assez aventurées. » J'avoue que, porté ainsi d'hypothèse en hypothèse et de nuée en nuée jusqu'aux brillantes conclusions que M. Dupréel y veut asseoir, j'ai une certaine frayeur à m'imaginer, derrière une phrase comme celle que je viens de citer, un sourire doucement ironique et satisfait, le sourire du parieur qui s'est tenu à lui-même sa gageure et nous regarde marcher. J'ai peur d'avoir à lui dire ce que dit Socrate à Hippias (300d) : ἐνθυμοῦμαι, ὦ ἑταῖρε, μὴ παίζῃς πρός με καὶ ἑκὼν ἐξαπατᾷς.

Mais juger ainsi l'effort énorme que présente le livre de M. Dupréel serait profondément injuste. Je m'explique autrement son erreur, qui risque, hélas ! de gâter même ce qu'il y a de bon et d'excellent dans son livre, qui risque, en tout cas, en irritant malgré lui le lecteur, de décourager celui-ci d'entreprendre les triages nécessaires.

M. Dupréel a été vivement frappé par les correspondances que l'on ne peut s'empêcher d'apercevoir entre les questions qu'énumère et débat rapidement le sec résumé des Δισσοὶ Λόγοι et les questions qu'agitent si dramatiquement les dialogues de Platon. Ravi de constater, ce qu'on oublie trop souvent, que les dialogues de Platon n'étaient pas un monde clos, il a voulu étudier les sources de ces dialogues. Il a d'abord classé les *thèmes* qui sont communs aux Δισσοὶ Λόγοι et aux dialogues platoniciens, et les a retrouvés jusque dans les dialogues regardés d'ordinaire, à tort ou à raison, comme apocryphes. Ses études sur les dialogues *De la Vertu, Du Juste, Minos, Hipparque* (p. 40 à 56), l'ont amené à cette idée originale et vraiment féconde, lors même qu'elle dût se révéler comme fausse, que nous aurions là des essais et des ébauches authentiques de Platon lui-même. Il en a tiré une théorie de l'évolution des dialogues socratiques, où, déjà, se font jour des assertions quelque peu hâtives; mais la partie de cette hypothèse qui concerne la facture littéraire des dialogues méritait d'être poursuivie et poussée. Classer les procédés littéraires de Platon et essayer de dessiner leur évolution, classer les thèmes qu'il discute, essayer de dégager ce qu'il y a, dans le traitement platonicien de ces thèmes, de motifs d'art ou de purs souvenirs littéraires et, d'autre part, d'intérêt doctrinal personnel, c'était là, vraiment, une tâche intéressante et féconde. Mais c'était une tâche infiniment délicate, et laborieuse, et longue. Je l'ai dit autrefois, au cours de modestes esquisses : le problème socratique et le problème platonicien, qui sont connexes, ne se résoudront point par des généralisations hâtives, mais par une série convergente d'analyses minutieuses et méthodiques. M. Dupréel était en train, par son étude des thèmes et ses recherches sur les dialogues douteux ou apocryphes, d'ouvrir une au moins de ces tranchées de prospection, dont la poursuite patiente eût pu donner de riches résultats. Mais, dès qu'il a cru voir quelques parcelles d'or, les découvertes qu'il se promettait l'ont grisé. Il a voulu tout avoir d'un coup et tout de suite, et s'est mis, amorçant partout des enquêtes sans les creuser, à bouleverser superficiellement tout le terrain, si vaste, du Socratisme, à crier victoire dès qu'il entrevoyait un filon nouveau, à planter, sur tous les monticules dont se couvrait ce sol hâtivement remué, des banderolles voyantes et claquantes. Je souhaite que l'échec inévitable et dûment constaté d'une opération ainsi conduite ne décourage pas les chercheurs et ne jette pas le discrédit sur cette question, si intéressante, des sources lointaines ou proches du Platonisme. Mais je ne puis cacher les regrets que j'éprouve à retrouver, dans le livre que nous donne M. Dupréel, les ébauches délaissées du livre prudent, ingénieux et solide, qu'il pouvait et qu'il devait nous donner.

CHAPITRE IV

Les Retours

---

§ 1. *W. D. Ross et le Socrate d'Aristote*

Quelles que soient les apparences, la critique n'est jamais complètement au repos ni complètement soumise à une orientation unique. Elle est comme la marée qui remplit chaque jour nos estuaires. Le courant qui monte est si puissant, qu'il semble entraîner dans son mouvement toute la masse des eaux, et l'observateur ordinaire ne connaît que lui. Mais le marin sait que, tout au long de la côte, la puissance même du flux détermine un courant inverse, un *retour*, qui portera sa barque, plus ou moins lentement, vers la grande mer, bien longtemps avant que la marée principale ne « détourne ». Nous avons vu déjà, dans la question socratique, certaines ébauches de retour se dessiner avec la dissertation de Weissenborn, à l'heure même où l'assaut contre les témoignages d'Aristote et de Xénophon donnait toute sa force. Le retour s'est nettement accentué dans ces dernières années. Étudions-le, d'abord, dans la vigoureuse discussion à laquelle W. D. Ross vient de soumettre les thèses de A.-E. Taylor à propos d'Aristote[1].

1. W. D. Ross, *Aristotle's Metaphysics, a revised text with Introduction and Commentary*, 2 vol. in-8°, clxvi, 366, 528 p., Oxford, 1924. — Nous ne nous occupons ici que de l'Introduction. Pour un compte rendu plus général, cf. *Revue de Philologie*, xlix, 1 (janvier 1925), p. 88-91.

Discussion vigoureuse, ai-je dit, mais très modeste de ton, très sobre et mesurée dans ses prétentions, comme le reste de cette solide introduction que W. Ross a mise en tête de son édition de la *Métaphysique*. Dès le début de son étude sur « le Socrate d'Aristote », M. Taylor énonçait, nous l'avons vu[1], les trois propositions suivantes : 1° Aristote n'a rien pu connaître de la vie et de la doctrine de Socrate en dehors de ce qu'il a pu apprendre de Platon, ou lire dans les œuvres des Socratiques ; — 2° en particulier, pour toute assertion importante d'Aristote à propos de Socrate, nous sommes toujours sûrs de pouvoir remonter à la source d'où elle fut puisée, et cette source est toujours quelque passage des dialogues de Platon ; — 3° Aristote n'a jamais soumis ses documents à aucune espèce de critique. Il n'a fait qu'accepter, de but en blanc, comme fidèle présentation de la réalité historique, ce qu'il lisait dans les « dialogues socratiques » de Platon et de ses émules. W. Ross accepte parfaitement de dire que, selon toutes probabilités, Aristote doit à Platon et aux autres membres de l'Académie tous les renseignements qu'il a sur Socrate. Mais, à son estime, il y a une grande marge entre la première proposition de A. Taylor et les deux dernières. La seconde oublie le fait qu'Aristote avait à sa disposition, outre les dialogues, les « doctrines non écrites, ἄγραφα δόγματα », de Platon, auxquelles il se réfère, par exemple, à propos de la théorie platonicienne de la matière[2], et toute la tradition conservée oralement à l'intérieur de l'Académie. La troisième enfin, qui affirme qu'Aristote n'a jamais distingué entre le Socrate de Platon et le Socrate historique, se heurte à ce que nous avons appelé « la troisième vague ». Nous disions qu'elle suffirait à balayer toute la construction de A. Taylor[3]. W. Ross estime, à

1. Cf. *supra*, p. 136.
2. Aristote, *Physique*, 209b, 15.
3. Cf. *supra*, p. 138.

son tour, que le passage de la *Métaphysique* où Aristote distingue Socrate de ceux « qui séparèrent les Formes » oppose, de prime abord, une objection puissante aux deux dernières propositions de A. Taylor. Si, de l'aveu d'Aristote, Socrate ne séparant pas les Formes, Platon les sépara, c'est donc qu'Aristote distingue entre le Socrate historique et le Socrate des dialogues. Il faudrait alors conclure, nous dit W. Ross, « qu'Aristote n'a pas, de but en blanc, regardé les dialogues comme des rapports authentiques des enseignements de Socrate, mais les a, au contraire, soumis à un jugement indépendant[1] ».

Nous savons de quelle façon A. Taylor croit pouvoir esquiver une vague si dangereuse : ce n'est pas Platon, ce n'est pas le Socrate des dialogues, qui a séparé les Formes ; ce sont les « Amis des Formes » combattus dans le *Sophiste* (246a, 248a et suiv.). Mais W. Ross répond avec raison qu'il suffit, pour fermer la route à cet échappatoire, de comparer les deux passages suivants de la *Métaphysique :*

A, 6, 987a 29 et suiv.[2] :

« Platon, ayant été d'abord, dès son jeune âge, familier de Cratyle, et en contact continuel avec les opinions d'Héraclite, selon lesquelles toutes les choses sensibles sont dans un écoulement perpétuel et ne sauraient être objet de science, garda cette manière de concevoir dans la suite. Voilà comment lorsque, d'autre part, il se fut attaché aux doctrines de Socrate, — qui, lui, ne s'était occupé, il est vrai, que de morale et non de l'ensemble de la nature, mais avait dans ce domaine recherché le général, et, le premier, appliqué son esprit aux définitions, — Platon fut amené à croire que les définitions qu'on

1. *Introd.*, p. xxv.

2. Je cite ici Aristote d'après l'excellente traduction de Gaston Colle, *Aristote, La Métaphysique*, traduction et commentaire, livres I à III. Louvain, Institut supérieur de Philosophie, 1912-1922.

fait ont pour objet non les choses sensibles, mais d'autres choses : car il lui semblait impossible que la définition commune appartînt à quelqu'un des êtres sensibles, ceux-ci changeant sans cesse. Cela étant, il donna à ces sortes de choses le nom d'Idées, et prétendit que les choses sensibles existent toutes en dehors des Idées, et reçoivent leurs noms d'après celles-ci ; qu'en effet, les choses multiples, univoques à l'égard des Idées, n'existent que par participation. Quant à cette participation, Platon ne modifiait que le nom. Car les Pythagoriciens disent que les êtres existent à l'imitation des nombres, et Platon dit par participation. Mais les uns comme les autres négligèrent de chercher en quoi consistait cette participation ou cette imitation. »

M, 1078b, 9-32[1].

« Arrivons maintenant aux Idées, et commençons par l'examen de la conception même de l'Idée. Nous n'y rattacherons pas l'explication de la nature des nombres, nous l'examinerons telle qu'elle naquit dans l'esprit de ceux qui les premiers admirent l'existence des Idées.

La doctrine des Idées fut, chez ceux qui la proclamèrent, la conséquence de ce principe d'Héraclite, qu'ils avaient accepté comme vrai : « Toutes les choses sensibles sont dans un flux perpétuel. » Principe d'où il suit que, s'il y a science et raison de quelque chose, il doit y avoir, en dehors du monde sensible, d'autres natures, des natures persistantes ; car il n'y a pas de science de ce qui s'écoule perpétuellement. Socrate se renferma dans la spéculation des vertus morales, et, le premier, il chercha la définition universelle de ces objets... Ce n'était pas sans motif que Socrate cherchait à déterminer l'essence des choses. L'argumentation régulière, tel était le but où tendaient ses efforts. Or, le principe de tout syllo-

1. Trad. Pierron-Zévort (1840), vol. II, p. 254.

gisme, c'est l'essence. ...Aussi est-ce à juste titre qu'on peut attribuer à Socrate la découverte de ces deux principes : l'induction et la définition générale. Ces deux principes sont le point de départ de la science. Socrate, toutefois[1], n'accordait une existence séparée, ni aux universaux, ni aux définitions. Ceux qui vinrent ensuite les séparèrent et donnèrent à cette sorte d'êtres le nom d'Idées. La conséquence où les amenait cette doctrine, c'est qu'il y a des Idées de tout ce qui est universel... »

J'ai tenu à citer ces textes tout au long, parce que leur comparaison est aveuglante de clarté. W. Ross a parfaitement raison : dans le premier passage, Aristote ne parle pas de séparation ; dans le second, il ne parle pas de Platon nommément ; mais les origines héraclitiennes de la théorie des Idées sont formulées de façon identique dans l'un et dans l'autre, et le rôle de Socrate y est présenté aussi de façon identique. De quel droit pourrait-on se refuser à comprendre que ceux qui fondèrent, sur la théorie héraclitienne du flux, la nécessité des Idées, furent aussi ceux qui, au dire d'Aristote, mirent, entre les choses sensibles et les Idées, la séparation que Socrate n'y mettait point ? Et de quel droit pourrait-on nier que ce pluriel dans *M* et ce singulier dans *A* désignent la même unité, indivisible aux yeux d'Aristote : Platon et ses disciples ?

Mais, dira-t-on, Aristote distingue, dans *M*, entre ceux qui inventèrent la théorie des Idées et ceux qui y ajoutèrent les Nombres. Si Platon est, aux yeux d'Aristote, le premier et réel inventeur de la théorie des Idées, comment se fait-il qu'Aristote attribue toujours à Platon la théorie des Idées-Nombres ? W. Ross répond : Aristote distingue ici, non entre

1. J'ajoute ce mot « toutefois » pour traduire le grec ἀλλά et mieux marquer l'enchaînement de la phrase.

des personnes, mais entre deux époques de la théorie des Idées, entre Platon et ses disciples dans la première phase de son enseignement, et le même Platon, avec Xénocrate et le reste de ses disciples, dans la dernière phase. Nous pouvons, d'ailleurs, faire nôtre la remarque si raisonnable qu'ajoute ici W. Ross. Si la théorie des Idées avait été l'invention de Socrate, mort bien longtemps avant la naissance d'Aristote, comprendrions-nous la lutte sentimentale qui s'est livrée dans l'âme de ce dernier, et qu'exprime la célèbre formule[1] : « Peut-être vaut-il mieux considérer la chose en général, et démêler complètement la signification du mot *Bien*, quoique cette recherche semble exiger de notre part une certaine réserve, à cause de l'amitié qui nous liait avec ceux qui ont *introduit* (εἰσαγαγεῖν) la doctrine des Idées » ?

Ainsi Aristote a réellement fait la distinction entre le Socrate de l'histoire et le Socrate des dialogues. Cela nous empêchera-t-il de dire que, tout ce qu'Aristote a su de Socrate, il le doit à l'Académie et peut-être à Platon lui-même ? Nullement, car l'Académie a pu, très naturellement, tenir pour une chose bien avérée que Platon s'était souvent servi de Socrate dans ses dialogues pour exposer des doctrines qui n'étaient point de Socrate, et qui empêche que Platon s'en soit lui-même clairement expliqué dans ses leçons ?

W. Ross a fait une observation curieuse : il semble bien qu'Aristote ait évité de nommer expressément Platon quand il doit critiquer une théorie de lui. Pour être plus justes, disons, comme W. Ross, qu'Aristote s'efforce de ne nommer Platon que là où il l'approuve au moins partiellement[2]. Nous ne pouvons songer ici à relever, à la suite du savant critique anglais, tous les textes d'où ressort cette conclusion intéres-

1. *Ethique à Nicomaque*, I, 4, 1096 à 11 et suiv., trad. THUROT.
2. Les seules exceptions bien nettes sont 1053b, 13, et 1080a, 2.

sante : elle ne fait, d'ailleurs, que confirmer l'impression produite par la formule de *l'Ethique à Nicomaque*. La critique d'Aristote est trop souvent injuste, il n'est pas nécessaire de croire, sur la foi de certains racontars anciens, qu'elle ait été haineuse.

Encore moins pouvons-nous entrer dans la minutieuse confrontation de textes qui serait nécessaire pour démontrer le bien-fondé de la réhabilitation que W. Ross entreprend à la fin de cette étude sur le Socrate d'Aristote. W. Ross, d'ailleurs, procède ici, comme dans tout le reste de cette introduction à la *Métaphysique*, par une argumentation excessivement serrée, par ce que je me permettrais d'appeler un *schéma garni*. Tous les textes sont indiqués, énumérés, classés, interprétés, sans que jamais, pourtant, on s'arrête à les citer au long, si bien que la discussion exhaustive de cette question de grammaire, qui est aussi une question d'histoire, ne tient guère plus de trois pages.

On sait de quoi il s'agit. Ce que W. Ross veut ici réhabiliter, c'est le fameux Canon de Fitz-Gérald : Σωκράτης, sans article, désignerait la réelle personne de Socrate, ὁ Σωκράτης la *dramatis persona* des dialogues[1]. Le grec, en effet, omet d'ordinaire l'article devant les noms de personnes et ne l'emploie que dans trois cas : *a*) quand la personne a été déjà nommée, sans article, dans le contexte ; *b*) quand elle est indiquée comme actuellement présente ; *c*) quand elle est particulièrement célèbre[2]. Or, l'usage d'Aristote est généralement conforme à cette règle. Ainsi le livre I, où la *Métaphysique* présente *cinquante-deux* références à des philosophes ou à des poètes : *cinquante* sont sans article, les deux qui ont l'article s'expliquent par la première exception[2]. Dans le reste de la

1. Cf. *supra*, p. 137.

2. Cf. Kuehner-Gerth, *Ausführliche Grammatik der griechischen Sprache*, 3e éd., 2e partie, I, § 462.

Métaphysique, le nom de Platon est cité *onze* fois. Or, il n'y a qu'*un* passage (1070 à 18) où les meilleurs manuscrits sont divisés entre les deux formes Πλάτων et ὁ Πλάτων. L'article ne se rencontre nulle part ailleurs. Dans la *Rhétorique*, il y a *deux cent trente-quatre* noms de personnes historiques sans l'article, et, si l'on met à part les cas qui s'expliquent par le canon de Fitz-Gérald, seulement *vingt* passages où ces noms sont accompagnés de l'article ; or, ces passages répondent toujours à l'une des deux dernières exceptions (b) ou (c).

Quel est, maintenant, l'usage pour le nom de Socrate ? Les ouvrages authentiques d'Aristote l'emploient *dix-neuf* fois sans article et *vingt-deux* fois avec l'article. Il doit y avoir à cela une raison, et la plus naturelle est la distinction entre le Socrate historique et le Socrate des dialogues. L'article serait alors comme un souvenir abrégé de la formule : le Socrate du *Phédon*, le Socrate de la *République* (*De gen. et corr.*, 335b 10 ; *Pol.*, 1342a 32).

Si Aristote a voulu faire cette distinction, nous pouvons nous attendre à trouver le nom de Socrate sans article, généralement avec un temps passé, et l'article avec un temps présent. Or, la pratique d'Aristote est conforme à cette règle, et le canon de Fitz-Gérald rend compte de *trente-cinq* passages sur *quarante et un*. Que l'article puisse se rencontrer parfois avec le passé, cela n'infirme, d'ailleurs, pas absolument la règle. Comme l'observe finement W. Ross, la formule « Comme disait M. Micawber » est presque aussi naturelle que la formule « Comme dit M. Micawber ». C'est ainsi que l'article avec le passé se réfère, dans *E. N.* 1116b 4, à *Lachès* 125 et *Protagoras* 360 ; et, dans *Rhet.* 1367b 8, à *Ménexène* 235d.

Restent *quatre* passages.

Pol. 1342b 23 ἐπιτιμῶσι καὶ τοῦτο Σωκράτει, où il s'agit du Socrate de la *République*. Mais Susemihl et Burnet regardent cette section comme apocryphe, et, si elle est authentique, il est facile, avec Cook Wilson, de supposer la chute d'un τῷ après τοῦτο.

Rhet. 1415b 30 λέγει Σωκράτης ἐν τῷ ἐπιταφίῳ, allusion au *Ménexène*. Mais il est pardonnable de supposer, dans cet unique passage, la chute de ὁ devant la lettre similaire σ.

Met. 1078b 30 et *Rhet.* 1398b 31, où Socrate avec l'article est le Socrate historique ; mais le premier passage s'explique par la première exception de Kühner, et le second probablement par la troisième.

Enfin le canon de Fitz-Gerald est confirmé par l'usage d'Aristote dans le cas d'autres noms propres. Il est observé, dans l'*Ethique à Nicomaque*, *six* fois contre *une ;* dans la *Politique*, *vingt* fois contre *deux ;* dans la *Poétique*, au moins *trente et une* fois contre *cinq ;* et, généralement, les exceptions sont explicables par la chute de ὁ devant un ο ou un σ. Si, dans la *Rhétorique*, où il y a au moins *dix-huit* exemples pour, on peut montrer *six* ou *sept* exemples contre, il y en a *quatre* où Aristote, sur deux cas, ne met qu'une fois l'article, comme s'il jugeait que cela suffit pour indiquer le sens. Pour le reste, on peut, sans même recourir à la chute de ὁ, admettre l'explication de W. Ross : la *Rhétorique* est un des ouvrages les plus achevés d'Aristote, et le souci du rythme peut l'avoir induit à ces infractions passagères.

§ 2. *H. von Arnim et le Socrate de Xénophon*

En 1911, j'applaudissais au courage avec lequel H. Weissenborn entreprenait de soutenir, contre tant d'adversaires, l'historicité des *Mémorables*. Le plus grave défaut de son plaidoyer était, malheureusement, d'amorcer la défense et d'en esquisser largement les maîtresses preuves sans entrer dans l'argumentation détaillée qui seule eût pu les mettre en pleine valeur. C'est un plaidoyer d'une tout autre envergure que nous apporte H. von Arnim dans son étude sur *Les Mémorables de Xénophon et l'Apologie de Socrate*[1].

Nous faut-il absolument renoncer à savoir ce que fut réellement Socrate et quelle doctrine il enseigna, si tant est qu'il eut une doctrine ? S'il fallait nous en tenir aux résultats les plus récents de la critique, un tel renoncement s'imposerait, et H. von Arnim ne craint pas, devant des résultats si essentiellement négatifs, de prononcer le gros mot de banqueroute. Mais, à son avis, la banqueroute n'est due qu'au défaut, disons au vice foncier de la méthode employée. On a commencé par écarter, dans cet éternel procès de Socrate devant la science moderne, les deux seuls auteurs qui se présentaient comme des témoins historiques : Xénophon et Aristote.

Xénophon, en effet, prétend bien nous donner une relation historique, et cela non seulement dans les *Mémorables*, mais aussi dans l'*Apologie.* Aristote a, de son côté, la même prétention quand il nous parle des doctrines logiques et morales de Socrate. Platon, par contre, ne se porte pas plus garant de la véracité de ses dialogues qu'un tragique ne le fait en mettant son nom sur la page de titre de ses tragédies. Mais la question n'est pas seulement de savoir si Xénophon prétend faire de l'histoire, la question est de savoir si cette prétendue histoire n'est pas une fiction et si les dialogues que nous raconte Xénophon ne sont pas des

1. H. von Arnim, *Xenophons Memorabilien und Apologie des Sokrates* (Comptes rendus de l'Acad. des Sciences du Danemark, section d'histoire et de philologie, VIII, 1, in-8° 212 pages, Copenhague, 1923). Je dois à la bienveillance de M. Paul Mazon d'avoir pu étudier à loisir ce travail.

compositions littéraires du même genre que les Σωκρατικοὶ λόγοι de Platon, d'Antisthène ou d'Eschine. H. von Arnim apporte, ça et là, des arguments pour nous prouver qu'une telle hypothèse est *a priori* invraisemblable, et j'avoue que j'y suis peu sensible. Il en apporte heureusement d'autres, et, d'ailleurs, soutient sa thèse avec une modération de bon augure. Pour la comprendre, étudions rapidement avec lui l'*Apologie* de Xénophon, la composition des *Mémorables*, les *Mémorables* comme source historique.

L'Apologie de Xénophon

On sait que l'*Apologie* qui nous est transmise sous le nom de Xénophon a été souvent rejetée comme inauthentique, notamment par K. Schenkl et par U. von Wilamowitz[1]. Or, à propos de ce dernier, H. von Arnim nous dit qu'il semblerait ne plus maintenir son *athétèse*. Mais la concession de Wilamowitz est vraiment bien dubitative et bien légère. Pour nous renseigner sur la façon dont se déroula le procès de Socrate et dont Socrate s'y défendit, Wilamowitz estime que l'œuvre de Platon est notre unique secours, « car il n'y a aucun compte à tenir de l'*Apologie* de Xénophon, même au cas où les gens qui veulent en charger sa mémoire seraient dans le vrai. Je me refuse, en effet, à rien entendre, si l'on ne reconnaît pas qu'elle dépend de l'*Apologie* et du *Phédon* de Platon. Que le livre IV des *Mémorables* en appelle au témoignage d'Hermogène, nous n'avons à voir là que présentation littéraire. Cet appel, tout aussi bien que le style, ne prouve qu'une chose : le livre veut être tenu pour l'œuvre de Xénophon[2] ». Alors

1. K. Schenkl, *Xenophontische Studien*, Sitz. d. Wiener Akad, 80 (1875) et 83 (1876). — U. von Wilamowitz-Moellendorf, Hermes, 32 (1897).

2. U. von Wilamowitz-Moellendorf, Platon, Bd. II, 1re édit., 1919, p. 50.

même qu'on verrait, en cette déclaration d'U. von Wilamowitz, une concession à la thèse de l'authenticité, H. von Arnim avoue lui-même qu'on n'en saurait tirer profit. Une date d'apparition si tardive enlève à l'*Apologie* de Xénophon toute valeur indépendante. C'est seulement à la condition qu'elle soit antérieure aux *Mémorables* de Xénophon et à l'*Apologie* de Platon, qu'on peut lui accorder confiance quand elle prétend nous transmettre le témoignage d'Hermogène, fils d'Hipponicos. H. von Arnim se refuse à croire que Xénophon ait voulu « tromper ses lecteurs » en leur donnant pour historique un récit de pure fiction, et c'est peut-être employer de bien gros mots dans la circonstance. Mais il a un autre argument, assez topique, et dont la force est précisément dans la faiblesse même de l'*Apologie* de Xénophon. Si celle-ci, en effet, nous donnait un Socrate quelque peu supérieur à celui de Platon, on comprendrait, à la rigueur, que Xénophon ait pu l'écrire, par une fiction littéraire tardive, pour l'opposer à l'*Apologie* platonicienne. Mais on sait que tel n'est pas le cas, et H. von Arnim est d'avis « que Xénophon lui-même ne pouvait se faire illusion là-dessus ! »

Quelle est donc la thèse de von Arnim sur la composition de l'*Apologie?* C'est, nous dit-il, une œuvre de bonne foi, écrite d'après le rapport d'un ou de plusieurs témoins oculaires, et qui ne nous offre ni plus ni moins de garantie d'exactitude que la plupart des comptes rendus de cours ou de conférences scientifiques insérés d'ordinaire dans nos journaux. Xénophon nous rend, à travers des intermédiaires, les conversations d'un penseur dont le niveau le dépasse totalement. Il a l'intention d'être fidèle, il l'est autant que faire se peut en de pareilles conditions. Il ne pouvait s'attendre « à ce que le grand soleil platonicien vînt si vite faire pâlir son étoile ». Mais, une fois parue l'*Apologie* de

Platon, Xénophon a eu le mérite de vouloir faire disparaître la sienne. La meilleure façon de la faire disparaître était de la remplacer. D'autant que la lecture de l'*Apologie* platonicienne était faite pour réveiller, dans l'âme de Xénophon, les souvenirs de leçons qu'il commence peut-être seulement alors à pleinement comprendre. D'autant aussi que l'*Accusation* de Polycrate l'incite à écrire à nouveau pour venger son maître. Donc l'*Apologie* de Xénophon, postérieure à la mort d'Anytos, est antérieure à l'*Apologie* de Platon, qui précède elle-même l'*Accusation* de Polycrate. Or, celle-ci n'est certainement pas antérieure à 392, car Xénophon n'a pu écrire son *Apologie* et y recueillir les récits d'Hermogène avant d'être rentré d'Asie avec Agésilas, probablement à l'occasion des fêtes olympiques de 392.

La composition des Mémorables

L'œuvre nouvelle que Xénophon écrivit pour faire oublier son *Apologie* en la remplaçant, c'est le début et la fin de nos *Mémorables* actuels, c'est-à-dire livre I, chapitres I à IV, § 1; et livre IV. Sur la composition et l'étendue de cette *Défense de Socrate*, écrite par Xénophon en réponse à l'*Accusation* de Polycrate, H. von Arnim apporte ainsi une opinion originale, car la majorité des critiques regardent cette *Défense* ou *Schutzschrift* comme constituée uniquement par les deux premiers chapitres de l'actuel livre I. Cette opinion originale se fonde sur le caractère nettement apologétique de la fin du livre IV, et sur les emprunts qui y sont faits à l'*Apologie* de Xénophon, car ce caractère apologétique et ces emprunts voulus à l'*Apologie* sont les traits marquants des trois premiers chapitres du livre I[1].

1. H. Gomperz (cf. *infra*, § 3), est du même avis, bien qu'il regarde l'*Apologie* de Platon comme antérieure à celle de Xénophon.

La première *Apologie* de Xénophon avait eu, en effet, pour intention avouée, d'expliquer et d'excuser la hardiesse et la fierté avec laquelle Socrate s'était défendu, et qui pouvaient, à d'aucuns, paraître « quelque peu déraisonnables ». Xénophon n'eut qu'à lire l'*Apologie* de Platon pour comprendre quelle erreur c'était de prétendre « excuser » la fierté de Socrate devant ses juges. A côté de ce tableau de maître, l'esquisse de Xénophon ne pouvait subsister. Mais elle avait de bonnes parties. Elle contenait des pensées que l'on pouvait utiliser pour répondre à l'*Accusation* de Polycrate et qui manquaient dans l'*Apologie* de Platon : Xénophon les insère dans les deux premiers chapitres du livre I des *Mémorables*. D'autres, qui manifestaient la tranquillité d'âme de Socrate à la veille de son procès, répondaient moins directement au pamphlet de Polycrate, mais constituaient une excellente apologie du caractère socratique : Xénophon les fait passer dans l'entretien de Socrate et d'Hermogène (livre IV, chapitre VIII). La première partie de cette nouvelle *Défense* ne se rapportait qu'au passé, en justifiant la vie de Socrate contre ses accusateurs officiels ou ses accusateurs littéraires. La conclusion embrasse le présent et l'avenir : « Tous ceux qui ont connu Socrate tel qu'il était, s'ils sont ambitieux de vertu, ne cessent de regretter les secours qu'il offrait à qui la veut pratiquer.. » Aussi est-ce là que von Arnim entend arrêter la *Défense*, car il sacrifie sans hésiter, en titre d'addition inutile et affadissante, la phrase où Xénophon se reprend à peindre le Socrate que lui-même a connu, dans le passé lointain où il suivit ses leçons. Mais ce n'est pas seulement ce chapitre VIII du livre IV que von Arnim incorpore dans la *Défense de Socrate*, c'est le livre IV tout entier. Ce livre, constitué dans sa majeure partie par les entretiens avec Euthydème et seulement dans le chapitre IV par l'entretien avec Hippias, a, dans tout son ensemble, la même tendance apologétique, et, dans les parties non dialoguées, les mêmes méthodes de narration que le livre I.

A cette première rédaction des *Mémorables* sont venues s'adjoindre postérieurement deux parties nouvelles : *a*) livre I, chapitre IV, § 2, à livre II, chapitre I inclus ; *b*) livre II, chapitre II, jusqu'à la fin du troisième livre. Xénophon était absent d'Athènes. Il recevait par lettres, ou bien ses agents recueillaient pour lui les souvenirs oraux ou écrits des témoins divers de la vie et de la conversation de Socrate. Il ne pouvait donc les recevoir et les incorporer à son œuvre que successivement et par à-coups. Mais von Arnim se refuse à étendre sur plusieurs dizaines d'années, comme le font la plupart des critiques, la rédaction de cette deuxième et de cette troisième édition.

La valeur historique des Mémorables

Le gros livre de HENRI MAIER sur Socrate[1] a prétendu prouver en détail la thèse sur laquelle s'accordent la plupart des critiques allemands et anglais, à savoir que, sauf dans les deux premiers chapitres du livre I, les *Mémorables* n'ont aucune valeur de témoignage historique. Pour ces critiques, tout ce qui est venu s'ajouter à ces deux chapitres constituant la *Défense de Socrate* n'est que dialogues fictifs, qui, s'ils n'ont pas toujours la valeur littéraire ou la valeur philosophique de tels ou tels autres « Dialogues socratiques », n'ont certainement pas plus de titres qu'eux à se présenter comme des relations fidèles des enseignements authentiques de Socrate. D'ailleurs, les *Mémorables* ne sont pas seulement du même genre que les Dialogues socratiques ; ils ne font

1. H. MAIER, *Sokrates, sein Werk und seine geschichtliche Stellung*, Tübingen, 1913.

pas que les imiter, ils les exploitent. Xénophon n'a pas fait que prêter à Socrate ses propres idées, il les a relevées et corsées de celles que lui prêtaient les autres : Antisthène, Platon surtout, et même le Platon des derniers dialogues, se retrouvent çà et là dans les *Mémorables*, à côté du Xénophon de la *Cyropédie*, de l'*Anabase* et du *Manuel du Commandant de Cavalerie.*

A une pareille thèse, von Arnim objecte d'abord qu'elle se fonde sur une conception fausse du contenu de la *Défense socratique.* Elle suppose, en effet, que celle-ci n'était constituée que par les deux premiers chapitres du livre I des *Mémorables*, tout le reste de cet ouvrage n'étant qu'un assemblage de dialogues fictifs, juxtaposés les uns aux autres par des additions successives. Or, nous l'avons déjà dit, on ne conçoit pas une *Défense de Socrate* finissant par les phrases qui terminent ce chapitre II du livre I : ce serait, au seul point de vue de la composition, une œuvre tronquée. Non, cette *Défense* comprenait, comme partie intégrante, le livre IV, et les dialogues qui le composent ont été mis là, eux aussi, pour prouver « que Socrate savait, par ses entretiens, conduire les hommes à la vertu ». Les lecteurs ne pouvaient donc croire que de tels entretiens fussent fictifs, car « des entretiens fictifs ne prouvent rien ». Xénophon aurait donc voulu les tromper.

Or, une telle supercherie est, au dire de von Arnim, hautement invraisemblable. Ainsi, à part le chapitre IV, le livre IV tout entier est fait d'entretiens avec Euthydème. Or, cet Euthydème, fils de Dioclès, nous est connu par le *Banquet*[1] comme l'un des jeunes gens que « poursuivait » le Socrate amateur de beauté, et Xénophon tient à rappeler d'un mot, au début du chapitre II, la réputation du « bel

1. *Banquet*, 222b.

Euthydème ». Il s'agit donc bien là d'une personnalité historique. Si Xénophon eût voulu simplement s'en servir comme centre d'une série de discours fictifs, comment eût-il intercalé, juste au milieu de ces discours, un entretien avec Hippias sur la justice ? L'intention est nette, à travers tout le livre IV, de donner un exemple typique de la méthode éducative de Socrate. Si les entretiens qui servent de preuves eussent été totalement inventés, et non pas empruntés à une tradition bien déterminée, rien n'eût été plus simple que de les ordonner tous autour du seul Euthydème. D'autant que l'intention de cet entretien avec Hippias est bien la même : Xénophon veut montrer non pas comment Socrate exhorte et conduit à la vertu le sophiste Hippias, mais comment, en discutant sur la justice avec le fameux sophiste, Socrate « imprimait de plus en plus l'amour de la justice dans le cœur de ceux qui l'approchaient », c'est-à-dire dans le cœur des disciples qui assistaient à cette discussion. Xénophon n'invente donc pas librement, il travaille sur des matériaux qu'il arrange et qu'il ordonne plus ou moins bien autour d'un thème apologétique. Plus ou moins bien, et cela est à noter, car c'est la faiblesse même et la maladresse fréquente de cette adaptation qui fournit à von Arnim les arguments les plus plausibles en faveur de sa thèse. Ainsi, dans ce chapitre IV, on a l'impression que, pour Socrate, la justice se définit par la pure et simple légalité, la « conformité aux lois ». Xénophon a brouillé l'argumentation en la reproduisant, et a compris de travers l'identification socratique de la vertu à la science. H. von Arnim a trouvé là une veine vraiment féconde. Je ne puis le suivre ici pas à pas pour montrer avec quel bonheur il l'exploite. Son livre est forcément une série continue d'analyses et de comparaisons de textes, et, s'il impose au lecteur une attention soutenue sans lui donner beaucoup de relâche, parce que, vraiment, il manque d'aise, usant rarement de la récapitulation si nécessaire et n'annonçant presque jamais ses conclusions ni ses preuves, je crois pouvoir dire que la lecture et l'étude patiente en est indispensable à qui veut se faire une idée personnelle du caractère des *Mémorables*.

Si von Arnim, dans cette longue série de confrontations de textes, a réussi à prouver que les entretiens avec Euthydème reposent sur un fond de notes ou de souvenirs que Xénophon arrange à sa façon et, parfois, défigure plus ou moins, on peut lui accorder que les entretiens ajoutés dans la 2e et la 3e édition proviennent pareillement d'une tradition manuscrite. Une telle prévision est, à tout le moins, fortement autorisée. Elle a, d'ailleurs, pour elle, d'autres vraisemblances. La diversité même des morceaux qui composent cette marqueterie des *Mémorables* témoigne contre l'hypothèse d'une libre fiction. Il y a des dialogues auxquels Xénophon lui-même assista, d'autres dont il sait seulement qu'ils ont eu lieu. Tantôt ce sont des discussions dialectiques, d'autres fois, des conversations assez libres où l'argumentation est flottante, ou bien encore de longs discours « parénétiques », des exhortations qui tournent au sermon. L'explication la plus naturelle d'une telle diversité n'est-elle pas la diversité même des matériaux que Xénophon utilise ? Les répétitions si fréquentes des mêmes idées, le manque de suite dans la juxtaposition des morceaux, les nombreuses contradictions entre le contenu des discours et les thèses particulières qu'ils sont censés devoir prouver, tout cela ne s'explique bien que si Xénophon est lié à des documents de provenances diverses, qu'il rassemble plus qu'il ne les ordonne, et qu'il domine rarement assez pour les plier parfaitement à ses thèmes.

Quant aux emprunts des *Mémorables* à d'autres ouvrages des Socratiques, von Arnim s'en débarrasse par des arguments suffisamment plausibles. Les concordances entre les *Mémorables* et les autres écrits de Xénophon ne s'expliquent-elles pas très naturellement par l'influence de Socrate sur la pensée de Xénophon ? Elle fut si profonde et si durable, qu'elle a imprégné tout son esprit, dans la mesure où cet esprit était accessible à une influence vraiment intellectuelle, et l'on ne peut trouver étrange qu'elle s'y soit quelque peu banalisée et décolorée. Les concordances avec les dialogues de Platon s'expliquent elles-mêmes par la communauté des enseignements reçus : Xénophon et Platon exploitent un fonds commun de Socratisme. Quand Heinrich Maier prétend trouver, dans *Mém.* IV, 5, 11 et suiv., et IV, 6, des emprunts aux définitions et discussions dialectiques du *Phèdre*, du *Sophiste* et du *Politique*, von Arnim a raison, je crois, de les nier totalement. Je ne dirai pas seulement avec lui que la méthode du Socrate des *Mémorables*, qui consiste à ne se décider qu'avec réflexion, « en distinguant les choses genre par genre », et même l'étymologie qui explique le nom de la *discussion* dialoguée (τὸ διαλέγεσθαι) par cette habitude de délibérer en commun « en *distinguant* les choses genre par genre, ἐκ τοῦ συνιόντας κοινῇ βουλεύεσθαι διαλέγοντας κατὰ γένη τὰ πράγματα[1] », n'ont vraiment aucune parenté immédiate avec la méthode purement scientifique du *Sophiste*, qui obtient la définition par une série de divisions logiques. C'est, von Arnim l'a bien vu, un des procédés pratiques de l'induction socratique : pour trouver ce qu'est la justice, on établit deux colonnes, et, sous la lettre Δ (δίκαιος), on écrit tous les actes qui paraissent justes, sous la lettre A (ἄδικος) tous les actes qui paraissent injustes[2]. Mais j'ajou-

1. *Mém.* IV, 5, § 11 et 12.
2. *Mém.*, IV, 2, § 13 et suiv

terai que ce qui m'étonnerait, ce ne serait pas de trouver entre le Socrate de Xénophon et le Socrate de Platon, de telles rencontres de terminologie : ce serait plutôt de ne les point trouver. Si le Socrate de Xénophon a quelque chose d'historique, l'inaptitude dialectique ou métaphysique de Xénophon, si incurable qu'on la suppose, n'a pu dépouiller les gestes quotidiens du vrai Socrate de leur puissance de suggestion scientifique. La dialectique platonicienne n'est pas un miracle absolu : elle a surgi dans une pensée qui recueillait de longs siècles de réflexion, mais elle a dû surgir surtout de l'éclair qu'a projeté, devant cette pensée platonicienne, l'infatigable va et vient de la discussion socratique à la poursuite de l'idée claire.

§ 3. *Heinrich Gomperz :*
le Socrate de Xénophon et le Socrate Cynique

Les Positions anciennes de H. Gomperz

Au moment où paraissait ce plaidoyer de H. von Arnim en faveur de Xénophon, H. Gomperz achevait de corriger les épreuves d'un article qui prétend, lui aussi, démontrer la fidélité historique des *Mémorables*. Mais, là où H. von Arnim conclut simplement que les *Mémorables* sont vraiment notre principale source historique de renseignements sur la vie et la doctrine de Socrate et que, désormais, la critique voit se rouvrir « l'ère des joyeux espoirs », H. Gomperz dégage tout de suite les résultats de la confrontation des *Mémorables* avec les autres sources. Aussi sa conclusion est-elle beaucoup plus ambitieuse, disons au moins plus affirmative, et tout à fait neuve : « Le Socrate de Xénophon est le Socrate d'Antisthène, et, par suite, le vrai Socrate. »

J'ai présentement, sous la main, trois travaux de H. Gom perz sur Socrate, qui se sont succédé à des intervalles très rapprochés : ce premier article sur *La question socratique comme problème historique*[1] ; un second, qui s'intitule : « *La formule d'accusation contre Socrate et son importance pour le problème socratique*[2] » ; un troisième enfin, publié dans une revue que dirige le Dr Freud, « *Observations psychologiques sur deux philosophes grecs, Parménide et Socrate*[3] ». Je ne puis naturellement donner ici une analyse détaillée de chacun de ces articles. Cela n'entrerait d'ailleurs pas dans le plan de notre chapitre, qui s'est donné pour tâche d'indiquer rapidement quels courants de retour s'esquissent à ce moment dans la critique socratique vers des témoignages assez longtemps délaissés, parfois violemment dépréciés. J'ai donc un peu de liberté pour me laisser aller à mes préférences en m'arrêtant surtout sur le premier des articles de H. Gomperz. Mes préférences se justifient, d'ailleurs, parce que, à mon avis du moins, c'est dans cet article que se marque le retour le plus vigoureux et le plus décisif.

Il est facile, en effet, de nous reporter aux pages où nous avons indiqué quelle position prenait H. Gomperz dans la question socratique, au cours de son étude sur l'idéal de liberté intérieure dans la conception grecque de la vie. Il y acceptait en grand la condamnation prononcée par la critique récente contre le témoignage de Xénophon[4]. Mais nous trouverions encore plus de profit à relire le compte rendu

1. *Die sokratische Frage als geschichtliches Problem* (Historische Zeitschrift, CXXIX, 3, 1924, p. 377-423).

2. *Die Anklage gegen Sokrates in ihrer Bedeutung für die Sokratesforschung* (Neue Jahrbücher, LIII, 1924, p. 129-173).

3. *Psychologische Beobachtungen an griechischen Philosophen* (Parmenides-Sokrates), extrait de Imago, X, 1924, 1 (Vienne-Zurich, in-8°, 92 pages).

4. Cf. *supra*, p. 84-87.

qu'il faisait, en 1906, du second volume de Karl Joël sur Socrate[1]. Il constatait, à propos de la personne historique de Socrate, le complet accord des conclusions, ou plutôt, comme il disait, des « impressions » de K. Joël avec ses propres impressions. Socrate n'a point fait de livres, Socrate n'a point tenu école, donc il n'a pas eu de doctrine à lui, il n'a eu de propre que ce qui fut d'ailleurs éternellement fécond : sa méthode dialectique, et surtout sa personnalité. H. Gomperz n'acceptait pas moins nettement les conclusions de K. Joël en ce qui concerne l'historicité du Socrate de Xénophon. Celui-ci met sur les lèvres de Socrate des opinions que lui-même, dans ses ouvrages autres que les *Mémorables*, énonce en son propre nom, et des opinions que Socrate ne peut aucunement avoir professées. H. Gomperz déclare : « C'est là une thèse que l'auteur avait déjà commencé de démontrer dans son premier volume ; il en a, dans ce second volume, victorieusement achevé la démonstration[2] ». Un peu plus loin, parlant des préoccupations, si étrangères à la pensée de Socrate, que Xénophon n'a pourtant pas craint de lui prêter, il applaudit aux fructueuses recherches de K. Joël en ce sens et conclut : « Je n'hésite pas à dire que de telles enquêtes mettent définitivement à néant toute prétention des *Mémorables* à se présenter comme une source historique d'information sur Socrate, et cette démonstration est, il me semble, le résultat le plus important de tout l'ouvrage de Joël[3] ». Sur un troisième point, cependant, H. Gomperz se séparait nettement de Joël, et c'était sur les relations des *Mémorables* avec le Cynisme,

1. K. Joel, *Der echte und der Xenophontische Sokrates*, Bd II, Berlin 1901. Compte rendu de H. Gomperz, dans Archiv für Geschichte der Philosophie, XIX, 2, p. 234-270.

2. *Loc. laud.*, p. 237.

3. *Ib.*, p. 239.

spécialement avec Antisthène. Il acceptait comme prouvés de nombreux emprunts de détail, mais il se refusait à les transformer en manifestations d'une dépendance étroite et continue, et protestait de toutes ses forces contre la prétention de Joël, de faire, des *Mémorables*, une apologie consciente du Cynisme. Enfin il dénonçait, dans l'œuvre de Joël, une déviation de méthode très grave : non content d'attribuer à l'influence d'Antisthène les thèses de Xénophon dont le cynisme nous est attesté par d'autres sources, Joël en venait consciemment à reconnaître comme thèse d'Antisthène chaque thèse qu'il trouvait professée dans les *Mémorables*. Et cela conduisait, d'ailleurs, à une très grosse divergence entre Joël et Gomperz sur le caractère même du Cynisme, Joël voulant substituer, à une conception étroitement *historique*, une conception *littéraire* du Cynisme, et Gomperz protestant de toutes ses forces contre cette transformation. Le débat le plus vif était donc entre le Cynisme conçu comme une doctrine et le Cynisme conçu avant tout comme une vie. La réponse très détaillée, très animée aussi et quelque peu virulente, de Joël insistait sur cette opposition. H. Gomperz avait dit : « Une secte n'est pas en soi un phénomène littéraire, lors même qu'elle donne naissance à une littérature. En fait, Cratès, qui donne ses biens aux pauvres et embrasse la vie mendiante, est aussi peu une figure littéraire que saint François d'Assise, et le Cynisme est aussi peu un phénomène exclusivement ou même essentiellement littéraire que l'est le Bouddhisme ou le Christianisme[1]. » Et Joël reprochait à Gomperz d'avoir construit son idéal du Cynisme principalement avec la littérature anecdotique née autour de Diogène. Il déclarait : « Pour Gomperz, le philosophe cynique est essentiellement un moine mendiant. Je vois

1. Archiv. f. Gesch. d. Phil., *loc. laud.*, p. 270.

dans cette conception, principalement en ce qui regarde Antisthène, un danger : celui d'expliquer le Cynisme *ex eventu*, et, par suite, de fausser la physionomie du premier Cynique[1] ».

Si je me suis attardé sur des publications déjà vieilles aujourd'hui de vingt ans, est-ce pour le plaisir de mieux faire voir les « variations » de H. Gomperz et de le mettre en contradiction avec lui-même ? Aucunement : dans un problème si difficile, il serait bien étrange qu'un chercheur n'eût pas, en un si long espace de temps, éprouvé le besoin de corriger quelques-unes de ses vues, et ce serait un piètre compliment à faire à un critique au bout de ces vingt ans, que de constater qu'il n'a rien oublié, mais aussi rien appris. Non, l'intérêt de cette confrontation de textes est de nous faire comprendre, dans l'évolution d'un chercheur, l'évolution d'un problème, et constater comment, dans les volte-faces apparemment les plus absolues, certaines attitudes foncières demeurent inchangées.

Socrate, le premier Cynique

Esquissons donc rapidement la position nouvelle que prend aujourd'hui H. Gomperz, et, pour ce faire, allons tout de suite aux conclusions où il résume, en un portrait d'ensemble, les renseignements concordants qu'il trouve sur Socrate à la fois chez les Comiques et chez Xénophon.

Parmi tous les Socratiques, Antisthène est celui auquel Socrate ressemble le plus. Sa façon de vivre extérieure est celle des Cyniques : il va pieds nus, il porte le manteau grossier et le bâton, il vit de rien, il accepte et cherche la

1. K. Joel, *Die Auffassung der Kynischen Sokratik*, Archiv f. Gesch. d. Phil. XX, 1, p. 1-24, et 2, p. 145-170. Ma citation est prise à la page 147.

pauvreté, dans la persuasion que l'abstinence volontaire est la meilleure école d'endurance en même temps que le meilleur excitant des jouissances naturelles et simples. Son idéal répond exactement et consciemment à la manière de vivre des Spartiates. Mais, au-dessus de toutes les vertus, il met la connaissance. Elle est la puissance souveraine, à côté de laquelle toute autorité pâlit et s'efface : lois et gouvernements, opinion publique, amis et proches, pères et mères, tout cela ne compte pour rien devant l'unique droit de « celui qui sait ». Aussi, pour cultiver cette science, Socrate tient école, une école, d'ailleurs, qui est une étroite communauté ; de même qu'Antisthène, Socrate vit avec ses élèves, pensant et cherchant avec eux, s'exerçant avec eux à la pratique de la vertu-science, et rejetant dédaigneusement, au besoin avec force sarcasmes, les âmes qui ne peuvent s'ouvrir à la vérité. Ainsi, entre Antisthène et Socrate, on ne peut montrer aucune divergence ; même lorsqu'on nous apprend que les Cyniques postérieurs, à la suite de Diogène, rejettent l'étude de la mathématique et de l'astronomie, ou poussent plus loin que Socrate l'habitude de chercher, dans la vie des animaux, des enseignements et des modèles, on ne fait que mieux accuser l'harmonie entre le vrai Socratisme et le premier Cynisme. La conséquence est importante pour la méthode à suivre dans la reconstruction du Socratisme authentique : toute idée dont l'origine antisthénienne est sûre a de fortes chances d'être originellement socratique, et, sauf une circonstance bien particulière, comme serait une intention polémique certaine contre des doctrines postérieures à la mort de Socrate, *toute idée que nous trouvons chez Antisthème est vraisemblablement une idée socratique, si elle n'a pas contre elle un témoignage contemporain indubitable, par exemple le témoignage d'un ou de plusieurs Comiques.* La vraisemblance sera confirmée par le témoignage concordant de quelques autres, ou surtout de tous les autres Socratiques, mais l'attestation des comiques en fera une certitude presque absolue.

Beaucoup moins digne de croyance est l'exposition platonicienne. Platon, en effet, a délibérément estompé, effacé, dans la physionomie et la doctrine socratiques, les traits cyniques, les traces d'imitation spartiate, les paradoxes offensants pour le sens moral commun. Le plus grave danger serait de vouloir se fier ou exclusivement ou même principalement à l'*Apologie* platonicienne, écrit tendancieux, entièrement « apologétique », et le dernier qu'on puisse utiliser comme source d'information historique. Platon ne va-t-il pas jusqu'à nier absolument que Socrate ait tenu école, ou même simplement voulu faire œuvre d'éducateur ? Alors que Socrate est accusé de corrompre la jeunesse, Platon n'affecte-t-il pas de regarder cette accusation comme une assertion déraisonnable, qui se réfute par un simple appel au sens commun ? Et pourtant Aristophane, d'accord en cela avec Xénophon, nous apprend qu'elle avait des fondements très sérieux. Le portrait de Socrate que nous trace le *Banquet* paraît devoir être plus fidèle. Mais ce qu'il y a de plus essentiel et de plus instructif y est très adroitement estompé : ce qui est dogme, principe fondamental, attitude suivie, s'y transforme en traits purement personnels, en singularités de circonstance. On peut donc poser cette seconde règle générale : *le Socrate de Platon ne peut être tenu pour vrai qu'autant qu'il est confirmé par le témoignage des Comiques ou bien des Socratiques indépendants.* Mais, en ce cas, le témoignage de Platon devient particulièrement précieux, car celui d'Antisthène est fragmentaire et pauvre, et, quant à Xénophon, sa façon de rendre la pensée socratique est infiniment moins claire et moins pénétrante que celle de Platon. Heureusement, cet accord n'est pas une exception, et toute une partie de l'enseignement platonicien reçoit, des témoignages d'Antisthène et de Xénophon, sa garantie de Socratisme authentique.

Ainsi, Platon n'ayant de valeur que par cette garantie, Antisthène nous manquant aux moments parfois les plus importants, la mesure de nos certitudes sur le Socrate historique est égale au degré de créance que nous pouvons accorder au témoignage de Xénophon. Or, la fidélité de ce dernier témoignage est presque universellement assurée. L'abstinence volontaire, la vie mendiante, l'école, l'étroite et journalière communauté de vie avec les élèves, la familiarité avec les questions de géométrie et d'astronomie, l'intérêt très vif pour l'enseignement et la pratique des rhéteurs, les discussions paradoxales sur les rapports du juste ou de l'injuste, la relativité de valeur des lois d'État aussi bien que de l'autorité parentale en face de la valeur absolue de la science, l'habitude et presque la manie de régler les rapports humains sur le modèle des sociétés animales, tout ce que les Comiques nous garantissent comme authentiquement socratique, tout ce que Platon ne nous rend que partiellement ou même que volontairement affaibli et presque effacé, tout cela, Xénophon nous l'a fidèlement conservé. Sur un point seulement, H. Gomperz a conscience d'avoir trouvé son témoignage en défaut : c'est là où son Socrate recommande l'arithmétique, la géométrie et l'astronomie uniquement pour des fins d'utilité pratique, alors que le témoignage des *Nuées* garantit l'assertion contraire de Platon. Nous pourrons donc poser notre troisième règle générale : *les renseignements de Xénophon sur Socrate doivent être présumés fidèles, même à l'encontre de l'exposé platonicien, s'ils ne sont contredits par le témoignage d'Aristophane ou des autres Comiques, ou s'ils ne sont viciés par des motifs internes et bien précis de suspicion.* Tout le monde comprend, par exemple, que les détails sur l'école du cavalier, sur la façon de fortifier les passes et défilés, sur la gêne que cause une cuirasse mal ajustée, sur le choix des bonnes races de chiens pour la chasse au lièvre, sont beaucoup plus proches des préoccupations ordinaires de Xénophon que de celles de Socrate. Comment expliquer de pareilles intrusions, dont on a fait tant de bruit jadis pour accabler le témoignage de l'auteur des *Mémorables* ? H. Gomperz répond aujourd'hui : par une mode contemporaine suivie de très bonne foi, par le souci qu'avait l'écrivain de multiplier les exemples concrets, qui rendent l'exposition doctrinale plus vivante et plus claire.

Mais, ces renseignements, si fidèles en somme, Xénophon les puise-t-il à plein dans ses propres souvenirs, ou bien les emprunte-t-il aux écrits d'Antisthène ? La question, avoue H. Gomperz, est difficile à résoudre dans l'état de nos sources : nous n'avons plus les œuvres d'Antisthène. Mais elle est secondaire, car, si Xénophon emprunte à ce disciple, le plus fidèle entre tous les disciples de Socrate, il puise alors à la source socratique la plus pure. L'observation extraordinairement précieuse et féconde, faite jadis par U. von Wilamowitz, Dümmler et K. Joël, que le Socrate de Xénophon est étroitement apparenté au Socrate cynique, garde en tous les cas sa valeur. Mais il faut retourner la conclusion qu'ils en tirent. Ils disent : « Le Socrate de Xénophon est le Socrate d'Antisthène, donc il n'est pas le vrai Socrate ». Or, puisque le témoignage des seuls contemporains immédiats de Socrate, les Comiques, garantit la fidélité historique de ce portrait de Socrate, première et authentique image du philosophe cynique, il faut prendre l'inverse du raisonnement et conclure : « Le Socrate de Xénophon est le Socrate d'Antisthène, et c'est pour cela qu'il est le vrai Socrate. »

Le Témoignage des Comiques et le Témoignage des Accusateurs

Sur quelle garantie repose cette solution nouvelle du problème socratique ? C'est, avant tout, nous l'avons vu, sur la confirmation qu'apportent, aux renseignements des *Mémorables*, les dires des Comiques. Or, vous souvenez-vous que, dans l'*Apologie*[1], le Socrate de Platon dirige sa défense contre deux sortes d'accusations : l'une, officielle, la dernière en date, et l'autre, bien plus vieille, d'une action, d'ailleurs, plus lente, plus insinuante et presque plus pernicieuse, à savoir celle qu'ont formulée quotidiennement les poètes comiques, éducateurs favoris du public ? Je ne sais si H. Gomperz pensait à ce rapprochement quand il s'est décidé à se tourner, en dernière ressource, vers ces témoins que Platon rassemble sous le nom d'accusateurs. En tout cas, il les utilise nettement comme deux sources parallèles de renseignements non contaminés par « la légende socratique ». Leurs apports sont, d'ailleurs, assez distincts, bien qu'ils se fortifient mutuellement. L'accusation formulée officiellement contre Socrate déclare : « Socrate est coupable de ne pas reconnaître les dieux que reconnaît la cité et d'introduire des divinités nouvelles : il est coupable aussi de corrompre les jeunes gens[2] ». Or, sur le dernier de ces griefs, le témoignage des Comiques est le principal garant des renseignements que nous fournit Xénophon, mais, sur le premier, l'étude de la formule officielle nous apporte seule cette confirmation nécessaire.

C'est donc dans son premier article que Heinrich Gomperz a surtout fait appel au témoignage des Comiques. C'est à ce

1. *Apol.* 18 *b/e*.
2. Diog. Laert. II, 40 ; comparer Xénophon, *Mém.*, I, 1, 1.

témoignage qu'il demande de garantir d'autres points essentiels de sa construction, l'école tenue par Socrate, sa familiarité avec la géométrie et l'astronomie, son intérêt pour les procédés de la rhétorique, ses théories sur la relativité du Juste et de l'Injuste, qui se reflètent, d'ailleurs, dans les Διαλέξεις, ses opinions, si faciles à travestir odieusement, sur la morale familiale, sur les droits de la loi ou les droits des parents dans leur opposition à l'autorité de la science. Mais c'est à lui surtout qu'il emprunte, le plus naturellement, les traits extérieurs de la vie et de la personnalité socratique dont il s'aide pour nous représenter, en Socrate, le premier des philosophes cyniques. Nous retrouvons ici la tendance contre laquelle bataillait Joël et que Gomperz a poursuivie très consciencieusement : considérer le Cynisme avant tout comme une vie, et beaucoup moins comme un système « littéraire ». Ce qu'il s'efforce, avec une attention très minutieuse et très experte, d'extraire des caricatures ou des silhouettes rapides esquissées par les Comiques, c'est bien, en effet, le moine mendiant de l'antiquité. Aux *Oiseaux* d'Aristophane, il demande la preuve du *spartanisme* de Socrate, qui transparaît, d'ailleurs, aussi bien à travers les réticences de Platon qu'à travers les aveux de Xénophon. Quelle était, avant la fondation de la nouvelle *Néphélococcygie*, l'humeur des habitants d'Athènes ?

« Tout notre monde, alors, avait la *spartanite !*
Tous, ici, longs cheveux, ventre creux, nez crasseux,
La trique en main, *socratisaient* à qui mieux mieux.
Aujourd'hui, volte-face : ils ont l'*ornithéite*[1]. »

C'est Eupolis qui nous atteste la pauvreté volontaire et insouciante de Socrate :

1. Aristophane, *Les Oiseaux*, vers 1281 et suiv.

« Encore un, celui-là, dont j'ai marre,
Socrate, ce mendiant bavard !
Tout roule en son pensoir, mais que mettre en sa panse ?
Cela, notre songeur n'y pense[1]. »

Amipsias, à son tour, amuse ses spectateurs avec le Socrate « souffre-tout » qui dédaigne le grand manteau, le Socrate va-nu-pieds qui fait enrager les savetiers, le Socrate gueux et fier qui ne saurait trouver, pour les donneurs de festins, le moindre petit mot de flatterie[2]. Tableautins rapides, ou plutôt fragments d'esquisses, coups de crayon passagers, mais d'un trait si vif, qui font surgir devant nous le Socrate de la rue et de la place publique, le Socrate que moque la populace, et que, d'ailleurs, on lui rendra si facilement odieux. Ce ne serait, en effet, qu'un Diogène, pour ces spectateurs du dehors, si les *Nuées* d'Aristophane ne l'avaient montré dans son rôle de sophiste, d'éducateur à rebours, de corrupteur des jeunes gens.

Quand les accusateurs officiels reprendront ce grief, ils le fonderont probablement sur l'opposition, constamment faite par Socrate, de l'autorité de la science à l'autorité des parents et des autres conseillers ordinaires, sur ses railleries à l'égard du régime athénien d'élection par le sort, sur l'enseignement donné à Critias. C'est l'impression qu'on retire de la lecture de Xénophon, comme de celle de Libanius, et je regrette, à ce propos, que Gomperz n'ait pas connu, ou n'ait plus eu en mémoire, le travail de Markowski, où des conclusions analogues étaient déjà fondées sur une étude minutieuse des rapports de l'*Apologie* de Libanius avec l'accusation de Polycrate[3]. Pour Markowski comme pour Gom-

1. Kock, *Comicorum fragmenta*, 352.
2. *Ibidem*, fr. 9. Sur tous ces témoignages des Comiques, cf. E. Cavaignac, *Témoignages des non-philosophes sur Socrate*, Musée Belge, XXVII, 1923.
3. Cf. *supra*, p. 154-5.

perz, les faits sur lesquels se fondait l'accusation étaient probablement vrais. Le Xénophon de l'*Apologie* et des *Mémorables* n'a aucunement la pensée de les nier, il s'efforce seulement de les innocenter en réfutant les conclusions odieuses qu'on en avait voulu tirer, alors que Platon esquive plutôt la discussion directe et s'en tire par l'ironie[1].

Nous retrouverons les mêmes différences d'attitude entre Platon et Xénophon à propos du premier grief : le non-conformisme religieux. L'accusation déclare que Socrate ne reconnaît pas les dieux de la cité et importe des divinités nouvelles. Platon et Xénophon avouent, l'un comme l'autre, le *démon* de Socrate, le *signe* ou la *voix* qui le détournent de faire telle action, de dire telle parole. Mais ils les expliquent très différemment. Xénophon les rattache à la philosophie de Socrate. La voix est celle du Dieu que Socrate regarde comme l'auteur et la providence du monde et qu'il nomme τὸ δαιμόνιον, la Divinité. Mais cette divinité n'est pas seulement le Dieu des philosophes : elle a, pour Socrate, une importance religieuse ; elle lui révèle ses secrets ; elle l'a choisi, en somme, pour son prêtre et son prophète, et l'on comprend, à lire Xénophon, que l'accusation ait pu viser en Socrate un dissident et un novateur religieux. Chez Platon, le secours divin dont Socrate est favorisé n'a aucun lien avec sa doctrine, il est quelque chose d'essentiellement passager, encore que souvent renouvelé : c'est le signe démoniaque ou divin qui se « manifeste » à lui, et le mot δαιμόνιον est sauf une fois, toujours accompagné du mot γίγνεσθαι, et, souvent, du mot σημεῖον. C'est un avertissement divin, ce n'est pas une divinité spéciale. Entre ces deux interprétations, la lettre même de la formule d'accusation tranche le différend d'une façon décisive : Mélétos n'a point compris le

1. H. Gomperz, *Die Anklage gegen Sokrates*, *loc. laud.*, p. 130-141.

« signe divin » de Socrate de façon aussi innocente que Platon le veut comprendre, et Mélétos déclare que Socrate introduit des divinités nouvelles. Ainsi Xénophon, cette fois encore, est le témoin le plus fidèle et, de tous les témoins « à décharge », le seul fidèle.

Ai-je moi-même traduit fidèlement, en ses grandes lignes, ces convictions nouvelles d'Heinrich Gomperz et les arguments dont il les appuie ? Ma traduction, en tous cas, n'a pu être qu'un résumé, dépouillé de toutes les particularités des preuves et des nuances. Or, c'est par les détails que de telles hypothèses prennent vraiment des racines solides dans l'ensemble des faits familiers au lecteur, et, par là, dans sa croyance la plus intime. C'est dans les détails aussi que se révèlent, plus ou moins rapidement, les fissures, les brisures, toutes les contradictions ou toutes les impuissances devant les quelques faits légitimement acquis à la science, et qu'il s'agit non seulement de ne pas infirmer, mais encore de confirmer et d'expliquer. Entrer dans l'examen précis que nécessiterait un jugement quelque peu fondé ne m'est point possible ici. Mais, après les chapitres où j'avais montré la critique répudiant à grand fracas le témoignage de Xénophon, puis celui d'Aristote, pour accorder à Platon un privilège d'historicité qu'il n'a probablement jamais réclamé, enfin se tournant contre celui-ci pour condamner en lui le principal auteur de la « légende socratique », il m'a paru nécessaire de montrer les orientations nouvelles qu'elle paraît vouloir suivre à ce moment. Ces orientations sont des retours à des solutions déjà bien des fois essayées, bien des fois délaissées. Mais de tels mouvements de va-et-vient, de flux et de reflux, sont la vie même de la science. En dépit des apparences, il ne se répètent jamais totalement identiques, et les horizons s'élargissent à chaque nouveau changement de direction.

Peut-être arrivera-t-on quelque jour, en parcourant ainsi en tous sens les courants divers issus du Socratisme, à retrouver, sous les divergences de surface, le flot commun jailli de la source originelle. Mais la source elle-même, la pensée essentiellement excitante et suggestive de Socrate, restera toujours quelque peu mystérieuse, comme toutes les grandes forces créatrices.

ERRATA

Page :	*ligne :*	*au lieu de :*	*lire :*
59	6 du bas	p. 151, 1. 5.	p. 151, l. 5.
70	7 du bas	SAUPP	SAUPPE
114	2	μύθος	μῦθος
117	18	θελκθήριον	θελκτήριον
156	titre du § 1	Le Critique	La Critique
160	4 de n. 1	W. TAYLOR	M. TAYLOR
223	8 du bas	en titre	au titre

IMPRIMERIE DE L'EST. — BESANÇON. — 1927

AUTOUR DE PLATON

ESSAIS DE CRITIQUE ET D'HISTOIRE

par A. DIÈS

CHANOINE HONORAIRE DE RENNES
PROFESSEUR AUX FACULTÉS CATHOLIQUES DE L'OUEST

II

Les Dialogues — Esquisses Doctrinales

GABRIEL BEAUCHESNE, ÉDITEUR
A PARIS, RUE DE RENNES, 117

MCMXXVII

* *

Nihil obstat

A. LEGENDRE,
Doyen de la Faculté de Théologie
d'Angers.

Imprimatur

L. THIBAULT, vic. gen.

Andegavi, die 22 novembris 1926.

LIVRE III

Les Dialogues

CHAPITRE PREMIER

QUESTIONS DE CHRONOLOGIE ET D'AUTHENTICITÉ

---

§ 1. *Le* Platon *de C. Ritter et la chronologie platonicienne*

M. RITTER a rêvé plus de vingt ans une exposition d'ensemble du Platonisme. Je dis « rêvé ». Un rêve actif et laborieux, qui échelonne modestement et méthodiquement les travaux d'approche[1]. Un rêve enthousiaste et pénible tout ensemble, car l'auteur se sentait la force intime de le remplir, mais il fallait du loisir et il fallait des ressources matérielles : l'idéal est immatériel, mais la vie n'est guère idéaliste. Enfin le loisir est venu, et l'éditeur aussi est venu. M. Ritter, à son tour, après Zeller et Gomperz, peut élever son *monumentum*[2]. Ceux qui le connaissent pour lire depuis longtemps tous ses « essais » ne peuvent qu'être sympathiques à ce résultat de son long effort et confiants d'avance

1. *Untersuchungen über Plato* (Stuttgart, 1888). — *Platons Dialoge*, I. *Die Schriften des späteren Alters* (Stuttgart, 1903). — *Platos Gesetze, Darstellung des Inhalts*, *Kommentar* (2 vol., Leipzig, 1906). — *Platons Staat* (Stuttgart, 1909) ,et de nombreux articles.

2. Constantin RITTER, *Platon, Sein Leben, seine Schriften, seine Lehre*, vol. I, xv et 588 p., Oskar Beck, München, 1910.

dans cette application plus large d'une méthode longtemps éprouvée.

Ce premier volume comprend deux parties. En cinq chapitres, la vie et la personnalité de Platon (p. 12 à 193). Dans la seconde partie, trois chapitres d'études préliminaires sur l'authenticité et la chronologie des dialogues et l'unité de la *République* et des *Lois*. Enfin, dix chapitres où sont analysés les dialogues depuis le *Lachès* jusqu'au *Phédon* ; analyse interrompue par le chapitre VI, qui étudie la morale du *Gorgias* et des dialogues connexes, et aboutissant, dans le chapitre X, à une exposition générale de la théorie des Idées dans le *Phédon* et les dialogues antérieurs. On trouvera naturel que nous allions tout de suite aux thèses de M. Ritter sur la chronologie.

On peut ranger sous cinq chefs les critères utilisés pour l'établissement d'une chronologie platonicienne : 1° allusions à des événements contemporains ; 2° rapports avec les œuvres d'autres écrivains ; 3° références, dans chaque dialogue, à des dialogues antérieurs. Ce sont là, dit C. Ritter, des critères que fournit consciemment l'écrivain, les deux autres : 4° contenu doctrinal ; 5° forme littéraire, échappant, dans leurs variations, tout au moins le dernier, à la claire conscience de l'auteur. Aucun critère, quel qu'il soit, ne donne, pour l'ensemble, des résultats certains.

Je n'entrerai pas dans l'examen successif des résultats fournis par chaque critère. Toute exposition d'ensemble est obligée de revenir sur toute la série des hypothèses soulevées par la critique, sur chacune des allusions, découvertes ou imaginées, soit aux faits d'histoire, soit aux écrits contemporains ; et l'enquête, le plus souvent, finit par un « *non liquet* ». Par exemple, si l'allusion au « dioikisme » des Arcadiens permet de dater avec certitude le *Banquet* (après 385/4), la date fournie pour le *Ménexène* par la paix antalcidique est déjà plus flottante, et la bataille de Corinthe mentionnée au début du *Théétète* est rendue inutilisable par le caractère fragmentaire et surperficiel de notre connaissance de l'histoire grecque. De même, s'il y a vraiment rapport entre le *Busiris* d'Isocrate et la *République*, il n'est pas du tout démontré que ce soit Isocrate qui copie (malgré Teichmüller et, récemment [*Wiener Studien* 1905] H. Gomperz). Entre l'hypothèse d'une première édition de la *République* (Krohn-Pfleiderer-Rohde) ou d'un enseignement oral de Platon (Teichmüller) que parodierait l'*Assemblée des femmes* d'Aristophane (au plus tard 389, peut-être 392), une troisième hypothèse est possible. Ces idées de « féminisme » antique et de dissolution de la famille « flottaient dans l'air » ; les sophistes, adversaires de la νόμος, avaient dû les formuler ; Aristophane les a ridiculisées ; Platon les reprend à son compte parce que, même après la comédie, il peut encore y trouver son bien. Là encore, le *non liquet* est la réponse la plus sûre. Laissons la question du *Théétète* et la lutte entre Rohde et Zeller à propos des vingt-cinq ancêtres du roi de Sparte ; la vraisemblance est en faveur de Rohde, qui donne comme *terminus a quo* 374 et *ad quem* 371 ; mais pas de certitude encore. Laissons le *Phèdre* et son parallélisme (269 d) avec le *Discours contre les sophistes* d'Isocrate (or. XIII, 17), où l'exigence de la nature, de la science et de l'exercice pour l'orateur est vraiment trop un lieu commun pour qu'on y fonde n'importe quoi. Sur la question générale des rapports de Platon avec Isocrate ou Xénophon, C. Ritter ne fait guère, il me semble, que de la polémique et quelque peu rapide et pas mal agressive. Il avoue n'avoir pas lu toute la « littérature » du sujet, mais tient pour superflu de la lire toute ; car, en tous les cas où il a fait la preuve, le rapport affirmé est affirmé sans motifs sérieux. Il écrase en passant, d'une phrase dédaigneuse, la récente hypothèse de E. Horneffer, qui trouve, dans certains dialogues, une polémique contre la doctrine même de Socrate. « *Ueber diesen Einfall kann man ruhig zur Tagesordnung weggehen.* » On passe à l'ordre du jour. C'est clair, mais c'est bref. Et vraiment Platon n'a-t-il pas dépassé Socrate ? Ne l'a-t-il pas expressément corrigé ? Et alors ? — Puis se continue la polémique contre la méthode philologique, contre les jeunes philologues qui acclament Spengel, contre Zeller, qui, lui « historien de la philosophie grecque, professeur de philosophie », accepta les résultats des recherches philologiques quand ils pouvaient entrer dans sa construction ; contre la « mesquine et philistine conception du Platonisme » en honneur depuis toujours dans les cercles philologiques et que vient de renforcer le renouveau de la croyance globale à l'authenticité des lettres platoniciennes. Tout cela à propos d'une citation faite à la fin de l'*Euthydème* et qu'on a prétendue empruntée au texte originel de la fin du *Contre les sophistes,* d'Isocrate. Ritter nous aurait tout autant instruits en se contentant de répondre : il n'est même pas vraisemblable que les mots cités aient fait partie de cette finale d'Isocrate, voyez Wilamowitz, voyez H. Gomperz et la tranquillité avec laquelle Rud. Hirzel laisse de côté l'identification, faite par Spengel, de notre inconnu avec Isocrate. C'est-à-dire voyez, contre un philologue, d'autres philologues, qui, d'ailleurs, ont tout probablement raison, et Ritter avec eux.

Quant aux références de dialogue à dialogue, certaines sont celles : *a*) du *Sophiste* au *Théétète ; b*) du *Politique* au *Sophiste,* et entre les deux derniers il y a succession étroite, alors que l'intervalle entre *Théétète* et *Sophiste* n'est pas mesurable de façon précise ; *c*) du *Critias* au *Timée ; d*) des *Lois* à la *République.* Et c'est tout. Contre la prétendue continuation de la *République* par le *Timée,* Ritter a une remarque excellente : qui s'aviserait de conclure, de l'introduction du *Philèbe* et du *Cratyle*, à l'existence de dialogues, pour nous perdus, où eût été exposée la précédente discussion entre Socrate et Philèbe ou la discussion entre Hermogène et Cratyle[1] ? La place du *Parménide* n'est pas plus facile à fixer, d'une façon certaine, par les références du *Théétète* et du *Sophiste*. Les annonces d'un futur dialogue par un autre, autrement dit les amorçages indiqués par H. Siebeck, offrent encore moins de sécurité. Et, s'il y a eu exagération dans la réaction (v. g. Natorp) contre l'argumentation de Teichmüller, qui s'appuyait sur le début du *Théétète* et la lassitude, qui s'y fait jour, de certaines formes d'exposition trop compliquées, encore est-il que les résultats obtenus par cette voie sont plutôt vraisemblables que sûrs. Seulement la vraisemblance est très forte que *Charmide*, *Euthydème*, *Lysis*, *Phédon* et surtout *République*, précédent le *Théétète*, et les probabilités en faveur d'une date tardive du *Théétète* trouvent encore ici une confirmation.

Nous en venons enfin au contenu des dialogues. C'est le critère qui a été le plus utilisé. C'est aussi le moins sûr, le plus ouvert à la subjectivité. Il est inutile de passer en revue les multiples et très diverses argumentations qui se sont succédé en ce domaine. Les lecteurs qui voudraient être édifiés sur le sujet n'auraient qu'à se reporter à la récente et complète exposition de Raeder[2]. Ritter, qui explore rapidement la question, nous donne quelque chose de plus utile et de plus immédiatement clair : un tableau, que nous ne pouvons malheureusement reproduire, des 25 dialogues authentiques avec les dates que leur attribuèrent, sur des motifs tirés du contenu doctrinal, les platonisants depuis

1. Cf. A. Rivaud, éd. du *Timée*, p. 19 et suiv. (*Platon, Œuvres complètes*, tome X, Société d'édition « Les Belles-Lettres », Paris, 1925).

2. Hans Raeder, *Platons Philosophische Entwickelung*, in-8°, 435 p. Leipzig, 1905.

Tennemann (1792) à Windelband (1905). Rien mieux que ce tableau ne peut nous donner une idée de la fluctuation inévitable d'une telle méthode. A part les *Lois*, dont la place s'imposait, il n'y a nulle part unanimité ou quasi unanimité. Prenons le *Phédon :* son rang est, successivement, 9, 17, 7, 24, 11, 21, 22, 16, 21. Pour le *Parménide :* 16, 6, 15, 14, 12, 1, 22, 21, 19, 20. Pour le *Sophiste :* 13, 14, 12, 19, 23, 22, 16. Et, presque à chaque fois, la date a été donnée comme irréfutable.

§ 2. *La Stylistique et le problème du Phèdre*

« Enfin Lewis Campbell vint », ou plutôt, avec Campbell, tous ceux qui se lancèrent dans les recherches stylistiques sans se douter que Campbell avait, bien avant eux, pratiqué la même méthode et obtenu les mêmes résultats. C. Ritter fut de ces premiers, puisque ses *Untersuchungen* datent de 1888, et ses lecteurs ordinaires l'attendaient avec impatience à ce chapitre. Je sais bien que Lutoslawski existe, qu'il est dans la bibliothèque de tout bon platonisant, et que, d'ailleurs, le lecteur français a été initié à sa méthode, à sa synthèse des travaux antérieurs et à ses conclusions par des comptes rendus remarquables. Mais, enfin, le travail s'est continué depuis 1897, et s'est continué au milieu de discussions dont les arguments et les résultats sont dispersés un peu partout. J'aurais désiré, je l'avoue, voir reprendre par un spécialiste la question *ab ovo*, en un chapitre serré et condensé, si l'on veut, mais où le principe, la méthode, les travaux, les résultats acquis, les impuissances actuelles, les espérances de la stylistique eussent été clairement exposées : un tout petit manuel de stylistique, un de ces petits essais modestes et solides, tels que les affectionne M. Ritter, eût été le bienvenu au cœur même de ce travail d'ensemble sur

Platon. Mais enfin M. Ritter était juge de ce qu'il devait et maître de ce qu'il voulait faire. Ses lecteurs allemands peuvent se reporter plus facilement que nous à ses travaux récents et aux travaux similaires ou adverses. Au moins nous a-t-il donné, en un second tableau, un choix judicieux et clair des principales particules ou formules étudiées, avec leurs coefficients de fréquence dans les différents dialogues (p. 237), et, en un troisième tableau (p. 254), ce qu'on peut appeler la « table de concordance » des dates obtenues par la stylistique. Je dis « dates » là où il faut dire « rangs », car l'ambition n'a pas été de dater, mais de grouper. Le tableau obtenu par comparaison des travaux de Ritter (1888), Lutoslawski, Gomperz, Natorp, Raeder, Ritter (1897 et 1909), témoigne d'une unanimité parfaite et qui ne surprendra plus personne en ce qui concerne la place chronologique des 5 dialogues *Sophiste*, *Politique*, *Philèbe*, *Timée-Critias* et *Lois* : 21, 22, 23, 24 et 25. Le *Parménide* arrive vingtième, sauf pour Gomperz, qui le date dix-neuvième et met à sa place le *Théétète* ; à part cette exception et celle de Natorp, le *Théétète* a pour chiffre 19, et le *Phèdre* 18. La *République* s'étend de 13 à 17, et, chez Natorp seulement, de 15 à 19. A mesure qu'on remonte la série, l'oscillation se fait plus large. Le *Phédon* a trois fois le chiffre 12, une fois 10, une fois 13 (une fois 11 aussi, mais c'est Ritter 1888 que corrige Ritter 1907). Le *Banquet* a trois fois 11, une fois 8, une fois 12, une fois 14. Le *Cratyle* a trois fois 10, une fois 5, une fois 12, une fois 18. Aller plus loin n'est guère utile : Ritter nous déclare lui-même (p. 246) que la stylistique se refuse à entrer dans aucune discussion sur l'ordre des dialogues à l'intérieur du premier groupe tant qu'elle n'aura pas étendu le champ de ses observations linguistiques ; et l'on comprend d'avance qu'il ne saurait guère être question de dater les premiers dialogues par une méthode fondée, avant tout, sur les marques de « dernier style ».

Reste, pour le groupe moyen, la position particulière de Gomperz et Natorp en ce qui concerne le *Phèdre* et le *Théétète.* Natorp leur donne les rangs 9 et 10. Mais quiconque a lu *Platos Ideenlehre* sait que le point de départ de Natorp est doctrinal, expressément tiré du contenu philosophique des dialogues ; et ce n'est que pour confirmer une chronologie d'avance affirmée qu'il a dressé, contre la méthode stylistique ordinaire, une méthode stylistique nouvelle, très compliquée d'ailleurs et pas du tout justifiée. Gomperz, au contraire (voir *les Penseurs de la Grèce*, II, 444), ne songe pas à nier que les critères linguistiques témoignent en faveur d'une date tardive du *Phèdre.* Et c'est pour concilier l'apparente jeunesse doctrinale et cette maturité de langue qu'il revient à son hypothèse d'une édition remaniée. Contre ce remaniement, on peut faire valoir les raisons que donne Ritter (p. 288) contre toute hypothèse de révision portant sur le style. Qu'une telle révision ne puisse jamais effacer les traces du premier style, Ritter croit en avoir donné les preuves à propos d'une révision supposée par lui pour le livre I de la *République* (cf. *Untersuchungen*, p. 23, p. 45 et suiv.). J'avoue, même après avoir relu les *Untersuchungen*, ne pas oser me prononcer sur le bien-fondé de cet exemple particulier ; mais Ritter pense que cela se concevait de soi, et c'est chose qu'on lui accordera plus facilement. Chez nous, M. Robin a récemment repris en grand le problème de la chronologie du *Phèdre* (*La théorie platonicienne de l'amour*, Alcan, 1908, p. 63 à 120), pour aboutir à une date plus tardive encore qu'on ne le supposait jusqu'ici, puisque le *Phèdre* lui paraît tout au moins contemporain des grands dialogues dialectiques, *Sophiste*, *Politique*, *Philèbe*, et peut-être postérieur à ces dialogues. M. Robin, examinant à son tour l'hypothèse de Gomperz, a une excellente remarque contre cette rédaction ou cette révision qu'on n'aurait rien fait pour mettre en harmonie avec les dialogues précédents : « Toute la nouveauté en eût consisté dans l'addition ou dans l'emploi de certaines particularités de style qui seraient caractéristiques des derniers ouvrages : point de changement dans le fond, mais un certain nombre de τί μήν, γε μήν, ἀλλὰ... μήν, et c'en serait assez pour adapter d'anciennes idées ou un ancien ouvrage à des circonstances nouvelles, sans lesquelles, en effet, l'hypothèse même d'un changement perdrait toute raison d'être !... *op. cit.* p. 73. » Le même auteur reproche avec raison à Gomperz de n'avoir pas suffisamment distingué entre les deux formes possibles de son hypothèse : œuvre depuis longtemps méditée et tardivement écrite, ou bien œuvre antérieurement publiée et tardivement remaniée. Gomperz en effet présente bien ces deux possibilités dans ses *Penseurs de la Grèce* (p. 444/5). Mais les *Platonische Aufsätze*[1], que M. Robin n'avait pas entre les mains, ne formulent expressément que la dernière alternative : celle d'une réédition. Le ***Phédon*** (76 d. — 100 b.), nous est-il dit (p. 11 et suiv. de la *Separat Abdruck*), suppose une exposition antérieure de la théorie des Idées et succède assurément au ***Phèdre*** ou à la ***République*** ou à tous les deux. Le ***Phèdre***, antérieur au ***Phédon***, est par là même antérieur à toute une série d'autres dialogues : ***Euthydème, Cratyle, Ménexène***, sinon le ***Banquet***. Or, cette position est contredite par les *Sprachkriterien*. Et Gomperz ne trouve, pour sortir de cette impasse, qu'une issue *(der einzige Ausweg)* : l'hypothèse d'un remaniement *(der Phædros in zweiter Bearbeitung vorliegt)*, et se décide nette-

1. Th. Gomperz, *Platonische Aufsätze, I. Zur Zeitfolge Platonischer Schriften.* Wien, 1887. — Extrait des Comptes rendus de l'Académie des Sciences de Vienne (CXIV, 2, p. 741-767).

ment *(undebenklich,* p. 28) pour cette hypothèse. Il ne s'agissait donc bien en 1887 que d'une seconde édition remaniée. Et si, de l'article, on revient au volume, on s'aperçoit qu'en dépit d'une première apparence, c'est cette unique hypothèse du remaniement d'un écrit antérieur qu'envisage directement et adopte finalement l'auteur ; c'est à ce remaniement que s'applique la dernière phrase du texte allemand : « *Das eben dies das Schicksal des Phædros war... u. s. w.* éd. all. p. 342 », où la construction même rend peut-être le sens plus évident que ne le fait la traduction française, pourtant très exacte : « Nous nous sommes déjà efforcé de montrer que tel précisément avait été le cas du *Phèdre.* » On peut donc s'en tenir, parmi les critiques formulées par M. Robin (p. 74/5), à celles qui visent expressément le cas d'une double édition. Il faut convenir qu'elles sont très fortes.

L'hypothèse d'une révision ainsi écartée, la date tardive s'impose pour le *Phèdre.* A ce propos, on eût aimé voir discuter ou tout au moins indiquer la thèse hardie, qualifiée par lui-même d'hérétique, de K. Joel dans les *Philosophische Abhandlungen* dédiées à Max Heinze (Berlin, 1906, *Platos sokratische Periode und der Phædrus,* p. 78 à 91). Le *Phèdre* est, pour K. Joël, le premier ouvrage de Platon, écrit, non dans sa jeunesse, mais à l'ouverture même de sa carrière d'homme, vers 390, *der Phædrus kein Jugendwerk, aber das Erstlingswerk.* La tentative valait d'être notée pour sa hardiesse même et parce que, tout infructueuse que la puissent juger ceux qui voient dans le *Phèdre* plutôt un résumé qu'une préface de la doctrine platonicienne, elle s'accompagne de toute une série d'hypothèses ou de remarques de détail, par exemple sur le caractère et les sources possibles des discours de Socrate. Je ne puis reprocher à M. Robin de ne l'avoir pas discutée ; je sais trop combien il est difficile, et surtout en province, de tout connaître ; mais C. Ritter était mieux placé pour savoir, et peut-être, met une certaine insistance à ignorer Joël. Est-ce parce que Joël diatribe contre l'*Entwicklungsfanatismus* du XIXe siècle ou contre les *Wortzählungen* de la stylistique ? Le silence, en ce cas, est peut-être de bonne guerre : mais c'est de la guerre, et le lecteur y perd toujours un peu.

A qui refuse de considérer le *Phèdre* comme une œuvre de jeunesse, on oppose une tradition que nous ont conservée Diogène Laerce et Olympiodore. Que vaut-elle ? Immisch, qui l'a dernièrement étudiée (*Sitz. Ber. d. sächs. Ges. d. Wiss.*, 1905), a montré combien elle avait été tendancieusement utilisée et conclu pourtant qu'elle reposait sur un fonds très solide. La date tardive n'aurait été imaginée que par la Nouvelle Académie. Alors que Joël s'efforce (*loc. cit.*, p. 90) d'expliquer la tradition, non par les caractères de jeunesse (μειρακιῶδες) du *Phèdre*, mais par le fait de son absolue priorité, C. Ritter s'attache à cette expression pour y trouver le secret de la date traditionnelle : la « jeunesse du style » du *Phèdre* fut d'abord un blâme dans l'intention des rhéteurs qui, par ce reproche, se vengeaient de l'attaque de fond du dialogue contre la rhétorique ; la « jeunesse de l'auteur » fut ensuite utilisée, par méprise, comme excuse par les défenseurs du *Phèdre* (p. 257 suiv.)[1].

La pierre d'achoppement du *Phèdre* ôtée du chemin de la stylistique, faut-il s'attendre à ce que celle-ci nous mène seule au terme ultime de la chronologie ? A l'intérieur des groupes solidement établis par elle, pourra-t-elle fixer l'arrangement des dialogues ? On reconnaît le vrai technicien à l'évaluation modérée et précise de la portée de sa

1. C. Ritter est revenu plus récemment sur ce problème du *Phèdre* : Cf. *Die Abfassungszeit des Phaidros*, Philologus, Bd LXXIII, Heft 3, avril 1915, p. 321-373.

méthode : C. Ritter avoue nettement les impuissances, au moins provisoires, de la stylistique. Lutoslawski croyait pouvoir évaluer, à une décimale près, le degré de parenté de chaque dialogue avec les *Lois* ou le *Timée-Critias*. Mais le matériel classé jusqu'ici ne permet pas, nous dit Ritter, de telles conclusions. Les coefficients obtenus sont ou insignifiants, ou tellement fautifs qu'on ne peut tenir compte que des grandes différences. Il se peut que de nouvelles observations permettent, un jour ou l'autre, une précision plus grande. C. Ritter avoue y avoir longtemps travaillé sans obtenir jusqu'ici aucun résultat solide. *Ich habe viele Zeit an solche gerückt, bin aber bis jetzt zu keinem zuverlässigen Ergebniss gelangt*, p. 261. On ne pourra donc étager les dialogues à l'intérieur des groupes qu'en s'aidant des probabilités acquises par d'autres voies. La succession *République*, *Phèdre*, *Théétète*, s'établit sur de telles vraisemblances, d'ailleurs très fortes. Immédiatement vient peut-être le *Parménide ;* dialogue à qui sa forme originale rend très difficile et problématique l'application de la méthode stylistique, mais que C. Ritter pencherait à dater de cette période pénible de la vie de Platon que marqua le séjour à Syracuse en 367/6. Ce n'est là qu'une hypothèse, mais elle est intéressante. La situation spéciale de Platon expliquerait la forme tourmentée et la conclusion abrupte du dialogue. Le séjour possible du sophiste Polyxène auprès de Denys en cette année 366 expliquerait la mention, dans le *Parménide*, de ce fameux argument du « troisième homme », qui n'amène pourtant point, dans le dialogue, l'abandon de la théorie des Idées, et qu'Aristote, on le sait, reprendra plus tard à son compte. Car c'est à ce sophiste, membre probable de l'école mégarique, qu'Alexandre d'Aphrodise, d'après l'élève immédiat d'Aristote, Phanias, attribue la paternité de l'argument, et l'on sait par ailleurs qu'il fit un long séjour et jouit d'une longue faveur à la cour de Denys. Que l'argument ait servi à Polyxène à combattre, devant Denys, la doctrine de Platon ; que l'argument, qui en imposa même au logicien qu'était Aristote, ait fait une forte impression sur Denys ; que son auteur ait été présent à Syracuse en cette même année 366, hypothèse, à vrai dire, que rien ni n'infirme ni ne confirme par ailleurs ; que Platon y ait trouvé l'occasion d'une réponse immédiate dans son *Parménide :* ce sont là possibilités très intéressantes et qui, sans nous tout expliquer, ne laisseraient pas d'éclairer quelque peu cette obscure question. Laissons ces probabilités à l'honneur et à la charge de M. Ritter. Mentionnons la demi-approbation qu'il donne à la thèse de R. G. Bury (*Commentaire du Philèbe,* Cambridge, 1897, p. xxx), d'ailleurs antérieurement envisagée par lui-même, mais avec réserve, dans ses *Untersuchungen* (p. 49 et suiv.), que le *Philèbe* serait le dernier ouvrage achevé par Platon ; il pourrait être, dit Ritter, contemporain de quelques livres des *Lois*. Revenons plutôt à des questions qui intéressent plus généralement la méthode.

§ 3. *Valeur et portée de la méthode*

Et d'abord à une question qui peut paraître de minime importance, mais qui, en fait, est très intéressante : comment nous expliquer les changements qui se sont opérés dans la manière d'écrire de Platon entre le *Banquet*, d'une part, et, de l'autre, la *République* ou le *Phèdre ?* Il ne suffit pas, pour rendre compte de ces différences, de supposer, après le *Banquet* ou le *Phèdre*, plusieurs années d'inactivité littéraire : entre le *Banquet* et le premier dialogue de jeunesse (on sait que C. Ritter, tend à dater les premiers dialogues du vivant même de Socrate), il a dû s'écouler au moins quinze années, et, dans le cours de ces quinze année, le style de Platon n'a pas subi un pareil changement. On pourrait supposer, après le *Banquet*, une série de voyages qui eussent élargi la pensée et modifié le style même de Platon. Mais les grands voyages et les longues absences sont d'une période très antérieure : après 388, il semble que Platon demeure longtemps en repos à Athènes. Faut-il attribuer ce changement de style à la pratique du professorat ou bien à l'étude d'ouvrages étrangers ? C. Ritter n'ose se décider et se borne à postuler, entre le *Banquet* et le *Phèdre* comme aussi entre le second et le troisième ou dernier groupe, un intervalle de plusieurs années. Pourtant il ne peut laisser de mentionner en note les intéressantes recherches de Dittenberger (*Hermes*, xvi, 334 suiv.) qui attribue, à la familiarité récente de Platon avec la langue commune sicilienne, la fréquence des « τί μήν ; » comme forme d'affirmation dans les dialogues des second et troisième groupes. Les rares fragments d'Épicharme et de Sophron nous sont, en effet, témoins de la fréquence de cette particule dans la langue ordinaire de Syracuse. Et C. Ritter accorde qu'Épicharme et Sophron, qui devinrent les poètes favoris de Platon, ont dû de plus en plus influer sur son style. Il va plus loin : il montre que le développement postérieur de la langue platonicienne a dû être influencé par l'étude de Parménide, dont les poèmes contiennent beaucoup d'expressions caractéristiques du dernier style, et note enfin que bon nombre de ces expressions se retrouvent chez Aristophane. Il n'y a là que des indications, mais des indications très précieuses. Ce n'est pas tout de constater une évolution dans la langue platonicienne et de s'en servir pour sérier les dialogues et dater ainsi les étapes d'une évolution, beaucoup plus importante, dans la philosophie platonicienne. Cette évolution linguistique a, peut-être après certains tâtonnements, un long cours paisible, puis une ou plusieurs brusques ruptures précédant ou interrompant son dernier cours. La stylistique a certes le droit de partir de ce fait linguistique comme d'un fait brutal et bien constaté et de l'appliquer, sans plus, comme critère chronologique. Mais n'aura-t-elle pas d'autant plus de valeur comme méthode qu'elle pourra se poser plus nettement comme science ? A ce compte, l'ambition pour elle est légitime et quelque peu obligatoire d'expliquer le fait brutal et de rendre raison des innovations brusques et des transformations durables de la langue platonicienne.

Une question plus grave s'est posée pour elle il y a quelques années et, d'après certains même, elle se poserait encore : la question d'existence. Y a-t-il, peut-il y avoir une méthode stylistique ? A-t-on le droit de demander aux observations linguistiques, faites ou à faire, des conclusions chronologiques ? On le sait, c'est par une négation de principe que répondait E. Zeller. A cette opposition absolue, renouvelée en de nombreux articles, C. Ritter avait répondu, en 1903, par une étude d'ensemble[1]. On ne peut que lui savoir gré d'avoir fait entrer en ce nouveau volume les principaux arguments de sa défense. Les relever tous ici serait inutile. Sur l'accord merveilleux de tant d'études divergentes, sur l'harmonie des résultats stylistiques avec les quelques faits solidement établis par ailleurs, le lecteur français trouve, dans Gomperz (p. 303/4), des indications excellentes, encore qu'un peu brèves : de cet accord et de cette harmonie, C. Ritter, répondant aux reproches d'inconséquence et de contradiction formulés par Zeller, donne la preuve abondante (p. 238 à 250). Mais on accuse la méthode d'une inconséquence de principe : pourquoi, dans la multitude des élé-

1. *Die Sprachstatistik in Anwendung auf Platon und Goethe*, Neue Iahrbücher für Philologie, 11, p. 241-261 et 313-325. Cet article a été réimprimé dans les *Neue Untersuchungen* (München, 1910), p. 183-227.

ments variables de la langue platonicienne, s'attacher à certains en négligeant les autres ? En soi, reconnaît Ritter, une particule a, tout autant qu'une autre, valeur d'indice, et c'est en cela que Zeller a raison. Avec μήν tout seul, on ne pourrait rien prouver, pas plus qu'avec ὅτι ou ὡς ou même avec la fuite de l'hiatus, parce qu'à chacune de ces particules s'en peut toujours opposer une autre, en soi d'égale valeur, et dont la considération pourrait conduire à de tout autres résultats. Mais cette égalité de valeur ne subsiste que tant qu'il n'y a pas accord de cette unité linguistique quelconque avec une seconde ou une troisième. C'est cet accord entre particularités en soi indépendantes qui supprime le caprice, l'accident, le hasard, et, à leur place, permet d'introduire une loi. « Quand précisément les mêmes dialogues qui évitent l'hiatus, et ces dialogues seuls, emploient de préférence à tout autre une forme déterminée d'affirmation — quand ces dialogues, en certains cas fréquemment répétés, usent volontiers de ὡς, là où d'autres adoptent exclusivement ou plus généralement ὅτι — quand un grand nombre d'autres observations dénoncent sans cesse une parenté de plus en plus étroite des mêmes dialogues — alors le choix n'est plus libre entre le groupement fondé sur de tels accords et tout autre groupement que fonderait la considération exclusive d'une individualité linguistique quelconque prise comme indice. La concordance de direction entre ces tendances multiples, quelles que soient les oscillations inévitables qui les distinguent, est absolument décisive... » (p. 243). On ne saurait mieux dire, surtout quand on a conquis le droit de parler sur ce difficile problème par ce lent et minutieux labeur dont, par exemple, le premier chapitre des *Untersuchungen* nous expose si clairement la méthode et les résultats.

En ce même chapitre des *Untersuchungen* (p. 28), C. Ritter

offrait comme tâche, dès 1888, aux adversaires de la stylistique, un travail de contrepartie très intéressant. Expliquer, disait-il, la variation du style par le caprice de l'auteur, serait, à la rigueur, possible pour quelques détails isolés. Mais la plupart des changements que le temps apporte au style d'un écrivain échappent à la conscience même de cet écrivain. Il ne pourrait plus, après quelques dizaines d'années, se réapproprier son style antérieur : ne lui faudrait-il pas, pour cela, une étude aussi longue et aussi pénible que celle à laquelle s'assujettissent les critiques qui, aujourd'hui, dissèquent minutieusement ce style à eux étranger ? Et quel frivole emploi de son esprit pour un écrivain, que cet effort à se pasticher lui-même, sans autre but plus sérieux que cette vaine reproduction ? Puisqu'il reste des incrédules et des adversaires, que l'un d'eux se donne donc la peine d'étudier, par cette méthode stylistique, les œuvres d'un auteur ancien ou moderne, à son choix. Une fois ce travail fait — qui exige labeur et temps — il reviendra bien vite de son opposition.

Cette épreuve, Zeller l'exigeait de son côté , mais sur un auteur moderne, à propos duquel les résultats d'une recherche stylistique pussent être directement et clairement comparés avec les dates connues de ses œuvres. Le défi n'a été relevé, que je sache, par aucun des contradicteurs de C. Ritter, mais bien par Ritter lui-même, dans l'*Euphorion* de 1903[1]. De ce travail, le présent livre nous donne les résultats en quelques pages très claires (p. 250 à 254). Ritter a pris, dans la prose de Gœthe, 325 pages de texte des années 1770 à 1775, 80 pages des années 1794 à 1804 et 265 pages des années 1812 à 1827. Lui-même avoue que le

1. *Die Sprachstatistik in Anwendung auf Goethes Prosa* (Euphorion, X, p. 558-578). Les tableaux et listes stylistiques y sont beaucoup plus détaillés que dans les Neue Jahrbücher.

succès a dépassé ses espérances. Nous ne pouvons reproduire ni ces tables ni le résumé qu'en offre son volume. Prenons un seul exemple : les adverbes *deshalb* et *jedoch.* Dans les 325 pages des œuvres de la période de Francfort, premier groupe constitué par des écrits de toutes sortes (lettres, extraits de Werther, articles sur l'Art, Première esquisse de l'histoire dramatisée de Gottfried de Berlichingen, *Clavigo, Satyres, les Dieux, les Héros* et *Wieland*), Ritter n'a pu découvrir nulle part ces adverbes. Dans 80 pages du deuxième groupe, *deshalb* apparaît une fois (dans une recension de la *Iena Literaturzeitung*) ; *jedoch* n'apparaît pas. Dans le premier morceau du troisième groupe, que remplissent 40 pages du IVe livre de *Dichtung und Wahrheit,* on trouve six fois *deshalb,* huit fois *jedoch* ; à partir de là, les deux adverbes demeurent et sont employés fréquemment. Or, les différents synonymes des deux particules sont à peu près d'égale fréquence dans les œuvres de vieillesse et les œuvres de jeunesse. Comment voir, dans ces variations, le caprice de l'écrivain et non l'œuvre inconsciente du temps, quand, par exemple, le *Werther* de 1774 emploie bien *aber, allein, dagegen, doch,* mais jamais *jedoch;* quand *jedoch,* que ne paraissent pas connaître encore les *W. Meisters Lehrjahren,* fourmille dans le roman suivant, les *Wanderjahren,* et se présente cinq fois sur 27 pages des *Novellen ;* et quand la présence ou l'absence de cette insignifiante particularité servent encore à séparer les lettres de 1771 et de 1815 ?

L'épreuve est faite, semble-t-il ; et, s'il restait encore quelque *desideratum,* ce serait, pour le lecteur français, de voir faire ce travail, d'une façon évidente pour nous, sur quelqu'un de nos auteurs classiques. Mais la stylistique, à tout prendre, n'en tirerait qu'un gain négatif : ne plus s'entendre refuser *a priori* le droit à l'existence. Un gain plus positif sera pour elle de s'affirmer de plus en plus existante à mesure que ses observations gagneront en étendue et en profondeur. On ne peut que désirer le succès d'une méthode qui vise à établir une chronologie platonicienne par des critères étrangers à tout subjectivisme doctrinal[1]. Ceux-là même doivent le désirer davantage qui s'efforcent de se soustraire à tout engouement, qui n'acceptent pas de confondre en une même approbation les faits chronologiques établis par cette méthode et les inductions doctrinales qu'on y superpose ou qu'on qu'on y glisse inconsciemment. Il y a, dans les conclusions un peu fougueuses de Lutoslawski et même dans les calmes et prudentes études de Campbell, une distinction à faire entre les découvertes linguistiques et l'exégèse ; celle-ci surajoutée à celles-là bien plutôt qu'elle n'en est extraite, souvent aventureuse chez l'un, d'ordinaire sage et mesurée chez l'autre, mais toujours exégèse et, comme telle, faillible et sujette à discussion. C'est peut-être parce qu'on oublie ces distinctions nécessaires, que risquer aujourd'hui un doute sur certains points de doctrine prétendûment établis par la critique moderne est s'exposer à se voir, dès l'abord, accablé sous une avalanche de noms imposants et à faire figure de celui qui voudrait, comme eût dit Platon, κινεῖν τὰ εὖ κείμενα. Et je suis convaincu que, plus la stylistique multipliera ses

1. Depuis l'époque où ces pages furent écrites, L. Parmentier a publié sa remarquable étude sur *La Chronologie des Dialogues de Platon* (Extrait des Bull. de l'Acad. roy. de Belgique, Classe des Lettres, nº 5, p. 147-173, 1913). Il y montre que les conclusions de la stylistique « ont besoin d'être vérifiées à l'aide de critères obtenus par d'autres voies ». Ces critères, qui échappent eux aussi à toute subjectivité, sont le milieu où se passe la scène du dialogue, la personnalité des interlocuteurs, l'époque et les circonstances où ils nous sont présentés. L. Parmentier estime que le caractère même de ses dialogues interdisait à Platon de mettre en scène des contemporains vivants. Il vient d'appliquer très heureusement ce principe à un cas concret en étudiant *L'Age de Phèdre dans le Dialogue de Platon* (Bulletin de l'Association Guillaume Budé, nº 10, janvier 1926, p. 8-21). La méthode est très heureuse et promet d'être féconde.

gains positifs et se rendra capable d'établir, par ses propres moyens, une chronologie précise des dialogues, plus aussi elle deviendra clairvoyante en ses ambitions et se refusera aux affirmations qui dépassent le champ de son travail et de sa vision directe. On n'en sera que plus à l'aise pour examiner si, parallèlement à ces brusques ruptures et à ces innovations durables qui brisent ou modifient le cours de la langue, il faut aussi admettre des hiatus profonds et des révolutions totales dans l'évolution de la doctrine.

Qu'on me pardonne la *delectatio morosa* qui m'a fait m'attarder à cette question de méthode : c'est une question actuelle et grave, et quelle meilleure occasion d'en parler un peu à l'aise que ce livre d'un initiateur qui est demeuré l'un des plus compétents spécialistes ? Mais je ne voudrais pas omettre de dire qu'il y a bien autre chose dans ce volume de Ritter. De l'excellent, dans cette longue étude sur la vie de Platon, minutieuse et fouillée, riche en aperçus nouveaux et qui sait utiliser avec prudence le trésor, un peu mêlé parfois, des lettres platoniciennes, aussi bien que les rares et précieuses allusions des comiques. Du très fidèle et très bien rendu, dans ces analyses de dialogues (Lachès, Hippias minor, Protagoras, Charmide et Hippias major, Euthyphron, Apologie et Criton, Gorgias, Euthydème, Cratyle et Ménon, Ménexène, Lysis et Banquet, Phédon), analyses à l'exactitude desquelles pouvaient s'attendre tous ceux qui ont lu les petits livres antérieurs de Ritter. Du subjectif, aussi, je crois, parmi des vues très intéressantes (v. g. la tautologie de l'explication du devenir dans le *Phédon*), dans la conception de la théorie des Idées qui s'annonce au dernier chapitre. M. Ritter, convaincu déjà, par ses études antérieures, que les derniers dialogues ne renferment rien de semblable à « ce qu'on appelle d'ordinaire la théorie des Idées, *der sogenannten Ideenlehre* » (p. 577), nous déclare aujourd'hui que le cas est le même pour les écrits de la première période : on y chercherait en vain « cette doctrine fantastique » pour qui l'objet du concept logique doit, comme tel, avoir une réalité propre et subsistante. Du *Banquet* et du *Phédon* on se débarrasse à l'avance par une explication facile : leur exposition est mythique. Car, on l'avoue, la teneur de certaines phrases du *Phédon* est de nature à suggérer facilement « des représentations fantastiques, *phantastische Vorstellungen* ». La faute d'Aristote a été précisément de prendre à la lettre ces métaphores, et la faute de beaucoup de modernes d'accepter sans discussion son interprétation. Quelle est donc la conception de C. Ritter ? L'Idée platonicienne est pour lui ce qu'est l'*Urphänomen* de Gœthe, le concept de race de Chamberlain : l'expression symbolique d'un principe formel, d'une loi de formation. Une telle interprétation exige pas mal de sacrifices dans la doctrine platonicienne. Pour bannir de l'au delà le royaume des Idées *(die Lehre von dem jenseitigen Ideenreich*, p. 586), on déclare à l'avance qu'il faut traiter comme doctrines mythiques la préexistence, la réminiscence et l'immortalité personnelle. Tout cela pour la simple raison fréquemment répétée : la conception ordinaire (entendez : objective) de la théorie des Idées est par trop fantastique. Et de quel droit, je me le demande, refuser à un auteur antique, eût-il, si possible, plus de génie encore que Platon, la permission de s'arrêter à des théories qui, pour nous, sont fantastiques ? Que seront donc beaucoup des nôtres dans deux mille ans ? Mais il vaut mieux, pour une discussion approfondie de la question, attendre le second volume de C. Ritter ; nous pouvons être assurés à l'avance qu'il nous fournira matière à une étude intéressante[1].

1. Ce second volume est paru en 1923 (*Platon*, Bd. II, in-8°, XV et

§ 4. *Les Lettres de Platon*[1]

Le recueil des lettres platoniciennes est fait de treize lettres, ou plutôt de douze, car la treizième est adressée par Dion au roi Denys. Elles sont, nous dit C. Ritter (*op. cit.*, p. 8 et p. 199), très inégales en étendue aussi bien qu'en valeur. La dixième a huit lignes, la douzième douze, la septième 1052 lignes, c'est-à-dire 32 pages de l'édition Teubner. A l'adoption ou au rejet des lettres courtes, où il y a trop peu de matière stylistique ou doctrinale pour permettre un jugement sur l'authenticité, nous n'avons rien à gagner ni à perdre. Les plus longues contiennent, au contraire, des renseignements détaillés sur la vie de Platon, particulièrement sur les trois voyages de Sicile et les rapports de Platon avec Denys le Jeune ou Dion. La septième renferme, en outre, une exposition doctrinale approfondie. On sait que Zeller abandonnait résolument le recueil entier des lettres (*Die Philosophie der Griechen* II, 2, 4e éd. p. 483, et *Arch. f. Gesch. d. Phil.* I, 4). W. Christ (*Griechische Literaturgeschichte*, 4e éd. p. 468-469) restait encore attaché, dans son manuel, à l'authenticité de la treizième lettre, défendue par lui dans ses *Platonische Studien* (p. 25 et suiv.) ; je ne sais s'il a modifié sa position dans la dernière édition, qui me manque[2]. Mais la question a été remise sur le tapis assez récemment. Après Blass, qui supposait l'authenticité du recueil entier (*über die Zeitfloge von Platons letzten Schriften* 1903), J. Ber-

910 p.), et les circonstances ne m'ont pas permis d'en faire l'examen détaillé que je projetais. Cf. mon édition du *Parménide*, p. 52, note 2.

1. Rudolf Adam, *Ueber die platonischen Briefe* (Arch. XXIII, 1, p. 29 à 52).

2. La 5e et 6e édition (1908 et 1912), faites après la mort du Christ, se bornent à dire que les lettres ne sont peut-être pas toutes apocryphes, bien que la majorité des critiques incline à les condamner.

THEAU, dans sa dissertation *de Platonis epistula VII*ª (Halle, 1907) inclinait à son tour vers cette acceptation générale[1]. P. WENDLAND (*Berl. Phil. Wochenschrift* 1907, p. 1014 à 1020) répondait par une négation générale et décisive. Il y a, chez M. C. RITTER, une véritable indignation contre la thèse de l'authenticité générale et le renfort qu'elle apporte à certaine « mesquine et philistine conception du Platonisme » (*op. cit.*, p. 213). Pour lui, il n'y a d'authentiques que la troisième, la septième en majeure partie (abstraction faite de la digression philosophique), et la huitième : toutes lettres écrites ou de la main de Platon ou de la main d'un de ses plus proches disciples. Le sujet est intéressant. Nous y pourrons revenir quelque jour à l'occasion des *Neue Untersuchungen* de C. Ritter, que je n'ai pas encore sous la main[2].

Quelle est, en attendant, la position de M. Adam ? Elle est originale par la méthode qui lui sert d'appui. On a négligé, nous dit-il, les indications de HERMANN, et ce fut à tort : les emprunts des lettres aux dialogues sont le meilleur critère dans la question. M. Adam dresse, dans le présent article, la liste complète des emprunts.

Le premier résultat de cette comparaison des lettres avec les dialogues est d'établir définitivement (*endgültig*, p. 28) l'inauthenticité des deuxième, troisième et huitième lettres. La deuxième et la troisième ne sont que de maladroites imitations de la septième ; l'imitation devient, à certains

1. Dans le même sens, H. RAEDER, *Ueber die Echtheit der Platonischen Briefe*, Rhein-Mus. 61 (1906), p. 427-471 et 511-542.

2. C. RITTER, *Neue Untersuchungen über Platon*, München, 1910. La question est traitée au long dans la section VII, *Die dem Plato und Speusippos zugeschriebenen Briefe*, p. 327-424. Pendant qu'il corrigeait les dernières épreuves de cette section, C. Ritter put connaître l'article de R. Adam, mais n'y trouva rien qui dût le faire changer d'avis en quoi que ce fût » (Note 112).

passages de la troisième, une reproduction tellement littérale qu'on peut s'en servir pour amender le texte de cette septième lettre qui sert de base. L'épistolier utilise en outre le *Charmide*, l'*Epinomis*, le *Phèdre*, le *Politique*, l'*Apologie*. L'auteur de la huitième lettre imite d'une façon plus intelligente. Il a un but sérieux. Il veut donner à ses compatriotes les conseils que leur eût donnés Platon et, pour le mieux faire, prend le masque de Platon. Mais, dans la description de la situation politique, il s'oublie à mêler des circonstances du temps de Timoléon à celles du temps de Platon. Il a donc dû vivre après la restauration de Timoléon, à peu près au temps où Agathoclès s'empara du pouvoir. La lettre, qui imite, elle aussi, surtout la septième lettre et, par ailleurs, cinq ou six pages des *Lois*, ne serait pas, en elle-même, au jugement de M. Adam, indigne de Platon (p. 34), ce qui nous fait comprendre l'attitude favorable de M. Ritter à son égard. Les petites lettres présentent évidemment moins d'emprunts ; ils sont les plus nombreux dans la cinquième et la onzième.

Quant à la septième, si souvent utilisée par les faussaires, n'est-elle pas elle-même une falsification ? Nous avons vu que Wendland l'affirmait et, M. Adam nous en informe d'après une communication personnelle de M. Wendland, l'opinion de celui-ci n'a pas varié. M. Adam, par contre, prétend sauver cette lettre « la plus importante de toutes ». Non seulement Cicéron et Plutarque, mais aussi Salluste l'utilisent « comme un bien platonicien ». M. Adam découvre, en effet, dans le troisième chapitre de l'introduction à la guerre de Jugurtha, une paraphrase de cp. 7, p. 331 c d. Je ne puis, malheureusement, avoir sur la question aucune opinion personnelle ; mais je ne sais pas s'il n'y a pas un certain écart entre le fait de citer, comme Cicéron (*ad fam.* 1. 9. 18), ou surtout de paraphraser, comme Salluste, une phrase de la septième lettre, et la reconnaissance de cette lettre comme un « bien platonicien ». L'emprunt du mot πλάνη à cette lettre dans un phrase fameuse d'Aristoxène (Eusèbe, *Praæp. ev.* 15, 2), pour désigner le troisième voyage de Platon, nous donnerait, certes, un témoignage très proche et très probant. Mais le fait de l'emprunt est-il absolument certain ? S'offre-t-il même comme la seule solution probable de l'étrangeté de l'expression ? Si la lettre a pu comparer les voyages de Platon aux « errances » d'Ulysse, le mot ne pouvait-il venir tout seul sous la plume d'un biographe, même sans la lettre et sans que fût exprimée la comparaison ? Mais M. Adam ne s'en tient pas à ces preuves et s'engage dans une réfutation minutieuse des arguments apportés contre l'authenticité. Karsten reprochait à la septième lettre ses arguties de rhétorique, sa redondance, ses périodes mal bâties, son impropriété dans les mots. Or, ces défauts ne font que rendre plus frappante la ressemblance de style récemment prouvée entre la lettre et les derniers dialogues. Les obscurités et les contradictions que dénonce Karsten auraient, pour la plupart, disparu à une lecture un peu moins rapide que ne fut la sienne. Certaines données que Karsten trouvait en désaccord avec les faits historiques, quand elles ne sont pas simplement dues à une erreur de lecture du critique, sont aujourd'hui confirmées ; les cinquante et un archontes de la lettre (324c) ont été retrouvés, avec le même nombre et le même rôle, dans la *République athénienne* d'Aristote. Les désaccords affirmés entre la lettre et les dialogues sont tout aussi imaginaires. Enfin les prétendus emprunts aux dialogues ne sont qu'un parallélisme fréquent de doctrine et, par suite, de langage. La grande faiblesse de la lettre, avoue R. Adam, est dans sa composition ; mais, si la force de Platon est dans le dialogue, sa faiblesse n'est-elle pas précisément dans la composition des grands ensembles ?

A cette réfutation, M. Adam a voulu joindre une partie positive et se demande quels renseignements on peut tirer des lettres pour la date respective des dialogues. Notons, pour le *Phédon*, la date de l'été 367, qui se fonderait sur une citation du dialogue (ἐν τῷ περὶ ψυχῆς λόγῳ, 363 A) dans la treizième lettre; pour le *Timée*, le *Sophiste* et le *Politique*, la date 366; et c'est peut-être demander beaucoup de précisions à une lettre apocryphe. Mais ce qu'il y aurait de plus important serait l'hypothèse d'une double édition de la *République*, fondée sur une citation bien apparente de la *République* (473 D) au début de la septième lettre (326 A). D'après la lettre, Platon, dès avant son premier voyage de Sicile (388), se vit contraint de déclarer que la race humaine ne serait délivrée de ses maux qu'à la fameuse condition : ou que les philosophes gouvernent, ou que les gouvernants « philosophent » ; maxime paraphrasée d'ailleurs dans les *Lois* (712 A) et dans un style plus voisin de celui de la lettre que de celui de la *République*. L'« Ur-Politeia » aurait compris notre quatrième et cinquième livre avec quelques chapitres du second et du troisième, c'est-à-dire à peu près les mystérieux *duo fere libri* des *Nuits Attiques* (14, 3) *qui primi in vulgus exierant*. Elle eût contenu précisément la théorie communiste, qui, pour M. Adam, a fourni matière à l'*Assemblée des femmes* d'Aristophane. Elle aurait enfin été publiée au retour d'Égypte en 390. Le premier voyage en Sicile pourrait donc bien avoir été inspiré, comme le dit Plutarque, par le désir qu'avait Platon « de mettre en œuvre et en lois ses doctrines ». Hypothèses plus qu'ingénieuses, d'ailleurs intéressantes, et qui demanderaient, avant tout, que nous eussions sur l'authenticité des lettres, et même de la septième, dont toutes les parties ne sont peut-être pas d'égale valeur, des conclusions un peu plus solides. M. Wendland nous promet précisément une étude générale sur les lettres. On ne peut que l'attendre avec impatience[1].

---

1. P. Wendland est mort avant de pouvoir donner l'étude générale promise. Relevons les études générales les plus récentes : W. Andreae, *Die philosophischen Probleme in den Platonischen Briefen*, Philologus, LXXVIII, 1, (1922), p. 34-88. — J. Souilhé, *Pour interpréter Platon*, Archives de Philosophie, I, 1 (1923), p. 6-24. — Ernst Howald, *Die Briefe Platons* (introduction et traduction, in-8°, XII et 196 p., Zurich, 1923). — L.-A. Post, *Plato's XIII Epistles*, introduction, traduction et notes, petit in-16, 167 pages avec index, dans *Oxford Translation Series*, Clarendon Press, 1925. Enfin, J. Souilhé va publier incessamment les Lettres de Platon dans la Collection G. Budé, avec introduction, texte, traduction et notes (*Œuvres complètes de Platon*- tome XIII, 1re partie).

CHAPITRE II

Une Édition nouvelle de Platon
Les premiers Dialogues[1]

La collection complète d'auteurs grecs et latins que publie la Société d'Édition « Les Belles-Lettres » ne pouvait choisir un meilleur patronage que celui de Platon. Celui-ci « n'est pas seulement le plus grand des Socratiques : c'est un des maîtres éternels de l'art et de la pensée[2] ». Son nom s'offrait tout naturellement si l'on voulait, par les première œuvres imprimées, attester les intentions à la fois scientifiques et littéraires et la portée hautement éducatrice de l'entreprise nouvelle. Les deux premiers volumes de la collection nous ont donc apporté l'édition et la traduction des premiers dialogues de Platon. L'accueil empressé que notre public a fait à ces deux volumes est, certes, un hommage mérité à la science à la fois profonde et aisée, au talent si français, tout d'élégance, de mesure et de clarté. que les lecteurs de l'*Histoire de la Littérature Grecque* étaient assurés de retrouver en des éditions de Platon signées de MM. Maurice et

1. Platon, *Œuvres complètes*. Tome I. Introduction. Hippias Mineur. Alcibiade. Apologie de Socrate. Euthyphron. Criton. Texte établi et traduit par Maurice Croiset, Paris, Société d'Edition « Les Belles-Lettres », 1920. — Tome II. Hippias Majeur. Charmide. Lachès. Lysis. Texte établi et traduit par Alfred Croiset, Paris, Société d'Edition « Les Belles-Lettres », 1921.

2. Alfred Croiset, dans l'*Histoire* de *la Littérature Grecque*, t. IV, 2e édit., 1900, p. 257.

Alfred Croiset. Mais ce succès donne aussi le plus heureux démenti aux dires, bien intentionnés d'ailleurs, des écrivains qui prétendaient naguère qu'on ne lisait plus Platon, ou qu'en classe, « très partiellement, très superficiellement, par acquit de conscience, c'est-à-dire peu consciencieusement et avec le commencement du ferme propos de n'y plus revenir[1] ». Si cela fut quelque peu vrai un jour, le démenti actuel serait une preuve de plus que l'âme française se sent revenue à son étiage normal, à la hauteur de tout ce qui est beau et grand.

§ 1. *Tradition manuscrite et critique textuelle*

Un jeune savant, prématurément enlevé aux études platoniciennes où il aurait fourni une carrière si brillante, Henri Alline, nous a laissé, dans une synthèse qui rassemble et domine une somme d'érudition extraordinaire, l'histoire du texte de Platon et de la tradition manuscrite jusqu'à la renaissance byzantine et occidentale[2]. Après avoir suivi le développement de cette longue tradition et montré comment l'histoire du texte est intimement liée à celle du Platonisme, et quelquefois à celle de l'hellénisme et de la civilisation en général, il arrivait à formuler des conclusions d'ensemble très rassurantes. « Notre tradition médiévale se rattache à un exemplaire d'édition savante, soigneusement recensé, et sans doute en usage dans l'école néoplatonicienne d'Athènes ou très voisin de ceux qu'on y lisait. Il est probable que cette édition reproduisait le texte de l'édition publiée

1. E. Faguet, *Pour qu'on lise Platon*, p. 2.
2. Henri Alline, *Histoire du texte de Platon*, 218e fascicule de la Bibliothèque de l'École des Hautes-Etudes. Paris, Champion, 1915, Cf. l'article de M. Maurice Croiset sur cet ouvrage dans le *Journal des Savants*, avril 1917, p. 145-156.

chez Atticus par Dercyllidès et considérée, peu après son apparition, comme l'édition savante définitive de Platon. Cette édition n'était elle-même qu'un remaniement de la grande édition critique d'Aristophane de Byzance. Mais les Alexandrins, nous le voyons de plus en plus clairement, se rattachaient à une tradition préexistante. La critique prudente et conservatrice d'Aristophane de Byzance, apportant à cette tradition quelques corrections nécessaires, a transmis aux âges suivants un texte établi dans les meilleures conditions d'intégrité et d'authenticité[1] ». Fort de ces conclusions, H. Alline assignait à l'éditeur des dialogues une tâche assurément complexe et délicate, mais de plus en plus réalisable : « retrouver la forme la plus pure et la plus complète de la tradition médiévale... et, par la comparaison de cette forme primitive de la tradition médiévale avec l'ensemble de la tradition antique, retrouver enfin le texte original. Grâce à la continuité de la tradition platonicienne, nous pouvons espérer y parvenir ; grâce à la fidélité de cette traduction, il nous est possible de restituer, en tous ses détails, le texte authentique de Platon. »

La tradition médiévale comprend trois familles de manuscrits, dont les représentants les meilleurs ou les plus notables sont le Bodleianus ou Clarkianus (famille B), le Parisinus A et le Venetus T (famille AT), enfin les manuscrits de Vienne Y, W et F (troisième famille). « Nos deux meilleurs manuscrits de Platon, le Parisinus A et le Bodleianus B, qui prennent place en même temps parmi les plus anciens manuscrits byzantins, se rattachent... à des recensions faites au IXe siècle, dans l'entourage de Photios ou sous l'influence du mouvement d'érudition dont il avait été le promoteur ; et c'est de l'excellence de ces recensions qu'ils

1. H. Alline, *Histoire du texte de Platon*, p. 230.

tirent une grande partie de leurs mérites[1]. » Ce sont eux qui, nous dit M. Maurice Croiset dans la préface de son édition, « paraissent reproduire le plus fidèlement un archétype aujourd'hui perdu, écrit probablement au VIe siècle de notre ère et d'où procéderaient aussi nos autres manuscrits[2]. » On comprend ainsi que le Parisinus A et le Bodleianus B aient servi de base à la présente édition et que, des autres manuscrits, elle ait surtout pris en considération le Venetus T, qui complète le Parisinus A, et le Vindobonensis W, lequel, encore que tardif et ne remontant pas plus haut que le XIIe siècle, « offre parfois des variantes qui se recommandent à notre attention[3]. » Les dialogues que contiennent les deux premiers volumes manquent dans le Parisinus. Le texte de ces dialogues, *Premier Alcibiade*, *Apologie*, *Euthyphron*, *Criton*, *Charmide*, *Lachès*, *Lysis*, a donc été collationné sur la phototypie du Bodleianus publiée par M. Allen[4]. Le texte des deux *Hippias*, qui manque dans le Bodleianus aussi bien que dans le Parisinus, a dû être suppléé par le Venetus T. Pour tous ces dialogues, enfin, le texte des manuscrits de base a dû être parfois corrigé à l'aide des variantes fournies par W et, spécialement pour le *Petit Hippias*, par un autre manuscrit de la troisième famille, F, qui offre, ici, « plusieurs leçons manifestement meilleures[5] ».

Il y a, dans le *Philèbe*, une allusion plaisante à un proverbe antique, dont la trace est, d'ailleurs, fréquente dans les dialogues : Φίληβον δ'ἴσως κράτιστον... μὴ κινεῖν εὖ κείμενον[6].

1. *Idem*, p. 226.
2. PLATON, *Œuvres complètes*, t. I, Introduction, p. 15.
3. PLATON, t. I. Introduction, p. 16.
4. Th. G. ALLEN, *Plato, Codex Oxoniensis Clarkianus* 39, phototypice editus. 2 vol. in-f°. Lugduni Batavorum, Sijthoff, 1898.
5. PLATON, t. I, p. 25.
6. PHILÈBE, 15 C.

C'est un conseil qu'on serait tenté de répéter à bien des critiques. La règle sage qu'il formule est proclamée par M. Maurice Croiset avec toute l'autorité que lui donne sa longue expérience du métier d'éditeur. Ces manuscrits les plus anciens nous offrent « un texte qui est en général satisfaisant. On s'est donné pour règle de le reproduire, partout où il n'est pas manifestement fautif[1] ». Les lecteurs qui prendront la peine de consulter l'apparat critique de la présente édition pourront vérifier à chaque page avec quel respect judicieux le texte des manuscrits a été traité. Cet apparat critique n'a pas été dressé pour des philologues de profession. Il n'avait donc point la prétention d'être complet. Il en avait une autre, beaucoup plus difficile à réaliser : établir un choix, non seulement entre les variantes des manuscrits, mais aussi entre les corrections, les tentatives et les suggestions dont la critique, si on la laissait faire, aurait bientôt recouvert et submergé le texte de Platon. Trier l'essentiel ; ne relever que ce qui porte avec soi la marque du vrai ou, au moins, du plus vraisemblable ; ignorer délibérément les essais qui n'ont plus qu'un intérêt d'histoire ; opposer une tranquille fin de non-recevoir aux amputations obstinément tentées sur le texte platonicien au nom d'un code trop étroit de grammaire ou de critique ; c'est là une tâche délicate, et la plus grosse partie du labeur qu'elle coûte est destinée à rester dans l'ombre. Et puis, tout choix est périlleux. Quelle que soit la science de l'éditeur, le choix relève, en dernier ressort, d'un jugement personnel qu'un autre jugement personnel pourra trouver trop large ou trop rigoureux. La seconde édition de ces deux volumes, qui ne peut manquer d'être proche, aura peut-être à faire entrer dans le texte ou dans l'apparat certaines corrections ou

1. Platon, t. I, Introduction, p. 15.

certaines suggestions[1]. Mais j'avoue n'avoir point constaté sans une joie réelle l'absence fréquente des « secl. Cobet, secl. Badham » dans les endroits où ces maîtres d'une critique assurément très érudite et très géniale, trop géniale, ont voulu découvrir des interpolations ou des gloses. C'est pour des critiques de même école que Lewis Campbell, ce juge modeste et ce fin connaisseur de la langue platonicienne, écrivait cette remarque : « Les éditeurs qui ont mis entre crochets toutes les phrases difficiles à resserrer dans le cadre étroit de la logique devraient bien réfléchir un instant et se demander si de telles « excroissances » ne sont pas attribuables à l'exubérance native de la conversation athénienne en ses heures de loisir[2] ». En mainte édition moderne, certaines pages du *Sophiste* ou du *Philèbe* ont tout l'aspect d'une marqueterie, et c'est peut-être dans les dialogues de cette période que la rage de faire parler Platon en phrases d'une correction avare et guindée s'est déchaînée le plus au large. Platon a revendiqué très hautement la liberté de champ et d'allure pour la parole du philosophe[3], Sa phrase ne redoute pas toujours la surcharge. Elle ne recule point devant l'accumulation d'infinitifs mutuellement subordonnés, et, pour cette raison, il y a un endroit du *Charmide* où j'aurais préféré ne point voir accepter les crochets qu'a imaginés Badham[4].

1. *Hippias Mineur* 368c5 ἐπειδὴ τὴν ζώνην... (ἐπειδή secl. Ast, an recte ?)... lire probablement ἐκείνην. » — *Apologie*, 38d9 καὶ τοῦ μὴ ἐθέλειν. H. Richards (*Platonica*, 1911, p. 13) n'a-t-il pas raison de suggérer τῷ μὴ ἐθέλειν, parallèle d'ἀπορίᾳ ? — *Apol.* 39b3 οἱ δ'ἐμοὶ κατήγοροι ἅτε δεινοὶ καὶ ὀξεῖς. M. Belage (Mnemosyne, vol. XLVII, p. 158-9, cf. *Revue des Revues et publications d'Académies relatives à l'antiquité classique*, 1919, p. 109, 27) a proposé tout récemment ἅτε νέοι (cf. 39b2 βραδὺς ὢν καὶ πρεσβύτης).

2. L. Campbell, *On Plato's use of Language* dans *The Republic of Plato*, Oxford, 1894, vol. II, p. 258.

3. *Théétête*, 173c.

4. *Charmide*, 169c6 et 7 (*Platon*, t. II, p. 72) κἀκεῖνος ἔδοξέ μοι ὑπ'ἐμοῦ ἀποροῦντος [ἀναγκασθῆναι] καὶ αὐτὸς ἁλῶναι ὑπὸ ἀπορίας. Le

Elle se répète aussi, pour les besoins de la clarté, pour le plaisir, parfois, d'une certaine abondance dans la preuve. Il n'est point du tout impossible que certaines prétendues gloses, à ce titre rejetées de notre texte du *Charmide*, ne soient de telles répétitions, légèrement variées, d'une formule que Platon multiplie à la fois par souci de clarté et par jeu[1].

Le même Lewis Campbell a fait, à propos du texte de la *République*, une observation curieuse. Même au cas, dit-il, où l'on devrait admettre autant de corruptions et d'interpolations dans le texte de Platon qu'en ont imaginé les critiques récents, la différence de sens qu'elles entraîneraient serait encore infinitésimale. Elles pourraient ombrer quelque trait dans une métaphore, affaiblir le ton d'une tournure idiomatique. Mais la philosophie de Platon n'en recevrait aucune atteinte[2]. A quoi bon alors, pourra-t-on demander, tout ce labeur d'une édition savante, si tout ce qu'elle exige de conscience et de pénétration pour essayer de retrouver la pureté native du texte ne change rien, au bout du compte, à l'impression d'ensemble que nous peut donner l'art de Platon et surtout n'avance ni ne modifie notre intel-

mot de « nécessité » vient naturellement ici pour exprimer l'envahissement automatique d'une pensée par le trouble senti dans une autre. ἀναγκασθῆναι est à conserver comme régissant ἁλῶναι. Cf. dans la phrase suivante (169c9), οὔτε ξυγχωρῆσαι μοι ἤθελεν ἀδύνατος εἶναι διελέσθαι.

1. *Charmide*, 170a2, οὐ γὰρ αὖ μανθάνω ὡς ἔστιν τὸ αὐτὸ [ἃ οἶδεν εἰδέναι καὶ ἅ τις μὴ οἶδεν εἰδέναι]. Il est très permis de supposer une omission par homoeoteleuton. Ce qui manque à la formule est à suppléer en comparant 164a4, 167a7-9, 169a6-8, 170a1-2. La restitution serait à tenter dans une phrase de ce genre : οὐ γὰρ αὖ μανθάνω ὡς ἔστιν τὸ <αὐτὸν γιγνώσκειν τοῦτο> αὐτό, ἃ οἶδεν κ. τ. λ. La construction τοῦτο αὐτό et l'absence de l'article devant ἃ οἶδεν... εἰδέναι sont supportées par plusieurs cas parallèles dans les dialogues du même groupe.

2. L. Campbell, *The Republic of Plato*, vol. II, p. 130.

ligence et notre appréciation de sa doctrine ? Des hellénistes répondraient que le texte d'un écrivain de génie est précieux comme l'or et qu'il est naturel d'en vouloir éloigner jusqu'à la moindre scorie[1]. Les historiens de la philosophie savent, d'autre part, que l'interprétation d'un système repose souvent, en dernière analyse, sur des nuances de pensée perceptibles seulement à une étude patiente et familière, et ces nuances de la pensée ne se livrent qu'à celui qui a su pénétrer les nuances de la langue. Platon avait, dit-on, écrit sur la porte de l'Académie : « Que nul n'entre ici s'il n'est géomètre ». On pourrait dire que nul n'entre vraiment à fond dans l'histoire de la pensée antique s'il n'est tant soit peu philologue. Il n'est point absolument rare de voir appuyer sur un contresens formel la solution très affirmative d'un point controversé du Platonisme. Une étude minutieuse de la langue de Platon n'est point inutile à qui veut comprendre sa doctrine, et le travail patient de la critique textuelle est une contrainte salutaire à cet effort d'intelligence approfondie de la langue et de la pensée. Apprendre à ne point négliger le secours offert par un apparat critique judicieux, à tenir compte, pour l'interprétation doctrinale, même de ces impondérables que s'efforce à peser la conscience scrupuleuse d'un éditeur, est certainement une partie importante dans l'éducation de ce que les anciens appelaient le sens herméneutique.

§ 2. *Méthodes de classement et de traduction*

La direction prise, dans la dernière trentaine d'années, par les recherches sur la chronologie des dialogues a redonné,

1. U. von Wilamowitz-Moellendorff, *Plato*, vol. II, Berlin, 1919, p. 334 : « Nur wer Platons Worte für lauteres Gold hält, wird sich's nicht verdriessen lassen, jedes Staübchen abzublasen. »

à l'étude minutieuse du texte et aux moindres problèmes de la critique verbale, une portée doctrinale, indirecte peut-être, mais de tout premier ordre. « Si l'on pouvait, dit M. Alfred Croiset, dater tous les dialogues et savoir dans quelles circonstances ils ont été composés, on comprendrait beaucoup mieux la philosophie qui s'y développe. On verrait d'abord si elle a été conçue d'emblée par son auteur comme un système unique et bien lié, ou si elle s'est formée peu à peu dans son esprit. On saurait ensuite quelle est la portée exacte de certains écrits qui offrent des parties obscures. Et peut-être ces obscurités, ces contradictions apparentes s'expliqueraient-elles fort aisément, soit par des préoccupations polémiques accidentelles, soit par la différence des dates[1]. » On sait qu'aux anciennes méthodes de détermination chronologique, trouvées trop subjectives et trop arbitraires, la méthode « stylistique » ou « statistique » est venue s'opposer comme la seule objective et certaine. « Il fallait, dit encore M. Alfred Croiset, aborder la question par un examen minutieux de certains faits extérieurs, précis, objectifs, sur lesquels nulle discussion ne fût possible[2]. » On se résolut donc « à chercher des indices chronologiques uniquement dans le style des dialogues, et cela dans la partie la plus matérielle, pour ainsi dire, du style, dans la statistique des particules, des adverbes, des mots qu'on emploie d'une manière inconsciente[3]. » Amis et adversaires de la méthode, et l'on peut dire qu'elle n'a plus guère, aujourd'hui, d'adversaires de principe, ont donc été contraints d'accorder, aux moindres détails du texte, une attention minutieuse, et notre connaissance de la langue platonicienne n'y a certainement point perdu. Ne dût-il rester, de toute la littérature poussée autour

1. *Hist. de la Litt. Grecque*, t. IV, 2e éd., 1900, p. 272.
2. *Idem*, p. 275.
3. Même page.

de la fameuse méthode, que la monumentale Introduction de son peu bruyant découvreur, Lewis Campbell, au *Sophiste* et au *Politique*, les dissertations du même savant, dans son édition de la *République*, sur la langue platonicienne et sur les particularités de style des derniers dialogues, enfin les études si approfondies de Constantin Ritter sur le *Théétète*, le *Sophiste* et le *Politique*, le *Timée*, les *Lettres*, le progrès dû à de telles recherches n'en marquerait pas moins une grosse avance dans notre connaissance générale du Platonisme[1]. Mais le bruit même suscité autour de la méthode nouvelle par des auteurs qui avaient beaucoup moins fait de travail positif ; les conclusions hardies qu'ils ont voulu tirer des probabilités chronologiques obtenues ; leur hâte à dessiner, d'emblée, la courbe de l'évolution doctrinale, au risque, à tout le moins, de masquer par de pures hypothèses les vides énormes que laissait, dans le tracé réel, une méthode appliquée, de fait, à quelques dialogues seulement ; tous les débats qu'ils soulevèrent par la découverte d'un Platonisme critique opposé au Platonisme classique, ont provoqué une recrudescence de recherches et comme un renouveau des études platoniciennes.

Il n'est plus possible, aujourd'hui, d'entreprendre une exposition, soit de l'ensemble du Platonisme, soit de l'une de ses pièces maîtresses, sans se préoccuper de la succession chronologique des dialogues. Les auteurs de la présente édition ont même jugé qu'il n'était plus convenable de réimprimer aujourd'hui les œuvres complètes de Platon en présentant les dialogues au lecteur dans un autre ordre que leur

1. L. Campbell. *The Sophistes and Politicus of Plato*, Oxford, 1867 (90 p. d'introduction). Dans l'édition citée de la *République*, vol. II (Essays), 340 pages d'études (critique textuelle, style des derniers dialogues, grammaire et style de Platon) sont de Campbell. — C. Ritter, *Untersuchungen über Plato*, Stuttgart, 1888 ; *Neue Untersuchungen über Plato*, München, 1910.

ordre probable de succession chronologique. C'est là une innovation qui fera date : une acceptation décidée de la méthode d'interprétation génétique du Platonisme ; un enregistrement, dans le fait matériel qu'est l'ordonnance typographique, et de la victoire de cette méthode et des résultats les plus certains ou les plus probables du travail intense des dernières années.

Aristophane de Byzance avait distribué l'œuvre de Platon en trilogies. « Plus tard, d'autres critiques, Derkylidas au temps de César, et Thrasylle, contemporain de Tibère, la répartirent par groupes de quatre dialogues, en tétralogies. C'est ce classement qui nous a été transmis par les manuscrits du Moyen Age, et les éditeurs modernes l'ont généralement conservé par respect pour la tradition[1]. » Pourquoi l'on a résolument abandonné ce classement, on nous le dit en termes excellents : « Il a le défaut capital de faire obstacle à une étude méthodique. Sous une apparence d'ordre, c'est le désordre organisé. Les œuvres les plus disparates sont ainsi rapprochées au hasard, sans qu'il soit possible d'en saisir la liaison. Rien n'est plus gênant pour qui veut suivre de près la pensée du philosophe et se faire quelque idée des changements qu'elle a subis[2]. »

Mais, à qui veut sérier tous les dialogues dans leur ordre chronologique le plus probable, la considération exclusive d'une méthode unique de détermination chronologique ne fournirait que des certitudes ou des probabilités partielles, qu'on ne pourrait étendre qu'indûment, au moyen d'hypothèses plus ou moins déguisées. Il fallait donc faire à la stylistique sa part, mais rien que sa part, et ne rien négliger des résultats acquis, tant certains que probables, par les autres

1. Platon, *Œuvres complètes*, t. I, Introduction, p. 12.
2. *Op. cit.*, même page.

méthodes. Sur la base ainsi élargie on peut bâtir une ordonnance qui se tient. « En tenant compte tout à la fois de l'évolution de la pensée philosophique, des allusions à certains faits contemporains, des relations des dialogues entre eux, de leur caractère intrinsèque, tant au point de vue de la composition qu'à celui du style et de la langue, on arrive, en somme, à les répartir entre un certain nombre de périodes, sinon avec une entière certitude, tout au moins avec une grande vraisemblance. Et, dans ces périodes mêmes, il ne paraît pas impossible d'établir un ordre plausible de succession[1]. » Grande vraisemblance pour la détermination des périodes, ordre plausible de succession à l'intérieur de ces périodes : on ne prétend pas à plus. Mais cette réserve est plus scientifique, infiniment, que certains essais de précision « au dixième près ». Et l'ordonnance chronologique ainsi adoptée après mûr examen, scrupuleusement présentée avec ses notes de probabilité relative, est, en même temps qu'une invite à la critique, un schème de recherches pour le lecteur : « Un essai d'ordre chronologique, fût-il en partie conjectural, a le grand avantage de suggérer le sentiment très vif d'un mouvement de pensée continu. Le lecteur est ainsi provoqué à noter des relations entre les différents dialogues, à observer comment les mêmes idées s'y répètent sous des formes un peu différentes ou s'y modifient graduellement. En un mot, l'attention est appelée sur la vie qui s'y manifeste, et il devient impossible de les considérer comme les parties d'une doctrine immuable ou comme l'expression d'une personnalité qui n'aurait jamais varié[2] ».

Il y aurait quelque impertinence de ma part à m'efforcer de vanter les mérites de la traduction. Le lecteur désinté-

1. *Op. cit.*, p. 11.
2. *Op. cit.*, p. 13.

ressé les sentira d'instinct, en jouira, sans les analyser peut-être, et se laissera conduire avec confiance par une science si parfaitement sûre d'elle-même, si pleinement maîtresse de la langue grecque, de son génie, de ses nuances les plus étrangères à nos façons modernes de sentir, qu'elle traduit sans effort apparent, transpose sans heurt, et rend présente une pensée antique sans lui enlever la fleur et le parfum du passé. Il retrouvera, sans étonnement, dans la traduction, la richesse infinie de la pensée platonicienne, la souplesse inouïe de l'art profond qui supporte cette pensée : l'esprit mordant de la satire, tempéré d'ironie souriante, dans le *Petit Hippias* et l'*Euthyphron* ; toute la fraîcheur d'idylle qui se mêle aux délicates et vivantes comédies par lesquelles s'ouvrent le *Charmide* et le *Lysis ;* les couplets rapides ou les passes, amoureusement prolongées, de subtile dialectique, dont ces idylles scolaires ou la comédie bourgeoise du *Lachès* ne sont que le cadre ; le mélange de tragique noblesse et de simplicité familière qui fait le charme émouvant du *Criton* et de l'*Apologie.* Traduire ainsi un auteur antique, et spécialement celui qui est peut- être, de tous, le plus difficile à traduire, parce qu'il est le plus profond et le plus varié tout en étant le plus simple, c'est un travail infiniment délicat. Le faire dans la langue de tout le monde, avec les mots de tous les jours, sans tournures barbares ni pédantes, sans parenthèses explicatives, sans hérisser chaque page de crochets, d'italiques ou de renvois ; pourtant, serrer de près le texte et donner, non une paraphrase, mais une traduction exacte ; un lecteur tant soit peu informé ne manquera point de s'apercevoir que c'est là œuvre de maître et que cette simplicité dans le rendu est la marque du suprême achèvement. Aussi quiconque s'est un peu mesuré avec ce travail ardu de rendre intelligibles, en un langage simplement et nettement français, les nuances de la pensée et de la langue platoniciennes étudiera, pour son compte, avec joie et profit, de telles traductions, mais se sentira quelque peu impuissant à en expliquer clairement les mérites, s'il n'a loisir d'en analyser en détail la manière et les procédés. C'est une étude de détail qu'il faudrait, en effet, tout entière technique, tout entière en citations parallèles, pour faire comprendre, par exemple, comment une allusion du texte est poussée, dans la traduction, jusqu'au point de clarté précise où elle cesse d'être une énigme sans cesser d'être une allusion ; comment la traduction achève ainsi la pensée sans lui rien ajouter et, par son exactitude même, devient un commentaire immédiat de l'œuvre antique. A défaut de loisir et d'espace pour de pareilles citations, le mieux est de laisser au lecteur le plaisir de vérifier, à chaque page, les résultats de ce procédé. Le mot de procédé est, d'ailleurs, absolument impropre. Le grand secret, pour une telle traduction, est de savoir parfaitement la langue de son auteur et sa langue à soi et de s'effacer totalement devant la pensée qu'on veut rendre.

§ 3. *Les premiers dialogues et l'évolution du Platonisme*

Le classement chronologique des dialogues doit nous permettre de reconstruire l'histoire de la pensée platonicienne. Cette histoire de la pensée de Platon est, en somme, l'histoire de sa vie, et je ne crois pas être infidèle aux intentions de M. Maurice Croiset si j'encadre cet ordre de succession des dialogues, tel qu'il est établi pour l'édition des œuvres, dans la biographie de Platon que nous livre la première partie de cette Introduction[1].

Aux environs de 407, Platon a vingt ans. A cette époque,

1. *Introduction*, p. 13.

nous dit-on, « il fut mis en relations avec Socrate et, dès lors, se donna entièrement à lui[1] ». On ne veut certainement point dire par là que Socrate fût resté, jusqu'alors, totalement un inconnu pour Platon. Les oncles de celui-ci, Critias et Charmide, avaient été les élèves de Socrate : la jeunesse de Platon s'était passée dans les palestres et les divers gymnases, où le nom de Socrate continuait d'éveiller la curiosité des adolescents. On a quelque plaisir, en lisant le *Charmide*, à imaginer que si, à une première rencontre, Socrate a posé la question : « Comment sais-tu mon nom ? », la réponse de Platon fut, à peu de choses près, celle de Charmide : « Je serais bien coupable si je l'ignorais, tu es fort connu parmi ceux de mon âge, et dans mon enfance je me souviens de t'avoir vu en compagnie de Critias[2]. » Certains dialogues socratiques ont cet arrière-fond de réalité d'avance poétisée, ce charme de contes revécus, ce halo de légende éclairé des fermes lueurs du vrai, que prennent les récits avidement accueillis, spontanément embellis et dramatisés par l'âme de l'enfant, quand ils arrivent à se fixer en tableaux définis à travers l'expérience personnelle de l'homme. Pendant huit années, de 407 à 399, Platon est l'élève de Socrate. Après la mort de celui-ci, il se réfugie à Mégare, auprès d'Euclide. « La durée du séjour qu'il y fit ne nous est pas connue. On peut l'évaluer par conjecture à trois années environ[3] ». C'est de là qu'il dut aller visiter, à Cyrène, le mathématicien Théodore, et faire, en Égypte, un séjour qui « eut plus d'importance et sans doute plus de durée[4] ». Il dut rentrer à Athènes vers 396 ou 395 et y rester sans interruption jusque vers 388.

1. *Idem*, p. 3.
2. PLATON, *Œuvres complètes*, t. II, p. 55 (*Charmide*, 156a).
3. T. I, *Introduction*, p. 4.
4. *Id.*, même page.

C'est sur cet espace de temps, 392-398, que s'échelonnent les dialogues de la première période : *Hippias Mineur*, *Alcibiade*, *Apologie*, *Euthyphron*, *Criton*[1] ; *Hippias Majeur*, *Charmide*, *Lachès*, *Lysis*[2] ; *Protagoras*, *Gorgias*, *Ménon*[3]. En 388, Platon visite l'Italie Méridionale et la Grande Grèce, voit le Pythagoricien Archytas à Tarente, se rend à l'invitation de Denys de Syracuse, gagne, dans cette cour, l'amitié de Dion, mais ne rentre à Athènes qu'après mille infortunes et de vraies péripéties de roman. A Athènes, en 387, il fonde l'Académie et, de 387 à 367, écrit d'abord le *Phédon*, le *Banquet* et le *Phèdre*[4], puis la *République*[5], œuvre de lente élaboration et dont la composition doit naturellement s'étendre sur plusieurs années. L'*Ion*, le *Ménexène*, l'*Euthydème*, le *Cratyle* furent peut-être écrits dans les intervalles de cette préparation[6]. En 367, Platon est appelé par Dion pour conseiller et gagner à la philosophie le jeune Denys II. Mais celui-ci exile bientôt Dion lui-même et Platon se sent vite impuissant et suspect. Il rentre à Athènes et, de 367 à 361, y compose les dialogues dits métaphysiques, *Parménide*, *Théétète*, *Sophiste*, *Politique*, suivis, probablement, du *Philèbe*[7]. Un troisième voyage à Syracuse, en 361, sera tout aussi infructueux que les deux premiers, et Platon, de 360 à 347, finira sa vie dans Athènes, c'est-à-dire dans l'Académie, « jouissant du respect et de l'admiration de ses disciples. Malgré son grand âge, il continuait à étudier et à écrire. » Le *Timée*, le *Critias* inachevé, « les *Lois* enfin, auxquelles la mort l'empêcha

1. Dans le classement de l'édition complète, t. I.
2. T. II.
3. T. III.
4. T. IV.
5. T. VI et VII.
6. T. V.
7. T. VIII et IX.

de mettre la dernière main », sont de cette époque[1]. Si l'on ajoute à tous ces dialogues d'authenticité presque universellement reconnue, l'*Epinomis*, les *Lettres*, les Dialogues suspects, les Apocryphes, on aura mesuré l'étendue d'une édition des œuvres complètes de Platon.

J'ai dit quels précieux commentaires immédiats des premiers dialogues étaient déjà, par elles-mêmes, les traductions de MM. Maurice et Alfred Croiset. Mais une traduction, si consciencieuse soit-elle, ne saurait, à elle seule, mettre une œuvre antique exactement au point de la pensée moderne. La pensée antique a, certes, des valeurs d'éternité exceptionnelles. Elle a si franchement abordé les grands problèmes humains, elle les a si intrépidement discutés, leur a si librement cherché des solutions dans toutes les directions spontanément découvrables par l'esprit, que le penseur moderne a souvent l'impression de ne pouvoir soulever une question qu'elle n'ait soulevée ni proposer une réponse qu'elle n'ait essayée. Mais les circonstances où ces questions se posent sont des circonstances d'un temps donné. Elles pourront avoir leurs analogies dans les époques suivantes ; elles ne se répéteront jamais dans leur intégralité spécifique, et tout ce qui, dans la formule d'un problème et la méthode de recherche, est fonction de ces contingences historiques, participe de leur originalité non renouvelable. Les âges encore proches des grandes philosophies classiques n'ont pu vivre de leur pensée qu'en se l'adaptant par des commentaires. Bien plus irréductible encore, en son arrière-fond historique, menace de rester pour nous une philosophie vieille de tant de siècles, si elle se présente sous la forme du dialogue, qui, avec tout le charme de la vie, en garde aussi

1. T. X, XI et XII. Voir. t. I, introduction, p. 10. *Epinomis*, lettres, dialogues suspects et apocryphes seront édités dans le t. XIII.

tout le mystère. Une mise au point est donc indispensable. Elle ne prétendra point enlever au lecteur l'obligation et le plaisir de lire, d'affronter directement la pensée antique, d'en découvrir personnellement la portée éternelle ou d'en poursuivre, dans les étapes diverses du progrès humain que lui présente sa mémoire à lui, soit le prompt étiolement, soit la réviviscence plus ou moins persistante. Elle voudra seulement l'armer, pour cette étude personnelle, des renseignements certains et des orientations utiles. C'est pour cela que, dans un cadre plus ou moins variable avec la nature même de chaque dialogue, de courtes notices indiquent les certitudes ou probabilités acquises, les hypothèses actuellement formulables et les questions encore ouvertes sur l'authenticité et la date, le sujet et les circonstances, les personnages, la composition et le plan, la signification philosophique, l'influence historique.

L'éveil d'une grande pensée est comme une lumière d'aube, qui jette des rayons éclatants à travers une pénombre flottante. On serait tenté, parfois, de lire, dans les premiers dialogues de Platon, les théories achevées de sa doctrine classique. Les critiques qui font valoir, contre l'authenticité de l'*Hippias Majeur*, la présence, en ce dialogue, de formules analogues à la παρουσία, l'ont-ils donc lu avec d'autres yeux qu'ils n'ont lu l'*Euthyphron*, où le pie comme l'impie est dit toujours identique de par son caractère unique, ἔχον μίαν τινὰ ἰδέαν ; où l'on demande « quel est précisément le caractère générique, αὐτὸ τὸ εἶδος, qui fait que toutes les choses pieuses sont pieuses[1] ? » Les mêmes auteurs se scandalisent de trouver, dans l'*Hippias Majeur*, une opposition de πάθος et d'οὐσία qui leur paraît aussi techniquement

1. Max Pohlenz, *Aus Platos Werdezeit*, Berlin, 1913, p. 127, note 2. — *Platon*, t. II, p. 189 et 190, *Euthyphron*, 5 d-6e.

formulée qu'elle le sera chez Aristote[1]. Il n'y a là rien de plus que la distinction à laquelle, dit Socrate, Euthyphron n'a pas su ou voulu se hausser : « De telle sorte, Euthyphron, qu'étant prié par moi de définir ce qui est pieux, il semble bien que tu ne veuilles pas m'en révéler la vraie nature (τὴν μὲν οὐσίαν) et que tu t'en tiennes à un simple accident πάθος δέ τι)[2]. » On regrette de voir M. de Wilamowitz accueillir de pareilles objections, et l'on souscrit sans peine au jugement de M. Alfred Croiset : « Les arguments invoqués sont bien peu décisifs contre l'autorité de la tradition et les traits incontestablement platoniciens que présente le dialogue[3] ». Mais peut-être aussi l'impression d'achèvement technique, je dirais presque de maturité précoce, que donnent, à plusieurs critiques, certaines formules des premiers dialogues, vient-elle de ce qu'on s'est trop habitué à regarder pareilles formules comme termes spécifiques des grandes théories classiques ou comme créations du langage scientifique de Platon. Des formules de participation, aussi techniques d'apparence que le mot de παρουσία, et tout aussi bien issues d'une façon de parler naturelle et commune, se rencontrent et chez les rhéteurs et chez les médecins[4]. Peut-être enfin oserai-je dire que la critique des récentes années s'est parfois laissé tromper par cette idée, féconde et juste, assurément, mais vague, en somme, d'évolution et de développement graduel, dans son appréciation relative des phases successives du Platonisme. Elle a, peut-être,

1. M. Pohlenz, p. 127 (texte).

2. *Euthyphron*, 11a, p. 198. Je donne, naturellement, la traduction de M. Croiset.

3. *Platon*, t. II, p. 3.

4. C'est ce que L. Campbell avait dit bien avant A. Taylor, qui tire, d'une excellente collection de textes, des conclusion très aventurées (*Varia Socratica*, Oxford, 1911, p. 178-267). Voir la μέθεξις et la κοινωνία dans deux textes du *De Flatibus* qui ne cite pas Taylor (*Œuvres d'Hippocrate*, Littré, VI, p. 94 ; lignes 16-20 ; p. 96, § 5).

suivant inconsciemment des analogies trop faciles, un peu cherché, dans les dialogues antérieurs à la maturité du Platonisme, les balbutiements de l'enfance. Elle s'est souvent attendue à trouver, dans l'aurore d'un grand génie, trop de pénombre et pas assez de lumière.

A quel âge de Platon, à quel développement de sa force de pensée personnelle devons-nous attribuer les premiers dialogues ? Platon en a-t-il écrit les tout premiers dès avant la mort de Socrate, comme le veut M. de Wilamowitz, qui, d'ailleurs, compte, dans ces tout premiers, le *Protagoras* et l'*Ion* avec l'*Hippias Mineur*[1] ? On a vu que, pour M. Maurice Croiset, aucun dialogue n'est antérieur au séjour à Mégare, et l'observation faite, il y a déjà longtemps, par M. Alfred Croiset, n'a rien perdu de sa portée : « On admettra volontiers que Platon n'ait guère songé à mettre Socrate dans ses dialogues, lorsque tout le monde pouvait l'entendre sur la place publique ou dans les gymnases[2]. » Mais, quand M. Maurice Croiset nous dit que le paradoxe foncier de l'*Hippias Mineur* « doit être imputé à une témérité de jeunesse de l'auteur », il n'a point besoin de nous avertir que cette jeunesse est celle d'un homme de presque trente ans[3]. L'*Apologie*, écrite probablement vers 396, « a l'air d'une improvisation familière ; c'est, en fait, une composition très réfléchie ». La notice que M. Maurice Croiset a mise en tête de son édition est un chef-d'œuvre d'analyse. Il faut la lire une première fois, étudier attentivement l'*Apologie* et revenir à la notice pour comprendre ce mélange savant d'art et de vérité qui fait la force incomparable de cet appel à l'opinion publique d'Athènes, ratifié par l'opinion des

1. U. v. Wilamowitz-Moellendorff, *Platon*, t. I, p. 129.
2. *Histoire de la littérature grecque*, t. IV, 2e édit., p. 279.
3. Platon, *Œuvres complètes*, t. I, p. 20.

siècles. Platon a-t-il voulu s'astreindre « à représenter, dans une sorte de procès-verbal rédigé de mémoire à trois ans de distance, ce qui s'était réellement passé devant le tribunal ? Évidemment non. Il entendait faire, pour la défense de son maître, ce que celui-ci, probablement, n'avait pas fait lui-même. Il s'agissait d'expliquer toute sa vie, de réfuter non seulement les accusations énoncées par Mélétos, mais encore toutes les calomnies, tous les propos mensongers qui avaient couru dans Athènes, de révéler clairement l'idée directrice qu'il avait prise pour règle de sa conduite, de faire comprendre ce qu'il avait considéré comme une mission divine, d'exposer les raisons décisives qui l'avaient empêché de se prêter à aucune concession, et, par là, de montrer comment l'intransigeance qu'on avait attribuée à un orgueil indomptable n'était en fait que le scrupule légitime d'une conscience inflexible. La tâche qui s'imposait à Platon était donc en somme celle-ci : faire dire à Socrate tout ce que lui-même jugeait utile de dire à ses lecteurs, mais, en même temps, imiter assez bien sa manière propre, reproduire même assez exactement certains épisodes du procès, certaines déclarations ou paroles mémorables de l'accusé, pour que la fiction pût être prise pour la réalité elle-même. Platon y a si bien réussi qu'un certain nombre de critiques modernes et beaucoup de lecteurs s'y sont mépris[1]. »

Tel est « le caractère général de l'œuvre. Si Platon ne s'y est pas attaché à reproduire exactement les paroles de Socrate, il a tenu pourtant à respecter la vérité de son caractère. Dans cette mesure, l'*Apologie* est un témoignage de la plus haute valeur[2] ». Mais comment le vrai Socrate s'est-

1. Platon, t. I, p. 133.
2. *Idem*, p. 138.

il, en fait, défendu ? M. Maurice Croiset répond avec raison : « C'est ce que nous désirerions le plus savoir et c'est peut-être, en somme, ce que nous savons le moins[1] ». Il y a, vers la fin de l'*Apologie*, une phrase curieuse, sur laquelle M. Croiset n'a point manqué d'attirer notre attention : « Peut-être penserez-vous, Athéniens, que j'ai été condamné faute d'habiles discours. Rien de moins exact[2]. » Platon, nous dit excellemment M. Croiset, n'a probablement point « voulu faire dire par Socrate qu'il aurait pu composer une plus habile défense, s'il l'eût voulu. Socrate ne s'est jamais donné pour un orateur. Il y a peut-être ici une allusion à des apologies qui lui avaient été offertes (cf. Diog., La, II, 5, 40)[3] ». Il y a peut-être aussi, dans cette phrase de Platon, une réponse aux railleries méchantes que n'avait pu manquer de susciter la condamnation de Socrate et dont nous ne cesserons d'entendre les échos dans les dialogues. Pour les sophistes et les rhéteurs, pour l'opinion publique, dont ils étaient quelque peu les guides, la condamnation et la mort de Socrate s'expliquaient par l'impuissance égale du maître et des disciples. N'est-ce pas quelque chose comme l'*apologie des disciples* que nous donne le *Criton* ? « Quant à moi, vois-tu, dit Criton à Socrate, j'en rougis pour toi et, pour nous, tes amis, j'ai bien peur qu'on n'impute à une certaine lâcheté de notre part tout ce qui t'arrive, ta comparution devant le tribunal quand tu pouvais n'y pas comparaître, le cours même du procès tel qu'il s'est produit, et enfin ce dernier acte, dénouement ridicule, qui fera croire que, faute de cœur, lâchement, nous nous sommes dérobés, sans que rien ait été fait pour te sauver, ni par nous, ni

1. *Idem*, p. 129.
2. Platon, t. I, p. 168, *Apol.* 28d.
3. *Idem*, p. 169, note 1.

par toi-même, alors que cela était possible, réalisable, si nous nous étions montrés capables de quelque chose d'utile[1]. » Quant à l'impuissance oratoire de Socrate, elle fera le thème et des conseils protecteurs que Calliclès mêle à ses railleries dans le *Gorgias*, et de la fameuse opposition des philosophes et des rhéteurs dans le *Théétète*[2]. Platon a cru longtemps nécessaire de relever ces moqueries perfides, qui atteignaient, avec la personne de Socrate, la philosophie elle-même. Mais est-il besoin de descendre jusqu'au *Gorgias* et d'attendre que l'œuvre, probablement insignifiante en soi, d'un Polycrate, ait fait, du procès de Socrate, un thème littéraire ? Quand le sophiste aux universelles suffisances de l'*Hippias Majeur* ne sait plus que répondre aux « épluchures et rognures de discours » dont Socrate accable son insuffisance dialectique, il lui oppose la seule science qui soit belle : être capable de se défendre devant les tribunaux et devant toute magistrature « et d'emporter en se retirant, non un prix médiocre, mais le plus grand de tous, son propre salut, celui de sa fortune et de ses amis[3] ». Bien avant qu'Isocrate opposât son enseignement aux enseignements des Socratiques, les sophistes n'ont point dû manquer l'occasion que leur offrait la condamnation de Socrate, de se venger des humiliations qu'il leur avait infligées. Pour eux, la honte était non pas d'être coupable, mais d'être condamné, et l'opinion publique leur faisait facilement écho. Socrate n'avait été condamné que parce que lui-même n'avait point su faire ou parce que ses amis n'avaient point su lui fournir « les habiles discours ». Il n'avait été mis à mort que parce que ses amis n'avaient point su le faire

1. Platon, t. I, p. 220, *Criton*, 45e-46a.
2. *Gorgias*, 436b, *Théétète*, 172c et suiv.
3. Platon, *Œuvres complètes*, t. II, p. 42, *Hip. Maj.*, 304ab.

évader. L'*Apologie* et le *Criton*, où se mêlent l'apologie du maître et l'apologie des disciples, nous aident à comprendre l'opposition qu'établit l'*Hippias Majeur* entre l'habileté dialectique et l'habileté oratoire. Ce n'est certes point cette opposition qui nous empêchera de souscrire à la thèse de M. Alfred Croiset qui, maintenant l'authenticité de l'*Hippias Majeur*, estime que « par l'ensemble de ses caractères, il semble appartenir à la première partie de la carrière de Platon[1] ».

Quelle force de pénétration logique il y a dans ces dialogues de jeunesse, avec quel art y sont entremêlées les passes dialectiques et les scènes de fine comédie, quelles échappées s'y ouvrent, non seulement sur les problèmes, mais sur les solutions mêmes qu'entreprendront les dialogues de la maturité, on le verra dans tous les dialogues que nous présentent ces deux volumes, mais particulièrement, j'imagine, dans le *Charmide* et le *Lysis*. M. Alfred Croiset a su se tenir, avec une modération sûre d'elle-même, également à l'écart des deux théories extrêmes : « Que le Socrate des dialogues ait souvent exprimé la pensée de Platon et non celle du vrai Socrate, c'est l'évidence même, quoi qu'en ait pu penser un de ses récents éditeurs. Mais que Platon, en faisant ainsi parler son maître, ait eu parfois l'intention de le réfuter expressément, de rompre en visière avec lui, c'est ce qu'on admettra difficilement[2] ». Ce n'est pas seulement sur ces rapports du Socrate de Platon avec le Socrate de l'histoire, c'est sur la pensée de Platon lui-même et sur les caractères de son évolution doctrinale que ces dialogues ont encore beaucoup à nous apprendre.

1. Platon, t. II, notice, p. 3.
2. Platon, t. II, notice au *Charmide*, p. 51.

§ 4. *La continuité de la pensée platonicienne*

La veine dialectique, éristique parfois, qui s'y étale, aussi bien dans le *Charmide* et le *Lysis* que dans l'*Hippias* et l'*Euthyphron*, pourra sembler absorbée et presque éteinte dans les grandes masses dramatiques et lyriques et dans les larges expositions doctrinales du *Phédon*, du *Banquet*, du *Phèdre*, de la *République*. Elle reparaîtra, élargie, approfondie, absorbant elle-même tout le reste, dans le *Parménide*, le *Sophiste*, le *Politique*. Cette forme surprenante de monologue dialogué qui remplit toute la seconde partie du *Parménide*, l'Étranger des *Lois* y aura recours pour des argumentations auxquelles ne sauraient prendre part les deux vieillards de la Crète et de Lacédémone[1]. Mais le Socrate du *Gorgias* s'en était servi pour un nerveux et dense résumé de sa discussion avec Calliclès[2]. Ainsi, au seul point de vue de la méthode d'exposition, la ligne que dessine l'évolution platonicienne a, sur elle-même, d'étranges retours. N'y aurait-il point de pareils retours dans l'évolution doctrinale ? La critique a paru longtemps absorbée par les problèmes passionnants que soulevaient les dialogues où l'on trouvait les points de version de la ligne d'évolution générale du Platonisme. Le travail intense qu'elle y avait presque exclusivement consacré semble se ralentir. Épuisement ou fatigue, la raison de cette trêve est peut-être dans le besoin senti d'une réinspection approfondie des périodes antérieures : les conclusions entrevues, bien souvent affirmées d'une façon catégorique et quelque peu solennelle, ont été si grandioses, que les dialogues des dernières périodes et leur vocabulaire leur font vraiment une base trop étroite.

1. *Lois*, 392a-394a.
2. *Gorgias*, 506c-507a.

Une reprise, aussi méthodique, aussi détaillée et minutieuse, mais plus ample et vraiment synthétique des études platoniciennes est peut-être le besoin d'aujourd'hui. L'heure était bien venue d'une réédition complète des dialogues et, dans les problèmes dont elle ne peut manquer de provoquer ou de ranimer l'étude, la solution de ceux que soulèvent les premiers dialogues n'est certes point indifférente au succès de notre effort d'interprétation générale du Platonisme.

Ce n'est point s'exposer à paraître formuler une opinion personnelle que d'escompter, comme premier gain de ce retour sur toutes les phases de la pensée platonicienne, la perception plus claire d'une intime continuité entre ces phases, parfois apparemment contradictoires. Parlant de « cet intellectualisme mathématique qui caractérise la dernière philosophie de Platon, telle qu'Aristote nous l'a fait connaître », M. Robin déclare : « Cette dernière philosophie ne constitue pas une révolution dans la pensée de Platon : du *Gorgias* jusqu'au *Timée*, au *Phèdre* et aux *Lois* et enfin aux enseignements oraux de l'Académie, la pensée du Maître n'a fait que s'approfondir dans le sens de l'intellectualisme sans jamais se renier[1]. » C'est bien là « le mouvement de pensée continu » dont nous parlait M. Maurice Croiset dans son Introduction. Ce qui lui donne et lui conserve l'essor, ce qui le garde vraiment continu jusque dans les moments où il semble se retourner contre lui-même, c'est cet Amour « qui jamais ne défaille » et que ses échecs comme ses conquêtes ne font que relancer, cette foi sacrée à la possibilité du savoir, soutenant un besoin de savoir toujours inassouvi[2]. Quand Platon en vient à soumettre sa théorie

1. L. Robin, *La théorie platonicienne de l'Amour*, Paris, 1908, p. 225.

2. *République*, 490b : ἀλλ' ἴοι καὶ οὐκ ἀμβλύνοιτο οὐδ' ἀπολήγοι τοῦ ἔρωτος.

des Idées à une revision critique, « comme si, autour de lui, il avait entendu se produire des objections sérieuses », il se peut que, de fait, les objections à sa théorie lui soient venues d'autrui[1]. Mais, au besoin, ne les aurait-il pas non seulement trouvées, mais cherchées lui-même ? « C'est d'un effort multiple et toujours renouvelé, par approximations successives et non par construction uniforme et symétrique », a dit M. Rivaud, « que Platon a tenté de résoudre le problème du devenir[2] ». Cela est vrai de tous les grands problèmes du Platonisme. Ce n'est point par simple formule de style que la critique d'Aristote contre la théorie des Idées se présente souvent comme une discussion à l'intérieur même de l'Académie : la critique perpétuelle de ses propres démarches et de ses étapes successives est la marque la plus immédiatement saisissable du Platonisme des dialogues, et l'enseignement donné à l'intérieur de l'École ne put qu'être animé de cet esprit de recherche inlassable. M. Maurice Croiset nous dit, à la fin de son esquisse biographique de Platon : « En mourant, Platon laissait une École destinée à se perpétuer — non sans transformations, il est vrai — à travers toute l'antiquité ; il laissait aussi une œuvre magnifique, véritable trésor de pensées, dont l'influence a été vraiment incomparable et n'a pas même cessé de se faire sentir jusqu'à nos jours »[3]. Si, pour cette œuvre, on cherchait une épigraphe dans les premiers dialogues, on la trouverait dans la formule du *Lachès* : « καὶ ἡμεῖς ἐπὶ τῇ ζητήσει ἐπιμείνωμέν τε καὶ καρτερήσωμεν[4]. » Elle traduit ce qui serait

1. Platon, *Œuvres complètes*, t. I, Introduction, p. 9.

2. A. Rivaud, *Le problème du Devenir et la notion de la Matière dans la philosophie grecque, depuis les origines jusqu'à Théophraste*, Paris, 1906, p. 360.

3. Platon, *Œuvres complètes*, t. I, p. 10.

4. Le discours nous invite à montrer de la force d'âme. Si tu

assuré de survivre lors même que, dans un avenir difficilement prévisible, on en viendrait à ne plus voir, dans ce trésor de pensées, qu'une collection de curiosités historiques : l'esprit intime du Platonisme. La science même la plus étrangère aux doctrines positives de Platon pourrait toujours, en lui, saluer un guide. Il resterait pour elle ce qu'il a voulu être pour son Académie : le maître de ceux qui cherchent.

---

le veux bien, nous aurons celle de persister dans notre recherche. » T. II, p. 111. *Lachès*, 194a.

CHAPITRE III

Les Dialogues Métaphysiques

§ 1. *A propos du Parménide*[1]

Le *Parménide* ouvre la série des dialogues appelés par excellence *dialogues métaphysiques* : c'est autour d'eux que la critique moderne a livré ses luttes les plus ardentes, et le *Parménide*, en particulier, a donné lieu à de violentes discussions. Ces discussions, en vérité, n'étaient point si neuves, puisqu'elles avaient déjà mis aux prises les commentateurs antiques, au sein même de cette école, nous pourrions dire de cette Église néoplatonicienne, pour qui le *Parménide* était une Bible, ou, plutôt, dans cette Bible, le livre chargé des révélations les plus savantes et des mystères les plus profonds. Proclus n'entreprend de le commenter qu'après avoir, dans une invocation qu'on sent ardente et grave, fait appel à toutes les Puissances Illuminatrices. Le dernier théologien du paganisme mourant, Damascius, n'a pas assez, pour expliquer le *Parménide*, des ressources d'une dialectique subtile et d'une redoutable érudition d'école : avec plus d'ampleur encore que Proclus, il ramasse et concentre, autour de ce livre énigmatique, les rayons troubles que projettent, du fond des sanctuaires de la Thrace, de l'Égypte et de la Chaldée, les oracles, les

1. *Œuvres complètes de Platon*, tome VIII, 1re partie, *Parménide* (Paris, Société d'Édition *Les Belles-Lettres*, 1923).

mystères et les théogonies sacrées. Le Néoplatonisme de la Renaissance, avec Marsile Ficin, alimentera, aux mêmes foyers composites, et ses essais de théologie platonicienne et ses enthousiasmes mystiques, et le *Parménide* de Platon sera, pour ces nouveaux adeptes de l'Hermétisme, le Saint des Saints, où ne pénètrent que les élus parmi les initiés eux-mêmes, et que garde « le Sphinx aux paupières mi-closes ».

Après avoir évoqué tant de rêves mystiques et tant de théogonies, cette énigme du *Parménide* a fait le tourment de la critique moderne. Disons-le franchement, pour beaucoup d'interprètes de Platon le *Parménide* était plus et pire qu'une énigme : il était un scandale. Il contrastait si violemment avec certaines idées qu'on s'était faites de Platon et du Platonisme ! Il dérangeait tant de beaux alignements de doctrines ! Il semblait arrêter, dans leur facile envolée, tant de belles phrases sur le « divin Platon » et sur le charme incomparable de son style ! Il gênait, non seulement ceux qui ne demandent à un penseur que de leur fournir des morceaux choisis et des développements oratoires, mais certains même de ceux qui veulent comprendre une pensée dans sa genèse et son développement historique, parce que, à trop « mécaniser » l'idée d'évolution, ils en arrivent à perdre le sens de la vie, à ne plus accepter ses tâtonnements et ses perpétuels retours, à la figer dans un dessin unilinéaire, triomphe de la logique et de l'abstraction. Il s'est ainsi trouvé pas mal de juges pour condamner doctoralement le *Parménide*. Mais est-il besoin de dire que ceux qui le jugeaient « mal écrit, indigne de Platon », bien souvent ne l'avaient point lu tout entier, et que ceux qui le condamnaient, « au nom de la logique du système », avaient négligé de le lire en le comparant, phrase à phrase, avec les autres dialogues de Platon ?

Car on n'a besoin que de lire le *Parménide* pour s'apercevoir qu'il est écrit dans une langue d'une précision et d'une sûreté merveilleuses, qu'il est bâti de main de maître et animé d'une vie intensément dramatique. On n'a besoin que de le comparer aux autres dialogues pour s'assurer que ses traits, en apparence, les plus déconcertants, ne font que répéter ou qu'accuser les traits qui nous paraissaient tout naturels — si naturels que, parfois, nous ne les avons point remarqués — dans les dialogues dits classiques, la *République*, le *Phédon*. L'édition nouvelle du *Parménide* essaiera de donner un texte sûr, une traduction exacte, les notes indispensables : elle permettra ainsi de lire et de comparer. Un rapprochement bien précis sera souvent plus convaincant qu'une longue dissertation sur l'authenticité du *Parménide*, et aucune dissertation sur le style propre à ce dialogue ne sera plus éclairante qu'une traduction consciencieuse. Ainsi la traduction et les notes pourraient suffire pour faire sentir au lecteur que l'œuvre qu'il lit est bien une œuvre de Platon. Mais elles ne feraient, en somme que lui mettre, devant les yeux, l'énigme à résoudre. Si le *Parménide* n'était pas de Platon, il pourrait, à la rigueur, cesser d'être, pour nous, un problème, S'il est indubitablement de Platon, l'énigme qu'il pose demeure tout entière et plus troublante. Une édition du *Parménide* pouvait donc et, vraiment, devait présenter au lecteur une Notice quelque peu détaillée. La présente édition s'est même offert le luxe de deux Notices : une Notice générale sur les Dialogues métaphysiques, une Notice sur le *Parménide*. Je n'ai point cherché à y construire, après Proclus, Damascius ou Ficin, une nouvelle théosophie. J'ai essayé de faire comprendre au lecteur l'importance de ce drame d'idées que constitue le *Parménide* et j'ai cherché, dans l'histoire de la philosophie antésocratique et dans les conditions au milieu desquelles s'est développée la pensée personnelle de Platon, les éléments d'une réponse à cette question, qui n'est double qu'en apparence : comment est né et que veut dire le *Parménide* ?

N'est-il, comme on le disait récemment encore, « qu'un exercice de virtuosité dialectique, mais éblouissant et d'un amusement prodigieux[1] ? » Faut-il le juger tout entier par cette dernière partie, où l'on ne se bat, en apparence, que pour s'exercer et pour le plaisir du « noble jeu » ? Nous chercherons alors à quelles habitudes du temps répondent de telles passes d'armes dialectiques ; nous retrouverons et dans les autres dialogues de Platon et dans les graves traités d'Aristote ces « exercices de virtuosité », et nous remonterons, par Gorgias et Zénon, jusqu'à leur source. Voulons-nous, au contraire, être attentifs au parallélisme entre ces passes d'armes élégantes et le duel passionné de la première partie ? Nous saisirons ainsi l'unité de ce drame qu'est le *Parménide*. Drame métaphysique dont la portée est aussi profonde, la teneur aussi scientifique et la pensée aussi précise, plus précise, faut-il dire, et beaucoup plus claire que ne le fut jamais celle des *Critiques* de Kant. Mais ce n'est point du tout une allégorie froide. C'est un drame vécu. Platon a senti battre ses tempes, il s'est anxieusement interrogé devant ces « antinomies de la raison pure », il a posé, dans toute leur acuité, ces conflits éternels de nos concepts fondamentaux. Par là, le *Parménide* est une préface : la préface indispensable des dialogues métaphysiques, du *Théétète*, du *Sophiste*, du *Politique*, du *Philèbe*, la clef de toute l'évolution doctrinale dont est sorti le dernier Platonisme.

Mais, si poignant qu'ait pu être un tel examen de cons-

1. Paul SOUDAY, *Le Temps*, 27 septembre 1923.

cience philosophique, ce n'est pas seulement de cette lutte intérieure qu'a pu sortir le *Parménide* ; c'est d'une bataille bien réelle, avec des hommes bien vivants. Bataille très âpre : il y a toujours eu des « ennemis de Platon », et, si l'on sait avec quelle verdeur Platon a fustigé tous les charlatans et les « illusionnistes », rhéteurs, sophistes, ergoteurs captieux et baladins de la dialectique, on devine sans peine, et les dialogues nous laissent bien voir, que tous ces gens-là menaient belle guerre contre lui. A quelles attaques précises le *Parménide* a-t-il voulu riposter ? Sous quelle bannière marchaient les hommes qui menaient, contre la théorie des Idées ou Formes, l'assaut, en apparence, le plus décisif ? De quel grand nom se faisaient-ils fanion ? Ne pouvons-nous retrouver, dans la composition même et l'allure générale du drame historique où Platon transpose en scène d'un passé poétique et lointain et ces attaques et ses propres ripostes, les traces de ces luttes ? La tactique même que Platon emploie, la façon dont il partage les rôles entre Parménide, Zénon et Socrate, ne nous ouvrent-elles pas des jours précieux sur ces entrecroisements, souvent confus, des écoles et des doctrines ?

C'est à l'histoire d'expliquer l'énigme du *Parménide.* Mais prenons garde qu'il y a peut-être, dans l'histoire telle que se la transmettent et les doxographes et les commentateurs antiques et les plus graves historiens modernes de la philosophie grecque, toute une part qui n'est que création littéraire. N'a-t-on pas souvent pris, pour une représentation exacte des hommes et des faits, ce qui n'est, chez Platon, que transposition, procédé d'art et de tactique ? En une très grande mesure, le *Parménide* a fait l'histoire. C'est au dialogue de Platon, plus encore, peut-être, qu'à l'efficacité directe de son propre poème, que le Parménide de l'histoire doit son auréole de grandeur hautaine, et c'est avant tout, peut-être uniquement, au dialogue de Platon que le Zénon de l'histoire doit son rôle d'écuyer fidèle. Enfin, en un autre sens encore, cette fois par sa vertu génératrice d'effort métaphysique et de floraison doctrinale, le *Parménide* a fait l'histoire : il a, pour une grosse part, créé le Néoplatonisme et toutes ses dérivations philosophiques ou théosophiques, et son mystère a, peut-être, été plus fécond que ne l'eût été sa clarté.

Lui enlèverons-nous tout son mystère ? Qui oserait le promettre et, d'ailleurs, ne serait-ce pas un non-sens de le tenter ? Il y a, peut-être, des œuvres antiques dont un commentaire peut se flatter d'épuiser le sens, mais ces œuvres qu'un commentaire épuise ne sont-elles pas, le plus souvent, des œuvres sans profondeur ? Le génie a des virtualités éternelles, des abîmes de pensée que le temps seul et le progrès humain éclairent et fécondent. S'il est vrai qu'un livre sans mystère est un livre que nous pouvons fermer d'un cœur tranquille, parce qu'il n'a plus rien à nous apprendre, il se passera longtemps avant qu'on puisse se dispenser de lire et de relire le *Parménide*, avant qu'il nous ait livré tout ce qu'il recèle de secrets du passé et de germes d'avenir.

§ 2. *A propos du Sophiste*[1]

« Versez quatre pintes d'eau froide sur une de goudron, puis remuez-les et les mêlez intimement avec une cuillère de bois ou un bâton plat, durant l'espace de cinq à six minutes ; après quoi laissez reposer le vaisseau bien exactement fermé... » D'où ai-je tiré cette recette ? D'une réclame

1. *Œuvres complètes de Platon*, tome VIII, 3e partie : *Le Sophiste* (Paris, Société d'Édition *Les Belles-Lettres*, 1925).

moderne ou de quelque vieille pharmacopée ? Vous n'y êtes point : je la copie tout simplement dans la première page d'un traité de métaphysique : « Siris, Chaîne de Réflexions et d'Enquêtes philosophiques concernant les Vertus de l'Eau de Goudron, ainsi que divers autres Sujets connexes et qui naissent les uns des autres, par le Révérend Docteur Georges Berkeley, Lord Evêque de Cloyne, imprimé à Londres, pour C. Hitch, Pater Noster Row, 1744 ». Étrange manière, n'est-ce pas, d'introduire une série de développements abstrus sur le Feu Subtil, esprit de l'Univers, sur l'Espace absolu, les Idées, et les trois Hypostases divines ? Platon l'eût approuvée. Lui non plus ne craint point de partir d'un sujet « peu relevé, quoique utile[1] », fût-ce même l'art du pêcheur à la ligne, pour aborder progressivement les questions les plus hautes de la métaphysique. C'est bien là ce qu'il fait dans son *Sophiste*, que je voudrais vous présenter aujourd'hui.

Berkeley écrivant la *Siris* avait à peu près le même âge que Platon écrivant le *Sophiste*. Mais il est probable que la soixantaine avait fini d'assagir l'évêque de Cloyne, qui travailla toute sa vie à « brider son tempérament satirique[2] ». La *Siris* n'a rien d'un pamphlet. Le *Sophiste*, au contraire, est plein d'une ironie passionnée, sarcastique, d'une verve à la fois virulente et pédante, riche en métaphores pittoresques, mais aussi en comparaisons savantes, en épithètes et en injures toutes scolaires. Ce n'est pas à Berkeley, c'est plutôt à notre Rabelais que fait penser cet *humour dialectique*, et aussi cette abondance verbale, cette invention jamais lasse qui multiplie à plaisir, autour d'un seul objet, les définitions, les attributs, les comparaisons et les métamorphoses. C'est

1. « This low but useful theme », cf. *Sophiste*, 218 d/e.
2. *Le Journal Philosophique de Berkeley*, § 246, trad. Raymond Gourg, p. 108.

à Rabelais, aussi, mais à un Rabelais plus âpre parce que plus convaincu, et, disons le mot, plus croyant, que fait songer cette façon d'envelopper de graves vérités dans un affabulation familière et parfois burlesque, et cet art très délibéré qui s'ingénie à relever, des fortes épices de la satire, la « substantifique moëlle » de la métaphysique. Je m'imagine bien que ce Rabelais nouveau, un Rabelais très convaincu, métaphysicien, et, si l'on veut, un peu scolastique, eût aimé écrire quelque chose comme le *Sophiste*, et, suivant le goût de notre xvie et de notre xviie siècle, en eût allongé le titre pour le rendre un peu plus parlant : « Le *Sophiste*, dialogue réfutatif, où l'on montre d'abord ce que c'est que le pècheur à la ligne, et par après, en même méthode, quel gibier de ruse et maître fabricant de fourberies est le sophiste, et que, si nous le voulons capturer et tenir ferme dans les rets de notre logique en déjouant ses artficieux prestiges, il nous faut convenir et vigoureusement affirmer que le Non-Être est et que l'Être n'est pas. »

*
* *

Il y a donc, dans le *Sophiste*, une métaphysique, ou plutôt la discussion et la solution d'un très grave problème de métaphysique. On pourrait croire qu'il date, et qu'il est vieilli, et qu'on doit encore bien mettre le *Sophiste* dans sa bibliothèque, parce que de telles pièces d'antiquité font bien dans une vitrine, mais perdre du temps à le lire ou même à le feuilleter, à quoi bon ? Que nous fait à nous ce paradoxe d'école, si émoussé et si totalement usé, qu'il n'a même plus de sens pour une pensée moderne : « Le non-être est, et l'être n'est pas ? » Si tant est qu'une question de métaphysique puisse encore aujourd'hui nous retenir, à quoi bon, en tout cas, forcer ainsi et tordre notre esprit pour le retourner vers des questions et des situations irrévocablement dépassées ? Une pensée morte est plus morte qu'une ruine antique ou qu'une hypogée, et ne saurait plus passionner même l'archéologue le plus complaisant.

Mais peut-il y avoir, en métaphysique, des questions mortes, et peut-on jamais dire que la solution essayée par un grand penseur soit, même au bout de vingt et quelques siècles, irrévocablement desséchée, vidée de tout ce qu'elle pouvait contenir de sève et de valeur vitale ? Le problème qu'agite le *Sophiste* est-il donc si usé ? Vieux, il l'était déjà du temps même de Platon, puisqu'Héraclite et Parménide l'avaient débattu contradictoirement dès le VIe siècle. Et pourtant Bergson a trouvé nécessaire de consacrer vingt-cinq pages au moins de son *Evolution Créatrice* à débattre à nouveau ce problème de l'*Existence et du Néant*[1], parce que, d'après lui, l'idée de néant « est souvent le ressort caché, l'invisible moteur de la réflexion philosophique. Dès le premier éveil de la réflexion, c'est elle qui pousse en avant, droit sous le regard de la conscience, les problèmes angoissants[2] ». D'autre part, quand Bergson déclare « que l'idée du néant absolu, entendu au sens d'une abolition de tout, est une idée destructive d'elle-même, une pseudo-idée, un simple mot[3] », est-il donc plus énergique ou même plus moderne que notre *Sophiste.* déclarant « qu'on ne saurait légitimement ni prononcer, ni dire, ni penser le non-être en lui-même ; qu'il est, au contraire, impensable, ineffable, imprononçable, inexprimable[4] » ? Et, si nous restons sur ce terrain de la métaphysique, y a-t-il une idée plus moderne

1. *L'Évolution Créatrice* (4e éd., 1908), ch. IV, p. 298-323.
2. *Ib.*, p. 218.
3. *Ib.*, p. 307.
4. *Sophiste*, 238 c.

que celle de relativité ? Or, Brochard n'a pas craint de l'affirmer à propos du *Sophiste*, « c'est, en réalité, l'idée de relation ou de relativité que Platon introduit dans les plus hautes spéculations et qu'il substitue à l'absolu tel que l'avait conçu l'éléatisme[1]. »

Condillac prétend « que l'art de raisonner n'est qu'une langue bien faite », et que la grammaire « est la première partie de l'art de penser[2] ». Il écrit tout un chapitre de sa *Logique* sur *l'Influence des Langues*, et dit « qu'il nous est naturel de penser d'après les habitudes qu'elles nous ont fait prendre. Nous pensons par elles : règles de nos jugements, elles sont nos connaissances. nos opinions, nos préjugés[3] ». Ce n'est pas la science moderne qui démentira Condillac : une magnifique efflorescence d'études et de découvertes linguistiques est en train de confirmer, de plus en plus, cette immense influence de la langue sur la logique et la métaphysique. Elle soulève, assurément, des problèmes, et découvre des points de vue que n'avait point envisagés Condillac, ni même Platon. Mais elle demeure préoccupée des problèmes qu'étudiait Condillac et qu'avait déjà traités l'auteur du *Sophiste*. Nous sommes plus habitués à entendre parler de linguistique à propos du *Cratyle*, parce que Platon nous a donné, dans ce dialogue, avec ce mélange d'ironie et de profondeur qui est sa marque, un *état* des connaissances et des débats linguistiques à son époque. Mais il ne faut point oublier que le *Sophiste* utilise en grand le *Cratyle*, ou, pour mieux dire, qu'il l'achève, en poussant plusieurs des essais linguistiques du *Cratyle* jusqu'à leur conclusion métaphysique. De quoi s'agit-il en effet, dans le *Sophiste* ? De savoir si l'on peut lier plusieurs attributs à un sujet,

1. *Études de philosophie ancienne et de philosophie moderne*, p. 150.
2. *Logique, passim*, et *Cours d'Étude* (Paris, an 8), tome I, p. 134.
3. *Logique* (Maestricht, 1792), p. 112 et suiv.

ou encore si l'on a le droit de formuler une proposition négative et quel sens il faut donner à la négation, et de résoudre, finalement, cette question : de quoi est faite une proposition, ou, pour parler comme Platon et comme Condillac, de quoi est fait le *discours* ? M. Vendryes reprochait tout dernièrement aux logiciens disciples d'Aristote d'avoir voulu ramener à un type unique la phrase nominale et la phrase verbale en décomposant, par exemple, cette proposition « Le cheval court » en cette autre « Le cheval est courant ». Il observait que toute une logique ,ou, comme il disait encore, toute une métaphysique « s'est bâtie sur l'existence primordiale du verbe *être*, lien nécessaire entre les deux termes de toute proposition », et il ajoutait : « Mais la linguistique, loin d'appuyer cette construction scolastique, la détruit par la base. D'après le témoignage de la plupart des langues, la phrase verbale n'a rien à faire avec le verbe *être*, et ce verbe lui-même n'a pris place qu'assez tard comme « copule » dans la phrase nominale[1]. » Or, Platon, dans le *Sophiste*, nous fait, lui premier, la théorie de la phrase verbale, et nous en donne des exemples. Mais lesquels ? Ceux-ci : « L'homme apprend... Théétète vole. » Et, encore que le *Sophiste* soit si préoccupé des notions d'être et de non-être, Platon oublie totalement (faut-il dire qu'il oublie ou bien qu'il évite ?) d'analyser et de traduire : « L'homme est apprenant... Théétète est volant ». Aristote, qui fera tout de suite cette décomposition[2], en veut beaucoup à certaines gens qui s'évertuaient à éviter ces « propositions à verbe *être* », et plusieurs commentateurs ont prétendu, au grand scandale de Simplicius, qu'il visait tout droit Platon[3]. En tout

1. J. Vendryes, *Le Langage, Introduction Linguistique à l'Histoire* (1921), p. 144.

2. Aristote, *Métaphysique*, 1017a, 28. *Premiers Analytiques*, 51b, 13 et suiv.

3. Cf. Simplicius, *ad Phys.*, p. 97 et suiv.

cas, celui-ci n'est point du tout esclave de la « copule ». M. Lévy-Bruhl, qui nous commentait le *Sophiste* il y a quelque vingt-cinq ans sans délaisser, pour cela, ses études favorites, n'a point, en reprenant l'examen du langage et de la pensée des primitifs, cessé tout commerce avec le Platonisme, puisque, pour expliquer les représentations collectives de la mentalité « prélogique », il a fait appel à un principe propre, qu'il nomme « loi de participation[1] ». C'est précisément une question de savoir si le verbe *être*, dans les propositions attributives où Platon l'emploie expressément, ce dont le grec le dispensait si facilement, au lieu d'être réduit, dans sa pensée, au rôle de « copule », n'est pas encore tout chargé de cette vertu mystérieuse que recouvre le mot de « participation[2] ». En tout cas, il est clair que les problèmes débattus dans le *Sophiste* sont des problèmes de linguistique autant que de logique ou de métaphysique, et je crois être sûr que M. Meillet, qui a rendu justice aux clairvoyantes précautions et aux curieuses tentatives du *Parménide* en ce qui concerne l'expression du futur[3], trouverait encore, dans le *Sophiste*, matière à de bien beaux et bien modernes commentaires. La linguistique, l'une des plus compréhensives parmi les sciences de l'esprit, est un peu fille de Platon, et peut avoir, autant que quiconque, la prétention d'entendre sa pensée et de deviner ses suggestions.

S'imaginera-t-on que de pareils débats, sur l'être, et le non-être, et la communauté des genres, et sur la possibilité

1. *Les fonctions mentales dans les sociétés inférieures*, Paris, 1910, p. 76 et suiv.

2. Cf. A. Diès, *L'Idée Platonicienne de la Science* (*Annales de l'Institut Supérieur de Philosophie de Louvain*, 1914, p. 184).

3. A. Meillet, *Le sens de γενήσομαι, à propos de Parménide*, 141 (*Revue de Philologie*, XLVIII, I, p. 44-49).

des propositions affirmatives ou négatives, aient dû forcément rester froids, et qu'un dialogue sur cette matière n'a aucune chance d'être vivant ? Ce serait oublier que discuter le droit d'affirmer ou de nier, c'est discuter la possibilité même de la science. Or, c'était chose sacrée que la science, pour Platon, et il a mis, dans la bataille, toute son âme de croyant. Il y a mis aussi toute la verve d'un tempérament satirique et passionné. Avec un art comique merveilleusement approprié à son sujet et à son public, il a tiré ses « effets » du cœur même de ce problème scientifique, et fait mouvoir tout son dialogue autour d'un personnage que tous les dialogues précédents nous font connaître comme le négateur ou le falsificateur de la science, et qui, outre cette valeur universelle de type, avait, pour les élèves et les lecteurs de de Platon, tant de noms propres et tant de visages familiers ! Ainsi l'étude sur la possibilité du non-être est devenue un dialogue sur le Sophiste.

Il n'y a pas longtemps qu'il était de mode parmi les critiques (la mode est-elle bien passée ?), de « pleurer sur ce pauvre Holopherne », et de reprocher gravement à Platon ses étroitesses d'esprit et ses injustices. Mépris d'aristocrate pour des gens qui se faisaient, chose nouvelle, un gagne-pain de l'enseignement ; rancune de professeur contre des concurrents habiles à créer, parmi les jeunes gens, les engouements et les modes ; incompréhension du dogmatique pour des esprits souples qui avaient, eux, le sens de la valeur purement humaine du vrai, voilà par quels sentiments, plus ou moins nobles, on expliquait la haine de Platon à l'égard des Sophistes. Et l'on n'avait point de peine à dresser de beaux portraits d'un Gorgias ou d'un Protagoras, d'un Prodicus ou même d'un Hippias, de cet Hippias en qui la dernière gageure a été de vouloir nous faire découvrir la source directe d'Aristote et le précurseur authentique de

Leibniz. On avait d'autant moins de peine à exalter les grands Sophistes, que Platon, sauf pour cette universelle et prétentieuse coquette d'Hippias, les a vraiment brossés d'une main généreuse et n'a point craint de faire trop vivement ressortir leur habileté, leur éloquence et leur prestige. Mais la question n'est pas de savoir si Platon a eu tort de ne pas reconnaître, dans le relativisme ou le pragmatisme de Protagoras, l'unique philosophie humaine, ou de ne pas deviner, dans les conférenciers ambulants de son époque, les précurseurs du professeur et du savant moderne, — encore que je serais tout prêt à soutenir que le modèle du professeur et du savant que chacun de nous a connu et respecté, ce n'est point le Sophiste, mais Platon ! Elle n'est même pas de savoir si les réhabilitations individuelles que pourra tenter périodiquement la critique ont quelque autre valeur que celle de modes aisément renouvelables. Platon ne fait ni une Histoire ni un réquisitoire : lui qui a pris parti dans les luttes de son époque, il fait, à la fois en philosophe et en artiste, la peinture et la satire, au besoin, des courants de pensée et des types d'esprits qui se heurtent dans ces luttes. La question qu'il importe de poser, surtout à propos du dialogue que nous présentons aujourd'hui, n'est donc qu'une question d'ensemble : le type que Platon a créé sous le nom de sophiste est-il vrai ?

Était-il vrai, je ne dis pas pour le réel Gorgias ou le réel Protagoras, mais pour la généralité de ces maîtres d'éloquence et de vertu ? Je répondrai oui, hardiment, et j'ajouterai que Platon avait tout droit de les poursuivre de sa haine, si le plus récent historien de la philosophie grecque, tout en appréciant hautement leur mérite d'initiateurs en beaucoup de domaines, a eu raison d'écrire que les Sophistes ont mis tout leur effort « à perfectionner un formalisme verbal, mais sont restés indifférents aux idées », ou qu'ils ont eu, d'ordinaire, des thèses de rechange, qu'ils sortaient ou cachaient suivant le public du jour, « par prudence commerciale[1] », ou encore « qu'ils mesuraient à leur bénéfice l'étendue de leur influence spirituelle[2] ».

Mais parvînt-on à démontrer que la haine de Platon l'aveugla sur les hommes, qu'il fut vraiment injuste et faux, et que les Sophistes de son temps furent tout autres que ce que nous appelons des sophistes, l'autre question demeurerait : le type que Platon a créé est-il vrai d'une vérité humaine et universelle ? Car Platon l'a créé. Historiques ou non, les variétés qu'il nous en présente dans le *Protagoras* ou le *Théétète*, dans les deux *Hippias*, dans le *Gorgias* ou la *République*, sont prodigieuses de vie et de couleur individuelle. Et le *Sophiste* semble avoir voulu, précisément, ramasser toutes ces variétés si distinctes, toutes ces physionomies particulières, pour les fondre en une formule générale, et reconstituer scientifiquement l'espèce. Cet homme qui peut tout, sait tout et fait tout ; qui cherche, non à trouver et enseigner le vrai, mais à manier, pour sa gloriole ou son profit. les apparences du vrai ; qui veut, non pas instruire, mais flatter et captiver, soit l'âme confiante des jeunes, soit l'âme aussi mobile et plus terrible des foules ; ce charlatan hâbleur, cet « illusionniste » qui, parfois, se fait illusion à lui-même ; ce profiteur astucieux qui guette la mode de demain pour se faire pousser par elle en la conduisant, n'est-ce qu'une fiction littéraire ou dialectique, ou bien est-ce une espèce vivante, qui pousse dans tous les temps et sous tous les ciels ? Le lecteur du *Sophiste* jugera.

1. Léon Robin, *La Pensée Grecque et les Origines de l'Esprit Scientique*, 1923, p. 171.
2. *Id.*, p. 167.

*
* *

Platon est parmi les siens, Son Académie est à la fois une Université, une École des Sciences Politiques, un Séminaire de Métaphysique, et une famille. L'amour du maître pour ses élèves, nous l'avons ouï de la bouche de Théodore, si franc, si pur, et si moderne, au fond, dans ses motifs tout intellectuels[1] ! Cet amour se fait ici plus grave encore. Le maître a « charge d'âmes » : il doit préparer ses élèves à la vie réelle, les armer contre les charlatans qui les guettent avec « leurs paroles ensorcelantes », contre les amertumes et les dangers des désillusions futures, et « les faire avancer le plus près possible du vrai en leur épargnant les épreuves[2] ». Mais cet amour si grave ne saurait faire que Platon enseignât sans poésie et sans gaieté. Ses leçons sont comme ses dialogues : une parole vivante. Souvent il vient des visiteurs étrangers, de Syracuse, ou de Tarente, ou bien d'Élée, peut-être. Au visiteur on offre le régal que nos universités du Moyen Age offraient au leur : une joute dialectique. Mais c'est à lui de la conduire, à lui d'essayer les meilleurs élèves en traitant avec eux quelque sujet qui leur agrée. Belle manière d'ouvrir les horizons de cette jeunesse ! Au centre du groupe, à côté de l'étranger, Platon, souriant, surveille, dirige et songe. Quelques mois passeront, et Platon aura transposé en une scène littéraire cette scène vécue : il l'aura projetée dans le passé, regroupée autour de Socrate, il aura élargi et approfondi sa teneur doctrinale, harmonisé, dans une progression savante, ses divers moments dialectiques. Mais le dialogue écrit restera, pour la forme comme pour le fond, l'écho direct du dialogue joué, tout comme il sera

1. *Théétète*, 143e-144b.
2. *Sophiste*, 234c/e.

le modèle du dialogue-leçon qui se jouera demain. A l'époque où nous sommes de la carrière platonicienne, toute la vie dont s'anime le dialogue écrit est puisée dans la vie de l'École. Il faut se rappeler cela pour comprendre et goûter la comédie toute spéciale que nous présente le *Sophiste.*

J'ai parlé de Rabelais, et cela me permettra peut-être d'employer certaines formules sans trop paraître manquer de respect aux mânes de Platon. Il y a beaucoup de la « farce » dans cette chasse au sophiste, dont Platon a voulu encadrer et agrémenter sa leçon de métaphysique. Une farce faite pour d'assez grands « escholiers ». Ils sont passionnés pour la dialectique savante, pour les définitions patiemment préparées, ou plutôt retardées à plaisir au moyen de subtils détours. Mais ce sont des jeunes gens, qui aiment flâner, le soir, au bord de la mer, quand les barques se balancent dans la nuit, avec le fanal allumé et les « fichouires » prêtes pour la « pêche au feu ». Et ce sont de jeunes nobles, amoureux des grands sports. C'est pour eux qu'à été écrit le *Cynégétique*, où tant de traits rappellent le *Sophiste* : ils courent le lièvre, le faon et le cerf, et même le sanglier. Mais il faut croire qu'ils courent aussi le renard, car il n'y a point de bête plus rusée, si ce n'est le sophiste, quand il veut dépister le dialecticien lancé à sa poursuite. Tous les deux aussi, le sophiste comme le renard, deviennent si facilement, de gibiers, chasseurs ! A chaque tour et détour de la bête astucieuse, à chaque métamorphose du « sophiste aux cent têtes », à chaque définition qui sonne, burlesque et triomphante comme un hallali de comédie, on croit entendre le rire que Platon escomptait, ce rire franc, large et sain, frais comme la nature en sa jeune force non fardée.

§ 3. *La composition du « Théétète » et M. Chiapelli*

M. Alessandro Chiapelli a publié dans les *Archiv für Geschichte der Philosophie* (XVII, H. 3, avril 1904) la communication faite par lui au Congrès de Rome (avril 1903) sur « les traces d'une double rédaction du *Théétète*[1] ». On sait que Usener, Gomperz et Blass ont déjà émis pour le *Phèdre* l'hypothèse d'une révision ou de ce qu'on appellerait aujourd'hui une seconde édition remaniée; malheureusement, les critiques s'en sont tenus à l'hypothèse et n'ont pas entrepris de ce point de vue une analyse du dialogue. M. Chiapelli ne se propose rien moins que de généraliser l'hypothèse et d'ouvrir à l'étude platonicienne toute une voie nouvelle de recherches, féconde en résultats inattendus. A son avis, le *Théétète* nous offre « un exemple typique et clair, une *instantia prærogativa* » pour la nouvelle méthode. Avant de faire connaître les arguments de M. Chiapelli, qu'on nous permette de marquer en ses grandes lignes le plan du dialogue.

La première chose qui frappe dans le plan en est l'abondance et l'aisance ; il se développe à loisir, κατὰ σχολήν, ἐν εἰρήνῃ ἐπὶ σχολῆς (143a, 172d), et se complaît en de nombreuses digressions.

D'abord une introduction (142a — 143d) sur les rapports de Théétète avec Socrate, sur le dialogue qu'ils eurent ensemble et la façon dont Euclide l'a transcrit par retouches successives, sur les raisons de la préférence accordée au mode d'exposition dramatique par opposition au mode diégétique.

C'est alors que commence le dialogue entre Socrate, Théodore et Théétète ; la question à discuter ne se pose qu'après

1. *Ueber die Spuren einer doppelten Redaktion des Platonischen Theaetets, Archiv.*, p. 320-333.

un prologue qui rappelle tout à fait les dialogues socratiques, (143d à 146a). On y fait, comme dans le *Charmide*, l'éloge du jeune homme avant de le présenter ; et comme, là-bas, l'éloge de la sagesse de Charmide amenait à chercher une définition de la sagesse, ici de même, par de subtils détours, la ressemblance prétendue de Théétète avec Socrate et les louanges de Théodore sur sa vertu et sa science amorcent la question : « Qu'est-ce que la science ? »

Mais Théétète n'arrive pas tout de suite à la précision voulue. Vous rappelez-vous, dans le *Gorgias*, Polus louant et magnifiant l'art de Gorgias, « le plus beau de tous », au lieu de le définir ; ou le jeune Ménon, dans un autre dialogue, donnant à Socrate un « essaim de vertus », σμῆνός τι ἀρετῶν, en place de l'unique définition demandée ? Ainsi Théétète croit devoir énumérer les diverses sciences et faire une réponse complexe au lieu d'une définition simple, ἓν αἰτηθεὶς πολλὰ δίδως καὶ ποικίλα ἀνθ'ἁπλοῦ. C'est par des exemples simples, la figure et la couleur, que Socrate amenait Ménon à définir la vertu ; de même, à Théétète, il donne un exemple vulgaire : la définition de la boue. Le parallèle se continue d'ailleurs entre les deux dialogues. Ménon, presque aussitôt la question entamée, faisait dévier la discussion sur la méthode d'ironie de Socrate ; Socrate est une torpille engourdie elle-même, et paralysant qui l'approche. A ses doutes sur la possibilité d'apprendre ce qu'on ignore, Socrate répondait par la réminiscence et par les découvertes mathématiques du jeune esclave présent à la discussion. Ici, c'est Théétète qui se rappelle l'exemple des racines rationnelles et irrationnelles et l'effort fait par lui et l'homonyme Socrate pour les définir ; et, pour vaincre ses hésitations à tenter le même effort dans la question présente, Socrate lui expose longuement la « maïeutique » et le don qu'il a, lui stérile, de rendre féconds les autres esprits.

C'est alors seulement que commence la discussion. Elle est séparée en trois parties bien distinctes par les trois définitions successives que propose Théétète :

1° La science, c'est la sensation,
151e à 187b ;

2° La science, c'est l'opinion vraie,
à 201b ;

3° La science, c'est l'opinion vraie accompagnée de raison.

A première vue, la première partie se distingue nettement des deux autres : d'abord par son étendue, 36 pages. H. Est. contre 14 à la seconde et 9 à la troisième. Elle s'en distingue encore par l'intervention de Théodore, qui ne prend plus aucune part à la conversation dans les deux autres. Enfin, le plan en est si complexe qu'on comprend que Platon y ait ménagé des repos bien marqués.

En effet, Socrate commence par identifier la réponse de Théétète à la formule de Protagoras : « L'homme est la mesure de toutes choses. » Il ramène la thèse au principe plus général que tous les sages ont admis, à l'exception du seul Parménide : « Rien n'est, tout devient. » Il établit ce principe sur les faits d'expérience ; enfin, après en avoir fait sortir la doctrine de la relativité, il revient à un sens plus profond de la thèse de Protagoras et à une formule plus universellement admise (ἀνδρός, μᾶλλον δὲ ἀνδρῶν). Dans un parallèle dont il est impossible de ne pas voir la ressemblance frappante avec *Soph.* 246a, entre les ἀμύητοι matérialistes et les κομψότεροι, il expose cette thèse du « Tout est mouvement ». Il s'en sert pour réfuter les objections faites d'ordinaire aux formules : sensation = science, apparaître = être, et se résume en réaffirmant l'identité des trois principes : Tout est mouvement (Héraclite) — L'homme est mesure (Protagoras) — La sensation est science (Théétète) (160 E).

La thèse achevée, il faut en faire la critique, l'amphidromie. C'est ici que se place la première pause : Socrate fait remarquer à Théodore « qu'il ne sait qu'une chose, recevoir et comprendre passablement ce qui est dit par un autre plus habile ». Après même avoir amorcé un instant, d'une façon très légère, la discussion qui doit suivre, il «taquine» un peu Théodore pour l'amener à défendre lui-même Protagoras ; mais il n'insiste point et revient au sage Théétète, πάλιν δὴ οὖν ἐπὶ τὸν σοφὸν Θεαίτητον ἰτέον (162c).

Mais, de même, avant que soit fini le premier essai de discussion, un colloque très bref renouvelle, entre Socrate et Théodore, les mêmes invites et les mêmes refus (164c à 165c). Quand la série des premières objections est achevée, objections empruntées, de l'aveu même de Platon, aux disputeurs de métier, Protagoras y fait, par la bouche de Socrate, une longue réponse, qui dégénère vite en un discours sur le rôle politique des sophistes et la loyauté obligatoire dans la discussion (à 168c). Ici encore, avant le nouvel essai, plus sérieux, de critique, petit entr'acte avec Théodore sur la maladie qu'a Socrate de contraindre tout le monde au combat ; et, cette fois, Théodore se laisse engager[1]. C'est devant lui et avec ses propres aveux que la thèse de Protagoras est démon-

1. Sur Théodore, cf. mon édition du *Théétète* (1924), p. 124, p. 197, note 1. Il joue ici le rôle du personnage plaisant. Il est non pas comique, parce que Platon a pour lui une tendresse manifeste, mais risible et charmant. Vieux professeur de mathématiques, il discerne d'un coup d'œil prompt et sûr la valeur de ses élèves, les lance avec joie sur des voies nouvelles, les guide avec amour, les loue avec l'éloquence du cœur. Mais il est tout dépaysé dans les discussions dialectiques, et, si loyale que soit son amitié pour Protagoras, qu'il ne saurait laisser attaquer devant lui sans protester, il craint de s'engager dans cette forme de raisonnement si nouvelle pour lui. Ses hésitations et ses reculs, sa gêne et ses maladresses, sa joie naïve une fois délivré, sont les éléments de diversion gracieuse que Platon ménage pour les moments de halte indispensables dans l'argumentation. Ce ne sont pas les *rédactions successives*, c'est surtout l'*invention progressive* du dialogue qu'il faudrait étudier dans Platon.

trée n'être vraie ni pour Protagoras ni pour les autres (171c). Mais la portée de la réfutation est bientôt réduite par Socrate lui-même : Protagoras avouera que, pour la santé du corps, pour l'institution de lois utiles ou non, il y a différence de jugement entre sages et non sages — mais il soutiendra que, pour chaque cité, est juste et saint ce qui lui paraît tel. Socrate pourtant ferait une réserve : on n'oserait peut-être pas dire que la loi posée par une ville qui pense y trouver son intérêt sera, en effet, avantageuse. Et voilà, encore une fois, le procédé d'annoncer, avant la digression, la discussion qui doit suivre.

Cette fois la digression est longue (172c à 177c). Mais c'est le bonheur des philosophes de pouvoir converser à loisir et changer de discours quand il leur plaît. Il n'y a point pour eux « d'eau qui coule et les oblige à se hâter », ni « d'Antomosie » dont ils ne puissent s'écarter. Et voilà un parallèle engagé entre les hommes « versés dès leur jeunesse dans les luttes des tribunaux » et les « coryphées » de la philosophie. Les premiers, rompus au mensonge et à la fraude, n'ont point de peine à vaincre dans les débats de la vie ordinaire : « Quel tort te fais-je, ou quel tort me fais-tu ? » ces philosophes, ignorants des places publiques et des lois, et qui, comme Thalès, tombent dans le puits en regardant les astres. Mais, s'il faut passer à la considération de la justice et de l'injustice en soi, « alors le philosophe prend sa revanche et les autres prêtent à rire, non point aux servantes de Thrace et aux ignorants, — mais à ceux qui n'ont point été élevés comme des esclaves. » Cette lutte durera toujours ; le mal ne peut être réduit, parce qu'il faut toujours qu'il y ait quelque chose de contraire au bien. Mais, pendant que les méchants imitent le modèle « ennemi de Dieu et très malheureux » et s'y rendent de plus en plus semblables, il faut nous efforcer de fuir au plus vite de ce séjour dans l'autre, « et cette fuite consiste dans la ressemblance avec Dieu, autant qu'il dépend de nous ». Ce sont choses que ces hommes habiles traiteront d'extravagances, mais dès qu'on les force, dans un entretien particulier, d'expliquer leur mépris pour certaines choses, « toute leur rhétorique s'évanouit au point qu'on les prendrait pour des enfants ».

La digression achevée, Socrate reprend le sujet au point où il l'avait laissé et finit de prouver « qu'un homme est plus habile qu'un autre et que c'est celui-là qui est la vraie mesure » (179c).

Le premier essai de critique n'était qu'une réfutation d'objections insignifiantes faites à Protagoras ; et les savants modernes s'accordent à peu près à y voir une parodie d'Antisthène. Le second s'en prenait d'une façon sérieuse à la thèse de Protagoras. Le troisième examine la thèse du mouvement universel (179c à 184b) et, comme le second, se poursuit tout entier entre Socrate et Théodore. Après avoir rappelé l'éternelle dispute entre Héraclite et Parménide, on montre l'instabilité absolue du monde d'Héraclite et l'inaptitude de quelque terme que ce soit à s'appliquer à cette mobilité : tout mot la fixerait. Il ne reste d'acceptable que l'expression indéfinie « en aucune manière, τὸ οὐδ' ὅπως ».

Encore ici, avant d'ouvrir une nouvelle argumentation, un entr'acte, cette fois sur Parménide. Plus que Mélissos et les autres, il est respectable et redoutable. Examiner sa thèse serait, outre s'exposer à la mal comprendre, ouvrir une question immense où le problème actuel disparaîtrait.

Enfin, dans un quatrième et dernier essai, Socrate montre à Théétète que toutes nos sensations « se rapportent à une seule essence, âme ou autre chose ,par laquelle, au moyen des sens comme autant d'organes, nous sentons ce qui est sensible, et que la sensation seule n'est donc pas la science », 184d. Il est bien difficile de ne pas trouver, dans tout cet essai, les résultats bien positifs de la pensée de Platon : et, quelque induction qu'on puisse en tirer pour la date du dialogue, on ne peut en méconnaître la portée psychologique et logique.

Voilà la première partie achevée : les critiques de M. Chiapelli ne portent point sur le reste. Qu'il nous suffise de remarquer la parenté de la question traitée dans la deuxième partie avec les discussions du *Sophiste :* s'il y a *doxa* vraie et *doxa* fausse, comment peut exister cette dernière ? (voir surtout les difficultés objectives, par rapport à l'être et au non être, 188d à 190c). La troisième définition, opinion vraie accompagnée de raison, est réfutée comme la seconde sans qu'intervienne Théodore, qui, désormais, est resté personnage muet. Enfin, Socrate, après un retour sur la maïeutique, se rend au portique du roi pour répondre à l'accusation à lui intentée par Mélétos et donne rendez-vous à Théodore au même lieu pour le lendemain. On nous pardonnera cette longue analyse, où tout l'élément doctrinal de la discussion a été délibérément laissé de côté pour rendre plus apparente la marche du dialogue, s'il en sort un peu de clarté sur la thèse nouvelle qu'il nous reste à exposer et à discuter.

M. Chiapelli commence par le prologue. On sait que Teichmüller s'était appuyé sur 143 bc pour prétendre que Platon n'a commencé qu'au *Théétète* à écrire ses dialogues en forme dramatique. Beaucoup d'auteurs déjà ont fait remarquer l'exagération d'une telle hypothèse. Mais M. Chiapelli va plus loin : selon lui, cette préférence du mode dramatique et les raisons sur lesquelles Euclide l'appuie n'ont de portée que pour le *Théétète*. Ce qui lui paraît beaucoup plus important, c'est la façon dont Euclide a d'abord écrit à l'aide de ses souvenirs, puis complété et redressé, en interrogeant de nouveau Socrate, le récit de la conversation entre celui-ci et Théétète. M. Chiapelli y voit un artifice littéraire de Platon pour nous insinuer que, après la première rédaction du dialogue, il y a apporté des corrections et des additions. Or, pour le premier point, nous ferons remarquer qu'il suffit de mettre, avec M. Gomperz[1], le *Parménide* avant le *Théétète*, pour voir, dans les explications d'Euclide, l'intention d'un abandon définitif de la forme narrative. Celle-ci est fréquente dans les dialogues socratiques. La composition de la *République* a bien pu, comme le présume M. Gomperz, en révéler les difficultés ; Platon aurait alors repris, d'une manière exclusive, le mode dramatique adopté déjà dans *Hippias*, *Lachès*, *Euthydème*, *Criton*, *Ménon*, *Gorgias* et *Phèdre*. Un intérêt plus vif pour les questions de doctrine pure, une préoccupation didactique plus exclusive, et peut-être, avec l'âge, l'épuisement croissant de la force créatrice, suffiraient à expliquer cette forme plus abstraite des derniers dialogues. L'hypothèse, certes, vaut bien celle de M. Chiapelli sur les insinuations entrevues à travers les quelques lignes qui suivent. On peut très bien, en effet, se contenter de voir, dans le récit des retouches successives d'Euclide, l'intention d'affirmer la fidélité de la narration. D'autant que nous pourrions trouver, dans le prologue du *Parménide* (127d), une intention analogue, quand on nous dit que Pythodore, entré dans les derniers, n'entendit lire qu'une partie de l'ouvrage de Zénon, mais que « Zénon le lui avait fait connaître auparavant[2] ».

Voici maintenant un argument d'une portée tout autre,

1. *Griechische Denker*, II, p. 432 sq.
2. Cf. encore 126 c. πολλάκις ἀκούσας... εὖ μάλα διεμελέτησεν.

au moins dans l'intention de M. Chiapelli. A son avis, l'entrée de Théodore au milieu de la discussion engagée entre Théétète et Socrate marque les parties introduites au cours de la seconde rédaction. Il faudrait donc regarder comme n'appartenant pas au dialogue primitif, d'abord, d'une façon générale, le rôle entier de Thédore, et, en particulier, le passage sur Protagoras (161c-162c), la réponse de Protagoras (165a-169a) et le parallèle des philosophes et des politiques, désigné expressément par Platon comme une troisième digression. Or, il nous semble que, d'abord, le personnage de Théodore est absolument essentiel au dialogue. Sans parler du *Sophiste* et du *Politique*, qui apparaissent à première vue comme les suites naturelles du *Théétète* et dans lesquels Théodore sert, comme dans celui-ci, à introduire la discussion entre Socrate ou l'Eléate et son principal interlocuteur, soit Théétète, soit l'homonyme Socrate, il y a toute une série de dialogues où une tierce personne joue ainsi le rôle d'introducteur. C'est Protarque dans le *Philèbe ;* c'est Hermogène dans le *Cratyle ;* c'est, dans le *Parménide,* Zénon. Rappelons-nous, en outre, notre analyse du *Théétète.* Théodore n'est pas seulement l'introducteur ; dans toute une partie du dialogue, il prend part, d'une façon intermittente, à la conversation ; puis, pendant la discussion des dernières thèses, il reste absolument muet, et, seule, une brève mention de sa personne au rendez-vous final nous fait ressouvenir de sa présence continue. Or, le plan est le même, proportions gardées, dans les dialogues que nous avons cités. Le *Parménide,* par exemple, nous offre :

a) Une introduction pour amener le récit du dialogue (126a-127e).

b) Une introduction à la position du premier problème

par une conversation entre Socrate, Zénon et Parménide (jusqu'à 130a).

c) Après quoi, toute la discussion de la première partie se passe entre Socrate et Parménide, sans que Zénon intervienne.

d) Celui-ci ne reparaît, avec les autres assistants, que pour l'entr'acte entre les deux parties : ils s'unissent à Socrate pour prier Parménide de traiter lui-même la question posée (136d-137c).

e) Cela fait, on n'entend plus parler de Zénon ni des autres spectateurs.

Dans le *Sophiste :*

a) Théodore introduit l'étranger.

b) Petite conversation entre Socrate et l'étranger et, comme dans le *Théétète*, mention faite de l'homonyme Socrate.

c) Puis, jusqu'à la fin, rien que Théétète et l'étranger.

Dans le *Politique :*

a) Conversation entre Théodore et Socrate.

b) Introduction du jeune Socrate comme répondant.

c) Après cela, plus rien que le jeune Socrate et l'étranger.

Dans le *Cratyle*, Hermogène et Cratyle se partagent le rôle d'antagonistes :

a) Hermogène pose d'abord la question débattue entre lui et Cratyle, et garde, pendant toute la première partie, la discussion avec Socrate.

b) Puis le même Hermogène, dans un bref colloque avec Cratyle, l'engage dans la discussion, et la seconde partie se poursuit tout entière entre Socrate et Cratyle sans qu'il soit refait mention d'Hermogène.

Le *Philèbe*, enfin, se passe tout entier entre Socrate, Protarque, Philèbe et quelques assistants muets. Or, la discussion n'a lieu qu'entre Socrate et Protarque, et Philèbe, tout comme Théodore, se refuse à y prendre part. Cela ne l'empêche point toutefois d'intervenir; d'abord, 18d — 19a, pour prétendre à tort que la discussion s'écarte du sujet et donner occasion à Socrate de montrer que le grand discours sur la méthode (15d — 18d) n'est point une digression inutile ; puis une seconde fois, 22c, pour permettre d'introduire la discussion sur le second prix ; une troisième fois, 27e, pour amener la déclaration sur la sagesse qui gouverne le monde, 28e sq.; après quoi, Philèbe demeure spectateur muet.

Or, à notre avis, ce dernier exemple est mieux fait que tout autre pour éclairer le rôle que nous croirions pouvoir attribuer à Théodore dans le *Théétète.* Théodore n'est pas seulement l'introducteur du dialogue; les retours de Socrate vers lui, les invites qu'on lui fait, ses refus répétés de prendre part à la discussion ou les entrées passagères qu'il y accepte à contre-cœur, sont destinés à marquer les jointures du dialogue. Quant à prétendre que tout ce qui est examen des doctrines de Protagoras, objections grossières d'adversaires ignorants, objections plus sérieuses de Socrate et réponses de Protagoras, n'est que digressions inutiles, ce serait oublier la méthode constante de Platon, d'introduire au cours d'une question doctrinale des polémiques multiples. Ce serait oublier aussi l'identification faite, dès l'ouverture de la discussion, de la thèse de Théétète avec celles de Protagoras et d'Héraclite ou de leurs représentants actuels. Que la doctrine qui remplace les résultats universalisables de la recherche philosophique par l'habileté individuelle, et la science par le savoir-faire, soit discutée côte à côte avec les théories d'universelle mobilité, qui enlèvent à la science, à la raison et au langage même, tout point d'appui stable, il n'y a rien d'étrange à cela. Et que, pour les discuter, au lieu du jeune Théétète on prenne comme antagoniste un de leurs représentants actuels, cela encore n'est point d'une conduite extraordinaire. Enfin, regarder comme hors-d'œuvre les passages sur Protagoras et ne pas se choquer du petit entr'acte sur Parménide nous paraît un peu contradictoire. Si, après avoir réfuté ceux qui meuvent tout, Platon sent le besoin d'adresser un hommage bref à Parménide et, peut-être, en profite pour ou bien rappeler un dialogue déjà fait, ou bien annoncer un dialogue à faire, comment s'étonner qu'il brise, de temps à autre, le tissu de la discussion pour les besoins de sa polémique ? La démarche du dialogue est toujours restée chez lui souple et vivante ; il a toujours gardé le droit de saluer un peu longuement au passage amis et ennemis. Quant à traiter d'additions ou de hors-d'œuvre les développements qui, parfois, s'étendent un peu largement et, pour ainsi dire, font tache d'huile sur la trame plus serrée des dialogues, c'est s'engager dans un morcelage de toute l'œuvre platonicienne ; car, même dans les dialogues plus abstraits des dernières périodes, comme dans le *Philèbe* aux endroits que nous avons indiqués, Platon se laisse aller librement à ces développements. Et, s'il fait dire par un interlocuteur, ou s'il avoue lui-même par la bouche de Socrate, que ce sont des πάρεργα λεγόμενα, pourquoi y voir le quasi-aveu d'une rédaction postérieure plutôt que l'artifice conscient d'un art maître de ses moyens ? Nous avons indiqué, dans notre analyse, le procédé fréquent d'annoncer et d'effleurer, avant la digression, l'argument où viendra se raccrocher la suite de la discussion. Pourquoi y voir un ajustage tardif au lieu d'y reconnaître une des mille ressources de ce fécond esprit ? C'est pourtant un des arguments les plus forts de M. Chiapelli. Le fait que 172b, καὶ οὐκ ἂν πάνυ τολμήσειε φῆσαι, pourrait se continuer sans rupture par 177d, πλὴν εἴ τις τὸ ὄνομα λέγοι, κ. τ. λ., lui paraît une preuve décisive que tout ce qu'il y a entre les deux est une introduction postérieure. Mais qu'y a-t-il d'étonnant à ce que, après une parenthèse, la discussion reprenne au point précis où elle fut coupée ? L'argument qui suit est encore plus faible. Théodore dit (177c) que les discours lui ont été agréables, parce qu'à son âge on aime cette sorte de conversation. Mais c'est que le vieillard trouve inconvenant et fatigant pour lui d'entrer dans une discussion serrée ; et c'est pour cela que Socrate, dans le *Sophiste*, conseille à l'Étranger de prendre de préférence un jeune homme comme interlocuteur (177d). Les épisodes, dit M. Chiapelli, sont pour les vieillards ; donc la discussion, à laquelle a pris part Théétète, est pour les jeunes; cela ne veut-il pas dire qu'épisodes, d'une part, et discussion, de l'autre, appartiennent à des époques différentes de la vie de Platon[1] ? On nous permettra d'attendre, pour souscrire à la thèse, un argument plus convaincant.

*

*   *

Il y en a un plus fort ; M. Chiapelli le tire des idées exprimées dans le parallèle (172c-177c). On y parle des deux paradigmes ou modèles éternels, qui, dit M. Chiapelli, ne se rencontrent nulle autre part que dans le *Timée* et les *Lois*. La description du philosophe révèle, en outre, un

1. *Archiv.*, p. 329. Pour comprendre ce choix des jeunes dans les questions ardues, se reporter à *Parm.* 137bc. On y verra que, plus souples et plus dociles, leurs formules très brèves d'acceptation ou d'hésitation doivent permettre et marquer les repos dans cette accumulation de raisonnements subtils ; c'est-à-dire attirer l'attention sur les difficultés, indiquer les arêtes vives de la discussion, exiger et légitimer les résumés périodiques. C'est comme une suppléance à la forme didactique ou scolastique, vers laquelle, d'ailleurs, tend de plus en plus le dialogue dans cette période.

état d'esprit où les aspirations à la politique active ont fait place à un découragement profond et à un mépris total de la vie terrestre. Cet état d'esprit ne peut être que le résultat des expériences malheureuses de Platon à la cour de Sicile, et ses paroles amères sur les rois, les courtisans et les parasites, sont l'écho de ce qu'il y a vu et de ce qu'il y a souffert. Donc la digression tout entière n'a pu être écrite qu'à une date tardive. Or, on sait que, sur la date du *Théétète*, il y a deux opinions bien tranchées dans la critique contemporaine[1]. Tennemann, Schleiermacher, Ast, Socher, Stallbaum, Hermannn, Steinhart, Susemihl, Ueberveg (le *Manuel*), Natorp, Döring, Zeller le datent d'une des dix premières années après la mort de Socrate. Au contraire, Bergk, Rohde, Christ, Jackson, Dümmler, Siebeck, Jezienicki, Gomperz, Teichmüller, Tocco et Lutoslawski le placent dans la dernière période (367-347). M. Chiapelli croit pouvoir concilier les deux camps en observant que, de toutes les preuves en faveur d'une date postérieure, les plus fortes ont été tirées précisément de l'*Excursus* sur les philosophes. Contrairement à cette digression, tout le reste du dialogue est, à son avis, d'une époque beaucoup moins avancée. Il en donne pour preuves le peu de maturité de la théorie des Idées dans le dialogue et l'allusion manifeste de 201d à Antisthène, qui ne peut être postérieure à l'année 368, époque où, probablement, Antisthène n'était plus en vie. Enfin, récusant les preuves que Lutoslawski a voulu donner de l'antériorité de la *République* au *Théétète*, il regarde ce dernier comme une préparation critique à l'exposition constructive de la *République*. Toutes les preuves seraient donc en faveur de la double rédaction supposée par M. Chiapelli[2].

Nous n'avons point la prétention d'entrer dans ce débat

1. Cf. outre l'article de M. Chiapelli, Lutoslawski : *Origin and Growth of Plato's Logic*, p. 385 sq.

2. *Archiv*, p. 330 sq.

de chronologie et d'émettre un avis nouveau dans une question qui exigerait un traitement à part. Mais on nous permettra de faire quelques remarques. D'abord, la théorie des deux paradigmes peut bien ne pas se trouver ailleurs que dans le *Théétète*, le *Timée* et les *Lois*. Mais l'esprit de tout le passage, le détachement de la terre et l'idéal placé dans l'imitation de Dieu, est bien, de l'avis de tout le monde, l'esprit qui anime le *Phédon*[1]. Quant à l'allusion à Antisthène, il suffirait de placer, avec M. Gomperz, la date du *Théétète* avant 367, une des dates possibles de la mort d'Antisthène, pour en comprendre le ton de si violente polémique. Car, sur l'impossibilité que le découragement politique exprimé dans l'*Excursus* soit antérieur au second voyage de Sicile, tout le monde n'est point d'accord ; et M. Gomperz[2] croit précisément que Platon n'aurait pu écrire le *Théétète* après 367 sans s'exposer au reproche d'avoir contredit, dans ce triste voyage, à cet idéal d'une philosophie dégagée des choses de ce monde. Enfin, dût-on voir, au contraire, dans le ton de l'*Excursus*, l'écho des désillusions éprouvées en Sicile, qu'il n'y aurait point pour cela à s'étonner trop de la violente allusion à un adversaire mort : il y a d'autres exemples, dans Platon, d'attaques contre des adversaires disparus. Quant à l'âge de la doctrine qui s'exprime dans le *Théétète*, il n'y a point encore, là-dessus, de certitude qui s'impose ; et, outre les apparences si grandes de plan et de composition en faveur du groupement *Théétète*, *Sophiste*, *Politique*, les parallèles que nous avons déjà marqués entre *Soph.* 246a

1. Sans soulever la question de l'âme mauvaise (cf. pour les solutions contradictoires, C. RITTER, *Platos Gesetze, Kommentar*, p. 306 sq., et ZELLER, II, 1, 974), on peut très bien ramener le paradigme mauvais à l'idée de l'injustice en soi, en se rappelant que, dans les dialogues dialectiques, chaque idée est toujours accompagnée de son contraire.

2. *Griechische Denker*, II, p. 444.

et *Théét.* 155e à 156c, entre toute la discussion du non-être dans le *Sophiste*, et *Théét.* 188-189, permettent de maintenir, avec une forte probabilité, un rapprochement de dates entre les trois dialogues[1].

Si donc la question platonicienne doit entrer dans une phase nouvelle et féconde par la recherche des traces de double rédaction, il nous semble que le *Théétète* n'offre pas l'*instantia praerogativa* qu'on souhaitait, et nous serions heureux de l'avoir démontré[2]. Si nous n'y avons pas réussi, notre étude aura du moins servi à faire connaître l'hypothèse de M. Chiapelli, qui ne peut manquer de suggérer, dans tout le domaine du Platonisme, des recherches intéressantes.

§ 4. *Les Combinaisons de M. Eberz*[3]

Il y a au moins un mérite qu'on ne peut refuser aux hypothèses de M. Eberz : c'est l'esprit de suite. Pour bien comprendre les deux articles qu'il nous faut analyser sur le *Théétète*, le *Sophiste* et le *Politique*, il paraît sage au premier

1. Établir une chronologie des dialogues par l'âge des doctrines qui s'y expriment est une méthode dangereuse : « L'intelligence de chaque critique, dit très bien M. Ritchie (Bibl. Cong. Int. de Philos., IV, 167), mesure à sa taille l'histoire intellectuelle de Platon. » On peut donc très bien s'en tenir à la date tardive indiquée, pour le *Théétète*, par les critères stylométriques. D'autant que l'acceptation de cette méthode externe n'est point liée à l'exégèse de M. Lutoslawski, beaucoup plus outrée que celle de M. Campbell, et qu'elle n'empêche point, par exemple, le maître éminent qu'est M. Brochard de défendre vigoureusement (Année philosophique, 1902 : *Les Lois de Platon*) la continuité de la pensée platonicienne.

2. Sur une nouvelle hypothèse de double rédaction du *Théétète* (U. von Wilamowitz, Platon[1] [1919] Bd. II, p. 234-37), et généralement sur la composition du dialogue, cf. mon édition du *Théétète*, p. 119-123 et 147-150.

3. J. Eberz, *Die Tendenzen der platonischen Dialoge : Theaitetos Sophistes Politikos* (*Archiv*, XXII, 2, p. 252 à 263, et 4, p. 456 à 492).

abord, et peut-être, par la suite, verrons-nous qu'il était nécessaire, de revenir aux publications antérieures de M. Eberz. J'en connais deux, et ce sont, je crois, les seules : une thèse de doctorat sur le *Philèbe* (*Ueber den Philebos des Platon,* 37 p., Würzburg 1902), et un article sur le *Parménide* (*Die Einkleidung des platonischen Parmenides,* Arch. f. Gesch. d. Ph. XX, 1. p. 81 à 95).

La Méthode

La chronologie des dialogues platoniciens est, depuis longtemps, ou plutôt depuis toujours, incertaine et tâtonnante. Pourquoi ? C'est, nous dit M. Eberz en son premier ouvrage (p. 9), la suite d'un préjugé incompréhensible et indémontrable. On croit que Platon a laissé de côté, pour écrire, toutes ses préoccupations individuelles et n'a voulu donner, en ses dialogues socratiques, que des œuvres d'art impersonnelles. Préjugé dont il faut s'émanciper. Génie spéculatif, mais aussi chef d'École, réformateur et novateur — chez lui, s'il le peut ; au dehors, quand ses rêves politiques lui apparaissent irréalisables dans Athènes, et c'est bientôt — Platon a tout de suite contre lui un monde d'adversaires et, dans son école même, s'élève une guerre civile « que suscite contre lui une des têtes les plus astucieuses de tous les temps ». Comment croire qu'il n'ait pas utilisé, pour ces luttes de tous les jours, l'arme qu'il manie en maître, la plume ; que, tout absorbé dans la résurrection artistique d'un passé déjà lointain, époque de Socrate et des grands Sophistes, il n'ait cherché à combattre « que des moulins à vent déjà croulants ? » Le lecteur, je pense, répond déjà et je réponds avec lui : M. Eberz a raison, on ne peut croire à pareil désintéressement, qui serait par trop « platonique ». Platon est un artiste et aime le drame pour le drame. Platon est un disciple et se plaît à faire vivre à nouveau, dans son milieu familier et ses discussions quotidiennes, le maître qui survit dans son cœur et, par lui, survivra dans le monde, à la fois idéalisé et réel. Mais Platon est un homme, capable de haine comme d'amour, et porté, comme tout écrivain, à répondre aux piqûres d'épingles ou aux attaques ouvertes par de malignes et transparentes allusions. Surtout, Platon est un penseur, un amoureux de vérité, incapable de ne pas transposer, fût-ce malgré lui, les questions perpétuelles de son maître en ses doctrines à lui, les discussions et les batailles d'hier en discussions et batailles d'aujourd'hui, — amoureux aussi, et souvent déçu, de la Cité parfaite, et incapable, par suite, de ne pas mêler aux railleries, aux plaintes ou aux conseils de Socrate sur la politique d'hier, l'amertume de sa propre impuissance dans l'Athènes d'aujourd'hui les rêves de son ambition étrangère, les rancœurs de ses désillusions fréquentes, toutes les alternatives d'espoir et de désespoir et de retours d'espoir qui font, de l'histoire de la Sicile de ce temps-là, l'histoire même de Platon. Et le lecteur et moi, comme beaucoup d'autres, en tirons cette conclusion, qui est un avertissement : les dialogues de Platon sont complexes, l'interprétation en est délicate et périlleuse. Saisir où finit l'artiste, où commence le polémiste ; où finit le drame littéraire, où commence le drame vécu ; où finit le portrait, où commence le masque ; sous la vie, les doctrines et les interlocuteurs de Socrate, savoir à quel moment précis et en quelle mesure Platon combat ses propres adversaires, expose ses propres doctrines, décrit les rêves ou les réalités de sa propre vie ; voilà ce qui serait comprendre pleinement les dialogues, et voilà ce qui est difficile. L'œuvre est d'un tissu infiniment subtil et compliqué. Il faut donc la prendre fil par fil ,dénouer chaque nœud l'un après l'autre, démêler avec patience les croisements et entrecroisements divers, et ne point s'exposer à perdre la trame en s'attachant aveuglément à une direction unique. Et maintenant, que dit et que fait M. Eberz ?

Où nous disons : attention ! il dit : en avant ! Où nous cherchons à démêler et à dénouer, il tranche. Le Socrate des dialogues n'est que le masque de Platon. Les interlocuteurs du Socrate des dialogues ne sont eux aussi que des masques, derrière lesquels parlent les contemporains de Platon. Les situations même des dialogues, la vie, si dramatique d'ordinaire et, seulement sur le tard, pâle et sèche, de tous ces personnages, n'est, plus ou moins, elle-même qu'un masque : ni résurrection historique de situations passées, ni libre fiction de situations possibles ou irréelles entre personnalités du passé, mais simple dramatisation de situations actuelles, ou même sèche reproduction, M. Eberz dira presque, à certains moments, compte rendu sténographique d'événements qui sont la propre vie de Platon ou la propre vie de l'école platonicienne (p. 9 à 19). A ce compte, la tentation est forte, ou, plutôt, l'ambition est permise et la méthode est tout indiquée, de demander aux événements contemporains, dont, en réalité, est faite la trame des dialogues, et la cause et le but et la date de leur composition ; méthode que M. Eberz a découverte il y a quelque huit ou dix ans, et que, depuis lors, il applique avec persévérance.

Le Philèbe

Le premier dialogue étudié a été le *Philèbe*. On sait quel en est le sujet : une discussion entre Socrate, Protarque et Philèbe sur « le bien de l'homme ». Le bien n'est ni le plaisir ni l'intelligence seule, mais un mélange de plaisir et d'intelligence, où l'intelligence encore doit tenir la plus grande place et le rôle dominant. Et voici la thèse de M. Eberz. Comme il a écrit plus haut (p. 18) que Socrate, c'est toujours et partout Platon « Ist nun aber Sokrates niemand anders als Platon », il n'a plus besoin de se gêner pour déclarer, de prime abord : la discussion se meut entre Platon, Protarque et Philèbe. Que sont Protarque et Philèbe ? Des noms abstraits, comme pourrait le faire présumer la tenue didactique et toute scolaire du dialogue ? Non : Platon n'écrit pas « des drames symboliques ». Ce sont des pseudonymes, pseudonymes caractéristiques, masques transparents de personnes réelles et actuelles. Le « jeune premier », le « royal débutant », Protarque, c'est le second Denys de Syracuse, qui vient de succéder à son père en 368/7. L' « ami de la florissante jeunesse », Philèbe, c'est Philistos ; ami du plaisir en tant que disciple d'Aristippe, pédagogue du prince auprès duquel l'a rappelé la camarilla conservatrice, il est chargé et se charge d'enseigner au nouveau roi « la morale des maîtres ». Mais le sombre et ascétique Dion, qui ne se sent pas de force à contrebalancer cette souple et corruptrice influence, a fait venir Platon : l'évangile du despotisme éclairé a vite gagné du terrain, Platon est la tête du parti des réformes. De ce duel entre Platon et Philistos autour du cœur d'un jeune prince, le *Philèbe* est le document. Et voici comment on peut dater ce document. Le *terminus post quem* pour l'arrivée de Platon à Syracuse est 367. La victoire de Philistos dans cette lutte d'influences a eu pour résultat le bannissement de Dion ; or, Dion partit en exil dans le quatrième mois qui suivit l'arrivée de Platon. Le ton triomphal du dialogue, la docilité de Protarque, la royauté proclamée de l'intelligence sur le plaisir, tout nous prouve que le *Philèbe* a été composé à l'heure où Platon, maître encore de l'esprit de Denys, pouvait dédaigner et railler les tentatives impuissantes de Philistos. Dion était là, dans le groupe des amis de l'intelligence, avec un rayonnement sur son ascétique visage.

Le *Philèbe* a été composé dans ces quatre mois de 367 qui ont suivi l'arrivée de Platon. Faut-il une précision de plus ? Le texte même nous indique la scène où se joue ce petit drame. Rappelons-nous, en effet, l'exemple familier par lequel Platon illustre sa théorie de l'opinion fausse (38c-e) : « N'arrive-t-il pas souvent à quelqu'un, qui voit de loin et confusément certains objets, de vouloir pourtant se prononcer sur ce qu'il voit ? — Ne se pose-t-il pas alors à lui-même une question comme celle-ci : quel est cet objet qui semble dressé auprès de cette roche sous un arbre ? C'est bien là ce qu'il se dit, n'est-ce pas, pendant que son regard plonge vers l'endroit où se dresse cette apparition ? Et pourtant, à l'approche, il verra peut-être que c'est quelque statue grossière fabriquée par des bergers. » Or, pour la rapide exégèse de M. Eberz, cette question imaginée dans le dialogue devient « une question suggérée à Platon par le spectacle immédiat, die durch unmittelbare Anschauung hervogerufene Frage des Platon ». Le regard qui plonge, la hauteur d'où l'œil tombe sur les objets confus du lointain, tout cela, n'est-ce pas, était impossible dans le local d'une école athénienne ? Donc nous sommes dans l'île rocheuse d'Ortygie. Je me demande seulement pourquoi, tant qu'il y était, M. Eberz n'a pas voulu profiter, pour corser sa démonstration, de la statue grossière, et des bergers, et des troupeaux.

Le Parménide

Le *Philèbe* n'était qu'un essai, un *experimentum* utile, tout au plus, pour l'épreuve immédiate de la thèse (Feuerprobe, p. 20). Il est d'autres dialogues plus troublants encore, et par la nouveauté au moins apparente de leur contenu, et par certaines étrangetés de leur forme, et par leur mutuelle parenté, qui en fait un groupe original dans la série des œuvres platoniciennes. *Parménide*, *Sophiste*, *Politique*, *Théétète*, on pourrait dire que la critique a vécu, depuis longtemps, des problèmes ardus qu'ils soulèvent ou des complications dont on a paru se plaire à les surcharger. Problèmes et complications dont, il faut le dire, M. Eberz est bien informé. Mais sa méthode suffit à mettre partout la lumière : par le principe du « pseudonymat », tout s'éclaire et, faut-il être franc, tout et malheureusement jusqu'aux derniers détails.

Donc, en un jour lointain où Socrate était jeune, Parménide et Zénon prirent plaisir à répondre aux questions du futur maître de Platon, à le presser lui-même d'interrogations troublantes, à développer, enfin, devant lui, un modèle du plus subtil exercice dialectique. Pythodore fut témoin de l'entrevue inoubliable. Il la narra maintes fois à Antiphon, frère d'Adimante et de Glaucon ; et c'est à Mélite, où il veillait avec amour à ses écuries, qu'Antiphon voulut bien la conter à son tour à Céphale, qui peut ainsi aujourd'hui en faire un récit fidèle. Il y avait donc là, à cette fête des grandes Panathénées, ce blanc vieillard Parménide, à qui ses soixante-cinq ans n'avaient rien enlevé de sa beauté ; son disciple et ami de cœur, Zénon, qui approchait de la quarantaine ; et, parmi beaucoup d'autres auditeurs avides, le très jeune Socrate (τότε σφόδρα νέον) et l'Aristote qui fut un des Trente (τὸν τῶν τριάκοντα γενόμενον), et enfin Pythodore. Notez que, à part Zénon, qui vient de lire son œuvre et répond là-dessus à quelques questions de Socrate, Parménide et Socrate sont absolument seuls à soutenir la discussion. Car ce n'est vraiment que dans cette première partie qu'il y a discussion. La seconde n'est qu'une série de questions, très importantes et très profondes quand elles ne sont pas de pures subtilités, questions posées par le vieux Parménide et auxquelles le jeune Aristote n'a qu'à répondre, et n'est prié de répondre que par un assentiment toujours répété, quelle que soit la variation des formules. Si quelqu'un fait figure d'élève dans le *Parménide* et uniquement d'élève, c'est cet Aristote et non pas Socrate. Celui-ci est vraiment un interlocuteur. Il est, avec Parménide, *personnage* dans le dialogue. C'est l'entrevue de Parménide et de Socrate que nous raconte Pythodore. Les autres sont là comme auditeurs ; à part Zénon, compagnon inévitable de Parménide, les autres sont là comme témoins ; un groupe anonyme et, pour plus de précision, un témoin qu'on désigne par son nom et son rôle historique : Aristote, qui fut un des Trente. Pythodore, n'est-il pas vrai, eût été bien osé de nous décrire une si merveilleuse rencontre s'il n'avait pu ajouter : « J'étais là, mais il y avait aussi beaucoup de monde, et précisément un tel, vous savez, celui qui..... » Et si Socrate, une fois achevée la discussion de la première partie, cède sa place au jeune Aristote pour le « jeu laborieux » que celui-ci n'aura qu'à scander de multiples « oui » et de multiples « non », c'est peut-être qu'un tel rôle apparaissait vraiment à Platon trop inférieur pour un Socrate. Je rappelle au lecteur, sans prétendre le lui apprendre, que la première partie du dialogue soulève, sans les résoudre absolument, les difficultés très précises et très pressantes du problème de la participation. Or, voici la traduction que nous apporte M. Eberz.

Zénon, c'est Dion, ami de cœur de Platon, établi à Corinthe depuis son exil de Syracuse, et qui vient de Corinthe à Athènes avec Platon, vers la fin de juillet ou le commencement d'août 366. Pourquoi ce nom de Zénon ? C'est un surnom que Dion a reçu (dans l'Académie probablement), parce que c'est ce même Dion qui a, le premier, apporté et fait connaître à l'Académie les écrits de Zénon. Et qui nous le prouve ? Tout simplement la phrase du *Parménide*, 127c : « Ils avaient grande envie d'entendre lire l'œuvre de

Zénon ; car cette œuvre, qu'apportaient Parménide et Zénon, entrait à Athènes pour la première fois, τότε γὰρ αὐτὰ πρῶτον ὑπ' ἐκείνων κομισθῆναι. » Or, donnant à son ami le nom de Zénon, Platon ne pouvait prendre que celui de Parménide. Donc Parménide, c'est Platon, avant tout parce que Zénon, c'est Dion, et peut-être aussi un peu parce qu'à la date de notre dialogue, Platon se sentait des dettes envers l'Eléatisme. Mais n'attendez pas que M. Eberz insiste trop sur cette dernière raison : si nous commencions par dire que Platon a voulu et dû parler par la bouche de Parménide, vous pensez bien que, Parménide posé, Zénon le suit presque nécessairement, et nous n'aurions plus tant à chercher qui se cache sous le nom de Zénon ou si même il y a quelqu'un de caché sous ce nom. Donc Zénon est Dion, par suite Parménide est Platon. Celui-ci revient de son second voyage de Sicile, et passant à Corinthe, a pris avec lui Dion. Nous sommes en 366, Ol. 103, 3, année précisément de Panathénées. Platon, à cette date, a 65 ans, puisque Parménide a 65 ans ; donc Platon, quoi que puissent dire là contre toutes les chroniques possibles, est né en 431-30 et non pas en 427. Dion, qui a 40 ans en 366, est donc né en 406-5, malgré tout ce que peut dire Cornelius Nepos. Le jeune Socrate, c'est Speusippe. Si on l'appelle jeune et très jeune, ce n'est pas qu'il soit jeune d'âge — il était à peu près du même âge que Dion, — c'est que, malgré son âge, il est resté très jeune d'esprit, c'est-à-dire très incapable. Incapacité très malheureuse, car c'est lui qui a dirigé l'école pendant l'absence de Platon. Si on l'appelle Socrate, c'est précisément en tant que chef, au moins temporaire, de l'Académie. Voilà des pseudonymats bien précis et bien fondés ! Et voici le dernier, qui n'est plus un pseudonymat et qui, par cela même, confirme tous les autres, comme une bonne exception confirme la règle : Aristote, c'est l'Aristote historique. Ici M. Eberz est sur un terrain où se sont croisées bien des hypothèses. Celle d'Ueberweg, d'abord, qui attribuait à l'Aristote historique la paternité de l'argument du « troisième homme », développé dans le *Parménide;* celle de Siebeck, qui, sans aller avec Ueberweg jusqu'à nier l'authenticité du *Parménide*, admettait qu'Aristote avait pu reprendre, dans sa *Métaphysique*, une objection qui était sienne et que le *Parménide* n'avait pas réussi à réfuter ; hypothèses qui amenaient facilement à cette autre, que la mention d'un Aristote dans le *Parménide* était une allusion au moins indirecte à ces attaques du futur fondateur du lycée. Ce qu'il y a de curieux, c'est que M. Eberz semble ignorer, je le dis sans intention de reproche, car je sais trop combien il est difficile de connaître toute la littérature d'un sujet, les pages du *Plato* (Edinburgh, 1902, p. 120 et suiv.), où M. Ritchie émet une hypothèse sensiblement parallèle de la sienne. Mais là où M. Ritchie procède par des possibilités prudentes et dubitatives, M. Eberz, comme toujours, affirme et tranche. C'est arrivé. L'Aristote qui fut un des Trente, c'est notre Aristote : il est très jeune, non plus, comme Speusippe, parce qu'il n'est plus jeune, mais bien parce qu'il est, en fait, très jeune. Admirez la souplesse de ce vocable qui, sous la forme σφόδρα νέον, égale quarante ans, et, sous la forme νεώτατος, égale dix-neuf ans. En 367, Aristote a entendu à l'Académie des leçons sur les Idées, leçons faites, en l'absence du maître, par Speusippe. On ne peut lui en vouloir d'avoir mal compris la théorie mal exposée. Il l'a discutée ; il a fait plus : il l'a réfutée dans un dialogue écrit par lui, et la forme si complète, si ordonnée des objections du *Parménide*, s'explique par le fait que ces objections sont tout simplement empruntées au dialogue du jeune Aristote. Et, comme on sait qu'Aristote menait en personne la discussion dans ses dialogues, on comprend l'apparente exception qui, dans le

Parménide, l'exempte seul du pseudonymat. Donc, instruit dès son retour par une discussion qu'il entendit entre Socrate-Speusippe et Aristote (135d), Platon a connu la méprise et la scission déjà ouverte : il a rassemblé l'Académie pour remettre, devant tous, les choses au point par une explication de fond, et le ***Parménide*** est, de cette réunion, sinon le compte rendu sténographique, au moins un « récit documentaire et presque protocolaire », écrit dans les derniers mois de 366. Mais Aristote ne fut pas converti. L'incapable Speusippe avait dû faire pénétrer bien au fond de l'âme d'Aristote sa grossière conception des Idées, puisqu'Aristote, si longtemps élève de Platon dans la suite, ne put jamais s'en défaire. Les conséquences de cette méprise persistante ne vont pas tarder à se faire sentir.

Faut-il s'attarder à une réfutation ? A un critique qui semble nous rapporter *de visu* les plus intimes détails des réunions de l'Académie, est-il utile de rappeler que le fondement de ses constructions est tout entier hypothétique ? Mais est-il même hypothétique et non pas simplement fantaisiste ? Diogène L. ne mentionne pas moins de huit Aristote notoires et, comme le remarque M. Ritchie lui-même, ce nom d'Aristote était beaucoup moins suggestif pour un Athénien vivant vers 365, qu'il ne l'est pour nous (*loc. cit.*, p. 122). Si l'Aristote du ***Parménide*** est le critique précoce et tenace que l'on veut dire, l'ironie serait bien forte, avouons-le, de ne le choisir comme interlocuteur dans la seconde partie que pour lui faire dire à tout bout de champ : « Oui, c'est cela, c'est bien cela, c'est tout à fait cela », et de donner, de ce choix, la raison toute naïve : « Mieux vaut le plus jeune : il fera moins de remarques indiscrètes et ralentissantes (ἥκιστα γὰρ ἂν πολυπραγμονοῖ) et ses *oui* et ses *non* me permettront de respirer (καὶ ἅμα ἐμοὶ ἀνάπαυλα ἂν εἴη ἡ ἐκείνου ἀπόκρισις) (137 B). En outre, l'argument que répétera si souvent Aristote est, au dire de son élève Phanias, une trouvaille du sophiste Polyxène, élève probable du mégarique Bryson ou Dryson[1]. Mais, enfin et surtout, la méprise d'Aristote sur le fond même de la théorie des Idées, cette méprise si dogmatiquement affirmée de nos jours au profit d'une interprétation néocriticiste de l'idéalisme platonicien, cette méprise prétendue est en réalité une traduction fidèle : la conception des Idées substantielles et séparées n'est pas de Speusippe, elle est de Platon, et la savante étude de M. Robin sur la critique aristotélicienne, sans rien ignorer des injustices fréquentes de cette critique, a rendu cette conclusion indiscutable (*loc. cit., passim,* et p. 589). Ce n'est pas du côté aristotélicien qu'il faut chercher les attaques auxquelles riposte le ***Parménide;*** c'est, tout l'indique, du côté éléatique et mégarique.

Le Sophiste et le Politique

Nous voici enfin au *Sophiste.* Qu'il est difficile, dit Socrate, de se reconnaître dans la race des philosophes ! Les vrais mêmes, on les prend tantôt pour des politiques, tantôt pour des sophistes, et tantôt pour des fous (216 c/d). Or, tous ces titres de mépris, c'est Platon lui-même que des adversaires en ont voulu accabler dans une circonstance grave de sa vie ; et, s'il entreprend une trilogie, c'est pour répondre à ces reproches, négativement dans le *Sophiste* et le *Politique,* positivement dans le *Philosophe.*

Quelle est cette circonstance grave ? M. Eberz le sait. C'est l'heure où Platon revient de son troisième voyage. Entre Denys et Dion, il n'y a plus espoir de réconciliation.

1. Cf. Léon Robin, *La Théorie Platonicienne des Idées et des Nombres d'après Aristote*, Paris, 1908, p. 610, note 6.

Dion se prépare au coup de force ; Speusippe, qui accompagnait son oncle à Syracuse et a étudié de près la situation, pousse à l'entreprise ; l'Académie tout entière s'intéresse au succès du prince qui réalisera victorieusement le rêve de l'école. Il était facile que Platon, dont tout le monde avait pu railler la fameuse thèse « Il faut que le philosophe soit roi », parût à tous ou à beaucoup être l'âme véritable du complot ; Dion, l'élève-prétendant, sans grand éclat et encore moins de fortune à cette date, n'en était que le prétexte et le bras. Donc le « politique », aux yeux des adversaires ou des railleurs, c'était Platon. Celui-ci écrit un dialogue pour montrer à tous que, le politique, c'est Dion ; Dion, à qui s'appliquent toutes les « définitions » du dialogue, Dion en faveur de qui on démontre le droit à la violence, l'absolue souveraineté du génie politique sur toute loi existante, l'indifférence complète de la richesse ou de la pauvreté dans une telle vocation. Le dialogue fut écrit entre le retour du troisième voyage et le départ de l'expédition ; donc entre 360 et 357.

Ce n'est pas Platon qui est le politique, c'est Dion. Ce n'est pas davantage Platon qui est le sophiste, c'est un autre. La première thèse a été démontrée dans le *Politique*. La seconde va l'être dans le *Sophiste*. La conception même de la trilogie impose aux deux dialogues une proximité chronologique. Le *terminus post quem* est donc, pour le *Sophiste* aussi, 361. Mais on peut préciser. L'événement qui a suscité son apparition s'est passé dans Athènes, pendant que Platon séjournait encore à Syracuse.

Car, je ne sais si l'on s'y attendait, l'adversaire qui a traité Platon de sophiste et de fou, et à qui le dialogue va rétorquer l'appellation, c'est Aristote.

Le sujet du *Sophiste* est connu : pendant qu'on cherche, par une série de divisions et de définitions, à renfermer dans un concept adéquat et stable l'essence multiforme et fuyante du sophiste, on s'avise qu'il est, avant tout, maître d'erreur et de fausseté, que l'erreur suppose la possibilité du non-être, que cette possibilité du non-être exige la communauté des genres ; et c'est seulement une fois solidement fixé ce dernier anneau, qui soutient la chaîne logique antérieure, qu'on se reconnaît le droit d'emprisonner le sophiste dans une définition précise. Quatre personnages figurent dans le dialogue : l'Étranger d'Elée, Socrate, Théodore et Théétète. Mais, suivant une loi commune à toute cette série d'œuvres dialectiques, certains de ces personnages ne sont guère là que pour l'introduction ; la discussion incombe tout entière à deux personnages seulement, dont on sait que l'un n'est encore là que pour fournir à l'autre l'ἀνάπαυλα indispensable, et, en fait, marquer, par ses formules d'assentiment, les arêtes vives de ce raisonnement continu, sec et déjà syllogistique. Dans notre dialogue, c'est l'Eléate qui conduit la discussion et Théétète qui répond. Tous les critiques sont d'accord à penser que l'Éléate exprime la pensée de Platon. M. Eberz traduit avec sa rigueur ordinaire : l'Éléate, c'est Platon. Qui est Théétète ? Nous l'apprendrons tout à l'heure. Qui se cache sous le nom de Théodore ? Ici, M. Eberz préfère se réserver « pour une autre occasion » (p. 491).

Qui est Socrate ? Curieuse réponse, et à laquelle M. Eberz était acculé par son fameux axiome : « Socrate, c'est toujours Platon ; si d'autres peuvent être Socrate, c'est toujours en tant que maîtres de l'école platonicienne. » Le Socrate du *Sophiste*, c'est donc encore Platon ; non pas le vivant Platon qui revient sous la figure de l'étranger d'Élée, mais l'idéal Platon, ou plutôt le « double » effacé et malheureux qui a tenu sa place à la tête de l'École pendant son absence et a reçu à sa place les injures des dissidents. Ombre vaine maintenant que le vrai Platon est revenu, il se tient silencieux pendant ce dialogue où le vrai Platon, accueilli par lui dans le groupe fidèle, se réhabilite. Un témoin muet assiste au dialogue, Socrate le Jeune, qui sera interlocuteur dans le *Politique*. M. Eberz l'identifie sans plus au Socrate du *Parménide*, qui, nous le savons, était jeune et avait 40 ans et incarnait Speusippe. Le *Politique* nous confirmera cette identification de Socrate le Jeune — Speusippe. Ne s'obstine-t-on pas à y répéter à cet ardent définisseur : ne te hâte pas, ne nous hâtons pas : σπεύδομεν, ἐπέσπευσας, σπεύσαντες, Speusippe ? M. Eberz ferait peut-être bien de prendre pour lui un peu de l'avertissement du *Politique*. Il y a enfin, dans le dialogue, un personnage muet et invisible, mais toujours présent : c'est l'ennemi, le sophiste. D'aucuns y ont vu Isocrate ; beaucoup d'autres, Antisthène. M. Eberz ne s'arrête pas à réfuter. On ne détruit que ce qu'on remplace. Il remplace.

Sur l'opposition d'Aristote à Platon au sein même de l'Académie, certains auteurs antiques nous renseignent avec abondance et variété : racontars, potins et légendes que suffisaient à faire naître l'hétérogénéité des deux natures, la contrariété, souvent plus apparente que réelle, des deux doctrines, la rivalité inévitable des deux écoles. On ne pouvait admettre que le futur critique eût pu être, même de 19 à 24 ans, sinon le disciple écho, *jurans ad verba magistri*, que la dialectique de Platon ne prétendait certes point à former, au moins l'étudiant réfléchi, personnel, mais attaché et respectueux ! Donc l'Aristote que nous savons avoir été vingt ans l'élève de Platon ; que nous voyons, sitôt la mort du maître, quitter Athènes en compagnie de Xénocrate ; qui nous déclare ne se résoudre à critiquer la théorie des Idées qu'après un combat douloureux entre son attachement à l'Académie et son amour de la vérité (ἀμφοῖν γὰρ ὄντοιν φίλοιν), ce critique qui, par la vivacité souvent injuste de ses objections, semble se dédommager d'un long silence et, par l'acharnement qu'il met à se distinguer, nous permet de supposer qu'on l'assimilait ; au vu et su de tout Athènes, à 23 ans, 15 ans avant la mort de Platon, s'est violemment séparé de Platon. C'est un fait, nous dit M. Eberz, *das ist eine Tatsache.* La solennelle et courtoise confrontation du *Parménide* ne l'a pas converti. Il a continué d'attaquer la théorie des Idées. Il a soulevé les élèves contre le maître absent. Il a traité celui-ci de vieillot, de radoteur et de sophiste. Il a bâti, dans l'Académie, école contre école. Platon revient de Sicile, sous les traits de l'étranger d'Elée ; Speusippe, revenu avec lui, a rassemblé autour du maître outragé la portion du troupeau demeuré fidèle ; dans cette réunion intime, Platon va pouvoir venger sa personne, défendre sa doctrine et solennellement excommunier le révolté. L'insulte se retourne contre l'insulteur : c'est Aristote qui est le sophiste. Or, notez qu'au surlendemain de cette déclaration de guerre, Platon et Aristote durent trouver un *modus vivendi* « *später auch einen modus vivendi fanden* », comme le prouve, nous dit M. Eberz, le séjour postérieur d'Aristote dans l'Académie (p. 474). Mais c'en était fait de l'unité de l'école. Irréconciliables restèrent les deux groupes : à droite, les Amis des Idées, que dirigeait Speusippe ; à gauche, les matérialistes modérés, sur lesquels Aristote conserva son empire. Et que faisait Platon ? Apparemment, l'auteur incline quelque peu, sans le vouloir, à le regarder, avec les sécessionnistes, comme plus que vieilli : celui qui avait encore à écrire de si profonds dialogues a prêché dans le désert et n'a pu se faire comprendre de ses plus proches élèves.

M. Eberz entreprend donc d'appliquer au jeune Aristote les définitions successives du sophiste. Réfuter point par point ces identifications serait passablement long et tout à fait inutile : là où elles sont impossibles à justifier *in præsenti*, M. Eberz ne les explique-t-il pas par une divination de l'avenir ? Ainsi l'Aristote élève de l'Académie ne peut être encore le sophiste qui va de ville en ville vendre sa marchandise frelatée ; mais, ce trait et tous les traits analogues du caractère sophistique, Platon veut nous faire entendre qu'ils n'attendent qu'une occasion pour « s'éveiller de leur sommeil potentiel » (p. 467). M. Eberz n'a pas besoin de prouver son droit à inclure Aristote parmi les matérialistes : ce droit lui paraît acquis après les hypothèses de Siebeck. Or, la démonstration de Siebeck impliquait pour lui et pour ceux qui, comme Lutoslawski, l'ont trouvée plausible, que le matérialisme combattu dans le *Sophiste* était, de fait, un matérialisme modéré ; mais cette modération des « Fils de la Terre » n'est, de l'aveu de Platon, qu'une supposition utile à l'argumentation et contraire au fait (*Soph.* 246d, 247b/c). Enfin, l'identification des « Amis des Idées » à cette gauche, ici dirigée par Speusippe, qui persiste à maintenir, malgré Platon, la substantialité des Idées, est fondée sur une interprétation néocriticiste du Platonisme, qui « volatilise » Platon, comme on l'a dit, au lieu de le traduire. Certes, toute hypothèse plausible sera la bienvenue sur ces difficiles questions, où il faut peut-être un certain courage pour avouer tout simplement qu'on ignore. Mais il faut qu'elle soit plausible ; et, en ce qui concerne particulièrement les Amis des Idées, le fait qu'elle ne devrait pas perdre de vue, c'est que ces idéalistes sont combattus, non parce que substantialistes, mais parce que « statiques ». Ils sont, originairement ou par alliance, membres du grand parti parménidien, pour qui « tout est repos », et dans lequel on les confond expressément quand on déclare ne pas vouloir accepter, ni des partisans de l'Un ni des partisans d'une pluralité d'Idées, la thèse de l'immobilité du tout, μήτε τῶν ἓν ἢ καὶ τὰ πολλὰ εἴδη λεγόντων τὸ πᾶν ἑστηκὸς ἀποδέχεσθαι (249d). Peut-être enfin, dans cette hypothèse qui, pour M. Eberz, est une découverte, d'un *Sophiste* entièrement écrit contre Aristote, trouvera-t-on quelque peu étrange que ce soit ce *Sophiste* même (surtout 261d et suiv.) qui ait été le point d'attache de la théorie aristotélicienne du jugement et, par là peut-être, de toute la logique aristotélicienne (Cf. v. g. H. Maier, *Die Syllogistik des Aristoteles*, II, 2, 290 et *passim*).

Le Théétète

Le *Sophiste* et le *Politique* ont trois personnages communs : Socrate, Théodore et l'Étranger. Deux jeunes gens les accompagnent : Socrate le Jeune et Théétète. Le premier ne figure comme interlocuteur que dans le *Politique*, mais est expressément désigné comme témoin actuel et interlocuteur possible dans le *Sophiste*. Le second est interlocuteur dans le *Sophiste*, mais est simplement rappelé à notre souvenir au début du *Politique*. De ces personnages, le *Théétète* n'a que Théodore, Socrate, et Théétète ; les deux autres personnages de ce dialogue, Euclide et Terpsion, n'appartenant qu'au dialogue d'introduction. Donc l'Étranger, Socrate et Théodore, Théétète et Socrate le Jeune, voilà les personnages essentiels. Essayons, pour finir, de voir un peu clair dans les identifications proposées ou plutôt imposées par M. Eberz.

L'Étranger Eléate, dans le *Sophiste* et forcément aussi dans le *Politique*, c'est Platon ; Platon qui, de Syracuse, revient en étranger dans l'école, où tout un groupe vient de l'abandonner. Le Socrate du *Sophiste*, c'est cet étrange « double » de Platon imaginé par M. Eberz, double qui a reçu les injures pendant l'absence du vrai et qui ne fait qu'introduire la discussion où le vrai Platon va enfin confondre l'insulteur. Socrate le Jeune, c'est Speusippe, nous savons pourquoi ; et, comme Théétète est du même âge que ce

Socrate le Jeune dont il partage les travaux, Théétète c'est l'ami et le contemporain de Speusippe, Dion. Laissons de côté, dans le *Théétète*, les personnages de l'introduction; attendons, pour l'identification de Théodore, l'occasion que trouvera bonne M. Eberz. Le *Théétète* met donc en scène deux personnages : Théétète-Dion, le parfait élève ; et Socrate-Platon, le parfait maître.

Socrate n'est plus ici un Platon moral ou idéal ; c'est un Platon réel. Le dialogue d'introduction nous raconte comment Socrate-Platon connut Théétète-Dion ; ce fut peu de temps avant la mort de Socrate, *c'est-à-dire* peu de temps avant l'issue malheureuse du premier voyage de Platon à Syracuse *(sic)*. La bataille de Corinthe, dans laquelle Théététe vient d'être blessé, est un obscur combat de cavalerie de l'an 362, et Platon compose ce dialogue à la louange de Dion précisément avant de partir pour son troisième voyage. Socrate ne nous dit-il pas à la fin du *Théétète :* « Il me faut aller au portique du Roi, où m'appelle mon accusateur Mélétos » ? Le portique du Roi, c'est l'île d'Ortygie ; le Roi, c'est le tyran Denys ; l'accusateur, c'est Philistos ; l'accusation c'est, contre Dion, de trahir, et, contre Platon, d'aider à la trahison. La grande digression politique a été ajoutée après le voyage, dont elle suppose l'issue malheureuse ; la petite digression sur la méthode n'est pas forcément postérieure au voyage. M. Eberz se plaît à y retrouver une allusion à des dissensions scolaires, qui ne peuvent venir, évidemment, que du fait d'Aristote. Cela lui permet de suivre, au moyen de nos trois dialogues, l'évolution même de l'Aristote disciple. Le *Parménide* (366) représente le début, le *Théétète* (avant 361) le milieu, le *Sophiste* (après 360) la fin de cette scolarité. Mais, dans le *Politique* même, Aristote n'est pas oublié. Dans le passage sur l'utilité méthodique des divisions (283b — 287c), M. Eberz lit que, dans l'intervalle qui sépare le *Sophiste* du *Politique*, une critique a paru, qui attaquait les dichotomies du *Sophiste*. Ce ne peut être que le dialogue « *Le Sophiste* » d'Aristote. Socrate le Jeune ou Speusippe avait dû publier, dans le même temps, les « divisions écrites » qu'Aristote combat, sans en nommer l'auteur, dans le *De part. an.* I, 2, 3, et c'est contre cette défectueuse exposition de sa méthode que Platon proteste dans le *Politique* même (261e — 267 A) ; cela n'empêchera pas Aristote de publier lui-même un « *Politique* » pour réfuter celui de Platon.

Voilà donc la thèse de M. Eberz. J'ai cru bon de l'exposer tout entière, non pour la valeur de sa méthode ni pour la sûreté de ses résultats ; mais les dialogues qu'elle touche sont de trop grande importance en soi et vu la position actuelle du problème platonicien, pour qu'on puisse négliger même des théories si extraordinaires. Pour éclairer tant de côtés obscurs de ces derniers dialogues, on peut s'attendre, certes, que les moindres lueurs sur la vie scolaire de l'Académie, aussi bien que sur la vie personnelle de Platon dans ces années fiévreuses, nous seraient d'un grand secours. Mais j'ai peur que les révélations de M. Eberz soient plus éblouissantes qu'éclairantes. Un savoir sérieux ; des vues dont quelques-unes, prudemment essayées, seraient intéressantes ; une ingéniosité qui ne connaît guère d'obstacles, pas plus les dates incontestées que les simples interdictions du bon sens ; une confusion continue de l'hypothétique avec le fait : M. Eberz aurait besoin d'apprendre à ignorer un peu ou, tout au moins, à douter.

CHAPITRE IV

Études et Notes

---

§ 1. *M. Stewart et la Théorie des Idées*

Il y a, pour le moins, deux manières d'étudier un philosophe antique. L'une, qu'on peut appeler historique. Elle considère avant tout le philosophe et son système comme un passé. Un passé qui fut jadis un présent ; qui eut ses origines proches et lointaines, sa date précise, ses attaches avec ce qui le précédait comme ses contacts avec ce qui l'entourait, comme ses liaisons avec ce qui le suivit ; sa nature interne et propre déterminée en partie par ce milieu et, en partie, déterminant sa réaction originale contre lui et son action plus ou moins profonde sur l'avenir plus ou moins immédiat. Disons, si vous le voulez, avec M. Stewart dans le présent livre[1], que ceux qui pratiquent cette manière traitent un philosophe antique « comme un mort, comme un sujet d'anatomie, non comme un homme vivant — *he is, for them, a dead subject of anatomy, not a living man* » (p. 129) : disons qu'en face de ce philosophe ils sont, eux, des antiquaires et non des disciples (*they are antiquarians, not disciples*). Ce disant, ne nous imaginons pas faire, à ces historiens d'une pensée antique, un reproche sanglant.

1. J.-A. Stewart, *Platos Doctrine of Ideas*, Oxford, Clarendon Press, 1909, in-8, 206 pages avec index.

Anatomistes, ils dissèquent le système qu'ils ont sous la main, séparent et nombrent ses organes, notent leurs points d'attache, mesurent, autant qu'ils le peuvent, et comparent leur développement respectif, apprécient leur importance dans l'organisme total. Antiquaires, ils replacent le système à sa date et, à ce que leur fournit, pour le comprendre, l'étude de sa nature intime, ajoutent la considération de son milieu et, comme eût dit Platon, de ses passions et de ses réactions. Cela fait, leur tâche est achevée. Il y a une seconde manière : l'appeler philosophique n'est pas lui dénier *a priori* sa valeur. Elle part d'une préoccupation doctrinale, je ne dis pas d'un préjugé. Parce que, les problèmes qui tourmentent la pensée humaine étant presque éternellement les mêmes en leur fond, aucun sérieux essai de réponse à ces problèmes ne doit rester pour nous lettre morte et garde encore, même pour le présent, des germes de pensée vivante, elle se pose, à propos d'un système donné, ces deux questions qui n'en font qu'une : que peut nous dire la philosophie d'aujourd'hui sur la « variété d'expérience » que représente ce système de jadis, ou bien : quelle contribution durable apporte cette pensée antique à la pensée moderne ? C'est à ce dernier point de vue que se place M. Stewart pour étudier la théorie platonicienne des Idées.

« Qu'est-ce que les Idées ? De quoi voulaient parler et Platon et ses contemporains, disciples, amis ou adversaires, Académie, Pythagoriciens, Eléates, Mégariques, et Aristote lui-même ? Assurément, de la meilleure manière d'exprimer quelque expérience commune à eux tous et que nous-mêmes encore possédons. Dites-nous, dans la langue commune ou philosophique d'aujourd'hui, ce qu'est cette expérience » (p. 2). A cette question, ceux que M. Stewart appelle les « textualistes », nous dirions peut-être, nous, les historiens, n'ont pas de réponse à fournir. Mais M. Stewart en a une.

L'Expérience (toujours avec une majuscule) à laquelle sert d'expression la théorie des Idées est double, encore que Platon n'ait pas toujours eu conscience de sa dualité. C'est d'abord l'Expérience d'un esprit qui porte un intérêt aigu (*keenly interested*) au point de vue scientifique dans tous les domaines de la connaissance. C'est aussi l'Expérience d'une âme singulièrement sensible aux influences esthétiques. La théorie des Idées, qui traduit cette double Expérience, a par suite deux faces : une face méthodologique et une face esthétique. Or, le dogme de la méthodologie (*methodology must assume*), c'est que la science opère avec des concepts qui ne sont pas en eux-mêmes des choses, mais bien des points de vue généraux d'où l'on envisage les choses sensibles, les seules « choses séparées » que connaisse la science. Donc les Idées platoniciennes ne peuvent pas être et ne sont pas des « choses séparées », car, si elles l'étaient, la théorie des Idées ne pourrait avoir sens et valeur méthodologique (*then the doctrine of ideas can have no methodological significance*, p. 3). Donc Aristote s'est entièrement mépris sur cette première face de la théorie des Idées. Sa méprise est venue de ce que, pour juger la doctrine, il ne l'a pas envisagée en elle-même, mais telle qu'elle se reflétait, ou plutôt se réfractait, dans l'interprétation des disciples, contemporains et adversaires d'Aristote. Elle est venue aussi de ce qu'Aristote était complètement « aveugle » pour le côté esthétique de la théorie. Or, dans cette seconde Expérience, qu'exprime la traduction esthétique, l'idée n'est plus un point de vue que prend l'esprit dans le discours : elle est une « présence réelle » qui s'offre à la contemplation. Contemplation où l'esprit s'arrête, émerveillé, devant « l'objet éternel » ; où, par suite, l'objet se distingue absolument des objets sensibles et devient chose supra-sensible, mais chose séparée. Et c'est cette séparation de l'Idée, objet de contemplation, qu'Aristote, fermé au point de vue artistique, a transportée à l'Idée, objet de la méthode. Ce qu'Aristote n'a pas su faire : distinguer, dans Platon, l'homme de science et le voyant (*a seer*, p. 11), voilà ce que veut faire M. Stewart ; et, dans cette distinction, il croit trouver la clef de la plus grave difficulté du Platonisme.

Donc, pour la logique, les Idées ne sont pas subsistantes, éternelles, séparées : elles ne sont pas « des choses » (p. 129). Et pourquoi ? C'est que ce côté logique de la théorie des Idées ne peut être compris qu'à la lumière de la psychologie (p. 5 et suiv.), entendez « la psychologie des facultés avec lesquelles l'homme de science interprète la nature ». Or, ces facultés étaient les mêmes chez Platon qu'elles sont chez le savant moderne. La façon dont Platon décrit leurs opérations doit donc être (*must* !), à part certains modes d'expression particuliers à son génie et à son époque, intimement proche de la façon dont les décrirait un psychologue moderne qui voudrait nous expliquer comment un savant travaille. Cette interprétation de la logique de Platon était si naturelle (*so obvious*, p. 130) qu'il faut nous étonner qu'elle ait été appliquée si tard : en fait, elle ne l'a été d'une façon claire que par M. Natorp. Les Idées ne sont que des « points de vue » ; elles ont, comme telles, la permanence des lois de la nature ; si elles sont séparées, c'est au sens d' « explications » qui se distinguent des phénomènes expliqués ; elles ne sont pas substantielles, statiques, elles ne sont pas des choses (p. 6). J'ai tort, peut-être, d'insister si longuement sur cette façon de raisonner. Elle est encore assez fréquente. Mais cela nous permet de voir à quel moment la méthode philosophique devient dangereuse et fausse. C'est lorsque, non contente de se demander quelle est la valeur durable d'une doctrine, à quelle condition et par quel biais on peut l'interpréter en pensée moderne utile, elle part de cette valeur durable (à nos yeux), de cette interprétation de biais, pour affirmer que cette doctrine n'a pas pu ne pas être historiquement telle, et pour prétendre que, en fait, le sens pour nous utile ou convenable a été, pour son auteur, l'unique et véritable sens. Ce n'est plus l'histoire d'une philosophie. C'est une philosophie qui se met à la place de l'histoire.

M. Stewart divise donc naturellement son livre en deux parties. Première partie : la théorie des Idées en tant que contribution à la méthodologie (p. 14 à 127). Seconde partie : la théorie des Idées en tant qu'expression de l'Expérience esthétique (p. 128 à 198). Nous n'entreprendrons pas d'analyser la première partie. Elle ne veut être et n'est qu'un résumé de l'exposition de Natorp dans *Platos Ideenlehre*. Pour le lecteur anglais, il peut être utile de trouver ainsi condensés, en anglais, les arguments et les thèses du savant allemand. Pour tout autre lecteur, un contact direct avec Natorp sera autrement suggestif : on peut, sans aucunement accepter sa thèse fondamentale, être assuré de trouver toujours, dans ses pénétrantes analyses, des idées neuves et des aperçus profonds. Je ne veux pas dire que M. Stewart n'ait lu que Natorp. Il a beaucoup lu. Il a su notamment profiter de Raeder pour certains détails, il a su emprunter à M. Robin une appréciation juste et modérée de certains côtés de la critique d'Aristote. Il a même trop lu. J'entends qu'il cède trop à la tendance d'illustrer, ou souvent, d'interpréter Platon, même dans cette première partie, avec ses lectures modernes. M. Bergson est cité trois fois dans cette étude sur la logique de Platon. Cité n'est pas le mot. A la page 39, on nous transcrit une page de l'*Evolution créatrice ;* à la page 78, une demi-page des *Données immédiates de la Conscience ;* à la page 105, cependant, on résiste à la tentation de transcrire et l'on se résigne à une simple note sur le « parallèle suggestif » qu'offre la *durée pure* avec la doctrine de l'ὑποδοχή. Il faut s'attendre à voir le Pragmatisme en cette affaire. Il entre d'abord avec précaution. Platon parle (p. 44) *comme si* les abstractions étaient éternellement vraies. C'est qu'il ne voyait *peut-être* pas ce que nous voyons maintenant ; que, loin d'être éternellement vraies, elles ne sont pas vraies du tout, et que ces vérités éternelles ne sont que des « postulats pragmatiques ». Que tel objet ne soit beau (p. 45) que par sa conformité avec la notion du beau, c'est là, pour Platon, une vérité éternelle ; mais on ne fait pas tort (*no harm is done*) à cette proposition en la décrivant comme un postulat pragmatique. Platon n'a *qu'à peine* conçu (*hardly realized*) que nos points de vue sur les choses expriment notre plus intime nature. Mais, plus loin, le Pragmatisme entre comme chez lui. « Les Idées, nous dit-on (p. 100), expriment la nature intime de ce qui vit — de Dieu, et puis de l'homme en tant qu'il est l'image de Dieu. Le Pragmatisme popularisé par W. James et ses disciples n'est pas un nouvel évangile. Il est déjà dans cet aperçu de Platon, de l'Idée comme Force exercée par l'âme. L'Intellectualisme auquel, de nos jours, s'oppose le Pragmatisme était représenté, au temps de Platon, non par Platon, mais par les εἰδῶν φίλοι, les statiques partisans de « l'Idée-chose séparée » que Platon combattait ». Je ne m'arrête pas à critiquer cette conception très répandue et très moderne de l'Idée-force, que nos critiques d'aujourd'hui se sont transmise depuis Zeller et Stallbaum : j'ai essayé ailleurs d'en montrer la faiblesse[1]. Mais je regrette cette intrusion indiscrète de systèmes contemporains, qui nous masque le sens objectif du Platonisme. Elle risque de masquer aussi de réels mérites dans l'exposition de M. Stewart. Il y a, même dans cette

1. A. Diès, *La Définition de l'Etre et la Nature des Idées dans le Sophiste de Platon*, Paris, 1909, p. 38-63.

partie où l'auteur ne prétend pas à l'originalité, des remarques de détail intéressantes. Telle est celle que M. Stewart oppose (p. 69), à propos du *Parménide*, à un argument renouvelé par Raeder. Socrate, dit-on, joue, dans ce dialogue, un rôle inférieur à celui de Parménide : c'est donc que Platon avait des doutes sur la correction des doctrines qu'il avait mises jusqu'ici dans la bouche de Socrate. A quoi M. Stewart répond très simplement : « Du moment que le dialogue donnait un rôle à Parménide, ce rôle devait être celui de leader, et la chronologie même amenait nécessairement ou naturellement à représenter Socrate comme un jeune homme.» Sur l'interprétation fondamentale du *Sophiste*, je serais loin d'être d'accord avec M. Stewart : pour lui, montrer la possibilité de l'affirmation fausse n'est que le but apparent (*the ostensible purpose*) du dialogue. Le but réel en est d'établir que l'absolue séparation de la forme et de la matière, des Idées et du sensible, est fatale à la connaissance. Que cette absolue séparation soit contraire à la vraie doctrine de Platon, cela ne fait pas doute. Mais que cette thèse soit le fond du *Sophiste*, et non pas la démonstration d'une réalité du non-être, réalité qui fonde la possibilité de l'erreur, je crois qu'une simple et objective analyse du dialogue démontrerait le contraire. Mais, ailleurs (p. 88), je souscrirai sans grand changement à la thèse de M. Stewart. Il rejette avec raison la gradation que découvre Lutoslawski dans l'évolution de la théorie des Idées, qui auraient été successivement : 1° immanentes, 2° transcendantes, 3° modèles des choses, 4° notions, mais notions fixes, inhérentes dans une âme. Je crois, avec M. Stewart, que les Idées furent tout cela dès l'origine ; à la condition pourtant, que certes n'accepterait pas M. Stewart, que, par modèles des choses, on entendît des modèles subsistants, et que, sous le nom de notions de l'âme, on voulût bien comprendre les

Idées en tant que connues par nous et reflétées en notre connaissance, sans qu'elles perdent rien de leur permanence substantielle. Enfin (p. 85) on oppose, à propos du rapport entre la *République* et le *Sophiste*, une bonne observation générale à la chronologie de M. Horn, fondée sur des considérations de doctrine : « Ces minutieuses enquêtes qui découvrent des altérations, petites ou grandes, dans l'esprit de Platon, ignorent, entre autres considérations, la plus importante, à savoir qu'il fut un grand dramatiste. Que telles ou telles pensées convenaient ou ne convenaient pas à telles ou telles *dramatis personæ*, c'est là un motif qui explique leur présence ou leur absence dans tel ou tel morceau. Et ainsi la considération de la matière et des doctrines est une base bien moins sûre pour l'arrangement chronologique des dialogues que ne le sont les considérations stylométriques. » On peut, je crois, souscrire à cette remarque tout en laissant le champ libre, une fois la chronologie établie par ailleurs, à une prudente évaluation des changements possibles dans la doctrine. Quant à la réflexion qu'ajoute M. Stewart, que les considérations stylométriques elles-mêmes sont moins concluantes, appliquées à un dramatiste, qu'appliquées à tout autre écrivain, c'est là une réflexion faite, déjà, il me semble, par M. Norden, mais qui est loin d'enlever aux recherches stylistiques leur utilité : l'application faite par C. Ritter de la stylistique aux œuvres de Goethe peut servir à une appréciation raisonnable des difficultés variables et de la portée de la méthode[1].

La seconde partie de l'œuvre de M. Stewart est de beaucoup plus personnelle et plus neuve que la première : elle est manifestement le but de son étude. Peut-être pourrait-on dire que le livre eût gagné à se réduire délibérément

1. Cf. *supra*, p. 261 et suiv.

à cette théorie psychologique de la contemplation et à son application à la doctrine platonicienne. Parce que la première partie a fait, du point de vue méthodologique, une analyse des dialogues, rapide, mais forcément assez longue encore, la seconde partie hésite devant l'examen détaillé, qui se fût imposé, de tous ou au moins des principaux passages où l'Idée est, pour Platon, objet de contemplation. Finalement, nous en sommes réduits, en fait d'application positive, à une étude assez rapide du *Phèdre* et du *Banquet*. La théorie psychologique est, en elle-même, hautement intéressante. Contemplation du rêve, de la production artistique, de l'extase, M. Stewart s'aide, pour nous la faire concevoir, de toutes les ressources de la psychologie actuelle. Ici M. Bergson était à sa place, et bien d'autres modernes, que M. Stewart cite abondamment, trop abondamment encore, à mon avis : des citations si larges qu'elles deviennent des transcriptions, et si fréquentes qu'elles interrompent à tout instant le fil de la démonstration, risquent de surcharger et d'étouffer la pensée personnelle de l'auteur, qu'on eût aimé à pouvoir saisir d'une façon plus directe et plus continue. M. Stewart a eu raison de noter, dès le début, la difficulté d'une telle étude : la psychologie de la contemplation n'est pas encore achevée. Mais son travail est, précisément, une contribution très valable à cette psychologie nouvelle. Sa modestie se refuse à la prétention d'avoir « découvert des trésors » (p. 13) ; il espère que de plus jeunes et meilleurs psychologues se laisseront convaincre qu'il y a là des trésors à découvrir. Disons simplement à M. Stewart qu'il a ouvert le filon, et ne lui demandons qu'une chose : d'y revenir lui-même pour le creuser plus à fond. Nous ne pourrons que gagner à étudier avec lui, en Platon, l'artiste et le mystique et, si la méthode psychologique ne nous semble pas devoir expliquer entièrement même ce côté du Platonisme, rien n'empêche que ses lumières, ajoutées à d'autres, fassent la clarté plus complète.

Mais j'aimerais voir M. Stewart aborder le problème avec un esprit plus dégagé de tout dogmatisme. Les principes sous-jacents d'interprétation demeurent les mêmes dans les deux parties de son livre. Il rappelle (p. 173) que les « textualistes » ont pu montrer plusieurs passages où s'affirme « la substantialité séparée des Idées en tant qu'objet de science ». Pour lui-même, la contamination de l'expérience discursive par l'expérience esthétique était naturelle et inévitable. Je le crois comme lui et je crois davantage : à mon avis, la tendance esthétique à substantialiser les Idées n'a fait que renforcer une tendance toute parallèle de la logique même de Platon, dont le réalisme est indéniable pour qui interprète Platon par Platon. Je ne m'attends pas à convaincre M. Stewart. Mais ne parlons, comme lui, que de contamination. Sur quoi s'appuie-t-il pour prétendre que cette contamination n'a pas « vicié », comme il dit, la conception méthodologique des Idées et n'a pas apporté, dans le Platonisme, une transformation durable des concepts en substances intelligibles ? Sur ce simple raisonnement : « Platon était trop « chez lui » dans le monde de l'expérience esthétique pour ne pas s'apercevoir de son caractère unique — pour ne pas savoir que c'est seulement en lui qu'il y a des Archétypes éternels et immuables, des individus beaux — pour ne pas savoir que ces individus et leur Beauté (qui est, elle aussi, un individuel, tantôt séparé des individus beaux, tantôt présent en eux) n'existent absolument que pour la contemplation. » Et nous revenons ainsi à nos réflexions du début. Ce qu'il y a de valable pour la logique moderne dans la théorie platonicienne des Idées, c'est son rôle méthodologique ; donc, dit M. Stewart, les Idées n'ont eu en fait pour Platon qu'une valeur méthodologique. Ce qui rend intelligible pour la psychologie moderne la substantialité des Idées platoniciennes, c'est la substantialité de l'objet de contemplation ; donc, affirme M. Stewart, encore que Platon s'arrête parfois à la pensée contraire, il n'a pu regarder et, en fait, il n'a regardé les Idées comme substantielles qu'en tant qu'objets de contemplation. Quelque énergie et quelque talent qu'on puisse mettre à soutenir de pareilles thèses, on ne dissimulera jamais leur caractère *a priori* et par suite leur faiblesse. On peut se proposer deux buts en étudiant Platon : l'interpréter et l'utiliser, découvrir sa pensée vraie et révéler sa valeur durable. Ce serait une faute de prétendre que le sens immédiat de la doctrine et de l'expérience platonicienne soit le seul sens actuellement utilisable pour nous ; c'en est une tout aussi grosse d'affirmer que le sens utilisable est le sens immédiat. Ce serait empêcher tout progrès que d'imposer la méthode d'interprétation comme unique méthode d'utilisation ; c'est fausser l'histoire que de transformer la méthode d'utilisation en méthode d'interprétation. M. Stewart aime à faire valoir le principe : la lettre tue et l'esprit vivifie. Mais, en histoire au moins, il ne faut pas que l'esprit volatilise la lettre.

§ 2. *Mégariques et Amis des Idées*

Une connaissance un peu exacte des contemporains de Platon nous serait évidemment très utile pour l'intelligence de Platon lui-même. Il est vrai que, dans ce domaine, il y a plus de problèmes que de solutions, et parfois plus de problèmes que de textes, au moins de textes classés et sûrs. J'ai moi-même, il n'y a pas bien longtemps, encouru les reproches d'un critique distingué pour avoir, devant un de ces problèmes, simplement avoué mon ignorance : je comprends qu'un tel aveu est un peu déconcertant et je serais bien heureux de pouvoir le remplacer un jour par une solution. Mais qu'y faire ? Toute une série de critiques, et non des moindres, assurément, se font forts d'identifier absolument les « Amis des Idées » du *Sophiste :* la thèse que Platon combat, cette thèse qui pose comme un principe essentiel l'immobilité du Tout, c'est la doctrine de Platon première manière. A la suite d'une analyse consciencieuse du *Sophiste* tout entier, je me suis cru autorisé à répondre : il n'y a pas un dialogue de Platon où Platon ait pu, même en se relisant après bien des années, lire la thèse combattue dans le *Sophiste* et trouver une affirmation de l'immobilité du Tout[1]. E. Zeller et plusieurs auteurs à sa suite avaient une autre identification, qu'ils affirmaient sûre avec autant de confiance : les Amis des Idées sont les Mégariques. Quel qu'eût été mon plaisir à trancher le problème par une réponse si nette, je n'ai pas osé attribuer aux Mégariques, sans aucun texte à l'appui, une pluralité d'essences intelligibles. L'identification paraît bien, à d'autres qu'à moi, n'être absolument prouvée ni dans un sens ni dans l'autre, puisque voici un nouvel article sur la question : C. M. Gillespie : *On the Megarians,* dans les *Archiv* (XVII, 2 — janvier 1911). — L'auteur ne connaît ni ma thèse, ce qui n'est pas un grand péché, ni même l'article du regretté maître, V. Brochard, ce qui est plus surprenant. Mais on ne peut tout lire, et certains problèmes gagnent peut-être à être étudiés ainsi par des auteurs indépendants et de plusieurs biais à la fois. Il y a certes, dans cet article, plusieurs passages dont je pourrais essayer de me prévaloir pour ma thèse. Le παντελῶς ὄν qui a vie et pensée doit être un être unique et individuel : le Tout. Rien n'empêchait Platon d'appliquer le terme « Amis des Formes » à des penseurs qui ne reconnaissaient pas la réalité

1. *La Définition de l'Être,* p. 131 et suiv.

de l'universel tel qu'il le concevait (p. 223). L'être des Mégariques doit être considéré comme une substance éléatique, avec la bonté et la pensée comme attributs essentiels (p. 222). Mais interpréter tous ces passages en ma faveur serait fausser la pensée de M. Gillespie. Très nettement, il se refuse à trouver, chez les Mégariques, une pluralité d'essences intelligibles : c'est bien parce que les textes ne parlent jamais d'une telle pluralité que je ne me déterminais pas à identifier les Mégariques aux Amis des Idées. Mais M. Gillespie est loin d'aboutir à une telle conclusion. Voici sa thèse. La doctrine des Amis des Idées contient des éléments qui étaient certainement communs à la fois aux Mégariques et aux tenants du Platonisme. Donc Platon vise les uns comme les autres : les Mégariques, en tant qu'ils dénient la réalité de toute activité, et ceux des platoniciens qui tendaient à exagérer l'immobilité de « l'être ultime » (p. 220). Et comment mettre les Mégariques au nombre des Amis des Idées, sans leur attribuer l'admission d'une pluralité d'espèces intelligibles ? Question que se pose l'auteur et qu'il résout ainsi : l'évidence interne du passage du *Sophiste* (248d) semble prouver que la doctrine des Amis des Idées pose un être substantiel, unique, avec les caractères formels de l'être éléatique, à la fois sujet et objet de la connaissance absolue (p. 221). Il serait peut-être prétentieux de renvoyer M. Gillespie à la thèse où j'ai essayé de prouver que cet être absolu n'est pas l'objet, mais seulement le sujet de la connaissance absolue, et n'est pas l'être des Amis des Idées, Mégariques ou autres, mais bien le Cosmos de Platon[1] ; mais, même en faisant abstraction de cette thèse, je crois possible de montrer à M. Gil-

1. J'ai dû, depuis lors, modifier ma thèse sur ce point et admettre que l'Être Absolu est la somme de toutes les *formes* ou *espèces* de l'être. Cf. *Platon, Œuvres complètes,* tome VIII, 3e partie, *Le Sophiste,* p. 289 (Société d'Édition les Belles-Lettres, 1923).

lespie que le texte du *Sophiste* lui interdit la solution qu'il adopte. Dans les partisans de l'immobilité, Platon distingue deux partis : les unitaires et les pluralistes. Les unitaires sont les Parménidiens proprement dits ; ils ont été étudiés à propos de ce qu'on peut appeler la solution quantitative de l'être (244b à 246a). Les pluralistes sont les Amis des Idées. Les uns comme les autres sont réfutés ici, non en tant qu'unitaires ou pluralistes, question résolue dès le début, mais en tant que statiques : le philosophe ne se laissera convertir, ni par les partisans de l'Un, ni par les partisans d'une pluralité d'εἴδη, à l'immobilité du Tout (249d). Si la critique s'applique aussi bien aux unitaires qu'aux pluralistes, ce n'est pas que Platon les confonde sous le nom d'Amis des Idées, comme le croit M. Gillespie ; c'est qu'il rassemble dans une même réfutation, parce qu'unis dans la même négation du mouvement, les deux partis de statiques, Parménidiens unitaires et Amis des Idées multiples, pluralistes. Il faut donc choisir. Si les Mégariques sont les tenants d'un être unique, on peut, si l'on y tient absolument, les supposer réfutés par ce passage de Platon, mais avec et parmi les Parménidiens absolus. Mais il ne faut plus parler des Mégariques à propos des Amis des Idées. Si l'on croit avoir des raisons de mettre les Mégariques au nombre des Amis des Idées, alors qu'on ne les dise plus partisans de l'être unique et qu'on nous apporte des textes ou, tout au moins, des inductions, qui permettent de les regarder comme pluralistes. Puisque M. Gillespie trouve inconsistantes les constructions de Zeller et d'Apelt en ce dernier sens, il me semble que, en ce moment au moins et dans l'état présent de la question, nous n'avons plus rien à tirer des Mégariques pour l'identification des Amis des Idées. Restent certains partisans de Platon. Mais lesquels ? A quel dialogue se seraient arrêtés ces prétendus retardataires qui, par la théorie des Idées, se seraient crus obligés à nier le mouvement du Tout ? Pas au *Phèdre*, je crois l'avoir montré et n'y ai pas eu de mérite. Mais le *Phèdre* est probablement un dialogue assez tardif. Sera-ce au *Phédon*, le dialogue classique des Idées ? La réalité du mouvement y est si peu niée, que l'une des preuves de l'immortalité se fonde sur l'éternité du cycle du devenir (71b). Ainsi l'identification des Amis des Idées avec des Platoniciens est infiniment suspecte. Est-ce de ce côté, d'ailleurs, que le texte du *Sophiste* oriente la recherche ? Pas du tout. Qui dirige la discussion dans le *Sophiste* ? L'Étranger d'Élée. Et que dit-il des Amis des Idées ? Qu'il comprend mieux leur réponse que ne le pourrait faire Théétète, car, lui, il est accoutumé à leur pensée (240b). Ce sont donc des penseurs apparentés de très près à l'Éléatisme : unis à Parménide dans la négation du mouvement, ils résolvent son *ousia* unique en une pluralité de formes intelligibles et incorporelles, et Platon réunit, dans sa réfutation, les deux formules, unitaire et pluraliste, de cette doctrine statique. C'est de ce côté, vers une modification pluraliste de l'Éléatisme, qu'il faut, à mon avis, diriger les recherches. Cette modification s'est-elle produite au sein du Mégarisme ? M. Gillespie nous donne une très louable étude sur la logique mégarique, sur les difficultés soulevées par elle autour du double problème de la prédication et de l'inhérence : ces données éclairent l'opposition éristique contre laquelle s'est construite la théorie platonicienne de la proposition, mais laissent ouvert notre problème. Qu'on me pardonne si je répète, pour conclure, que la solution en sera proche, le jour où nous aurons quelque clarté sur les dérivations ou les déviations de l'Éléatisme à l'époque avancée de la maturité de Platon[1].

1. J'ai essayé récemment de résoudre ce problème par une hypothèse nouvelle. Cf. éd. du *Sophiste*, p. 292-297.

§ 3. *Le terme* δύναμις *dans les Dialogues de Platon, d'après J. Souilhé*[1]

Rien ne pouvait m'être plus agréable que de rentrer dans la philosophie grecque par les thèses de doctorat de M. Souilhé. La thèse dite secondaire est elle-même une contribution très importante à l'histoire de la philosophie platonicienne et un guide excellent pour l'intelligence de l'Aristotélisme.

Trois chapitres : I. Le terme δύναμις avant Platon. — II. La δύναμις dans les Dialogues. — III. Rapports entre la δύναμις platonicienne et la δύναμις aristotélicienne.

Le terme δύναμις « est un des plus importants et des plus riches de la philosophie grecque. Ce terme devient chez Aristote le support de la théorie fondamentale de la puissance, mais c'est chez Platon que sa signification philosophique se fixe rigoureusement et définitivement... Son histoire à travers les diverses manifestations de la vie intellectuelle grecque, depuis les premiers monuments littéraires connus, permettra de préciser dans quelles lignes, suivant quelles directions, Platon a développé l'emploi du mot et comment il a pu le transposer... Un dernier chapitre comparera l'utilisation du terme chez Platon et chez Aristote pour déterminer le point précis où le Stagirite se sépare de son maître » (p. xii).

Relativement peu employé dans les premiers monuments de la littérature grecque, le terme δύναμις se trouve quatre fois dans l'*Iliade*, cinq fois dans l'*Odyssée*, avec le sens de *pouvoir*, puissance, « mais l'idée semble exclusive-

1. Joseph Souilhé, docteur ès-lettres. — *Étude sur le terme* ΔΥΝΑΜΙΣ *dans les dialogues de Platon*. Un vol. in-8 de xii et 192 pages, avec index et tableau récapitulatif. Alcan, Paris, 1919.

ment restreinte à la force physique, la force des bras ou des armes ». Les modifications qu'éprouvera cette signification primitive dans le langage courant attique ne constituent pas une transformation radicale du terme et se justifient « par l'évolution toute naturelle de la pensée ». Hérodote, Thucydide, Aristophane, Xénophon, Andocide, Lysias, Eschine, Démosthène « se contentent de déterminer et d'étendre l'idée homérique de *pouvoir* ou de *puissance.* » Ce sens très général n'est, par contre, représenté, dans les fragments des philosophes qui précèdent Platon, que par un extrait de Mélissos et deux textes de Démocrite.

L'élaboration du vocabulaire scientifique s'est faite chez les premiers *mathématiciens*, où le terme δύναμις a le sens de « propriété fondamentale ou distinctive » (p. 23-31). *Médecins et sophistes* « s'emparant de la signification l'unissant au concept primitif de *force*, ont préparé la fixation philosophique du terme ». Cette terminologie scientifique, qui ne s'introduit qu'une ou deux fois et à titre exceptionnel dans la langue de Xénophon (p. 4-10), est établie, par M. Souilhé, sur un dépouillement consciencieux et complet de la collection hippocratique (p. 32-57) et des œuvres de deux rhéteurs éminemment représentatifs, Gorgias et Isocrate (p. 57-70). Chez les médecins, « le terme δύναμις désigne la propriété caractéristique des corps, leur côté extérieur et sensible, celui qui permet de les déterminer et de les spécifier. Grâce à la δύναμις, la φύσις mystérieuse, l'εἶδος substantiel ou élément primordial, se fait connaître, et se fait connaître par son action... Aussi parfois (entre les deux mots φύσις et δύναμις), la nuance de sens est imperceptible... et la synonymie presque parfaite. Il ne faut pourtant pas oublier la distinction qui les sépare et que les textes laissent généralement entrevoir ». Chez les Sophistes, et spécialement chez Isocrate, « la δύναμις... reste la *propriété caractéristique* des êtres, surtout l'*action* particulière qui les spécifie, l'*effet* propre qu'ils réalisent et qui aide à déterminer leur nature. Parfois aussi une certaine confusion semble s'établir entre φύσις et δύναμις. Ainsi s'expliquerait ce fait que les objets eux-mêmes dans leur ensemble, par exemple les arts, les sciences, s'appellent des δυνάμεις.. On ne distingue pas entre ce qu'ils sont et ce qu'ils produisent ».

Un inventaire complet des textes (p. 71-148), une double classification des divers emplois du terme δύναμις au sens non philosophique et, naturellement, surtout au sens philosophique (p. 148-168), tel est le riche contenu que nous offre le second chapitre de M. Souilhé. Riche en textes non pas simplement et brutalement enfilés bout à bout, mais analysés, discutés, commentés. Un texte du *Charmide* pose la question, que Platon incline à résoudre affirmativement et que pourtant il laisse ouverte : « Toutes les δυνάμεις, toutes les propriétés sont-elles essentiellement des êtres relatifs ? » (p. 73-75). Les textes des derniers dialogues surtout, depuis le *Théétète* aux *Lois* en passant par *Parménide*, *Sophiste*, *Politique*, *Timée*, exigent une discussion parfois textuelle, le plus souvent doctrinale, tant ces dialogues sont chargés à la fois d'un contenu philosophique difficilement épuisable et, il faut le dire, de commentaires et d'interprétations modernes, qui seraient souvent de nature à en masquer le sens naturel et droit. M. Souilhé a su éviter, dans ce long examen de textes dont plusieurs ont si souvent servi dans les discussions récentes, le danger qu'il y aurait, soit à ignorer les commentaires en lutte, soit à ne lire Platon qu'à travers leur réfraction troublante. C'est d'une lecture directe, qu'on sent approfondie et familière, qu'il dégage sa classification des sens platoniciens de la δύναμις. « Au sens philosophique, la δύναμις platonicienne peut se définir : la propriété ou la qualité révélatrice de l'être. Cette propriété se manifeste sous quelqu'un de ces deux aspects : elle est soit une activité, ou un principe d'action, ou un principe de passivité, de résistance. Mais par l'un ou l'autre de ces aspects, parfois, à différents points de vue, par les deux, elle dévoile la nature intime et cachée des êtres ; bien plus, elle distingue entre elles les essences. La δύναμις permet donc de donner à chacun des ὄντα un nom conforme à sa constitution particulière, et, en même temps, elle les place dans des groupes séparés, réalisant ainsi la spécification qui supprime toute confusion possible. En un mot, elle est à la fois principe de connaissance et de diversité ». Si la propriété dévoile la nature intime et cachée de l'être, la δύναμις n'en reste pas moins distincte de l'οὐσία. Les deux termes « se commandent de telle sorte que l'un suit naturellement l'autre. La propriété découle immédiatement de l'être, participe à son évolution, à ses vicissitudes, et c'est ainsi qu'à tout changement de nature correspond un changement de δύναμις. Si les relations sont tellement étroites entre l'être et ses propriétés, on comprendra qu'il soit facile de définir la φύσις par la δύναμις, ce qui est caché par ce qui est manifeste, et dans des cas où la rigueur des expressions est moins requise, d'employer δύναμις dans un sens presque synonyme de φύσις ». Mais ni ces textes mêmes où l'on définit les natures diverses par leurs actions et leurs passions, ni des emplois périphrastiques comme la δύναμις de la cause ou du plaisir (*Philèbe*, 30d, 44c, 67a), la δύναμις des paupières, du feu, de la bouche (*Timée*, 45e, 64c, 75d), ne sont décisifs pour affirmer absolument l'identité totale de la δύναμις et de l'οὐσία. « Là, au contraire, où Platon s'exprime avec plus de rigueur et de façon plus explicite, il a soin de distinguer les deux notions, tout en montrant dans l'une le fondement de l'autre ».

Principe fondamental « de détermination et de spécification » des êtres, la δύναμις en arrive aussi, au Ve livre de la *République*, à recouvrir « à la fois ce que nous comprenons aujourd'hui sous le nom de *sens* et de *facultés* » (p. 164). Mais, ni dans la *République* ni dans *Théétète*, on ne trouve soit la distinction clairement faite entre organe et faculté, soit une classification rigoureuse des facultés.

Après avoir ainsi constaté « l'utilisation technique par Platon du terme δύναμις et la transposition dans l'ordre philosophique d'idées courantes chez les physiciens et les sophistes grecs », M. Souilhé étudie « les rapports qui rattachent entre elles les deux notions platonicienne et aristotélicienne de la δύναμις » (p. 169 à 186). Aristote, d'abord, prolonge Platon : « La δύναμις se définit la propriété caractéristique de l'être, le principe source d'action, source de modification, source de résistance ». Un doute qu'avait soulevé Platon est résolu : « La δύναμις est un être orienté par nature πρὸς ἄλλο, donc est purement relative. Parce que la δύναμις est définie comme un principe de l'être, le terme se trouve souvent uni à ἀρχή et parfois même avec une signification sensiblement identique ». Il est naturel aussi que le terme δύναμις soit souvent en relation avec les notions de εἶδος, de μόρφη, de λόγος et surtout de φύσις. Enfin, tout en conservant la distinction de la nature et de ses propriétés, « Aristote, comme Platon, rapproche parfois les deux idées, au point de les confondre en apparence, là surtout où on ne doit point préciser ces notions ». D'autre part, Aristote « dépasse » Platon tout en le prolongeant. Le *Théétète* lui fournissait déjà, au moins comme ébauche, la distinction, de l'acte et de la puissance. Aristote creusera cette distinction, et l'idée d'acte « sera le point de départ d'une compréhension plus complète de la puissance... La δύναμις est comme une direction suivant laquelle s'effectuera la réalité, elle reste engagée dans la substance comme une force, non capricieuse et livrée au hasard, mais ordonnée suivant un certain sens et un mouvement donné, et elle explique le développement et la nature de l'acte. On peut définir la δύναμις, la possibilité d'être d'une façon déterminée ».

J'ai essayé, dans cette analyse, de laisser le plus possible parler l'auteur, et mon travail n'est qu'un centon. Je m'empresse de dire que, même ainsi faite ou peut-être parce qu'ainsi faite, mon analyse laisse de côté beaucoup d'idées intéressantes et de suggestions fécondes. A cette analyse je joindrai au moins une observation.

J'ai pu l'écrire tout entière, et, je crois, fidèle en son essence, sans faire la moindre allusion à la fameuse théorie des Idées-Ames « qui aurait, affirme-t-on, son point de départ dans le *Sophiste* et caractériserait l'enseignement désormais transformé de Platon vieillissant » (p. 189). Ce n'est pas que je ne sois très heureux de voir cette enquête, si complète et si consciencieuse, sur les emplois du terme δύναμις avant Platon et chez Platon, corroborer une thèse que j'ai soutenue jadis avec, au moins, la force d'une conviction qui n'a pas changé. Mais c'est que la théorie de la δύναμις chez Platon pourrait s'écrire tout entière, sans, je crois, aucune perte pour la doctrine positive et pour ses relations avec la doctrine aristotélicienne, même si nous n'avions pas le *Sophiste*. Le dialogue a son importance ailleurs, et la fameuse « définition » n'apporte aucun élément essentiellement nouveau à la théorie platonicienne de la puissance, telle que nous la révèlent les autres dialogues. Cette définition de l'être par la δύναμις, même si elle n'était pas, dans le *Sophiste*, déclarée provisoire, ne ferait que ramasser, sous une forme plus concise, les rapports étroits de dépendance entre φύσις et δύναμις si clairement établis par M. Souilhé pour les autres dialogues.

Même alors, M. Souilhé aurait le droit de maintenir son excellente formule (p. 189) : « On ne peut pas dire : l'être *est* δύναμις, mais l'être *a* δύναμις. » C'est que résumer la *nature* ou *l'être* en sa propriété déterminante et caractéristique n'est, pas plus pour Platon que pour Aristote, supprimer toute distinction entre la détermination et son substrat (voir p. 180 et suiv.). Traduire une telle subsomption de l'être sous sa δύναμις par « une doctrine énergétique de l'être absolu » serait, même alors, non seulement transposer en une formule moderne tout à fait abusive, mais transformer et déformer la pensée platonicienne. Plus abusive encore apparaît une telle traduction si, comme le rappelle excellemment M. Souilhé (p. 185-189), la définition du *Sophiste* n'est que polémique et provisoire. Enfin, le coup de grâce est donné, je l'espère, à ces généralisations déformantes, et le pivot révélé trop mince et trop fragile sur lequel on a prétendu équilibrer de si grandioses constructions, si on réintègre le *Sophiste* en sa place, comme un anneau parmi d'autres dans la chaîne des dialogues. C'est ce qu'a fait toute l'enquête de M. Souilhé, dont le résultat se résume en cette phrase excellente : « Un examen minutieux des textes soit antérieurs, soit postérieurs à ce dialogue, ne révèle aucune trace de synonymie entre ces termes » de δύναμις et d'οὐσία (p. 189). Et la prétendue causalité efficiente des Idées n'a pas meilleure fortune. Dans aucun des passages qui pourraient lui paraître le moins défavorables « la δύναμις ne signifie une action quelconque des Idées, supposant en elles mouvement et vie, mais elle désigne simplement le point de vue particulier qui, dans les différentes relations, manifeste leur essence » (p. 190).

Si j'ai rejeté ce problème particulier à la fin de mon analyse, ce n'est ni pour diminuer, à ce point de vue, la contribution propre de M. Souilhé, ni pour me faire gloire du surplus de certitude dont elle corrobore mes anciennes conclusions. C'est pour que l'on voie bien que la portée de la thèse de M. Souilhé, comme de toute étude d'ensemble sur la δύναμις dans Platon, dépasse absolument ce problème particulier, imposé, passagèrement, il faut l'espérer, à la critique platonicienne par des généralisations hâtives. M. Souilhé a très bien senti lui-même et excellemment montré que le résultat de son étude était de rétablir la continuité entre le Platonisme et l'Aristotélisme. Après sa thèse sur la δύναμις, sa voie est tracée dans la recherche des nombreux autres points où l'enseignement d'Aristote prolonge la pensée « toujours infiniment féconde » de son vieux maître.

Mais, encore que mon compte rendu soit déjà un peu long, je ne quitterai pas M. Souilhé sans avoir relevé, dans la masse de textes que nous apporte sa thèse, quelques détails où peuvent se nouer des recherches utiles pour l'explication de la terminologie platonicienne et l'histoire de la pensée grecque.

M. Souilhé a noté (p. 21) un texte de Mélissos où « le terme δύναμις est employé au sens très général de *force* ou de *puissance* » (Diels, 187, 19). D'autre part il a noté, pour une première fois, à propos d'un texte de *La vieille médecine* (Kuehlewein, p. 4, 22), « le rapprochement de φύσις et de δύναμις que nous constaterons en maints autres textes de la collection hippocratique » (p. 32). Je crois qu'il y aurait profit à consacrer une étude particulière au couple φύσις τε καὶ δύναμις et à ses équivalents ou substituts. On relèverait les nombreux cas de εἶδος τε καὶ δύναμις, ἰδέα τε καὶ δύναμις, et l'on verrait que, comme εἶδος, δύναμις aussi a ses équivalents et ses substituts. On y gagnerait déjà de rattacher, ne fût-ce que comme illustration, aux textes étudiés par M. Souilhé, la suite même du fragment 7 de Mélissos, contre lequel M. Souilhé a très bien vu que polémique l'auteur du *De Natura Hominis* (p. 39, note 1). Dans la formule, qu'il faut lire (en s'aidant des suggestions de

Gomperz et Diels) : « φαμένοις γὰρ εἶναι πολλὰ καὶ ἴδια εἴδη τε καὶ ἰσχὺν ἔχοντα », ἰσχύς est un substitut de δύναμις. Comparer *Vieille médecine* (Kuehlewein, p. 14, 19) : ὧν ἕκαστον ἰδίην δύναμιν καὶ φύσιν ἔχει, très bien traduit, d'ailleurs, par M. Souilhé (p. 32 et 33).

On s'attarderait peut-être aussi sur l'absence curieuse du terme δύναμις non seulement chez Anaxagore, mais aussi chez Empédocle et Diogène, qui devraient, selon M. Taylor, avoir transmis à la médecine, avec les doctrines pythagorisantes, les notions scientifiques exprimées par εἶδος, ἰδέα, μορφή. Nos inductions devancent parfois l'achèvement de l'enquête expérimentale. Afin de pouvoir juger si cermaines conclusions très larges de M. Taylor ne font pas seulement que devancer la réponse définitive des faits, il faudrait avant tout achever son enquête, et je crois que le travail de plusieurs est pour cela nécessaire. Une enquête qui ne se bornerait pas à constater, mais chercherait à expliquer et les présences et les absences et les variations de cette terminologie platonicienne dans la science et la philosophie antésocratiques, serait infiniment fructueuse à bien des points de vue et nous permettrait, surtout, de faire les distinctions indispensables dans ces très graves questions de filiations de doctrines. A de telles enquêtes, la thèse de M. Souilhé offre non seulement un excellent modèle, mais aussi d'utiles points d'attache.

§ 4. *J. Souilhé et la Notion d'intermédiaire*[1]

M. Souilhé a le choix heureux. Que la notion d'*intermédiaire* soit une notion féconde et l'un des termes vraiment

1. Joseph Souilhé, docteur ès-lettres. — *La Notion Platonicienne d'intermédiaire dans la philosophie des dialogues.* Un vol. in-8°, 276 p., avec index. — Collection historique des Grands Philosophes, Paris, Alcan, 1919.

universels dont l'étude permet d'éclairer toute la philosophie des dialogues platoniciens, la preuve en est, à première vue, dans l'étendue et la construction extérieure de la présente thèse. Celle-ci constitue, en effet, comme un manuel abrégé du Platonisme. Après une première partie, qui étudie la notion d'intermédiaire avant Platon et détermine son sens général dans les dialogues (p. 9-72), M. Souilhé passe en revue les applications philosophiques de la notion d'intermédiaire : applications psychologiques (76-116), applications morales (117-142), applications politiques (170-203), applications métaphysiques (204-242). Vouloir suivre pas à pas cette thèse pour en analyser le contenu serait vouloir résumer presque toute la philosophie platonicienne. On peut essayer pourtant d'en indiquer la marche générale en s'arrêtant, plus à loisir, à quelques tournants.

Le μηδὲν ἄγαν « est, semble-t-il, la première notion de la sagesse grecque que nous puissions saisir dans son origine. Elle a sa racine dans le sentiment d'infériorité vis-à-vis des dieux et de crainte de la douleur, si l'on vient à outrepasser les frontières de sa condition. La formule μηδὲν ἄγαν va devenir un lieu commun pour les premiers moralistes, et les termes μέσος ou μέτριος ou μέτρον en seront les synonymes ». Cette notion morale, dépouillée progressivement du concept de crainte qu'elle revêt à l'origine, se conservera à peu près uniforme et invariable chez tous les moralistes. Mais les expressions μεταξύ, μέσος, μέτριος, « se trouvaient déjà à la disposition des premiers savants de l'Ionie qui les utilisaient en des sens différents du sens moral ». C'est surtout par le Pythagorisme que la notion d'intermédiaire reçoit son application cosmogonique, issue, chez eux, des théories musicale et mathématique des proportions et de l'harmonie. Je suis heureux de voir, pourtant, que M. Souilhé résiste à la tentation, un peu trop actuelle, de chercher, dans les doctrines, si difficiles à dater, du Pythagorisme, la source unique des développements postérieurs de la science théorique ou pratique. « Médecins et philosophes, à l'exemple peut-être des pythagoriciens eux-mêmes, transportent les doctrines de la proportion pour les appliquer à la physiologie et à la morale. Il faut pourtant se garder de croire à une dépendance exclusive. Les nouveaux systèmes naturalistes ou éthiques sont redevables d'un grand nombre d'idées aux Ioniens, surtout à Héraclite ; de plus, l'influence des anciens moralistes est toujours sensible... ». Chez les médecins, la théorie des climats et la théorie des tempéraments se rejoignent dans les notions de mélange et de mesure : « La mesure est condition de santé, et la mesure ne peut exister, grâce à la proportion des mélanges, que dans les régions intermédiaires ». Aussi la grande préoccupation de l'école hippocratique sera « de déterminer le καιρός, c'est-à-dire le juste milieu, le point précis où se rencontrent et s'unissent les contraires, de le déterminer, non pas d'une façon vague et approximative, mais aussi scientifique que possible ». La théorie du vide, l'intervalle, « le lieu où, grâce à certains auxiliaires, μεταξύ, communiquent des êtres divers et séparés les uns des autres », était préparée par toute la philosophie naturaliste (p. 57 et 58). Sur les questions qui se posent à propos de ce vide, relations entre Pythagoriciens, Atomistes, Éclectiques du genre de Diogène d'Apollonie, M. Souilhé, pressé par son sujet, est tout excusable de ne pas insister : « Il suffisait de montrer l'importance de cette notion d'intervalle peu avant Platon, et d'indiquer le procédé qui consiste à multiplier les liens pour rattacher les individualités éparses, et constituer une véritable unité, malgré les divergences et les oppositions ».

Avant d'étudier les applications doctrinales de la notion d'intermédiaire dans la philosophie platonicienne, M. Souilhé a voulu « entreprendre l'inventaire de ces textes généraux, où se développe l'idée d'intermédiaire, et fixer ainsi la signification du μεταξύ ou du μέσος, de plus en plus souple et de plus en plus riche avec le temps » (p. 45). Comme base de cet inventaire, M. Souilhé aurait souhaité, on le sent, avoir à sa disposition, ou plutôt reconstruire par lui-même, une chronologie assurée des dialogues. On ne peut tout faire d'un coup et le parti qu'il a pris était sage, d'accepter l'ordre chronologique de C. Ritter, où du moins la position relative des groupes de dialogues paraît assez bien établie pour servir à échelonner une étude de la terminologie platonicienne. M. Souilhé ne s'est point borné à la tâche facile d'un inventaire sec et mécanique : il nous donne, au contraire, une série d'analyses, souvent très fines (comme celle de l'*Euthydème*, p. 50 à 52), toujours très fouillées (v. g. *Politique*, *Philèbe*, p. 62-71). A propos des textes du *Protagoras* et de la *République*, il note excellemment « l'effort constant pour transporter, et même aussi directement que possible, la mesure mathématique dans les notions morales, ou encore, pour traduire en formule rigoureusement scientifique ce qui relève plus ou moins de l'art. La μετρητική τέχνη hante, si j'ose dire, la pensée de Platon, et le géomètre veut en faire la méthode constructive de sa philosophie... On ne peut s'empêcher de noter que Platon réalise (dans le *Politique*) le rêve qu'il caressait dans ses premiers écrits, et que, pratiquement, alors surtout, cet art de la mesure, pleinement analysé et compris, dirigera les recherches, plus austères désormais, du philosophe » (p. 62). Cet inventaire a permis de suivre, à travers les dialogues, le travail de remaniement, d'enrichissement et d'approfondissement progressifs que subit « la vague et banale idée du juste milieu... Le μεταξύ reste toujours un milieu entre les extrêmes, un composé qui sépare les contraires et toutefois unit en lui leur nature.

Mais, souvent, Platon insistera sur la valeur de ce composé, et alors mettra surtout en lumière le caractère *d'indifférence relative, de moyen,* exposé pour la première fois dans *Gorgias.* Dans ce cas, c'est une nuance tantôt favorable, tantôt péjorative qui s'attachera au terme, suivant que les objets intermédiaires tendront ou non vers le but assigné. Déjà le *Symposion,* mais surtout le *Phédon,* exprimera plus explicitement l'idée, empruntée peut-être aux atomistes et que suggérait très imparfaitement celle du milieu : l'intermédiaire est l'*intervalle* où les contraires viennent se transformer, le passage qui mène de l'un à l'autre, ou le *lien* qui les rattache. Et c'est l'ensemble de ces points de vue divers que les dialogues de la dernière période réduisent à la formule mathématique de la mesure ; le μέτριον se place aussi entre les extrêmes, les fixe et les empêche de se confondre, par conséquent les lie, proportionne leur mélange, en introduisant en eux le nombre et, réalisant les unions les plus symétriques, réalise ainsi l'ordre et la beauté » (p. 72). C'est dans cette page, que l'on m'excusera d'avoir citée presque entière, que M. Souilhé ramasse les résultats de sa première partie.

Sous le titre d'*Applications psychologiques,* l'auteur étudie la δόξα, le θυμός, la διάνοια, l'ἔρως. Je note (p. 81), la remarque, très utile à faire pour éviter les confusions modernes, que l'ἐπιστήμη est, pour Platon, la « connaissance des êtres éternels, des Idées. Pour lui, toute étude des êtres sensibles, de la nature ou de l'univers ne donnera que des opinions instables ou mélangées d'erreur. Voilà pourquoi aussi Platon présente, dans le *Timée,* son système cosmogonique comme une simple vraisemblance, car il s'agit du monde de la génération, et la pure vérité est exclue de cet ordre ». Si inférieure que la δόξα soit à la science, elle lui sert pourtant soit de substitut pratique, soit d'alliée : « En fait, c'est moins elle qu'on méprise que ceux qui savent mal l'utiliser » (p. 92). Platon, lui, l'utilise « en tant que moyen, en tant qu'intermédiaire, n'excluant pas la science, lui préparant au contraire les voies » (p. 88). Mais, utilisée par la science, la δόξα lui reste subordonnée. Même entre l'opinion vraie et la science, demeure toujours la différence de nature. M. Souilhé a grandement raison de le noter : l'opinion vraie ne devient science qu'une fois liée par le lien causal, et ce lien causal ne lui peut venir que de la science. (p. 91). Tautologie apparente, dont la solution devrait, je crois, s'appliquer même à la transformation de l'opinion vraie en science, telle que la décrit le *Ménon*. Cette solution, je la trouverais, et peut-être M. Souilhé serait-il facilement d'accord avec moi, même si je parais dépasser un peu son argumentation en la poussant à bout, dans les notes qu'il reconnaît à la δόξα du *Politique* comme à toutes les doctrines communiquées par l'éducation. De même que les bons citoyens « ne font que recevoir la vérité » (p. 91), de même l'opinion droite ne fait que recevoir de *la* science le lien causal qui la transforme en *une* science. Le rôle de la διάνοια (p. 100-108) est excellemment marqué : elle ne dépasse pas la notion, « la notion générale et une, indéfiniment applicable à tous les individus... Supérieur à ces notions, se trouve le principe, l'idée transcendante qui rend possible leur existence et leur explication dernière. Or ce principe, la διάνοια ne l'atteint pas, elle n'en est que le chemin, elle dirige seulement ».

Le chapitre que j'ai lu et relu avec le plus de plaisir a trait aux *applications morales* de la notion d'intermédiaire. M. Souilhé nous a donné là une étude très agréable et très neuve sur « la vie bonne et heureuse » en même temps qu'une analyse très suggestive du *Philèbe*. La σωφροσύνη « soudera entre eux les contraires, non d'une façon quelconque, mais en assurant la prédominance à ce qui est supérieur ». Pour le *Phèdre* comme pour la *République*, elle est « le triomphe de la raison, la soumission des désirs irréfléchis, en un mot le rétablissement normal de l'équilibre ». Ainsi la justice, « lien à son tour, facilitera l'harmonie dans l'individu comme dans la cité, par la réduction de la multitude à l'unité ». D'ailleurs le rôle unificateur de ces deux vertus ne s'arrête pas à l'homme ou à la cité humaine : « A la façon d'Eros et des autres démons, elles créent une sorte de κοινωνία, des liens d'amitié entre le ciel et la terre » (p. 127). De cette vie σώφρων καὶ δικαία, M. Souilhé trouve la formule dans la description de la vie mélangée (βίος μικτός) du *Philèbe*. Son étude sur les plaisirs, les sciences, le mélange du plaisir et de la sagesse (p. 133-142), est un chef-d'œuvre de fine analyse. La clarté de l'interprétation est doublée ici, on le sent à chaque ligne, par la chaleur de la sympathie. Si « Platon se complaît dans son œuvre », je crois que M. Souilhé aussi s'est complu dans ce « mélange », qui « n'est pas une fusion quelconque de termes disparates et instables, mais un composé solidement constitué par ce qui met en tout l'harmonie et produit le *vrai* mélange : la *mesure* ». J'aurais pourtant presque désiré, non pas une atténuation, mais une explication de la phrase qui suit : « La superbe intransigeance du *Phédon* s'est transformée dans le *Philèbe*, comme d'ailleurs dans bien d'autres dialogues, en une souriante indulgence » (p. 140). C'est vrai, le ton est autre. Et pourtant, M. Souilhé sait bien que, du *Phédon* au *Philèbe*, la doctrine morale n'a pas plus changé, au fond, que la doctrine scientifique. A propos du *Phédon*, identifiant la vie belle et bonne « à la pure vie de l'esprit », M. Souilhé a noté ailleurs (p. 132) que cette « exagération » s'explique facilement par « les circonstances du dialogue et l'émotion éloquente du discours socratique ». L'intransigeance est aussi complète au livre II de la *République.* Quand Platon paraît « fasciné par les doctrines orphiques de la purification » (p. 132), n'est-ce pas avec un art très conscient qu'il revêt, de ces formules étrangères, des pensées qui sont bien à lui, même en leur intransigeance ? Et comme les « circonstances du dialogue » ou le point de vue actuel de l'exposition expliquent l'intransigeance, ne faudrait-il pas dire que, par d'autres circonstances et par un point de vue différent, s'explique l'apparent abandon de cette intransigeance et l'adaptation « à la vie du siècle » ? Le Platonisme, Platonisme moral comme Platonisme scientifique, est fait de plans superposés. Les philosophes de la *République* ont à revenir à la caverne ; à la veillée mortuaire du *Phédon* succède la vie parmi les hommes et l'apostolat pratique ; et l'intransigeance morale doit se tamiser à travers les contingences de la vie, comme la pureté de l'Idée à travers la multiplicité des êtres. Les plans divers se superposent sans se nier ; toute la thèse de M. Souilhé sur les intermédiaires est faite pour nous montrer que, d'un plan à l'autre, il y a passage continu, montée et descente ininterrompues.

Je passe sur *La Vie de la Cité* (p. 143-170), où pourtant il y a une si fine étude de l'éducation. « Ces σμικρά, ces δοκοῦντα εἶναι νόμιμα dont parle la *République,* ces impondérables qui font un caractère, un esprit, une âme, sont précisément les liens qui réunissent entre eux les citoyens, et permettront à la ville de se développer, de croître comme un cercle où toutes les lignes se pénètrent mutuellement sans heurt et sans brisure ». Le chapitre IV, sur l'*organisation du Cosmos,* est un excellent résumé de ce qu'on appellerait aujourd'hui la science platonicienne. Je crois que M. Souilhé, qui a largement profité des analyses de M. Robin pour sa théorie de l'amour (p. 108-116), a raison ici de ne pas accepter l'identification absolue de l'âme à un démon.

Le dernier chapitre (*Applications métaphysiques, le problème de l'un et du multiple*) nous ramène à des problèmes qui ont toujours quelque peu passionné la critique platonicienne. Sur le rôle du problème de l'un et du multiple dans la philosophie platonicienne, nous sommes peut-être, au fond, M. Souilhé et moi, plus d'accord qu'il ne le pense lui-même (p. 205). Certes, l'application de cette difficulté au monde même des Idées était le problème inévitable et, d'une façon latente, le problème originel du Platonisme. Mais je persiste à croire que la solution ne s'en est pleinement dégagée qu'à l'occasion du problème d'inhérence, où s'accusait cette opposition de l'un et du multiple dans les Idées mêmes. Ainsi, dans le *Philèbe*, qui n'est point du tout l'exposé de la pure science platonicienne et à propos duquel M. Souilhé a parfaitement raison de ne vouloir retrouver les *Idées* dans aucun des *quatre genres* (23c-27c), l'opposition de l'un et du multiple est encore envisagée, comme dans le *Parménide*, beaucoup plus pour les relations des Idées aux choses sensibles que pour les relations des Idées entre elles. Mais ce sont là des détails où je ne peux m'arrêter. En ce qu'ils ont de personnel, ils sont sans importance pour le fond de la question. En ce qu'ils ont d'impersonnel et d'important, l'étude en serait à faire plus utilement ailleurs que dans un compte rendu. Le mien court déjà trop rapidement à travers le contenu si riche de la thèse de M. Souilhé. Je voudrais y relever « cette idée de propriété, ou plus exactement de détermination qui précise, contracte et divise les êtres » (p. 211), le rôle du ποιός ou qualité spécifique qui, « s'ajoutant à la notion générique, introduit en elle l'élément de séparation » (p. 212), l'excellent paragraphe sur le *Sophiste* (p. 220-227). M. Souilhé, sur qui l'influence de M. Rivaud a été très grande et très heureuse, incline, comme lui, à voir, dans le *Parménide*, une application de la théorie de l'existence relative « avant même qu'elle ne fût réduite en système » (note 533). Si le *Parménide*, en sa dernière partie, n'était pas resté jusqu'ici le buisson inextricable où, il faut l'espérer, des coupes heureuses pourront se faire quelque jour, non seulement le concept de l'*un*, mais aussi et surtout le concept de l'*autre*, en ses applications souvent très consciemment sophistiques, aurait pu y être étudié avec profit par M. Souilhé et, je dois l'ajouter tout de suite, par ceux qui ont précédé M. Souilhé. Sur la méthode synthétique, la méthode de division et surtout le procédé διὰ μέσων (p. 233-242), M. Souilhé nous apporte une étude complètement nouvelle et très suggestive.

Sa conclusion met en lumière les résultats féconds de cette application de la notion d'intermédiaire à l'interprétation de la doctrine platonicienne. « Le philosophe qui ne sépare pas les réalités et les contemple dans leurs relations mutuelles ne s'étonnera pas que, grâce à une série ininterrompue d'intermédiaires, l'ordre et la stabilité des Idées descende jusque dans des poussières d'êtres à peine libérés du néant » (p. 246). Bien que cette théorie des intermédiaires « reste beaucoup plus une méthode et un esprit qu'une doctrine intentionnelle nettement conçue et destinée à remplir dans cette philosophie un rôle déterminé » (p. 252), l'étude n'en demeure pas moins très éclairante pour l'interprétation des dialogues et même de leurs rapports possibles avec la philosophie platonicienne « des derniers jours » ou la mystique néoplatonicienne. L'exécution matérielle du travail est excellente de tout point. Les Index (index des noms propres, index des mots grecs, index des textes de Platon) rendront de très grands services.

§ 5. *L'échelle finale des biens dans le Philèbe* (66a/d)

Je n'essaierai point de bâtir ici une interprétation générale de la théorie du Bien dans le *Philèbe.* Ce travail est à faire ailleurs. Au surplus, le raisonnement de Platon est, en son ensemble, si clair, et sa thèse est si simple, qu'il suffira de l'analyser fidèlement pour que le lecteur en définisse de lui-même la portée. Mettre, autour de cette définition si pratique et si « mesurée » de la Vie Bonne, une métaphysique ambitieuse, serait, probablement, en gâter le charme limpide. S'il y a, dans le texte où Platon délimite les caractères du πρῶτον κτῆμα (66a), une énigme depuis longtemps indéchiffrable, c'est, nous le verrons peut-être, parce que l'imagination métaphysique a spontanément opéré, là où une correction très simple aurait suffi à ramener la clarté[1].

De quoi sera faite la Vie Bonne ? Avant de donner sa réponse définitive, Platon résume (à partir de 60a) l'état de la question.

Le caractère fondamental du Bien est de n'avoir besoin de rien d'autre et de suffire parfaitement par lui seul (τὸ ἱκανὸν τελεώτατον ἔχειν, 60c). La sagesse ou le plaisir ont-ils, l'un ou l'autre, ce caractère d'autosuffisance du Bien ? « Quelqu'un accepterait-il » de vivre, soit avec une sagesse parfaite et sans aucun plaisir, soit avec tous les plaisirs possibles et sans rien de ce qui est φρόνησις, c'est-à-dire, sans pensée ni conscience ? Evidemment non : voilà ce que répondra le « quelqu'un » à qui l'on fait, ici, deux fois appel (60a, 60e). La vie ne sera bonne que si elle comprend et sagesse et plaisir. Le bien est donc à chercher dans la vie mixte (μὴ ζητεῖν ἐν τῷ ἀμείκτῳ βίῳ τἀγαθὸν ἀλλ'ἐν τῷ μεικτῷ, 61b).

Le présen t travail a fait l'objet d'une communication au Congrès International des Sciences Historiques de Bruxelles (avril 1923).

Que sera ce mélange ? Il faut le déterminer d'abord quantitativement.

Comprendra-t-il tout ce qui est sagesse et tout ce qui est plaisir ? Tout ce qui est sagesse, oui. Si nous prenons comme juge « quelque homme au sens droit », en quoi faisant nous appliquons d'avance le fameux critère de l'*Ethique à Nicomaque* (1232a 36), il répondra : « Toutes les sciences, même inférieures, ont leur entrée dans la Vie Bonne ». Mais les sciences, ainsi introduites, n'admettront point qu'on leur donne comme compagnons tous les plaisirs. Rien que les plaisirs purs et vrais : car les autres empêcheraient et la beauté et l'harmonie intime du mélange (64a). Donc toutes les sciences, et quelques plaisirs choisis. Ajouterons-nous encore autre chose ? Oui : la Vérité, car elle seule permet, à quelque devenir que ce soit, d'achever sa réalisation. Voilà déterminée la composition quantitative du mélange. Voilà notre compte achevé : c'est « comme une ordonnance incorporelle destinée à régir un corps bellement animé » (54b).

Mais ce mélange doit être aussi déterminé qualitativement. Quelle est, en lui, la cause de sa valeur universellement élective ? Qu'est-ce qui lui donne son prix éminent et le rend cher à tous ? Quand nous aurons déterminé ce facteur de valeur, nous verrons si c'est avec le plaisir ou avec l'Intellect qu'il a le plus de parenté (64c).

Or, la cause de valeur, le facteur qui assure, à tout mélange, sa bienfaisance et sa durée, c'est la mesure et la proportion (μέτρονλ. ἡ σύμμετρος φύσις). Ainsi notre facteur de bonté se résout dans « le beau ». Car beauté et vertu, ce n'est, toujours et partout, que mesure et proportion. Or, à la mesure et à la beauté, nous savons déjà, par le précédent raisonnement, qu'il nous faut ajouter la vérité. Si donc nous ne pouvons « capturer le bien » sous une forme unique, nous prendrons ces trois termes, beauté, mesure, vérité, et, de leur ensemble, nous ferons, pour notre mélange, le facteur de bonté.

Notons que nous venons de voir dégager ici, avec cette habileté un peu contournante dont Platon est coutumier, deux trinités successives, dont la somme ne compte pourtant que cinq termes :

1° Universalité des sciences, plaisirs purs, vérité ;
2° beauté, proportion, vérité.

La première détermine le dosage quantitatif de la vie bonne. La seconde représente le facteur complexe et un, qui détermine la bonté du mélange.

Voilà qui va nous permettre de juger définitivement entre les prétentions opposées du plaisir et de l'Intellect. Quelle parenté ont-ils, l'un et l'autre, avec ce facteur causal qui, déterminant la bonté du mélange, tient forcément la première place dans la hiérarchie ? (65b).

Premier terme de comparaison : vérité. Il est certain que les plaisirs sont ce qu'il y a de plus trompeur ; l'Intellect, s'il n'est identique à la vérité, est, au moins, ce qui s'en rapproche le plus (65d).

Second terme de comparaison : mesure. On ne trouverait certainement rien qui soit plus démesuré que le plaisir, plus proportionné que l'Intellect et la science *(ibid. ad fin.)*.

Enfin, troisième terme : beauté. On cache le plaisir, là où il est le plus fort : en son intensité la plus extrême, il est laid. La φρόνησις, le νοῦς ne sont jamais laids (65e-66a).

Notre classement hiérarchique est donc facile à établir. En nos deux trinités, le troisième terme était identique : or, à ce troisième terme, nous venons équivalemment d'identifier l'Intellect. Nous n'aurons donc point besoin d'enfreindre la règle d'Orphée : « A la sixième génération, arrêtez l'ordonnance de votre chant » (66e). Car nous n'avons plus que cinq échelons. Les trois premiers sont naturellement occupés par la trinité qui compose le facteur causal :

1° La mesure, le mesuré, l'à-propos;

2° La beauté, la perfection adéquate qui résulte de la proportion ;

3° Le νοῦς et la φρόνησις. A les mettre en ce rang, on est sûr « de ne point passer trop loin de la Vérité ».

Ainsi nous recueillons le fruit de toutes les discussions où nous avons établi la parenté de l'Intellect et de la Vérité (57c-59d). Dans la partie la plus pure de l'Intellect et de la Sagesse (τὸ καθαρὸν νοῦ τε καὶ φρονήσεως, 58d), cette parenté est une identité presque absolue. Nous avons le droit de faire deux parts dans l'ensemble complexe que recouvrent ces deux noms. A la partie inférieure nous laisserons son rôle de composant dans le mélange qui constitue la Vie Bonne. Quant à la partie supérieure, si nous la faisons monter ici au rôle de facteur causal en la substituant à la vérité, cette substitution n'a rien de subreptice, car nous avons, depuis longtemps, proclamé que l'Intellect est « du genre de la Cause » (30e, 31a).

Il nous reste donc à classer, dans cette hiérarchie des valeurs, les composants proprements dits du mélange, et à les ranger dans l'ordre décroissant où se manifeste, en eux, l'efficience du facteur causal :

4° Les sciences, les arts, les opinions droites ;

5° Enfin, les plaisirs purs de l'âme, plaisirs qui font cortège, soit aux sciences, soit à certaines sensations pures de formes et de couleurs précédemment déterminées (51a).

Voilà donc dressée la fameuse échelle des Biens. Socrate a finalement établi la thèse qu'il affirmait dès le début du dialogue (22e) : la Vie Bonne est une vie mixte ; dans le mélange qui la compose, ni l'Intellect ni le plaisir n'ont la première place. Le premier rang est dévolu au facteur causal « qui rend cette vie choisissable et bonne ». Mais c'est l'Intellect qui est le plus proche de ce facteur causal, et le plaisir, même pur, bien loin de venir au premier ou même au deuxième rang, n'occupe que le plus extrême des rangs qui viennent après le troisième : πορρωτέρω δ'ἐστὶ τῶν τριτείων (22e). Solution quelque peu mystérieusement annoncée, presque aussi habilement différée que poursuivie à travers les séries de classifications où se complaît le *Philèbe*, mais solution élégante et simple d'un problème avant tout pratique. Une telle classification offre, certes, matière à de très intéressantes comparaisons avec les diverses hiérarchies de valeurs que nous présentent et le *Philèbe* et les autres dialogues de Platon, et je n'ai point la prétention de nier ses multiples attaches avec la métaphysique. Mais sa teneur immédiate est simple, et sa formule serait restée ou, vite, redevenue entièrement intelligible, si l'imagination métaphysique, parfois « assembleuse de nuées », n'avait égaré pour longtemps la critique sur des pistes imaginaires, à propos de l'unique endroit où, dans ce texte ordinairement si clair, nous sommes contraints de supposer une corruption.

C'est dans le texte relatif au « premier échelon des biens » que se trouve la fameuse *crux* (66 a/b). Je donne d'abord le texte en y distinguant :

1º Une partie incontestée :

Πάντῃ δὴ φήσεις, ὦ Πρώταρχε, ὑπό τε ἀγγέλων πέμπων καὶ παροῦσι φράζων, ὡς ἡδονὴ οὐκ ἔστι πρῶτον οὐδ' αὖ δεύτερον, ἀλλὰ πρῶτον μέν πῃ περὶ μέτρον καὶ τὸ μέτριον

2º Une partie où la difficulté est nettement circonscrite :

καὶ πάντα ὁπόσα χρὴ τοιαῦτα νομίζειν B, Eusèbe, majorité des éditions,

.... τοιαῦτα χρὴ ..... T W, Stobée... Badham,

.... [τοιαῦτα]χρὴ..... Wilamowitz,

3° une partie, enfin, où la difficulté est complexe :

τὴν ἀίδιον ᾑρῆσθαι	W, Stobée, un ms. d'Eusèbe... Burnet
..... ηρῆσθαι	B
..... ᾑρῆσθαι φάσιν	un ms. d'Eusèbe (Burnet, Quarterly Review, 1921, p. 3)
..... εἰρῆσθαι φάσιν	T
..... εἰρῆσθαι φύσιν	Vulgate
..... ᾑρῆσθαι φύσιν	Hermann, Bury, Wilamowitz
..... ηὑρῆσθαι φύσιν	Badham.

Traduisons la première partie, en marquant les liaisons, sans crainte de faire une phrase trop dure, car il s'agit de comprendre :

« Tu proclameras donc universellement, Protarque, en le faisant annoncer par tes messagers et en le déclarant toi-même aux personnes qui seront présentes, que le plaisir n'est point la possession première, ni, non plus, la seconde : mais qu'en premier lieu, quelque part autour de la mesure, du mesuré, de l'à-propos... »

Dans la seconde partie, Badham a eu nettement raison de préférer la lecture T W Stobée : καὶ πάντα ὁπόσα τοιαῦτα χρὴ νομίζειν... Aussi bien l'athétèse de τοιαῦτα par U. von Wilamowitz que la lecture χρὴ τοιαῦτα seront bientôt réfutées, si nous prouvons que le sens de la phrase entière, correctement rétablie, les exclut l'une et l'autre. Mais nous avons, dès maintenant, d'autres raisons de les rejeter. Contre U. von Wilamowitz, qui argue, pour rejeter τοιαῦτα, de son instabilité par rapport à χρή dans nos mss, J. Burnet a raison de dire : « De telles transpositions sont trop communes pour prouver quoi que ce soit » (Quart. Rev., p. 3). Mais, quand Burnet invoque, en faveur de πάντα ὁπόσα χρὴ τοιαῦτα νομίζειν, le parallèle 66b : καὶ πάντ' ὁπόσα τῆς γενεᾶς αὖ ταύτης ἐστίν, nous pouvons lui faire observer qu'U. von Wilamowitz l'invoque, de son côté, pour supprimer τοιαῦτα. La formule πάντα ὁπόσα τοιαῦτα n'a point, dans l'usage de la langue platonicienne, nécessairement besoin d'un verbe qui la suive. Elle est, dans les finales d'énumérations, expressive par elle-même. Pour trouver des finales du même genre, nous n'avons pas besoin de faire appel à d'autre dialogue qu'au *Philèbe* :

τοῦ φρονεῖν καὶ τοῦ νοεῖν καὶ λογίζεσθαι τὰ δέοντα καὶ ὅσα τούτων ἀδελφά (21a).
— Ὀργὴν καὶ ζῆλον καὶ φθόνον καὶ ὅσα τοιαῦτα (47e).
Πείνην τε καὶ δίψος καὶ πολλὰ ἕτερα τοιαῦτα (34d).

Le ἐστί sous-entendu après ὁπόσα τοιαῦτα nous rend donc le même service que rendrait χρὴ νομίζειν. Or, cela est d'importance, car 1° χρὴ νομίζειν est ainsi libéré et va régir ᾑρῆσθαι... 2° que la phrase tout entière dépende ou non de φήσεις, elle est certainement tout entière suspendue à la proclamation solennelle que constitue l'ensemble φήσεις... ὑπό τε ἀγγέλων πέμπων καὶ παροῦσι φράζων. U. von Wilamowitz a raison : ce que nous avons à apprendre ici, c'est, non ce que le Bien n'est pas, mais ce qu'il est. Burnet affirme que « la construction φήσεις... ὡς... est absolument impossible pour Platon », et c'est peut-être là une affirmation bien rigoureuse. Mais, puisque, pour lui, la clause introduite par ὡς est « accommodée » à φράζω, pourquoi la phrase tout entière ne serait-elle pas ainsi « accommodée » à la double idée d'annoncer, déclarer ?

En tout cas, la sentence à promulguer est celle-ci : le plaisir n'est pas le bien premier, ni le bien second, mais c'est quelque part autour de la mesure, du mesuré, de l'à-propos et de toutes choses de ce genre, qu'il faut penser que...

Supposons que la phrase nous fût parvenue ainsi tronquée. Les critiques auraient essayé de l'achever par conjecture.

Ils auraient alors certainement observé cette intéressante construction :

πρῶτον μέν πῃ περὶ μέτρον καὶ τὸ μέτριον... (66a)
δεύτερον μὴν περὶ τὸ σύμμετρον καὶ καλὸν... (66b)

et se seraient demandé quel verbe ils devaient supposer dont l'action eût pour domaine un objet introduit par ce περί. Ils auraient feuilleté leur *Philèbe* et retrouvé cet endroit où l'on dit, en parlant du Bien : πᾶν τὸ γιγνῶσκον αὐτὸ θηρεύει καὶ ἐφίεται βουλόμενον ἑλεῖν καὶ περὶ αὐτὸ κτήσασθαι (20 d). Ils auraient alors pu songer qu'il devait y avoir, entre χρὴ νομίζειν et περὶ μέτρον, l'idée d'une chasse, d'une convoitise, d'un « vouloir saisir ou vouloir acquérir ».

Si la finale de la phrase nous eût été transmise, réduite au seul mot ᾑρῆσθαι, les critiques n'auraient pu que trouver ce mot très naturel. A partir, en effet, de 21d (ἆρ' οὖν αἱρετὸς ἡμῖν βίος ὁ τοιοῦτος), les formules qui expriment cette idée de choix et de préférence se multiplient jusqu'à 22e ; elles sont reprises à 55a, à 61a, et, avant que, de 22e, nous parvenions à notre ᾑρῆσθαι de 66a, Platon s'est appliqué à varier les synonymes de ces mots « choisissable » et « choisir ». Ils auraient alors été portés à chercher, dans ces phrases, un sujet possible pour l'infinitif ᾑρῆσθαι :

22a πᾶς δήπου τοῦτόν γε αἱρήσεται πρότερον ἢ ἐκείνων ὁποτερονοῦν.

22b εἰ δέ τις ἄλλα ᾑρεῖθ' ἡμῶν, παρὰ φύσιν ἂν τοῦ ἀληθῶς αἱρετοῦ ἐλάμβανεν ἄκων.

55a τὴν δὴ φθορὰν καὶ γένεσιν αἱροῖτ' ἄν τις τοῦθ' αἱρούμενος.

Dans ces tournures si fréquentes, dans ces appels au jugement de tous ou au jugement de l'homme au sens droit (65a ἱκανὸς ἡμῖν γένοιτ' ἂν ὁστισοῦν κριτής. — 62a ἔστω δή τις ἡμῖν φρονῶν ἄνθρωπος...), on pouvait trouver facilement de quoi remplir la lacune entre χρὴ νομίζειν et ᾑρῆσθαι.

Le malheur fut, pouvons-nous dire, qu'il n'y avait pas de lacune. Il y avait τὴν ἀίδιον et, après ἡρῆσθαι, dans certaines parties de la tradition, un φασίν ou bien un φύσιν.

Un φασίν n'apportait vraiment ici aucune idée utile. Au contraire, après τὴν ἀίδιον, le substantif φύσιν était si naturel que, « s'il n'existait pas, on devait l'inventer ». Non qu'il fût une solution « grammaticale et logique » de la difficulté : l'histoire l'a trop prouvé. U. von Wilamowitz, qui croit difficilement ici à une conjecture, veut qu'en tous cas on la conserve comme une correction heureuse et juste de φασί, « und wer so etwas fand, darf auch als Kritiker Gehör verlangen ». Non, φύσιν ne dut point être le fruit d'une réréflexion critique sur le texte, mais bien plutôt la réponse spontanée d'une pensée philosophante à ce τὴν ἀίδιον, qui réclamait son substantif. L'adjonction de φύσιν dut être spontanée comme un réflexe, et ce n'est point d'une correction de φασίν qu'elle dut naître : φασίν a toutes chances de n'en être qu'une transcription fautive. L'histoire de la tradition manuscrite de φύσιν est loin d'être claire, puisque sa présence dans les *Parisini* A B E F ne peut être qu'inférée du silence de Bekker, et que, fait observer Burnet, pareil « argumentum a silentio » nous ferait croire faussement à sa présence dans le Bodleianus, et, j'ajoute, dans W.

La preuve que c'est la séduction inévitable du mot « nature éternelle » pour une pensée philosophante, et non pas une déduction logique et grammaticale, qui détermina l'adjonction de φύσιν, c'est que l'auteur de cette adjonction n'essaya pas la seule correction qui pouvait donner un sens quelque peu acceptable à sa lecture. Le manuscrit sur lequel se fit cette adjonction portait-il τὴν ἀίδιον εἰρῆσθαι ou τὴν ἀίδιον ἡρῆσθαι ? Nous ne savons. Mais la longue bataille qui s'est livrée autour de ce texte depuis au moins l'époque d'Ast (1816) jusqu'aux récentes années 1919 et 1921, où le débat s'est renouvelé entre J. Burnet et U. von Wilamowitz, a vraiment prouvé par le fait que, ni avec εἰρῆσθαι, ni avec ᾑρῆσθαι, les mots τὴν ἀίδιον φύσιν ne pouvaient donner, à l'ensemble de la phrase, un sens intelligible.

Je ne referai point l'histoire de ces débats : on en trouvera les principales phases clairement expliquées dans l'Appendix B de Bury (*The Philebus of Plato*, Cambridge, 1897, p. 169-178). Il ne semble pas que les critiques aient jugé εἰρῆσθαι digne d'une discussion sérieuse. Quant à ᾑρῆσθαι, faut-il lui donner un sens passif ou un sens actif ? A-t-il φύσιν pour complément ou pour sujet ? Doit-on entendre que, autour de la mesure, etc., la nature éternelle a été capturée ? (Thompson, dans son édition du *Phèdre*). Doit-on, avec Trendelenburg et Maguire, traduire : « et toutes choses qui ont assumé la nature éternelle » ? Ou faut-il dire, avec U. von Wilamowitz, que le premier des biens, c'est « tout ce dont nous devons croire que l'éternel (das Ewige, ἀίδιος φύσις étant une périphrase), se l'est choisi, se l'est réservé » ? J'avoue ne pas voir ce que nous gagnons de clair à l'une ou l'autre de ces traductions. Si nous devions être contraints de garder τὴν ἀίδιον φύσιν, j'estimerais que Badham, avec ηὑρῆσθαι, a trouvé le seul verbe capable de donner un sens un peu acceptable : « c'est autour de la mesure... qu'a été découverte la nature éternelle ».

Mais que vient faire la nature éternelle dans une hiérarchie des valeurs vitales ? Ne devons-nous pas chercher, dans ces conditions d'une vie bonne, quelque chose de plus simple, εἴπερ γε ἡμῶν ὁ βίος ἔσται καὶ ὁπωσοῦν ποτε βίος (62c) ? Il est donc, ce semble, bien inutile que nous recherchions si cette nature éternelle peut être l'Idée du Bien, ou l'Un, ou la Limite. Nous reviendrons donc à notre apparat pour y constater que B, Stobée et un manuscrit d'Eusèbe ont simplement τὴν ἀίδιον ᾑρῆσθαι, et nous accepterons sans regret le mot de J. Burnet : « Dans les circonstances présentes, aucun éditeur prudent ne peut imprimer φύσιν dans son texte ».

Mais φύσιν n'accepte pas d'être banni tout seul. Il a, paraît-il, la vie tellement dure que même J. Burnet, qui l'exclut de son texte, en a conservé la hantise. Burnet semble avoir vu, en effet, qu'on ne pouvait logiquement garder ἀίδιον en chassant φύσιν, et que c'est le mot « éternel » qui a, nécessairement, appelé le mot « nature ». Mais, à la place de ἀίδιον, Burnet conjecture ce qui n'est que l'équivalent de φύσιν : μίαν *vel* πρώτην ἰδέαν. C'est probablement en la faveur de cette « première ou unique Forme » qu'il maintient si énergiquement le sens passif de ᾑρῆσθαι (Quart. Rev. *loco laud.*). Or, ce n'est pas ἀίδιον, c'est τὴν ἀίδιον qui est fautif.

Nous aurions dû le soupçonner depuis longtemps. Quand, dans une suite de trois éléments, on a vainement fait subir, aux deux derniers, tous les traitements possibles, il n'est guère logique de regarder la difficulté comme désespérée avant d'avoir tenté quelque remède sur le premier de ces éléments. C'est τὴν ἀίδιον qui constitue ce premier élément. C'est en lui qu'il fallait chercher la cause de tout le mal. J'ai montré comment, en supposant la finale réduite, dans notre texte, au seul ᾑρῆσθαι, on était porté à chercher, pour cet infinitif, un sujet, et à le demander aux diverses formules qui expriment cette idée de choisir. Ces formules (22a, 22b, 55a) nous offrent, soit πάντα, soit τινά. Or, ce dernier est tout indiqué pour remplacer τὴν et aussi la première lettre de ἀίδιον. Nous aurions donc dû être amenés, par un tel raisonnement, à découvrir, dans ΤΗΝΑΙΔΙΟΝ, une simple métathèse pour ΤΙΝΑΗΔΙΟΝ. Nous aurions ainsi établi, ou plutôt, rétabli la très simple lecture suivante :

ἀλλὰ πρῶτον μέν πῃ περὶ μέτρον καὶ τὸ μέτριον καὶ καίριον καὶ πάντα ὁπόσα τοιαῦτα χρὴ νομίζειν τινὰ ἥδιον ᾑρῆσθαι.

S'il était besoin de textes pour appuyer, soit le sens actif du parfait ᾑρῆσθαι, soit la construction ἥδιον ᾑρῆσθαι, je choisirais :

Républ, 620d : ἐπειδὴ δ' οὖν πάσας τὰς ψυχὰς τοὺς βίους ᾑρῆσθαι... et beaucoup d'autres.

Soph., 217c : πότερον εἴωθας ἥδιον αὐτὸς ἐπὶ σαυτοῦ μακρῷ λόγῳ διεξιέναι λέγων....

Nous pouvons donc entendre ainsi la sentence que Protarque est chargé de promulguer : le plaisir n'est point la valeur première, ni non plus, la seconde, mais le domaine de la mesure, du mesuré, de l'à-propos et de toutes choses pareilles est *le premier domaine où il faut croire que quelqu'un aura, de préférence, fixé son choix.*

Je pense n'avoir plus besoin de montrer combien une formule de ce genre s'accorde étroitement avec l'inspiration générale du *Philèbe*, avec sa méthode constante d'en appeler à l'expérience, et particulièrement à l'expérience du sage, pour établir ses jugements de valeur.

Mais je dois faire ici un aveu qui ôte à ma trouvaille presque tout mérite personnel, mais lui confère, en même temps, la force qui vient de la tradition. Je ne suis point venu directement à cette lecture par tous les raisonnements dont je me suis servi pour l'introduire. J'avais suivi, naturellement, la méthode que l'on doit suivre dans les cas dits désespérés : je m'étais attaqué au seul élément jusqu'ici négligé par la critique et, à la place de τὴν ἀίδιον, j'avais, entre beaucoup d'autres choses, vainement essayé <κ>τῆμα ἴδιον. Chargé, par l'Association Guillaume Budé, d'une édition du *Philèbe*, je m'étais mis à la collation de W, dont cette société m'avait procuré la photographie. Et voici ce que j'eus le plaisir d'y découvrir.

Feuille 254v, Πάντη δὴ φήσεις............ κτῆμα οὐκ εστι πρῶτον οὐδ' αὖ τοιαῦτα χρὴ νομίζειν τὴν ἀίδιον ἡρῆσθαι : φαίνεται γοῦν....

Entre αὖ et τοιαῦτα, un renvoi ; et, en marge, de l'écriture plus petite ordinaire aux marges de W et qui paraît bien être de la même main que l'intérieur du texte : δεύτερον...... ὁπόσα.

Sur le τ de τὴν, autre renvoi ; en marge, d'une écriture qui diffère très peu de l'écriture ordinaire de marge : γρ. κ. ἥδιον.

Enfin, sur ἥδιον, et d'une écriture plus fraîche, τινα. Cette écriture aurait plus de ressemblance avec celle de l'intérieur du texte qu'avec celle de la marge. Le correcteur, qu'il soit le scribe se complétant lui-même ou quelque autre, avait donc écrit seulement γρ. κ. ἥδιον et oublié τινα. A sa seconde correction, il rétablit τινα en le superposant à ἥδιον, écrivit d'une encre plus grasse, et, de τι, fit quelque chose qui ressemble à un π.

J'avais achevé depuis plusieurs mois ma collation et pris ma décision, telle qu'elle s'imposait, à l'égard de τινὰ ἥδιον quand j'ai connu l'existence de l'article de J. Burnet dans le *Quarterly Review*. Je dois à la bienveillance de M. Paul Mazon d'avoir pu lire la partie de cet article concernant *Philèbe* 66a.

J'aurais pu me borner à publier cette variante de W : elle vaut par elle-même. Mais j'ai pensé qu'il n'était pas mauvais de lui préparer les voies et d'essayer de rendre vraisemblable le vrai. Si ma communication pouvait avoir ce petit mérite, il suffirait à ma fierté. Je crois qu'on accordera facilement, à la lecture τινὰ ἥδιον, l'honneur que U. von Wilamowitz réclame pour φύσιν. On jugera qu'il serait difficile de regarder τινὰ ἥδιον comme une conjecture et l'on pensera que, en tous cas, son auteur « darf auch als Kritiker Gehör verlangen ». J'aime mieux, toutefois, voir simplement en lui le copiste modeste et probe, à la conscience duquel nous devons de pouvoir retrouver, dans un γράφεται καί, le texte même de Platon.

M. Henri Lebègue, directeur d'études à l'École des Hautes Études, a bien voulu consulter lui-même les *Parisini*

1808 (B, Bekker), XIIIe s.
1809 (C, —), XVe s.
1811 (E, —), XIVe s.
1812 (F, —), XIVe s.

Les observations qu'il me communique, avec une complaisance dont je lui suis vivement reconnaissant, se résument dans le tableau suivant :

B 1808 (f. 161¹)	...τοιαῦτα	χρὴ...	τὴν	ἀίδιον	εἰρῆσθαι	φάσιν
C 1809 (f. 131¹)	—	—	—	—	—	—
E 1811 (f. 106)	—	—	—	—	—	—
F 1812 (f. 117)	—	—	—	—	—	φύσιν

fait de φάσιν par grattage.

Voilà donc, jusqu'ici, la première trace manuscrite que nous ayons de φύσιν et c'est une correction de φάσιν. Cela contredit l'hypothèse émise par moi, dans l'intérieur du présent article, sur l'origine paléographique de φύσιν. Mais il demeure certain : 1° que τὴν ἀίδιον εἰρῆσθαι φασίν ne peut avoir aucun sens ; 2° que τὴν ἀίδιον εἰρῆσθαι (ou ηὑρῆσθαι ou ἡρῆσθαι) φύσιν est demeuré, jusqu'ici, rebelle à tout essai d'explication intelligible ; 3° que la variante marginale de W (τινὰ ἥδιον) permet seule d'établir un texte naturel et simple : ἀλλὰ πρῶτον μέν πῇ περὶ μέτρον... χρὴ νομίζειν τινὰ ἥδιον ἡρῆσθαι. Je crois pouvoir continuer à regarder comme probable 4° que la corruption de τινὰ ἥδιον en τὴν ἀίδιον a été la cause de toutes les corruptions postérieures. Cette première corruption est une faute purement mécanique et doit être vieille, contemporaine, peut-être, de la transcription en cursives d'un archétype en onciales. Or, φασίν et φύσιν sont aussi étrangers l'un que l'autre au texte primitif. Si ces deux additions ne sont pas nées indépendamment l'une de l'autre, j'avoue que φύσιν me paraît toujours avoir dû être plus naturellement suggéré par la nécessité qui s'impose de donner, à l'adjectif ἀίδιον, un substantif. En raisonnant d'une façon purement logique, je serais donc porté à supposer que le scribe qui, dans *Paris.* F (1918), a gratté φάσιν pour y substituer φύσιν, n'a fait que revenir à la forme naturelle et première de l'interpolation. Qu'il ait fait ce grattage parce qu'un manuscrit, à nous inconnu, lui donnait φύσιν, c'est ce que nous ne pouvons ni affirmer ni nier *a priori*. S'il l'a fait par réflexion, pour donner un sens logique à la phrase, j'avoue que je trouve étrange qu'une réflexion si naturelle soit venue si tard.

Mais, dans l'état présent de la tradition manuscrite, on peut, laissant toute hypothèse de côté, résumer ainsi les données actuelles : 1° la corruption τὴν ἀίδιον, commune à tous nos manuscrits, est très vieille, puisqu'elle se retrouve et dans Stobée et dans Eusèbe ; 2° la lecture τὴν ἀίδιον ἡρῆσθαι est celle de Clarkianus B (ɪxᵉ s.), aussi bien que de Stobée et d'Eusèbe (un manuscrit) ; 3° la lecture τήν ἀίδιον εἰρῆσθαι φάσιν est celle de Venetus T (xɪɪᵉ s.) et de nos Parisini (xɪɪɪᵉ à xvᵉ s.)[1] ; 4° la lecture τὴν ἀίδιον εἰρῆσθαι φύσιν n'apparaît que dans F 1812 (xɪvᵉ s.), et par grattage de φάσιν ; 5° la lecture τὴν ἀίδιον ἡρῆσθαι φύσιν ne s'est encore trouvée, jusqu'ici, dans aucun manuscrit.

Enfin, au cas où il serait utile de le redire : 6° notre ignorance sur la date des corruptions φύσιν ou φάσιν ne supprime point cette dernière donnée, la variante marginale de W, qui, nous délivrant pour toujours de φύσιν ou φάσιν, nous garantit la véritable lecture : τινὰ ἥδιον ἡρῆσθαι.

1. Elle est aussi, comme me l'indique M. Henri Lebègue, celle du *Parisinus* 466 (G) d'Eusèbe (εἰρῆσθαι φασί). Le passage manque dans le *Paris.* 465 (B). M. Henri Lebègue veut bien d'ailleurs m'écrire que cet état de nos manuscrits ne l'empêche point d'être de mon avis et de regarder φασίν comme une corruption de φύσιν, lequel est lui-même un *emblema* pour expliquer ἀίδιον.

LIVRE IV

Esquisses Doctrinales

CHAPITRE PREMIER

La Transposition Platonicienne

Je ne viens point révéler un Platonisme nouveau et le terrain que je prétends explorer est le terrain battu et rebattu : ᾧδε λέγω, οὐδὲν καινόν... εἶμι πάλιν ἐπ' ἐκεῖνα τὰ πολυθρύλητα[1]. Mais un terrain que tant de gens sillonnent en tant de sens divers devient vite aussi indistinct qu'une forêt vierge, car les sentiers naturels s'y effacent dans la mêlée des chemins de traverse et des chemins perdus. Alors il peut être utile de chercher, non plus à l'intérieur, mais sur les bordures, une série de points de vue, d'où le regard s'oriente et s'essaie à retrouver les convergences naturelles. La notion de transposition fournit, pour l'interprétation du Platonisme, une telle série de points de vue convergents. Peut-être y a-t-il eu des génies à s'imaginer inventer à vide et dans le vide, créer de rien leur œuvre et ne dépendre en rien de leur milieu. Pour Platon, création a

1. *Phédon*, 100b.

toujours voulu dire mélange savant de violence et de séduction sur d'aveugles et fatales préexistences : ainsi se crée le monde et se crée la cité, ainsi se fonde une philosophie, δι'ἀνάγκης ἡττωμένης ὑπὸ πειθοῦς ἔμφρονος[1]. L'artiste en lui devait se plaire à ce jeu, de parler au public la langue du public ou la langue de ses favoris, tout en donnant aux mots de cette langue une résonnance et une signification plus profondes. Le réformateur, sous peine de paraître vouloir tout submerger sous « la grande vague » de son rêve, devait hausser petit à petit ce public à la hauteur de ce rêve, donc procéder par plans superposés, par transpositions successives. L'éducateur surtout, le fondateur qui osait ouvrir, au lendemain de la mort de Socrate, dans une ville remplie de rhéteurs et de sophistes, la première école de philosophie scientifique, avait à gagner une jeunesse engouée de modes littéraires, philosophiques, religieuses, et ne pouvait ignorer ces modes ; il fallait se montrer capable de remplir l'idéal du jour avant de lui pouvoir substituer l'idéal éternel. Le penseur enfin devait rêver d'unir, en un système vivant, aussi bien la Nécessité mythique des temps lointains que l'orgueilleux et clair Intellect du temps présent. Ainsi l'art et la conviction se mélangent dans la transposition platonicienne. Je voudrais le montrer brièvement en étudiant, d'une façon au moins sommaire, la transposition de la Rhétorique, la transposition de l'Erotisme, la transposition du Mysticisme et de l'Orphisme. Limiter ainsi notre sujet sera nous permettre de demeurer, pendant toute cette étude, sinon à l'intérieur, du moins dans l'horizon d'un même dialogue : le *Phèdre*.

1. *Timée*, 48a. Comparer *République*, VII, 519e : συναρμόττων τοὺς πολίτας πειθοῖ τε καὶ ἀνάγκῃ.

I. — La transposition de la rhétorique

§ 1. *La lutte contre la rhétorique*

« Tu plaisantes toujours les rhéteurs, dit Ménexène à Socrate[1] ». Parmi les gens que Socrate a poursuivis de sa mordante ironie, sophistes et rhéteurs tiennent, en effet, la première place ; mais il faut dire aussi que sophistes et rhéteurs lui ont rendu large mesure. A lui, probablement ; mais plus encore, peut-être, à sa mémoire et aux disciples qui la défendaient. Dès le lendemain de sa mort éclate un concert de ricanements que nous entendons encore à travers les dialogues de Platon : « Ce qui a beauté et valeur assurée », lui dit Hippias à la fin d'une discussion sur le beau, « c'est de savoir parler devant le tribunal ou l'assemblée ou devant tout autre auditoire qui a puissance, et de s'en tirer avec la récompense la plus précieuse : le salut pour soi, pour ses biens et ses amis[2]. » Et le Calliclès du *Gorgias* se paie, envers Socrate, le plaisir d'un avertissement généreux : « N'as-tu pas honte, Socrate, de rester dans l'impuissance où je te vois ? Vienne quelqu'un te traîner en prison, t'accusant faussement d'injustice, tu sais bien que tu n'aurais aucune ressource en toi-même, et tu ne pourrais que trembler et rester bouche bée ; devant le tribunal, l'accusateur fût-il nul et misérable, c'est la mort que tu trouverais, s'il lui plaisait

1. *Ménexène*, 235c. Ἀεὶ σὺ προσπαίζεις, ὦ Σώκρατες, τοὺς ῥήτορας.

2. *Hipp. Maj.*, 304a-b. Je cite le texte, parce qu'il me paraît bien être une allusion au sort de Socrate et que cela devrait empêcher de reculer la date du dialogue aussi loin que le fait C. Ritter (*Platon*, I 1910, p. 271-3) : ἀλλ' ἐκεῖνο καὶ καλὸν καὶ πολλοῦ ἄξιον, οἷόν τ' εἶναι εὖ καὶ καλῶς λόγον καταστησάμενον ἐν δικαστηρίῳ ἢ ἐν βουλευτηρίῳ ἢ ἐπὶ ἄλλῃ τινὶ ἀρχῇ, πρὸς ἣν ὁ λόγος ᾖ, πείσαντα οἴχεσθαι φέροντα οὐ τὰ σμικρότατα ἀλλὰ τὰ μέγιστα τῶν ἄθλων, σωτηρίαν αὑτοῦ τέ καὶ τῶν αὑτοῦ χρημάτων καὶ φίλων. L'invitation qui suit : χαίρειν ἐάσαντα τὰς σμικρολογίας ταύτας... est tout à fait dans le ton du *Gorgias*.

de t'intenter un procès capital[1]. » Polycrate, auquel il est convenu que répond le *Gorgias*, ne dut pas être le seul à prendre le procès de Socrate comme thème littéraire[2]. On y trouvait trop belle occasion de faire du même coup le procès de la philosophie au sens où l'entendaient les écoles socratiques. Le cas de Socrate était la preuve typique : il était vraiment démontré que passer son temps à marmotter dans un coin avec quelques jeunes gens, discutant sur des pointes d'aiguille, c'était tourner le dos à la vie[3]. Il n'y avait plus qu'une seule puissance en qui l'on pût chercher la σωτηρία τοῦ βίου : c'était la rhétorique[4]. Et si quelques brillants

1. *Gorgias*, 486a-b.

2. Voir un essai de reconstitution du pamphlet de Polycrate dans H. Markowski, *De Libanio Socratis defensore*, Breslau 1910, p. 2-58. Cf. *Revue de Philos.*, décembre 1911, p. 688-89 et *supra*, p. 153-5.

3. *Gorgias*, 485d... καταδεδυκότι τὸν λοιπὸν βίον βιῶναι μετὰ μειρακίων ἐν γωνίᾳ τριῶν ἢ τεττάρων ψιθυρίζοντα... Cf. 484d : à vouloir prolonger la philosophie jusque dans l'âge viril (πόρρω τῆς ἡλικίας, περαιτέρω τοῦ δέοντος), on devient ignorant de tout, καὶ γὰρ τῶν νόμων ἄπειροι γίγνονται τῶν κατὰ τὴν πόλιν, καὶ τῶν λόγων οἷς δεῖ χρώμενον ὁμιλεῖν ἐν τοῖς συμβολαίοις τοῖς ἀνθρώποις καὶ ἰδίᾳ καὶ δημοσίᾳ, καὶ τῶν ἡδονῶν τε καὶ ἐπιθυμιῶν τῶν ἀνθρωπείων, καὶ συλλήβδην τῶν ἠθῶν παντάπασιν ἄπειροι γίγνονται. On a depuis longtemps remarqué la parenté des idées de Calliclès avec celles d'Isocrate, et S. Sudhaus, *Zur Zeitbestimmung des Euthydem, des Gorgias und der Republik*, Rhein. Mus. f. Phil., xliv, p. 52-64, s'en autorisait pour identifier absolument Calliclès et Isocrate. Mais Isocrate lui-même a toujours traité comme un lieu commun cette opposition à une philosophie inutile pour la pratique. Qu'on aille, par exemple, du *Contra Sophistas*, que E. Drerup, *Is. Opera*, I, p. cxxviii, place entre 391 et 390, à l'*Antidosis*, anno 353, *ib.*, p. clvi. Le premier parle de τῶν ἰδιωτῶν τινες [7] et le second de οἵ τε νομίζοντες μηδὲν χρησιμὴν εἶναι τὴν παιδείαν ταύτην πρὸς τὰς πράξεις [263]. W. Nestle, *Spuren der Sophistik bei Isokrates*, Philologus, LXX, 1, renvoie (p. 13) à Périclès dans Xen. *Mem.*, I, 2, 46, et explique excellemment dans ce sens le φιλοσοφοῦμεν ἄνευ μαλακίας que Thucydide (II, 40, 1) prête à ce même Périclès. Ce n'est pas seulement un homme qui est visé dans le *Gorgias :* c'est un esprit et une époque.

4. Cf. notre texte de l'*Hipp. Maj.*, p. 402, et *Protagoras*, 356d : τίς ἂν ἡμῖν σωτηρία ἐφάνη τοῦ βίου ; où la philosophie, sous le nom de science métrétique, est démontrée assurer ce « salut de la vie ».

esprits se détournaient, par impuissance ou dégoût, des luttes judiciaires, c'était pour ouvrir ce que l'on a justement appelé « une école de journalisme politique[1] ». A la jeunesse accourue de tous les points de la Grèce, ce qu'ils voulaient donner, sous le nom de philosophie, c'était une vague culture générale, les lieux communs de la sagesse morale ou politique et surtout l'art de mettre en beau langage ces lieux communs. Point d'étude minutieuse, point de science exacte, point de recherche personnelle et désintéressée de la vérité ; à la place de tout cela l'opinion, la vraisemblance, l'apparence, l'art de dire mieux que personne ce que tout le monde pense : le culte de la banalité distinguée[2]. En ce triomphe de l'εἰκός

1. W. Nestle, *loc. laud.*, p. 4.

2. *Isoc. ad Nic.*, 41 : ἀλλὰ γὰρ οὐκ ἐν τοῖς λόγοις χρὴ τούτοις ζητεῖν τὰς καινότητας, ἐν οἷς οὔτε παράδοξον οὔτ' ἄπιστον οὔτ' ἔξω τῶν νομιζομένων ἔξεστιν εἰπεῖν, ἀλλ' ἡγεῖσθαι τοῦτον χαριέστατον, ὃς ἂν τῶν διεσπαρμένων ἐν ταῖς τῶν ἄλλων διανοίαις ἀθροῖσαι πλεῖστα δυνηθῇ καὶ φράσαι κάλλιστα περὶ αὐτῶν. Pour l'opposition de la δόξα à l'ἐπιστήμη, voir, parmi de nombreux textes, *Antid.*, 271 : ἐπειδὴ γὰρ οὐκ ἔνεστιν ἐν τῇ φύσει τῇ τῶν ἀνθρώπων ἐπιστήμην λαβεῖν... σοφοὺς μὲν νομίζω τοὺς ταῖς δόξαις ἐπιτυγχάνειν ὡς ἐπὶ τὸ πολὺ τοῦ βελτίστου δυναμένους κ. τ. λ. *Hélène*, 4 : πολὺ κρεῖττόν ἐστι περὶ τῶν χρησίμων ἐπιεικῶς δοξάζειν ἢ περὶ τῶν ἀχρήστων ἀκριβῶς ἐπίστασθαι. Gorgias, avant Isocrate, son élève, bâtit sa rhétorique et sur l'impossibilité de la science (voir son περὶ τοῦ μὴ ὄντος ἢ περὶ φύσεως : Diels, *Vors.*, p. 552-555) et sur la puissance universelle de la δόξα (*Hélène*, 11 : ὥστε περὶ τῶν πλείστων οἱ πλεῖστοι τὴν δόξαν σύμβουλον τῇ ψυχῇ παρέχονται) ; mais cela ne l'empêche point de caractériser la δόξα comme la caractérisera Platon : ἡ δὲ δόξα σφαλερὰ καὶ ἀβέβαιος οὖσα σφαλεραῖς καὶ ἀβεβαίοις τύχαις περιβάλλει τοὺς αὐτῇ χρωμένους (*Hélène*, ib., *Antiphonis Orationes et fragmenta etc.*, éd. Blass, 1908, p. 155). W. Nestle ne relève pas ce texte. Il y en a pourtant de très voisins dans le *Palamède* attribué à Gorgias et probablement authentique (Christ-Schmid, *Griech. Lit.*, I[6], p. 547, voir *Pal.* dans Blass, *op. laud.*, 22-25, et spécialement : ἀλλ' οὔτε τοῖς δοξάζουσι δεῖ πιστεύειν ἀλλὰ τοῖς εἰδόσιν, οὔτε τὴν δόξαν τῆς ἀληθείας πιστοτέραν νομίζειν, ἀλλὰ τἀναντία τὴν ἀλήθειαν τῆς δόξης) et aussi dans Isocrate (v. g. *Antid.*, 18, 54). Souplesse de rhéteurs, probablement : combattre la δόξα quand l'adversaire s'en sert et, s'il prétend à la vérité, lui répondre par l'impossibilité de la science.

et de la δόξα, le Platonisme, avant de naître, faisait figure de vaincu. Nous savons quelle fut la défense de Platon. Ce fut une vigoureuse attaque. Le *Gorgias* est resté la plus éloquente protestation en faveur de la justice et de la vérité qu'une plume païenne ait pu écrire. Protestation d'une véhémence indignée, parce qu'elle attaque et parce qu'elle sait bien qu'elle attaque la société d'alors au cœur même de son iniquité : la croyance au droit du plus fort et l'unique souci de conquérir la force ou de se la rendre favorable[1]. « Parles-tu sérieusement ? dira Calliclès à Socrate. Si ce que tu dis est vrai, c'est notre vie, à nous tous, qui est à l'envers, et nous faisons tout le contraire, à ce qu'il semble, de ce que nous devrions[2]. » La rhétorique, prétend-elle, n'a que faire de la science ; il lui faut seulement trouver des artifices de persuasion et, par elle, en tout domaine, devant la foule, c'est-à-dire devant ceux qui ne savent pas, celui qui ne sait pas l'emportera toujours et infailliblement sur celui qui sait. Mais, si le rhéteur s'assure ainsi une puissance tyrannique, s'il lui est loisible d'exiler et de tuer, il n'est point dit que le rhéteur s'assure ainsi le bonheur ; car il n'est pas possible que l'injuste, même triomphant, soit heureux. Le bien n'est pas le plaisir et le bien est la fin de tout acte. Ce bien, c'est, pour chaque chose, la perfection de son εἶδος, c'est-à-dire,

1. Calliclès est pour le « surhomme » et contre la foule (482c-484c et *al.*). Mais Socrate lui montre qu'il ne peut acquérir aucun pouvoir dans Athènes sans s'être concilié la foule en se rendant semblable à elle (513b). Que Platon ait raison de reprocher aux rhéteurs leur τορῶς τε καὶ ὀξέως διακονεῖν (*Théét.*, 175e), on peut s'en convaincre en lisant [Isocr.] *ad Demon.*, 36, [Alcidamas] *Ulyxes*, 28 (Blass., *ib.*, 192).

2. *Gorgias*, 481 c. Sur les rapports de Platon avec la rhétorique, cf. H. von Arnim, *Sophistik, Rhetorik, Philosophie in ihrem Kampf um die Jugendbildung* dans *Leben u. Werke des Dion von Prusa*, 1898 (spécialement p. 19 et p. 20). Je n'ai pu avoir ni St. Poetsch, *Platons Bedeutung für Redekunstlehre*, 1911, ni le tout récent volume de H. Gomperz, *Sophistik u. Rhetorik der Griechen*, 1912.

un ordre et une harmonie. Or l'ordre de l'âme est, comme l'ordre du monde, fait d'égalité géométrique, donc, avant tout, de justice ; pour l'individu, comme pour la société, il n'y a de salut que dans la justice, ou, s'ils sont injustes, dans le châtiment accepté. Réforme morale dont furent incapables tous les rhéteurs et les politiciens les plus vantés. Ils ont su bâtir des murs, mais, pour bâtir la cité du droit, il faut une compétence et non plus seulement l'art de flatter les foules : Socrate, à cette heure, a conscience d'être le seul à pratiquer la vraie politique[1].

Cette lutte contre la rhétorique se continuera, et dans l'*Euthydème*, qui critique aussi bien les logographes que les politiques, et, d'une certaine manière, dans la *République*, où, reprenant la suite des idées du *Gorgias*, on étendra la condamnation jusqu'à la poésie, et dans le *Théétète*, où le parallèle du rhéteur et du philosophe semble un retour voulu sur une partie du discours de Calliclès[2].

§ 2. *Le problème du Phèdre*

Après ce long duel entre la philosophie et la rhétorique, on ne s'attend guère à trouver, sous la plume de Platon, un véritable traité de rhétorique et surtout, à la fin de ce traité, un compliment si bienveillant à l'adresse de celui qui substituait à la philosophie la culture générale oratoire et dont les idées ont, d'ailleurs, tant de rapports avec le discours de Calliclès : Ἰσοκράτη τὸν καλόν[3]. En soi, pourtant, et sans parler d'amitié ancienne ou de « cartel passager » entre Iso-

1. *Ib.*, 447-461, 481c *ad fin.*

2. *Républ.*, livre I, tout entier, puis condamnation de la poésie au livre X (595-608). La tragédie est condamnée dans le *Gorgias* comme extension de la rhétorique ; dans la *Républ.*, comme imitation. *Théétète*, 172d-177c. *Euthyd.*, 289-290a... 304d-307a.

3. *Phèdre*, 269e.

crate et Platon[1], l'utilisation de la rhétorique, telle qu'elle est entendue dans le *Phèdre*, se comprendrait assez bien même après le *Gorgias* et l'*Euthydème* et la *République* et, s'il le fallait, le *Théétète*. Car ce n'est pas du tout la pure et simple adoption de la rhétorique, pas même la pure et simple adoption du point de vue Gorgias par opposition au point de vue des Siciliens[2]. C'est la transformation d'une rhétorique fondée sur la δόξα en rhétorique fondée sur l'ἐπιστήμη : c'est une transposition du rhétorisme en Platonisme et, quel que soit le nombre des motifs rhétoriques empruntés à Gorgias ou à d'autres, ils sont tous exhaussés, transposés au ton majeur de la pensée platonicienne. La philosophie a dû, pour conquérir sa place au soleil, livrer une guerre acharnée à toutes les rhétoriques : judiciaire, sophistique,

1. La question des rapports entre Isocrate et Platon s'est chargée en peu de temps de toute une bibliographie. Je n'essaierai pas de la donner ici, ce serait encombrant et ce serait aussi sans mérite, car, après Muenscher, *Ausgewählte Reden des Isok.*, Berlin, 1909, qui a fait un résumé très serré de ce débat philologique, p. 187-192 [*Exkurs*], K. Emminger (C. Bursian, *Jahresbericht*, 1911, Bd. CLII, pp. 99-116) a repris, année par année, l'analyse des thèses successives, depuis Siebeck [1885] jusqu'à Süss [1910]. Contre l'idée commune d'une amitié de jeunesse entre Isocrate et Platon, H. Gomperz fait valoir (p. 21) les résultats de son enquête sur les rapports d'Isocrate avec le Socratisme (*Wiener Studien*, XXVII, 2, XXVIII, 1, p. 163-207et 1-42). C'est de H. G. qu'est l'idée et le mot de cartel à propos du *Phèdre* (*Ib.*, XXVIII, 1, pp. 32-42). J'y reviendrai dans la suite de cette étude. J'ai largement profité de ces articles de H. G., comme de l'article déjà cité de W. Nestle, lequel corrige heureusement les exagérations de H. G. en ce qui concerne les influences cyniques sur Isocrate. Je dois plus encore au livre de W. Süss, *Ethos, Studien zur älteren griechischen Rhetorik*, Leipzig, 1910, bien que mes conclusions soient différentes des siennes.

2. Voir W. Süss, *passim*, p. 2-82, reprenant et approfondissant la thèse de Gercke, *Die alte* τέχνη ῥητορική *und ihre Gegner*, 1897, et trouvant, dans le *Phèdre*, le plus clair document de la lutte entre l'ἦθος dynamique (Gorgias et son école) et l'ἦθος objectif (les Siciliens). Il faut voir aussi, sur cette histoire des premières écoles de rhétorique, O. Navarre, *Essai sur la Rhétorique grecque avant Aristote*, Paris, 1900, ch. I (rhétorique sicilienne) et III (rhétorique de Gorgias).

éristique. La place conquise, quoi de plus naturel que de s'étendre ? Et la philosophie s'étend en allongeant son ombre sur la rivale d'hier. Parlons sans ces figures. La philosophie, pour affirmer son complet triomphe sur la rhétorique, avait-elle plus fière vérité à proclamer que celle-ci : sans philosophie, pas de vraie rhétorique ? Πάριτε δή, θρέμματα γενναῖα, καλλίπαιδά τε Φαῖδρον πείθετε ὡς ἐὰν μὴ φιλοσοφήσῃ οὐδὲ ἱκανός ποτε λέγειν ἔσται περὶ οὐδενός[1]. Mais tout étonnement cesserait de voir l'utilisation succéder à la condamnation, si l'on voulait bien remarquer que la guerre même fut tout le temps accompagnée d'utilisations et de transpositions partielles. C'est ce qu'il nous faut voir rapidement avant d'aborder la transposition totale qu'est le *Phèdre.*

§ 3. *Utilisation de la rhétorique* : *l'Apologie*

Une occasion toute naturelle s'est offerte à Platon d'utiliser directement les ressources que lui offraient et les manuels de rhétorique et les habitudes du discours judiciaire : ç'est l'*Apologie* de Socrate. Platon y a-t-il manqué ? Je ne le crois pas, et c'est une observation qui peut être utile dans le débat sur les rapports entre l'*Apologie* platonicienne et l'*Antidosis* d'Isocrate : ce dernier a souvent copié l'*Apologie,* mais plusieurs des concordances entre les deux défenses s'expliquent non seulement par la ressemblance plus ou moins exacte des deux situations, mais surtout par la communauté ou la parenté des sources[2]. Prenez, par exemple, l'exorde de l'*Apologie* et relisez, dans l'excellent *Essai* de O. Navarre,

1. *Phèdre,* 260e.

2. Sur les rapports entre l'*Antidosis* et l'*Apologie,* cf. les dissertations de W. Vollnhals (Bamberg, 1897), J. Vasold (München, 1898) ; je ne les connais que par le *Jahresber.* de K. Emminger (voir p. 272, n. 4). Cf. aussi H. Gomperz, *Wiener Stud.*, XXVIII, i, p. 1-3.

les principales règles de l'exorde judiciaire[1]. Et d'abord les moyens de rendre l'auditoire bienveillant. « Aux deux parties, il convenait avant tout de louer et de flatter leurs juges[2]. » Nous ne nous étonnerons guère de ne pas trouver cette partie développée dans la bouche de Socrate. « Mais, s'il sied de flatter le tribunal, à plus forte raison importe-t-il de ne pas l'offenser. Avez-vous à vous plaindre de quelque verdict rendu antérieurement ? Excusez d'abord de cette erreur le tribunal qui l'a commise ; ...rejetez toute la faute sur l'adversaire ou ses témoins qui ont trompé les juges, et sur vous-même qui n'avez pas su les instruire[3]. » Il n'y avait point, contre Socrate, de verdict antérieur. Mais il y avait une accusation antérieure, accusation non judiciaire, dont Aristophane s'était fait l'écho. Accusateurs plus dangereux qu'Anytus, dit Socrate, parce qu'ils étaient nombreux, parce que leurs calomnies vous sont parvenues déjà vieilles, parce qu'elles vous sont parvenues dans votre enfance ou votre jeunesse, à cet âge où l'on est disposé à tout croire. Et personne ne pouvait les réfuter, parce que ceux qui transmettaient la calomnie l'avaient reçue de bonne foi ; parce que, sauf un poète, les calomniateurs étaient anonymes et insaisissables, et que réfuter des gens qui ne répondent pas, c'est combattre contre des ombres[4]. — « A l'un et à l'autre des plaideurs, il sied également de se faire aussi humble et petit que possible. Le personnage qui plaît aux héliastes, c'est celui d'un simple particulier, ignorant comme eux... En conséquence, il n'est guère d'exordes dans toute la collection des plaidoyers attiques, où le plaideur ne déplore son inexpérience des tribunaux et de la parole, insinuant par

1. *Op. laud.*, 2e partie, p. 213-239.
2. *Ib.*, p. 218.
3. *Ib.*, p. 221.
4. *Apol.*, 18b-e.

contre que son adversaire est un orateur habile et un routier de chicane[1]. » Socrate ignore l'effet qu'a produit sur ses juges la parole de ses adversaires ; mais cette parole était si habile et persuasive qu'il a manqué s'oublier à les croire lui-même. Ils ont pourtant menti tout du long, et le plus effronté de leurs mensonges a été d'avertir les juges de se tenir sur leurs gardes contre l'habileté oratoire de Socrate. Or, Socrate n'en a aucune, à moins que ce ne soit une habileté de dire la vérité. Il ne fera point de beaux discours comme ils en ont fait, bien stylés et fardés. Il parlera à l'aventure, avec les mots qui viendront, parce que, ce qu'il dira, il le croit juste. A 70 ans, il se présente au tribunal pour la première fois, il est totalement étranger à la langue des procès. Comme à tout étranger, on voudra donc bien lui permettre de parler sa propre langue[2]. — « D'autres lieux communs appartiennent à l'une seulement des parties... » ; c'est ainsi que dut être rédigé de bonne heure « un parallèle suivi entre la condition des accusateurs et celle des accusés, où l'on met en lumière les désavantages de ceux-ci[3] ». Une courte phrase de Socrate, résumant d'ailleurs ce qu'il vient de dire sur le combat contre les ombres : « Soit ; il faut donc se défendre, ô juges, et entreprendre de vous enlever en si peu de temps cette croyance aux calomnies implantée en vous depuis si longtemps[4] ». La tâche est difficile et Socrate a peu d'espoir. Mais il se défendra pour obéir à la loi.

Une telle analyse comparée, non seulement de l'exorde, mais de toute l'*Apologie*, nous montrerait que Platon a non pas calqué les modèles fabriqués par les rhéteurs, mais coulé dans ce moule banal une défense appropriée à une

1. O. Navarre, 228.
2. *Apol.*, 17a-c.
3. O. Navarre, 231.
4. *Apol.*, 19a.

personnalité singulière et à une cause dont l'importance survivait à cette personnalité même. Le moule était de vulgaire argile et le métal nouveau l'a fait craquer de toutes parts. S'il est possible de retrouver, dans l'*Apologie*, les principales pièces de la défense ordinaire, narration, réfutation, témoignages, épilogue ; si le rappel du courage civique et militaire de Socrate, si la demande fréquemment faite aux juges de vouloir bien écouter en silence, si les précautions oratoires précédant, par exemple, la consultation et la réponse de la Pythie, si même la protestation contre l'habitude des supplications larmoyantes, ont leurs parallèles constants ou fréquents dans les plaidoyers attiques, le fond même de l'*Apologie* échappe à tout parallèle et à toute classification : c'est du pur dialogue et du pur drame platonicien[1].

§ 4. *Influence générale de la rhétorique sur le dialogue*

Cette utilisation de la rhétorique, nous la retrouverions presque dans tous les dialogues, à des doses diverses. Il faut évidemment laisser à part l'imitation intentionnelle, le pastiche et la caricature : les discours du *Protagoras* et du *Gorgias*, la série de discours du *Banquet*, le *Ménexène* tout entier. Mais il était difficile à un prosateur, ce prosateur eût-il le génie de Platon, de se soustraire totalement à l'influence des sophistes et des rhéteurs. Sans accepter les injustes reproches des critiques anciens, il faut reconnaître qu'il y a, dans le style de Platon, des gorgianismes en dehors même des

1. Pour le rappel du courage civique et militaire, cf. NAVARRE, p. 282-288 ; pour l'invitation au calme, comparer *Antid.*, 20 et 22, avec *Apol.*, 20e ; pour les précautions oratoires, *Ib.*, 21 et les conseils d'humilité déjà rappelés ; pour les supplications larmoyantes, *Apol.*, 34b et suiv., Gorgias *Palamède*, 33, et Antiphon frag. 137 (SAUPPE), déjà cités par H. GOMPERZ, *Wien. Stud.*, XXVIII, I, p. 2, n. 1.

passages où Platon parodie[1]. En outre, les formules de transition ou d'interrogation oratoire étaient inévitables en tout entretien qui avait pour but une démonstration et, même dans les dialogues scolaires qui suivent le *Phèdre*, on pourrait noter les tournures conseillées par les rhéteurs pour « rendre l'auditoire docile et attentif » : difficulté de la question, nouveauté du sujet, embarras devant la méthode à choisir[2]. Enfin, même à qui regardait comme totalement insuffisantes les diverses catégories de preuves de la rhétorique, il était pourtant impossible de n'en pas faire emploi. La logique, en effet, doit beaucoup au Socratisme, puisqu'il a inventé, comme le dit Aristote, la définition et l'induction ; mais elle n'a pas à renier sa dette envers la sophistique et la rhétorique. Avant les classifications scientifiques d'Aristote, les rhéteurs avaient établi le classement au moins empirique des preuves : εἰκότα, παραδείγματα, τεκμήρια, ἐνθυμήματα, γνῶμαι, σημεῖα, ἔλεγχοι[3]. Pas plus qu'un autre, Platon n'échappe à la nécessité de prouver par l'exemple, le signe probable ou certain, la vraisemblance. La dialectique seule a valeur absolue de science. Mais cette dialectique, science infaillible des réalités intelligibles, est loin de couvrir tout le champ de la connaissance humaine ; elle est bien loin aussi d'épuiser à elle seule les ressources de ce qui fut la dialectique au sens originel : l'argumentation dialoguée. Quand il s'agit de déterminer les éléments qui seront admis à constituer la « vie mixte », l'état de perfection et de félicité « humaines » que décrit le *Philèbe*, Platon veut qu'on ouvre, à toutes les sciences, infaillibles ou exactes ou simplement pro-

1. E. Norden, *Die Antike Kunstprosa*, I², p. 106-7 (Leipzig, 1909).

2. Sur les conseils des rhéteurs O. Navarre, 214-217 ; comparer *Sophiste*, 236e, 242b ; *Parm.*, 137b ; *Philèbe*, 15d ; et, sur ces habitudes d'exorde, Isocrate, *Paneg.*, 13.

3. O. Navarre, p. 254-5.

babables, les portes toutes grandes[1]. Toutes les formes de démonstration ont aussi leur entrée dans l'argumentation platonicienne. Si le *Phédon* tient à marquer l'infériorité scientifique de la preuve par l'εἰκός, il n'en est pas moins vrai que ce même dialogue emploie une douzaine de fois l'εἰκός, six fois ἔοικεν et quatre fois au moins le τεκμήριον[2]. Si l'on ajoute à tout cela les formes multiples d'argumentation *ad hominem* et toutes ces preuves ou thèses qui ne sont mises en avant que pour les besoins passagers de la discussion présente et seront, tout de suite, ou rejetées d'une façon expresse ou négligemment laissées dans l'oubli, on aura quelque idée de la richesse et de la souplesse de la dialectique platonicienne[3]. Mais cette richesse et cette souplesse donnent souvent une apparence de raison à ceux qui trouvent à l'argumentation platonicienne une allure sophistique. Le vrai, c'est que le dialogue de Platon est un dialogue réel, c'est-à-dire une argumentation et une conversation vivante, qui tient à la fois du dialogue socratique, de la joute éristique, avec laquelle le dialogue socratique a dû bien souvent se confondre, et de la discussion judiciaire[4]. Il a gardé de cette

1. *Philèbe*, 62 c.

2. *Phédon :* déclarations sur la valeur de l'εἰκός, 92d ; emplois de l'εἰκός, 59a, 67a, 70b, 78c, 81c-d, 81e *ad fin.*, 82b, 90b ; ἔοικεν, dans le même sens, 67a, 71e, 73a, 75c, 106e, 108a ; τεκμήριον, 70d, 72a, 96c, 108a. Ces termes manquent dans l'index de l'excellent commentaire du *Phédon* de J. Burnet (Oxford, 1911).

3. De ces moyens transitoires d'argumentation, je crois avoir donné des exemples très nets dans *La définition de l'être et la nature des Idées dans le Sophiste de Platon*, Paris, 1909, p. 31-35, 41, 61-63. Cf. aussi O. Apelt, *Platonische Aufsätze* (Leipzig-Berlin, 1912), p. 26-7.

4. Voir une bonne étude des procédés de l'éristique dans O. Navarre, p. 45-46. Sur les rapports entre la discussion socratique et l'éristique, cf. Gercke dans Gercke-Norden, *Einleitung in die Altertumswissenschaft*, II[2], p. 294-297. Pour ce qui suit, voir O. Apelt, *op. laud.*, V, *Die Taktik des platonischen Sokrates*, et, spécialement, p. 100. L'influence de la rhétorique sur cette « tactique » n'apparaît pas dans Apelt. Je ne puis songer à donner, dans les notes d'une conférence, les

origine l'habitude de traiter chaque problème sous forme d'une thèse, d'une cause, d'un λόγος, qui devient vite le client à défendre, ou l'adversaire à réfuter ; il en a gardé le cercle d'auditeurs, le jury réduit et muet qu'il faut gagner à soi avant même de le convaincre et afin même de le convaincre ; il en a gardé aussi l'amour de la discussion pour la discussion et l'admiration pour une argumentation bien conduite, pour une belle joute, pour un coup bien porté ou bien paré. Tout cela n'est qu'une enveloppe, je le veux bien, et le noyau solide qu'elle revêt de couleurs si mêlées et parfois si frivoles d'apparence, est la grave et pure vérité platonicienne. Mais Platon est artiste de dialectique autant qu'artiste du drame, il aime l'enveloppe pour l'enveloppe, et s'oublie ou se plaît assez souvent à défendre sa sainte vérité avec les armes profanes de la rhétorique[1].

§ 5. *Les transpositions partielles : Gorgias, Théétète*

Ainsi, bien qu'il la combatte, Platon n'a pas laissé d'utiliser la rhétorique. Mais il y a mieux : Platon utilise la rhétorique expressément pour la combattre. Gorgias avait, sinon inventé, du moins formulé d'une façon précise quelques motifs destinés à une brillante fortune littéraire. Telle est, d'abord, la comparaison de la rhétorique avec la médecine, comparaison qui donnait occasion à la discipline encore nouvelle et pourtant triomphante d'affirmer ses prétentions

textes nombreux et si instructifs sur le λόγος dans le sens de thèse à soutenir ou combattre. Cf., pour quelques exemples, *Revue de Philos.*, déc. 1911, p. 701.

1. Platon ne tient pas toujours à ce que cette rhétorique soit prise au sérieux. Voir, dans O. Apelt, *op. laud.*, IV, *Ueber Platons Humor* (p. 72-95) et W. Eckert, *Dialectischer Scherz in den früheren Gesprächen Platons*, Nürnberg, 1911. Mais il y a bien des cas où il s'en sert pour un gain positif de la discussion.

au titre d'art, de technique, de science pratique en possession de son objet, de ses instruments, de sa méthode. « La puissance du discours », avait dit Gorgias, « a le même effet sur l'ordonnance de l'âme que l'ordonnance des remèdes sur la constitution du corps » ; et les rhéteurs ne se lasseront point, après lui, de magnifier leur art en le comparant à la médecine ou à la gymnastique[1]. Que fait Platon dans le *Gorgias* ? Il fait subir, à la comparaison fameuse, ce que vous me permettrez d'appeler une transposition inverse. Oui, certes, il y a un parallélisme rigoureux entre les techniques destinées à la culture et au redressement du corps et celles qui ont pour but la culture et le redressement de l'âme, et l'on doit regarder comme des arts véritables et comme des arts parents, d'une part, la législative et la justice et, d'autre part, la gymnastique et la médecine. Mais il y a, de ces techniques, toujours dirigées vers le meilleur, une quadruple contrefaçon. Il y a une pseudotechnique, aux allures ondoyantes et aux couleurs changeantes, qui, sournoisement, se glisse sous chacune des vraies techniques et, sous ces noms respectables, cultive le plaisir et la corruption. C'est la flatterie. Flatterie du corps, elle s'appelle art de la parure et art de la cuisine apprêtée. Flatterie de l'âme, elle n'est autre que la sophistique et la rhétorique. Et pas plus pour l'âme que pour le corps, elle n'est une technique, une science véritable. Elle n'a pas

1. Gorgias, *Hélène* (Diels, *Vors.*, 559) 14 : τὸν αὐτὸν δὲ λόγον ἔχει ἥ τε τοῦ λόγου δύναμις πρὸς τὴν τῆς ψυχῆς τάξιν ἥ τε τῶν φαρμάκων τάξις πρὸς τὴν τῶν σωμάτων φύσιν κ. τ. λ. Pour les nombreux échos de cette comparaison dans la rhétorique, je me contente de renvoyer à W. Suess, *Ethos*, p. 24 et suiv. La transposition du *Gorgias* est très clairement rendue dans Süss, qui montre très bien qu'il n'y a pas à chercher un rapport de dépendance entre Isocrate et Platon. L'histoire de la comparaison rhétorique-médecine avant le *Phèdre* demande une étude spéciale, que je compte prochainement reprendre. Elle est au moins en germe dans le vieux parallèle : santé du corps, santé de l'âme ; cf. Démocrite, frag. 31 (Diels, 397), le couple ἰατρικὴ σοφίη. Ma traduction de Gorgias essaie de rendre le jeu de mots sur τάξις.

pénétré la nature, soit du corps, soit de l'âme, elle n'a pas acquis une connaissance raisonnée de la cause, elle ne procède que par expérience et routine, par pure mémoire des séries empiriques, par tâtonnement et conjecture[1]. Ainsi la comparaison inventée par la rhétorique pour se hausser au rang de science et de la plus haute science se retourne contre elle et la ravale au niveau de la « cosmétique » et de la « confiserie ». Avançons plus loin que le *Gorgias*, dépassons cette époque de guerre acharnée contre la rhétorique, où la philosophie conquiert son droit de vivre. Le *Théétète* qui, antérieur ou postérieur, ne doit pas, en tout cas, être très éloigné du *Phèdre*[2], se meut dans une atmosphère sereine et se complaît au loisir des calmes digressions. Dans le parallèle du rhéteur et du philosophe, on sent passer, comme un souffle apaisé, le souvenir des véhéments sarcasmes de Calliclès. Mais, précisément, toutes les invectives qu'amassait le *Gorgias* contre la vie inutile et impuissante des philosophes sont ici transposées en éloges de la vie philosophique, et la diatribe de Calliclès s'est muée en hymne à la pensée pure. C'est que le jour du triomphe est venu. La philosophie s'est fait sa place au soleil. Ses adeptes ne sont plus « trois ou quatre adolescents qui marmottent dans un coin », ils sont maintenant « un chœur » que ne parvient plus à couvrir la voix des rhéteurs[3]. Le reproche qu'on leur adressait de ne

1. *Gorgias*, 464b-466, repris 500b-501c.

2. Je n'entre pas ici dans les discussions sur la chronologie platonicienne. La chronologie communément acceptée depuis les travaux stylistiques place le *Théétète* immédiatement après le *Phèdre*. Voir, si l'on désire une orientation, H. Raeder, *Platons Philosophische Entwickelung*, Leipzig, 1905 (pour le *Théétète*, p. 279 et suiv.), C. Ritter, *Platon*, p. 199-280, et Rev. de Philos., juillet 1910, p. 68-82 (*supra*, p. 250-257).

3. Comparer *Théétète*, 172d et 173b, l'opposition de οἱ ἐν δικαστηρίοις καὶ τοῖς τοιούτοις ἐκ νέων κυλινδούμενοι et τοὺς δὲ τοῦ ἡμετέρου χοροῦ, avec le passage déjà cité du *Gorgias*, 485d : μετὰ μειρακίων ἐν γωνίᾳ τριῶν ἢ τεττάρων ψιθυρίζοντα κ. τ. λ.

pouvoir être, devant un tribunal, que de piètres et ridicules orateurs, ils le répètent et l'acceptent, car, de cette impuissance, ils se font un titre de gloire. L'éducation philosophique les abstrait de tout ce qui est la vie publique, tribunal, assemblée, lois et décrets, hétairies et festins. Mais, les abstrayant, elle les libère : ils sont citoyens du ciel, ne cherchent que les lois des astres et ne veulent connaître que la nature physique ou morale, mais la veulent connaître en son entier et son détail[1]. Ils ne sont pas, comme les autres, courbés tout jeunes sous le joug de la flatterie et du mensonge et sous la dure loi de l'injustice à fuir ou de l'injustice à rendre[2]. Ils laissent les rhéteurs vanter la toute-puissance de leur « logos » ou gémir sous sa tyrannie ; car les rhéteurs sont bien esclaves, esclaves de l'heure qui fuit, de la cause imposée, du juge qui tient en mains la sentence. Mais le « logos » des philosophes n'est point un tyran, il est un serviteur qui se plie docilement à toutes les nécessités de la recherche, et ni juge ni spectateur ne met obstacle au loisir de ces libres causeries[3]. Qu'y a-t-il sous ce parallèle, sinon

1. *Théétète*, 172c : ὡς εἰκότως οἱ ἐν ταῖς φιλοσοφίαις πολὺν χρόνον διατρίψαντες εἰς τὰ δικαστήρια ἰόντες γελοῖοι φαίνονται ῥήτορες. Pour le reste, voir 173c-175e et spécialement 173e, où l'âme πανταχῇ πέτεται... ἀστρονομοῦσα, καὶ πᾶσαν πάντῃ φύσιν ἐρευνωμένη τῶν ὄντων ἑκάστου ὅλου. Il y a là un parallèle très net du fameux passage, que nous trouverons dans le *Phèdre*, sur la météorologie et la connaissance de la nature.

2. 173ab.

3. Comparer 172e : οἱ δὲ λόγοι (des rhéteurs) ἀεὶ περὶ ὁμοδούλου πρὸς δεσπότην καθήμενον κ. τ. λ. et 173c : ἀλλ' οἱ λόγοι ἡμέτεροι ὥσπερ οἰκέται... L'allusion vise la théorie gorgienne du λόγος δυνάστης (sur laquelle cf. Süss, *op. laud.*, 26, 51, et Gorgias, *Hélène*, 8). Mais elle la vise à travers les plaintes des rhéteurs sur les contraintes du discours, contraintes où se fonde la théorie du καιρός. Le *Théétète* répond à certains passages comme celui d'Alcidamas *Contre les Sophistes*, 11 et 12 (Blass, p. 196), surtout de εἰ μὲν ἦμεν τύραννοι τῶν πόλεων à ἐπεὶ δ' ἕτεροι κύριοι τούτων εἰσίν. C'est le cas de se rappeler le mot de H. Gomperz (*Wien. Stud.*, XXVIII, I, p. 28) à propos d'Alcidamas :

la mise en présence des deux écoles rivales, l'école des rhéteurs et l'école des philosophes, c'est-à-dire l'école de Platon ? N'est-ce pas l'opposition d'une rhétorique nouvelle à la rhétorique ancienne, d'une rhétorique libre et souple à une rhétorique contrainte et déprimante ? Il n'y a point ici d'alliance ni de cartel, il y a substitution. Et le *Théétète* se comprend vraiment mieux après le *Phèdre.*

§ 6. *La transposition totale dans le Phèdre*

Le *Théétète* n'oppose les deux éducations que par leur côté moral. Le *Phèdre*, qui paraît au premier abord ne les opposer que par leur côté littéraire, mais qui cherche l'inspiration littéraire à sa source profonde, dans la science, dans l'amour enthousiaste du vrai, n'a pas besoin d'être, comme on l'a cru, un discours d'ouverture de l'école platonicienne ; mais il est vraiment le discours programme de la rhétorique platonicienne[1].

Étrange et fascinant dialogue, qui déroute d'abord par la richesse en apparence hétérogène de son contenu et même la dualité en apparence inconciliable de son sujet, mais dont l'unité se découvre et dont la complexité se débrouille à qui veut le prendre pour ce qu'il est : une leçon de rhétorique supérieure. Alors on comprend le thème de ses discours, car cette leçon de rhétorique est un appel à la jeunesse, et quel meilleur thème présenter à cette jeunesse que le sujet incessamment rebattu dans ces cours d'amour qu'étaient les écoles et les gymnases du temps : l'amour grec, les diverses relations de l'aimé avec l'aimant ou le non-aimant ? Alors

« Für Platon war dieser Redner gerade so wichtig wie Isokrates ». H. G. semble bien, d'ailleurs, vouloir appliquer à Alcidamas le passage présent du *Théétète.*

1. Cf. Raeder, p. 245-279, H. Gomperz, *Wien. Stud.*, p. 40 et suiv.

on comprend qu'il y ait des discours et qu'il y ait trois discours : le banal paradoxe sur la faveur due au non-aimant, tout entier dans le genre sophistique et tout entier pastiche, transposition de la manière de Lysias[1] ; le même paradoxe traité par la méthode socratique de la définition et de la division et, peut-être lui aussi, transposition d'un discours contemporain, à savoir d'un discours du rhéteur socratique Antisthène[2] ; enfin, l'éloge de l'amour traité par la méthode socratique et puisant, cette fois, ses motifs dans la philosophie platonicienne. Un exemplaire de fausse rhétorique, un exemplaire de rhétorique formellement bonne, un modèle de rhétorique bonne formellement et réellement. Que le but de ce troisième discours ne soit pas la révélation première, toute poétique et encore mystérieuse, des doctrines proprement platoniciennes, que le but de ce discours soit vraiment d'être un discours, une παιδιά, un ἐγκώμιον, c'est ce que Platon nous dit lui-même d'une façon expresse[3] : la doctrine n'est là que pour donner au discours un contenu plus étoffé, une tenue plus scientifique, l'air de grandeur et de sublimité que seule peut répandre sur une œuvre la « métaphysique céleste », pour révéler, en un mot, la puissance oratoire et

1. Sur le problème de critique littéraire que soulève ce premier discours, on trouvera une bibliographie abondante dans H. Weinstock, *De Erotico Lysiaco* (Münster, 1912), qui, après une étude approfondie, conclut au pastiche : « Oratio non est re vera Lysiae, at vere Lysiaca » (p. 53).

2. C'est, parmi des thèses plus difficilement acceptables, l'hypothèse de K. Joel dans *Platons sokratische Periode und der Phaedrus* (*Philos. Abhandl. M. Heinze gew.* 1906, p. 84-88).

3. Les deux derniers discours sont expressément modèles et matière à leçon, cf. 264e : ἦν γάρ τι ἐν αὐτοῖς, ὡς δοκῶ, προσῆκον ἰδεῖν τοῖς βουλομένοις περὶ λόγων σκοπεῖν. La suite du texte analyse le troisième discours et conclut : κεράσαντες οὐ παντάπασιν ἀπίθανον λόγον, μυθικόν τινα ὕμνον προσεπαίσαμεν μετρίως τε καὶ εὐφήμως τὸν ἐμόν τε καὶ σὸν δεσπότην Ἔρωτα, ὦ Φαῖδρε, καλῶν παίδων ἔφορον (265b-c).

la fécondité littéraire du Platonisme[1]. Quand on s'est déterminé à voir, dans le *Phèdre*, une leçon de rhétorique supérieure, on en saisit sans peine l'unité profonde, on découvre sans effort l'intime liaison de ses deux parties, discours et mythes, d'une part, critique de la rhétorique contemporaine et théorie de la vraie rhétorique, d'autre part : c'est la liaison naturelle entre l'exemple concret et la leçon abstraite.

Que le *Phèdre* soit tout entier une transposition consciente de la rhétorique du temps, c'est ce qu'il nous est facile de voir par une analyse rapide du dialogue. Et d'abord les discours de la première partie. Le premier discours n'est pas seulement un pastiche littéraire, un discours « à la manière de » Lysias. La thèse « Il vaut mieux accorder ses faveurs à celui qui n'aime pas qu'à celui qui aime » est un paradoxe d'école, un de ces exercices contradictoires que nous sert à pleines mains, par exemple, le naïf transcripteur des Διαλέξεις[2]. Le second discours transpose ce premier discours sophistique en discours logique et socratique. Le troisième se donne expressément pour une palinodie et se greffe d'une façon ouverte sur un des motifs littéraires de la rhétorique contemporaine, l'accusation ou l'éloge d'Hélène, les blasphèmes rétractés ou non rétractés d'Homère et la palinodie de Stésichore : l'*Hélène* de Gorgias et l'*Hélène* d'Isocrate

1. Cf. 269e-270a : πᾶσαι ὅσαι μεγάλαι τῶν τεχνῶν προσδέονται ἀδολεσχίας καὶ μετεωρολογίας φύσεως πέρι · τὸ γὰρ ὑψηλόνουν τοῦτο καὶ πάντῃ τελεσιουργὸν ἔοικεν ἐντεῦθέν ποθεν εἰσιέναι.

2. DIELS, *Vors.*, II, 635-648. Sur le sujet précis du *Phèdre*, il n'y a que l'opposition banale, qui, d'ailleurs, est le thème du troisième discours : αὐτίκα γὰρ παιδὶ ὡραίῳ ἐραστᾶι μὲν χαρίζεσθαι καλόν, μὴ ἐραστᾶι δὲ αἰσχρόν (DIELS, 638, 11). Mais beaucoup des questions que débattent le Socratisme et le Platonisme y sont exposées sous leurs deux faces, avec des arguments souvent puérils, et aussi, bien souvent, avec les arguments qui reviennent dans les dialogues de Platon. Voir, sur cette production scolaire, l'étude récente de A. TAYLOR dans ses *Varia Socratica* (Oxford, 1911), p. 91-128.

nous sont les brillants témoins de cette tradition oratoire, dont un des thèmes essentiels était toujours l'éloge de l'amour et de la beauté[1]. Le contenu très riche du discours n'est pas fait que de thèses proprement et exclusivement platoniciennes. Quand Socrate en fera lui-même l'analyse et la critique, il caractérisera le discours entier comme un « jeu », et, par exemple, il est bien difficile de ne pas voir, dans la glorification de la μανία, l'imitation de ces paradoxes contre lesquels proteste gravement Isocrate, auteur pourtant d'une *Hélène* et d'un *Busiris*[2]. Mais ce paradoxe se mue très vite dans le plus pur Platonisme. Le *Ménon* avait pu, revenant en apparence sur les condamnations antérieures, reconnaître valeur à l'opinion droite, à l'inspiration, au don divin ; mais ce n'était point sans laisser ouverte une échappée sur la théorie platonicienne de la vertu, ni sans dresser, au-dessus de ces représentants de la politique ordinaire, le maître idéal de la morale scientifique, « réalité en face des ombres[3] ». Ainsi le *Phèdre* peut glorifier la μανία-inspiration de la prophétie, des mystères, de la poésie et de l'amour ; mais c'est pour expliquer l'aspiration inquiète et la fièvre de possession de l'amour par la réminiscence de la beauté intelligible, c'est-à-dire par une intelligence cherchant à se retrouver elle-même, et c'est là du pur intellectualisme

1. Cf. les discours de Gorgias (Blass, 150-159) et d'Isocrate (*or.* X ; dans Drerup, *or.* VIII). Comparer *Phèdre*, 243a-c et Isoc. X, 64-66 (les palinodies).

2. *Phèdre*, 265b : προσεπαίσαμεν.... Sur les paradoxes du temps, Isoc. *Hélène*, tout le début, puis 8 (St. 209d), les attaques contre ceux qui τολμῶσι γράφειν ὡς ἔστιν ὁ τῶν πτωχευόντων καὶ φευγόντων βίος ζηλωτότερος ἢ τῶν ἄλλων ἀνθρώπων... ; 12 (St. 210c) τῶν μὲν γὰρ τοὺς βομβυλίους καὶ τοὺς ἅλας καὶ τὰ τοιαῦτα· βουληθέντων ἐπαινεῖν οὐδεὶς πώποτε λόγων ἠπόρησεν.

3. *Ménon*, 100a : εἰ δὲ μή τις εἴη τοιοῦτος τῶν πολιτικῶν ἀνδρῶν οἷος καὶ ἄλλον ποιῆσαι πολιτικόν · εἴ δὲ εἴη,.. καὶ ἐνθάδε ὁ τοιοῦτος ὥσπερ παρὰ σκιὰς ἀληθὲς ἂν πρᾶγμα εἴη πρὸς ἀρετήν.

platonicien. Je ne puis analyser plus profondément les idées proprement philosophiques ou religieuses du discours sans m'exposer à entrer dans une question qu'il nous faudra traiter tout à l'heure : la transposition de l'érotisme et de l'orphisme. Il faut pourtant noter encore que le mythe était un élément presque essentiel de ces pièces d'apparat ; qu'il était l'ornement ordinaire et aussi le refuge fréquent de l'éloquence sophistique ; qu'Isocrate, par exemple, a, sur le mythe, à peu près la même théorie que Platon et qu'il en ferait, dans des limites beaucoup plus étroites, à peu près le même usage, s'il n'y avait, entre Isocrate et Platon, deux différences essentielles : Platon est poète parmi les poètes, Isocrate ne l'est à aucun degré ; Isocrate est un maigre penseur et le mythe reste chez lui pièce rapportée, inassimilée, alors que Platon fait siens tous les détails du mythe sans lui rien ôter de sa libre fantaisie et de sa richesse légendaire[1]. Le mythe du *Phèdre*, spécialement, outre la théorie de la vision intelligible et de la réminiscence qui en fait la note dominante et donne à tout le morceau « le ton platonicien »,

1. Pour l'utilisation épidictique du mythe dans Isocrate, voir l'*éloge d'Hélène* et le *Busiris* tout entiers (X et XI ; dans Drerup, VIII et IX). Dans *Archidamos* (VI, Drer. XVI), on raconte sommairement les origines des Messéniens et les droits historiques de Sparte (17-24) et l'on ajoute (24 ; 120c-d St.) : περὶ μὲν οὖν τῶν ἐξ ἀρχῆς ὑπαρξάντων ἡμῖν ἀκριβῶς μὲν οὐ διῆλθον, ὁ γὰρ παρὼν καιρὸς οὐκ ἐᾷ μυθολογεῖν. On n'avait pas le temps « pour les détails du mythe » ; on a pourtant fait entrer, dans ce sommaire, et le vol des bœufs par Hercule et la mort d'Hercule etc. Dans le *Panégyrique* (IV, Drer. XVI), on raconte, tout en la regardant comme un mythe, (καὶ γὰρ εἰ μυθώδης ὁ λόγος γέγονεν, ὅμως αὐτῷ καὶ νῦν ῥηθῆναι προσήκει) et l'on défend contre le doute (καὶ τούτοις ἀπιστεῖν μικρῶν ἔτι προστεθέντων οὐδεὶς ἂν ἀξιώσειεν) l'histoire des dons faits par Déméter aux Athéniens (28-32). Puis, s'aidant de l'idée de progrès de Xénophane, on transpose l'explication mythique en explication rationnelle, et la conclusion garde, entre les deux, une habile oscillation : τίνας οὖν χρὴ μᾶλλον νομίζειν ἢ δωρεὰν παρὰ τῶν θεῶν λαβεῖν ἢ ζητοῦντας αὐτοὺς ἐντυχεῖν ; (32 *ad fin.*).

contient trois éléments principaux : l'érotisme, l'orphisme et ce que nous avons appelé « la métaphysique céleste », c'est-à-dire la météorologie. Or la météorologie est, pour la théorie oratoire de la seconde partie du *Phèdre*, le secret de la suprême perfection et du sublime ; elle est donc introduite dans le discours comme partie obligatoire, mais l'âme éternellement motrice et la contemplation circulaire des Idées font de cette pièce obligatoire une pièce platonicienne.

Est-il possible de résumer en quelques lignes la seconde partie du *Phèdre* ? Ce sera la simplifier à l'excès, car elle supporterait un très ample commentaire plutôt qu'un résumé, mais ce sera aussi nous fournir le canevas indispensable à notre si rapide étude[1]. A propos du reproche fait à Lysias d'écrire des discours, on prouve qu'il n'y a pas de honte à écrire, mais que la honte est de mal écrire tout comme de mal parler. Que faut-il donc pour bien écrire ou pour bien dire ? D'abord, savoir la vérité sur le sujet qu'on traite. Les maîtres actuels de rhétorique disent : savoir ce qui paraîtra bon ou vrai au jury, chercher non pas la vérité, mais la vraisemblance. Mais leur rhétorique n'est pas un art, elle n'est qu'une routine tâtonnante ; il n'y a point d'art en dehors du vrai, et qui n'a pas pénétré la philosophie ne sera jamais orateur. En second lieu, faire du discours un organisme, et cela par les deux procédés de méthode que Socrate n'a cessé de poursuivre amoureusement : la synthèse, qui ramène à l'unité d'une seule idée la pluralité dispersée ; la division, qui partage en ses articulations naturelles l'unité ainsi obtenue. Voilà ce que n'enseignent ni Lysias ni les manuels de Thrasymaque ou des autres. C'est la *dialectique*. Le reste n'est que recettes. Evénus, Lysias, Gorgias, Prodicus, Hippias, Polus, Protagoras, Thrasymaque, ont chacun

1. 257c-279c.

les leurs, et Platon se complaît à les énumérer en un cliquetis de noms bizarres. Mais ces recettes ne sont pas l'art, elles n'en sont que les préliminaires. L'art, c'est la nature et c'est l'exercice, mais c'est aussi la science. Or, la vraie science oratoire ne peut se passer de la météorologie ou étude de la nature, car le secret de cette science est tout entier dans la méthode préconisée par Hippocrate : déterminer la nature de l'objet et d'abord sa simplicité ou sa complexité ; s'il est simple, découvrir sa δύναμις, c'est-à-dire ses propriétés actives ou passives, son mode d'action ou de passion ; s'il est complexe, dénombrer ses parties et entreprendre, pour chacune, le même examen. Il n'y a donc point de technique sérieuse de la rhétorique dont la première et fondamentale leçon ne doive être la description exacte de la nature de l'âme, l'ordonnance parallèle des espèces de discours et des espèces d'âmes, et l'établissement des lois naturelles d'appropriation de chaque discours à chaque âme. On laissera Tisias et les autres se vanter d'avoir découvert une voie plus courte de persuasion. En quoi, d'ailleurs, ils se trompent, car leur vraisemblance, leur εἰκός, est une « semblance du vrai », et connaître la vérité est encore le plus sûr secret pour trouver et manier ce qui doit avoir un air de vérité. Mais surtout il ne s'agit pas de voie courte ni facile ; il s'agit, au contraire, d'un multiple labeur et d'un long circuit, πολλὴ πραγματεία, μακρὰ περίοδος, car le but n'en est pas d'apprendre à dire et à faire ce qui plaît aux hommes, mais d'apprendre à dire et à faire, autant que possible, ce qui plaît aux dieux. Le débat sur la convenance ou la non-convenance du discours écrit apparaît maintenant simplifié. Le discours écrit est une statue muette, incapable de se mouvoir et de s'adapter, incapable de se défendre. Le discours semé dans l'âme du disciple sait se défendre, sait parler et sait se taire ; il est vie et âme, semence de dialectique indéfiniment féconde en science et en félicité. Pour qui regarde le premier comme une παιδιά, comme fruit et charme d'un loisir délicat et comme mémorial à ceux qui savent, il ne saurait y avoir de honte à écrire. Le véritable orateur ou dialecticien pourra donc s'y complaire en passant, mais les vrais fils de sa chair, transmetteurs de sa fécondité, ce sont ses disciples. Voilà ce que Phèdre est chargé d'annoncer à Lysias, pour qui Socrate a déjà fait le vœu que, délaissant de frivoles discours, il se tournât vers la philosophie[1]. Quant à Isocrate, il se pourrait qu'avec l'âge il excellât dans le genre de discours qu'il entreprend maintenant, et même que, non content de cette gloire, un élan plus divin l'emportât vers de plus hauts sommets, car c'est un esprit où il y a, par don de nature, quelque philosophie[2].

Que le canevas de cette leçon de rhétorique soit fait de motifs non exclusivement platoniciens, de lieux communs des écoles ou de certaines écoles d'alors, cela, j'espère, ne peut plus nous surprendre ou nous scandaliser. Oui, dans ces pages de Platon, il y a de l'Isocrate, de l'Alcidamas, du Gorgias et même du Protagoras[3] ; Platon nous dit lui-même qu'il emprunte à Hippocrate, et les emprunts les plus certains ne sont peut-être pas ceux qu'il proclame ; si nous en

1. 257b.
2. 279a : φύσει γάρ, ὦ φίλε, ἔνεστί τις φιλοσοφία τῇ τοῦ ἀνδρὸς διανοίᾳ.
3. Non pas toujours à titre d'emprunts, mais plus souvent à titre de parallèles, comme je l'explique immédiatement. C'est ici que je dois le plus à W. Süss, *Ethos*, p. 28-29 et *al.* Süss, à mon avis, prend trop Gorgias comme source unique de tous ces motifs rhétoriques. Je laisse ouverte, pour l'instant, la question de la citation hippocratique (270c), qui a trop de ramifications avec d'autres problèmes pour ne pas mériter une étude à part. Sur l'importance que lui accordait Littré, et sur son histoire dans la critique postérieure, cf. Revue de Philos., juillet 1912, p. 70-72 et décembre 1912, p. 663-675 (*supra*, p. 24-37).

sommes réduits à quelques noms et quelques parallèles, c'est que notre connaissance de l'époque platonicienne est assez sommaire. Le dialogue est une œuvre du jour. Comme tout livre qui veut être lu et agir, comme tout livre de réformateur, il plonge et baigne dans le milieu où il veut agir. Un livre est au point quand il parle notre langue, parce qu'il a commencé par penser notre pensée. Chacune de ses phrases entre en nous comme une visiteuse familière et, dès l'entrée, y éveille tout un monde de complicités inconscientes : elles lui permettront de pénétrer jusqu'au vif du cœur pour y piquer l'aiguillon, l'idée originale, la thèse réformatrice. Ainsi un air nouveau s'enveloppe, pour nous conquérir sans nous violenter, d'harmoniques empruntées à des airs coutumiers. Sur ces pensées, sur ces harmoniques complices, nous n'avons pas besoin de chercher à mettre un nom, parce qu'elles font partie de l'atmosphère que nous respirons. Mais, s'il s'agit d'une œuvre antique, œuvre de penseur ou œuvre d'artiste, et Platon est l'un autant que l'autre, nous ne la comprenons pleinement qu'à la condition de pouvoir démêler et séparer, autant que possible, en ses éléments constituants, ce fonds mouvant de pensée étrangère qui enveloppe et porte la pensée originale de l'auteur. Le danger est alors, parce que, de cette pensée antique, nous n'avons plus que des éléments épars, de nous contenter d'une explication mécanique, de croire tout résolu quand nous avons mis un nom propre sur une idée, de prendre pour un emprunt brutal ce qui peut être ou simple parallélisme ou transposition géniale. L'opposition entre le discours écrit et le discours parlé n'était qu'une des passes toujours recommençantes du duel inévitable entre les écoles de rhétorique ; entre l'enseignement qui donne des modèles et des canevas tout faits et celui qui préfère créer des habitudes et des aptitudes, la lutte devait naître le jour où naîtrait une discipline destinée à procurer une puissance pratique[1]. Synthétisé ou non, un jour ou l'autre, en une œuvre écrite, un fonds d'arguments devait, naturellement, parvenir à se constituer de part et d'autre, où chaque combattant choisissait selon son humeur et la nécessité immédiate. Que l'impuissance du discours écrit à se défendre soit un trait commun à Platon et Isocrate et manque chez Alcidamas ; que la comparaison avec la statue soit commune à Platon et Alcidamas et manque chez Isocrate ; qu'Alcidamas ait, avant Platon, regardé le discours écrit comme une παιδιά[2] ; que Protagoras, peut-être, ait fourni à Platon la comparaison de la rhétorique avec l'agriculture et que Platon en tire son opposition des rapides et frivoles jardins d'Adonis à la féconde et lente terre de labour[3] ; que Gorgias, auquel on recourt si souvent et peut-être un peu trop souvent, soit à l'origine de ce fonds d'arguments en faveur du discours parlé[4], ce sont là des résultats intéressants non seulement pour l'histoire de la rhétorique, mais

1. Sur l'opposition des deux méthodes cf. O. Navarre, *Essai*, p. 38, 60, 205 et *passim ;* et surtout Suess, p. 32 et suiv., Weinstock, *De Erotico Lysiaco*, 72, 78 et suiv. Süss a peut-être trop accentué cette opposition entre l'école de Gorgias, que soutiendrait, en cette question, le *Phèdre*, et l'école sicilienne, que suivait Lysias. Il n'y a pas eu, avant Isocrate, absence totale de théorie. Cf. Kroll, *Rh. Mus.*, 66 (1911) p. 166, 1 ap. Weinstock, *op. laud.*, p. 79.

2. W. Süss, p. 47, lequel donne, p. 34 et suiv. les textes parallèles d'Isocrate κατὰ τῶν σοφιστῶν, Alcidamas περὶ τῶν σοφιστῶν, et Platon *(Phèdre)*.

3. C'est, du moins, ce qui me paraît le plus probable. A la comparaison rhétorique-médecine, le *Phèdre* ajoute (276b-277a, les jardins d'Adonis etc.) le troisième terme : ὁ νοῦν ἔχων γεωργός, que nous retrouvons dans le discours de Protagoras (*Théétète*, 167b-c), avec d'ailleurs la préoccupation de l'éducation comme dans le *Phèdre*, et aussi bien dans le discours d'Eryximaque *(Banquet*, 186a, 188a), lequel a, certainement, beaucoup de traits de Protagoras.

4. Süss, p. 41 et *al.* Voir, p. 49-61, une analyse détaillée de l'*Hélène* et du *Palamède*. Sur Gorgias, la plus récente étude d'ensemble que je connaisse est l'article de E. Wellmann dans Kroll (autrefois Pauly-) Wissowa, *Real-Encyclopädie*, VII, 2, 1597-1604.

même pour l'intelligence de la position platonicienne. Platon opère sur un plan parallèle, mais aussi sur un plan supérieur à ce terrain de lieux communs : il transpose. Son discours écrit à lui, c'est le dialogue, imitation la plus parfaite qui soit de la parole vivante, mais imitation seulement et faible image de la dialectique infiniment souple et vivante que devait être son enseignement. Il parle, en commençant, la langue d'autrui, mais c'est en sa propre langue qu'il finit. Il prend parti dans la mêlée des écoles, mais c'est pour le gain de sa propre école qu'il combat. Si, à Lysias, Isocrate est infiniment préféré, c'est que, s'occupant d'éducation morale et politique, il travaille sur un terrain où se pourrait bâtir une philosophie, et sa solennité, d'ailleurs assez pédante, aurait pu convenir à un prêcheur de la vérité[1]. Mais l'idée même de la vérité lui manque et lui manquera toujours. Parce que, peut-être, on ne peut tuer deux ennemis à la fois, on vante son naturel, porté à une certaine philosophie, et lui, qui met le naturel au-dessus de tout, pouvait, à la rigueur, prendre au sérieux le compliment[2]. A ses élèves, peut-être, entre cette « ébauche de philosophie » et la philosophie platonicienne, on s'ingénie à mettre un pont qui facilitera le passage. Mais comment pourrait-on plus nettement proclamer l'insuffisance absolue de la rhétorique d'Isocrate

1. Peut-être aussi parce que son « enseignement » est plus théorique et moins terre à terre que celui de Lysias. Voir les excellentes remarques de H. Weinstock, p. 80. « Certe dubium non est, quin in Isocrate iudicando Plato artem eius docendi ante oculos habuerit quemadmodum in Lysia. » Le *Phèdre* traite principalement « non de arte dicendi, sed docendi ».

2. Cf. *Antidosis* (XV, Drer. XIX), 189 : εἰ δὲ δή τις ἀφέμενος τῶν ἄλλων ἔροιτό με, τί τούτων μεγίστην ἔχει δύναμιν πρὸς τὴν τῶν λόγων παιδείαν, ἀποκριναίμην ἄν, ὅτι τὸ τῆς φύσεως ἀνυπέρβλητόν ἐστι καὶ πολὺ πάντων διαφέρει. L'*Antid.* est tardive, mais, dans le discours *Contre les Sophistes*, 14, 15, c'est la φύσις qu'Isoc. nomme en premier lieu.

comme de toute rhétorique fondée sur l'unique vraisemblance et systématiquement dédaigneuse de la vérité ? Même à cette rhétorique de l'εἰκός, la science est indispensable[1]. Quelle science ? Toutes les écoles parlaient de science et chacune avait « sa science » ; et si, de ce terme ambigu, Platon veut parvenir à une idée sienne et solide, il s'y achemine à travers des thèmes étrangers. Les médecins lui servent à protester contre la science livresque et lui fournissent le parallèle scientifique du καιρός des rhéteurs[2]. Le nom de Périclès sert d'introducteur à une déclaration sur la nécessité de la météorologie, qui, depuis au moins Gorgias, avait ses entrées dans la rhétorique, et, par un retour de la comparaison rhétorique-médecine, propriété commune de Gorgias et de Protagoras, cette métaphysique céleste se restreint, du sens « étude de toute la nature », au sens « étude de toute nature[3] ». Le nom d'Hippocrate vient alors couvrir cette méthode scientifique pour le traitement du corps, qui doit se transposer immédiatement en méthode scientifique pour le traitement de l'âme. Qu'il puise directement dans la médecine contemporaine ou qu'il utilise une médecine déjà tamisée par des rhéteurs ou des iatrosophistes, Platon, de tout cela, ne cherche qu'à dégager l'inconnue que lui seul peut y mettre : la dialectique.

La dialectique, c'est le centre et le faîte autour duquel s'ordonne et monte cette multiplicité de thèmes de toute provenance, insensiblement surélevés, parfois subtilement violentés. Ce n'est pas d'ailleurs une dialectique adaptée, adoucie, assouplie au service de la rhétorique, une logique

1. 260a et suiv., surtout 262a, repris 273d-e.
2. 268a-c.
3. 269a-270d. Pour l'introduction de la météorologie dans les thèmes rhétoriques, cf. Gorgias, *Hél.* 13 (Diels, *Vors.*, II, 259). Pour la restriction de sens, voir, 270c, la succession ἄνευ τῆς τοῦ ὅλου φύσεως... περὶ φύσεως... περὶ ὁτουοῦν φύσεως.

du vraisemblable n'empruntant au voisinage du vrai qu'une couleur persuasive. C'est la dialectique platonicienne, méthode *exacte* d'induction synthétique et de division exhaustive et nombrée, méthode fondée sur une science *exacte* de la nature de l'objet[1]. Appliquée à l'âme, forte d'une connaissance *exacte* de la simplicité ou multiplicité de l'âme, poussée jusqu'au dénombrement et classement parallèle des espèces de l'âme et des espèces du discours, elle rend possible, certes, une rhétorique[2]. Mais une rhétorique bien supérieure à celle des rhéteurs : *la dialectique est à elle-même sa propre rhétorique.* En quels discours, en effet, et en quels discours seulement y a-t-il clarté, perfection, valeur solide ? En ceux que l'enseignement écrit dans l'âme et qui traitent du juste, du beau et du bien[3]. Ce n'est pas un enseignement de l'heure, une arme ou une parure pour le commerce immédiat avec les hommes. C'est la πολλὴ πραγματεία, la μακρὰ περίοδος du *Phédon* et de la *République ;* le but en est une perfection de la pensée et de l'action dont seule est juge la divinité. Les positions morales du *Gorgias* sont donc loin d'être oubliées, elles sont surélevées au plan du *Phédon* et de la *République*, au plan où se tiendra tout à l'heure le *Théétète*[4].

1. 265d-266c, 270d : ἐὰν δὲ πλείω εἴδη ἔχῃ, ταῦτα ἀριθμησάμενον... 270e : τὴν οὐσίαν δείξει ἀκριβῶς.

2. 271a-b :... πάσῃ ἀκριβείᾳ γράψει τε καὶ ποιήσει ψυχὴν ἰδεῖν... διαταξάμενος τὰ λόγων τε καὶ ψυχῆς γένη καὶ τὰ τούτων παθήματα δίεισι πάσας αἰτίας, προσαρμόττων ἕκαστον ἑκάστῳ καὶ διδάσκων οἵα οὖσα ὑφ' οἵων λόγων δι' ἣν αἰτίαν ἐξ ἀνάγκης ἡ μὲν πείθεται, ἡ δὲ ἀπειθεῖ.

3. 278a : ἐν δὲ τοῖς διδασκομένοις καὶ μαθήσεως χάριν λεγομένοις καὶ τῷ ὄντι γραφομένοις ἐν ψυχῇ περὶ δικαίων τε καὶ καλῶν καὶ ἀγαθῶν... cf. 276e : ὅταν τις τῇ διαλεκτικῇ τέχνῃ χρώμενος... σπείρῃ μετ' ἐπιστήμης λόγους. La παιδιά qu'admet Platon est aussi celle τοῦ ἐν λόγοις δυναμένου παίζειν, δικαιοσύνης τε καὶ ἄλλων ὧν λέγεις πέρι μυθολογοῦντα.

4. 273e, 274a. Comparer οὐχ ἕνεκα τοῦ λέγειν καὶ πράττειν πρὸς ἀνθρώπους δεῖ διαπονεῖσθαι τὸν σώφρονα, ἀλλὰ τοῦ θεοῖς κεχαρισμένα μὲν λέγειν δύνασθαι, κεχαρισμένως δὲ πράττειν τὸ πᾶν εἰς δύναμιν, et la phrase qui suit (sur les bons maîtres et les compagnons de servitude)

Qu'on parle donc, si l'on tient à rétrécir à un nom l'horizon du dialogue, d'un cartel avec Isocrate, ou, élargissant cet horizon, d'un cartel avec certaines écoles de rhétorique[1]. Mais c'est un cartel qui a fortes chances de demeurer unilatéral, car la philosophie platonicienne, indispensable aux autres rhétoriques, n'a besoin d'aucune et se suffit à elle-même : en face de toutes ces sagesses d'apparence, δοξόσοφοι ἀντὶ σοφῶν, elle seule est la vraie sagesse, fondée sur l'ἀλήθεια et l'ἐπιστήμη[2]. C'est en ce sens, bien supérieur au sens où Cicéron la concevait, que Platon eût accepté, au moins pour

avec *Phédon* (début passim et 69d-e), *Théétète*, 176a et suiv. et les deux premiers livres de la *République*. W. Süss croit à l'absence du point de vue moral dans le *Phèdre* (*Ethos*, p. 73, 98 et suiv.).

1. H. Gomperz, *Wien. Stud.*, XXVIII, 1, p. 38 : « Es ward also ein Abkommen getroffen, das man als eine Kartellierung bezeichnen könnte : wenn die Platoniker Rhetorik hören wollen, so hören sie bei Isokrates ; wenn die Isokrateer Philosophie studieren wollen, so studieren sie bei Platon. Dieses Abkommen aber ward durch zwei Schriften besiegelt : *den Busiris und den Phaidros.* »

2. 275b, 276a, etc. Si Platon tient à mettre un pont entre les écoles des rhéteurs et la sienne, c'est plutôt, qu'on me pardonne l'expression, un pont-levis. Montrer aux élèves des écoles empiriques (Lysias) que cet enseignement est à infinie distance de toute philosophie (257b) ; accorder, aux élèves d'Isocrate, que l'enseignement d'Isocrate, plus détaché des soucis utilitaires immédiats, est moins indigne de ce nom de philosophie dont il se décore (279a-b) ; déclarer à tous que la rhétorique du vraisemblable ne peut se passer du vrai et donc de la dialectique (262a et suiv.) ; faire entrevoir à tous, dans cette dialectique, la seule éducation scientifique et morale qui ait valeur absolue (276e, 278 a-b), c'est attirer à soi, ce n'est pas renvoyer à d'autres. L'Académie devait s'apercevoir, quelque jour, que, pour la rhétorique, il fallait descendre un peu des hauteurs de la dialectique à des détails plus terre à terre ; mais, si la rhétorique d'Aristote est « une rhétorique nouvelle, plus spéculative que pratique » (O. Navarre, p. 207), n'est-ce pas que, dans l'Académie, même ces nécessités pratiques n'ont point étouffé l'esprit du *Phèdre* ? Cf. Christ-Schmid, *Gr. Lat.*, I^6, p. 720, 754 et suiv. et, sur les rapports de Speusippe avec Isocrate, P. Lang, *De Speusippi Academici Scriptis accedunt fragmenta*, Bonn, 1911, p. 32-39. Sur l'impossibilité absolue d'une conciliation entre les « philosophies » d'Isocrate et de Platon, cf. la remarque très ferme de P. Wendland dans Gercke-Norden, I^2, p. 204.

le dialecticien idéal, la fameuse formule : *Plato oratoribus irridendis ipse summus orator*[1].

II. — La transposition de l'Érotisme et de l'Orphisme

J'ai laissé de côté tout le fond doctrinal du troisième discours. C'était pour y revenir. Car nous pourrions, sans quitter les alentours du *Phèdre*, amorcer au moins l'étude des deux autres transpositions : la transposition de l'érotisme et la transposition de l'orphisme.

§ 1. *L'Érotisme littéraire*

S'il était possible de parler à l'aise de l'amour antique devant un auditoire chrétien ou simplement devant n'importe quel auditoire moderne, car, même entièrement débaptisé, ce qu'à Dieu ne plaise, le monde moderne ne pourrait, de longtemps, se défaire de l'âme nouvelle que lui a faite le christianisme, s'il était possible de remuer, sans dégoût, le terrain de fange d'où Platon transplanta la rose pourpre de l'Eros philosophique, nous verrions peut-être que la transposition de l'amour en un instinct de communion intellectuelle et morale était au moins ébauchée avant le Platonisme. Les légendes qui célèbrent certaines amitiés guerrières[2] servaient au moins à jeter, sur certaines hontes, un manteau de gloire et de patriotisme. Au siècle des Sophistes, il était naturel qu'une si riche floraison d'écoles amenât une transposition littéraire et scolaire de l'amour. Sans que nous sortions de Platon, le *Charmide*, le *Lysis*, les deux premiers discours du *Phèdre* nous montrent déjà, dans les

1. *De or.*, I, 47.
2. Voir Xénophon *Conv.*, VIII 31 et suiv. — Platon, *Banquet*, 179e-180b.

gymnases grecs, la sentimentalité pédante et les dissertations alambiquées des « cours d'amour » du Moyen Age ; et, s'il était possible de fermer les yeux sur le sens indéniable de certains textes, nous serions à l'aise pour ne plus voir, dans l'érotisme du ve et du ive siècle, que cette mode littéraire et cet abus d'une métaphore[1]. Est-ce au Socratisme qu'est due l'application, au moins continue, de cette métaphore aux rapports intellectuels entre le maître et le disciple ? Le Socratisme assurément s'est fait, contre les sophistes, un privilège et une arme de la formule : « L'enseignement est comme l'amour, il se donne et ne se vend pas » ; et le Socrate historique a probablement droit, tout autant qu'à la maïeutique, à ce rôle d' « éternel poursuivant de beauté » qui est le sien dans les dialogues. Mais la sophistique contemporaine devait être allée assez loin dans cette transposition intellectuelle et morale de l'amour, s'il ne faut pas chercher d'idée proprement et exclusivement platonicienne dans les motifs que développent les cinq premiers discours du *Banquet*. Amour, inspiration divine génératrice d'héroïsme ; amour, échange dont les risques se légitiment par la recherche de la philosophie et de la vertu ; amour, harmonie et rythme de la nature physique et morale ; amour, effort d'une nature diminuée vers la plénitude et la perfection originelle ; amour qui n'est que jeunesse et beauté divinisée, source de tout bonheur, de toute beauté et de toute vertu : tels sont les thèmes que

1. *Charmide*, 154a-155e, *Lysis*, 204b-207c et toute la discussion du dialogue, *Phèdre, loc. laud.* Expliquer le sens de certains termes instamment répétés des deux premiers discours du *Phèdre* et même du troisième (256c d) ne serait possible qu'en latin. Cf. encore Weinstock, *De Erotico Lys.*, p. 66, et voir, sur le caractère des mœurs publiques et des « institutions » sous ce rapport, la polémique récente : E. Bethe (*Ueber die dorische Knabenliebe*, Rh. Mus., 1907, p. 438 et suiv.), A. Semenov (*Zur dorischen Knabenliebe*, Philologus, 1911, p. 146-150) et A. Ruppersberg (Εἰσπνήλας, *ib.*, p. 151-154).

Platon prête à Phèdre, Pausanias, Eryximaque, Aristophane, Agathon[1].

§ 2. *L'Amour platonicien dans le Banquet*

Si le discours de Socrate reprend certains détails de ces thèmes, ce n'est qu'après les avoir élevés à un plan supérieur, supérieur même assurément au plan du Socratisme[2]. Mais cette transposition ne se fait que par degrés. L'amour n'est ni beauté ni bonté, il n'est aucune perfection ni aucun achèvement, car il est, par essence, un élan ; élan non pas seulement vers la complétion de l'être, mais vers la complétion dans le bien. L'amour est l'universel désir de la possession éternelle du bien. Son naturel effort est la génération dans la beauté ; effort de génération spirituelle aussi bien que corporelle, dont l'inépuisable source est l'élan de la nature mortelle vers l'inaccessible éternité ; effort dont l'infatigable recommencement obtient, par l'artifice d'une identité successive et morcelée, une suppléance à l'éternelle et indivisée continuité de l'être. Source de l'héroïsme guerrier comme de tous les sacrifices familiaux, ce désir de perpétuité atteint sa plus haute et plus pleine satisfaction dans ce commerce fécond des belles âmes, dont les fruits immortels sont les beaux poèmes et les sages lois. Si l'ascension de la pensée platonicienne s'arrêtait là, elle n'aurait fait que synthétiser en un centre supérieur les essais divergents de la pensée contemporaine[3]. Mais ce plan nouveau n'est, pour elle,

1. *Banquet*, 178a-180b, 180c-185c, 185e-188e, 189c-193e, 194b- 197e. On trouvera une étude très détaillée des discours dans l'excellent commentaire de R. G. Bury, Cambridge, 1909, p. 24-36.

2. 199c-212c.

3. 199c-209e. La définition de l'amour comme μεταξύ (202a-204b) transpose la thèse de Pausanias (180e, 181a, 183d) : rien n'est, en soi, ni bon ni beau (c'est du Protagoras). Je traduis μεταξύ par *élan* :

qu'une base d'élan. Laissons de côté, pour un instant, les métaphores mystiques dont la solennité sert à rendre plus troublante l'infinie distance entre le palier ainsi atteint et les sommets entrevus[1]. De la beauté d'un corps à la beauté du corps, de la beauté du corps à la beauté des âmes, des occupations et des lois ; de celles-ci aux sciences, à ces hauteurs d'où se découvre « l'océan de beauté », la pensée monte, se fortifie, s'élargit au commerce d'une philosophie « que rien ne rétrécit », pour découvrir enfin et conquérir le sommet suprême, la science unique dont l'objet est la Beauté en soi, incorporelle, éternelle, absolue, unique, de qui toutes les beautés participent dans leur oscillation entre le naître et le périr, sans que leur incessant devenir altère en rien son immuable et impassible existence[2]. Voilà comment Platon traduit et transpose la mode érotique des écoles et des lettres contemporaines ; voilà ce qui est, pour lui, τὸ ὀρθῶς ἐπὶ τὰ ἐρωτικὰ ἰέναι, τὸ ὀρθῶς παιδεραστεῖν[3]. Si l'on considère le point de départ et la base continuellement sous-jacente à cette ascension, on pourra parler d'un mysticisme érotique ; si l'on considère le point d'arrivée comme les principales étapes de cette envolée vers la beauté absolue,

l' « intermédiaire » de Platon est un intermédiaire mouvant. — La complétion dans le bien corrige Aristophane. — L'universalité de l'amour a été préparée par le discours d'Eryximaque. — L'amour, source de sacrifice, est repris à Phèdre. — Le discours d'Agathon, le plus vide d'idées, est corrigé dès le début du discours de Socrate. — Le « commerce des belles âmes » reprend le thème « pédérastie-philosophie » de Pausanias etc.

1. 210a : κἂν σὺ μυηθείης · τὰ δὲ τέλεα καὶ ἐποπτικά κ. τ. λ.

2. La « philosophie que rien ne rétrécit » (ἐν φιλοσοφίᾳ ἀφθόνῳ) nous ramène dans le champ du *Gorgias*, à la lutte entre politiques-rhéteurs et philosophes sur l'étendue convenable de la culture philosophique. J'ai essayé de montrer, contre des idées assez répandues, que l'impassibilité du beau (211 b) n'était point en contradiction absolue avec les thèses postérieures du *Sophiste* (*La définition de l'être*, etc., p. 60).

3. 211b-c.

on parlera plutôt d'un mysticisme esthétique. En réalité, c'est du pur intellectualisme platonicien ou, si l'on tient absolument à l'idée de mysticisme, c'est le mysticisme tout intellectuel qui finit toujours par se dégager des multiples images où Platon enveloppe son effort scientifique. A ne regarder que le parallélisme entre l'ascension vers le beau, que nous esquisse à grands traits le *Banquet*, et l'ascension vers le bien, que décrira laborieusement la *République*, on pourrait se contenter de trouver, dans le *Banquet*, une dialectique de l'amour[1]. Mais le concept du beau s'est vu remplacer, d'une façon expresse, par le concept plus général du bien pour permettre une définition universelle de l'amour ; il se présente, en fin de compte, comme l'objet de la science suprême, et ce τοῦ καλοῦ μάθημα n'est pas autre que le μέγιστον μάθημα de la *République :* d'avance, le Beau en soi équivaut à l'idée du Bien et l'ascension du *Banquet* n'est que la formule esthétique de la dialectique platonicienne[2].

§ 3. *L'Amour platonicien dans le Phèdre*

Il pourrait sembler que, de cette transposition de l'érotisme, le *Phèdre* ne nous montre que les étapes inférieures et moyennes : les efforts de la nature mauvaise vers la jouis-

1. *République*, l'échelle dialectique résumée, 533d et suiv. ; préparée par l'image de la caverne, 514a et suiv. Le « grand circuit », éducation du philosophe, décrit depuis 504e à 541b.

2. Le concept du beau remplacé par le concept du bien : 204e. Comparer 211a-212b à *République*, 509a et suiv. Le τοῦ καλοῦ μάθημα science finale dans le *Banquet* (211c) à comparer avec ἡ τοῦ ἀγαθοῦ ἰδέα μέγιστον μάθημα de *Républ.*, 505a. Je n'ai pas eu sous la main, au moment de rédiger le présent essai, l'excellente étude de L. Robin, *La théorie platonicienne de l'Amour*, Paris, 1908. Mais, bien que le présent travail ne soit que la mise au point d'un travail antérieur, écrit dès 1903 et plusieurs fois remanié pour les besoins de mon enseignement, j'ai plaisir à reconnaître l'influence du volume de L. Robin sur des idées que mon essai, un peu rapide, n'a pu qu'indiquer. Cf. L. Robin, spécialement p. 183-194.

sance grossière ; l'amour terrestre relevé par le désir de l'honneur et toujours combattu, même progressivement épuré par le souvenir d'un plus noble idéal ; l'amour obéissant dès l'origine à la raison, se dégageant, par une lutte continue, de tous les bas instincts et aboutissant, dans la victoire finale, à la vie philosophique, εἰς τεταγμένην τε δίαιταν καὶ φιλοσοφίαν[1]. On hésiterait, pour le mot φιλοσοφία, entre le sens banal que lui donnaient rhéteurs et sophistes ou son sens platonicien, si la progression de l'amour ne reproduïsait ici la hiérarchie des facultés dans la *République* : ἐπιθυμία, θυμός, διάνοια[2]. En tout cas, l'ascension paraît bien s'arrêter aux avant-derniers sommets du *Banquet*, à l'ἄφθονος φιλοσοφία : il n'y a plus, au moins pour la vie présente, l'immense échappée sur l'océan de beauté ; le discours, enfin, se termine sur une « accommodation » du pur idéal aux vulgarités, bien laides pour notre morale, de l'amour mitoyen[3]. A qui vient de lire le *Banquet*, il y a quelque étonnement à lire les dernières pages de ce troisième discours du *Phèdre :* on se sent à un étage inférieur. En réalité, nous ne sommes plus là tout à fait à l'étage du Platonisme. C'est que, je crois l'avoir dit, ce discours n'est pas du tout une exposition doctrinale. C'est un discours d'apparat, une παιδιά, une gageure littéraire et scolaire dont le sujet et la thèse même étaient imposés par le sujet et la thèse du discours de Lysias. Contre le paradoxe : « Il faut plutôt accorder ses faveurs à celui qui n'aime pas », Platon n'avait qu'à soutenir la contradictoire : « Il vaut mieux accorder ses faveurs à celui qui aime ». Il était donc inévitable que le thème fondamental du discours se tînt délibérément

1. 256a. L'application à l'amour de la théorie de la μανία s'étend de 249d à 257b.
2. *Républ.*, 437b-441c.
3. 256c-e.

au niveau d'un certain bon sens vulgaire et de la morale moyenne. Ce que Platon pouvait faire, c'était, au-dessus de cette justification de l'amour mitoyen, placer la glorification de l'amour noble et pur. Et, comme la conclusion pratique imposée au discours empêchait d'en agrandir l'horizon terrestre aux dimensions infinies du *Banquet*, on ne pouvait transposer cet « hymne à l'amour » qu'en l'élevant à un plan supraterrestre. La vision intelligible de la beauté fournissait l'origine et la fin célestes de l'amour, et la réminiscence en expliquait l'éveil et la progression terrestres ; la démonstration de l'immortalité de l'âme formait la base scientifique de la théorie ; le voyage circulaire des âmes autour du cosmos, l'image du char ailé, la chute et la réascension ajoutaient, à la météorologie que réclame la rhétorique, le mythe qu'exige la poésie[1]. Ainsi, de la transposition de l'érotisme, ce troisième discours du *Phèdre* nous fait passer naturellement à la transposition de l'orphisme.

§ 4. *Le Mysticisme littéraire*

Il est beaucoup parlé, aujourd'hui, en toutes occasions et de toutes manières, de mysticisme. Je laisse à d'autres de juger si l'on en parle toujours en mettant ou essayant de mettre, sous ce mot vague et chargé d'une histoire assez trouble, un sens précis et défini. Il en est beaucoup parlé aussi dans l'histoire de la philosophie grecque et l'on assiste, périodiquement, aux tentatives, plus ou moins brillamment soutenues, d'expliquer soit tout un système, soit, les uns après les autres, presque tous les systèmes de la plus vieille pensée grecque, par l'enseignement des mystères ou par les

1. C'est toute la seconde partie du troisième discours (après la théorie de la μανία), 245c-249d. L'application à l'amour reprend la description de la vision intelligible jusqu'à 205d.

doctrines de l'orphisme. L'eau de Thalès comme l'ἄπειρον d'Anaximandre ou l'air d'Anaximène, le λογός d'Héraclite comme la Vérité de Parménide et même jusqu'aux fameux arguments de l'Éléate Zénon, ont eu les honneurs de l'orphisme[1]. A plus forte raison l'orphisme a-t-il été, suivant les points de vue différents des critiques, ou la source des plus sublimes doctrines de Platon ou la cause de ses plus graves erreurs[2]. Peut-être convient-il, pour le mysticisme et l'orphisme, comme pour toutes les pensées étrangères qui ont entrée dans le Platonisme, de distinguer entre les usages très variés que Platon en a pu faire ; et peut-être la notion de transposition est-elle, ici encore, sinon surtout ici, un excellent instrument de critique. Dogmes de l'orphisme, espérances des mystères, étaient, longtemps avant Platon, des thèmes littéraires. Chez Pindare, si l'on rencontre deux conceptions de l'âme si nettement opposées, si, de l'immortalité et de la métempsycose, on passe si facilement à la pâle survie du culte ordinaire, c'est peut-être qu'il y a là non pas tant une lutte de croyances qu'une alternance de thèmes poétiques : entre les deux, ce sont les convenances du sujet, de

1. G. Teichmueller, *Neue Studien zur Gesch. der Begriffe : 1. Herakleitos*, 1876 ; 2. *Heracl. als Theolog*; 1878 ; E. Pfleiderer, *Die Philosophie des Her. von Eph. im Lichte der Mysterienidee*, 1886 ; W. Schultz, *Pythagoras u. Heraklit (Stud. zur ant. Kultur*, I, 1905) ; K. Joel, *Der Ursprung der Naturphilosophie aus dem Geiste der Mystik*, 1903, et, tout récemment, J. Doerfler, *Die Eleaten u. die Orphiker*, 1911 (cf. *Revue de Philos.*, juillet 1912, pp. 49-50). J'ai essayé, dans mon *Cycle Mystique*, Paris 1909, de faire les distinctions nécessaires entre l'influence mystique et la continuité de l'esprit philosophique dans cette période antésocratique.

2. Cf. P. Natorp, *Platos Ideenlehre*, 1903, p. 315, et ma *Définition de l'Etre*, p. 77, n. 202. Je ne puis donner ici de bibliographie à propos de l'orphisme. On voudra bien se reporter aux manuels. (Ueberweg-Praechter, *Grundriss der Gesch. d. Phil. des Altertums.* 10e *Aufl.* Berlin, 1909). Les livres récents de Carlo Pascal donnent, avec de claires études, une bibliographie très riche : *Dioniso*, Catania, 1911 ; *Le credenze d'oltretomba nell'antichita classica*, 1912 (2e éd. 1923-24).

l'homme, de la famille, du pays loués, qui décident[1]. En tout cas, cette alternance se retrouve jusque chez les rhéteurs de l'époque platonicienne[2]. Isocrate ne cesse de répéter, après Gorgias et bien d'autres, que le juste qui meurt ne meurt pas tout entier ; il va jusqu'à dire : « La mort ne dissout point d'un seul coup toutes les parties de notre nature ». Mais, ce qui survit au corps, pour lui comme pour les autres, c'est la gloire, souvenir immortel de l'âme et de la vertu[3]. L'auteur, quel qu'il soit, des exhortations à Démonicus ne laisse pas de parler des « espérances du juste », mais les quelques lignes qui précèdent ramènent à son vrai sens cette formule pleine de promesses : l'argent ne peut servir qu'aux vivants, la justice assure aux morts... la gloire[4]. Et pourtant Isocrate se plaît à parler des mystères. En retour des bienfaits reçus, « bienfaits dont les initiés pourraient seuls entendre le récit », Déméter a donné aux Athéniens les mystères :

1. Cf. Rohde, *Psyche* (3ª ed., 1903), II, p. 204-222, qui dit, au contraire (p. 216) : « Es ist der Inhalt eigener Ueberzeugung, selbsterrungener Einsicht, in die er gleichgesinnten Freunden, in geweihter Stunde, einen Blick eröffnet », mais qui analyse en détail l'opposition des deux conceptions.

2. Rohde, II, p. 202, ne semble pas avoir vu ce jeu d'allusions.

3. Isoc., *ad Nic.* (II, Drer., XI), 37 (Steph., 22b). Μὴ περιίδῃς τὴν σαυτοῦ φύσιν ἅπασαν ἅμα διαλυθεῖσαν · ἀλλ' ἐπειδὴ θνητοῦ σώματος ἔτυχες, πειρῶ τῆς ψυχῆς ἀθάνατον μνήμην καταλιπεῖν. *Philip.* (V, Drer., XX), 134 (St. 109c) : ἐνθυμοῦ δ'ὅτι τὸ μὲν σῶμα θνητὸν ἅπαντες ἔχομεν, κατὰ δὲ τὴν εὐλογίαν καὶ τοὺς ἐπαίνους καὶ τὴν φήμην καὶ τὴν μνήμην τὴν τῷ χρόνῳ συμπαρακολουθοῦσαν ἀθανασίας μεταλαμβάνομεν, ἧς ἄξιον ὀρεγομένους καθ' ὅσον οἷοί τ'ἐσμὲν ὁτιοῦν πάσχειν. Parmi d'autres textes, cf. *Paneg.*, 84. *Archidamos*, 109. *Pax*, 94. *Evagoras*, 3. Pour Gorgias, Diels, *Vors.*, 557, 32 et suiv.

4. *Ad Dem.* (I, Drer., X), 39 (St. 10d-e) : οἱ γὰρ δίκαιοι τῶν ἀδίκων εἰ μηδὲν ἄλλο πλεονεκτοῦσιν, ἀλλ' οὖν ἐλπίσι γε σπουδαίαις ὑπερέχουσιν. A expliquer par 38 (10d) : τοσούτῳ γὰρ κρείττων δικαιοσύνη χρημάτων, ὅσῳ τὰ μὲν ζῶντας μόνον ὠφελεῖ, τὸ δὲ καὶ τελευτήσασι δόξαν παρασκευάζει. Drerup maintient énergiquement, dans son édition, que l'auteur est Théodore de Byzance (c. 400). Pour les autres opinions, cf. Emminger, *Jahresber.*, 1911, p. 145 et suiv.

« Ceux qui ont part à l'initiation jouissent, en ce qui concerne non seulement la fin de la vie, mais l'éternité de la durée, des plus agréables espérances[1] ». Ainsi nous pouvons croire qu'un scepticisme assez répandu n'empêchait point une certaine mode de religiosité littéraire. L'appel aux mystères flattait les Athéniens, maîtres d'Eleusis et de son glorieux privilège ; il flattait la masse des initiés, fiers du secret, si vide fût-il, et fiers d'une sélection qui, pourtant, ne choisissait plus guère ; il fournissait, par le recul du mythe dans l'incertain du passé, par l'échappée qu'ouvraient les « promesses» dans le vague de l'avenir, le « jeu poétique » utile à l'ornement du discours.

Il y a certainement, dans Platon, beaucoup d'une telle transposition, qui n'est qu'une transposition d'art, très consciente[2]. Le Socrate du *Ménexène*, pastichant les oraisons funèbres du temps, veut perpétuer, par son discours, « le souvenir et la gloire » des disparus. Les morts ne peuvent parler, mais il faut croire qu'ils entendent les conseils que l'orateur prodigue en leur nom. Toutefois, si la réunion future est entrevue, aucune lueur précise n'éclaire cette vie commune dans le royaume souterrain[3]. Le Socrate de l'*Apologie* parle à ses juges le langage que les orateurs parlaient à leur public. Il renouvelle, en cet instant suprême, le jeu

1. *Paneg.* (IV, Drer. XVI), 28 (St. 46b) : Déméter, rendue favorable aux Athéniens, ἐκ τῶν εὐεργεσιῶν, ἃς οὐχ οἷόν τ' ἄλλοις ἢ τοῖς μεμυημένοις ἀκούειν, leur donne, avec les fruits de la terre, καὶ τὴν τελετήν, ἧς οἱ μετασχόντες περί τε τῆς τοῦ βίου τελευτῆς καὶ τοῦ σύμπαντος αἰῶνος ἡδίους τὰς ἐλπίδας ἔχουσιν.

2. Cf. *Cycle mystique*, p. 115.

3. *Menex.*, 236e, 246c, royaume souterrain des morts, 246d, 247b-c : καὶ ἐὰν μὲν ταῦτα ἐπιτηδεύσετε, φίλοι παρὰ φίλους ἡμᾶς ἀφίξεσθε, ὅταν ὑμᾶς ἡ προσήκουσα μοῖρα κομίσῃ · ἀμελήσαντας δὲ ὑμᾶς καὶ κακισθέντας οὐδεὶς εὐμενῶς ὑποδέξεται. La perfection même du pastiche devrait faire reconnaître l'authenticité du *Ménexène*, si, d'ailleurs, on ne retrouvait, dans ce discours, tant de traits où se révèle le platonisme pur.

d'oscillation entre la croyance à une mort totale, dépourvue de toute conscience, et « les récits » τὰ λεγόμενα, qui promettent une vie meilleure. Dans les deux cas, il y a « grande espérance », πολλὴ ἐλπίς, que la mort soit un bien : si elle est sans conscience, rien de plus souhaitable qu'un éternel sommeil sans rêve, mais l'autre alternative assure le bonheur et l'immortalité, « εἴπερ γε τὰ λεγόμενα ἀληθῆ[1]. » Quelque chose de cette oscillation subsiste dans les dialogues mêmes où Platon utilise le plus nettement ces croyances de l'au delà. Le mythe du *Gorgias* est introduit non comme un mythe, mais comme un λόγος, et Socrate déclare tenir pour vrai ce qu'il va raconter. Mais les conclusions n'insistent que sur la conséquence pratique, déjà démontrée en dehors du mythe : il vaut mieux subir que faire l'injustice[2]. Quand le *Ménon* s'est servi de la métempsycose pour

1. *Apol.*, 40c-41c. Comparer les formules : ἢ γὰρ οἷον μηδὲν εἶναι μηδὲ αἴσθησιν μηδεμίαν μηδενὸς ἔχειν τὸν τεθνεῶτα... καὶ εἴτε μηδεμία αἴσθησίς ἐστιν ἀλλ' οἷον ὕπνος (40c.) à celle du *Ménexène*, 248b : ἀλλ' εἴ τις ἔστι τοῖς τετελευτηκόσιν αἴσθησις τῶν ζώντων, et mettre en regard Isoc., *Evagoras* (IX, Drer. XIII), 2 (St. 189a-b) : ἡγησάμην Εὐαγόραν εἴ τις ἐστὶν αἴσθησις τοῖς τετελευτηκόσι περὶ τῶν ἐνθάδε γιγνομένων, εὐμενῶς μὲν αποδέχεσθαι καὶ ταῦτα. Sans rappeler d'autres répétitions ou variantes de la formule, je renvoie au long et tortueux débat de *Ethique à Nicomaque* (1100a, 10-1101b12, Apelt, Leipzig, 1912) où se renouvelle cette oscillation. Cf. le résumé 1101b, 1 et suiv. : ἔοικε γὰρ ἐκ τούτων εἰ καὶ διικνεῖται πρὸς αὐτοὺς ὁτιοῦν, εἴτ' ἀγαθὸν εἴτε τοὐναντίον, ἀφαυρόν τι καὶ μικρὸν ἢ ἁπλῶς ἢ ἐκείνοις εἶναι, εἰ δὲ μή, τοσοῦτόν γε καὶ τοιοῦτον ὥστε μὴ ποιεῖν εὐδαίμονας τοὺς μὴ ὄντας μηδὲ τοὺς ὄντας ἀφαιρεῖσθαι τὸ μακάριον.

2. *Gorgias*, 523a : ἄκουε δή, φασί, μάλα καλοῦ λόγου, ὃν σὺ μὲν ἡγήσῃ μῦθον, ὡς ἐγὼ οἶμαι, ἐγὼ δὲ λόγον · ὡς ἀληθῆ γὰρ ὄντα σοι λέξω ἃ μέλλω λέγειν... 524b : ταῦτ' ἔστιν, ὦ Καλλίκλεις, ἃ ἐγὼ ἀκηκοὼς πιστεύω ἀληθῆ εἶναι · καὶ ἐκ τούτων λόγων τοιόνδε τι λογίζομαι συμβαίνειν... 527a-b ; peut-être cela te semble-t-il un mythe, un méprisable conte de vieille femme, καὶ οὐδέν γ' ἂν ἦν θαυμαστὸν καταφρονεῖν τούτων, εἴ πῃ ζητοῦντες εἴχομεν αὐτῶν βελτίω καὶ ἀληθέστερα εὑρεῖν. En tous cas, ni Gorgias ni Polus ni Calliclès ne peuvent trouver que mettre à la place : ἀλλ' ἐν τοσούτοις λόγοις τῶν ἄλλων ἐλεγχομένων μόνος οὗτος ἠρεμεῖ ὁ λόγος, ὡς εὐλαβητέον ἐστὶν τὸ ἀδικεῖν μᾶλλον ἢ τὸ ἀδικεῖσθαι.

introduire la théorie de la réminiscence, on déclare à la fin ne vouloir affirmer d'une façon absolue qu'une conséquence encore toute pratique : il est possible et il est nécessaire de chercher ce qu'on ne sait pas[1]. Le *Phédon* est le dialogue de l'immortalité. Or, à côté d'assertions absolues, que de formules de simple probabilité, de vraisemblance, d'espérance ! Socrate fait devant ses disciples, comme devant des juges, son apologie. S'il refuse de fuir la mort, c'est qu'un homme qui a passé sa vie dans la philosophie a « des raisons vraisemblables, du moins en apparence », de ne pas craindre la mort ; c'est qu'il a bon espoir, grand espoir, d'une survie meilleure que la vie présente. Ἐλπίζω, εὔελπίς εἰμι, πολλὴ ἐλπίς, μετὰ ἀγαθῆς ἐλπίδος, φαίνεται εἰκότως, et, à la fin du mythe sur la géographie du Tartare : καλὸν γὰρ τὸ ἆθλον καὶ ἡ ἐλπὶς μεγάλη... Il est difficile de ne pas voir que Platon joue, après d'autres, avec des formules consacrées et qu'il transpose, en ornements du dialogue, croyances et légendes aussi bien que formules[2].

§ 5. *La transposition doctrinale dans le Phèdre et le Phédon*

Mais le jeu n'est plus jeu de sceptique, comme celui des

1. *Ménon*, 81b-86c. Cette limitation actuelle à la pure conséquence pratique est indiquée dès le début, 81d : οὔκουν δεῖ πείθεσθαι τούτῳ τῷ ἐριστικῷ λόγῳ · οὗτος μὲν γὰρ ἂν ἡμᾶς ἀργοὺς ποιήσειεν,... ὅδε δὲ ἐργατικούς τε καὶ ζητητικοὺς ποιεῖ · ᾧ ἐγὼ πιστεύων ἀληθεῖ εἶναι ἐθέλω μετὰ σοῦ ζητεῖν ἀρετὴ ὅτι ἐστίν. On remarquera la formule de « croyance » identique à celle du *Gorgias*. Voir la déclaration finale 86b : καὶ τὰ μέν γε ἄλλα οὐκ ἂν πάνυ ὑπὲρ τοῦ λόγου διισχυρισαίμην· ὅτι δ'οἰόμενοι δεῖν ζητεῖν κ. τ. λ.

2. *Phédon*, 63c : ἄλλ' εὔελπίς εἰμι εἶναί τι τοῖς τετελευτηκόσι... et les passages suivants : 63b, 63e, 64a, 67b, 67e, 68a, 70a, 114c. Avec toutes ces formules d'espoir, comparer non seulement les passages d'Isocrate que nous avons cités, mais encore Cɪc. *leg.*, 2, 36 : de tout ce que les Grecs nous ont transmis, rien ne surpasse en valeur les mystères « nihil melius illis mysteriis, quibus... neque solum cum laetitia vivendi rationem accepimus, sed etiam cum spe meliore moriendi ».

rhéteurs et des sophistes, qui ne cherchent qu'à flatter la mentalité vague et le dilettantisme de leur public. Platon transpose orphisme et mysticisme non seulement en ornement littéraire, mais en doctrine. Chez lui, toutes les métaphores empruntées aux mystères aboutissent à l'Idée ; toutes les espérances des mystères se muent en certitude d'immortalité, fondée sur la parenté de l'âme avec l'Idée ; toutes les vraisemblances passagères de la légende et du mythe ne servent que d'échelons vers la science de la dialectique, dont le terme est l'intuition infaillible de l'Idée[1]. Une longue et minutieuse comparaison pourrait seule éclairer cette transposition du mysticisme en platonisme en nous livrant les éléments bruts ou déjà spiritualisés des cultes orgiaques et des mystères, la méthode et les étapes de la transposition platonicienne, les résidus que, soit par impuissance, soit par motif d'art, cette transposition laisse intacts. Mais une esquisse provisoire peut suffire à tracer quelques-unes des directions essentielles de la méthode platonicienne.

Le troisième discours du *Phèdre* s'ouvre par la justification du « délire amoureux » ; ce délire est élevé au rang de « possession divine » ou d'enthousiasme, et voilà tout de suite créée une atmosphère mystique, celle des cultes orgiaques, religion de Dionysos et Orphisme, initiations d'Eleusis. La nature immortelle de l'âme démontrée par l'argument du mouvement et sa tripartition traduite en la métaphore du char, les âmes ailées sont dites suivre Zeus jusque sur la voûte du ciel et contempler, dans le lieu supracéleste, les réalités intelligibles[2]. Or, ce voyage au-dessus du ciel n'est que la transposition des multiples descentes aux enfers, parmi lesquelles l'orphisme avait sa très grande part ; la

1. Cf. *Revue de Philosophie*, juin 1910, p. 611-613 (*supra*, p. 97-99).
2. *Phèdre*, 244a-249a.

« plaine de Vérité », où pousse la pâture « scientifique » des âmes, est l'antithèse de la « plaine des Douleurs » ou « prairie d'Até » que décrivaient les *Purifications* d'Empédocle, tout comme la chute des âmes avec ses différentes étapes est la transposition de la chute des démons dans ce même Empédocle, qui, d'ailleurs, transposait la *Théogonie* d'Hésiode[1]. Toute cette contemplation des réalités intelligibles est décrite avec les images et le formulaire des spectacles d'initiation des mystères d'Eleusis : chœur bienheureux des âmes qui reproduit le cortège des initiés, vision complète, absolue, immobile, bienheureuse, dans une lumière pure, qui évoque ces images mobiles de dieux ou de héros évoluant sur une scène machinée, dans un jeu d'ombres et de lumières, dont s'animait, probablement, la description graduée du séjour infernal faite par le prêtre aux différentes classes d'initiés[2]. Arrêtons là cette comparaison, qu'il serait long, mais fructueux, de poursuivre dans le détail. L'essentiel est d'observer que tout cela est traduction d'une doctrine tout intellec-

1. L'opposition aux descriptions des enfers est nettement marquée 247c : τὸν δὲ ὑπερουράνιον τόπον οὔτε τις ὕμνησέ πω τῶν τῇδε ποιητὴς οὔτε ποτὲ ὑμνήσει κατ' ἀξίαν. Sur la « plaine de vérité », cf. 248b : τὸ ἀληθείας... πεδίον, ἥ τε δὴ προσήκουσα ψυχῆς τῷ ἀρίστῳ νομὴ ἐκ τοῦ ἐκεί λειμῶνος τυγχάνει οὖσα... et comparer Empédocle, *Purif.* fr. 121 (Diels, *Vors.*, I, p. 208)... ἔργα τε ῥευστά Ἄτης ἂν λειμῶνα κατὰ σκότος ἠλάσκουσιν. Sur la transposition de la chute des démons cf. frg. 115 (ib., 207), Diels, ib., p. 218, 25 et suiv., et les *Anmerkungen* (p. 690, 1). Hés., *Théog.*, 782-3, 793, 800 (Rzach, 1902).

2. *Phèdre*, 250b-c... σὺν εὐδαίμονι χορῷ μακαρίαν ὄψιν τε καὶ θέαν... εἶδόν τε καὶ ἐτελοῦντο τῶν τελετῶν ἣν θέμις λέγειν μακαριωτάτην... ὁλόκληρα δὲ καὶ ἁπλᾶ καὶ ἀτρεμῆ καὶ εὐδαίμονα φάσματα μυούμενοί τε καὶ ἐποπτεύοντες ἐν αὐγῇ καθαρᾷ. Sur les représentations dramatiques que constituaient les mystères, sur les ἱερά que « montrait » le hiérophante (*Phèdre*, 250a, parle des âmes oubliant ὧν τότε εἶδον ἱερῶν), cf. Rohde, *Psyche*, I, p. 289, 295 n. 2 ; Gruppe, *Griechische Mythologie und Religionsgeschichte* (München, 1906), I, p. 52 et suiv. ; P. Foucart, *Recherches sur l'origine et la nature des mystères d'Eleusis*, Paris, 1895, p. 42-51. — Voir aussi M. Brillant, *Les mystères d'Eleusis*, Paris, 1920.

tuelle : opposition de la science à l'opinion, objet de la science dans les réalités intelligibles, réminiscence de ces réalités suprasensibles au contact de la sensation, ascension dialectique à l'Idée, éternité de l'âme assurant la possibilité d'une connaissance pure, condition elle-même de possibilité pour la réminiscence[1]. Voilà ce qu'il y a derrière l'orphisme ou le mysticisme du *Phèdre.*

La tenue du *Phédon* est, tout au moins, aussi scientifique et intellectuelle que celle du *Phèdre.* Il y a gradation dans les preuves présentées pour démontrer l'immortalité de l'âme. De l'argument du cycle à celui de la réminiscence, de la réminiscence à la parenté de l'âme avec les Idées, de la simplicité de l'âme à l'incompatibilité des contraires, monte, de l'aveu de Platon, la certitude et la force probante[2]. Mais cette progression est parallèle d'une autre progression ; car la certitude s'affermit à mesure que l'argumentation scientifique s'épure de tout alliage, à mesure que légendes et traditions, orphisme et mystères, s'effacent devant la lumière croissante des Idées. Si le mythe final ramène la légende, comme pour enclore le dialogue entier dans une atmosphère mystique, ce mythe même ne se termine point sans qu'on fasse les distinctions nécessaires entre ce qui n'est que probabilité, grande espérance, beau risque à courir, et ce qui est vérité démontrée[3]. D'ailleurs, une étude

1. Science et opinion 248b, réalités intelligibles 247d-e, 250b, réminiscence 250a, ascension dialectique 249c, éternité de l'âme 245c.

2. *Phédon,* 70c-72e, 72e-77a, 78d-84c, 96b-106e. La réminiscence ne prouve strictement que la vie antérieure et doit être combinée avec la preuve du cycle pour démontrer la survie (77b-d). La parenté de l'âme avec les Idées ne prouve pas qu'elle soit indissoluble et éternelle en soi (85e-88b). La dernière preuve est regardée comme aussi certaine que « l'hypothèse » ou théorie des Idées, qui en est le fondement (107b).

3. **114d** : τὸ μὲν οὖν ταῦτα διισχυρίσασθαι οὕτως ἔχειν ὡς ἐγὼ διελήλυθα, οὐ πρέπει νοῦν ἔχοντι ἀνδρί · ὅτι μέντοι ἢ ταῦτ' ἐστὶν ἢ τοιαῦτ' ἄττα περὶ τὰς ψυχὰς ἡμῶν καὶ τὰς οἰκήσεις, ἐπείπερ ἀθάνατός γε

attentive de ce mythe du *Phédon*, comme des autres mythes de Platon, nous montrerait Platon procédant sciemment à un travail inverse de celui que nous venons d'étudier. Comme le dialogue traduisait en doctrine scientifique les spectacles des mystères ou les légendes orphiques, ainsi le mythe traduit en légendes et en visions la doctrine scientifique : les bienheureux voient les dieux et conversent avec les dieux, ils voient le soleil, la lune et les astres dans leur réalité véritable, et ce spectacle bienheureux du monde réel n'est qu'une de ces transpositions inverses qui servent à matérialiser, à des degrés divers, l'immatériel, à réfracter, sur les plans successifs de l'intuition sensible, la contemplation des Idées[1].

C'est donc un leurre que de prétendre diviser le Platonisme en compartiments séparés par des cloisons étanches ; c'est méconnaître à la fois la souplesse de son art et la force de concentration de sa pensée que de morceler Platon en personnalités ennemies : le socratique, le réformateur social et politique, le mystique ou le théologien[2]. Platon reste lui-

ἡ ψυχὴ φαίνεται οὖσα, τοῦτο καὶ πρέπειν μοι δοκεῖ καὶ ἄξιον κινδυνεῦσαι οἰομένῳ οὕτως ἔχειν... ἀλλὰ τούτων δὴ ἕνεκα θαρρεῖν χρὴ περὶ τῇ ἑαυτοῦ ψυχῇ ἄνδρα κ. τ. λ.

1. 107d-114c. Voir surtout 110e-111c. Les pierres sont pures et non corrompues comme ici-bas, si précieuses qu'elles font, de la terre, θέαμα εὐδαιμόνων θεατῶν. Les sanctuaires sont les résidences véritables des dieux : ἐν οἷς τῷ ὄντι οἰκητὰς θεοὺς εἶναι... καὶ τόν γε ἥλιον καὶ σελήνην καὶ ἄστρα ὁρᾶσθαι ὑπ' αὐτῶν οἷα τυγχάνει ὄντα. Sur les mythes de Platon, voir J.-A. Stewart, *The Myths of Plato* (London, 1904). On y trouvera de très utiles matériaux et des idées suggestives, encore que je serais loin d'accepter la thèse fondamentale du livre : les mythes sont « la représentation imaginative des idées de raison » ou « la déduction des catégories de l'entendement et des vertus morales » (p. 42-51). L'auteur a repris des thèses analogues dans son récent volume : *Plato's Doctrine of Ideas*, 1909. Cf. *Revue de Philos.*, août 1910, p. 145-154 (*supra*, p. 352-362).

2. Cf. W. Windelband, *Platon*, 3e éd., p. 125 et s. — M. Wundt, *Geschichte der griechischen Ethik*, I (Leipzig, 1908) ch. X, et *Revue de Philosophie*, juin 1910, p. 605-613 (*supra*, p. 97-99).

même tout le long de la voie montante et tout le long de la voie descendante : c'est la même pensée, guidée par le même art, qui intègre et qui désintègre, qui, des données sensibles ou sociales ou mythiques, se concentre progressivement en l'Idée et, de l'Idée, se dégrade en images et en illustrations, en adaptations et en compromis. Qu'on parle donc, si l'on veut, du mysticisme de Platon ; mais qu'on ne croie pas, pour cela, pouvoir mettre de côté, à titre de contamination ou invasion de l'orphisme, ce qu'on appelle de ce nom vague de mysticisme. Au mysticisme de son temps, Platon a plus rendu qu'il ne lui a pris. La κάθαρσις, notion de pureté rituelle et souvenir d'antiques interdictions toutes magiques, est devenue effort de purification intellectuelle et morale. La fuite de la vie, le mépris du corps tombeau de l'âme, est désormais libération progressive de la domination trompeuse et corruptrice des sens. Le désir passif de la mort a fait place à l'ascension laborieuse de la pensée vers l'intuition pure, dont le regard *sub specie aeternitatis* devance la vie séparée[1]. L'initiation, privilège de race et simple passage à travers des épreuves cultuelles, s'est muée en la perfection de la vie philosophique[2]. La déification finale, ce « Réjouis-toi ; de mortel te voilà devenu dieu » que nous ne pouvons lire sans émotion sur les amulettes mortuaires de Thurium, risquait bien de ne jamais signifier beaucoup plus que les « banquets des saints » et « l'éternelle ivresse » raillée dans la *République*[3].

1. Voir tout le début du *Phédon* et spécialement 64c-69e.

2. Pour l'initiation privilège de race, cf. Isoc. *Paneg.* 157 (St. 73e). Cf. *Phédon*, 69c. : εἰσὶν γὰρ δή, [ὥς] φασιν οἱ περὶ τὰς τελετάς, ναρθηκοφόροι μὲν πολλοί, βάκχοι δέ τε παῦροι · οὗτοι δ' εἰσὶν κατὰ τὴν ἐμὴν δόξαν οὐκ ἄλλοι ἢ οἱ πεφιλοσοφηκότες ὀρθῶς.

3. *Républ.*, 363c-d. Sur les tablettes de Thurium, on ne peut plus renvoyer désormais qu'à D. Comparetti, *Laminette Orfiche*, Firenze 1910. La formule de déification fait partie de la petite tablette de *Timpone Grande* (D. C., p. 7) : χαῖρε, παθὼν τὸ πάθημα τὸδ' οὔπω πρόσθε ἐπεπόνθεις, θεὸς ἐγένου ἐξ ἀνθρώπου. Cf. *Rev. de Philos.*, juillet

Platon remplace la divinisation, si banale dans le paganisme, par l'effort actif de ressemblance morale avec la divinité, et la déification par la vision « face à face » de la Réalité Intelligible. Enfin, aux vagues légendes d'immortalité, Platon a donné valeur de théories philosophiques et, s'il y a, dans l'argumentation du *Phédon*, des pièces caduques, il y en a d'autres dont la philosophie chrétienne a su faire des pièces maîtresses de son édifice. Si j'ajoute que l'effort même de Platon pour exprimer, en intuitions provisoires, l'inexprimable de l'au delà, répond au plus haut idéal intellectuel et moral qu'ait pu concevoir l'âme antique, j'aurai dit un peu de ce qu'il faut pour que l'on m'excuse d'avoir parlé si longuement et si imparfaitement de la transposition platonicienne.

1912, p. 45-9. Pour une analyse sommaire des tablettes orphiques, cf. *Cycle Mystique*, p. 42-3. Pour une étude sur la transformation des légendes anciennes dans la physique de Platon et les résidus mythiques subsistants, cf. A. Rivaud, *Le Problème du devenir*, 1906, p. 328 et suiv. ; spécialement p. 344.

CHAPITRE II

L'Idée de la Science dans Platon

Une étude pleinement historique sur l'idée platonicienne de la science serait autre que celle-ci. Elle rechercherait quelles théories faites ou quelles ébauches de théories de la science Platon trouvait d'avance exprimées chez les penseurs antérieurs ou contemporains, quelles conceptions de la science, de sa valeur, de son objet, de ses méthodes supposait, sans les formuler, la vie intellectuelle et morale de son époque, quelles modes, quelles orientations momentanées, quels besoins plus aigus, quels préjugés plus vivaces de l'esprit contemporain Platon avait soit à combattre, soit à satisfaire, soit à ménager ou à tourner pour faire pénétrer, dans un milieu non pas neutre et purement réceptif, mais à la fois exigeant et résistant, les doctrines essentielles et, par-dessus tout, l'esprit intime du Platonisme. Une telle enquête sur l'idée de la science dans Platon, qui essaierait de comprendre la genèse intime et les manifestations extérieures de la doctrine platonicienne en fonction non seulement de sa propre force vitale et de sa poussée intérieure, mais aussi des forces étrangères qui l'attirent ou la repoussent, serait un des chapitres les plus importants d'une étude que je n'ai point écrite, que personne d'ailleurs n'a écrite et qui ne s'écrira tout au long que par le labeur convergent de plusieurs, mais dont j'ai essayé ici même de tracer une esquisse : la *Transpo-*

sition platonicienne. Le philosophe philosophant, celui qui s'attache davantage à comprendre, à repenser, à développer et promouvoir la philosophie, qu'à connaître les lois de son évolution historique et la psychologie de ses créateurs, si on lui parle de l'idée de la science dans Platon, aura son attention tournée d'avance vers un autre point de vue. Il s'intéressera à ce problème d'histoire en raison de ses préoccupations de doctrine. Il ne peut demander au platonisant de traduire le Platonisme dans la langue et de le juger à la lumière de la philosophie contemporaine, ce qui serait autoriser tous les subjectivismes et renoncer aux bases solides où peut s'appuyer une comparaison féconde. Mais il peut demander que, sans le travestir, on le dégage ; que, sans le recouvrir des formes passagères ou durables de notre pensée actuelle, on le désencombre, sinon de ses attaches intimes à ses conditions historiques, au moins de ces perpétuels détours et retours de dialectique, de ce jeu ondoyant d'attaque et de défense et de cette multiplicité d'allusions et de suggestions dont s'enveloppe sa formule doctrinale. Essayer une telle abstraction, tenter de se représenter la pensée platonicienne comme une doctrine faite est, certes, même pour qui veut étudier en historien cette pensée, au moins un procédé utile. Mais, quand il faut extérioriser et fixer cette représentation intérieure et toujours provisoire, quand, de cette synthèse auxiliaire et de méthode, il faut faire une synthèse d'exposition, on ne peut ignorer ni laisser ignorer que, quelle que soit la conscience apportée à cette reconstruction, celui qui reconstruit le fait toujours un peu à ses risques et périls.

Que cela donc soit dit avant que nous essayions de dégager, de la série de tâtonnements où elle se cherche, de la multiple polémique où elle s'oppose, parfois même avant de se poser, du perpétuel retour sur elle-même où elle se critique à mesure qu'elle se formule, l'idée platonicienne de la science.

La critique des définitions subjectives, la connaissance de l'être, les principes constitutifs de l'être et de la connaissance, voilà les trois pièces principales de notre étude. Mais, parmi ces principes constitutifs, le principe de relation, parce que plus tardivement fixé et parce que plus difficile, au moins en apparence, à intégrer dans la continuité de l'évolution platonicienne, nous arrêtera plus longtemps et nous ramènera, d'ailleurs, à cette notion d'être où la science platonicienne essaie de rassembler et de résumer ses exigences les plus essentielles : objectivité, détermination et distinction.

I. — Les Définitions suggestives de la Science

§ 1. *Le langage*

Qu'est-ce que la science ? Par quelle voie l'atteignons-nous ?

Une première réponse simplifierait l'enquête. La science est donnée toute faite à tout homme qui parle. Si l'idéal que poursuit celui qui cherche la science totale est de reproduire, en ses notions intérieures et leur expression vocale, la nature exacte et les relations exactes des choses, cet idéal n'est plus à poursuivre. Vous rêvez d'enclore le système des choses dans un système de représentations, de refléter la réalité dans votre science et votre science dans une langue bien faite. Or cette langue est faite, et, création spontanée de la nature ou cadeau gracieux d'une bienfaisance divine, elle est bien faite : dans la justesse de ses vocables, dans leur accord merveilleux, elle nous donne la copie exacte des choses et la fidèle traduction de leurs rapports. Il n'y a plus à chercher d'autre instrument de découverte et d'enseignement : qui sait les noms sait les choses, et s'approprier ou communiquer la science revient à s'approprier ou communiquer le trésor intégral du langage[1].

Mais la justesse naturelle des noms est une hypothèse non prouvée et qui ne peut fournir ses preuves qu'en montrant côte à côte et la chose et le nom. L'accord si merveilleux des noms est une illusion que détruit une rapide inspection du sens intime de leur structure : quand tous les éléments significatifs de toute une masse de vocables ne visent qu'à reproduire l'instabilité d'une nature essentiellement fluente, quand tous les éléments significatifs de toute une autre masse tendent à représenter cette nature sous un aspect de repos, de permanence identique, faudra-t-il, pour départager ces témoignages contradictoires, s'en rapporter à l'autorité du nombre et compter les noms comme des boules au scrutin[2] ? Là encore, la voie la plus courte et la plus sûre sera de comparer les noms avec les choses. Mieux encore vaut donc aller directement aux choses, les étudier en elles-mêmes, les unes par les autres si elles offrent quelque parenté, et chacune pour soi. D'ailleurs, image exacte ou non, le mot n'est jamais qu'une image ; n'est-il pas plus naturel de s'attaquer d'emblée à la réalité[3] ? C'est à cette conclusion que s'arrête le *Cratyle*.

Mais qu'est-ce que cette étude directe des choses ou quelles choses sont l'objet de cette étude directe ? Le *Cratyle* a bien

1. Voir tout le *Cratyle* et surtout 435d : διδάσκειν ἔμοιγε δοκεῖ [τὰ ὀνόματα], καὶ τοῦτο πάνυ ἁπλοῦν εἶναι, ὃς ἂν τὰ ὀνόματα ἐπίστηται, ἐπίστασθαι καὶ τὰ πράγματα.

2. 436e-437d.

3. 438e : ἔστιν ἄρα, ὡς ἔοικεν, δυνατὸν μαθεῖν ἄνευ ὀνομάτων τὰ ὄντα.... διὰ τίνος ἄλλου οὖν ἔτι προσδοκᾷς ἂν ταῦτα μαθεῖν ; ἆρα δι' ἄλλου του ἢ οὗπερ εἰκός τε καὶ δικαιότατον, δι' ἀλλήλων γε, εἴ πῃ συγγενῆ ἐστιν, καὶ αὐτὰ δι' αὑτῶν ;... 439a/b pose et résout l'alternative : ἐκ τῆς εἰκόνος μανθάνειν αὐτήν τε αὑτὴν εἰ καλῶς εἴκασται, καὶ τὴν ἀλήθειαν ἧς ἦν εἰκών, ἢ ἐκ τῆς ἀληθείας αὐτήν τε αὑτὴν καὶ τὴν εἰκόνα αὐτῆς εἰ πρεπόντως εἴργασται ; ἐκ τῆς ἀληθείας μοι δοκεῖ ἀνάγκη εἶναι.

soin de ne rien préjuger : « Par quelle méthode, certes, il faut apprendre ou trouver les réalités, c'est peut-être une question qui nous dépasse l'un et l'autre[1] ». La sensation semble pouvoir prétendre, plus que tout autre mode de connaissance, à ce contact immédiat. La sensation est-elle la science ?

§ 2. *La sensation*

Oui, et c'est la réponse que trouve le plus spontanément le jeune Théétète quand, aux vaines énumérations de sciences particulières, Socrate lui demande de substituer une définition universelle : « La science, c'est la sensation[2] ». On pourrait en appeler, comme a fait le *Phédon*, au témoignage « des poètes, qui, continuellement, nous chantent ce refrain qu'il n'y a aucune exactitude en ce que l'œil voit, en ce que l'oreille entend ». Et si, en ces deux sens, il n'y a ni rigueur ni clarté, que dira-t-on des autres, qui leur sont inférieurs[3] ? Mais on fait plus d'honneur à la thèse que de la réfuter par les dires des poètes.

Brutale et simple en apparence, l'identification de la science à la sensation suppose ou entraîne toute une philosophie, très ondoyante et très nuancée. Dire que la science consiste dans la sensation, c'est dire, avec Protagoras, que ce qui paraît à chacun est, pour lui, tel qu'il lui paraît ;

1. 439b : ὅντινα μὲν τοίνυν τρόπον δεῖ μανθάνειν ἢ εὑρίσκειν τὰ ὄντα, μεῖζον ἴσως ἐστὶν ἐγνωκέναι ἢ κατ' ἐμὲ καὶ σέ.

2. *Théétète*, 151e : οὐκ ἄλλο τί ἐστιν ἐπιστήμη ἢ αἴσθησις. Les pages qui suivent sont une analyse rapide du dialogue, analyse où j'ai essayé de conserver l'essentiel de la discussion sur la nature de la science, en écartant de parti pris toute recherche historique sur le relativisme de Protagoras et les rapports que Platon établit entre ce relativisme et l'héraclitéisme antérieur ou postérieur. Sur cette méthode de réductions et assimilations progressives, cf. *Revue de Philosophie*, XI, 4 (avril 1911), pp. 399-401.

3. *Phédon*, 65b.

c'est souscrire à l'ambitieuse formule que l'homme est la mesure des choses ; — l'homme, c'est-à-dire chaque homme, en chaque instant, dans chaque sensation[1]. Mais, si chaque sensation atteint l'être et l'atteint infailliblement, comme il ne peut échapper que la sensation varie d'homme à homme, et, dans chaque homme, d'instant en instant, c'est à la réalité même, à l'être en sa nature la plus intime, que se transporte l'instabilité de la sensation. Dire que la science consiste dans la sensation, c'est dire que rien n'existe par soi, que rien n'existe en soi, qu'en aucun moment il n'y a une existence, mais, à tout moment, un devenir : en ce que nous disons « être », il n'y a que confluent passager de toutes ces translations et ces mobilités[2]. Translations et mobilités en lesquelles un mobile mettrait encore quelque chose de permanent et de substantiel. Or, nous révèlent les initiés dans une troisième et ultime formule, il n'y a précisément pas de mobile, il n'y a qu'une dualité de mouvements opposés[3]. Là où vous parlez d'objet, de sujet, de relation plus ou moins passagère entre deux termes permanents, eux ne mettent ni objet, ni sujet, ni termes. Il n'y a qu'un infini et perpétuel entrelacement de mobilités, mais de mobilités qui, à leur rencontre et seulement à leur rencontre, se distinguent en mobilité active et mobilité passive et produisent une nou-

1. *Théétète*, 152a-152d. C'est la première réduction : assimilation de la thèse du jeune Théétète à la formule de Protagoras.

2. 152d-155e, seconde réduction ; assimilation de la formule de Protagoras à la thèse de l'héraclitéisme. Cf. surtout 152d/e : ἓν μὲν καθ' αὑτὸ οὐδέν ἐστιν.... ὡς μηδενὸς ὄντος ἑνὸς μήτε τινὸς μήτε ὁποιουοῦν· ἐκ δὲ δὴ φορᾶς τε καὶ κινήσεως καὶ κράσεως πρὸς ἄλληλα γίγνεται πάντα ἃ δή φαμεν εἶναι οὐκ ὀρθῶς προσαγορεύοντες· ἔστι μὲν γὰρ οὐδέποτ' οὐδέν, ἀεὶ δὲ γίγνεται.

3. 156a-157c ; troisième réduction : c'est la théorie des κομψότεροι ou plus délicats. Sur les divers essais d'identification et sur les discussions doctrinales auxquelles a donné lieu cet exposé, voir les notes si riches et si claires de A. Rivaud, *Le problème du devenir*, p. 232-3. Cf. aussi *Rev. de Philos.*, XI, 4, p. 40.

velle dualité, infinie elle aussi et perpétuellement s'évanouissant, perpétuellement se renouvelant au hasard des rencontres : τὸ μὲν αἰσθητόν, τὸ δὲ αἴσθησις, la qualité sensible, la sensation. Mais il n'y a point, avant le choc, d'agent ni de patient. Il n'a, à aucun moment, d'unité ni d'individualité subsistante ; il n'y a que devenirs et rencontres de devenirs, il faut absolument supprimer l'idée d'être, bien que le mot ne cesse de s'imposer à notre accoutumance et à notre ignorance[1].

La thèse paraît complète et poussée à son terme, et pourtant on peut l'aider à expliciter davantage sa conception d'une essentielle mobilité[2]. Cette mobilité n'est-elle, en effet, que translation ? En ce cas, elle supposerait encore une certaine permanence, une certaine substantialité, à savoir ce que transfère cette translation. Si l'on se borne à dire que tout se meut et que tout s'écoule, il restera loisible encore de chercher et de déterminer la qualité de ce qui se meut et s'écoule. Mais, puisqu'on proclame que rien n'est en soi déterminé, ni l'agent ni le patient ; qu'il n'y a, au point de rencontre des deux mobilités, qu'un double devenir, celui du *percipi* et celui du *percipere ;* on ne peut affirmer que ce qui devient et coule devient et coule quelque chose, *coule*, par exemple, *blancheur*, et la qualité même de ce devenir n'est, en soi, qu'une mobilité nouvelle, une transformation perpétuelle[3]. La translation se double donc d'une altération

1. 157a : αὐτὸ μὲν καθ' αὑτὸ μηδὲν εἶναι... ἐν δὲ τῇ πρὸς ἄλληλα ὁμιλίᾳ πάντα γίγνεσθαι καὶ παντοῖα ἀπὸ τῆς κινήσεως, ἐπεὶ καὶ τὸ ποιοῦν εἶναί τι καὶ τὸ πάσχον αὐτῶν ἐπὶ ἑνὸς νοῆσαι, ὥς φασιν, οὐκ εἶναι παγίως... ὥστε ἐξ ἁπάντων τούτων... οὐδὲν εἶναι ἓν αὐτὸ καθ' αὑτό, ἀλλά τινι ἀεὶ γίγνεσθαι, τὸ δ'εἶναι πανταχόθεν ἐξαιρετέον, οὐχ ὅτι ἡμεῖς πολλὰ καὶ ἄρτι ἠναγκάσμεθα ὑπὸ συνηθείας καὶ ἀνεπιστημοσύνης χρῆσθαι αὐτῷ.

2. 181b à 183b.

3. 182c/d : εἰ μὲν τοίνυν ἐφέρετο μόνον, ἠλλοιοῦτο δὲ μή, εἴχομεν ἄν που εἰπεῖν οἷα ἄττα ῥεῖ τὰ φερόμενα... ἐπειδὴ δὲ οὐδὲ τοῦτο μένει, τὸ λευκὸν ῥεῖν τὸ ῥέον, ἀλλὰ μεταβάλλει, ὥστε καὶ αὐτοῦ τούτου εἶναι

continuelle. Dans cet écoulement d'une succession de métamorphoses instables, il n'y a plus à parler d'une couleur déterminée ni d'une sensation déterminée, puisque, de toute couleur et de toute sensation, l'instant d'arrêt qui serait son être est emporté dans l'immédiat, inévitable passage à une autre couleur, une autre sensation. On ne peut pas plus dire « voir » que « ne pas voir », avoir telle sensation que ne pas l'avoir. Déclarer que la science est la sensation n'est plus rien dire : la sensation est science, la sensation n'est pas science sont deux affirmations qui s'équivalent[1]. Sur tout sujet, d'ailleurs, impossible de choisir entre l'affirmation et la négation ; sans quoi, à cette métamorphose fluente, on met un terme qui détruit la thèse. Celle-ci ne peut se poser que dans le néant de pensée et le néant de langage ; car ni « ainsi » ni « pas ainsi », ni quelque mot que ce soit ne lui est permis, à moins qu'on ne laisse à ses tenants la pure indétermination qui, seule, pourrait leur convenir : « pas même ainsi[2] ».

La sensation n'est donc pas la science. Au lieu de poursuivre la thèse en ses formules successives et d'aller chercher, jusqu'en ses fondements métaphysiques, la preuve de sa fragilité, on pouvait la réfuter, d'une façon plus brève, par l'examen direct de la perception. Celle-ci ne s'explique pas par une pluralité sans lien, par des sensations indépendantes,

ῥοήν, τῆς λευκότητος, καὶ μεταβολὴν εἰς ἄλλην χρόαν, ἵνα μὴ ἁλῷ ταύτῃ μένον. ἆρά ποτε οἷόν τέ τι προσειπεῖν χρῶμα, ὥστε καὶ ὀρθῶς προσαγορεύειν ;

1. 182e : οὐδὲν ἄρα ἐπιστήμην μᾶλλον ἢ μὴ ἐπιστήμην ἀπεκρινάμεθα ἐρωτώμενοι ὅτι ἐστὶν ἐπιστήμη.

2. 183b : ὡς νῦν γε πρὸς τὴν αὐτῶν ὑπόθεσιν οὐκ ἔχουσι ῥήματα, εἰ μὴ ἄρα οὐδ' οὕτως μάλιστα [δο'ὕτως] ἂν αὐτοῖς ἁρμόττοι, ἄπειρον λεγόμενον. J. Burnet, dont je suis le texte (Oxford, 1899 ; je n'ai pas sous la main l'édition de 1905) met entre crochets δ'οὕτως. Je serais plutôt porté à supprimer les crochets et, dans la phrase platonicienne, j'accepterais un jeu d'expression qui en précise le sens : « à moins que le « pas même ainsi » ne fût seul à leur convenir, dit ainsi (sous cette forme) : dans son indétermination totale ».

« assises en nous, çà et là, comme dans un cheval de bois ». Elle suppose un centre de synthèse, car les sens ne sont pas *ce par quoi*, mais *ce au moyen de quoi* nous voyons, entendons et sentons. Un sens ne saisit que son objet direct, tout ce que saisit l'autre sens lui demeure étranger. Or, d'un son, d'une couleur, nous savons que chacun d'eux est identique à soi-même et différent de l'autre, qu'ensemble ils sont deux et que chacun est un, qu'ils sont semblables ou dissemblables. Leur être ou non-être, leur ressemblance ou dissemblance, identité ou différence, leur unité ou leur nombre, c'est le centre de synthèse qui en juge, et, si l'on appelle âme ce centre, on dira que c'est l'âme qui connaît par elle-même ces caractères communs[1]. Le tact attestera la dureté de ce qui est dur, la mollesse de ce qui est mou ; mais l'existence de ce dur et l'existence de ce mou, et leur existence à tous deux, et leur opposition, et l'essence de cette opposition, c'est l'âme qui en juge, repliée sur elle-même dans une comparaison laborieuse. L'οὐσία donc, qui, plus que tout le reste, a universelle extension, la ressemblance, l'identité,

1. 184b-186c. J.-I. Beare (*Greek Theories of elementary cognition from Alcmeon to Aristotle*, Oxford, 1906) a, dans sa troisième partie (Sensus communis), deux pages excellentes sur la fonction de synthèse dans le *Théétète* (p. 261-2) Sa très sobre analyse reste beaucoup plus près de la pensée platonicienne que les déductions de P. Natorp (*Platos Ideenlehre*, Leipzig, 1903, p. 108-112). Mais, qu'on interprète ce passage en historien de la psychologie expérimentale ou en théoricien du criticisme de Marburg, on aurait tort d'y chercher, non pas seulement une étude définitive, mais même une étude directement voulue de la fonction de synthèse et des principaux concepts qu'elle dégage. Le seul but de Platon est, en montrant l'insuffisance de la sensation, de présenter à l'interlocuteur cette fonction de réflexion, qu'il va traduire par la δόξα : c'est la transition voulue de l'examen de la sensation à l'examen de l'opinion vraie. Chercher à mettre une précision absolue dans cette description de la fonction synthétique serait aller contre l'intention même de Platon ; c'est volontairement que cette description s'en tient à la superficie : une réflexion qui serait montrée atteindre l'essence ou réalité intelligible ne pourrait plus se traduire, même provisoirement, en δόξα.

le beau, le bon et leurs contraires, sont objets de cette réflexion intérieure, qui compare présent, passé, avenir[1]. A tous, hommes et bêtes, la sensation apporte l'impression immédiate, celle du moins qui a pu venir de la périphérie du corps jusqu'à l'âme. Mais le raisonnement sur l'essence et l'utilité n'est donné qu'à certains et que tard, par une laborieuse et lente éducation. Or, qui n'atteint pas l'οὐσία n'atteint pas l'ἀλήθεια. La science n'est donc pas dans les impressions, mais dans le raisonnement sur les impressions[2]. On ne peut identifier la science et la sensation.

§ 3. *La* δόξα

Le *Cratyle* avait donc bien raison de s'en tenir à des généralités prudentes, de ne pas croire qu'en opposant, à l'étude indirecte par les noms, l'étude directe des choses, il indiquait, d'une façon précise et définitive, la méthode et la nature de la science. Celle-ci, en effet, ne semble-t-elle pas devoir se

1. 186b : τὴν δέ γε οὐσίαν (τοῦ μὲν σκληροῦ... καὶ τοῦ μαλακοῦ) καὶ ὅτι ἐστὸν καὶ τὴν ἐναντιότητα πρὸς ἀλλήλω καὶ τὴν οὐσίαν αὖ τῆς ἐναντιότητος αὐτὴ ἡ ψυχὴ ἐπανιοῦσα καὶ συμβάλλουσα πρὸς ἄλληλα κρίνειν πειρᾶται ἡμῖν. P. Natorp explique (p. 110) : « So allein erkennen wir das Sein und Was es ist, und das diesem entgegengesetzte, sowie das Wesen der Entgegensetzung selbst (Bejahung, Verneinung und Kontradiktion), und so fort ». Or, il s'agit ici de l'opposition de deux qualités, et de l'essence de *cette* opposition ; il ne s'agit pas de l'essence de l'opposition en soi, si l'on peut ainsi dire ; il s'agit encore bien moins de la réduire aux formes logiques d'une théorie criticiste de la connaissance.

2. 186d : ἐν μὲν ἄρα τοῖς παθήμασιν οὐκ ἔνι ἐπιστήμη, ἐν δὲ τῷ περὶ ἐκείνων συλλογισμῷ· οὐσίας γὰρ καὶ ἀληθείας ἐνταῦθα μέν, ὡς ἔοικε, δυνατὸν ἅψασθαι, ἐκεῖ δὲ ἀδύνατον. La proposition reste dubitative et générale ; la réalité ou vérité qu'atteint cette réflexion n'a pas été clairement définie, elle est restée flottante entre une réalité purement conceptuelle et la réalité intelligible. Les mots employés sont des mots de la langue platonicienne, mais aussi bien des mots appartenant à toutes les écoles d'alors, et Théétète ne va les comprendre que dans ce dernier sens, très général.

définir désormais moins par un contact que par la réflexion qui analyse ce contact ? Mais de quelle nature est cette réflexion ? Quel nom donner à cette attitude ou cette activité de l'âme, qui s'isole et se concentre en ce travail intime sur les choses[1] ? Acceptons de la désigner du seul nom que trouve Théétète : δοξάζειν, δόξα.

Sans chercher à pénétrer plus intimement la nature de son objet, après avoir décrit le travail de synthèse dont elle est issue, on peut essayer d'éclairer plus nettement cette démarche finale de l'âme qui constitue la δόξα. L'âme, qui réfléchit et compare, essaie de se rendre compte des résultats de cette comparaison. Elle se parle à elle-même, s'interroge et se répond, tour à tour affirmant et niant. Ce va-et-vient de la pensée réfléchie, ce dialogue intérieur, c'est la διάνοια. Quand le va-et-vient s'arrête, quand la vacillation cesse entre l'affirmation et la négation, cette décision finale, c'est la δόξα. C'est un prononcé d'opinion, un jugement, mais un jugement interne et silencieux. C'est le oui ou le non qui marque le terme des hésitations, c'est l'arrêt, l'aboutissant dernier de ce dialogue intérieur qu'est la pensée réfléchie[2]. Est-ce dans ce prononcé d'opinion, dans ce jugement intime que nous allons trouver la science ?

Pas dans tout jugement, certes, puisque, malgré les théories de Protagoras, il est manifeste qu'il y a des jugements faux. Mais bien dans le jugement vrai : ἡ ἀληθὴς δόξα ἐπιστήμη[3].

Mais, si, dans la science, il n'y a rien de plus que dans le jugement vrai, on aboutit tout de suite à des résultats

1. 187a : ὥστε μὴ ζητεῖν αὐτὴν (τὴν ἐπιστήμην) ἐν αἰσθήσει τὸ παράπαν ἀλλ' ἐν ἐκείνῳ τῷ ὀνόματι, ὅτι ποτ' ἔχει ἡ ψυχή, ὅταν αὐτὴ καθ' αὑτὴν πραγματεύηται περὶ τὰ ὄντα.

2. Voir *Théétète*, 189e-190a, et comparer *Sophiste*, 263d-264d.

3. Discussion de la valeur épistémologique du jugement vrai : *Théétète*, 187c-201c.

étranges. L'existence du jugement faux, par exemple, devient impossible à expliquer[1]. Pour qui pose la science comme supérieure au jugement vrai, il y a un intermédiaire possible entre science et non-science. Il n'y en a plus pour qui ramène la science au jugement vrai; ôtées de la présente discussion, où elles n'ont rien à faire, les potentialités que constituent le fait d'apprendre ou le fait d'oublier, il n'y a plus, pour celui qui juge, que deux états possibles : savoir ou ne pas savoir. Or, prendre ce qu'on sait pour ce qu'on ne sait pas, prendre ce qu'on ne sait pas pour ce qu'on sait, sont choses également impossibles, et pourtant juger faux est faire l'un ou l'autre. Pour qui pose la science comme autre que le jugement vrai, il reste possible de distinguer des modes ou des degrés d'être dans l'être de leurs objets respectifs, objets qui, tous les deux, *sont*, puisqu'ils sont vrais. Pour qui identifie la science et le jugement vrai, il ne reste, à l'objet du jugement, d'autre alternative que d'être ou de n'être pas. L'objet du jugement vrai est vrai, donc est. Mais le jugement faux affirme ce qui est faux, donc ce qui n'est pas. Or, il est impossible qu'un jugement soit un jugement et n'ait pas d'objet. Le jugement faux sera-t-il une « *allodoxie* », une confusion de deux objets qui, tous deux, existent ? Mais, là où il y a deux objets distincts, *a* et *b*, qu'on les pense tous les deux ou qu'on n'en pense qu'un, on sera tout aussi incapable de prendre l'un pour l'autre. Essaiera-t-on de rendre plus explicable la confusion en disant que l'un des termes est posé dans la sensation et l'autre dans la pensée ? Ce serait oublier que l'erreur porte souvent sur les nombres et que les nombres ne se peuvent poser que dans la pensée. Que si l'on réintroduit, dans le raisonnement, les notions d'acquisition et d'oubli, on pourra distinguer, de la science que

1. 187e-200e.

l'esprit tient actuellement à sa disposition, les sciences antérieurement acquises et conservées dans l'âme comme les colombes dans un colombier. Mais, en ce cas même, on reviendra encore à l'impossible alternative de confondre ce qu'on sait avec ce qu'on sait ou ce qu'on sait avec ce qu'on ne sait pas. Identifier la science au jugement vrai est rendre inexplicable le jugement faux.

Une voie plus courte, ici encore, s'offrait pour la réfutation de la thèse : celle de l'expérience. Tous les jours, l'éloquence persuasive du rhéteur, sans rien enseigner au juge, lui impose pourtant une opinion. Quand cette opinion porte sur un fait, dont la sensation seule aurait pu instruire le juge, elle est assurément sans aucun rapport avec la science, elle n'est produit que de la persuasion, et pourtant elle peut être vraie et juste. Il n'y a donc pas identité entre l'opinion vraie et la science[1].

§ 4. *La* δόξα *vraie avec* λόγος

Que manque-t-il donc à l'opinion vraie pour être la science ? De pouvoir se justifier, rendre compte de sa valeur, asseoir sa vérité sur une base de raison[2] ? Peut-être, en effet, l'opinion vraie accompagnée de raison est-elle à rapprocher plus ou moins intimement de la science. Mais, avant d'identifier, sans plus, les deux termes ἐπιστήμη et ἀληθὴς δόξα μετὰ λόγου, il est nécessaire de s'entendre sur le sens de ce λόγος.

a) *Le* λόγος, *compte des éléments.* — N'est-ce qu'une analyse, un simple calcul d'éléments ? Il y a des théories qui traduisent ainsi, par une combinaison et une numération d'éléments, la réalité et la science. Connaître veut dire

1. 201a-201c.
2. 201d *ad fin.*

expliquer, développer un contenu, reproduire, dans la pensée et le langage, le nombre et l'ordre des parties composantes. Donc on ne peut connaître qu'un composé. L'élément dernier, en lui-même, peut être saisi par la sensation ; il peut être marqué d'un nom ; mais il ne peut être ni objet de connaissance ni membre d'une proposition. On ne lui peut appliquer aucun terme, ni « être », ni « ceci », ni « seul », ni « même », car ce serait le lier avec autre chose que lui, le connaître et le dire en combinaison : en tant qu'élément, il est imprédicable, inconnaissable. Mais, alors que les στοιχεῖα sont αἰσθητά, ἄλογα, ἄγνωστα, les composés sont connaissables, prédicables, objets possibles de jugement vrai : τὰς δὲ συλλαβὰς γνωστάς τε καὶ ῥητὰς καὶ ἀληθεῖ δόξῃ δοξαστάς. Que ce jugement vrai puisse rendre compte de lui-même, cette seule adjonction du λόγος à l'opinion droite en fait une science[1].

b) *Le λόγος, compte des différences caractéristiques.* — Admettons que les parties du composé, tout comme les éléments de l'alphabet, soient inconnaissables. Comment alors déclarer connaissable le composé, la syllabe[2] ? Le composé n'est-il que la somme des composants, la syllabe n'est-elle que la simple agrégation des éléments ? Un nombre quelconque d'inconnaissables ne donnera jamais une somme connaissable, et c'est bien pour cela que, dans toute discipline, on commence par apprendre les éléments. Le composé est-il autre chose qu'une somme ? La syllabe est-elle une *forme* simple, l'unité nouvelle et indivise où aboutit l'ordonnance des éléments ? Alors, unité isolée et fermée à son tour, elle n'est pas plus connaissable que ne l'étaient, par définition, les éléments. D'ailleurs, de ce λόγος dont l'addi-

1. 201e-202e.
2. Le λόγος ne peut être compte des éléments (203a-206e), ni simple expression vocale (206d-207a), ni parcours des éléments (207a-208c), ni indication de la différence (208d-210a).

tion communique, à l'opinion droite, le caractère de science, il faudrait définir un peu plus clairement la nature. N'est-ce que l'expression vocale de la pensée par les verbes et les noms ? Quiconque n'est pas sourd ou muet en est capable. Est-ce le parcours et l'énumération des éléments ? Mais on peut mal compter, on peut épeler de travers et, dans ce cas, de l'opinion droite qu'on a d'avance sur la syllabe, l'adjonction de ce λόγος fera tout autre chose qu'une science. Est-ce l'indication du caractère distinctif ? Mais l'opinion vraie toute seule distingue déjà son objet de tout autre. Si, de la différence caractéristique, il y a déjà une connaissance à la base du jugement vrai, ce n'est là, certes, qu'une connaissance d'opinion, mais le λόγος n'y ajoutera rien de plus qu'à la condition d'être *la connaissance scientifique de la différence*. L'opinion vraie ne sera la science qu'à la condition d'être l'opinion vraie *avec la science de la différence*. Ainsi l'opinion ne peut se définir la science que si, d'avance, on enferme, dans le définissant, le défini. La science n'est donc, au bout de cette longue discussion, ni la sensation, ni l'opinion vraie accompagnée de raison.

c) *La δόξα vraie avec λόγος dans Platon.* — Ne pourrait-on dire à Platon : « Vous oubliez vos propres errements et, réfutant avec tant de vigueur vos adversaires, vous semblez ignorer que vous vous réfutez vous-même. Laissons de côté les nécessités qu'impose le dialogue, les accommodations inévitables au langage du vulgaire ou de ceux que le vulgaire croit sages, toutes les feintes et toutes les adresses dialectiques où vous excellez. Il reste que, dans l'instant même où vous indiquez la place que tient la δόξα dans l'échelle des connaissances, si vous faites une distinction entre la science et l'opinion vraie, ce n'est qu'entre la science et l'opinion vraie dépourvue de λόγος[1]. Il reste que vous avez décrit

1. *Banquet*, 202a : τὸ ὀρθὰ δοξάζειν καὶ ἄνευ τοῦ ἔχειν λόγον δοῦναι

ailleurs la transition de l'instabilité de l'opinion à la stabilité de la science, et cette transition se fait par le λογισμός[1]. Quelle différence y a-t-il, y a-t-il même une différence entre ce λόγος ou λογισμός et le λόγος de vos adversaires ? »

Y a-t-il une réponse à cette question que d'aucuns estiment si troublante et que Platon, à leur avis, n'a pu résoudre sans donner un démenti à sa propre doctrine[2] ? Il y en a une, et cette réponse positive est présupposée par toute cette discussion du *Théétète*, dont la conclusion possible n'est même pas mentionnée.

d) *Le λόγος, explication causale.* — Ce passage de la sensation à la science, par l'intermédiaire de la δόξα, on se l'était représenté, avant Platon ou du temps de Platon, de plusieurs manières. Une théorie, que trouvait sur sa route le Socrate du *Phédon*, expliquait l'apparition de la science par une genèse empirique et mécanique : « C'est l'encéphale qui fournit les sensations de la vue, de l'ouïe, de l'odorat ; de ces sensations naissent la mémoire et l'opinion ; de la mémoire et de l'opinion parvenues à l'état de repos naît, suivant la même loi, la science[3] ». Ainsi la science est une

οὐκ οἶσθ', ἔφη, ὅτι οὔτε ἐπίστασθαί ἐστιν — ἄλογον γὰρ πρᾶγμα πῶς ἂν εἴη ἐπιστήμη ; — οὔτε ἀμαθία — τὸ γὰρ τοῦ ὄντος τυγχάνον πῶς ἂν εἴη ἀμαθία ;

1. *Ménon*, 98a : (αἱ δόξαι αἱ ἀληθεῖς) οὐκ ἐθέλουσι παραμένειν, ἀλλὰ δραπετεύουσιν ἐκ τῆς ψυχῆς τοῦ ἀνθρώπου, ὥστε οὐ πολλοῦ ἄξιαί εἰσιν, ἕως ἄν τις αὐτὰς δήσῃ αἰτίας λογισμῷ... ἐπειδὰν δὲ δεθῶσιν, πρῶτον μὲν ἐπιστῆμαι γίγνονται, ἔπειτα μόνιμοι.

2. Th. GOMPERZ, *Les Penseurs de la Grèce*, trad. Aug. REYMOND, II, p. 585, se fonde sur ces textes pour dire : « Il est très remarquable aussi que Platon, à n'en pas douter, se rectifie lui-même en réfutant la théorie d'Antisthène ». L'objet de cet article ne me permet pas d'entrer dans les discussions sur les origines des thèses que combat Platon. Sur cette attribution à Antisthène de l'ὀρθὴ δόξα μετὰ λόγου, l'étude la plus probante et la plus claire est celle de G. M. GILLESPIE (*The Logic of Antisthenes*, Archiv für Geschichte der Philosophie, XXVI, 4, 478-500 et XXVII, 1, pp. 17-38. Voir spécialement XXVI, 4, p. 483)

3. *Phédon*, 96b. H. DIELS *(Vorsokratiker*, 3e éd., I, 133, 134 et suiv.*)* attribue à Alcméon cette théorie de la genèse de la science. Le dernier

stabilisation de l'opinion, mais une stabilisation passive et mécanique, comme le dépôt d'un précipité dans une solution chimique. Platon, lui aussi, dans le *Ménon*, décrit le passage de l'opinion à la science comme un passage de l'instable au stable, mais ce passage requiert, semble-t-il, l'intervention d'une activité. Les opinions vraies sont comme les statues de Dédale ; excellentes tant qu'elles demeurent, elles se refusent, par elles-mêmes, à toute permanence. Mais, une fois qu'on les a liées, elles deviennent d'abord sciences, et puis durables. « C'est par cela que la science a plus de valeur que l'opinion droite : c'est par le lien qu'elle s'en distingue[1] ». Cette idée d'un lien stabilisant n'est pas mise en lumière dans la théorie qu'expose et réfute le *Théétète*. Mais, que le λόγος y soit proposition logique ou énumération des éléments ou indication de la différence, on peut dire que la science y est présentée comme « une opinion qui s'explique ». La théorie cherche donc à donner à la science un fondement rationnel. C'est un tel fondement que le *Ménon* réclame pour la science, car le lien qui stabilise l'opinion y est un raisonnement : ἕως ἄν τις αὐτὰς δήσῃ... λογισμῷ. Maintenant, que manque-t-il au λόγος du *Théétète* pour être ce lien stabilisant ? C'est d'être, comme le raisonnement du *Ménon*, un

éditeur du *Phédon*, J. Burnet (édit. et comm. Oxford, 1911, *ad loc.*) est disposé à trouver un écho de cette théorie dans Aristote, *An. Post.*, II, 19, 100a, 3 et suiv. Il n'y a pas à s'étonner de ces rencontres, quand on voit Platon lui-même (*Philèbe*, 39a et suiv.) décrire ainsi empiriquement la genèse de la δόξα, vraie ou fausse. Tout en se servant de ces explications mécaniques pour fonder la psychologie empirique, ni Aristote ni Platon ne sont disposés à sacrifier l'indépendance du νοῦς. J. Burnet ajoute : « There is no reason for doubting that the distinction between ἐπιστήμη and δόξα is pre-Platonic », et renvoie à Isocrate, *Hélène*, 5. Il y a d'autres textes (cf. *Transposition platonicienne*, *Annales*, II, p. 270, n. 2). Mais l'opposition est bien vieille, puisqu'elle remonte à Parménide, sinon plus haut.

1. *Ménon*, 98a : καὶ διὰ ταῦτα δὴ τιμιώτερον ἐπιστήμη ὀρθῆς δόξης ἐστίν, καὶ διαφέρει δεσμῷ ἐπιστήμη ὀρθῆς δόξης.

raisonnement causal, un rattachement de la notion générale à l'essence intelligible, une réminiscence : ἕως ἄν τις αὐτὰς δήσῃ αἰτίας λογισμῷ, τοῦτο δ'ἐστίν, ὦ Μένων ἑταῖρε, ἀνάμνησις[1]. La διάνοια du *Théétète* a beau élaborer les notions communes, tirer, de la comparaison des sensations individuelles, les concepts généraux d'existence, d'identité, d'égalité ; tant quelle n'est pas remontée à la réalité intelligible qui donne sens et valeur aux notions communes, tant qu'elle n'a pas vu que l'existence, l'identité, l'égalité imparfaites des multiples tendent, sans y parvenir, vers l'existence, l'identité, l'égalité en soi, elle n'a pas atteint la cause, elle n'a trouvé ni le lien qui stabilise la δόξα, ni l'explication rationnelle qui la justifie[2].

Du même coup nous comprenons pourquoi le *Banquet* a pu n'opposer à la science qu'une espèce d'opinion droite, celle qui est impuissante à rendre un compte, à fournir un λόγος : τὸ ὀρθὰ δοξάζειν καὶ ἄνευ τοῦ ἔχειν λόγον δοῦναι[3]. Car le compte que ne peut rendre la simple opinion droite n'est pas du tout le compte des éléments composants ni de la différence caractéristique. C'est le compte de son intelligibilité, c'est la jutification d'une existence fondée en réalité absolue et d'une vérité logique reproduisant la vérité ontologique. Cette existence, nous ne l'atteignons que τῷ τῆς διανοίας λογισμῷ, déclare le *Phédon*, qui donne par avance leur pleine signification aux insinuations incomprises du *Théétète*, et nous en rendons compte dans la suite réglée

1. *Ménon*, 98a.

2. Voir la thèse du *Phédon* (74a-76d) qui, par la réminiscence, rattache l'idée générale à une forme intelligible ; cf. spécialement 75b : πρὸ τοῦ ἄρα ἄρξασθαι ἡμᾶς ὁρᾶν καὶ ἀκούειν καὶ τἄλλα αἰσθάνεσθαι τυχεῖν ἔδει που εἰληφότας ἐπιστήμην αὐτοῦ τοῦ ἴσου ὅτι ἔστιν, εἰ ἐμέλλομεν τὰ ἐκ τῶν αἰσθήσεων ἴσα ἐκεῖσε ἀνοίσειν, ὅτι προθυμεῖται μὲν πάντα τοιαῦτ' εἶναι οἷον ἐκεῖνο, ἔστιν δὲ αὐτοῦ φαυλότερα

3. *Banquet*, 202a.

d'interrogations et de réponses qui constitue une des phases de la dialectique : αὐτὴ ἡ οὐσία ἧς λόγον δίδομεν τοῦ εἶναι καὶ ἐρωτῶντες καὶ ἀποκρινόμενοι[1]. La « réminiscence » du *Ménon*, le rattachement causal de la notion ou de l'opinion droite à l'essence intelligible qui la légitime, s'opère aussi par l'intermédiaire de cette interrogation dialectique, et c'est seulement au terme de cette réascension que l'opinion droite devient une science : ἀληθεῖς δόξαι αἳ ἐρωτήσει ἐπεργεθεῖσαι ἐπιστῆμαι γίγνονται[2].

c) *La* δόξα *et la science sont distinctes par nature.* — Quelqu'un peut-être pourrait observer que la définition du *Ménon* aboutit, en somme, à cette subsomption du terme à définir sous la notion définissante, où vient d'échouer la tentative de définition du *Théétète.* A une telle observation Platon, certes, serait loin de contredire. L'opinion droite ne devient science qu'en se rattachant à la connaissance de la réalité intelligible, et cette connaissance est science, est *la science.* Mais Platon, d'abord, ne prétend point donner une définition de la science par l'opinion droite, plus ou moins modifiée : il ne veut que décrire un passage, une transition méthodique de l'opinion droite à la science. Et surtout il faut nous corriger nous-mêmes : la transition ne se fait pas de l'opinion droite à la science, mais de l'opinion droite à *une* science. Dans le *Ménon*, le passage se fait de notions mathématiques vraies, mais inconscientes de leur existence et plus inconscientes encore des raisons qui les fondent, à des propositions scientifiques, à un théorème particulier de cette science

1. *Phédon*, 78d-79a. Cette réalité dont nous rendons compte dans l'interroger et le répondre est immuable ; et, des multiples et variables homonymes de cette réalité, on a sensation ; τῶν δὲ κατὰ ταὐτὰ ἐχόντων οὐκ ἔστιν ὅτῳ ποτ' ἂν ἄλλῳ ἐπιλάβοιο ἢ τῷ τῆς διανοίας λογισμῷ, ἀλλ' ἔστιν ἀιδῆ τὰ τοιαῦτα καὶ οὐχ ὁρατά.

2. *Ménon*, 86a.

mathématique, qui, si haute qu'elle soit au-dessus *des sciences*, n'est pourtant encore *qu'une* science et n'est pas du tout *la* science[1]. Le raisonnement causal ne s'ajoute pas à l'opinion droite comme un complément naturel et organique ; il lui vient du dehors, il la lie du dehors, il est fruit d'une connaissance qui est d'un tout autre genre que l'opinion droite. Platon pouvait admettre qu'on décrivît le passage de l'opinion droite à une science ou à des sciences, ou, parlant d'une façon tout à fait générale, à la science. Mais il ne pouvait accepter qu'on voulût *définir la science par l'opinion droite*, modifiée ou non. C'est qu'opinion droite et science sont deux genres absolument distincts et cette distinction ne se pourra nier, pour le *Timée*, sans qu'on nie l'existence de la réalité intelligible. L'une ne peut donc passer à l'autre qu'à la condition de changer de genre[2]. Ce qui fait leur différence profonde, leur incompatibilité absolue, c'est que l'objet de la science est d'une autre nature que l'objet de l'opinion droite. Non seulement l'opinion droite n'est qu'une connaissance intermédiaire entre l'ignorance et la science, mais l'objet de l'opinion droite n'est lui-même qu'un intermédiaire entre l'être et le non-être.

1. Voir, dans le *Ménon* (82e-85e), l'interrogation à laquelle est soumis l'esclave.

2. Cela est si vrai que Platon en viendra à remplacer la formule δόξα ἄνευ λόγου par son véritable équivalent platonicien : δόξα ἄνευ ἐπιστήμης, ἄνευ νοῦ. Cfr. *Rep.*, 506c : οὐκ ᾔσθησαι τὰς ἄνευ ἐπιστήμης δόξας, ὡς πᾶσαι αἰσχραί ; ὧν αἱ βέλτισται τυφλαί — ἢ δοκοῦσί τι σοι τυφλῶν διαφέρειν ὁδὸν ὀρθῶς πορευομένων οἱ ἄνευ νοῦ ἀληθές τι δοξάζοντες ; Traduite en cette langue strictement platonicienne, l'opinion que le raisonnement transforme en science, la δόξα ἀληθὴς μετὰ λόγου, deviendrait une δόξα ἀληθὴς μετὰ νοῦ, μετὰ ἐπιστήμης. Ce qui la transforme en science, c'est la science de l'intelligible... Pour l'importance de la distinction, cf. *Timée*, 51d/e.

II. — La définition objective de la science

§ 1. *La vérité objective*

On ne saurait, en effet, échapper à la nécessité de définir la science par son objet. On pourra, parfois, la décrire par ses caractères psychologiques. On peut dire, avec Ménon, que la science est infaillible, est toujours vraie. Mais celui qui aurait toujours l'opinion droite aurait toujours l'opinion vraie[1]. Son infaillibilité serait accidentelle, pourra-t-on dire ; mais il faudra toujours expliquer sur quoi repose l'essentielle infaillibilité de la science, pourquoi sa vérité est une vérité plus réelle, plus vraie que celle de l'opinion droite. Que la science soit une croyance inébranlable au raisonnement, comme le proclament les *Définitions Platoniciennes*, qu'elle puisse victorieusement rendre raison d'elle-même, comme le dit Platon après ou avec bien d'autres, il faudra bien que cette certitude inébranlable et cette explication victorieuse qu'elle en donne se rattachent à une base objective[2]. La vérité de la science n'est pas, dans le Platonisme, une vérité inférée ; elle n'est ni une vérité de concordance interne ni une vérité de finalisme externe ; encore qu'elle fonde l'accord de la pensée et la rectitude de l'action, elle n'est déduite ni

1. *Ménon*, 97c : ὁ μὲν τὴν ἐπιστήμην ἔχων ἀεὶ ἂν ἐπιτυγχάνοι, ὁ δὲ τὴν ὀρθὴν δόξαν τοτὲ μὲν ἂν τυγχάνοι, τοτὲ δ'οὔ. — Πῶς λέγεις ; ὁ ἀεὶ ἔχων ὀρθὴν δόξαν οὐκ ἀεὶ ἂν τυγχάνοι, ἕωσπερ ὀρθὰ δοξάζοι ;

2. Voir, dans les définitions dites platoniciennes (Burnet, V, 314b/c) : ἐπιστήμη ὑπόληψις ψυχῆς ἀμετάπτωτος ὑπὸ λόγου κ. τ. λ. Parmi les textes très nombreux des dialogues, voir *Phédon*, 76b : ἀνὴρ ἐπιστάμενος περὶ ὧν ἐπίσταται ἔχοι ἂν δοῦναι λόγον ἢ οὔ ; Πολλὴ ἀνάγκη, ἔφη, ὦ Σώκρατες. Sur les preuves circonstanciées que doit pouvoir donner une accusation fondée sur la science et non sur l'opinion ou la conjecture (τὸν τρόπον, τὸν τόπον, τὸν χρόνον, πότε, ποῦ, πῶς), lire le *Palamède* de Gorgias (*Vorsokratiker*, 3e éd., II, p. 260, nº 22-25).

de l'harmonie intime d'un système de représentations ni de la suffisance de ce système aux exigences de la pratique[1]. Elle n'est pas davantage, bien qu'elle revendique la permanence et l'éternité, une vérité légitimée par sa durée ou sa force de résistance : la connaissance, dit le *Ménon*, devient d'abord science et puis durable, durable parce que science et non pas science parce que durable[2]. La vérité de toute connaissance est, dans le Platonisme, une vérité dérivée : moins elle s'éloigne de sa source, plus pleinement elle est science. C'est que la vérité est primairement et intégralement dans l'objet. Ce n'est pas ici une doctrine à propos de laquelle on puisse dessiner, à travers la série des dialogues, une courbe de variations. Le *Phédon* parle comme parlera le *Philèbe* et, entre les deux, la *République* fonde sa théorie de la science sur cette notion de vérité qu'a posée le *Phédon* et que posera le *Philèbe*. Dans la méthode d'abstraction progressive que décrit le *Phédon*, c'est, dans l'âme autant que possible dégagée de tout reste de sensation, l'état pur de la διάνοια qui saisit, dans sa pureté, chaque réalité intelligible, et cette pureté de l'objet tend à s'identifier à sa vérité : τὸ εἰλικρινές, τοῦτο δ'ἐστὶν ἴσως τὸ ἀληθές[3]. Le *Philèbe* identifie clarté, pureté, vérité, stabilité : τὸ σαφὲς καὶ τὸ καθαρόν... τό τε βέβαιον καὶ τὸ καθαρὸν καὶ ἀληθὲς καὶ ὃ δὴ λέγομεν εἰλικρινές· ces notes de la connaissance correspondent à l'identité invariable, à la pureté non mélangée de l'objet : περὶ τὰ ἀεὶ κατὰ τὰ αὐτὰ ὡσαύτως ἀμεικτότατα

1. Platon n'a pas échappé à l'exégèse pragmatique. Voir, par exemple, *Platos Doctrine of Ideas* (J.-A. STEWART, Oxford, 1909), p. 45, 100 *et passim* ; cf., à ce propos, *Revue de Philosophie*, X, 8 (août 1910), p. 149 et 150 (*supra*, p. 357 et 358).

2. *Ménon*, 98a : ἐπειδὰν δὲ δεθῶσιν, πρῶτον μὲν ἐπιστῆμαι γίγνονται, ἔπειτα μόνιμοι.

3. *Phédon*, 67b et, auparavant, 66a : αὐτῇ καθ' αὑτὴν εἰλικρινεῖ τῇ διανοίᾳ χρώμενος αὐτὸ καθ' αὑτὸ εἰλικρινὲς ἕκαστον ἐπιχειροῖ θηρεύειν τῶν ὄντων.

ἔχοντα[1]. Dans le *Timée*, la solidité inébranlable de la science dépendra de la stabilité de l'objet et les degrés de la connaissance seront parallèles des degrés de l'existence[2]. La *République* est donc bien centre de convergence de ces dialogues, quand elle identifie la vérité et l'être ou quand elle pose le principe que, de la vérité de l'objet, dépend la clarté de la connaissance : ὥσπερ ἐφ' οἷς ἔστιν ἀληθείας μετέχει, οὕτω ταῦτα σαφηνείας ἡγησάμενος μετέχειν[3]. Il n'y a donc pas à chercher de définition vraiment platonicienne de la science qui ne parte de la considération de l'objet.

§ 2. *Les Degrés de l'Être*
La δόξα, *intermédiaire entre la Science et l'Ignorance*

Pour rendre compréhensible la discussion du *Théétète* sur la possibilité de l'opinion fausse, nous avons inséré deux principes que postulait, mais que n'exprimait pas cette discussion : l'identification de la science à l'opinion vraie supprime l'intermédiaire entre la science et l'ignorance, l'identification de la science à l'opinion vraie supprime l'intermédiaire entre l'être et le non-être. Le premier principe est posé par le *Banquet* : l'opinion droite ne peut être ignorance, car elle a un objet ; elle ne peut être science, car elle n'est pas rationnelle ; elle est donc intermédiaire

1. *Philèbe* 58c et 59c. Il y a, dans le commentaire de R. Gregg Bury (Cambridge, 1897), un appendice (201-211) très nourri et très pénétrant sur la notion platonicienne de vérité.

2. *Timée*, 29b/c : ὧδε οὖν περί τε εἰκόνος καὶ περὶ τοῦ παραδείγματος αὐτῆς διοριστέον, ὡς ἄρα τοὺς λόγους, ὧνπέρ εἰσιν ἐξηγηταί, τούτων αὐτῶν καὶ συγγενεῖς ὄντας· τοῦ μὲν οὖν μονίμου καὶ βεβαίου καὶ μετὰ νοῦ καταφανοῦς μονίμους καὶ ἀμεταπτώτους... τοὺς δὲ τοῦ πρὸς μὲν ἐκεῖνο ἀπεικασθέντος, ὄντος δὲ εἰκόνος, εἰκότας ἀνὰ λόγον τε ἐκείνων ὄντας· ὅτιπερ πρὸς γένεσιν οὐσία, τοῦτο πρὸς πίστιν ἀλήθεια.

3. *République*, 511e. Voir 508d : οὗ καταλάμπει ἀλήθειά τε καὶ τὸ ὄν.

entre l'ignorance et la science[1]. La *République* les établit tous les deux. Mais elle ne le fait qu'en partant de la définition objective de la science[2].

La connaissance suppose un objet, un objet *qui est*, car de quelle manière connaîtrait-on ce qui n'est pas ? Donc ce qui a totalité d'existence, pureté absolue d'existence, est totalement connaissable. La connaissance ayant pour objet l'être, la science est connaissance de l'être, de son existence, de sa nature : οὐκοῦν ἐπιστήμη μὲν ἐπὶ τῷ ὄντι πέφυκε γνῶναι ὡς ἔστι τὸ ὄν, ἐπιστήμη μὲν γέ που ἐπὶ τῷ ὄντι τὸ ὂν γνῶναι ὡς ἔχει[3]. Par contre, là où il y a absence totale d'être, il y a absence totale de connaissance : n'y ayant pas d'objet, il ne peut y avoir qu'ignorance. Mais toutes les possibilités ne sont pas épuisées par cette opposition de la totalité d'existence et de la nullité d'existence : on peut concevoir une existence qui flotterait entre l'être et le non-être, qui à la fois serait et ne serait pas, et, naturellement, elle tiendrait le milieu entre la pureté absolue de l'être et le néant d'être. Il faudrait donc, à cet être intermédiaire, appliquer une connaissance intermédiaire, qui ne serait ni l'ignorance ni la science, qui serait moins connaissance que la science, moins ignorance que l'ignorance. Existe-t-il, en effet, une telle dualité d'intermédiaires ? La faculté certainement existe et nous la connaissons : par son caractère de faillibilité, par son acte qui est d'opiner et non de savoir, la δόξα se révèle suffisamment comme faculté distincte de la science[4].

1. *Banquet*, 202a : τὸ ὀρθὰ δοξάζειν καὶ ἄνευ τοῦ ἔχειν λόγον δοῦναι οὐκ οἶσθ', ἔφη, ὅτι οὔτε ἐπίστασθαί ἐστιν — ἄλογον γὰρ πρᾶγμα πῶς ἂν εἴη ἐπιστήμη ; — οὔτε ἀμαθία — τὸ γὰρ τοῦ ὄντος τυγχάνον πῶς ἂν εἴη ἀμαθία ; — ἔστι δὲ δήπου τοιοῦτον ἡ ὀρθὴ δόξα, μεταξὺ φρονήσεως καὶ ἀμαθίας.

2. *République*, l. V, 476d-480a.

3. **477**b et 478a.

4. 477e. Ceci n'est qu'une distinction encore extérieure et expérimentale.

Elle ne peut donc avoir le même objet que la science, à savoir l'être. Mais elle ne peut avoir comme objet la pure absence d'objet : opiner, juger, est toujours opiner quelque chose, une chose ; et ce qui n'est pas ne peut être dit une chose ; on peut l'appeler « rien », et c'est tout. La δόξα, n'ayant pour objet ni l'être ni le non-être, est certainement autre que la science et autre que l'ignorance. Est-elle en dehors d'elles, surpassant l'une par sa clarté ou l'autre par son obscurité ? Non : elle est plus obscure que la science, plus claire que l'ignorance ; elle est donc intérieure à leur dualité opposée ; elle est intermédiaire.

Voilà donc trouvé le μεταξύ dans l'ordre du connaître. Trouverons-nous un μεταξύ d'être ? A la faculté intermédiaire pourrons-nous attribuer un objet propre ? Oui, cet objet existe : il y a même des gens qui s'en contentent, qui n'en cherchent pas d'autre, qui n'en veulent pas admettre d'autre. Certains refusent de croire au beau en soi, à une forme éternellement immuable du beau, et ne reconnaissent l'existence qu'aux multiples objets beaux. Or, cette unité qu'ils refusent d'admettre en dehors des multiples, c'est en vain qu'on la chercherait en chacun des multiples. Chacune de ces unités de détail est une dualité essentielle : point d'objet beau qu'on ne doive dire nécessairement aussi bien laid que beau ; point d'objet, juste ou saint, ou double, ou grand ou lourd qui ne paraisse nécessairement aussi bien injuste, impie, ou moitié moindre, ou petit ou léger. Chacun de ces multiples est dit être quelque chose ; mais dire qu'il l'est, dire qu'il ne l'est pas, c'est toujours dire vrai. Aussi ambigu que la chauve-souris et l'eunuque, chacun des multiples ne permet aucune affirmation, aucune notion ferme : en affirmer l'être, en affirmer le non-être, en affirmer ou en nier à la fois l'être aussi bien que le non-être, sont choses également interdites[1]. Voilà bien l'existence qu'on ne peut dire ni plus obscure que le non-être ni plus claire que l'être, qu'il faut regarder comme intermédiaire entre l'être et le non-être et donc reconnaître comme objet de la δόξα. Ainsi la science, qui se pose comme connaissance pleine d'une réalité pleine, rend seule possible une définition complète de la δόξα, pour autant qu'on peut complètement définir la demi-connaissance d'une demi-existence. La discussion du *Théétète*, qui semble partir des définitions fautives de la science pour aboutir à la définition juste et qui, pourtant, en reste apparemment à la pure critique négative, n'est qu'une discussion de déblaiement. Mais c'est un déblaiement après construction faite, après du moins qu'on a posé les fondements et déjà bâti, sur ces fondements, les parties maîtresses de l'édifice[2].

III. — Les principes constitutifs de l'idée de science Intelligibilité, objectivité, arrêt, permanence, distinction

§ 1. *Unité et Pluralité*

La science est donc la connaissance de l'être plein, de l'être pur, ou, comme dit simplement Platon dans la définition même, la science de l'être[3]. C'est que toute énumération

1. 479c :... καὶ γὰρ ταῦτα ἐπαμφοτερίζειν, καὶ οὔτ' εἶναι οὔτε μὴ εἶναι οὐδὲν αὐτῶν δυνατὸν παγίως νοῆσαι, οὔτε ἀμφότερα οὔτε οὐδέτερον.

2. Sur l'impossibilité de regarder le *Théétète* comme un dialogue préparatoire à la théorie des Idées, je suis tout à fait d'accord avec H. Raeder, *Platons Philosophische Entwickelung* (Leipzig, 1905), p. 279 et suiv., bien que je sois loin d'accepter que Platon y réfute sa propre définition de la science (p. 290) ou que le fond positif, le sous-entendu permanent du dialogue, ne soit pas précisément cette théorie des Idées (p. 298).

3. Sur la notion de l'être dans Platon, l'étude de D. Peipers (*Ontologia Platonica*, Leipzig, 1883) demeure très utile, non-seulement par

des caractères de l'être ne peut consister qu'à répéter l'être de l'être : τὸ ὂν ὄντως... ὃ ἐστὶν ὂν ὄντως... οὐσία ὄντως οὖσα[1]. Plénitude d'être, pureté d'être, éternité d'être, immutabilité, tout cela signifie vérité ou réalité d'être, et Platon ne se lasse pas de charger et surcharger les formules où cette permanente réalité de l'être s'oppose à la mobile irréalité du Devenir[2]. Que cet être soit soustrait aux conditions de l'espace aussi bien qu'à celles du temps, qu'il soit insaisissable aux sens et donc immatériel, purement intelligible, c'était la conclusion inévitable de cette âpre critique dirigée contre le monde de l'expérience sensible : en tout ce que nous montrent les sens, il ne peut y avoir aucun centre de fixité, aucun centre d'unité[3]. Mais cette permanente unité, sans laquelle il n'y a point d'être, donc point d'objet pour la science, puisqu'on ne la peut trouver dans cette succession et cette coexistence de multiplicités opposées que constitue le Devenir, pourquoi ne pas l'aller chercher dans la solitaire et indivisible unité de l'Être parménidien ? Pourquoi, au lieu de cette unité d'être globale et compacte, poser, comme une série de cimes discontinues, cette multiplicité d'unités distinctes que Platon appelle *les êtres*, *les réalités* ou *formes*

ses recueils de textes, malheureusement ordonnés d'une manière un peu confuse, mais aussi par ses analyses, souvent très pénétrantes. Je ne saurais indiquer ici, dans le détail, ni combien je lui dois, ni avec combien de ses interprétations, sur des points fondamentaux, je suis en contradiction absolue. Son livre, massif et quelque peu rébarbatif, est un de ceux qui ont le plus aidé à une conception de l'être platonicien que je crois totalement fausse : «Ideas... non tantum efficaces esse sed vivere cogitare animatas esse... essentiae autem existentiaeque vim totam in motione quadam, cogitatione scilicet sive λόγῳ positam esse » (524-5).

1. *Phèdre*, 247c, 247e, 249c et al. al.

2. παντελῶς ὄν (*Rép.*, 477a) εἰλικρινῶς ὄν (478d) τὸ ὂν ἀεί (*Timée*, 27e) ἀεὶ κατὰ ταὐτὰ ὄν (28a). Comme exemple de surcharge, voir *Philèbe* (59c) : περὶ τὰ ἀεὶ κατὰ τὰ αὐτὰ ὡσαύτως ἀμεικτότατα ἔχοντα et al.

3. Aussi prendra-t-on invisibilité et existence comme synonymes : cfr. *Républ.*, 529b : ἐκεῖνο (μάθημα) ὃ ἂν περὶ τὸ ὄν τε καὶ τὸ ἀόρατον.

intelligibles : τὰ ὄντα, τά ὄντως ὄντα, ἀναίσθητα ὑφ' ἡμῶν εἴδη, νοητὰ καὶ ἀσώματα εἴδη, et que, très malheureusement, nous appelons *les Idées*[1] ? C'est que Platon ne réfute pas l'expérience sensible au nom de principes abstraits, mais bien au nom d'une autre expérience, que nous pouvons appeler une expérience rationnelle, que lui-même eût appelée une expérience dialectique.

§ 2. *L'Expérience rationnelle et le Principe de détermination distincte*

Tout acte est déterminé ; toute action ou toute production est orientée vers une unité distincte. Ce n'est pas seulement parce que l'acte, en sa totalité individuelle, est une apparition étroitement localisée dans le temps et l'espace et qui ne se produit qu'en un instant, qu'en un endroit. Tout au contraire, entre toute une série d'actes si nettement individuels et si indépendants qu'ils soient les uns des autres, il y a toujours des caractères communs[2]. Couper est toujours

1. On trouvera ces formules un peu partout, cf. *Phèdre* 249d, 247e, *Timée* 51d. Il est difficile de comprendre pourquoi nous avons pris l'habitude de traduire les εἴδη d'Aristote par « formes » et celles de Platon par « idées ». C'est une des raisons qui nous ont fait trop facilement oublier la tendance intimement réaliste des théories de la connaissance à l'époque de Platon et d'Aristote et répéter, avec les historiens de la Begriffsphilosophie, que Platon, en établissant la réalité des εἴδη, hypostasie des concepts. Que concept et réalité intelligible soient parfaitement distincts, le *Parménide* lui-même le proclame énergiquement (132b et suiv.). J'ai plaisir à trouver, dans un article dont je n'accepterais pas toutes les conclusions (G.-M. Gillespie, *On the Megarians*, Arch. f. Gesch. d. Philos., XXIV, 2, 218-241) une protestation très claire en ce sens : « The epistemological questions raised by Socrates and subjected to regular discussion by his successors were raised in a thorough realistic form. The Begriff of the modern commentator covers sometimes οὐσία or πρᾶγμα, sometimes λόγος, which the Greeks kept distinct » (p. 226).

2. Je ne fais ici que transposer le raisonnement qui, dans le *Cratyle*, de la détermination propre et permanente des choses (τὰ πράγματα),

couper, que ce soit tel ou tel qui coupe aujourd'hui ou demain. Quelles que soient les modalités passagères de la matière ou de la manière, il y a toujours, dans le résultat, dans la méthode, dans l'instrument, une analogie profonde qui fait, à ces actes isolés, une nature commune. Mais on ne peut grouper ainsi de telles actions individuelles sous le verbe commun que parce qu'elles se distinguent nettement de toutes les autres séries d'actes possibles ou réalisés : couper est toujours couper, parce que couper n'est pas tisser, ni brûler. Si couper se fait toujours,substantiellement, de la même manière, c'est que la diversité des agents, des temps et des lieux, est dominée par un principe interne d'unification ; c'est que la succession des moyens et l'adaptation des instruments est commandée par une nature d'acte déterminée et permanente. Si couper ne se fait jamais comme tisser, c'est que la nature d'acte qui commande ce choix de moyens et d'instruments est nettement distincte de toute autre nature d'acte, est une nature une, indépendante et définie[1]. *Comme l'agir isole des natures d'actes, ainsi le savoir isole des natures d'êtres.* Si, à des choses ou à des actes, nous appliquons des qualifications qui, malgré l'individualité transitoire des choses et des actes, conviennent à des groupes entiers de choses et d'actes et ne conviennent qu'à ces groupes, c'est que, entre les individualités de chaque groupe, nous supposons une nature permanente qui supporte la qualification et ne supporte que cette qualification : grandeur, mouvement, justice, bravoure, beauté, ne peuvent se dire avec justesse de telle et telle action, de telle et telle

passe à celle des actes (αἱ πράξεις) et de l'instrument approprié à ces actes, raisonnement destiné à prouver qu'il y a une certaine justesse naturelle dans le nom (386d-390d).

1. 386e : ἦ οὐ καὶ αὗται ἕν τι εἶδος τῶν ὄντων εἰσίν, αἱ πράξεις ; 387a : κατὰ τὴν αὐτῶν ἄρα φύσιν καὶ αἱ πράξεις πράττονται... 387d : αἱ δὲ πράξεις ἐφάνησαν ἡμῖν οὐ πρὸς ἡμᾶς οὖσαι, ἀλλ' αὐτῶν τινα ἰδίαν φύσιν ἔχουσαι.

chose, que parce que grandeur, mouvement, justice, bravoure, beauté, recouvrent des manières d'être permanentes et pourtant distinctes les unes des autres, des natures d'êtres parfaitement définies. Savoir est définir et classer, c'est-à-dire distinguer, poser à part les unes des autres des individualités ou des groupes de natures[1]. Si la science a comme loi d'atteindre l'être, il ne se peut que cette distinction de natures d'êtres à la fois permanentes et différentes, où aboutit sa démarche la plus essentielle, ne soit pas fondée en la réalité qui seule est vraiment être : la réalité intelligible. Ainsi, dans l'adoption d'une pluralité de formes suprasensibles se rejoignent et l'expérience rationnelle et la genèse historique du Platonisme, qui sont, d'ailleurs, une seule et même source : l'Idée platonicienne est issue de la définition socratique, et la définition socratique est issue de la réflexion sur l'expérience rationnelle qu'offraient à Socrate les sciences constituées de son temps, les techniques ou arts et les mathématiques.

§ 3. *La Justification logique du Principe*

Quand Platon en arrive à ce qu'on peut appeler la position transcendantale du problème, il ne fait, en somme, que transposer, dans la langue de la pure logique, ces lois de l'expérience rationnelle. C'est une bien décon-

1. 386e : αὐτὰ αὑτῶν οὐσίαν ἔχοντά τινα βέβαιόν ἐστι τὰ πράγματα... καθ' αὑτὰ πρὸς τὴν αὑτῶν οὐσίαν ἔχοντα ᾗπερ πέφυκεν. La distinction de ces natures propres et permanentes est le principe de recherche qui guide tous les essais de définitions des premiers dialogues. Quand, dans le *Protagoras*, on cherchera si sagesse, tempérance, courage, justice, sainteté sont identiques, on demandera : « N'avons-nous là que cinq noms pour une seule chose, ἢ ἑκάστῳ τῶν ὀνομάτων τούτων ὑπόκειταί τις ἴδιος οὐσία καὶ πρᾶγμα ἔχον ἑαυτοῦ δύναμιν ἕκαστον, οὐκ ὂν οἷον τὸ ἕτερον αὐτων τὸ ἕτερον ; » (349b).

certante gageure que cette discussion sur l'existence et la non-existence de l'Un, qui, dans le *Parménide*, fait pendant aux difficultés sur la coexistence de l'un et du multiple dans la participation[1]. Mais, si l'on en devait tirer une conclusion positive, elle serait double : on ne peut nier absolument l'unité sans aboutir à une pluralité inconsistante, pure poussière d'être, inconnaissable et impensable ; on ne peut nier absolument la pluralité sans être obligé de refuser, à l'unité qu'on pose ainsi indivisible et solitaire, toute détermination, y compris celle de l'existence et celle même de l'unité. Unité pure et pluralité pure sont le néant d'être et le néant de pensée[2]. La définition de la nature et du rôle du non-être se fonde, dans le *Sophiste*, sur une critique pénétrante de l'être. L'être est indéfinissable par quoi que ce soit d'autre que lui. Il n'est ni le repos ni le mouvement ; il enferme et le repos et le mouvement et pourtant n'est pas définissable par leur somme. Il ne peut être la pluralité mécanique des antiques physiciens ; car définir l'être, par exemple, par deux termes, c'est toujours ou bien l'identifier à chacun d'eux et détruire la pluralité, ou bien le conserver comme hétérogène aux deux termes et mettre *trois* là où l'on posait *deux*. Il est encore moins l'unité absolue de Parménide ; car on ne peut accoler l'être à l'unité absolue sans la doubler, on ne peut dire que le

1. *Parménide* 137c-166c. Cf. la Notice de mon édition du *Parménide*, p. 40-48.

2. Voir 165e *ad fin.* (négation absolue de l'unité), 159b-160b (position absolue de l'unité). Cf. A. Rivaud, *Problème du Devenir*, 323-325 ; P. Natorp, *Platos Ideenlehre*, 235-271. On peut, je crois, profiter largement de l'étude de P. N. sans être contraint d'accepter sa thèse, que l'Idée platonicienne ne doit pas être conçue comme réalité ou objet, mais comme méthode « nicht gedacht werden kann als Ding oder Gegenstand, sondern nur als Methode, die allen Gegenstand erst ermöglicht » (p. 235).

Tout est un sans mettre, dans l'unité, une pluralité de parties[1]. Sous toutes ces subtilités dialectiques, il y a la même idée profonde : il ne peut y avoir pensée ni science que d'une pluralité différenciée, c'est-à-dire d'une multiplicité d'unités distinctes, ayant chacune leur contenu déterminé. Mais, comme il ne peut y avoir pensée vraie ni science que de l'être, c'est à ces êtres déterminés qu'ira le bénéfice de la permanence et de l'immutabilité qu'exigent et le concept de l'être et le concept de la science. C'est le *principe de distinction* qui vaut, à ces natures intelligibles, et leur nom de *formes*, que la langue scientifique du temps avait fait synonyme de la détermination spécifique, du fait d'exister et du droit de compter par soi-même, et toutes les formules où s'accuse leur unité caractérisée, ce qu'on pourrait presque appeler leur individualité : αὐτὸ ἕκαστον ὅ ἔστιν, τὸ ὄν.., αὐτῶν ἕκαστον ὅ ἔστι, μονοειδὲς ὂν αὐτὸ καθ' αὑτό.., πρὶν αὐτοῦ ὅ ἔστιν ἑκάστου τῆς φύσεως ἅψασθαι.., ἓν ἕκαστον τῶν ὄντων.., ἑκάστοτε εἶναί τί φαμεν εἶδος ἑκάστου νοητόν.., καὶ περὶ δὴ δικαίου καὶ ἀγαθοῦ καὶ κακοῦ καὶ πάντων τῶν εἰδῶν πέρι ὁ αὐτὸς λόγος, αὐτὸ μὲν ἓν ἕκαστον εἶναι[2]. C'est parce que ce prin-

1. Nous reviendrons plus à fond, dans cet article, sur ces discussions du *Sophiste*.

2. Pour ces formules, voir *Phédon*, 78d ; *Républ.*, 490b, 532a ; *Cratyle*, 439c ; *Timée*, 51c. ; *Républ.*, 476a. Pour l'usage du mot εἶδος dans la médecine antérieure à Platon ou contemporaine de Platon, cfr. A. E. Taylor, *Varia Socratica*, First Series. Oxford, 1911, p. 212-246. Pour notre « fait d'exister et droit de compter par soi-même », voir p. 243 : « we find the notion of such an εἶδος or ultimate form of body as existing all by itself, in a state of, to say, a chemical isolation ». Lire le début du *De Natura Hominis* (Littré, VI, 32-68 ; et édition séparée de O. Villaret, Berlin, 1911), où l'on montre que sang, pituite, bile jaune et noire sont les principes constitutifs du corps, et principes distincts, parce que διήλλακται ἀλλήλων τήν ἰδέην τε καὶ τὴν δύναμιν, ce qui se traduit immédiatement par : οὐχ ἓν ταῦτα πάντα ἐστί ἀλλ' ἕκαστον ἔχει δύναμίν τε καὶ φύσιν τὴν ἑωυτοῦ (40-42). Il y a toujours, pour chaque chose, un moment où elle se révèle en sa nature pure :

cipe de distinction demeure efficace, là même où il n'est pas exprimé, que le principe d'arrêt et le principe de détermination permanente aboutissent à poser, non pas un seul être soustrait au devenir à la fois dans son existence et dans sa nature, mais une pluralité d'êtres éternellement existants, éternellement immuables : τὸ ὂν ἀεί, γένεσιν δὲ οὐκ ἔχον.., τὸ κατὰ ταὐτὰ εἶδος ἔχον, ἀγέννητον καὶ ἀνώλεθρον.., τὰ ὄντα ἀεί, τὰ ἀεὶ κατὰ τὰ αὐτὰ ὡσαύτως ἀμεικτότατα ἔχοντα.., αὐτὴ ἡ οὐσία ὡσαύτως ἀεὶ ἔχει κατὰ ταὐτά.., ἀεὶ αὐτῶν ἕκαστον ὃ ἔστι, μονοειδὲς ὂν αὐτὸ καθ' αὐτό, ὡσαύτως κατὰ ταὐτὰ ἔχει καὶ οὐδέποτε οὐδαμῇ οὐδαμῶς ἀλλοίωσιν οὐδεμίαν ἐνδέχεται[1].

4. *Les Principes de la Science dans une page du « Cratyle »*

La conclusion du *Cratyle* est ici très instructive en ce qu'elle entremêle, sans pourtant les confondre, tous les fils qui conduisent à cette pluralité permanente des formes intelligibles[2]. « Le Beau, le Bien, chacun de ces êtres qui ont une telle existence, ne sont-ils pas soustraits au flux du devenir ? Le Beau, par exemple, n'est-il pas éternellement ce qu'il est ? Est-il possible, si toujours il coule et s'en va, de dire avec justesse d'abord qu'il est ceci, puis, qu'il est tel ? Ne va-t-il pas, pendant même que nous parlons, devenir instantanément autre et glisser sous notre pensée et cesser d'être ce qu'il était ? Comment donc serait quelque chose ce qui jamais ne reste le même ? Si l'on accorde que, en une durée quelconque, il se maintient le même, en cette durée, au moins, il est clair qu'il ne subit aucun changement. Si

μίαν γέ τινα ὥρην, ἐν ᾗ φαίνεται αὐτὸ ἐφ' ἑωυτοῦ ἐόν, ὅ ἐστιν, et c'est là qu'on peut voir son ἰδέη (Villaret, 27, 15). Cfr. aussi *Revue de Philos.*, XII, (7 juillet 1912), p. 59-60 et p. 65 (*supra*, p. 23-24).

1. *Timée*, 27e, 52a ; *Philèbe*, 59a, 59c ; *Phédon*, 78d.
2. *Cratyle*, 439 *ad fin.*

l'on accorde qu'éternellement il est le même et demeure identique, comment pourrait-on dire qu'il change ou se meut, puisqu'en rien il ne sort de sa propre forme ? Quelque chose qui changerait ainsi ne pourrait être connu par personne. A mesure que s'approcherait le sujet connaissant, à mesure une telle chose deviendrait autre et différente, si bien qu'il serait impossible de savoir quelle chose elle est et quelles qualités elle possède ; or, ce qu'elle connaît, il n'y a jamais aucune connaissance qui le connaisse privé de toute détermination. Mais on peut dire même que cette hypothèse d'une connaissance (qui s'efforce d'atteindre l'objet) est irréelle et vaine, s'il est vrai que tout change et que rien ne demeure. Si cela même, la connaissance, ne quitte pas son « être connaissance », la connaissance demeurera éternellement connaissance, éternellement il y aura connaissance. Mais si, un instant, la forme même de connaissance est soumise au changement, il y aura, en cet instant, passage en une forme nouvelle de connaissance et il n'y aura plus une connaissance. Que cette forme soit soumise au changement perpétuel, c'est perpétuellement qu'il n'y aura plus de connaissance : une telle hypothèse abolit aussi bien le sujet qui doit connaître que l'objet à connaître. Si donc nous posons qu'il y a toujours le sujet connaissant, qu'il y a l'objet soumis à la connaissance, qu'il y a le Beau, qu'il y a le Bien, qu'il y a, une par une, chacune des réalités, rien de tout ce dont nous parlons ainsi ne me paraît ressembler, par quelque côté que ce soit, au flux ni à la translation ».

Comme d'autres après lui, Platon s'est demandé, non pas si la science était possible, mais à quelles conditions elle était possible. La science existe ; en fait comme en droit, la connaissance est éternelle ; ce n'est pas un vain idéal que les hommes se forgent, mais une réalité dont l'existence est sacrée et dont la négation serait le blasphème des blasphèmes ; Platon ne se lassera jamais de combattre « toute doctrine dont les conclusions seraient d'abolir la science ou la sagesse ou l'Intellect[1] ». C'est dans ce ton de solennité religieuse que le Platonisme formule ce qu'on peut appeler son *principe d'intelligibilité.* Mais il ne peut y avoir science que de ce qui est : c'est le *principe d'objectivité*[2]. Il ne peut y avoir science ni dans une série infinie d'actes de science, ni d'une série infinie d'objets de science qui s'évanouissent à mesure qu'ils se posent : c'est le *principe d'arrêt*[3]. Il ne peut y avoir science d'un être que ne précise aucun mode d'être : c'est le *principe de détermination*[4]. Il ne peut y avoir être déterminé que là où ce mode d'être est durable ; il ne peut y avoir valeur stable de science que là où ce mode d'être est immuable : c'est le *principe de permanence*[5]. Mais il ne peut y avoir détermination durable

1. *Sophiste*, 249c : καὶ μὴν πρός γε τοῦτον παντὶ λόγῳ μαχετέον, ὃς ἂν ἐπιστήμην ἢ φρόνησιν ἢ νοῦν ἀφανίζων ἰσχυρίζηται περί τινος ὁπῃοῦν. Existence de la science, caractère sacré de la science, sont illustrés dans la discussion du *Parménide* sur la science en soi ; voir 134e : ἀλλὰ μὴ λίαν, ἔφη, ᾖ θαυμαστὸς ὁ λόγος, εἴ τις τὸν θεὸν ἀποστερήσει τοῦ εἰδέναι.

2. *Républ.*, 476e : πῶς γὰρ ἂν μὴ ὄν γέ τι γνωσθείη ;

3. *Cratyle*, 439e/440a : ἅμα γὰρ ἂν ἐπιόντος τοῦ γνωσομένου ἄλλο καὶ ἀλλοῖον γίγνοιτο, ὥστε οὐκ ἂν γνωσθείη ἔτι ὁποῖόν γέ τί ἐστιν ἢ πῶς ἔχον (succession infinie des objets de science, manque d'arrêt dans l'objet), 440a/b : εἰ δὲ ἀεὶ μεταπίπτει (αὐτὸ τὸ εἶδος τῆς γνώσεως), ἀεὶ οὐκ ἂν εἴη γνῶσις, καὶ ἐκ τούτου τοῦ λόγου οὔτε τὸ γνωσόμενον οὔτε τὸ γνωσθησόμενον ἂν εἴη (manque d'arrêt dans l'acte du sujet : abolition du sujet comme de l'objet).

4. 440a : γνῶσις δὲ δήπου οὐδεμία γιγνώσκει ὃ γιγνώσκει μηδαμῶς ἔχον.

5. 439e : πῶς οὖν ἂν εἴη τὶ ἐκεῖνο ὃ μηδέποτε ὡσαύτως ἔχει ; cfr. 439d : ἀλλ' αὐτό, φῶμεν, τὸ καλὸν οὐ τοιοῦτον ἀεί ἐστιν οἷόν ἐστιν ; ἆρ' οὖν οἷόν τε προσειπεῖν αὐτὸ ὀρθῶς, εἰ ἀεὶ ὑπεξέρχεται, πρῶτον μὲν ὅτι ἐκεῖνό ἐστιν, ἔπειτα ὅτι τοιοῦτον ; La question porte sur la permanence absolue. La réponse ne porte que sur le manque absolu de permanence. C'est, d'ordinaire, entre ces termes extrêmes, que se meut l'opposition de la science et de l'opinion. Cf. *Républ.*, 477a et suiv. ; *Philèbe* 59a/b. C'est qu'il n'y a de science vraie que dans la science absolue.

et science définie que là où l'objet possède une nature propre, une « forme » totale en elle-même et qui toujours demeure intransformable : c'est grâce à ce *principe de distinction* que le vigoureux et rapide assaut du *Cratyle* s'ouvre et se clôt par la mention « du beau, du bien et de chacune des réalités[1] ».

IV. — Le dernier principe constitutif
Le principe de relation

On pourrait croire, à s'en tenir à certains dialogues, que cette recherche d'une pluralité de déterminations permanentes et distinctes suffit à épuiser l'idée platonicienne de la science. Mais, si la pensée ne peut s'arrêter ni à la pluralité pure ni à l'unité absolue, suffit-il, pour la satisfaire, de différencier cette pluralité, d'imaginer une multiplicité d'unités nouvelles, riches chacune de leurs déterminations propres, isolées aussi et comme closes en cette richesse incommunicable ? L'esprit, qui ne peut connaître sans distinguer, peut-il comprendre pleinement sans comparer et sans lier ?

§ 1. *Premiers Substituts du Principe de relation*
Le Bien comme Principe et comme Forme

Le *principe de relation* semble ne s'être dégagé que lentement, pour le Platonisme, de cette expérience rationnelle où il a puisé son idée de la science. Cela tient, pour une part,

1. *Cratyle*, 439a : πότερον φῶμέν τι εἶναι αὐτὸ καλὸν καὶ ἀγαθὸν καὶ ἓν ἕκαστον τῶν ὄντων οὕτω, ἢ μή ; 440b : εἰ δὲ ἔστι μὲν ἀεὶ τὸ γιγνῶσκον, ἔστι δὲ τὸ γιγνωσκόμενον, ἔστι δὲ τὸ καλόν, ἔστι δὲ τὸ ἀγαθόν, ἔστι δὲ ἓν ἕκαστον τῶν ὄντων, οὔ μοι φαίνεται ταῦτα ὅμοια ὄντα, ἃ νῦν ἡμεῖς λέγομεν, ῥοῇ οὐδὲν οὐδὲ φορᾷ. Poser les objets comme réels et distincts est affirmer la permanence de l'être.

à ce que le Socratisme a dû chercher, avant tout, dans la définition, le remède à la confusion créée par la routine, entretenue par la sophistique des rhéteurs, mise au comble par la sophistique plus artificieuse et l'équivoque perpétuelle des éristiques. Cela tient aussi à ce que le plus pressé, dans la lutte contre les théories d'universelle mobilité, était de remplacer cet éparpillement flottant, indistinguable et instable, par une pluralité définie et permanente. La relation la plus essentielle, en cette lutte contre le « flux », était celle qui mettait, en chaque vague passagère du mouvant devenir, le reflet d'une stabilité : la participation des sensibles à la réalité intelligible rattachait chaque série de phénomènes à une cause substantielle, dont la spécification originale et inamissible fondait leur spécification empruntée et précaire[1]. Enfin l'orientation native du Platonisme assurait, à cette pluralité d'existences, posées si nettement à part les unes des autres, un centre d'attraction et, par cela même, un centre d'origine.

La vigoureuse adolescence du Platonisme s'était, en effet, dépensée à conquérir, pour la science, le droit d'exister ; ce droit, elle le fondait sur la valeur vitale de la science et cette valeur vitale venait à la science, non d'une adaptation contingente à des fins pratiques, mais de la connaissance de ce qui est, pour toute existence comme pour toute action, fin ultime et moteur fondamental : le Bien[2]. Il était

1. Cf. *Phédon*, 100b et suiv.

2. On peut suivre cette lutte pour les droits de la science dans tous les premiers dialogues, de l'*Apologie*, ou, l'*Apologie* étant probablement tardive, du *Lachès* au *Gorgias*. Même à définir le bien, avec le vulgaire, par le plaisir, c'est une science du bien, la science de la mesure, qui sera maîtresse de vie (*Protagoras*, 356d et suiv.). La seule science qui importe, ce n'est pas une science de la science, mais la science du bien et du mal (*Charmide*, 174b). Ce bien se définit, dans le *Gorgias*, par la justice, l'ordre, l'égalité géométrique (447-461). Au-dessus de toutes les sciences, même de la science royale ou politique, est l'unique science indispensable au bonheur (*Euthydème*, 288b-293e).

naturel que la maturité du Platonisme, qui traduisait, par la pluralité des Formes intelligibles, l'aspiration de la science à la clarté définie, recourût, pour traduire l'aspiration de la science à la concentration et à l'unité, à une Forme qui fût la fin de toutes les autres. Le Bien est ce en vue de quoi devient tout devenir et demeure toute permanence : il est cause finale et des sensibles et des intelligibles[1]. Dans une science qui ne s'est définie qu'en dépassant les apparitions transitoires de qualités sensibles pour atteindre, en chaque cas, la permanence correspondant à ces apparitions, il était inévitable que, de la succession mécanique de telles apparitions, la vertu causale se transportât à la permanence intelligible : la seule et véritable cause est la cause exemplaire ou finale[2]. Dans le sensible, il demeure toujours un fond impénétrable à l'action de la cause intelligible : la « présence, inhérence ou ce qu'on voudra » de la Forme ne peut expliquer, dans le phénomène, que ce qu'il a de spécifiquement déterminable, et laisse inéclairé le support vague et mouvant de cette détermination ; ce qui rend compte de « l'essence » ne rend pas totalement compte de l'existence[3]. Dans les Formes, entièrement

1. *Phédon*, 97c-98c ; *Philèbe* (53d-54d) : le devenir ne peut être but que de ce qui est cause instrumentale ; ce qui est vraiment but est existence et tout ce qui est but est Bien ou rentre dans le genre du Bien ; *République*, 508e/509a, 517c : ἔν τε ὁρατῷ φῶς καὶ τὸν τούτου κύριον τεκοῦσα (ἡ τοῦ ἀγαθοῦ ἰδέα), ἔν τε νοητῷ αὐτὴ κυρία ἀλήθειαν καὶ νοῦν παρασχομένη.

2. *Phédon (loc. laud.)*. La cause finale, vraie cause, et le reste cause adjuvante (ἄλλο μέν τί ἐστι τὸ αἴτιον τῷ ὄντι, ἄλλο δὲ ἐκεῖνο ἄνευ οὗ τὸ αἴτιον οὐκ ἄν ποτ' εἴη αἴτιον (99b). Cause adjuvante qui se retrouve dans la *concausante* du *Politique* (συναίτιον, 281d) et du *Timée* (46d) aussi bien que dans la *cause serve* du *Philèbe* (27a).

3. *Phédon*, 100d ; *Timée*, 52a et suiv. C'est pourquoi, pour expliquer le tout du sensible, il faudra faire intervenir et la nécessité de la cause errante (47e : δεῖ δὲ καὶ τὰ δι' ἀνάγκης γιγνόμενα τῷ λόγῳ παραθέσθαι ; 48a : μεικτέον καὶ τὸ τῆς πλανωμένης εἶδος αἰτίας, ᾗ φέρειν πέφυκεν) et le fond mouvant de la χώρα, qu'occupent tour à tour ces mobilités. Cfr. A. Rivaud, *op. laud.*, passim et p. 328.

intelligibles, tout sera pénétrable à l'action d'une cause intelligible ; si on leur donne une cause finale, elle sera en même temps ce que nous appellerions une cause efficiente, et totalement efficiente ; car tout leur être consiste dans une détermination intelligible précise et tout ce qui leur est source d'intelligibilité leur est source d'être. Ainsi le Bien, soleil des cieux intelligibles, est source et de la science et de l'existence[1].

Forme entre les Formes, puisqu'il est, lui aussi, une détermination irréductible à toute autre, il est un des termes d'objectivité où aboutissent les divers sentiers de la science : il est un être et le plus éclatant des êtres[2]. Mais, puisqu'il est l'intelligibilité universelle de qui dérivent toutes les intelligibilités particulières, il est au delà même des intelligibles, et, terme ultime d'explication, lui-même n'est plus totalement explicable, il n'est vu qu'avec peine et postulé presque autant que connu[3]. Puisqu'il est le foyer intelligible des objectivités, il est, pour ainsi dire, au delà et au-dessus même de l'objectivité ; source et fin éternelle d'existence pour des existences elles-mêmes éternelles, il est au delà de l'existence même, qu'il dépasse en valeur et en puissance : οὐκ οὐσίας ὄντος τοῦ ἀγαθοῦ ἀλλ' ἔτι ἐπέκεινα τῆς οὐσίας πρεσβείᾳ καὶ δυνάμει ὑπερέχοντος[4]).

L'Être, mis à la pointe de cette pyramide de Formes intelligibles, n'aurait pu être ou que la pure idée générale, l'abstraction impuissante à fonder les multiples objectivités récla-

1. *Républ.*, 508e : αἰτίαν δ'ἐπιστήμης οὖσαν καὶ ἀληθείας. **509b** : καὶ τοῖς γιγνωσκομένοις τοίνυν μὴ μόνον τὸ γιγνώσκεσθαι φάναι ὑπὸ τοῦ ἀγαθοῦ παρεῖναι, ἀλλὰ καὶ τὸ εἶναί τε καὶ τὴν οὐσίαν ὑπ'ἐκείνου αὐτοῖς προσεῖναι.

2. *Républ.*, 518c : εἰς τὸ ὂν καὶ τοῦ ὄντος τὸ φανότατον... τοῦτο δ'εἶναί φαμεν τἀγαθόν.

3. 505a : αὐτὴν οὐχ ἱκανῶς ἴσμεν. **517b/c** : ἐν τῷ γνωστῷ τελευταία ἡ τοῦ ἀγαθοῦ ἰδέα καὶ μόγις ὁρᾶσθαι.

4. 509b.

mées par la science, ou que l'être absolu dont l'unique réalité reléguait à l'état d'ombre illusoire toute autre réalité, ou que l'être infini en sa plénitude débordante, et les êtres intelligibles n'auraient plus été que ses émanations ou son rayonnement : en tous les cas, les êtres intelligibles, éternels, immuables, pleinement êtres, étaient privés de leur plénitude et de leur substantialité, c'est-à-dire sacrifiés. La pensée grecque en viendra peut-être plus tard à l'amalgame étrange de toutes ces notions de l'Être avec la notion du Bien platonicien. Ce qui empêche Platon de s'y perdre, c'est le besoin qu'il a de déterminations distinctes, pleines, permanentes, objectives, pour satisfaire son idée de la science. Pour mettre une objectivité au terme de chaque démarche essentielle de l'esprit, il devait accepter une pluralité de Formes intelligibles, et, pour couronner cette pluralité sans la détruire, il ne pouvait poser à sa cime qu'un principe qui fût à la fois une Forme déterminée comme les autres Formes et quelque chose pourtant de supérieur à ces Formes, la loi même de leur intelligibilité comme de toute intelligibilité. Ainsi l'Idée du Bien était pôle et moteur de la réalité comme de la science platonicienne, et la loi fondamentale du Platonisme obtenait valeur d'existence objective et précise sans rien perdre de son universalité de principe.

§ 2. *Le Langage et la Loi de relation*

Mais, liées au Bien par une dépendance commune, les Formes intelligibles n'en demeurent-elles pas moins indépendantes les unes des autres, isolées chacune en leur détermination propre ? N'y aura-t-il, pour l'esprit, aucun passage de l'une à l'autre, et sa vie intérieure peut-elle rester découpée en séries séparées d'ascensions graduelles, de chaque groupe de sensibles à son Idée propre et de chaque

Idée à l'Idée du Bien ? Parvenu au sommet de cette montée dialectique, il ne semble pas que l'esprit embrasse, dans une vue synthétique, le rayonnement des Formes intelligibles dérivant de la Forme suprême. S'il y a forcément une hiérarchie dans cette série de Formes pures que parcourt la pensée, lorsque, « sans sensations, par les seules Formes et n'aboutissant qu'à des Formes », elle monte ou redescend l'échelle dialectique dont le terme suprême est le Bien, cette hiérarchie ne dessine qu'une ligne unique de gradations ; on ne nous dit point qu'il y ait d'autres lignes, ni qu'elles se correspondent ou se croisent, et les seules relations entrevues sont les relations entre genres et espèces, depuis le genre suprême jusqu'à l'espèce infime[1].

L'expérience dialectique posait pourtant d'autres problèmes, et le Platonisme ne pouvait la vivre si intensément sans, un jour ou l'autre, apercevoir ces problèmes. La loi de distinction avait trouvé son application la plus rigoureuse dans le principe des contraires : deux qualités contraires ne peuvent jamais se réaliser dans le même instant et dans le même objet, c'est-à-dire qu'il y a, entre deux Formes contraires, impossibilité d'inhérence simultanée en un même sensible[2]. Mais, s'il y a, entre les Formes comme entre les concepts, des incompatibilités essentielles, il y a aussi des exigences ou des attributions essentielles : si le feu « n'osera jamais recevoir le froid », si, non seulement l'impair, mais le trois et le cinq, « ne recevront jamais le pair », c'est que, à certaines Formes, s'en attachent éternellement d'autres[3].

1. 511b/c. 532a/b. Les formes intelligibles que traverse cette ascension vers le Bien ou cette descente doivent être celles dont les idées sont fournies par l'étude philosophique des sciences préparatoires à la dialectique : nombre, grandeur, mouvement, vitesse etc. (tout le VIIe livre).

2. *Phédon*, 103a-103c.

3. *Ibid.*, 103d-105b.

Plus encore que cette réflexion sur l'expérience sensible, la réflexion sur sa propre expérience et sur ses lois les plus intimes devait amener la pensée à une compréhension plus large du principe de relation. Nous ne parlons et nous ne pensons que par liaison ; le plus minime langage lie un verbe à un nom, et, sans cet entrelacement, impossible d'exprimer action ou inaction, existence ou inexistence ; dès qu'il y a proposition, il y a liaison : καὶ λόγος ἐγένετο εὐθὺς ἡ πρώτη συμπλοκή[1]. Mais le langage ne fait pas que lier : il sépare ; il prononce, entre les concepts, des exclusions aussi bien que des inclusions. La science n'est possible que si les rapports entre les concepts sont fondés en la réalité des choses, c'est-à-dire, si, entre les Formes intelligibles, existent, de par leur nature même, les exigences et les incompatibilités essentielles que la pensée découvre entre ses notions, que le langage exprime entre ses termes. C'est la relation mutuelle des Formes qui rend possible le langage : διὰ γὰρ τὴν ἀλλήλων τῶν εἰδῶν συμπλοκὴν ὁ λόγος γέγονεν ἡμῖν[2].

§ 3. *L'Établissement du Principe : Communauté des Genres*

Le système de ces relations entre les Formes intelligibles, Platon ne l'a point établi, et, l'eût-il établi, nous n'aurions

1. *Sophiste*, 262c. Pour toute cette question des relations entre les formes intelligibles et les questions connexes traitées dans le *Sophiste*, une bibliographie quelque peu complète surchargerait les notes de cet article. Je ne puis que renvoyer à mon travail antérieur : *La définition de l'Être et la Nature des Idées dans le Sophiste de Platon* (Paris 1909), qui donne la bibliographie indispensable. Il ne la donne pourtant qu'avec une grosse lacune. Je n'avais pu utiliser alors les articles de C. Ritter : *Bemerkungen zum Sophistes* (Archiv. f. Gesch. d. Philos., X, 478-503 et XI, 18-57), articles réédités dans ses *Neue Untersuchungen über Platon*. München 1910 (p. 1-65). Bien que peu enclin à suivre son interprétation générale du Platonisme, je suis heureux de me trouver d'accord avec lui sur beaucoup de points. Cf. *Rev. de Philos.*, XI, 4 (avril 1911), p. 406-410

2. *Sophiste*, 259e.

pas à le reproduire ici : un tel système est la science achevée et nous n'étudions pas le contènu de la science platonicienne, mais les principes qui ont servi à faire se formuler et se préciser l'idée platonicienne de la science. Mais il ne suffisait pas de dire que l'objectivité de la science suppose l'objectivité de relations entre les existences tout autant que l'objectivité de ces existences mêmes. Il fallait, par une preuve directe, établir le principe de ces relations, en indiquer la portée, en fixer les limites essentielles. C'est ce qu'a fait le *Sophiste*[1].

Le mouvement existe. Le repos existe. Nier toute immutabilité est détruire la permanence de l'objet, et donc c'est rendre impossible toute existence, toute apparition de l'Intellect ; c'est ce qu'avait dit le *Cratyle* : la thèse du flux universel supprime et l'objet et le sujet[2]. Mais affirmer que le Tout est immobile, dénier au mouvement toute existence et le bannir totalement du nombre des réalités, c'est, tout en conservant la permanence de l'objet, rendre impossible la rencontre du sujet et de l'objet dans cette relation à la fois active et passive qui constitue le connaître et le « être connu ». Si, dans la permanence immuable de l'objet, le fait d'être atteint par la connaissance, d'être le point d'application d'une activité ne peut mettre qu'une passivité passagère, s uperficielle et impropre, l'action de connaître implique, dans le sujet, l'Intellect, c'est-à-dire l'âme, donc la vie, donc le mouvement. Poser la science comme existante ou simplement possible, c'est donc poser à la fois la permanence et le mouvement[3]. Ainsi et l'existence du repos et l'exis-

1. Ce qui suit commence l'analyse du *Sophiste* à 248d.

2. *Sophiste*, 249b/c, *Cratyle*, 440b.

3. *Sophiste*, 248d-249c. Je ne puis entrer ici dans les discussions relatives à ce mouvement que suppose la connaissance et renvoie à C. Ritter, *Neue Untersuchungen*, p. 27 et suiv., p. 52-3, ainsi qu'à ma *Définition*, p. 39-88. Pour ce point spécial et pour toute l'étude des

tence du mouvement sont vraies de la même vérité ; on ne peut définir l'être uniquement par le repos, on ne peut définir l'être uniquement par le mouvement ; il faut accepter que l'être englobe et le repos et le mouvement[1]. Qu'il les englobe, mais non qu'il se résolve en leur dualité, non qu'il se définisse par leur somme : l'être, en sa nature d'être, n'est ni en repos ni en mouvement ; il n'est pas un nom qui recouvre l'alliance de deux termes, il est troisième terme[2]. Voilà donc trois déterminations posées à part les unes des autres et bien distinctes : *mouvement, repos, être.* Peuvent-elles et dans quelle mesure peuvent-elles, sans rien perdre de leur individualité caractérisée, se rejoindre en des combinaisons précises ? Notre réponse, sur cet exemple privilégié, va trancher la question générale : faut-il admettre, entre les formes ou genres intelligibles, des relations définies ?

Trois réponses et trois réponses seulement sont possibles : ou bien on ne peut lier ni l'être avec le repos et le mouvement, ni rien avec rien, et les réalités sont alors incapables d'aucun mélange, soustraites à toute possibilité de participation mutuelle, et doivent rester telles en nos raisonnements ; — ou bien il y a communication entre toutes les réalités, et nous devons les ramener toutes à l'identité ; — ou bien les unes se

relations, le lecteur est prié de se reporter, d'une façon continue, à l'article du regretté maître V. Brochard (*La Théorie platonicienne de la Participation d'après le Parménide et le Sophiste*, dans Etudes de Philosophie ancienne et de Philosophie moderne, Paris, 1912, p. 113-150). Avec cette solide et fine étude, parue au moment où j'imprimais ma *Définition*, je me réjouis d'être en substantiel accord, malgré des divergences de détail. Peut-être verra-t-on que mon point de vue spécial m'a permis d'appuyer davantage sur le rôle de l'être dans cette théorie de la relation et d'éclairer mieux les conditions où se présente, dans le *Sophiste*, l'examen de ces relations positives ou négatives.

1. 249d : ὅσα ἀκίνητα καὶ κεκινημένα, τὸ ὄν τε καὶ τὸ πᾶν συναμφότερα λέγειν.

2. 249d-250e. Voir 250c : οὐκ ἄρα κίνησις καὶ στάσις ἐστὶ συναμφότερον τὸ ὂν ἀλλ' ἕτερον δή τι τούτων. 250b : τρίτον ἄρα τι παρὰ ταῦτα τὸ ὂν ἐν τῇ ψυχῇ τιθείς.

prêtent, les autres se refusent à cette réciprocité de relations[1]. Or, la première hypothèse nous interdit de lier à l'être aucun autre terme et d'affirmer, soit l'existence du mouvement, soit l'existence du repos : dire que tout se meut, dire que le Tout est unité immobile, dire que la réalité est dans une pluralité de Formes intelligibles, la faire osciller, soit dans un va-et-vient périodique, soit dans une coexistence d'oppositions intimes, entre l'unité, d'une part, et, de l'autre, une pluralité définie ou indéfinie, donner une réponse quelconque au problème de l'existence et formuler une pensée quelconque devient éternellement impossible[2]. La seconde hypothèse permet tous les mélanges et toutes les confusions : si le mouvement vient recouvrir le repos et si le repos s'identifie au mouvement, toutes les barrières tombent que posaient les nécessités inéluctables de l'existence et de la pensée[3]. Reste donc la troisième hypothèse : certains genres « acceptent », d'autres « refusent » cette communauté de rapports. Les réalités se comportent comme les lettres de l'alphabet. On ne peut lier celles-ci indistinctement les unes aux autres : il y a, entre certaines lettres, accord, comme, entre les autres, désaccord essentiel. Mais, dans cette harmonie ou ce conflit d'affinités, les voyelles jouent un rôle privilégié : elles courent, entre les autres lettres, comme un lien mobile et, là où il était irréalisable, réalisent l'accord[4]. La science n'aura donc pas seulement comme tâche de poser une pluralité de déterminations distinctes : entre ces centres d'existence différenciée et précise, il lui

1. 251d.

2. 251e-252d.

3. 252d : ὅτι κίνησίς τε αὐτὴ παντάπασιν ἵσταιτ' ἂν καὶ στάσις αὖ πάλιν αὐτὴ κινοῖτο, εἴπερ ἐπιγιγνοίσθην ἐπ' ἀλλήλοιν. — 'Αλλὰ μὴν τουτό γέ που ταῖς μεγίσταις ἀνάγκαις ἀδύνατον, κίνησίν τε ἵστασθαι καὶ στάσιν κινεῖσθαι.

4. 252e-253b.

faudra constater les attractions et répulsions essentielles, mais aussi bien les jonctions et disjonctions que peuvent effectuer certains intermédiaires universels de liaison ou de séparation[1].

Ainsi l'établissement du principe de relation a, comme résultat, d'élargir le champ du principe de distinction. Le travail fondamental de la science était de diviser par genres sans jamais confondre les Formes comprises sous le genre[2]. Ce travail, désormais, se complique : suivre, à travers une multiplicité d'unités, l'extension d'une Forme unique qui les maintient séparées ; à plusieurs unités distinctes, trouver un lien extérieur dans l'unique Forme qui les englobe ; sauvegarder aussi bien l'individualité et l'identité de l'unique Forme répandue en l'être entier de chaque unité d'une série, que la distinction des multiples unités qui demeurent entièrement séparées en leur isolement. La solennité quelque peu mystérieuse de ce programme ne fait que laisser entrevoir les pièces essentielles du système des relations : incompatibilité absolue de quelques Formes ; séparation des Formes par insertion d'une Forme commune ; liaison extérieure des Formes par subordination à une Forme commune ; imprégnation totale de chaque Forme par la Forme commune[3].

1. 253b/c : ἆρ' οὐ μετ' ἐπιστήμης τινὸς ἀναγκαῖον πορεύεσθαι τὸν ὀρθῶς μέλλοντα δείξειν ποῖα ποίοις συμφωνεῖ τῶν γενῶν καὶ ποῖα ἄλληλα οὐ δέχεται ; καὶ δὴ καὶ διὰ πάντων εἰ συνέχοντ' ἄττ' αὔτ' ἐστιν, ὥστε συμμείγνυσθαι δυνατὰ εἶναι, καὶ πάλιν ἐν ταῖς διαιρέσεσιν, εἰ δι' ὅλων ἕτερα τῆς διαιρέσεως αἴτια.

2. *Phèdre*, 265d et suiv., 273e-277b et *al.* ; *Sophiste*, 253d. Si je n'insiste pas sur la définition de cette science des divisions ou des relations comme dialectique et sur ses divers aspects, c'est que l'étude des méthodes de la dialectique ne peut se faire complète que par un retour très attentif sur ses multiples attaches avec les sciences ou techniques du devenir.

3. 253d : οὐκοῦν ὅ γε τοῦτο δυνατὸς δρᾶν μίαν ἰδέαν διὰ πολλῶν, ἑνὸς ἑκάστου κειμένου χωρίς, πάντῃ διατεταμένην ἱκανῶς διαισθάνεται, καὶ πολλὰς ἑτέρας ἀλλήλων ὑπὸ μιᾶς ἔξωθεν περιεχομένας, καὶ μίαν αὖ δι'

A côté de la subordination hiérarchique de l'espèce au genre, il y a donc deux nouveautés : l'intermédiaire de séparation, l'intermédiaire de liaison[1]. L'exemple de l'alphabet n'a fourni que le dernier de ces intermédiaires : les voyelles relient les consonnes même les plus incompatibles. Mais, dans les conclusions qu'il tire de cet exemple banal, Platon a très consciemment glissé un intermédiaire nouveau : il faut concevoir, entre les Formes, non seulement des Formes plus générales qui les relient les unes aux autres, mais aussi une Forme universelle qui les sépare et conserve à chacune sa détermination distincte[2]. L'existence de tels intermédiaires deviendra évidente pour qui voudra confronter à nouveau les trois genres déjà étudiés : le mouvement, le repos, l'être.

§ 4. *Les Catégories et leurs Rapports mutuels*

Mouvement et repos, assurément, ne se peuvent mélanger. Mais l'être se mélange aux deux ; car tous les deux *sont.*

ὅλων πολλῶν ἐν ἑνὶ συνημμένην, καὶ πολλὰς χωρὶς πάντῃ διωρισμένας · τοῦτο δ'ἔστιν, ᾗ τε κοινωνεῖν ἕκαστα δύναται καὶ ὅπῃ μή, διακρίνειν κατὰ γένος ἐπίστασθαι. Quiconque se rencontre avec ce passage difficile est obligé de prendre un parti. J'ai pris le mien, sans prétendre nier les obscurités de la phrase. Cf. C. Ritter, *N. Unt.*, p. 57-60 ; V. Brochard, *Participation*, p. 146, et, pour d'autres renvois, *Définition*, p. 110 (où, très probablement, j'ai eu tort d'admettre que le présent passage visait, en même temps que les rapports des intelligibles, la subsomption des sensibles sous le concept de la forme).

1. « A côté de la subordination hiérarchique de l'espèce au genre », car le τοῦτο de ὅ γε τοῦτο δυνατὸς δρᾶν vise la phrase immédiatement précédente, qui donne comme fonction à la dialectique τὸ κατὰ γένη διαιρεῖσθαι καὶ μήτε ταὐτὸν εἶδος ἕτερον ἡγήσασθαι μήτε ἕτερον ὂν ταὐτόν, distinction où l'ancienne division par genres et par espèces est manifestement incluse.

2. *Définition*, p. 111 et suiv. Liaison par les voyelles : *Sophiste*, 253a. Intermédiaire de séparation : 253d, μίαν ἰδέαν διὰ πολλῶν, ἑνὸς ἑκάστου κειμένου χωρίς. 253c : ἐν ταῖς διαιρέσεσιν, εἰ δι' ὅλων ἕτερα τῆς διαιρέσεως αἴτια.

Nous avons donc là trois termes, dont chacun est distinct des deux autres et identique seulement à lui-même ; c'est-à-dire que, dans cette trinité de termes, l'un quelconque est toujours autre que le reste et même que soi. *Autre* et *même*, ces deux genres nouveaux, sont-ils, de quelque façon, réductibles au mouvement, au repos, à l'être, ou faut-il les regarder comme des Formes distinctes, bien qu'une éternelle nécessité mélange et même et autre à l'être, au repos, au mouvement[1] ? Il y a certainement une relation du *mouvement* et du *repos* avec *l'autre* et *le même*. Mais cette relation n'est pas identité : à quelque terme commun que l'on identifie le mouvement et le repos, c'est, du même coup, le mouvement que l'on identifie au repos et le repos au mouvement. Il y a relation, mais il n'y a pas identité entre l'*être* et *le même*, sans quoi dire exister le repos et dire exister le mouvement serait encore identifier le repos au mouvement. Il y a relation, mais pas identité entre *l'être* et *l'autre ;* car *l'être* a et valeur relative et valeur absolue, et *l'autre* n'a de valeur et d'application que relative. Donc, en plus du mouvement et du repos, que nous savons incompatibles, nous avons dégagé trois Formes plus générales qui, sans se confondre, se lient au reste des Formes. Le mouvement est *autre que le repos*, il n'est pas le repos, et pourtant il est. Le mouvement est *autre que l'identité*, il n'est pas l'identité, mais il est identique à lui-même. Autre que le repos, autre que le même, le mouvement n'est pourtant pas l'altérité. Mais il est *autre que l'être*, et donc, de même qu'on le dit *être*, il faut le dire *non-être*. A la place du mouvement, mettons n'importe quelle autre Forme définie ; il sera toujours vrai de dire qu'elle est identique à elle-même, et que, par le seul fait de cette nature déterminée, elle est autre que tout

1. 254c-256e.

le reste des Formes, elle n'est aucune de ces Formes[1]. Poser une Forme, c'est poser certaines déterminations d'être, limitées et précises, mais c'est aussi exclure l'infinité des autres déterminations possibles : « Pour chacune des Formes, il y a donc *une quantité positive d'être, une multiplicité infinie de non-être*»[2]. L'être lui-même, en tant qu'il est distinct de toute autre détermination, n'est aucune de ces déterminations ; donc, autant il y a de déterminations qui *sont*, mais qui *ne sont pas l'être*, et il y en a une infinité, autant de fois *l'être n'est pas*[3].

Ainsi Platon a tourné la barrière sacrée qu'avait élevée Parménide ; il a gagné le droit de dire : le non-être est, l'être n'est pas[4]. Mais ce non-être n'est pas l'absence d'être, le néant ; il est l'absence de « cet » être parce qu'il est la présence de « cet autre » ; il est le ne pas être une infinité d'êtres possibles ou réels, par le fait même d'être un être précis ; il est l'altérité, la face négative que présente, à tout ce qui n'est pas lui et donc à tout ce qu'il n'est pas, tout être qui s'affirme ; il est la frange infinie et infiniment nuancée des différences dont s'entoure et s'éclaire, par contraste, le noyau identique et strictement limité de l'être. Le non-être n'est donc point le contraire de l'être ; il en est tout au plus l'envers et, s'il s'oppose à l'être, il ne s'y oppose que comme l'envers à l'endroit ; il en est l'accompagnement immanquable et la délimitation nécessaire[5]. Ainsi la théorie de la communauté des genres aboutit à donner une formule

1. 256b, 256e-257a.

2. 256e : περὶ ἕκαστον ἄρα τῶν εἰδῶν πολὺ μέν ἐστι τὸ ὄν, ἄπειρον δὲ πλήθει τὸ μὴ ὄν.

3. 257a : καὶ τὸ ὂν ἄρ' ἡμῖν, ὅσαπέρ ἐστι τὰ ἄλλα, κατὰ τοσαῦτα οὐκ ἔστιν · ἐκεῖνα γὰρ οὐκ ὂν ἓν μὲν αὐτό ἐστιν, ἀπέραντα δὲ τὸν ἀριθμὸν τἆλλα οὐκ ἔστιν αὖ.

4. 237a et 258c/d.

5. 258e-259c. Comparer avec 257b/c.

plus précise et un fondement objectif plus étendu au principe de détermination distincte.

§ 5. *L'objet du « Sophiste » et les Relations négatives*

On pourrait trouver étrange, non pas ce résultat, mais l'insistance de Platon à guider, vers ce résultat, toute la discussion sur le principe de relation et sur l'individualité irréductible des intermédiaires de relation, si l'on ne se rappelait le but que poursuit, à travers de subtils détours où elle ne s'égare qu'en apparence, la marche savante de ce dialogue. Il faut définir le sophiste. On ne le peut mieux définir qu'en le disant fabricant d'illusions et de mensonges ; il fait être ce qui n'est pas et ne pas être ce qui est. Proclamer l'existence d'une sophistique, d'un art de tromperie et de fausseté, c'est donc admettre qu'il est possible de penser et de dire ce qui n'est pas, c'est donc supposer que le non-être peut exister aussi bien dans la réalité que dans le discours intérieur ou extérieur[1]. Il n'y a point de pensée ni de parole qui ait, comme objet, une absence d'objet ; si, pour que l'opinion fausse soit vraiment fausse, il faut que, ce qu'elle dit être, nous le puissions dire vraiment ne pas être, et, ce qu'elle dit ne pas être, nous le puissions dire vraiment être, nous sommes obligés de poser, dans la réalité objective, une certaine non-existence de l'être et une certaine existence du non-être. Que l'être ne soit pas et pourtant reste être, que le non-être demeure non-être et pourtant soit, nous ne le pouvons établir qu'en substituant, à la notion de l'*absolument ne pas être*, la notion du *relativement ne pas être* ; qu'en montrant ne pas être *a* ni *b* ni *c* ni rien de tout le reste ce qui pourtant est, puisqu'il est *d* ; qu'en réduisant le *ne pas être* à l'*autrement être* ; qu'en découvrant,

1. 239c et suiv.

en tout ce qui est, une participation nécessaire, non seulement à la Forme de l'être, qui le fait objectif, non seulement à la Forme du même, qui le garde identique en son être propre, mais aussi à la Forme de l'autre, qui le conserve distinct de tout le reste des êtres[1]. Mais cette participation de tout ce qui est à *l'être*, au *même* et à *l'autre*, suppose qu'il y a, entre les genres, des relations définies, et qu'on peut, sans les confondre, lier une Forme à une Forme, comme sans les détruire, nier une Forme d'une autre Forme. Cela ne se prouvera sur un exemple clair que si l'on choisit deux Formes qui, toutes les deux, existent, sans que leur être se confonde et sans que leur être épuise l'être, et dont chacune est irréductible à son opposée, ne peut jamais être son opposée ; c'est-à-dire si l'on met deux termes nettement contraires en relation avec l'être et en opposition mutuelle. Voilà pourquoi il fallait montrer que le repos existe, que le mouvement existe, que l'être n'est pourtant pas la simple somme du repos et du mouvement, que le mouvement, bien qu'existant, n'est pourtant pas le repos, que le repos, bien qu'identique à lui-même, est autre que le repos et autre que l'être. Existence et opposition mutuelle du mouvement et du repos, liaison de l'être et pourtant irréductibilité de l'être au mouvement et au repos, tout cela n'a été étudié que pour établir le principe de la communauté des genres. Et, si cette communauté n'a été qu'établie et non pas étudiée en détail, c'est qu'il suffisait d'en poser et d'en délimiter le principe pour obtenir cette notion du *non-être relatif* qui rendait possible l'existence de l'opinion fausse et la définition du sophiste[2]. Ainsi le principe de

1. Pour cette suite de réductions que forme l'argumentation du *Sophiste*, cf. *Définition*, p. 4-16.

2. BROCHARD dit, de cette théorie de la participation ou des relations : Il est regrettable que Platon ne l'ait pas traitée avec plus de dévelop-

relation semble ne pas avoir été envisagé directement et pour lui-même ; on n'a parlé des liaisons possibles entre les réalités que pour mieux affirmer, de ces réalités, l'essentielle distinction et séparation ; de la relation négative, si fortement éclairée, quelque lumière tombe forcément sur les relations positives, mais elle n'y tombe que de biais.

§ 6. *Les Relations positives : l'Universalité du Principe de relation*

Ce qu'elle nous montre est pourtant précieux à observer. Notons d'abord que l'application du principe de relation est universelle. Non que l'on puisse lier tout à tout dans une communication directe : on ne peut dire le repos mû ni le mouvement immobile et, dans la marge des multiples groupements auxquels se prêtent les affinités des Formes, il semble qu'on doive laisser de nombreuses Formes sporadiques, à qui leur incompatibilité mutuelle prête un air de total isolement : καὶ πολλὰς χωρὶς πάντῃ διωρισμένας[1]. Mais cette incompatibilité mutuelle creuse-t-elle, entre les contraires, un fossé si profond qu'il n'y ait aucun passage de l'un à l'autre ? Peut-il y avoir, dans l'esprit, deux notions, et dans la réalité, deux natures qui, dans toute l'étendue de leur être, demeurent l'une à l'autre hostiles ou simplement étrangères ? Le Socrate du *Ménon* ne le croyait pas, lui qui, empruntant à des « mystiques éclairés » l'idée de la réminiscence, pensait que, la première connaissance une fois acquise, on peut retrouver par soi-même toutes les autres, « car la nature entière est unie et parente, ἅτε

pement dans ses dialogues, et nous serions curieux de savoir comment il complétait ces brèves indications dans l'enseignement qu'au témoignage d'Aristote il donnait en particulier à ses disciples » (p. 149).

1. 252d-253d.

τῆς φύσεως ἁπάσης συγγενοῦς οὔσης[1] ». Le *Sophiste*, à son tour, entre ces mêmes contraires dont il vient de réaffirmer la mutuelle irréductibilité, ne craint pas d'accepter l'idée d'une mutuelle participation. Quand on a montré que le mouvement est *même* par le fait de son identité individuelle et *non-même* par l'opposition de cette individualité distincte à tout autre détermination, la coexistence, en un même être, sous des rapports différents, de ces participations contraires permet d'envisager sans trouble une hypothèse que semblait devoir écarter la position initiale du débat sur la communauté des formes : « Si donc, sous quelque rapport, le mouvement lui-même venait à participer du repos, il n'y aurait aucune faute à le qualifier stable[2] ». Une telle qualification n'avait rien qui pût scandaliser un lecteur des dialogues. La *République*, en établissant le principe même de l'incompatibilité des contraires, avait

1. *Ménon*, 81c/d. Voir le *Phédon*, proclamant que c'est la même science qui connaît les contraires : ἀναγκαῖον δὲ εἶναι τὸν αὐτὸν τοῦτον (celui qui connaît le meilleur) καὶ τὸ χεῖρον εἰδέναι · τὴν αὐτὴν γὰρ εἶναι ἐπιστήμην περὶ αὐτῶν. Mais il n'affirme pas seulement que l'esprit passe immédiatement de l'un à l'autre. Il affirme ailleurs (60b) que, tout en ne pouvant se réaliser en même temps dans le même sujet, des contraires comme plaisir et douleur s'accompagnent nécessairement. C'est comme une tête à double visage: ὥσπερ ἐκ μιᾶς κορυφῆς δύ' ὄντε. C'est déjà la double loi d'impossibilité d'inhérence simultanée et d'appartenance au même sujet d'inhérence, la supposition d'un fond commun, à la fois logique et ontologique.

2. 256b : οὐκοῦν κἂν εἴ πῃ μετελάμβανεν αὐτὴ κίνησις στάσεως, οὐδὲν ἂν ἄτοπον ἦν στάσιμον αὐτὴν προσαγορεύειν ; 'Ορθοτατά γε, εἴπερ τῶν γενῶν συγχωρησόμεθα τὰ μὲν ἀλλήλοις ἐθέλειν μείγνυσθαι, τὰ δὲ μή. Sur les discussions auxquelles a donné lieu ce texte et la difficulté que j'essaie de résoudre, cfr. Brochard, 143/4 (cette participation n'est présentée que comme hypothèse, parce qu'elle est, d'après tout ce qui précède, absolument impossible), C. Ritter, *N. Unt.*, 60/61, et ma *Définition*, note 322. L'étrangeté de la réponse de Théétète fait supposer une lacune dans le texte (Heindorf, Ritter). Je suis porté à supposer : οὐδὲν ἂν ἄτοπον ἦν στάσιμον <ἀλλ' οὐ στάσιν> αὐτὴν προσαγορεύειν. Cela expliquerait, en quelque mesure, la mention, dans la réponse, des incompatibilités entre certains concepts.

fait, à propos du mouvement sphérique, les distinctions indispensables : ce n'est pas la même partie de la sphère qui est, à la fois, mue et immobile ; la sphère est mue dans sa circonférence et immobile dans son axe[1]. Mais, qu'un tel mouvement de sphère ajoute, à l'uniformité géométrique de la translation circulaire, la continuité et l'éternité, ce ne sera plus seulement le corps qui, au mouvement de sa masse, opposera l'immobilité de son centre, ce sera la loi même de ce nouveau mouvement qui corrigera la variation qu'est le déplacement par l'éternelle uniformité du déplacement : l'uniformité sera cinétique et le mouvement sera uniforme. Les *Lois* pourront parler sans crainte le langage reçu et mentionner « le mouvement des cercles dits immobiles », au moment même où elles viennent de renforcer la loi de permanence dans le mouvement cosmique en affirmant, contre la croyance générale et contre l'apparence, la régularité et l'uniformité de la translation planétaire[2]. Dans l'intervalle, le mythe même du *Politique* aura montré que le mouvement du monde essaie d'imiter l'éternelle identité des intelligibles, et le *Timée* aura déclaré que mouvement du monde et mouvement de l'Intellect ont un privilège analogue : celui de l'identité permanente[3].

1. *Républ.*, 436b-436e.

2. *Lois*, 893c : τὰ τὴν τῶν ἑστώτων ἐν μέσῳ λαμβάνοντα δύναμιν λέγεις, φήσομεν, ἐν ἑνὶ κινεῖσθαι, καθάπερ ἡ τῶν ἑστάναι λεγομένων κύκλων στρέφεται πεφιροpά. Sur le mouvement planétaire, cf. 822a : οὐ γάρ ἐστι τοῦτο, ὦ ἄριστοι, τὸ δόγμα ὀρθὸν περὶ σελήνης τε καὶ ἡλίου καὶ τῶν ἄλλων ἄστρων, ὡς ἄρα πλανᾶταί ποτε, πᾶν δὲ τοὐναντίον ἔχει τούτου — τὴν αὐτὴν γὰρ αὐτῶν ὁδὸν ἕκαστον καὶ οὐ πολλὰς ἀλλὰ μίαν ἀεὶ κύκλῳ διεξέρχεται, φαίνεται δὲ πολλὰς φερόμενον. Cf. ad loc. le commentaire de C. Ritter (Leipzig, 1896, p. 228-250). Voir aussi 898a-899c, et, sur ces questions d'astronomie platonicienne, E. Hoppe, *Mathematik und Astronomie im klassischen Altertum* (spécialement p. 159, Heidelberg, 1911).

3. *Politique*, 269d. Beaucoup plus clair est notre texte des *Lois*, 898a : τούτοιν δὴ τοῖν κινήσεοιν τὴν ἐν ἑνὶ φερομένην ἀεὶ περί γέ τι

Platon pouvait donc et devait accepter que, sous certains rapports, le mouvement participât de la stabilité. En cela, contredisait-il la réponse négative donnée à l'hypothèse d'une communauté indistincte des genres et l'exemple qui avait autorisé cette réponse négative : « Le mouvement deviendrait immobile et l'immobilité deviendrait mouvement, si ces deux genres venaient à se recouvrir l'un l'autre » ? Il ne faisait, au contraire, que préciser et la réponse et l'exemple. On ne peut accepter que tout se lie à tout, que tout se mêle à tout. A supposer même que, dans le monde intelligible, il n'y eût pas deux Formes entre lesquelles aucune transition ne fût possible, ce ne serait jamais par la totalité de leurs natures que se ferait le rapprochement : de deux Formes parentes, chacune restera toujours, par quelque partie d'elle-même, irréductible à l'autre. On ne peut donc lier tout à tout qu'en supprimant ce fond de distinction, c'est-à-dire, en identifiant tout à tout · en ce cas, les contraires eux-mêmes se rapprocheraient jusqu'à se couvrir totalement, et le repos deviendrait mouvement[1]. Mais, si le mouvement participe de l'altération par son déplacement, ne peut-il participer de l'identité permanente par la loi qui mesure les périodes et le sens de ce déplacement[2] ? La mobilité n'en sera pas devenue inertie ni l'inertie

μέσον ἀνάγκῃ κινεῖσθαι, τῶν ἐντόρνων οὖσαν μίμημά τι κύκλων, εἶναί τε αὐτὴν τοῦ νοῦ περιόδῳ πάντως ὡς δυνατὸν οἰκειοτάτην τε καὶ ὁμοίαν κ. τ. λ. *Timée*, 34a : le démiurge donne au monde κίνησιν... τὴν τοῦ σώματος οἰκείαν, τῶν ἑπτὰ τὴν περὶ νοῦν καὶ φρόνησιν μάλιστα οὖσαν · διὸ δὴ κατὰ ταὐτὰ ἐν τῷ αὐτῷ καὶ ἑαυτῷ περιαγαγὼν αὐτὸ ἐποίησε κύκλῳ κινεῖσθαι στρεφόμενον.

1. *Sophiste*, 252d.

2. C. Ritter croit que la concession faite 256b enlèverait valeur au raisonnement de 255a/b : identifier mouvement ou repos soit au même, soit à l'autre, est identifier mouvement et repos, c'est-à-dire faire inerte le mouvement et mû le repos. Je ne crois pas qu'il y ait contradiction entre les deux passages : 255a/b parle de participation totale ou identité (κίνησις... οὔθ' ἕτερον οὔτε ταὐτόν ἐστι... ὅτιπερ ἂν κοινῇ

mobilité ; il restera vrai que, en eux-mêmes et directement, certains genres se refusent à toute communication. Mais la mobilité se sera laissé enclore dans une loi d'identité successive qui, en quelque mesure, imite l'identité continue de l'inertie ; le mouvement parfait, en tant qu'il est réglé, pourra, sous ce rapport, être dit stable, sans que jamais le mouvement puisse être dit repos, ni le repos mouvement. Ainsi, entre certains contraires, par-dessus même leur opposition, il y aura passage, et voilà qui corrige un peu le χωρὶς πάντῃ διωρισμένας et l'isolement des contraires.

Mais surtout, si l'on ne peut dire que tout se lie à tout, on peut et l'on doit dire que tout se lie à quelque chose : le principe de relation est universel en ce sens que, dans la multitude des Formes, aucune ne demeure absolument isolée. Toute Forme, par le fait même qu'elle est posée, participe non seulement de *l'autre*, mais aussi de *l'être* et du *même*. Si, outre l'intermédiaire de séparation, il faut admettre, circulant entre les Formes, des intermédiaires qui « rétablissent entre elles la continuité et les rendent capables de mélange[1] », c'est à *l'être* ou au *même* que revient ce rôle unissant. Comment faut-il comprendre cette action de *l'être* et du *même ?*

§ 7. *L'Intermédiaire de Liaison*

a) *Le même.* — Comparant *l'être* et *l'autre*, *le Sophiste* déclare que, si *l'être* a valeur absolue aussi bien que rela-

προσείπωμεν κίνησιν καὶ στάσιν κ. τ. λ.) ; 256b ne parle que de participation. C. R. ajoute d'ailleurs : « Und auch bin ich der Ansicht, dass Platon die Bestimmung der κίνησις als στάσιμος zulasse ; ja ich meine, dass ihm die Eigenschaft der Stetigkeit einer Bewegung als Bedingung dafür gelte, dass die Bewegung scharf aufgefasst, gemessen und beschrieben werden kann » (*N. Unt.* p. 62).

1. 253e.

tive, *l'autre* n'a de valeur que relative : « Rien ne peut être autre sans être autre qu'autre chose[1] ». L'emploi de ce test était inutile pour la distinction de *l'être* et du *même*, car elle était donnée immédiatement par le simple raisonnement : si *l'être* et *le même* ne faisaient qu'un, dire exister et le mouvement et le repos serait les dire identiques. Mais le *même*, tout comme *l'autre*, ne peut se dire qu'en relation[2]. Toutefois, les deux relations n'ont pas mêmes effets : l'identité, comme l'altérité, suppose une comparaison, donc deux termes, mais l'altérité maintient, l'identité supprime cette dualité. Là où se révèle ou s'installe l'identité, il n'y a plus de place que pour l'unité de nature. Dans l'intelligible, où, de chaque nature définie, il ne peut y avoir qu'un exemplaire, on ne parlera d'identité entre deux termes, mouvement et repos, mouvement et être, mouvement et autre, mouvement et même, que pour nier cette identité ; on ne mettra d'identité positive que là où la dualité n'est que fictive et purement de raison, dans l'unité de chaque Forme : « Quand nous disons que le mouvement est *le même*, nous voulons dire par là qu'il participe à l'identité avec lui-même[3] ». Poser une Forme, c'est la poser identique à elle-même. Que cela puisse nous paraître une tautologie, une formule inutile et purement verbale, la faute en serait à notre oubli d'une thèse fondamentale du Platonisme : il n'y a détermination de nature que dans l'intelligible ; le sensible, essentiellement ambigu, est, non seulement d'un instant à l'autre, mais jusque dans l'indivisible de l'instant, intimement différent de lui-même.

1. 255d.

2. 255b : ἀλλ' εἰ τὸ ὂν καὶ τὸ ταὐτὸν μηδὲν διάφορον σημαίνετον, κίνησιν αὖ πάλιν καὶ στάσιν ἀμφότερα εἶναι λέγοντες ἀμφότερα οὕτως αὐτὰ ταὐτὸν ὡς ὄντα προσεροῦμεν.

3. 256a/b.

Ainsi le *même* ne s'unit à toutes les Formes que pour faire plus intérieure et plus complète, en chacune des Formes, l'originalité de sa nature. Ce n'est pas lui, si l'on veut, qui sépare directement une Forme d'une Forme ; mais c'est lui qui conserve, à chaque Forme, sa détermination propre et cet exclusivisme intérieur dont la manifestation extérieure est l'altérité. S'il n'effectue pas la séparation, il la fonde, et l'on ne peut songer à chercher en lui le véritable intermédiaire de liaison. Toutefois, du fait que toutes les Formes participent de l'identité, cette Forme de l'identité ou du *même* peut être dite les embrasser toutes du dehors ; identité permanente du Juste, identité permanente du Bien, identité permanente du Beau, pourraient être envisagées comme des déterminations particulières de cette identité permanente qu'est la Forme du *même*[1]. Le *Sophiste* n'exclut ni ne formule cette interprétation.

b) *La copule.* — Ainsi, parce que prédominait la nécessité de fonder, sur la distinction, l'altérité, et parce qu'aussi, entre les natures intelligibles, il ne peut jamais y avoir identité complète, le *même* joue beaucoup moins le rôle d'unissant que celui de déterminant. Par une raison analogue, par la nécessité de fonder, sur la détermination positive de l'être, cette exclusion de toute autre détermination qui constitue le non-être de l'être, on nous révélera, dans l'être, beaucoup plus sa nature objectivante que sa nature copulative. La distinction pourtant sera faite, mais ce qui s'en exprime intentionnellement et primairement n'est peut-être pas ce que viserait l'intention première d'une logique plus moderne.

Des difficultés que soulève la notion d'être au problème de la communauté des genres, la transition s'est faite par

1. Comme dans le passage cité plus haut (253d) : καὶ πολλὰς ἑτέρας ἀλλήλων ὑπὸ μιᾶς ἔξωθεν περιεχομένας.

la mention d'une aporie dont l'esprit moderne serait porté à n'apercevoir que la face logique[1] : « Disons donc de quelle façon nous donnons, à chaque instant, plusieurs noms à une même chose. — A quelle même chose ? Apporte un exemple. — Nous parlons de l'homme en le surnommant de plusieurs qualifications, lui surajoutant les couleurs, formes, grandeurs, vices et vertus, façons de parler où, comme dans une infinité d'autres, nous le disons non seulement homme, mais bon et autres choses à l'infini ; de tout autre objet, d'ailleurs, aussi bien que de l'homme, nous commençons par poser l'unité distincte et pourtant ne manquons point de le dire aussitôt multiple et de lui appliquer plusieurs noms. — Tu dis vrai. — En quoi, je pense, aux jeunes et, parmi les vieillards, à ceux qui sont venus tard à l'étude, c'est un régal que nous préparons ; aussitôt, en effet, la réplique est facile pour le premier venu, qu'il est impossible que le multiple soit un et que l'un soit multiple ; donc ils s'en vont, prenant leur plaisir à défendre qu'on dise l'homme bon, et à permettre seulement de dire le bon, bon, et l'homme, homme. Tu en rencontres, à ce que je pense, bien souvent, ô Théétète, des gens qui s'échauffent en de telles prétentions, parfois des hommes d'âge plus que mûr, que la pauvreté de leur bagage scientifique rend émerveillés devant ces nouveautés, et qui croient avoir fait là une trouvaille de superlative science. — Afin donc que ce soit à tous que s'adresse notre discours, à tous ceux qui, en quelque temps et de quelque manière que ce soit, ont discuté sur l'existence, voici, à ces derniers et à tous les autres avec qui nous venons de causer, la question que nous poserons ».

On connaît la question : c'est la triple alternative sur

1. 251a-251d.

la communauté des genres. Si le problème de l'attribution de plusieurs prédicats à un seul sujet se lie si étroitement au problème de la communauté des genres, le premier de ces problèmes n'est pourtant, dans le *Sophiste*, que l'occasion, la diversion dialectique choisie pour amener la position du second. Il n'en est pas la source première, et nous avons vu que la nécessité d'établir l'existence du non-être en le ramenant à la Forme de *l'autre* commandait et la distinction des cinq catégories, et la confrontation du mouvement, du repos et de l'être qui sert à dégager cette distinction, et la démonstration de la thèse qui, légitimant cette comparaison, légitime toutes les déductions subséquentes : l'existence de relations définies entre les Formes intelligibles. Bien qu'un instant éclairé d'une lumière si vive, quand il a servi à opérer la transition nécessaire et à reposer l'esprit dans ce couplet de haute ironie, ce problème de l'attribution s'estompe et se perd dans la tonalité plus unie de l'ensemble : la difficulté centrale qu'est la nature et le rôle du non-être ne permet plus à un problème particulier d'émerger et de morceler, à son profit, l'attention générale. Mais, si l'étude sur la notion d'être ne pose plus directement l'aporie complexe : *A est* $a + b + c + d$, on peut en dégager pourtant les deux formes générales de proposition : *A est* ; *A est B* ; et, pour cette dernière, la distinction entre l'identification absolue et l'identification partielle ou participation[1]. Enfin l'attribution plurale se retrouve, sous la forme d'inhérence en un même sujet, non plus d'une série d'attributs simplement distincts, mais d'un couple d'attributs opposés, quand la réduction du *non-être* à *l'autre* permet de dire, à la fois,

1. Par exemple, 256a montre que le mouvement est (ἔστι δέ γε διὰ τὸ μετέχειν τοῦ ὄντος) et que le mouvement, par rapport à lui-même, est même (τὴν κίνησιν δὴ ταὐτόν τ' εἶναι κ. τ. λ.).

qu'un sujet est *même* par rapport à lui et *autre* par rapport à ce qui n'est pas lui et, par la traduction de *non-a* en *b*, transforme la proposition *A est a+non-a* en la proposition logiquement correcte : *A est a+b*[1].

c) *L'être objectivant.* — Dans la distinction fondamentale qui légitime la coexistence des trois propositions : *le mouvement est, le repos est, le mouvement n'est pas le repos ;* dans l'inéquivalence des formules : *le mouvement est l'autre ; le mouvement est autre que le repos*, la logique moderne aime à retrouver la séparation des deux sens du mot *être :* sens existentiel et sens copulatif, différence gardée, pour ce dernier, entre l'attribution partielle et l'attribution totale. Tout cela est dans Platon. Mais les formules modernes sont des traductions logiques de ce qui, chez Platon, s'exprime spontanément en ontologisme : l'être existentiel est, chez lui, l'absolue objectivité ; l'être d'attribution totale fait place à l'absolue identité, et l'être d'attribution simple ou proprement copulatif est la participation. Or, Platon distingue parfaitement entre l'être d'existence et l'être d'attribution. Mais ce n'est pas dans l'attribution que l'être joue, chez Platon, son rôle d'intermédiaire de liaison. Parce que la copule est ontologique avant d'être logique, elle se traduit immédiatement en participation là où elle ne peut se traduire en identité, et cette identité même est participation à la forme du *même*[2]. Là donc où nous serions portés à chercher, avant tout, la nature copulative de l'être, là même cette notion spéciale de l'être et le mot lui-même s'absorbent et disparaissent, chez Platon, dans la série de notions et de mots dont le réalisme foncier

1. 256b : le mouvement est même que lui-même et n'est pas tout le reste, c'est-à-dire est autre que tout le reste.

2. *Ibid.* : ἀλλ' ὁπόταν μὲν ταὐτόν, διὰ τὴν μέθεξιν ταὐτοῦ πρὸς ἑαυτὴν (il s'agit du mouvement) οὕτω λέγομεν.

recouvre tout de suite la face logique de l'attribution : participation, ressemblance, communauté, mélange[1]. L'être n'apparaît plus qu'avec sa valeur absolue, et s'il est dit circuler à travers toutes les Formes, c'est à titre d'objectivant[2]. Il n'y a vraiment qu'un intermédiaire de liaison comme il n'y a qu'un intermédiaire de séparation : « Que donc l'on nous réfute ou que, d'ici là, on dise avec nous qu'il y a, entre les genres, des mélanges mutuels, et mélange de tous avec l'*être* et l'*autre ;* que l'*être* et l'*autre* se compénétrant, l'*autre* participe à l'*être* et, de par cette participation, *est...*[3] ». Ainsi ce qui donne, à toutes les Formes et même à la Forme de l'*autre*, l'objectivité, c'est la participation à la Forme de l'*être*.

V. — L'être comme principe et forme ultime d'objectivité

De quelle nature peut être cette communauté qu'établit, entre les Formes, leur participation respective à l'existence, et qu'est-ce que cette Forme de l'être qui fonde leur objectivité ?

§ 1. *Irréductibilité de l'Être. La Méthode de la Preuve*

Le *Sophiste* s'est trouvé placé, dès le début, devant une tâche apparemment irréalisable et contradictoire : parce qu'on ne peut faire, du non-être, ni le sujet ni l'attribut

1. 255b : μετέχετον μὴν ἄμφω (κίνησις καὶ στάσις) ταὐτοῦ καὶ θατέρου. *Passim* ἐπικοινωνεῖν, μεταλαμβάνειν, δύναμιν ἔχειν κοινωνίας, συμμείγνυσθαι κ. τ. λ.

2. 259a : ὅτι συμμείγνυταί τε ἀλλήλοις τὰ γένη καὶ τό τε ὂν καὶ θάτερον διὰ πάντων... τὸ μὲν ἕτερον μετασχὸν τοῦ ὄντος ἔστι μὲν διὰ τὴν μέθεξιν.

3. 259a/b.

d'une existence quelconque ni même l'objet de quelque détermination que ce soit, positive ou négative, accepter de ne chercher ni à l'affirmer, ni à le nier, ni à l'exprimer ou le penser ; et, parce que la réalité du non-être est exigée par la réalité de l'opinion fausse, entreprendre de lui conquérir un droit à l'existence objective et définie[1]. Par où commencer une si périlleuse démonstration ? Par où, sinon par un retour sur les notions dont l'évidence est assumée comme naturelle et allant de soi, et dont la clarté apparente est peut-être pour quelque chose dans l'ombre qui se projette sur cette notion du non-être[2] ? Cette clarté ne serait-elle pas, en effet, simplement apparente ? Comme, avec les enfants, procèdent les faiseurs de mythes, ainsi procédèrent avec nous, sans plus de souci ni de scrupule, tous ceux qui, Parménide en tête, entreprirent de définir et nombrer les réalités. Dans les concepts qu'ils ont maniés avec tant de caprice, on va choisir, pour un examen critique, celui qui, de tous, est le plus grand et le chef de file : περὶ δὲ τοῦ μεγίστου καὶ ἀρχηγοῦ πρώτου νῦν σκεπτέον[3]). A tous ceux qui accolent l'être à quoi que ce soit, nous allons demander : que voulez-vous que nous entendions par cet *être ?* (τί τὸ εἶναι τοῦτο ὑπολάβωμεν ὑμῶν[4]). Enquête dont le but apparent est de révéler que l'être est aussi obscur que le non-être et dont le but réel est de démontrer cette *irréductibilité absolue de l'être* sur laquelle se fondera sa détermination exclusive et, relativement à tout le reste, le non-être de son être. Contre toute définition qui prétend enserrer l'être en un ou plusieurs termes définisseurs, on établira cette simple vérité : l'être se définit par l'être et

1. 237a-239b, 240c-241d.
2. 242b/c.
3. 243d.
4. 243e.

ne peut se définir que par l'être. Ainsi, bien que participé par tout le reste des Formes et fondement ultime des multiples objectivités, l'être pourra et devra se traiter comme une Forme précise, irréductible à toute autre, et le principe d'objectivité gardera sa généralité de principe, restera loi constitutive de la science, sans perdre son attache à ce sans quoi la science ne serait plus qu'un simple jeu de notions vides : la réalité objective et déterminée de l'existence intelligible.

Comment prouver cette irréductibilité de l'être ? En montrant que toute définition de l'être par un terme ne peut se préciser sans révéler et accepter sa dualité latente, et que toute définition de l'être par deux termes n'aboutit qu'à poser, en dehors des deux autres, un troisième terme, qui est l'être. Voilà le secret du subtil traitement dialectique au cours duquel et la pluralité des antiques physiciens, et l'unité de l'Éléatisme, et la matière massive des « Fils de la Terre » et les multiples permanences intelligibles des « Amis des Formes », se laissent délivrer d'un contenu qu'elles ne croyaient point porter. Maïeutique artificieuse et, tour à tour, dédaigneusement brutale ou bienveillamment experte, qui, de l'unité la plus close, tire, presque de force ou par de patients détours, la dualité, pour montrer que l'être accolé à l'un et l'autre de ses termes est irréductible à chacun des termes aussi bien qu'à leur couple ! τρίτον ἄρα τι παρὰ ταῦτα τὸ ὄν... ἕτερον δή τι τούτων[1].

§ 2. *Les Essais de définition de l'Être*

En quelque opposition que les physiciens veuillent enfermer l'être ou faire osciller son devenir, c'est toujours par

1. Notre analyse rapide résume toute la discussion sur l'être, de 243e à 251a.

deux termes qu'ils le définissent ; mais ils ne peuvent l'identifier ni à chacun des termes ni au couple sans ramener à l'unité leur dualité, et, s'ils ne l'identifient, leur dualité devient trinité[1]. De l'être qu'il n'accorde qu'à l'Un, Parménide ne peut faire ou qu'un simple *flatus vocis*, qui, s'il s'identifie à l'Un, le volatilise, ou qu'une objectivité distincte de l'Un qu'elle objective ; du Tout de l'être, que prétend enfermer son Un, l'unité globale ne peut être qu'unité relative et complexe, ou bien la totalité en sera indigente, inachevée ; et l'on arrive à la contradiction d'une réalité posée comme existante sans que le tout de son existence soit réalisé[2]. Les « Fils de la Terre » ne veulent dire exister que la masse tangible du corps ; mais leur audace hésite aussi bien à nier l'existence des vertus ou de la science qu'à les affirmer corporelles, et nous pouvons leur demander ce qu'est cette existence commune au corps et à ce qui n'est pas corps[3]. Faute de mieux de leur part et très provisoirement de la nôtre, nous allons donner une définition ou marque expérimentale de l'existence : *existe tout ce qui peut agir ou pâtir ; les êtres ne se définissent que par la puissance*[4]. Arrêt qui, s'il durait,

1. 243e-244b.

2. 244b-245e. Conclusion générale sur la définition de l'être par un nombre : καὶ τοίνυν ἄλλα μυρία ἀπεράντους ἀπορίας ἕκαστον εἰληφὸς φανεῖται τῷ τὸ ὂν εἴτε δύο τινὲ εἴτε ἓν μόνον εἶναι λέγοντι. Au raisonnement de Platon sur la totalité inachevée, comparer la phrase de Mélissos : οὐ γὰρ ἀεὶ εἶναι ἀνυστόν, ὅτι μὴ πᾶν ἔστι (frg. 2, ap. Diels, *Vorsokratiker*, I³, 186).

3. 246a-247d.

4. 247d-248a. C'est la fameuse définition par la δύναμις · τίθεμαι γὰρ ὅρον [ὁρίζειν] τὰ ὄντα ὡς ἔστιν οὐκ ἄλλο τι πλὴν δύναμις. Je ne puis revenir ici sur une discussion que j'ai essayé, ailleurs, de conduire à terme (*Définition*, p. 17-38). Voir Brochard, qui ne fait que toucher la question (p. 136, 138), Th. Gomperz (Platon, précurseur de tous les énergétiques modernes, p. 598), E. Zeller, *Philosophie der Griechen* (II, i, 4e éd., p. 689 et suiv.). La conception énergétique de l'être platonicien s'appuie sur une définition donnée expressément comme pro-

briserait la continuité de la démonstration, mais qui n'est qu'un tournant et qu'un artifice. Car les « Amis des Formes », par qui on tenterait vainement, ce que d'ailleurs Platon ne pouvait désirer lui-même, de faire accorder cette égalité de valeur existentielle à la dualité de l'incorporel et du corporel, vont venir à la dualité par une autre voie : par la voie même de cette définition. Pour eux, la définition est inacceptable, car, de l'intelligible, est exclu tout mouvement, donc toute action et passion. Or, déclarer inexistant le mouvement et n'accorder l'existence qu'au repos, c'est supprimer l'intellection et la science, parce que c'est supprimer l'activité du sujet connaissant ; et, comme l'intellection est impossible sans permanence, il faut dire : « Le repos existe aussi bien que le mouvement[1]. »

§ 3. *Le Rôle de l'Être*

Mais dire que l'être comprend mouvement et repos n'est pas le définir[2]. Quand on déclare être et le mouvement et

visoire, dans une discussion dont la conclusion est que l'être ne peut se définir par rien d'autre que lui. J'ose espérer que la simple analyse de cette discussion et le rôle que joue le concept d'être dans la théorie de la relation montrent la précarité de cette prétendue définition platonicienne de l'être. — Cf. J. Souilhé, *Étude sur le terme* δύναμις *dans les dialogues de Platon*, p. 111 à 114, et mon édition du *Sophiste*, Notice, p. 286-288.

1. 248a-249d. Il n'entre pas dans le plan de cet article d'ajouter une hypothèse aux hypothèses faites pour identifier les Amis des Formes (cf., en fait de publications récentes, C. Ritter, p. 31-44 et *passim*, et l'article de Gillespie, *On the Megarians*, p. 220 et suiv., *Rev. de Philos.*, XI, 4, p. 401-404). La plus curieuse, et non pas certes, la plus plausible interprétation de cette discussion et du *Sophiste* en général est J. Eberz, *Die Tendenzen der platonischen Dialoge Theaitetos, Sophistes, Politikos*, dans Archiv. f. Gesch. d. Philos., XXII, 2, 252-263 et 4, 456-492 ; cf. *Rev. de Philos.*, XVII, 130-145, et *supra*, p. 332-351. Sur les Amis des Formes, voir l'hypothèse à laquelle je m'arrête aujourd'hui (éd. du *Sophiste*, Notice, p. 292-297).

2. 249-d/e : Avons-nous donc là une définition suffisante de l'Etre ?

le repos, on ne veut les dire par là ni tous les deux mobiles ni tous les deux immobiles[1]. On veut seulement les dire être, synthétiser leur communion respective avec l'οὐσία : *l'être est bien troisième terme*, et ni le mouvement ni le repos n'expriment l'essence ultime de son être[2]. On ne peut dire plus clairement que *l'être est indéfinissable.*

Mais cet être indéfinissable n'est pas l'être abstrait d'un universel de raison. Il est universel au sens que, dans l'intelligible, aucun genre ne peut exister qu'en participant de lui : ὅτι μετέχει τοῦ ὄντος εἶναί τε καὶ ὄντα[3]. Mais,

demande l'étranger. C'est maintenant, au contraire, que nous connaissons pleinement la difficulté de la recherche ; maintenant que nous sommes, au sujet de l'être, dans la plus complète ignorance, bien que ce que nous en disons nous ait l'air d'être quelque chose : ἆρ' οὖν ἐπιεικῶς ἤδη φαινόμεθα περιειληφέναι τῷ λόγῳ τὸ ὄν ;... ὡς μοι δοκοῦμεν νῦν αὐτοῦ γνώσεσθαι πέρι τὴν ἀπορίαν τῆς σκέψεως... οὐκ ἐννοεῖς ὅτι νῦν ἐσμεν ἐν ἀγνοίᾳ τῇ πλείστῃ περὶ αὐτοῦ, φαινόμεθα δέ τι λέγειν ἡμῖν αὐτοῖς.

1. 249e/250b. On peut nous poser les questions que nous posions aux partisans du chaud et du froid : repos et mouvement sont contraires ; vous dites être et chacun d'eux et tous les deux ; voulez-vous dire par là que tous deux sont mus ou tous deux inertes ? ἆρα κινεῖσθαι λέγων ἀμφότερα καὶ ἑκάτερον, ὅταν εἶναι συγχωρῇς ;... ἀλλ' ἑστάναι σημαίνεις λέγων αὐτὰ ἀμφότερα εἶναι ; Il n'y a rien de sophistique en ce raisonnement de Platon. Si l'on croit définir l'être (x) par repos et mouvement ($a + b$), on ne peut plus, posant ainsi $x = a + b$, lier a à x sans le lier à b, ni b à x sans le lier à a ; et, comme on a traduit par une identité la liaison, à l'être, de cette totalité que constituent mouvement et repos, on ne peut plus traduire que par des identités, respectivement contradictoires l'une de l'autre, le rapport, à l'être, soit du mouvement, soit du repos pris à part.

2. 250b/c : τρίτον ἄρα τι παρὰ ταῦτα τὸ ὂν ἐν τῇ ψυχῇ τιθείς, ὡς ὑπ' ἐκείνου τήν τε στάσιν καὶ τὴν κίνησιν περιεχομένην, συλλαβὼν καὶ ἀπιδὼν αὐτῶν πρὸς τὴν τῆς οὐσίας κοινωνίαν, οὕτως εἶναι προσεῖπας ἀμφότερα ;... οὐκ ἄρα κίνησις καὶ στάσις ἐστὶ συναμφότερον τὸ ὂν ἀλλ' ἕτερον δή τι τούτων... κατὰ τὴν αὑτοῦ φύσιν ἄρα τὸ ὂν οὔτε ἕστηκεν οὔτε κινεῖται. On a donc tort de rapprocher, de la notion du mixte du *Philèbe*, la prétendue définition de l'être par le mixte, que donnerait Platon quand il exprime ainsi l'existence respective du repos et du mouvement : τὸ δέ γε ὂν μεικτὸν ἀμφοῖν · ἐστὸν γὰρ ἄμφω που (254d) ; je regrette de rencontrer cette interprétation dans l'excellente étude de H. Raeder *(Platons Philos. Entwickelung*, p. 335).

3. 256e.

parmi les déterminations que constituent les formes intelligibles, il n'est pas une indétermination ; parmi ces objectivités, il n'est pas un arrêt subjectif et simplement le dernier arrêt de l'esprit : comment la participation à une détermination subjective fonderait-elle des objectivités et des déterminations[1] ? Il est une nature, un genre, une Forme déterminée[2]. Non pas l'être absolu de Parménide, l'unité raide, impénétrable, isolée. Un tel être ne permet de poser rien autre que lui : impossible donc à l'esprit, enfermé dans ce point indivisible, d'en sortir pour affirmer ou même nier toute autre existence ; mais impossible aussi d'en sortir pour y revenir, de trouver l'autre point d'où l'on pourrait, le regardant, le voir et le dire soit devenir, soit existence, soit même unité[3]. *De l'être de Platon, on peut dire qu'il est, parce qu'on peut dire qu'il n'est pas :* posé en face des multiples déterminations intelligibles, il n'est aucune d'elles, et, autant de fois elles sont, autant de fois il n'est pas ; par cela même, en sa détermination propre, il est. Unité intelligible à laquelle participent les multiples intelligibles, il fonde leur être par cette participation et occasionne leur non-être par sa propre distinction[4] ; unité non exclusive de pluralité externe, mais pas davantage exclusive de pluralité interne puisque, d'une certaine façon, l'être unit, dans sa nature, l'identité et la différence, l'être et le non-être. Il semble que Platon ait voulu remplir le programme entier que traçait le mys-

1. C'est à l'être plus encore qu'à toute autre forme intelligible que j'appliquerais l'heureuse formule de C. Ritter, « Sie ist der objektive Halt unseres Urteils » (*N. Unt.*, p. 35). Mais je crois que cette objectivité est, dans le Platonisme, essentiellement ontologique.

2. γένος 254d), εἶδος (255b), φύσις (258b).

3. Voir la dernière partie du *Parménide*, et *Sophiste* 244d, 245d.

4. 257a : καὶ τὸ ὂν ἄρ' ἡμῖν, ὅσαπέρ ἐστι τὰ ἄλλα, κατὰ τοσαῦτα οὐκ ἔστιν · ἐκεῖνα γὰρ οὐκ ὂν ἓν μὲν αὐτό ἐστιν, ἀπέραντα δὲ τὸν ἀριθμὸν τἆλλα οὐκ ἔστιν αὖ.

térieux dialogue du *Parménide* : mettre la contrariété au sein même des formes intelligibles sans détruire ni leur objectivité ni leur détermination précise et intransformable, établir l'unité sans détruire le multiple, poser l'affirmation en fondant, sur l'affirmation même, la négation[1].

Conclusion

Positives ou négatives, les relations qu'établit le *Sophiste* ne font qu'affermir et préciser les grands principes de la science platonicienne. L'*être*, le *même* et l'*autre* sont, en tant que Formes parmi les Formes, les bases de réalité intelligible où s'appuient les principes d'objectivité, de détermination et de distinction ; et rien ne prouve mieux la continuité intime de l'évolution platonicienne que le circuit décrit par cette démonstration de l'existence du *non-être*, qui, partant d'une idée en apparence absolument nouvelle et destinée à révolutionner la théorie de la réalité intelligible, aboutit à formuler, d'une façon plus explicite et pour ainsi dire plus radicale, les caractères essentiels et toujours affirmés de cette réalité[2]. D'autre part,

1. *Parménide*, 129a-130a.

2. Si l'on pouvait faire abstraction de l'ontologisme ou du réalisme, que Platon, je crois, n'a jamais abandonné, on trouverait plus qu'une illustration de la pensée platonicienne dans les pages de Renouvier sur la loi générale de relation (*Essais de critique générale*, I, 1, rééd. 1912, p. 146 et suiv.). Cf., en particulier, p. 148 : « L'énoncé du rapport, pris dans sa formule fondamentale, *détermine* en *distinguant* et en *identifiant* ; d'où il s'ensuit que la *relation*, en général, et quant à sa forme, est une synthèse de la *distinction* et de l'*identification*, qui lui sont pareillement inhérentes, et au défaut de l'une ou de l'autre desquelles elle cesse d'exister. On peut dire encore que le *rapport* est une synthèse de l'*autre* et du *même* ». P. 149 : « Selon la rigueur logique, la formule *non-A* se traduit par *tous les autres que A* et n'a point d'autre sens », et al. J'ai essayé de démontrer que, chez Platon, le rôle du *même* était surtout de fournir la base permanente de distinction ; la liaison ou identification partielle étant effectuée par la participation.

l'opposition que créent les rapports mutuels de l'*être*, du *même* et de l'*autre*, sans violer les lois qui sauvegardent la détermination distincte de l'être et la continuité de la pensée, mettent, dans l'être et dans la pensée, plus de souplesse et de variété. Enfin, les relations définies qui tendent à ordonner, en systèmes séparés ou communicants, les Formes et les groupes de Formes, relations de participation qu'établit le *Sophiste* et dans lesquelles il serait difficile de ne pas inclure les rapports d'espèce à genre entrevus ou étudiés dans les autres dialogues, ont forcément leurs points d'attache au cœur même de chaque Forme ; c'est dire, puisqu'une seule Forme peut se prêter à de multiples relations, que son unité homogène enferme pourtant une pluralité potentielle[1]. On pourra, d'autre part, envisager la pluralité comme actuelle et l'unité comme potentielle, si, partant de l'infinité de ressemblances que crée, en chaque Forme, sa participation à l'*être* et à l'*autre*, on s'achemine progressivement vers la pluralité définie de relations qui marquent, à cette Forme, sa place dans son groupe naturel, et, de là, vers l'unité distincte que lui garde sa détermination propre. Ainsi l'on pourra parler peut-être de cette détermination qui constitue chaque Forme comme de l'unité qui vient informer une matière intelligible[2], et, bien que le *Philèbe* se place au point de vue cosmique, on pourra transporter aux Formes intelligibles l'ἄπειρον et le πέρας, l'illimitation que limitent progressivement la quantité définie et l'unité précise[3]. Le *Timée*

1. Cf. *Parménide*, 129b : ἀλλ' εἰ ὃ ἔστιν ἕν, αὐτὸ τοῦτο πολλὰ ἀποδείξει καί αὖ τὰ πολλὰ δὴ ἕν, τοῦτο ἤδη θαυμάσομαι.

2. Cf., sur l'usage de telles formules dans le Platonisme tardif et les critiques d'Aristote, L. Robin, *La théorie platonicienne des idées et des nombres*, Paris, 1908, p. 276-7, 635-660.

3. *Philèbe*, 16c et suiv. Sur les essais d'application de cette classification du *Philèbe* à la théorie des formes intelligibles, cf. R. G. Bury, p. LXIV et suiv.

n'en sera pas moins à l'aise pour affirmer une dernière fois, en face de l'indétermination flottante des sensibles, l'identité individuelle et permanente des Formes intelligibles : ἀεὶ κατὰ ταὐτὰ ὄν.., εἶδος ἑκάστου νοητόν.., αὐτὰ καθ' αὑτὰ ὄντα ἕκαστα[1]).

Ainsi la science se définit toujours comme connaissance de l'être ; et tout en acceptant la multiplicité idéale que met, dans la nature de l'être, la multiplicité des relations, elle ne cesse de viser et d'atteindre sa détermination une, identique et permanente. L'idée platonicienne de la science ne s'est pas constituée tout d'une pièce dans une synthèse initiale ; mais, posant d'emblée son objet dans la réalité ontologique, elle a commencé par affirmer les principes que postulait son besoin d'objectivité permanente et définie, puis, se précisant dans une série d'analyses progressives, prenant peu à peu conscience plus claire de sa tendance intime vers la liaison et l'unité, elle a trouvé, dans la démonstration et l'expression des principes nouveaux, le moyen d'affermir et de préciser les principes anciens. Une telle succession d'analyses ne peut manquer de laisser, de temps à autre, comme résidus à peine remarqués, des problèmes nouveaux ; le rapport de l'Être et du Bien en est un, que l'on ne pourrait songer à résoudre que par des hypothèses ; centre d'objectivité, l'Être sera forcément participé par la Forme déterminée qu'est le Bien, et pourtant, Forme intelligible et déterminée, l'Être ne peut tenir son intelligibilité que du rayonnement intelligible qui descend de cette cime du Bien[2]. D'autres problèmes n'étaient que la transposition,

1. *Timée*, 28a, 51c/e.

2. C'est dans le *Philèbe*, en étudiant la science du devenir, que nous pourrions rencontrer à nouveau l'Idée platonicienne du Bien. Sur les rapports possibles de l'Un *(Parménide)*, de l'Etre *(Sophiste)* et du Bien *(République)*, les dialogues ne peuvent guère que poser des problèmes. Le système que visent les critiques d'Aristote est, en ce qui

dans les relations intelligibles, de difficultés étudiées à propos de la relation du sensible à l'intelligible : le *Sophiste* emploiera les diverses formules de participation entre les Formes sans revenir sur ces difficultés. Une étude complète sur l'idée platonicienne de la science ne pourrait ignorer l'exposition si franche qu'en a faite le *Parménide* et l'attitude que prend le Platonisme à leur égard[1].

Mais ce n'est pas seulement par là que notre étude est incomplète. Elle a laissé totalement dans l'ombre la face subjective de la science platonicienne : la pensée pure, le concept, la division et la synthèse, toute la théorie de l'intuition et toutes les méthodes de la discussion dialectique. C'est que, de tous côtés, les ramifications de ces problèmes de science pure se rejoignent à d'autres problèmes, dont la racine est dans le rapport du sensible à l'intelligible. Les méthodes propres de la dialectique se constituent elles-mêmes sur le modèle d'autres méthodes, qu'elle trouvait, soit dans la mathématique, soit dans les diverses techniques appliquées à la connaissance et la mise en œuvre du Devenir, et c'est en de tels exercices de définition et classification du Devenir que la dialectique, dans le *Phèdre*, le *Sophiste*, le *Politique*, s'étudie au maniement de l'intelligible[2]. Enfin la science de l'Être, qui pourrait sembler vouloir, non pas nier, mais fuir le Devenir, si elle poursuit, avant tout, pour elle-même, pour sa beauté et sa sainteté, la vérité intelligible, veut pourtant redescendre au Devenir et se

concerne cette trinité de l'Un, de l'Etre et du Bien, difficile à reconstruire. Je ne puis que renvoyer aux chapitres si complets et si pénétrants de M. Robin (*La théorie platonicienne des Idées et des Nombres*, spéc. p. 127-172, 192-196, 515-533, 570 et suiv.).

1. *Parménide*, 130c-135d.

2. A. Rivaud (*Problème du devenir*) : « En fait, dans toute l'œuvre de Platon, c'est la science des apparences qui tient le plus de place. C'est dans le monde des êtres assujettis au changement que le philosophe passe sa vie » (p. 279).

l'expliquer dans la mesure où cette explication est possible, est utile au développement ou au repos de l'esprit et, surtout, est nécessaire à l'action. Les privilégiés qui se seront élevés jusqu'à contempler la clarté du Bien n'auront point le droit de s'éterniser en cette radieuse béatitude ; mais, « quand ils auront vu suffisamment », ils devront redescendre dans la caverne où sont restés leurs compagnons de chaîne « et reprendre l'accoutumance des ténèbres ; car, une fois habitués, leur vue sera infiniment plus puissante pour distinguer ces ombres, connaître ce qu'est chacune de ces images et de quoi elle est image, par le fait qu'ils auront contemplé la réalité du Beau, du Juste et du Bien[1] ». Comment se fait cette explication scientifique du Devenir, comment on arrive à recomposer une histoire probable du monde, quel heureux mélange des principes de la science à tous les intermédiaires et substituts de la science, opinions, croyances, traditions et mythes, permet d'ordonner le Devenir pour la pensée et pour l'action ; comment la science de l'Être, en condescendant à ces compromis, y enrichit et assouplit ses méthodes ; c'est autant de questions qu'il faudrait résoudre pour avoir une idée quelque peu complète de la science platonicienne. Tenter de les résoudre ici, après une étude qui risque souvent d'être ou imprécise ou obscure parce qu'elle a voulu être brève, eût été vraiment abuser de la gracieuse hospitalité des Annales et de la patience du lecteur.

---

1. *République*, 520c. : συνεθιζόμενοι γὰρ μυρίῳ βέλτιον ὄψεσθε τῶν ἐκεῖ καὶ γνώσεσθε ἕκαστα τὰ εἴδωλα ἅττα ἐστὶ καὶ ὧν, διὰ τὸ τἀληθῆ ἑωρακέναι καλῶν τε καὶ δικαίων καὶ ἀγαθῶν πέρι.

CHAPITRE III

Le Dieu de Platon

§ 1. *Les mauvaises théologies*

Le Socrate de la *République* aussi bien que le vieil Athénien des *Lois* estiment que la croyance aux dieux est la meilleure sauvegarde de la Société[1]. Mais comment s'assurer les bienfaits de cette croyance ? Il faudrait, avant tout, qu'elle fût bien éclairée et solidement fondée, et cette condition essentielle fait, jusqu'ici, absolument défaut. « Les seules autorités », dit l'Adimante de la *République*, et disent aussi bien les jeunes *libres penseurs* des *Lois*[2], « les seules autorités qui nous garantissent l'existence des dieux et corroborent ainsi les prescriptions rituelles de la cité, ce sont les poètes, les rhéteurs, les devins, les prêtres des grands sanctuaires et des petites chapelles. Les poètes, d'abord, et les plus grands de tous, Homère, Hésiode, qui sont vraiment les éducateurs de notre peuple[3]. Or, ne nous avez-vous pas dit autrefois, vous, Socrate, et ne nous répétez-vous pas équivalemment aujourd'hui, vous, le vieil Athénien, que les plus grands des poètes ont juste autant de science qu'il en faut pour composer des hymnes ; qu'ils

1. Comparer *Lois* 885b et *Rép.* 364a et suiv.
2. *Lois* 885d, *Rép.* 365e.
3. *Rép.* 606e ; comparer Xénophane, frgt 10, *apud* Diels, *Vorsokratiker*, I³, p. 58.

sont, tout au plus, de parfaits tragédiens, et que, magiques imitateurs, ils savent seulement nous rendre, plus sonore et plus persuasif, l'écho de nos mœurs, de nos désirs et de nos croyances, sans être en rien capable de les juger[1] ? Quant aux devins et aux prêtres, vous nous l'avez dit sans vous lasser, leur inspiration est aussi aveugle qu'elle est soudaine, et, les révélations que leur bouche profère, leur pensée ne les a ni enfantées ni contrôlées. Ils ne savent vraiment ce qu'ils disent, et, s'il leur arrive de rencontrer la vérité, ils sont incapables de s'en rendre compte par eux-mêmes. Or, pas plus que nous n'obéissons d'un cœur soumis à des lois qui nous commandent sans nous persuader, pas plus nous ne donnerons notre créance à des légendes qui nous apportent tant de merveilles, mais point de preuves. Avant de nous imposer des dogmes et des rituels, il vous faut donc essayer de nous persuader et de nous instruire, et, si vous voulez que nous croyions aux dieux, nous garantir leur existence par des preuves solides[2] ».

Mais la théologie reçue n'est pas seulement dénuée de fondement rationnel. Elle est mauvaise. L'idée qu'elle donne de la divinité est immorale et corruptrice : « Comment — poursuivent les mêmes voix — les dieux que vous prêchez nous détourneraient-ils du mal ? Ou bien, en effet, ils ne s'occupent point de nous, ou bien, s'ils s'en occupent, c'est avec les pensées et les dispositions que vous leur prêtez. Or, vous les dites corruptibles par la fumée des sacrifices. Nous serons donc injustes sans remords et sans crainte, et, avec le fruit de nos injustices, nous paierons les sacrifices rituels qui doivent nous assurer l'impunité. Ne pouvons-nous, d'ailleurs, compter sur l'indulgence des dieux que

1. *Rép.* 598d-607a.

2. *Lois*, 885d : ὑμᾶς πρότερον ἐπιχειρεῖν πείθειν καὶ διδάσκειν ὡς εἰσὶ θεοί, τεκμήρια λέγοντες ἱκανά.

vous prônez ? Leurs histoires, telles que vous nous les contez, sont pleines de faiblesses et de hontes, auprès desquelles les nôtres sont peu de chose... »

Voilà quels reproches Platon fait à la théologie traditionnelle : il les développe abondamment dans la *République*, il les rappelle, par une allusion rapide, dans les *Lois*[1]. Réformateur politique, il se préoccupe de tracer, contre une théologie si pernicieuse, les directives d'une saine théologie[2] : le législateur n'acceptera pas que l'on parle de Dieu aux jeunes gens de la cité sans affirmer que Dieu est essentiellement bon, vrai et immuable[3].

Mais ce réformateur politique est un philosophe, un croyant convaincu. Il cherche et trouve le vice radical de cette théologie, l'origine de toutes ses déformations morales et de toutes ses impuissances dogmatiques. La foi religieuse est battue en brèche par les critiques et les « savants », mais les systèmes athées d'aujourd'hui ne font que développer les germes pernicieux contenus depuis toujours dans la théologie traditionnelle.

Les sages modernes, en effet, au simple qui leur allègue la divinité du soleil, de la lune, des astres, de la terre mère, disent : « Ce ne sont là que de la terre et des pierres, qui ne peuvent rien sur les affaires humaines[4] ».

Ils ont des enseignements plus savants : un système d'évolution mécanique, où la nature aveugle et le hasard servent de principes, où tout ce qui est psychique, rationnel, divin, n'apparaît que postérieurement, copie de cette nature aveugle, ou broderie capricieuse surajoutée à cette nature.

1. *Rép.* 364-367, 378-386. *Lois*, 886c-d.
2. *Rép.* 379a : τοὺς τύπους ἐν οἷς δεῖ μυθολογεῖν τοὺς ποιητάς.., οἱ τύποι περὶ θεολογίας.
3. *Rép.* 379a-383c.
4. *Lois*, 886d-e.

De ce système, le *Philèbe*, le *Sophiste* nous offrent, en des allusions passagères, la formule résumée : « L'univers est au pouvoir d'une force irraisonnable, procédant au hasard et à l'aventure[1].. ; tout ce qu'il y a, dans la nature, d'animé ou d'inanimé, c'est la nature qui l'engendre, par une causalité spontanée, et qui se développe sans le secours d'aucune pensée[2] ». Les *Lois* nous en donnent l'exposé d'ensemble[3]. Ce qu'il y a de plus important et de plus beau dans l'univers, c'est la nature qui l'a fait. L'art ne vient qu'après elle, et n'a plus à produire que les hors-d'œuvre : recevant, des mains de la nature, ces créations fondamentales, il en façonne et tisse les créations moindres, dites artificielles. Ainsi feu, eau, terre, air, n'existent que par le fait de la nature et du hasard. Éléments privés de vie, poussés ça et là à l'aventure, leurs rencontres fortuites produisent le ciel, les corps célestes, les animaux et les plantes, l'ordre des saisons, « le tout, non par la vertu d'une intelligence, ni d'aucune divinité, ni des règles de l'art, mais uniquement par nature et par hasard ». L'art, à son tour, produit, soit les simulacres et fantômes que sait créer légèrement le dessin, la peinture, la musique — soit des réalités plus solides, qui ne sont qu'imitations scrupuleuses et copies du travail de la nature : telles sont les productions de l'agriculture, de la gymnastique, de la médecine. Moins proches de la nature, beaucoup plus flottantes au gré de l'opinion et du caprice, sont les œuvres de la politique et de la législation. Toutes les croyances, toutes les institutions dont s'enorgueillit la civilisation humaine sont de cette dernière sorte, entièrement artificielle, perpétuellement changeante suivant les lieux et suivant les temps. Les décrets de chaque cité sont, comme

1. *Philèbe*, 28d-e.
2. *Sophiste*, 265c.
3. *Lois*, 889b-890a.

disait déjà le *Théétète*[1], la mesure du juste et de l'injuste, du pie et de l'impie, du moment qu'ils sont portés et jusqu'à ce qu'ils soient rapportés. Ils n'ont valeur de vérité que pour autant qu'ils ont valeur légale. Les religions et les dieux sont les derniers produits de cette catégorie artificielle. Pures conventions, changeantes avec les peuples, et oppressions surannées, que le fort doit secouer pour retourner à la vérité de la nature, et au droit de nature : la force[2].

Ces doctrines subversives durent depuis longtemps déjà. Si l'on peut appliquer à l'Atomisme leurs traits les plus généraux, n'est-ce pas parce que l'Atomisme reproduit les principes essentiels du mécanisme, communs à Empédocle aussi bien qu'à Leucippe ? En fait, les allusions les plus précises de Platon visent Empédocle. Et, à son dire, il y a longtemps que l'opinion publique en a jeté le décri sur tous ceux qui s'occupaient de philosophie ou de cosmologie. C'est ce qui a produit tant d'accusations d'athéisme, ce qui a suscité les injures des poètes contre les philosophes, « ces chiennes en folie qui hurlent des insanités vaines ». C'est ce qui a fait, de la cosmologie et de l'astronomie, un champ d'études presque interdit[3].

Mais le peuple et les poètes, quand ils prennent ainsi, contre les « philosophants », le parti de la religion, oublient ou ignorent que philosophes et théologiens sont partis des mêmes principes erronés. Ils ont beau se combattre, ils sont, sans le savoir, aussi coupables les uns que les autres, car ils ont commis le même péché : le péché contre l'Intelligence.

Que pourraient, en effet, reprocher les théologiens aux philosophes ? N'ont-ils pas, les premiers, ignoré la primauté

1. 167c, 172a, 177c.
2. *Lois*, 889e-890a ; cf. *Gorgias*, 482c-484c.
3. *Lois*, 967c-d.

de la Pensée et traité Dieu comme un produit dérivé, comme le tardif avatar d'une évolution aveugle ? L'impiété moderne n'est pas due seulement, comme le croient les âmes pieuses, « à la corruption des cœurs et à la séduction des passions[1] ». Elle est due à ces λόγοι, « à ces très antiques récits, qui, nous narrant l'histoire des dieux en vers ou bien en prose, commencent par nous dire que les premières choses à naître furent le ciel et ce qu'il renferme, puis en viennent, peu après ce début, à nous conter comment naquirent les dieux et comment, une fois nés, ils se comportèrent les uns avec les autres[2] ». Platon résume ici, d'un trait, les critiques adressées dans la *République* aux « faiseurs de mythes »[3]. Les poètes théogoniques auxquels il fait allusion sont, avant tout, Hésiode, Homère, et les auteurs des poèmes colportés sous le nom de Musée et d'Orphée[4]. Ce qu'il leur reproche ici, ce n'est pas tant l'immoralité de leurs fables, sur laquelle le livre II de la *République* s'est étendu si largement, que l'erreur foncière qui vicie toutes ces théogonies et qui, au vrai, les engendre. Cette « sottise qui se prend pour de la science[5] », cette « source d'insanité[6] », c'est *l'inversion* dont sont coupables tous ceux, théologiens ou savants, qui mettent, à l'origine des choses, un principe aveugle et sans pensée : « Ce qui est cause de toute naissance comme de toute mort, ils en ont fait, non pas une origine, mais un produit tardif, et,

1. *Lois*, 886a-b.
2. *Lois*, 885b-c : ...θεογονίαν διεξέρχονται, γενόμενοί τε ὡς πρὸς ἀλλήλους ὡμίλησαν.
3. *Rép.* 377d et suiv.
4. *Ib.* : Ἡσίοδός τε καὶ Ὅμηρος καὶ οἱ ἄλλοι ποιηταί. Orphée (*Crat.* 402b-c) ou Musée (*Rép.* 363c) sont nommés à côté d'Homère et d'Hésiode.
5. ἀμαθία τις μάλα χαλεπή, δοκοῦσα εἶναι μεγίστη φρόνησις (*Lois*, 886b).
6. οἷον πηγήν τινα ἀνοήτου δόξης (*ib.* 891c).

ce qui est tardif, ils en ont fait le principe premier ; et ce fut là la source de leurs erreurs sur la véritable essence des dieux[1] ». Si le vieil Athénien des *Lois*, sitôt après avoir mentionné ces antiques auteurs des théogonies, les laisse de côté pour s'attaquer directement aux systèmes « plus modernes et plus savants », c'est que Platon a coutume de penser qu'on ne discute point avec les poètes, surtout avec les poètes faiseurs de dieux[2]. Mais la formule qui s'applique aux savants s'applique aussi aux théologiens. Les savants ont donné le nom de φύσις ou « source génératrice » au feu, à l'eau, à la terre, à l'air[3]. Les théologiens avaient, avant eux, célébré comme φύσις originelle « le Ciel et tout le reste[4] », « l'Océan générateur des dieux et leur mère Téthys[5] », ou bien « la Terre et le Ciel, générateurs de l'Océan et de Téthys[6] ». Les uns et les autres ont ignoré la vraie φύσις, qui est l'âme, comme ils ont ignoré la première et véritable cause, qui est l'Intellect[7] .

Cette primauté de l'Intelligence et du Divin était pourtant inscrite dans ce que les hommes appellent *nature*, et c'est bien à tort qu'on a voulu croire que l'étude de la nature et du ciel est une école d'athéisme. La contemplation des astres et de leurs mouvements réglés porte, au contraire, naturellement à Dieu. Même parmi ceux qui

1. ὃ πρῶτον γενέσεως καὶ φθορᾶς αἴτιον ἁπάντων, τοῦτο οὐ πρῶτον ἄλλα ὕστερον ἀπεφήναντο εἶναι γεγονός..... ὃ δὲ ὕστερον, πρότερον · ὅθεν ἡμαρτήκασι περὶ θεῶν τῆς ὄντως οὐσίας (*Lois*, 891e).
2. Cf. *Timée*, 40d-e. Les *Lois* emploient ici une formule d'une révérence très ironique (οὐ ῥᾴδιον ἐπιτιμᾶν παλαιοῖς οὖσιν), que le *Sophiste* employait déjà (243a) et qu'Aristote retraduit en son sens brutal : περὶ τῶν μυθικῶς σοφιζομένων οὐκ ἄξιον μετὰ σπουδῆς σκοπεῖν (*Métaph.* 1000a, 18).
3. *Lois*, 891c.
4. *Ib.* 886c.
5. *Cratyle*, 402b-c, citant *Iliade* xiv, 201.
6. *Timée*, 40d, citant les théogonies orphiques.
7. *Lois*, 891c-892c.

regardaient les astres comme des êtres inanimés, la vérité tendait forcément à se faire jour. Dès qu'on entrait un peu avant dans la connaissance du Ciel, on se disait qu'il était impossible que des natures inanimées eussent un cours si harmonieux et parussent suivre des routes si merveilleusement calculées. Aussi quelques-uns se risquèrent-ils, dès ce temps-là, à dire que c'est un Intellect qui a organisé tout l'univers. Mais ils retombèrent trop vite aux errements coutumiers. Ils ne surent pas voir que le psychique était antérieur au corporel, ils le regardèrent comme postérieur, et ruinèrent tout, y compris et en premier lieu leur propre doctrine. Car les astres leur parurent n'être faits que de pierres et de terre et d'autres choses brutes, entre lesquelles ils partagèrent les honneurs et les charges de la causalité universelle[1].

Ainsi, ce que Platon reproche à ses prédécesseurs, c'est de n'avoir pas su découvrir le rôle primordial que joue l'Ame et l'Intellect, nous dirions le *psychique* et le *spirituel;* c'est, quand ils l'ont entrevu un instant, de n'avoir pas su s'y tenir et d'avoir expliqué le monde entier par une causalité brute ; c'est, en un mot, d'avoir inverti l'ordre des principes et des causes[2].

Mais n'est-ce pas là ce que leur reprochait déjà le *Phédon ?* N'est-ce pas chez Anaxagore que Socrate avait espéré trouver une explication de l'univers par « l'idée du meilleur » ? Ce qu'il demandait à l'Intellect d'Anaxagore, c'était « de mettre chaque chose là où il était meilleur qu'elle fût[3] », de déterminer la cause de chaque réalité individuelle comme de l'ensemble, et, par là, d'expliquer ce qu'il y avait de

1. *Lois*, 966e-967d.
2. Cf. *supra*, p. 529, note 1.
3. *Phédon*, 97e : πάντα κοσμεῖν καὶ ἕκαστον τιθέναι ταύτῃ ὅπῃ ἂν βέλτιστα ἔχῃ.

meilleur pour chaque partie et ce qui constituait le bien commun de toutes[1]. Au lieu de cela, le Socrate du *Phédon* trouvait, chez Anaxagore, « un homme qui ne sait tirer aucun parti de l'Intellect, et qui ne s'en va chercher, pour expliquer l'ordonnance des choses, que je ne sais quels airs et quels éthers et quelles eaux, et toutes autres causes bizarres[2] ». Les *Lois*, nous l'avons vu, ne parlent pas autrement, quand elles reprochent à ces trop timides ou trop inconséquents amis de l'Intellect d'avoir éparpillé la causalité universelle sur ces choses sans âmes que sont les pierres et la terre et autres matières brutes[3]. Elles ne parlent pas autrement, non plus, quand elles enseignent que l'Intelligence organisatrice de l'univers a toujours en vue la conservation et l'excellence du Tout ; non que, pour cela, elle néglige jamais le soin d'aucune partie, mais elle ne s'occupe jamais de l'individu sans l'orienter vers le bien de l'ensemble, et, comme un bon médecin ou comme tout autre bon artisan, elle fait la partie pour le Tout, et non le Tout pour la partie[4].

Ainsi nous pouvons dire que, du *Phédon* aux *Lois*, en passant par le *Sophiste* et le *Philèbe*, les critiques de Platon à l'égard de ses prédécesseurs sont toujours inspirées par le même esprit. Ce qu'il leur reproche, c'est de n'avoir pas accepté la primauté de l'âme et de l'Intellect, la supériorité du finalisme sur le mécanisme, ce que nous appelle-

1. *Ib.* 98b : ἑκάστῳ οὖν ἀποδιδόντα τὴν αἰτίαν καὶ κοινῇ πᾶσι τὸ ἑκάστῳ βέλτιστον ᾤμην καὶ τὸ κοινὸν πᾶσιν ἐπεκδιηγήσεσθαι ἀγαθόν.

2. *Phédon*, 98a : ἄνδρα τῷ μὲν νῷ οὐδὲν χρώμενον οὐδέ τινας αἰτίας ἐπαιτιώμενον εἰς τὸ διακοσμεῖν τὰ πράγματα, ἀέρας δὲ καὶ αἰθέρας καὶ ὕδατα αἰτιώμενον καὶ ἄλλα πολλὰ καὶ ἄτοπα.

3. *Lois*, 967e : πάντα αὐτοῖς ἐφάνη... μεστὰ εἶναι λίθων καὶ γῆς καὶ πολλῶν ἄλλων ἀψύχων σωμάτων διανεμόντων τὰς αἰτίας παντὸς τοῦ κόσμου.

4. *Lois*, 903c : πρὸς τὸ κοινῇ συντεῖνον βέλτιστον μέρος μὴν ἕνεκα ὅλου καὶ οὐχ ὅλον μέρους ἕνεκα ἀπεργάζεται.

rions l'antériorité ontologique et logique du psychique et du spirituel. S'il a, quelque part, une théologie à lui, nous pouvons nous attendre à ce qu'elle soit dominée par cette idée : la primauté de la Pensée, de son objet et de ses buts.

§ 2. *Les Preuves de l'Existence de Dieu et les Emprunts du Platonisme*

Il ne faut pas croire que Platon ait créé de toutes pièces sa théologie.

Les philosophes les plus anciens, y compris les vieux physiciens d'Ionie, ont toujours attribué la divinité à quelque entité ou substance éternelle, vivante et pensante. Le Feu d'Héraclite, l'Infini d'Anaximandre aussi bien que celui de Mélissos, ont toujours été, à la fois, le support impérissable de toute réalité cosmique et la vie divine qui anime cette réalité, la pensée plus ou moins consciente qui en gouverne les avatars ou en savoure la félicité immuable[1]. Le *Noûs* d'Anaxagore ne sera, au bout du compte, que l'héritier du *Noûs* de Xénophane, du *Logos* d'Héraclite, et du « dieu aux rapides pensées » d'Empédocle[2]. Un héritier qui sera chargé, plus clairement que dans aucune cosmologie antérieure, de débrouiller et de construire son royaume, et que le progrès même du mécanisme, si athée aux yeux de Platon, contribue à mieux distinguer du support matériel qu'il ordonne. Le monde vivant et divin a toujours été, pour la pensée grecque, à la fois l'objet d'une contemplation émerveillée, et le sujet par excellence, l'âme cosmique qui reflète et savoure sa propre béatitude.

A partir d'Anaxagore, au moins, cette admiration devant

1. Melissos, frg. 7.

2. Empédocle, frg. 134 ap. Diels, *Vorsokratiker*, I, 274 ; mais voir L. Robin, *Pensée grecque*, p. 133.

l'ordre cosmique et cette croyance à la vie consciente qui le gouverne se réfléchit et s'analyse, et nous trouvons, dans les débris si rares et souvent si obscurs de cette pensée antique, des preuves formelles de l'existence de Dieu. Car Diogène d'Apollonie n'est que l'écho de toute une génération. D'abord avec son *Air*, principe matériel impérissable d'où tout vient, à qui tout retourne, et principe pensant, intelligent, qui administre et gouverne tout[1]. Puis avec son induction du microcosme au macrocosme : l'Air, âme et pensée de l'homme, doit être aussi l'âme et la pensée du Tout[2]. Enfin, avec sa preuve de l'existence de Dieu par l'ordre du monde : « Non, elle n'eût jamais été possible sans une intelligence, cette distribution qui règle les mesures de toutes choses, de l'hiver et de l'été, de la nuit et du jour, des pluies, des vents et des temps ensoleillés. Ainsi pour tout le reste : qui le voudra considérer, y trouvera l'ordre le plus accompli. »

Il est plaisant de voir les fameux critiques d'il y a quelque trente ans « athétiser » tant de pages des *Mémorables* de Xénophon[3], parce qu'ils y trouvent, sur les causes finales, sur Dieu, sur l'âme du monde, la doctrine même qui fait le pont entre ces ébauches de théories dont Diogène nous est le témoin et les théories développées que nous allons trouver dans le *Sophiste*, le *Philèbe*, le *Timée* et les *Lois*.

Car il y a de tout, dans ces conversations que le Socrate de Xénophon tient sur les dieux, sur leur existence et leur providence et sur le culte qu'on leur doit. Il y a du Bernardin de Saint-Pierre, et du plus minutieusement, du plus fastidieusement détaillé, dans ces preuves de la finalité

1. Frgt. 1 et 5.
2. Frgt. 4.
3. Voir la *Praefatio critica* de l'édition W. Gilbert, p. xix et suiv., p. lxi et suiv.

du corps humain ou de la finalité toute « humanitaire » du Monde[1]. Mais il y a aussi, par avance, du Platon, du plus authentique et du plus marquant.

D'abord, la preuve par l'ordre du monde. On sait que les *Lois* donnent, comme second argument en faveur de l'existence des dieux, « l'ordre qui règne dans la révolution des astres et dans celle de tous ces corps que gouverne l'Intellect, organisateur du monde[2]. » Le *Sophiste* suppose, le *Philèbe* emploie le même argument[3]. Mais il est indiqué dans les *Mémorables :* « Ces corps d'une grandeur prodigieuse et dont le nombre est infini, penses-tu que ce soit par l'effet de quelque cause sans raison qu'ils présentent un ordre si admirable[4] ? ». Nous venons de voir que cet argument était déjà utilisé par Diogène d'Apollonie.

En voici un autre, beaucoup plus développé chez Platon, et qui appartient encore à Diogène aussi bien qu'à Xénophon : « Comment l'homme aurait-il une âme et une pensée, si l'Univers n'était animé et intelligent ? Les éléments qui composent notre corps, eau, feu, air, terre, ne sont chez nous qu'en petite quantité, et leur qualité est plus médiocre encore. Ils n'y sont aussi que par emprunt, car ils nous sont fournis par le corps de l'Univers. Or, notre corps a une âme : d'où l'aurait-il reçue si le corps de l'Univers n'était lui-même animé, et d'où vient notre intelligence sinon de l'Intelligence royale qui gouverne le monde ? » C'est le Socrate du *Philèbe* qui parle ainsi[5]. Le Socrate des *Mémorables* dit la même chose : « Ton corps ne renferme, tu le sais, qu'une faible portion de terre sur la grande quantité qui en existe,

1. Livre I, ch. IV ; livre IV, chap. III.
2. *Lois*, 966c ; cf. 897c, 899b.
3. *Sophiste*, 265c ; *Philèbe*, 28e.
4. *Mém.*, I, IV, 8.
5. *Philèbe*, 30a-b.

une faible portion d'eau, une aussi faible portion de chaque chose. Croiras-tu donc qu'il n'y ait d'intellect nulle part hors de toi et que tu sois seul à te l'être arrogé de je ne sais où[1] ? » Mais Xénophon n'a pas eu besoin de copier Platon, et Socrate a très bien pu employer cet argument dans ses conversations journalières, puisqu'il était connu de son temps. « L'Air est Dieu », nous raconte Diogène, « il est l'unité vivante et intelligente à laquelle tout participe ; c'est par lui que tout vit, voit et entend ; c'est de lui que tout le reste tient toute espèce de pensée[2] ».

Mais j'ai parlé tout à l'heure du « cause-finalisme » minutieux et puéril qui s'étale dans les *Mémorables*. Tous les détails du corps humain, tous les détails de l'univers ont été voulus par Dieu pour le bien de l'homme. L'énumération est inépuisable, et les précisions telles, que le goût antique seul pouvait les supporter[3]. Mais le *Timée* n'est-il pas rempli de pareils traits, et l'application détaillée de la cause efficiente n'est-elle pas couronnée par l'appel à la véritable cause, la cause finale, la seule réellement efficace ? La plus merveilleuse utilité de la vue n'est-elle pas, pour le *Timée*, de nous amener à la philosophie par la contemplation du ciel, et celle de l'ouïe de nous faire cultiver l'harmonie, modératrice de l'âme[4] ? Platon exhausse les thèmes que Xénophon étale et traîne, mais ce sont les mêmes au fond.

Je pourrais poursuivre ce parallèle. Des deux parts on fait, à la même objection, la même réponse : « Tu ne vois pas Dieu, mais tu ne vois pas non plus ton âme[5].. Tu n'oses

1. *Mém.*, I, IV, 8.
2. *Fragment* 5 (DIELS, *Vorsokr.*, I³, 426).
3. *Mém.*, I, IV, et IV, III, tout entiers.
4. *Timée*, 47a-e.
5. Xénophon, *Mém.*, I, IV, 19. — Platon, *Lois*, 898d.

croire que les dieux puissent s'occuper de ta chétive personne tout en veillant sur l'univers entier, mais ta pensée à toi ne s'étend-elle pas sur les choses les plus éloignées les unes des autres, et le médecin qui veut guérir le corps entier en néglige-t-il les détails[1] ? » Multiplier ces comparaisons ne serait nullement inutile : nous ne comprendrons pleinement Platon que le jour où nous aurons retrouvé et classé toutes les sources auxquelles il puise et mesuré l'étendue de ses emprunts. Présentement, nous pouvons au moins dire que les principales preuves de l'existence de Dieu sont, chez Platon, l'écho non seulement des leçons de Socrate, mais aussi de toute une littérature antérieure.

Je dis les principales, sans en excepter celle que le *Phèdre* inaugure, que les *Lois* mettent au premier rang et développent avec une complaisante abondance, et dont tant de critiques modernes s'autorisent pour nous parler d'une révolution totale dans la philosophie platonicienne. L'âme éternelle et divine en tant que principe du mouvement universel, nous pouvons en retracer l'origine en remontant d'Anaxagore[2] et Diogène d'Apollonie[3] au moins jusqu'à Alcméon de Crotone : « L'âme est immortelle, parce qu'elle ressemble aux êtres immortels, et, ce privilège, elle le tient de son perpétuel mouvement, car tous les corps divins, eux aussi, se meuvent continuellement, la lune, le soleil, les astres, et l'Univers tout entier[4] ».

Quant à la preuve par le consentement universel, si je ne la trouve, en dehors des *Lois*, que dans les *Mémorables*[5], j'avoue que je ne suis pas sûr d'avoir épuisé tous les textes,

1. *Mém.*, I, IV, 17 — *Lois*, 901-904.
2. Frgt. 12, ap. Diels *Vorsokr.* I³, p. 404, et Aristote, *de anima*, 404a, 25.
3. Aristote, *de an.* 405a, 21 et suiv. (Diels, *ib.*, p. 421, 13).
4. Aristote, *de an.* 405a, 29 et suiv.
5. *Lois*, 886a. — *Mém.* I, IV, 16.

et j'ai peine à penser qu'une preuve si naturelle et si simple ne soit pas devenue de bonne heure un lieu commun. Que reste-t-il donc à Platon de propre et d'original pour que nous soyons autorisés à parler du Dieu de Platon ? Ou bien nous faut-il croire que la théologie n'est, chez lui, qu'héritage et qu'emprunt, qui entre dans ses préoccupations de réformateur et même dans sa croyance d'homme religieux, mais n'entre vraiment pas dans le sanctuaire de sa pensée systématique ?

§ 3. *La Transposition Platonicienne*

La *République* nous dit, au livre VII, que l'esprit de synthèse est la marque du vrai philosophe : ὁ μὲν γὰρ συνοπτικὸς διαλεκτικός, ὁ δὲ μὴ οὔ (537 c). La pensée de Platon est, en effet, essentiellement synoptique ; mais, si elle ramasse et embrasse toute la pensée antérieure, c'est après l'avoir fait converger vers les sommets où elle-même s'est délibérément établie. La philosophie des dialogues, si riche, si ondoyante, si souple, ne se meut avec cette aisance et cette sûreté que parce qu'elle s'est tracé quelques directives immuables. Ces directives sont connues : ne jamais s'arrêter à la multiplicité éparse, et tendre progressivement vers l'unité qui résume et engendre le multiple ; — ne jamais s'arrêter au visible et au sensible, et chercher l'être vrai dans la réalité intelligible ; — ne jamais se contenter d'une explication par les causes efficientes ou mécaniques, et chercher la raison ultime de toute chose dans une fin qui soit le bien de chaque partie et de l'ensemble. On peut dire, en somme, que si Platon a synthétisé tout l'effort scientifique et religieux de la philosophie antérieure, c'est du point de vue de l'intelligible qu'il a dû faire cette synthèse.

Rappelons-nous les quelques traits marquants de la théologie ou des ébauches de théologie que nous venons de passer en revue.

Tendance à diviniser l'univers en ses parties comme en son ensemble : tout est plein de dieux, et la divinité, c'est le Tout.

Tendance à distinguer, dans cet univers, d'une part un support matériel ou un corps , feu, air, éther, et d'autre part, la vie intelligente et bienheureuse qui anime cette matière. A partir du moment où le mécanisme est venu dissocier les termes plus ou moins consciemment liés jusqu'ici, substance, mouvement, force vitale, intelligence, le facteur intellectuel d'organisation cosmique apparaît, avec Anaxagore, mieux isolé et mieux libéré, et tend à devenir quelque chose comme un Esprit démiurgique.

Tendance à supposer un rapport, sinon de causalité, au moins d'analogie étroite entre le mouvement régulier des corps célestes et le mouvement vital de l'âme.

Notre analyse rapide des preuves de l'existence de Dieu nous a déjà montré que la théologie de Platon obéissait aux mêmes tendances. Mais le mot « obéir » est impropre, à vrai dire, car la théologie de Platon ne se plie à ces tendances que pour les mieux dompter à ses propres directions. Or, celles-ci convergent toutes vers le royaume de l'invisible et de l'intelligible.

Le monde est-il divin chez Platon ? Cet univers-ci, l'univers visible, est-il Dieu ? Oui, mais d'une divinité communiquée et réfractée : ce dieu perceptible n'est que l'image du dieu intelligible, εἰκὼν τοῦ νοητοῦ θεὸς αἰσθητός[1]. Le *Philèbe* et les *Lois* ont beau prouver l'existence de Dieu par l'ordre merveilleux que montre le ciel visible. La *République*[2] nous a dit que les corps célestes, si beaux qu'ils soient, ne

1. *Timée*, 92c.
2. 529a-530c.

sont que des corps ; que l'harmonie de leurs mouvements ne peut donc jamais être parfaite, que la constance de leurs rapports mutuels et de leur influence sur les jours, les mois et les saisons, n'est vraie qu'en gros ; que le démiurge qui a fait cet univers visible l'a fait seulement le meilleur et le plus régulier qu'il a pu. Ainsi les mouvements de cet univers visible ne serviront-ils à l'astronome platonicien que de problèmes, que de schémas, utiles pour étudier les lois des véritables mouvements qui, eux, se font suivant des figures véritables et se mesurent par des nombres vrais. Comme l'a si bien dit Duhem[1], à l'astronomie d'observation Platon superpose une astronomie géométrique, dont l'aboutissant dernier est l'astronomie théologique. Mais le ciel où s'opèrent ces mouvements vrais, selon des nombres vrais, c'est un ciel intelligible, et celui-là seul est, par soi et primairement, divin.

Que devient donc la divinité de cette substance privilégiée qui constituait, pour les anciens philosophes, le corps de ce monde visible ? Ce corps aura beau être parfait, contenir les éléments à l'état pur, il n'en reste pas moins visible et tangible et, par son essence, il appartient au Devenir. La réalité s'est transportée tout entière dans l'intelligible. C'est à l'intelligible seul qu'appartiennent les marques de divinité qu'Anaximène, Héraclite, Diogène, accordaient au Feu ou à l'Air universels : la constance inépuisable, l'immortalité, l'éternité. Les êtres vrais, ce sont les formes intelligibles ou Idées. Leur ensemble constitue « le divin, l'immortel, l'intelligible, l'indissoluble, l'éternellement identique », célébré par le *Phédon*[2], « l'existence réellement existante, incolorée, infigurée, impalpable », chantée par le *Phèdre*,

1. *Le système du monde*, I, p. 94-96.
2. *Phédon*, 80a-b et *passim*.

et que, d'après lui, peut seul contempler « cet Intellect à qui appartient de régir et gouverner l'Ame[1] ». Elle réside, cette existence, dans le lieu supramondial[2], car c'est elle qui fait la substance même et comme l'étoffe de l'Univers intelligible. En tant qu'elle contient toutes les espèces intelligibles, on peut vraiment l'appeler, du nom que lui donnera le Néoplatonisme, un κόσμος νοητός. En tant qu'on y considère seulement les types ou paradigmes des espèces vivantes que contient le monde visible, ce monde supérieur s'appellera dans le *Timée*, le *Vivant Intelligible*[3]. Mais l'Intellect qui contemple toute cette essence intelligible est lui-même, encore que d'une façon dérivée, un intelligible. Reflet de cette essence, il est directement émané d'elle, créé et nourri par elle, tout comme la pensée mondiale l'était, chez Diogène, par la substance éternelle de l'Air. Il est l'âme et la pensée d'un monde dont les Formes intelligibles constituent, peut-on dire, la substance et le corps. Ce monde intelligible contient en soi toutes les espèces de l'être : on peut donc sans crainte l'appeler l'Être universel, l'Être sans restriction ou l'Être totalement être, le παντελῶς ὄν[4]. L'Être ainsi constitué de tous les objets intelligibles et du sujet suprême qui les contemple et les réfracte autant qu'il peut sur le monde sensible, cet Être est le Divin par excellence, à la fois intelligible et intelligent[5]. Cet Être, qui, lui aussi, s'appelle le Tout[6], remplace véritablement, à un plan supérieur, le Monde vivant et divin de la philosophie précédente.

L'Ame du monde est-elle donc supprimée ? Assurément

1. *Phèdre*, 247c.
2. *Ib.*
3. Νοητὸν ζῷον, *Timée*, 30c-d.
4. *Sophiste*, 249a.
5. Τὸ θεῖόν τε καὶ ἀθάνατον καὶ φρόνιμον (*Phédon*, 81a).
6. Τὸ ὄν τε καὶ τὸ πᾶν (*Sophiste*, 249d).

non, puisque notre univers, « cet univers-ci[1] », est le vivant visible[2], un vivant animé et intelligent[3]. Mais cette Ame du Monde n'est divine qu'à partir du moment et dans la mesure où elle participe à l'Intellect. Éternelle et inengendrée en tant qu'automotrice et source de tout mouvement[4], elle ne représente par soi que l'essence même de la mobilité aveugle, indifférente, cause possible du mal autant que du bien[5]. Elle ne devient bonne et divine, âme d'un Monde, c'est-à-dire d'un système de mouvements réglés, qu'une fois maîtrisée par l'Intellect[6]. C'est ce que traduit à sa façon le mythe du *Timée*, quand il fait naître l'Ame d'un mélange du *même* et de l'*autre*, de l'essence toujours identique et de l'essence perpétuellement changeante[7]. Les *Lois*, qui s'expriment d'une façon moins savante, accusent plus vigoureusement encore ce contraste entre l'Ame non soumise à l'Intellect, l'Ame mauvaise, qui représente, en somme, toute la part de nécessité que n'a pu vaincre la persuasion de l'Intelligence, et l'Ame bienfaisante, qui, accueillant comme guide et comme ordonnateur l'Intellect divin, gouverne l'univers visible et, le conduisant par une voie très parfaite, mérite elle-même d'être regardée comme une Divinité[8].

Le mouvement de l'Ame n'est pas seulement parallèle du mouvement cosmique, il en est la cause première. Mais de quelle nature est ce mouvement de l'Ame ? Les *Lois* nous répondent de la façon la plus claire possible : « L'Ame

1. Ὅδε ὁ κόσμος, εἷς ὅδε μονογενὴς οὐρανός (*Timée*, 29a, 31b).
2. *Ib.*, 31a.
3. *Ib.*, 30b.
4. *Phèdre*, 245b-e.
5. *Lois*, 896d.
6. *Lois*, 897b.
7. *Timée*, 35a et suiv.
8. *Lois*, 896c-899a.

entraîne tout ce qui est au ciel, sur la terre et dans les mers, par les mouvements qui lui sont propres et dont les noms sont vouloir, examiner, prévoir, délibérer, opiner droitement ou faussement, joie ou chagrin, audace ou crainte, haine ou amour, et tous autres mouvements semblables qui sont les mouvements primaires et qui, mettant en œuvre les mouvements des corps comme autant de mouvements secondaires, produisent partout la croissance ou le dépérissement, la composition ou la division, et tous les effets qui s'ensuivent, chaud et froid, pesanteur et légèreté, dureté ou mollesse, blanc ou noir, âpreté et douceur[1]. » Voilà bien l'inversion qu'a voulu faire Platon : contre le mécanisme, pour qui toute vie psychique et spirituelle n'est qu'une résultante du mouvement local au sein d'une matière brute, il affirme que le psychique et le spirituel est primitif, et que lui seul est véritablement efficient. Mais ce mouvement psychique n'est bienfaisant, et le mouvement physique dont il est le moteur n'est harmonieux et divin, qu'autant qu'il est conforme au mouvement de l'Intellect. Or, celui-ci est le mouvement par lequel une pensée immuable parcourt et contemple un objet lui-même immuable. C'est l'immutabilité de ce mouvement qu'imitent, autant que faire se peut, le mouvement psychique de la pensée discursive, de l'opinion droite et de la croyance vraie, et, d'autre part, la révolution circulaire des corps célestes, y compris celle des planètes, improprement appelées errantes[2]. C'est donc toujours de ces deux sources conjuguées, l'Intelligible et l'Intelligence, que la divinité descend et se propage jusqu'à l'Ame, jusqu'au Monde qu'elle anime, et jusqu'aux astres dont elle guide le cours harmonieux. La source primaire et universelle du divin, c'est l'Être et la Pensée qui le contemple.

1. *Lois*, 897a-b.
2. *Lois*, 898 et suiv. Pour les planètes, *ibid.*, 821a-822c.

Faut-il monter plus haut encore, et, poursuivant ce renversement des valeurs que Platon a jugé nécessaire pour établir une saine théologie, faut-il chercher l'ultime source du divin dans la Fin suprême à laquelle est suspendu l'univers, dans ce Bien Idéal que la *République* place au delà même de l'Etre[1] ? Ce sera parfaitement logique : le mouvement même de toutes nos ascensions antérieures nous y pousse. Si la divinité réside primairement dans la réalité intelligible, foyer et source de l'Intelligence, comment ne culminerait-elle pas dans cette Forme suprême du Bien qui, soleil de l'Univers invisible, crée à la fois, dans les autres Formes, l'intelligibilité qui fait leur être, et, dans l'Intellect, la pensée par laquelle il s'actualise[2] ? Ne nous y trompons pas : si le Bien est aux confins de l'intelligible et difficile à voir[3], ce n'est pas par manque de détermination et d'intelligibilité, c'est parce que l'éclat de son intelligibilité suprême est aussi insoutenable pour nous que l'éclat du soleil, car le Bien est « ce qu'il y a de plus éclatant dans l'être intelligible[4]. » S'il est au delà de l'existence, c'est parce que sa puissance et sa dignité transcendent toutes les autres existences[5]. S'il n'est pas expressément appelé divin, au moins est-il nommé ce qu'il y a de plus excellent dans l'être[6], ce qu'il y a de plus heureux dans l'être[7]. On a remarqué depuis longtemps le parallélisme exact qui existe entre cette ascension vers le Bien en soi, que décrit la *République*, et l'ascension vers le Beau en soi, que décrit le *Banquet*. On n'atteignait le premier qu'à la limite de l'intelligible[8] ; on n'at-

1. *Rép.* 509b.
2. *Rép.* 508a-509c, 517b-c.
3. *Ib.* 517c.
4. Τὸ φανότατον τοῦ ὄντος (*Rép.* 518c, 532c).
5. ἐπέκεινα τῆς οὐσίας, πρεσβείᾳ καὶ δυνάμει ὑπερέχοντος (508b).
6. Τὸ ἄριστον ἐν τοῖς οὖσι (532c).
7. Τὸ εὐδαιμονέστατον τοῦ ὄντος (526e).
8. Ἐπ' αὐτῷ τῷ τοῦ νοητοῦ τέλει (*Rép.* 532b).

teint le second qu'à la limite du Royaume d'Amour[1], et les connaître constitue ou la science la plus haute, ou l'initiation la plus parfaite qui soit[2]. Si le premier est ce qu'il y a de plus excellent et de plus heureux, le second est expressément qualifié de divin[3]. Noter ici au passage ce parallélisme n'est point du tout hors de propos. Car cela nous rappelle toutes ces énumérations classiques où le Bien en soi et le Beau en soi figurent associés au Juste en soi, au Saint en soi, aussi bien qu'à l'égal, au plus grand, au plus petit, en un mot à tout ce qui est réalité ou Forme intelligible[4]. Si haut que soit le rang où les mettent le *Banquet*, la *République*, le *Phèdre*, le Bien en soi et le Beau en soi ne sont, de telles énumérations nous le prouvent, que des objets de pensée parmi d'autres objets de pensée, que des aspects privilégiés parmi les multiples aspects de l'Être intelligible.

D'où leur vient ce privilège ? Beauté et bonté sont, avant tout, synonymes d'utilité, d'adaptation à une fin, d'ordre, d'harmonie, d'accord parfait dans la réalisation et l'achèvement d'un Tout. C'est le Tout qui est la raison dernière et le principe originel de l'existence des parties aussi bien que de leur agencement. Aussi les *Lois* répondront-elles aux objections contre la Providence en montrant que Celui qui veille sur le monde a, comme but suprême et comme unique but, la conservation, la valeur et l'existence heureuse du Tout[5]. Aussi Dieu, « notre Roi », voulant que le Bien surpassât le plus possible le mal en ce monde, n'a-t-il fait

1. Πρὸς τέλος ἤδη ἰὼν τῶν ἐρωτικῶν (*Banquet* 210e, 211b-c).

2. *Rép.* 505a ; *Banquet* 210a, 211c.

3. Αὐτὸ τὸ θεῖον καλόν (*Banquet,* 211e). D'ailleurs le mot *bienheureux* s'applique au spectacle des mystères (*Phèdre,* 250c) aussi bien qu'à l'exemplaire de vie dont parle le *Théétète* (176e).

4. *Rép.* 507b, *Phédon* 75d-e, et, d'ailleurs, un peu partout dans ces dialogues dits classiques, mais aussi bien dans *Parménide,* 130b et suiv., et dans *Philèbe,* 15a, etc.

5. *Lois,* 903 b-c.

que placer, comme un excellent joueur de dés, chaque chose à l'endroit où elle sert mieux ce dessein[1]. Le Bien en soi, fin et source de toute existence et de toute connaissance, revêt ainsi une forme moins abstraite. Il est le Tout dans son achèvement et dans son harmonie bienheureuse. Supérieur au Tout visible, dont la perfection est perpétuellement engendrée et communiquée, il est, en somme, identique à ce Tout intelligible que contemple et imite le Démiurge du *Timée.*

§ 4. *Le Démiurge*

Nous avons dit que Platon était un réformateur religieux. Comme Xénophane, il a vu que la source du désordre des esprits et des mœurs était dans la fausse idée du divin qu'avaient donnée aux Grecs leurs éducateurs, les auteurs des généalogies et des théogonies. Mais il ne lui suffit pas de rétablir, avec Xénophane et Parménide, le psychique et l'intelligible à la place où les théogonies mettaient des puissances aveugles et sans raison. Il veut encore, avec eux, faire descendre le plus possible d'intelligence et de raison dans cette mythologie qui, seule, peut représenter, à l'enfant qui est en nous, à l'imagination éprise de symboles et d'idoles, la vérité abstraite et suprasensible. Comme Parménide a conté, dans son poème de *L'Opinion*[2], l'histoire du monde et des dieux telle que se la représentent les mortels, ainsi Platon, dans son *Timée*, nous conte, en un mythe qui s'efforce d'être vraisemblable, la création du monde, la constitution des éléments, la formation des hommes et les lois qui gouvernent leurs vies successives. Le *Timée* est la transposition platonicienne des cosmogonies antiques.

1. *Ib.*, 904a-b.
2. C'est la seconde partie de son poème « *De la nature* ».

Il y a deux sortes d'êtres : l'être intelligible, éternel, inengendré, et l'être sensible, qui devient et périt, mais n'est jamais de façon réelle. Ce qui devient a nécessairement un auteur ou une cause de son devenir ; si ce fabricant ou démiurge travaille d'après un modèle immuable, son ouvrage sera beau. Or, l'univers est visible, il est donc né, il a donc nécessairement un auteur. Ce producteur et ce père du monde, le découvrir est difficile, le faire comprendre à tous est impossible. On peut dire en tout cas sur quel modèle il a travaillé, car le monde est beau, son fabricant est bon, le monde est la plus belle des choses qui soient nées, le démiurge est le plus excellent des auteurs : ὁ μὲν γὰρ κάλλιστός τῶν γεγονότων, ὁ δ'ἄριστος τῶν αἰτίων[1]. Le monde a donc été fait d'après le modèle éternel.

Pourquoi le démiurge a-t-il fait le monde ? Parce qu'il était bon, et, ne connaissant point l'envie, voulut que tout lui ressemblât le plus possible. Il prit donc la masse du visible, tout entière agitée d'un mouvement désordonné, et y introduisit l'ordre, parce que l'ordre est meilleur. Ce qu'il y a de plus excellent ne peut faire que ce qui est le plus beau. Or, le plus beau, dans le visible, c'est ce qui possède l'Intellect, et l'Intellect ne peut venir résider que dans une âme. C'est pour cela que, *par la providence du Dieu*[2], le monde fut fait vivant, animé, intelligent.

Sur quel modèle vivant fut-il donc copié ? Non point sur le modèle d'un vivant individuel, car tout ce qui est constitué « sous forme de partie[3] » est imparfait. Ce fut donc sur le modèle du Vivant dont tous les autres vivants ne sont, individuellement et génériquement, que des parties, sur le modèle du Vivant Universel. Celui-ci, en effet, renferme

1. *Timée*, 29a.
2. διὰ τὴν τοῦ θεοῦ πρόνοιαν, 29b.
3. 'Εν μέρους εἴδει (30c).

en son sein tous les vivants intelligibles, comme notre univers nous renferme nous et toutes les races visibles. C'est donc à lui, au plus beau des vivants intelligibles et au plus parfait de tout point, que Dieu fit ressembler ce monde-ci, et, parce que ce modèle ne pouvait être qu'unique, cet Univers-ci fut, est et sera unique, seul de son espèce, εἷς ὅδε μονογενὴς οὐρανός[1].

Il eut donc un corps, fait de tous les éléments, une figure parfaitement sphérique pour mieux enfermer en soi toutes les figures et tous les vivants, un mouvement physique aussi ressemblant que possible au mouvement de l'Intellect, c'est-à-dire le mouvement circulaire. Ainsi le calcul du dieu éternel valut, au dieu qui devait être, un corps lisse, uniforme, de toutes parts égal, assemblage achevé de corps achevés, et le fit tourner sur lui-même, en cercle, solitaire, indépendant, dieu bienheureux dont la divine félicité consiste à se connaître et à s'aimer soi-même éternellement[2].

Mais, avant d'en former le corps, Dieu en avait formé l'âme, car l'âme est de tout point antérieure au corps, « puisqu'elle doit être sa maîtresse et le commander, et que lui n'est fait que pour obéir ». Il l'avait constituée d'un savant mélange, ayant, de l'immuable indivisible et du corporel divisible, pétri une tierce substance, puis, à cette substance composée, ayant mêlé encore l'essence du *même* et l'essence de l'*autre*, de façon à réunir de force leurs natures contraires. Ce mélange, il le coupa en bandes, les croisa comme un X, les divisa selon des proportions harmonieuses, et en fit deux cercles emmêlés, l'un intérieur, l'autre extérieur, celui-ci parcouru par le mouvement identique, celui-là par le mouvement toujours changeant. Après quoi, il disposa toute la masse du corporel à l'intérieur de cette âme, et l'âme, tendue

1. 30b.
2. 34b.

ainsi du centre à la surface de l'univers et l'enveloppant encore extérieurement, commença de tourner sur elle-même et de vivre sa vie inépuisable et sage pendant toute la durée du temps. Ainsi naquit le corps visible de l'univers, et aussi son âme, invisible, mais qui participe du calcul et de l'harmonie, elle que le plus excellent des êtres intelligibles et éternels a faite la meilleure qui soit parmi les choses engendrées, τῶν νοητῶν ἀεί τε ὄντων ὑπὸ τοῦ ἀρίστου ἀρίστη γενομένη τῶν γεννηθέντων[1].

Tel donc fut conçu, par le père qui l'engendra, ce simulacre créé des dieux increés, statue mouvante et vivante. Le démiurge ne put donner, à cette copie, l'éternité qui est le privilège de son vivant modèle, mais il lui donna le temps, image mobile de l'immobile éternité, pour que, nés ensemble, ensemble aussi ils se dissolvent, s'ils doivent se dissoudre quelque jour. Aussi, à ce monde visible, conviennent tous les modes passés et futurs de l'existence, mais l'autre mode, l'existence actuelle et toujours présente, ne convient en stricte rigueur qu'à l'être éternel et intelligible[2]. Voilà comment Platon, qu'enchante visiblement cette solennité un peu désuète et ce charme archaïque des théogonies et des cosmogonies, nous raconte à son tour la naissance et la constitution du monde, vivant visible qui renferme tous les vivants visibles, mortels ou immortels ; dieu sensible qui reflète le dieu intelligible ; le plus grand, le plus excellent et le plus parfait des mondes, puisqu'il est unique et seul engendré[3].

Voulons-nous rassembler les principaux traits sous lesquels nous est apparu le Démiurge ?

Il est dieu, le Dieu par excellence, ὁ θεός, le Dieu qui

1. 37a.
2. 38a.
3. 92c.

toujours existe[1]. Il est l'auteur et le père des autres dieux[2]. Il est bon, et cette note de valeur est, chez ce Dieu qui agit comme une personne, comme un ouvrier ou un père, une qualité du vouloir : sa bonté est exempte d'envie, et c'est pour cela qu'elle est créatrice. Il est donc le meilleur des auteurs ou la meilleure des causes, ἄριστος τῶν αἰτίων[3]. Il est le plus excellent des êtres intelligibles et éternels[4].

Il agit par pensée, par calcul, par providence[5]. Il travaille sur un modèle éternel et parfait qu'il cherche à reproduire autant que possible, et donne à son œuvre autant de perfection que l'Intellect en trouve dans le Modèle[6]. C'est, d'ailleurs, sa propre perfection qu'il répand, autant que possible, sur son œuvre[7].

Mettons maintenant, en face de ces caractère du dieu démiurge, les caractères du Vivant Intelligible.

Il est le modèle éternel, perceptible par la seule pensée, immuable[8]. Il est le Vivant complet, celui qui contient en soi tous les vivants intelligibles : il est le plus beau de ces vivants intelligibles, et le plus parfait de tout point[9]. Il est unique[10]. Il est le Dieu Intelligible, que reflète le monde, dieu visible : εἰκὼν τοῦ νοητοῦ θεὸς αἰσθητός (92c).

Rien ne peut rendre plus sensible le parallélisme de ces deux descriptions que la variante conservée dans la tradi-

1. 34a.
2. 41a.
3. 29a.
4. 37a.
5. 30c, 37a.
6. Ἧπερ οὖν νοῦς ἐνούσας ἰδέας τῷ ὅ ἐστιν ζῷον, οἷαί τε ἔνεισι καὶ ὅσαι, καθορᾷ, τοιαύτας καὶ τοσαύτας διενοήθη καὶ τόδε σχεῖν (39e).
7. Πάντα ὅτι μάλιστα ἐβουλήθη γενέσθαι παραπλήσια ἑαυτῷ (29e).
8. 29a.
9. Τῷ γὰρ τῶν νοουμένων καλλίστῳ καὶ κατὰ πάντα τελέῳ (30d).
10. Cf. 31a : le monde est unique, parce que son modèle est unique. Cette unicité du modèle est prouvée ici par un argument analogue au fameux argument du « troisième homme ».

tion manuscrite et dans la tradition indirecte à propos de cette dernière formule. Quelques manuscrits, en effet, et Stobée, d'autre part, nous offrent une autre lecture : εἰκὼν τοῦ ποιητοῦ θεὸς αἰσθητός[1]. Cette lecture est fausse, assurément, car l'antithèse νοητοῦ... αἰσθητός est trop visiblement certifiée par le contexte : ζῷον ὁρατὸν τὰ ὁρατὰ περιέχον, εἰκὼν τοῦ νοητοῦ θεὸς αἰσθητός. Mais c'est, pour ainsi dire, une faute intelligente, et qui avait pour elle tant de vraisemblances ! Le Démiurge, qui fait le monde à sa propre image, ne fait-il pas ce même monde à l'image du Vivant Intelligible ? Si le Démiurge est le plus excellent des intelligibles[2], le Vivant Parfait n'est-il pas le plus beau des vivants intelligibles ? Que cette correction ποιητοῦ ait eu ou non pour but conscient d'identifier le Démiurge et le Vivant Intelligible, elle pouvait, en tout cas, se justifier au seul point de vue logique.

Allons-nous donc identifier totalement le Démiurge et le Modèle ? Nous serions très excusables de les identifier en tant qu'ils représentent ou symbolisent la Divinité suprême. Mais nous sommes contraints de les distinguer en tant qu'ils représentent l'un, l'Objet par excellence, l'autre, le Sujet par excellence. Le Monde intelligible contient les essences éternelles, ces dieux increés dont le monde visible est le simulacre[3]. Il est vivant, puisqu'il est le Vivant par excellence. Modèle et source de toute vie intelligente, il doit, certes, posséder l'Intellect, mais *éminemment*. Il n'est, *formellement*, qu'objet d'intuition pour l'Intellect, exemplaire que l'Intellect imite et transpose. Le Démiurge, lui, repré-

1. Cf. l'apparat critique de l'édition A. Rivaud *ad locum* : cette lecture est celle du *Parisinus* 1807, du *Palatinus Vaticanus* 173 et aussi de Stobée.
2. *Timée*, 37a.
3. *Timée*, 37c.

sente le côté sujet, l'Intelligence qui contemple et qui crée. Encore qu'il ne soit pas identifié à l'Intellect et que, dans une même phrase, nous voyions le Démiurge produire dans la copie les perfections que l'Intellect aperçoit dans le modèle[1], le Démiurge du *Timée* est bien l'Intelligence organisatrice, que Platon a reçue d'Anaxagore, et qu'il achève de spiritualiser et de diviniser.

Quelle que soit, en effet, la date des dialogues, le rôle de l'Intellect ne change point.

Dans le *Cratyle*, Socrate dit à Hermogène : « Ne crois-tu pas, avec Anaxagore, que c'est l'Intellect et l'Ame qui ordonne et maintient tout le reste[2] ? »

Dans le *Phédon*, Socrate nous raconte sa joie, quand il a entendu dire que, pour Anaxagore, c'est l'Intellect qui est l'ordonnateur et la cause universelle[3]. Il espère alors mais en vain, qu'on lui fera voir la raison dernière des choses dans la seule Pensée, dans l'idée du meilleur.

Dans le *Phèdre*, quand le cortège divin des âmes s'avance pour contempler la réalité intelligible, Zeus va devant, ordonnant et surveillant toutes choses[4]. Or, cette réalité n'est visible qu'à l'Intellect qui gouverne l'Ame[5].

Dans le *Sophiste*, au moment où l'on s'apprête à distinguer les deux genres de production, l'une humaine, l'autre divine, on sent le besoin de réaffirmer l'intervention divine dans l'organisation et la vie du monde physique. On ne prononce point, il est vrai, le nom de l'Intellect, mais on

1. *Timée*, 39e.
2. *Crat.* 400a : καὶ τὴν τῶν ἄλλων ἁπάντων φύσιν οὐ πιστεύεις Ἀναξαγόρᾳ νοῦν καὶ ψυχὴν εἶναι τὴν διακοσμοῦσαν καὶ ἔχουσαν ;
3. *Phédon*, 97c : ὡς ἄρα νοῦς ἐστιν ὁ διακοσμῶν τε καὶ πάντων αἴτιος.
4. *Phèdre*, 246e : ὁ μὲν δὴ μέγας ἡγεμὼν ἐν οὐρανῷ Ζευς, ἐλαύνων πτηνὸν ἅρμα, πρῶτος πορεύεται, διακοσμῶν πάντα καὶ ἐπιμελούμενος.
5. *Phèdre*, 247c : ἡ γὰρ ἀχρώματός τε καὶ ἀναφὴς οὐσία ὄντως οὖσα, ψυχῆς κυβερνήτῃ μόνῳ θεατὴ νῷ.

proclame son action. La Nature, nous déclare-t-on, n'est pas une spontanéité aveugle. Elle est conduite par « une raison, une science divine émanée de Dieu[1] ». Les êtres qui vivent en elle, et les éléments mêmes dont ils sont faits, sont « la production et l'œuvre d'un dieu[2] » ; ils sont venus du non-être à l'être « par l'action d'un dieu démiurge[3] ». Ce dieu démiurge, source de la raison et de la science immanentes au monde, n'est-ce pas l'Intellect ?

Dans le *Philèbe*, enfin, on nous enseigne que l'univers « est ordonné et gouverné par un Intellect et une Raison admirable[4] »; que l'Intellect organise toutes choses[5] ; que la cause suprême de l'ordre universel est Sagesse et Intellect[6] ; que, par cette vertu de la cause, il entre, dans la nature de Zeus, une âme royale et un intellect royal[7] ; que l'Intellect commande éternellement au Tout[8].

Quant aux *Lois*, nous l'avons vu, le livre X tout entier ne fait que développer le thème de la primauté de l'Ame. Mais, encore qu'au livre X aussi bien qu'au livre XII ce soit surtout de l'Ame que l'on parle, la formule d'Anaxagore y est rappelée et acceptée comme résumant la vraie doctrine, et, s'il n'a pas su l'exploiter, on lui sait au moins

1. *Soph.* 265c : τὴν φύσιν αὐτὰ γεννᾶν... μετὰ λόγου τε καὶ ἐπιστήμης θείας ἀπὸ θεοῦ γιγνομένης.
2. *Ib.* 266b : θεοῦ γεννήματα πάντα ἴσμεν αὐτὰ ἀπειργασμένα ἕκαστα.
3. *Ib.* 265c : μῶν ἄλλου τινος ἢ θεοῦ δημιουργοῦντος φήσομεν ὕστερον γίγνεσθαι πρότερον οὐκ ὄντα ;
4. *Phil.* 28d : τὰ σύμπαντα καὶ τόδε τὸ καλούμενον ὅλον... νοῦν καὶ φρόνησίν τινα θαυμαστὴν συντάττουσαν διακυβερνᾶν.
5. *Ib.* 28e : ...νοῦν πάντα διακοσμεῖν αὐτά.
6. *Ib.* 30c : καί τις ἐπ' αὐτοῖς αἰτία οὐ φαύλη, κοσμοῦσά τε καὶ συντάττουσα ἐνιαυτούς τε καὶ ὥρας καὶ μῆνας, σοφία καὶ νοῦς λεγομένη δικαιότατ' ἄν.
7. *Ib.* 30d : οὐκοῦν ἐν μὲν τῇ τοῦ Διὸς ἐρεῖς φύσει βασιλικὴν μὲν ψυχήν, βασιλικὸν δὲ νοῦν ἐγγίγνεσθαι διὰ τὴν τῆς αἰτίας δύναμιν.
8. *Ib.* : ἀεὶ τοῦ παντὸς νοῦς ἄρχει.

gré d'avoir affirmé que tout ce que le Ciel contient est l'œuvre de l'Intellect organisateur[1].

Notons enfin une particularité de style qui n'a plus, désormais, de quoi nous surprendre. Dans les œuvres ou les parties proprement didactiques, le Démiurge est nettement identifié à l'Intellect. Dans les œuvres ou dans les parties narratives et mythiques, l'Intellect apparaît peu ou n'apparaît pas, et le Démiurge fait nettement figure de dieu personnel.

Phèdre : ὁ μὲν δὴ μέγας ἡγεμὼν ἐν οὐρανῷ Ζεὺς ...διακοσμῶν πάντα καὶ ἐπιμελούμενος (246*e*).

Timée : ὁ δημιουργός.., τὸν ποιητὴν καὶ πατέρα τοῦδε τοῦ παντός.., ὁ συνιστάς.., ὁ θεός.., ὁ γεννήσας πατήρ.., ὁ τόδε τὸ πᾶν γεννήσας (28*a*, 28*c*, 29*d*. 30*a*, 37*c*, 41*a*).

Politique : ὁ θεός.., ὁ δημιουργός.., ὁ κυβερνήτης τοῦ παντός.., ὁ δημιουργὸς καὶ πατήρ.., ὁ συνθείς.., θεὸς ὁ κοσμήσας (269*a*, 270*a*, 272*e*, 273*b*, 273*d*).

Si nous voulons résumer l'impression que nous laisse le *Timée*, nous dirons que, mettant à part le monde visible, qui ne possède la divinité qu'à titre d'image et de simulacre, le divin apparaît sous deux formes :

1° En tant qu'objet de notre intellect ou de l'Intellect. Il désigne alors le monde intelligible, l'unité qui renferme et synthétise toutes les espèces idéales de vivants, et s'appelle un Dieu Intelligible.

2° En tant que sujet qui contemple et reproduit ce modèle divin. Il s'appelle alors le Démiurge ou Dieu.

Une distinction si nette n'empêche point qu'il y ait passage insensible de l'un à l'autre sens. Le Démiurge se prend lui-même comme objet et comme modèle quand il fait le

1. *Lois*, 967b : ὡς νοῦς εἴη ὁ διακεκοσμηκὼς πάνθ' ὅσα κατ' οὐρανόν.

monde à sa propre ressemblance. Le Démiurge, la plus excellente des causes (aspect sujet), est aussi le plus excellent des Intelligibles (aspect objet)[1]. C'est que l'Ame et l'Intellect sont eux-mêmes, pour notre connaissance, des

1. Voir *Timée*, 37a : καὶ τὸ μὲν δὴ σῶμα ὁρατὸν οὐρανοῦ γέγονεν, αὐτὴ δὲ ἀόρατος μέν, λογισμοῦ δὲ μετέχουσα καὶ ἁρμονίας ψυχή, τῶν νοητῶν ἀεί τε ὄντων ὑπὸ τοῦ ἀρίστου ἀρίστη γενομένη τῶν γεννηθέντων.

A. Rivaud traduit avec raison : « Et ainsi naquirent, d'une part le corps visible du ciel, et de l'autre, invisible, mais participant au calcul et à l'harmonie, l'âme, la plus belle des réalités engendrées par le meilleur des êtres intelligibles qui sont éternellement. » L. Robin (*La place de la Physique dans la Philosophie de Platon*, Paris, 1919, p. 56) comprend, avec Martin, que « l'âme participe à l'harmonie des intelligibles éternels ». Il met donc la virgule après ἀεί τε ὄντων et non après ψυχή. Mais la balance de la phrase est à elle seule un argument contre cette ponctuation : ψυχή serait tout à fait hors de sa place, et l'on mutilerait la série des oppositions νοητῶν γενομένη, ἀεί τε ὄντων γεννηθέντων, ἀρίστου ἀρίστη.

L. Robin fait, certes, une réflexion qui m'a longtemps troublé moi-même : « Tandis qu'il a été dit déjà que les intelligibles sont le modèle sur lequel Dieu a les yeux fixés pour réaliser son œuvre, nulle part on ne voit, ni auparavant ni ensuite, que Dieu soit le plus parfait des intelligibles. Il serait surprenant qu'une proposition à ce point capitale fût introduite sous la forme d'une incidente » (*ib.*, note 1). Mais toute surprise et tout trouble cesse quand on observe, comme nous l'avons fait, que, dans le *Timée*, démiurge et monde intelligible se correspondent étroitement et prennent souvent la place l'un de l'autre. Proclus (*ad. loc.*, Diehl, II, 293 et suiv.) cherche bien, pour des raisons doctrinales, v. g., pour éviter de poser un Dieu unique antérieur au monde, à nous convaincre que τῶν νοητῶν... détermine ψυχή. Mais il avoue lui-même que la phrase a bien l'air de faire, du démiurge, le plus excellent des intelligibles (δόξειε δ'ἂν ἐν τούτοις τὸν δημιουργὸν ἄριστον λέγειν τῶν νοητῶν καὶ ἀεὶ ὄντων, ὡς τὴν ψυχὴν ἀρίστην τῶν γεννηθέντων, Diehl, 294, 1-4) et demande seulement, à ceux qui acceptent cette inversion grammaticale, de se rallier malgré tout à son exégèse à lui. Or, cette inversion grammaticale, τῶν νοητῶν ἀεί τε ὄντων ὑπὸ τοῦ ἀρίστου, a pour elle l'autorité de Plutarque. Celui-ci, en effet, cite tout au long la phrase du *Timée* et ajoute (*De Animæ Procreatione in Timæo*, 1016c) : ἐνταῦθα γὰρ τὸν μὲν θεὸν ἄριστον εἰπὼν τῶν ἀεὶ ὄντων, τὴν δὲ ψυχὴν ἀρίστην τῶν γεννηθέντων... Et c'est encore ainsi qu'il coupe la phrase dans un précédent passage : αὕτη γὰρ ἦν ψυχὴ καθ' ἑαυτήν, νοῦ δὲ καὶ λογισμοῦ καὶ ἁρμονίας ἔμφρονος μετέσχεν, ἵνα κόσμου ψυχὴ γένηται (*ib.* 1014e). J'avoue que, à mon avis, le témoignage de Plutarque tranche la question au point de vue grammatical, et j'avoue aussi

intelligibles. Les *Lois* le disent pour l'Ame[1], tout comme les *Mémorables* le disaient pour l'intellect divin[2], et nous savons que, pour Platon, *invisible, intelligible, divin,* sont des qualités inséparables[3]. Aussi, dans la pensée du narrateur du *Timée,* le Tout intelligible, dont l'Intellect fait lui-même partie en tant qu'objet, et l'Intellect, qui contemple ce Tout intelligible, prennent de temps en temps la place l'un de l'autre. Le divin est toujours représenté à la fois par l'Intelligible et par l'Intellect, par l'Être et par la Pensée. Mais l'Être demeure plus impersonnel, et, le Dieu personnel, c'est la Pensée.

§ 5. *Les dieux de Platon et le Dieu de Platon*

La lecture des dialogues laisse presque inévitablement dans notre esprit un certain malaise. Tout est dieu ou divin chez ce trop divin Platon : les Idées ou Formes intelligibles — l'Idée du Bien — l'Idée du Beau — l'Intellect — l'Ame — le Monde — les astres — notre intellect et notre âme à nous — sans parler de ces dieux de la mythologie, que le *Timée* mentionne sitôt après les astres, avec une ironie non déguisée. Nous sommes portés à nous demander avec un peu d'impatience : quel est donc, dans tout cela, le Dieu de Platon ? La réponse est préparée, j'ose l'espérer, par les

que cette interprétation, si naturelle d'ailleurs, de la phrase du *Timée,* m'a libéré de tous les doutes qui m'empêchaient de comprendre dans son sens obvie la théologie de Platon.

1. *Lois,* 898e : ...ἐλπὶς πολλὴ τὸ παράπαν τὸ γένος ἡμῖν τοῦτο ἀναίσθητον πάσαις ταῖς τοῦ σώματος αἰσθήσεσι πεφυκέναι, νοητὸν δ'εἶναι.

2. *Mém.* I, iv, 9. Le mot νοητός n'est pas dans Xénophon, mais la sagesse divine est invisible et pourtant réelle, au même titre que notre âme. Cf. *supra,* p. 535.

3. Cf. entre autres formules du *Phédon,* l'énumérat[illegible] caractères de l'être auquel l'âme est assimilée : τῷ μὲν θείῳ καὶ ἀθανάτῳ καὶ νοητῷ καὶ μονοειδεῖ καὶ ἀδιαλύτῳ κ. τ. λ. (80b).

analyses qui précèdent. Mais, pour la rendre plus intelligible et, si nous le pouvons, plus précise, il n'est pas inutile d'établir ou de rappeler les principes sur lesquels se fonde la notion platonicienne de l'être et du divin.

I. *Le degré de divinité est proportionnel au degré d'être ; l'être le plus divin est donc l'être le plus être ; or, l'être le plus être, c'est l'Etre Universel ou le Tout de l'être.*

Je n'ai besoin, pour rendre évident ce principe, que de rappeler trois séries de textes : ceux qui identifient le divin à l'intelligible[1] — ceux qui identifient le *summum* de l'être au *summum* de l'intelligibilité[2] — ceux, enfin, qui identifient le *summum* de l'être à la *somme* de l'être. Les deux premières équations n'offrent plus rien qui puisse nous étonner. La dernière demande peut-être encore quelque surcroît de preuve.

Rappelons d'abord la proposition générale que le *Timée* formule à propos de l'Univers Intelligible : « Le paradigme du monde ne peut être un vivant individuel, car rien de ce qui est particulier n'est parfait ni beau[3]. » Donc le paradigme doit être le Vivant Universel, celui qui renferme en soi tous les vivants. Il suffit, d'autre part, de renvoyer, par exemple, au *Lexique* d'Ast pour les textes, si nombreux, qui identifient les concepts de *parfait* et de *total*[4]. Mais il y a un texte sur lequel il nous faut insister ici, à cause de son importance. C'est le passage fameux du *Sophiste* sur le παντελῶς ὄν[5].

On sait quel est le but de Platon dans ce passage : établir

1. *Phédon*, 80a-b, et *passim*. — *Rép.* 611d-e. — *Phèdre*, 246d, etc.
2. *Rép.* 477a : τὸ μὲν παντελῶς ὂν παντελῶς γνωστόν. — *Phédon*, 78-81.
3. *Timée*, 30c : τῶν μὲν οὖν ἐν μέρους εἴδει πεφυκότων μηδενὶ καταξιώσωμεν — ἀτελεῖ γὰρ ἐοικὸς οὐδέν ποτ' ἂν γένοιτο καλόν.
4. Fr. Ast, *Lexicon Platonicum*, s. v. ὅλος, τέλειος, τέλεος.
5. *Sophiste*, 248e-249d.

que le mouvement fait partie de l'être au même titre que le repos. Or, certains prétendent que toute sorte d'action ou passion, donc de mouvement, est incompatible avec l'être véritable. Mais ils accordent que l'être est connu par l'âme. On les force alors d'avouer que, si le fait de *connaître* est une action, le fait d'*être connu* sera certainement une passion, un mouvement passif. Or, il y a certainement connaissance dans l'être, on ne saurait le nier sans une espèce de blasphème, et le dialogue s'élève ici au ton d'une adjuration solennelle : « Eh quoi, par Zeus, nous laisserons-nous si facilement convaincre que le mouvement, la vie, l'âme, la pensée, n'ont réellement point de place au sein de l'être universel[1], qu'il ne vit ni ne pense, et que, solennel et sacré, vide d'intellect, il reste là, planté, sans pouvoir bouger ? — L'effrayante doctrine que nous accepterions là, étranger ! — Mais admettrons-nous qu'il ait l'intellect et pas la vie ? — Et comment l'admettre ? — Mais, de l'un et de l'autre affirmant en lui la présence, nierons-nous pourtant que ce soit dans une âme qu'il les a ? — Et comment pourrait-il les avoir autrement ? — Il aurait donc l'intellect, et la vie, et l'âme, et, bien qu'animé, resterait là, planté, sans aucunement se mouvoir ? — Tout cela serait absurde, à mon avis. — Au mû donc et au mouvement il faut concéder l'être. — Comment le leur refuser ? »

J'ai traduit délibérément τὸ παντελῶς ὄν par « l'être universel ». Si je n'ai pas traduit par « l'être parfait », ce n'est pas que cette expression me paraisse trop dire, c'est que, pour la pensée antique, elle ne dit pas assez. Le παντελῶς ὄν, c'est l'être « qui est totalement être ». Or, pour épuiser la valeur de ce terme, il nous faut employer sans aucun scrupule les formules que Fénelon et Malebranche ne crai-

1. Τί δὲ πρὸς Διός; ὡς ἀληθῶς κίνησιν καὶ ζωὴν καὶ ψυχὴν καὶ φρόνησιν ἦ ῥᾳδίως πεισθησόμεθα τῷ παντελῶς ὄντι μὴ παρεῖναι; (248e).

gnent point d'appliquer à Dieu même. Nous dirons donc que le παντελῶς ὄν « renferme en soi la plénitude et la totalité de l'être[1] », qu'il est « l'être sans aucune restriction ou limitation[2] », qu'il est « l'universalité de l'être[3] ». Quand Malebranche déclare que l'idée de Dieu, c'est « l'idée de l'être en général, de l'être sans restriction, de l'être infini[4] », ou encore « de l'être indéterminé[5] », parce que « un être particulier et fini ne peut être conçu universel et infini[6] », et que, en parlant de Dieu, il ne faut pas considérer « un tel être, mais l'être[7] », toutes ces formules n'éclairent-elles pas le principe dont Platon appuie, au *Timée*, sa conception du Parfait Vivant, « qui contient tous les vivants, parce que rien de ce qui a forme de partie ne peut être parfait[8] » ? Nous pouvons donc bien traduire le παντελῶς ὄν du *Sophiste* par « l'universalité de l'être » ou « l'être universel[9]. »

Si l'on nous contestait le droit d'expliquer ce παντελῶς ὄν du *Sophiste* par le παντελὲς ζῷον du *Timée*, nous répondrions que cette explication n'est ici qu'une comparaison, un parallèle. Nous n'en avons point besoin comme preuve. Quand,

1. Fénelon, *Traité de l'existence de Dieu*, II, 52.

2. Malebranche, *Entretien d'un philosophe chrétien avec un philosophe chinois* (*Œuvres*, éd. J. Simon, tome II, p. 320).

3. Fénelon, *Lettres sur la Religion*, IV, *question I*.

4. Malebranche, *Recherche de la Vérité*, livre IV, chapitre xi (tome IV, p. 94, J. Simon).

5. *Deuxième Entretien sur la métaphysique*, III (tome I, p. 28, J. Simon).

6. *Recherche de la Vérité*, livre IV, chapitre xi, *loc. laud.* Je n'ai pas besoin de rappeler avec quelle vigueur Malebranche et Fénelon combattent le panthéisme de Spinoza.

7. « Car ceux qui ne voient pas que Dieu soit, ils ne considèrent point l'être, mais *un tel être* », *Recherche*... livre IV, chap. xi, p. 95.

8. *Timée*, 30c.

9. Cf. Brochard, *La Théorie platonicienne de la participation*, Études de philosophie ancienne et de philosophie moderne, 1re éd. 1912, p. 139, pour qui le παντελῶς ὄν est « l'être total, l'être qui embrasse et contient en même temps toutes les réalités ».

en effet, Platon vient d'obtenir la conclusion qu'il désirait : « Il y a du mouvement dans l'être », il établit aussitôt, par un simple rappel de raisonnements développés tout au long dans le *Cratyle*, la contrepartie nécessaire : « Il y a du repos dans l'être. » Après quoi, il conclut : « Au philosophe, donc, une règle absolue est prescrite par là-même : par ceux qui prônent, soit l'Un, soit même la multiplicité des Formes, ne point se laisser imposer l'immobilité du Tout ; à ceux qui, d'autre part, meuvent l'être en tous sens, ne point même prêter l'oreille ; mais faire sien, comme les enfants dans leurs souhaits, tout ce qui est immobile et tout ce qui se meut, et dire que l'être et le Tout est l'un et l'autre à la fois, ὅσα ἀκίνητα καὶ κεκινημένα, τὸ ὄν τε καὶ τὸ πᾶν συναμφότερα λέγειν [1]. Peut-on dire plus clairement que l'être totalement être, c'est l'être total, et que l'être, sans plus, c'est le Tout ? Les deux formules τὸ παντελῶς ὄν, τὸ ὄν τε καὶ τὸ πᾶν, sont exactement égales.

Or, cet être et ce Tout, cet être universel, est divin : il possède la vie, l'âme et la pensée. Donc la somme de divinité coïncide avec la somme de l'être.

Notre conclusion est-elle trop large pour les prémisses ? Nous contestera-t-on le droit de dire que le παντελῶς ὄν est ce qu'il y a de plus divin, le Dieu suprême ? Appelons-en alors à un texte des *Lois*.

Il ne s'agit plus ici de « l'être indéterminé ». Il s'agit du monde.

Le Socrate des *Mémorables* estime qu'étudier la nature du Tout, la constitution de ce que les sophistes, les « doctes », appellent le Monde, ne convient point du tout à l'homme [2]. Les *Lois* font allusion à une opinion de ce genre, d'ailleurs pour la réfuter : « Le dieu suprême, le monde universel, il

1. *Sophiste* 249d. Cf. notre notice au *Sophiste*, p. 288 et 289.
2. Xén., *Mém.*, I, I, 12.

ne faut point, dit-on, le prendre comme objet de recherche, ni s'affairer à scruter indiscrètement les causes, car cela serait une impiété[1]. »

Ainsi le monde, le monde visible, celui que les physiciens étudient, est le Dieu suprême. Par rapport à qui est-il suprême ? Nous le voyons tout de suite : par rapport « aux grands dieux, le Soleil et la Lune[2] », par rapport « aux dieux qui sont dans le ciel[3] ».

Donc le Vivant universel du *Timée* est le Dieu intelligible, parce qu'il comprend tous les vivants intelligibles. L'être universel du *Sophiste*, qui comprend en soi toutes les espèces de l'être, même celles qui sembleraient devoir s'exclure l'une l'autre comme le mouvement et le repos, est traité comme un dieu, comme le Dieu vivant par excellence. Le monde universel est appelé le Dieu suprême par rapport aux autres grands dieux que sont les astres, parce qu'il les contient et qu'il contient toute réalité visible. Est-il besoin d'établir plus longuement que, pour Platon, l'Être suprême ou le Dieu suprême, c'est le Tout ? Non seulement dans l'intelligible, mais dans le visible même, ce n'est pas l'individu, fût-ce un individu privilégié, suréminent, qui est primairement divin, c'est l'ensemble.

Dieu nous apparaît ainsi comme un être collectif. Mais un terme de ce genre n'est propre qu'à nous abuser s'il nous fait regarder Dieu comme une simple unité de collection. Nous savons de reste, par le *Parménide* et le *Théétète*, que le Tout est bien autre chose que la simple somme des parties : il est synthèse parfaite, unité et Forme[4].

1. *Lois*, 821a : τὸν μέγιστον θεὸν καὶ ὅλον τὸν κόσμον φαμὲν οὔτε ζητεῖν δεῖν οὔτε πολυπραγμονεῖν τὰς αἰτίας ἐρευνῶντας — οὐ γὰρ οὐδ'ὅσιον εἶναι.
2. *Lois*, 821b.
3. *Ib.*, 821c : περὶ θεῶν τῶν κατ'οὐρανόν.
4. Cf. *Parm.* 157c$_2$ « une certaine forme unique, un certain un que

II *Le Tout de l'Être est à la fois Être et Pensée, Intelligible et Intellect. Mais l'Être est antérieur à la Pensée, et c'est l'Intelligible qui crée l'Intellect : c'est parce que son objet est suprêmement divin que le sujet suprême est dieu.*

L'Être, τὸ ὄν ou οὐσία, dans son sens collectif, désigne ordinairement l'objet de la pensée, l'intelligible. Mais nous savons que l'Ame elle-même est un intelligible [1]. D'autre part, Platon vient de nous dire que l'Être universel comprend nécessairement le mouvement, la vie et la pensée. Il comprend, du côté objet, toutes les essences, le beau, le bien, le juste, l'égal, aussi bien que toutes les espèces intelligibles du vivant. Il comprend, du côté sujet, l'Ame, au moins dans sa partie supérieure, qui est l'Intellect. De même que l'objet est purement spirituel, le sujet est purement Esprit, car les *Lois* admettent formellement que l'âme rectrice du soleil puisse être elle-même « une âme qui n'est liée à rien de corporel, mais qui a d'autres puissances, étonnamment supérieures [2] ».

Quant à l'antériorité de l'être par rapport à la pensée, elle n'est qu'ontologique et logique. Il est, en effet, de l'essence du pensable d'être pensé. Si haut qu'il exalte certains aspects de l'être, substantialité, permanence, plénitude, pureté, beauté, bonté, Platon ne laisse point de mettre sur le même plan l'intelligibilité de l'être. Or, il ne lui vient même pas à l'idée que cette intelligibilité puisse demeurer, fût-ce un instant, à l'état de simple puissance et d'attente, et l'existence actuelle de l'Intellect est, pour lui, un dogme sacré : « S'il est quelqu'un que l'on doive combattre avec toutes les forces

nous appelons tout, μιᾶς τινὸς ἰδέας καὶ ἑνός τινος ὃ καλοῦμεν ὅλον ». — *Théét.* 203e : le tout (ou la syllabe) n'est pas les éléments, mais une certaine forme unique, issue des éléments, douée de sa propre unité formelle et différente des éléments, μὴ τὰ στοιχεῖα ἀλλ'ἐξ ἐκείνων ἕν τι γεγονὸς εἶδος, ἰδέαν μίαν αὐτὸ αὑτοῦ ἔχον, ἕτερον δὲ τῶν στοιχείων ».

1. *Lois*, 898e. Cf. *supra*, p. 555.
2. 899a.

du raisonnement, c'est celui qui abolit la science, la pensée claire ou l'Intellect, quelque thèse qu'il prétende affirmer à ce prix[1]. » Il n'y a point, dans la mythologie intellectuelle du Platonisme, de *Silence* initial ou final : l'objet exige le sujet.

Mais prenons-y garde : l'objet crée le sujet. Les textes là-dessus sont formels. Métaphores et images dans les mythes : l'Ame, dans le *Phèdre*, se nourrit et se « repaît » de la contemplation des essences[2] ». Métaphores encore — elles sont inévitables pour tout philosophe — dans les parties didactiques : l'amant de la vérité ne s'attardera point dans le domaine de l'opinion, mais il poursuivra sa montée, d'un élan qui ne faiblit point, « jusqu'à ce qu'il approche l'être véritable, qu'il l'étreigne, qu'il s'unisse et se mêle à lui, et qu'engendrant ainsi l'Intellect et la vérité, il trouve enfin la connaissance, la vie véritable, le rassasiement, et la fin de ses tourments d'amour[3] ». Mais Platon est conscient de cette impuissance de notre humaine pensée à exprimer l'intelligible par quelque image sensible. Il commence donc par nous présenter l'image, ce soleil, roi du monde visible, qui crée à la fois les choses et la lumière, puis, sûr alors de se faire comprendre, il substitue, à l'image, l'idée : cette Forme suprême du Bien, reine du monde intelligible, et qui crée à la fois la réalité intelligible et l'Intellect, ἔν τε νοητῷ αὐτὴ κυρία ἀλήθειαν καὶ νοῦν παρασχομένη[4]. Là même où Plotin défigure les hiérarchies intelligibles de Platon en emprisonnant leur souplesse mouvante dans ses clas-

1. *Sophiste*, 249c. Aussi, dans le *Parménide*, Socrate proteste-t-il contre les doctrines qui priveraient Dieu de la connaissance, fût-ce de la connaissance du monde où nous vivons et des relations qui le constituent (134e).

2. *Phèdre*, 247d-e.

3. *Rép.* 490b.

4. *Rép.* 517c.

sifications déjà scolaires, là où il met l'Intellect et l'Être dans une même hypostase au-dessous de l'Un inconnaissable et inconnaissant, il reste fidèle encore au principe du Platonisme. S'il déclare que l'intelligible et l'Intellect ne font qu'un, il n'en ajoute pas moins : « L'Être, par le seul fait d'être conçu par l'Intellect, donne à celui-ci l'intellection et l'existence[1]. » Il est vrai que, chez Plotin, la source primaire de l'Intellect n'est pas l'Être, c'est l'Un. Mais l'Intellect s'engendre dans et par la conversion même vers l'Un : « En se tournant vers Lui, il le voit ; et cette vision même, c'est l'Intellect[2]. » Or, on ne saurait dire que le Platonisme des dialogues, le Platonisme du *Parménide* et du livre VI de la *République* en particulier, ne soit pas la source la plus authentique du Plotinisme. Mais Platon, lui, nous pouvons l'affirmer nettement à la fin de cette étude, n'a point voulu, en exaltant la transcendance du Bien, le séparer si entièrement de l'Être : le Bien, ou, comme eût dit Plotin, l'Un, est source de l'Être, mais il est aussi somme de l'Être et perfection de l'Être. Si nous nous demandions de quelle façon Platon aurait pu décrire la naissance idéale de l'Intellect, il nous faudrait modifier la formule de Plotin et dire : « En se tournant vers l'Être, il le voit, et cette vision même, c'est l'Intellect. »

Aussi la divinité est-elle primairement dans l'Etre comme dans sa source, elle n'est dans l'Esprit que par émanation et reflet[3]. Quand notre âme, à la suite de Dieu, explorait

1. *Ennéade* V, I, 4 : ὁ μὲν νοῦς κατὰ τὸ νοεῖν ὑφιστὰς τὸ ὄν, τὸ δὲ ὂν τῷ νοεῖσθαι τῷ νῷ διδὸν τὸ νοεῖν καὶ τὸ εἶναι.

2. *Enn.* V, I, 7 : πῶς οὖν νοῦν γεννᾷ ; ἢ ὅτι τῇ ἐπιστροφῇ πρὸς αὐτὸ ἑώρα · ἡ δὲ ὅρασις αὕτη νοῦς.

3. Je n'ai nullement la prétention de convertir Platon à l'orthodoxie thomiste ou simplement catholique. Mais l'idée m'a pris, après avoir écrit ce chapitre, de lire l'article *Dieu* du R. P. GARRIGOU-LAGRANGE, dans le *Dictionnaire Apologétique*, et voici ce que j'ai eu le

les célestes espaces, elle y contemplait « l'être qui est ». C'est pour cela, nous dit Platon, qu'elle ne cesse point « de se ressouvenir selon ses forces des choses qui font que Dieu même est divin[1] ». Ainsi, pour la pensée platonicienne, on peut dire et l'on doit dire que l'Intellect est Dieu, mais que l'Être est plus divin que l'Intellect, parce que l'Être ou le divin est la source à laquelle Dieu lui-même participe. La pensée philosophique est restée, depuis Xénophane, profondément hostile à tout anthropomorphisme. Elle ne peut créer l'intelligence et le monde sans faire appel à quelque chose de vivant qui tend, quoi qu'elle fasse, vers la personnalité humaine et vers des modes humains de penser et d'agir. Mais elle se protège contre ce danger en accentuant toujours davantage l'immuable et impassible impersonnalité de l'Être, et, pour elle, des vocables masculins comme ὁ νοῦς,

plaisir d'y lire (*Fasc. IV,*, *col.* 1080) : « Restent deux perfections absolues qui se disputent la primauté, l'*être* et l'*intellection.* Dieu est-il avant tout l'*Etre même,* l'*Acte pur* ou bien la *Pensée de la pensée* ? Selon nous, la chose n'est pas douteuse. Dieu est avant tout l'Etre même, parce qu'il y a *priorité de l'être sur la pensée,* de l'intelligible sur l'intelligence. Comme le montre Aristote précisément à l'endroit où il parle de la νόησις νοήσεως νόησις (*Met.* XII, c. 9), ce qui fait la perfection de l'intellection, c'est l'intelligible qui la spécifie ; « la preuve en est, dit-il, qu'il est des choses qu'il vaut mieux ignorer », il n'y a aucune perfection à les connaître, la perfection de la connaissance vient donc de la dignité de la chose connue. Aussi l'Acte pur est-il avant tout, pour Aristote, le premier intelligible τὸ πρῶτον νοητόν (*Met.* XII, c. 7), la νόησις *objective,* plus encore que l'acte éternel d'intellection qui a pour objet cet intelligible suprême. On reconnaît là l'objectivisme antique ». D'autre part, E. LASBAX, *La Hiérarchie dans l'Univers chez Spinoza* (Paris, Alcan, 1919) a très bien marqué l'importance de la révolution cartésienne, qui « substituait, à la prééminence antique de l'être sur la connaissance, le point de vue strictement intellectualiste de la *prééminence inverse de la connaissance sur l'être* » (p. 59). Cf. encore, à propos de la lutte entre les deux tendances dans Spinoza, A. LÉON, *Les Eléments cartésiens de la Doctrine spinoziste sur les rapports de la Pensée et de son objet,* Paris, Alcan, 1907, p. 77 à 82.

1. *Phèdre,* 249c : πρὸς γὰρ ἐκείνοις ἀεί ἐστιν μνήμη κατὰ δύναμιν, πρὸς οἷσπερ θεὸς ὢν θεῖός ἐστιν. Cf. trad. MARIO MEUNIER, p. 104.

ὁ θεός, ne sont que secondaires et dérivés par rapport aux vocables neutres, τὸ ὄν, τὸ θεῖον.

III. *Il n'y a d'être vrai que dans l'Être intelligible ou le Divin, et le reste n'a d'être qu'autant qu'il y participe, mais ce reste est dieu et divin dans toute la mesure où il participe à l'Être intelligible.*

Il y a, dans le *Timée*, une phrase qui m'a toujours frappé : « Avant la formation du monde, tous les éléments se comportaient sans raison ni mesure. Et même, lorsque le Tout eut commencé de s'ordonner, tout au début, le feu, l'eau, la terre et l'air avaient bien quelque trace de leur forme propre, mais, pour le reste, ils demeuraient évidemment dans l'état où il est naturel que soit *toute chose dont Dieu est absent*[1]. » Dieu, dans ce texte, c'est le Démiurge, de qui ces éléments encore amorphes vont recevoir leurs figures « par l'action des Idées et des Nombres[2] ». Mais la phrase a une portée générale. Elle exprime admirablement la pensée maîtresse du Platonisme : toute chose n'a de réalité que par la présence, la *parousie* de l'être intelligible et divin, et, là où Dieu n'est pas, il n'y a que désordre et non-être.

Nous pouvons donc, si nous le voulons, nous représenter les degrés de l'être et du divin sous la forme d'une échelle ascendante et descendante. Quand on monte du sensible à l'intelligible, chaque palier constitue une réalisation du divin, et, suivant l'horizon que s'est tracé tel ou tel dialogue, suivant le moment où nous sommes placés dans le progrès de la discussion, suivant l'heure et les personnages, suivant l'humeur du conteur et l'effet auquel il vise, tel ou tel palier sera pris comme palier définitif, comme sommet. Le monde

1. *Timée* 53a-b : ὥσπερ εἰκὸς ἔχειν ἅπαν ὅταν ἀπῇ τινος θεός. J'emprunte la traduction Rivaud, p. 172, mais je me permets de mettre « Dieu » là où A. Rivaud a écrit « le Dieu ».

2. *Ib.*, trad. Rivaud.

visible sera, au septième livre des *Lois*, « le Dieu suprême, l'Univers », parce que, dressant ici un plan d'enseignement qui n'est autre que celui de la *République*, mais dépouillé de toute dialectique et de toute métaphysique, on parle des astres comme « des dieux qui sont dans le ciel[1] ». Mais, au livre septième de la *République*, on décrit *ex professo*, pour ainsi dire, l'ascension du sensible à l'intelligible, et tout l'essor de cette ascension serait brisé si l'on ne montrait, précisément, que les paliers sont des paliers, non des sommets. Aussi les astres et leurs merveilleux circuits ne sont-ils plus que des courbes compliquées et entremêlées où, quoi qu'il en eût, le Démiurge n'a pu mettre l'ordre et la beauté que seul comporte l'intelligible. Le Démiurge a fait de son mieux, l'Univers est le plus beau qui se puisse, mais il n'est, ici, que le monde visible comme tel, et ce n'est pas en lui qu'il nous faut chercher Dieu, on nous presse de monter plus haut, « vers l'Être et vers l'invisible[2] ». Par contre, le *Timée* tout entier chante la victoire de l'ordre sur le désordre et la pénétration progressive de l'Être dans le Devenir. A l'origine de cette progression, on nous montre sa source Éternelle, l'Être, ensuite l'Intellect qui le contemple, et le Démiurge qui, s'efforçant d'en reproduire l'image, commence par créer l'Ame et y mettre l'Intellect, puis ordonne les éléments. L'image, une fois réalisée dans son ensemble, est « le Dieu visible, Dieu très grand, très beau, très parfait, unique engendré ». Mais nous savons que ce Dieu n'est qu'une image, et nous savons à quel rang il se place, après l'Être, après l'Intellect, après l'Ame, avant les astres divins et avant les mortels qui participent de Dieu par leur âme et leur intellect immortels, infiniment au-dessus encore de ce

1. *Lois*, 820e-821d.
2. *Rép.*, 529b-530c.

reste de matière ou de non-être, qui marque la frontière ténébreuse, infranchissable aux rayons de l'intelligible.

Dans les *Lois*, enfin, la discussion qui occupe le livre X tout entier et dont une page du livre XII rappelle les résultats, a pour but de réfuter le mécanisme matérialiste. Contre des gens qui ne mettent, à l'origine des choses, que les corps, le hasard et le mouvement, il fallait établir que rien ne s'est fait, dans la nature, sans l'action d'une cause intelligente et immatérielle. On prouve donc que l'âme est antérieure au corps, que le psychique et le spirituel commandent l'évolution prétendûment aveugle de la nature. Priorité de l'âme, divinité de l'âme, action universelle de l'âme, voilà donc le palier où nous arrête le dialogue. Mais c'est que l'Étranger d'Athènes, parlant aux deux vieillards de Crète et de Lacédémone, mesure sa perspective à l'horizon de ses auditeurs. Même là où, contraint d'aborder une argumentation à laquelle rien ne les a préparés, il se fait à lui-même les questions et les réponses, il n'en souligne que mieux la nécessité qui s'impose à lui de se maintenir à un niveau moyen. Entrer ici dans la métaphysique de l'Être eût été une erreur de méthode et une faute de goût. Mais la priorité absolue de l'Être n'est point abolie par la priorité de l'Ame, puisque cette priorité est expressément relative au corps et à toute causalité mécanique. L'Ame, d'ailleurs, n'est antérieure qu'à tout ce qui « participe à la génération[1] ». Enfin, nous avons vu que la subordination de l'Ame à l'Intellect est nettement présupposée[2].

Je ne sais si, à cette hiérarchie par échelons, on ne pourrait pas substituer une hiérarchie par sphères concentriques.

1. *Lois*, 967d : ψυχή τε ὡς ἔστιν πρεσβύτατον ἁπάσων ὅσα γονῆς μετείληφεν.
2. Cf. *supra*, p. 541 et 542; *Lois*, 897b, 898a.

Cette image traduirait aussi bien, je crois, la pensée de Platon et rendrait peut-être plus sensible l'omniprésence du divin. Elle me serait suggérée par la formule que Platon emprunte à « la tradition antique » et qui lui sert de thème à un discours sur la justice : « Dieu tient la tête, la fin et le centre de toutes choses ; il va droit son chemin, poursuivant jusqu'au bout son parcours naturel, et, sans relâche, la justice le suit, pour châtier ceux qui abandonneraient la voie que Dieu leur trace...[1] » Le monde, l'orbe du Ciel et son cours infaillible, telle est toujours l'image sensible et, pour ainsi dire, la trame matérielle, mais la substance qui l'étoffe est toute spirituelle. La sphère de lumière où toute réalité est contenue, c'est la sphère de l'être intelligible. L'Intellect en transmet l'éclat jusqu'à l'Ame, et l'Ame fait pénétrer, jusqu'aux profondeurs du monde physique, l'ordre et la clarté qui déterminent, distinguent et classent les êtres au milieu de la confusion du Devenir. Aucun d'eux n'est délaissé, privé de Dieu, vide de Dieu, ἔρημος θεοῦ, ἄθεος[2]. Le centre le plus éloigné de ce rayonnement intérieur de la sphère, le noyau de ténèbres que constitue l'essence même du Devenir, est comme un foyer de forces répulsives, une âme réluctante et mauvaise, une nécessité irréductible à la persuasion libératrice du Bien. Dualisme indéniable et inévitable, mais cette barrière ténébreuse qui nie et repousse Dieu, cette « athéité » finale est précisément une limite, la limite extrême où le demi-être du monde sensible aboutit au non-être. C'est à cette source négative que toute créature, vivante ou non vivante, puise la résistance ou plutôt l'inertie qu'elle oppose à la pénétration du divin. Alors, Dieu n'étant plus en elle, elle est désordonnée et mauvaise. Mais la lumière qui vient du soleil intelligible est comme une attraction et comme un appel d'amour :

1. *Lois*, 716a.
2. Cf. *Lois* 716b, *Théét.* 176e.

elle éveille, au cœur de tout être et non pas seulement au cœur de l'homme, un élan de désir, et la nature entière s'ouvre à l'intelligible, aspire à lui, monte vers lui. Ainsi l'on comprend que Platon puisse reprendre à son compte et justifier à sa manière, dans le dixième livre des *Lois*, le mot de Thalès : « Tout est plein de dieux[1]. » L'être intelligible et divin n'est pas loin du monde, loin de nous, relégué dans un autre Ciel, peuplant un autre monde, et doublant inutilement, inaccessiblement, l'être terre-à-terre qui est nôtre. Le *Parménide* a rejeté, de la façon la plus claire, cette conception de deux systèmes de relations parallèles et incommunicables[2]. Le *Phèdre* peut bien célébrer *le lieu supramondial*, ce lieu qu'aucun poète n'a chanté ni ne chantera dignement, et que les âmes contemplent, émerveillées, pendant que, postées sur la voûte extérieure du ciel, elles se laissent emporter par la révolution diurne[3]. La *République* peut opposer, au lieu visible et corporel, *le lieu invisible et intelligible*[4]. Mais nous savons que ce sont là visions de poète, images et métaphores dont notre humain langage ne saurait ni se passer ni se contenter. Le *Timée* déclare expressément que la nécessité d'être en un certain lieu, d'occuper une certaine place, est marque de l'être sensible et changeant. La réalité de l'être intelligible n'est point une réalité spatiale. Sa présence, non plus, n'est point spatiale, et, pour qui sait lire le *Parménide*, toutes les objections faites à l'immanence de l'intelligible dans le sensible tombent devant cette simple observation, que l'immanence de l'intelligible n'est point une présence locale, matérielle et divisée. Ainsi l'Être divin n'est nulle part, encore qu'il soit partout. Sa réalité est toute

1. *Lois*, 899b.
2. *Parm.* 133b-134e.
3. *Phèdre*, 247c et suiv.
4. *Rép.* 508c, 509d, 516b, 532d, etc.

spirituelle, sa présence toute spirituelle ; si distinct qu'il soit du sensible, il n'en est séparé que *par nature*, non par quelque distance ou quelque intervalle qu'on puisse imaginer. Cette opposition entre des essences est aussi, au fond, une opposition entre des volontés ou, tout au moins, des tendances. La volonté bonne du Démiurge organise le monde en faisant pénétrer, dans le Devenir, la présence et l'action divine de l'Intellect, mais elle rencontre, au fond du Devenir, une obscure volonté de résistance. L'histoire du monde, telle que la conte le *Timée* et telle surtout que nous la fait entrevoir le *Politique*, est faite de cette lutte entre la résistance de l'essence aveugle et l'aspiration qu'éveille, au fond de la nature, le premier frôlement du divin. Cette histoire devient consciente dans l'homme, et toute sa vie morale n'est qu'une lutte entre ces deux tendances : aversion de Dieu, conversion vers Dieu.

Conclusion

C'est le charme des dialogues, et c'en est aussi le danger, que la pensée y est continuellement vivante et mouvante. Elle a ses traits permanents, ses attitudes habituelles, ses gestes préférés ; certaines intonations profondes, des recueillements auxquels succèdent les interrogations pressantes, les colloques anxieux avec le mystère ; des formules qui sont comme des éclairs et qui nous ouvrent l'infini, puis, comme si elle voulait s'excuser et redescendre avec nous à l'humaine faiblesse, des aveux modestes, des ironies un peu désabusées, des résignations souriantes. Elle est bien elle-même, nous la reconnaissons à chacun de ses mouvements, aux moindres nuances de son visage. Mais la fixer en un dessin rigide, nous ne le pouvons, car elle marche, parle, médite et cherche avec nous. Maîtresse incomparable, parce qu'elle ne donne point de leçons toutes faites et que, ses directives tracées, elle ne cesse de nous mener de l'avant, transformant chaque réponse en une question nouvelle. — La pensée de Platon dut être cela pour les élèves de l'Académie, qui l'écoutaient naître, se chercher, se formuler, se discuter, et pouvaient, comme dit le *Phèdre*, lui demander de s'expliquer et de se défendre. Elle fut cela aussi pour les siècles nombreux qui épelèrent avec ferveur les vocables magiques où elle déposa ses puissances de vie. Pour ceux qui voulaient vivre, chercher, rénover, créer, disciples immédiats ou disciples lointains, elle fut l'éternelle éveilleuse et l'éternelle illuminatrice. Contre ceux qui ne voulaient que répéter, résumer, commenter, elle se défendit, froide et sans génie avec des Xénocrate et des Olympiodore, indulgente et généreuse pour un Aristote, qui lui doit les idées et les mots mêmes avec lesquels il la renie, prodigue pour un Plotin, qui rouvre ses sources mystiques et lui fait mettre au jour les générations divines qui sommeillent en elle depuis si longtemps.

Ces hypostases plotiniennes, on pouvait, en effet, les trouver dans Platon, mais il fallait vouloir les y trouver. Il est vrai que Proclus y trouva même l'éternité du monde. Les apologistes chrétiens étaient plus fidèles au texte et à l'esprit du *Timée* quand ils l'invoquaient en faveur du dogme de la création temporelle, encore qu'ils n'aient point, d'ordinaire, essayé de pallier cette préexistence de la matière platonicienne, qui limite et amoindrit si gravement la portée de l'acte créateur. Ils n'ont point, d'ailleurs, manqué d'accuser le contraste qui subsiste entre la transcendance du Dieu suprême de Platon et ce qu'ils appellent souvent les concessions de Platon au polythéisme de son temps. Les modernes, par contre, sont assez facilement portés, soit à regarder l'idée de Dieu comme adventice, étrangère à la substance même du Platonisme et ne lui servant que de fleur littéraire, ou bien, à tout le moins, comme tout à fait secondaire et dérivée, soit, au contraire, à interpréter le Platonisme en un panthéisme absolu. Et pourtant, Platon, qui affirme si continuellement l'identité de l'être intelligible et du divin, n'a jamais cessé, non plus, de maintenir la distinction nécessaire entre cet être véritable et le demi-être ou non-être du monde sensible : malgré toutes les participations, inhérences, présences ou communautés, le dualisme subsiste. De même, la communauté qui relie entre elles et avec l'être les réalités intelligibles est bien loin de supprimer la distinction mutuelle, la détermination précise et, pour ainsi dire, l'individualité spécifique de ces réalités. Platon a nettement pris parti devant le problème, tel qu'il se posait de son temps : il n'a sacrifié ni la transcendance à l'immanence, ni le multiple à l'un.

Le Platonisme a tant de valeur d'éternité que nous oublions facilement qu'il s'insère à un moment donné de l'évolution philosophique et religieuse. Aussi n'est-ce pas seulement à la pensée chrétienne, mais à toute pensée moderne, de quelque esprit qu'elle s'inspire, que le Dieu de Platon risque de paraître inachevé, trouble et, au bout du compte, passablement décevant. Riches de distinctions et de précisions lentement acquises, de sentiments et de besoins nouveaux, nous ne pouvons guère chercher notre bien dans les dialogues sans leur poser inconsciemment des questions pour lesquelles ils n'ont point de réponse et que leur auteur même ne pouvait se poser, et cet « anachronisme » est peut-être un des facteurs de notre progrès spirituel. Mais, quand nous faisons de l'histoire, affronter la théologie platonicienne avec des problèmes trop nettement formulés à l'avance, c'est nous exposer à la mal comprendre. Héritière d'un long passé de syncrétisme religieux et de deux siècles de vigoureux effort philosophique, elle réussit à ne rien sacrifier, à tout s'assimiler dans une transposition puissante et souple. Mais il faut partir d'où elle est partie et progresser avec elle pour que les perspectives qu'elle laisse ouvertes au bout de sa route nous apparaissent bien ce qu'elles sont, des horizons et des promesses, non des lacunes. On s'aperçoit alors que les questions auxquelles nous lui demandons vainement de répondre, c'est elle qui, pour une large part, en a préparé l'éclosion. C'est pour cela que je me suis permis d'entreprendre cette esquisse en oubliant tous les problèmes posés par les critiques modernes et toutes les solutions contradictoires pour chacune desquelles ils n'ont pas eu trop de peine à fournir des arguments ou des textes. Oubli volontaire, et qui ne m'empêche nullement de reconnaître tout ce que je leur dois, tout ce que leur devra quiconque aura le bonheur et la force de faire un jour l'histoire complète de la théologie platonicienne. Celui-là ne pourra se dispenser de dresser le tableau des interprétations modernes et de discuter leur valeur[1]. Ma tâche était plus modeste : explorer rapidement

1. Voici une petite bibliographie française, qui n'a point la prétention d'être complète : A. Fouillée, *La Philosophie de Platon*, 2e éd., t. II, Paris, Hachette, 1888. — L. Couturat, *De Platonicis Mythis*, Paris, 1896, et V. Brochard, *Les mythes dans la Philosophie de Platon*, année philosophique, 1901, p. 1-13 (Études... p. 46-59). — V. Brochard et L. Dauriac, *Le Devenir dans la Philosophie de Platon* (Bibliothèque du congrès International de Philosophie de 1900, iv, p. 103-127 ; cf. Études de Philosophie ancienne et de Philosophie moderne, 1re éd., Paris, Alcan, 1912, p. 95-112). — P. Bovet, *Le Dieu de Platon d'après l'ordre chronologique des dialogues*, Genève, 1903. — Cl. Piat, *Platon*, Paris, Alcan, 1906, p. 154-185, et son article, *Dieu d'après Platon* (Revue Néo-scolastique, 1905, p. 194 et suiv., 306 et suiv.) — L. Robin, *Etude sur la signification et la place de la Physique dans la Philosophie de Platon*, Paris, Alcan, 1919. — M. Gueroult, *Le Xe livre des Lois et la dernière forme de la physique platonicienne*, Revue des Études grecques, xxxvii (1924), p. 27-28.

L'édition du *Timée* par A. Rivaud (Platon, Œuvres complètes, tome X, Paris, Les Belles-Lettres, 1925) est naturellement indispensable. La notice est à étudier tout entière, mais surtout les pages 32-

les sources, indiquer les orientations principales, dégager les grandes perspectives. Aussi me suis-je cru autorisé à désencombrer ma mémoire, et à me remettre tout simplement devant les textes, avec l'unique souci de comprendre et de faire comprendre. Mon effort serait justifié à mes yeux, s'il avait pour résultat de rappeler l'attention sur quelques idées simples, où se résume, à mon avis, l'essence de la théologie platonicienne. La seule réalité véritable, cause et fin de tout le reste, est la réalité spirituelle. L'Être Universel en est la plénitude parfaite. La divinité lui appartient primairement en tant qu'il est plénitude et perfection d'être, objet universel, cause exemplaire et finale. Elle lui appartient aussi, inséparablement, mais secondairement, en tant qu'il est Esprit suprême, sujet où se reflète l'objet, pensée créatrice, cause efficiente universelle. Le monde sensible n'est un monde, et tout ce qu'il contient n'a d'être véritable, que dans la mesure où Dieu l'habite, c'est-à-dire dans la mesure où, docile à l'action de l'Esprit, il se laisse pénétrer, ordonner et spiritualiser par la présence de l'intelligible et du divin.

38, où l'auteur met très clairement en relief les difficultés et obscurités de la théologie platonicienne. Enfin, A. Bremond, *Note sur le Dieu de Platon* (Archives de Philosophie, vol. II, cahier III, 1924, p. 42-56). soumet l'interprétation de Brochard à une critique très fine et discute rapidement les principaux textes. Il émet, sur le sujet, des idées très suggestives, et j'ai plaisir à me trouver d'accord avec lui sur beaucoup de points.

CHAPITRE IV

La Religion de Platon

Nous avons essayé, précédemment, de répondre à cette question : « Qu'est-ce que le Dieu de Platon ? » Nous nous sommes trouvés, à vrai dire, au bout d'un certain temps, un peu embarrassés par la diversité des solutions qui s'offraient et même assez embarrassés pour nous demander sérieusement : « Qu'est-ce qui n'est pas Dieu pour Platon ? » Tout est divin pour lui. Les dieux de la mythologie sont acceptés avec quelque dédain, mais les âmes des ancêtres et des héros divinisés ont leur place d'honneur au Panthéon platonicien. Les grands dieux visibles, les astres, le soleil, roi du monde, et le monde lui-même en son inaltérable beauté ; mais surtout l'Ame qui donne au monde son mouvement et sa vie, puis, dans cette Ame, l'Intellect, facteur d'ordre et d'intelligibilité pour le mouvement et la vie cosmiques ; enfin, au-dessus de l'Ame et de l'Intellect, les sources où celui-ci puise toute l'intelligibilité qu'il transmet au monde, c'est-à-dire les *Formes* suprasensibles ou les *Idées*, voilà comment s'étage, dans le Platonisme, la hiérarchie du divin. Mais cette hiérarchie se couronne par ce qui est, à la fois, la source, la somme et la fin de toutes ces réalités intelligibles. Unité que Platon cherche et suppose plus encore qu'il ne la formule, elle s'appelle le Bien, ou le Tout, ou l'Être Universel.

Arrivés là, nous pourrions craindre que l'essence du divin ne se perde, pour Platon, dans l'abstraction et dans la quintessence métaphysique. Mais Platon est un poète, et l'invisible est, pour lui, réel et vivant. Platon est une âme spirituelle : la beauté intelligible y éveille les élans et les ascensions de l'amour. Platon, enfin, est un réformateur et un rénovateur : pour lui, toute pensée, tout amour, doit se traduire en actes positifs, en institutions durables, en lois impératives et souples, qui réaliseront dès ici-bas, autant que faire se peut, la Cité du Bien. Ainsi la théologie, chez lui, engendre tout naturellement une religion, et cette religion est à la fois sociale et spirituelle. Étudions donc rapidement la religion de Platon. Et, pour donner, à cette esquisse, une division vraiment platonicienne, rappelons-nous comment se crée toute réalité cosmique ou sociale : par la contrainte persuasive que l'Esprit exerce sur la Nécessité, νοῦ δὲ ἀνάγκης ἄρχοντος τῷ πείθειν αὐτήν[1]. L'autorité, la persuasion, l'esprit, voilà les trois facteurs et nous pourrions dire aussi les trois stades de la religion platonicienne. Religion du chef d'État, religion de l'éducateur, religion du philosophe, essayons de voir s'il y a vraiment, de l'une à l'autre, quelque liaison profonde, et si, là comme ailleurs, s'affirment à la fois la souplesse vitale et l'essentielle continuité du Platonisme.

§ 1. *La Religion du Chef d'Etat*

Platon a construit successivement deux cités idéales : l'une, au milieu de sa carrière, dans la *République* ; l'autre, à la fin, dans les *Lois*. On a coutume d'observer que la dernière de ces constructions est précisément moins idéale, c'est-à-dire, véritablement, moins radicale. En tout cas, s'il y a quelque atténuation dans les exigences du Platon

1. *Timée*, 48a. Comparer *Rép.* 519e, *Soph.*, 265d, *Lois*, 711c, etc.

réformateur quand on passe de la *République* aux *Lois*, ce n'est certainement pas dans la législation religieuse. On a parlé, comme termes de comparaison, de l'Église médiévale, de l'Inquisition, de la Genève de Calvin. Mais comparer est peut-être un jeu, parce que la comparaison comporte un peu trop d'artifice. Essayons d'oublier tout le reste ; entrons avec des âmes neuves dans la cité platonicienne.

La classe la plus importante, celle dont l'esprit doit être formé avec le plus de soin, c'est naturellement celle des gardiens. La *République*, se souvenant que la théologie traditionnelle tient, pour une grosse part, dans les mythes d'Homère et d'Hésiode, entreprend une critique approfondie de ces mythes, souvent absurdes, souvent corrupteurs. Mais ce n'est pas assez d'une critique négative. Il faut, aux futurs gardiens de l'État, une éducation religieuse très sûre, et le réformateur entend bien ne laisser à personne le soin d'en tracer les directives : « Adimante, dit Socrate, ni toi ni moi ne sommes poètes, et nous n'avons point à composer des fables. Mais nous fondons une Cité, et, à ce titre, il nous appartient de connaître sur quel modèle les poètes doivent composer leurs fables, et d'y joindre une défense de jamais s'en écarter[1]. » Il y aura donc une théologie d'État, et des théologiens d'État. Le vieil Athénien des *Lois* a, sur ce point, les mêmes volontés que le Socrate de la *République*, les futurs gardiens sont la partie choisie du troupeau, et l'enseignement fondamental qu'ils doivent recevoir est celui de la théologie : « Que la plupart des habitants de notre ville se bornent en ce point à ce que les lois leur apprennent, à la bonne heure : mais on ne peut confier la garde de l'État à ceux qu'on destine à cette charge, s'ils ne se sont appliqués à acquérir *tout ce qu'on peut avoir de*

1. *Rép.* 378e, 379a, trad. Saisset.

connaissances sur les dieux ; et toute notre attention doit se porter à ne point élever à la dignité de gardien des lois, à ne point compter parmi les citoyens distingués pour leur vertu quiconque ne sera pas un homme divin, et profondément versé dans ces matières[1]. »

En quels principes essentiels se résume, pour Platon, « tout ce qu'on peut avoir », et, disons, tout ce que les gardiens doivent avoir, de connaissances sur les dieux ? Ces principes essentiels, nous l'avons vu, sont au nombre de trois :

1° les dieux existent ;

2° les dieux s'occupent des affaires humaines ;

3° les dieux sont incorruptibles, et leur justice ne saurait se laisser fléchir.

Voilà donc les trois dogmes fondamentaux de notre cité : l'existence des dieux, leur providence, leur inflexible justice. Mais les gardiens à qui l'on enseigne ces dogmes avec tout le détail et toutes les preuves possibles ne seront pas de simples théologiens en chambre. Ils concourront à former le conseil suprême de la Cité : ils n'auront donc pas seulement le dépôt de la doctrine, mais aussi l'autorité nécessaire pour sauvegarder et appliquer cette doctrine. Aussi la théologie que développe le livre X n'est-elle, si didactique et persuasive qu'elle soit, que la préface d'une loi d'État. Or, la loi est essentiellement impérative et, forcément, pénale : « Il faut maintenant décider à quoi doit être condamné quiconque offense les dieux dans ses paroles ou dans ses actions[2]. » Les lois religieuses de Platon punissent aussi bien

1. *Lois*, XII, 966c-d, trad. Grou.

2. *Lois*, X, 885b, trad. Grou. Dans cette étude sur un sujet d'intérêt très large, j'ai tenu à citer d'ordinaire, sauf à la modifier par endroits, cette traduction du savant Jésuite, que les traductions jusqu'ici existantes n'ont guère fait que reproduire.

les crimes de pensée que les crimes d'action, aussi bien l'hérésie et l'impiété que le sacrilège, aussi bien l'indiscipline dans la croyance que l'indiscipline dans le culte.

Ce sera donc un crime d'État que de ne pas croire à l'existence des dieux, à leur providence, à leur inflexible équité, et ce crime sera puni de la prison, de la mort, ou d'un châtiment plus terrible encore que la mort, la relégation perpétuelle. Mais cette sévérité s'accompagne d'un profond esprit de justice et d'un admirable discernement des âmes. Il y a une sorte d'incroyants que Platon ne peut laisser d'estimer tout en les tenant vigoureusement à l'écart. Ce sont les incroyants de bonne foi. Ils ne reconnaissent point l'existence des dieux, mais ils aiment naturellement l'équité, ils réprouvent l'injustice, leur conscience moralement saine les détourne de toute action criminelle comme de tout rapport avec les méchants, et les fait rechercher la compagnie des gens de bien. Dangereux, ils pourraient l'être, par leurs propos négateurs, par leurs railleries, par l'attirance qu'ils exerceraient sur de jeunes disciples. Mais la loi saura veiller à cela. Il y a aussi des esprits faussés, des jugements faibles, que Platon protège tout autant qu'il les corrige : pauvres âmes désemparées, qui n'osent plus croire que les dieux s'occupent des affaires humaines, ou pauvres têtes légères, qui s'imaginent qu'on peut corrompre les dieux comme on corrompt les juges d'ici-bas. Ceux-là, incroyants sincères ou esprits faibles, on essaiera d'abord de les convertir, par la retraite dans une prison, où « les magistrats du conseil nocturne » viendront les prêcher et les exhorter. La mort ne les menacera que si, l'épreuve finie, ils retombent volontairement dans l'impiété. Enfin il y a une classe d'impies contre lesquels Platon croit que ce n'est pas assez, comme châtiment, de la mort. Ils méritent plusieurs morts. Ils méritent, ceux-là, d'être exilés, au milieu des terres, dans une prison où ne les visitera aucune pitié humaine. Seules, des mains d'esclaves les nourriront. Ils seront, pour tous les citoyens, des *vitandi*. Nul ne leur parlera tout le temps qu'ils vivront. Pire encore : nul n'aura le droit de se laisser aller, envers leur dépouille mortuaire, à quelque pitié humaine, et leur cadavre sera jeté sans sépulture hors des limites du territoire. A partir du jour de leur condamnation, ils sont effacés de la vie, et leurs enfants, traités comme des orphelins, seront élevés par les magistrats.

Quels sont les criminels à qui la cité de Platon réserve ainsi toutes ses rigueurs ? Ce sont les menteurs et les fourbes qui, ne croyant à rien qu'à eux-mêmes, à leur amour du pouvoir et de l'argent, vivent de la crédulité publique. Or, dans cette catégorie d'hypocrites criminels, Platon fait rentrer naturellement les devins et tous les faiseurs de prestiges, tous ces charlatans qui s'en vont de porte en porte et de ville en ville écumer les fortunes des particuliers et des cités, et font accroire aux simples qu'ils savent évoquer les morts, fléchir les dieux ou les charmer par des enchantements. Mais il y compte aussi les grands séducteurs des peuples, tyrans et rhéteurs, stratèges et sophistes. Le Platon des *Lois* est bien encore le Platon de l'*Euthyphron*, du *Gorgias*, de la *République*, du *Théétete* et du *Sophiste*. Le vrai crime, pour lui, est le mensonge au service des deux grandes concupiscences qui exploitent la faiblesse humaine : l'argent et le pouvoir.

C'est dans le même esprit que Platon s'occupe de ce que nous pourrions appeler « les petites chapelles ». Les femmes, les malades, les têtes faibles que tourmentent des visions de jour et de nuit, « croient remédier à tout cela en érigeant des chapelles et des autels, dont elles remplissent toutes les maisons, tous les bourgs, tous les lieux, en un mot, qu'ils soient habités ou non[1]. » On leur ordonnera de transporter leur chapelle dans les temples consacrés à l'usage public. S'ils refusent, ils seront mis à l'amende jusqu'à ce qu'il aient obéi. Mais d'autres, pour le même fait, seront punis de mort, « comme ayant sacrifié avec un cœur impur ». Ce sont les impies qui construisent ces autels secrets pour y célébrer des cultes mystérieux, par lesquels ils comptent capter la faveur des dieux ou endormir leur vigilante justice au profit de leurs entreprises criminelles.

§ 2. *La Religion de l'Educateur*

La religion de Platon n'emploie la contrainte qu'en dernière ressource et, d'ailleurs, ne punit les impies que pour préserver de la contagion le reste du troupeau. Elle fait plus volontiers appel à la persuasion lente et souveraine de l'éducation et de la coutume, ou bien à la persuasion plus laborieuse du raisonnement.

A vrai dire, elle paraît bien ne s'engager même dans cette dernière voie qu'à contre-cœur. Les leçons religieuses les plus sûres ne sont-elles pas l'enseignement tendre et souriant des mères, les émotions douces et sacrées du culte familial et du culte public, la foi communicative qui s'en dégage, l'exemple, enfin, de tous les hommes, Grecs et Barbares ? Écoutons Platon se plaindre amèrement qu'il y ait des cœurs sur lesquels de tels souvenirs n'ont pu garder leur efficace : « Comment peut-on sans indignation se voir réduit à prouver que les dieux existent ? On ne saurait s'empêcher de voir de mauvais œil et de haïr ceux qui ont été et sont encore aujourd'hui cause de la discussion où nous allons entrer. Quoi ! ils se sont montrés dociles aux leçons religieuses que, dès

1. *Lois*, X, 909d-910c.

l'enfance, ils ont sucées avec le lait, qu'ils ont entendues de la bouche de leurs nourrices et de leurs mères, leçons pleines de charmes, qui leur étaient données tantôt en badinant, tantôt d'un ton sérieux, au milieu de l'appareil des sacrifices ; ils ont été présents aux prières de leurs parents ; ils ont assisté aux spectacles, toujours frappants ou agréables pour les enfants, dont les sacrifices sont accompagnés ; ils ont été témoins des victimes offertes aux dieux par leurs parents avec la plus ardente piété, pour eux-mêmes et pour leurs enfants, et des vœux et des supplications qu'ils ont adressés à ces mêmes dieux, d'une manière qui montrait combien était intime en eux la persuasion de leur existence ; ils savent ou voient de leurs yeux que les Grecs et les Barbares se prosternent et adorent les dieux au lever et au coucher du soleil et de la lune, dans toutes les situations heureuses ou malheureuses de leur vie ; ce qui démontre combien tous ces peuples sont convaincus de l'existence des dieux, combien ils sont même éloignés d'en douter : et maintenant, au mépris de tant de leçons, et sur des motifs destitués de toute solidité comme le pensent tous ceux qui ont quelque étincelle de bon sens, ils nous forcent à tenir le langage que nous leur tenons ! Qui pourrait consentir à instruire doucement de pareilles gens, et recommencer à leur enseigner qu'il existe des dieux[1] ? »

Il faut pourtant bien s'y résoudre. Dans cet âge dangereux où « l'ivresse des passions les fait déraisonner », les jeunes gens ne trouvent-ils pas, non seulement chez leurs maîtres de haute science, physiciens ou sophistes, mais jusque chez leurs précepteurs traditionnels, des doctrines complaisantes aux secrets désirs de leurs cœurs ? Nous avons vu que la théologie reçue est, pour eux, la première source de perver-

1. *Lois*, 887d-888d, trad. Grou.

sion. Nous avons vu aussi de quelle vigoureuse façon Platon conduit son procès et rétablit, sur des bases plus sûres, ces preuves de l'existence des dieux qu'elle n'avait su fonder que sur des notions incertaines et troubles[1]. Mais on peut croire aux dieux, ou du moins croire qu'il y a des dieux, sans, pour cela, les vénérer ni leur faire confiance. Qu'ils ignorent le monde ou le dédaignent, ou bien, hypothèse pire, que leur puissance sur le monde soit susceptible d'être captée par de mystérieuses influences au profit du mal et des méchants, c'en est fini de la religion du cœur : si l'homme ne descend pas aux plus dégradantes superstitions, il en reste, au moins, à l'indifférence ou bien au désespoir. Platon « prend la défense » des dieux contre de tels soupçons. Sa théodicée a des racines probablement bien vieilles dans la conscience morale du peuple grec, et, d'autre part, notre accoutumance à des arguments devenus quelque peu traditionnels dans la philosophie risque de nous en faire mésestimer la force originale et la saveur toute platonicienne. Deux principes, cependant, s'y retrouvent, qui sont essentiels au Platonisme : le principe du Bien, cause finale universelle, et le principe de l'Intelligence, alliée éternelle du Bien. Et l'esprit qui inspire cette théodicée des *Lois* est, adouci encore et, pour ainsi dire, plus humanisé par l'âge et l'expérience, l'esprit qui inspirait le *Phédon*, la *République*, le *Phèdre*, le *Sophiste*, le *Timée* : une piété toujours fondée en raison, un mysticisme qui veut rester et reste vigoureusement intellectuel.

C'est, en effet, l'idée platonicienne du Bien qui domine cette théodicée. Dans l'âme que scandalise le triomphe trop fréquent des méchants sur la terre, Platon cherche à réveiller la foi non seulement au triomphe final du Bien,

1. Cf. *supra*, p. 523-525, et § 2.

mais à son triomphe inévitable et, pour ainsi dire, automatique. L'individu qui souffre ne se plaint et ne se désespère que parce qu'il voit les choses sous un angle trop étroit. Il oublie qu'il n'est qu'une pierre dans l'édifice et que, chaque pierre n'étant faite et n'étant disposée que pour l'achèvement du plan général, le bien de l'ensemble est aussi son propre bien : « Toi-même, chétif mortel, tout petit que tu es, tu entres pour quelque chose dans l'ordre général et tu t'y rapportes sans cesse. Mais tu ne fais pas réflexion que toute génération particulière se fait en vue du tout, afin qu'il vive d'une vie heureuse ; que rien ne se fait pour toi, et que tu es fait toi-même pour l'univers ; que tout médecin, tout artisan habile, dirige toutes ses opérations vers un but, tendant au bien commun, et rapportant chaque partie au tout, et non le tout à quelqu'une des parties. Et tu murmures, parce que tu ignores ce qui est meilleur tout à la fois pour toi, et pour le tout, selon les lois de l'existence universelle[1]. »

Mais, à l'intérieur de ce Tout, l'individu existe-t-il vraiment ? Compte-t-il pour quelque chose, et compte-t-on aussi sur son effort personnel et sur sa contribution volontaire au bien de l'ensemble ? Enfin, la place qu'il occupera dans cette harmonie de l'ensemble et la part qu'il aura dans le bonheur universel étant proportionnées à cet effort et à cette contribution, par quelle loi cette proportion est-elle assurée ?

Que l'individu compte aux yeux de la Providence, Platon nous le prouve d'une façon originale et presque familière. Il en appelle, en effet, à la conscience professionnelle du Grand Architecte. N'est-ce pas proverbe de maçon « que les grandes pierres ne s'ajustent jamais bien sans les petites[2] » ?

1. *Lois*, 903b-c.
2. *Lois*, 902e.

Cette concordance dans le détail, des surveillants choisis l'assurent, comme dans un chantier bien ordonné. Chaque pierre, ou encore, si nous comparons la Providence au joueur de dés, chaque pièce du jeu sera mise infailliblement à la place où sa qualité propre la rend utile. Mais les dés sont ici des volontés, leurs qualités sont leurs mérites. Le maître du jeu ne contrarie point ces volontés ; il s'arrange seulement pour que chaque âme, dans ce jeu perpétuellement renouvelé qu'est le cycle des générations, obtienne, à chaque période, et le corps et l'état de vie qu'elle a mérité.

Faut-il aller plus loin et supprimer jusqu'à cette image du joueur plaçant les dés, qui masque peut-être encore pour nous l'autonomie de la volonté libre et la part maîtresse qu'elle a dans la création de son bonheur aussi bien que de sa perfection ? L'un suit de l'autre, nous assure Platon, par le développement interne d'une loi fatale. Mais cette fatalité est toute spirituelle : c'est l'attirance et la réunion des semblables. L'âme qui s'attache de plus en plus à la divine vertu devient divine comme elle, et monte jusqu'à sa hauteur ; l'âme qui s'attache au mal descend de même de chute en chute jusqu'aux séjours infernaux. Ainsi, de vie en vie et de corps en corps, dans le renouvellement indéfini des existences, s'applique cette loi « que les semblables font à leurs semblables et en reçoivent tous les traitements qu'ils doivent naturellement en attendre ». Et Platon, pour célébrer l'infaillibilité de cette loi, trouve des accents qui éveillent, chez nous, des échos familiers : « Ni toi, ni qui que ce soit, en quelque situation qu'il se trouve, ne pourra jamais se vanter de s'être soustrait à cet ordre, établi par les dieux pour être observé plus inviolablement qu'aucun autre, et qu'il faut infiniment respecter. Tu ne lui échapperas jamais, quand tu serais assez petit pour pénétrer dans les profondeurs de la terre, ni quand tu serais assez grand pour t'élever jusqu'au ciel[1]. »

Ainsi, contre les dieux, ou plutôt contre l'ordre éternel dont ils sont les gardiens, nulle puissance ne prévaut. Nulle séduction non plus ne saurait endormir leur garde vigilante. C'est ici que nous pouvons apprécier, dans son vrai sens, la thèse de la *République* ou *des Lois*, qu'on ne saurait fléchir les dieux par des prières ou des sacrifices.

Nous sommes exposés à la prendre, au premier abord, pour une condamnation de la prière. Elle est tout le contraire : elle est l'assurance, donnée à l'âme droite, que, dans sa lutte douloureuse contre le mal et les méchants, les dieux sont ses alliés naturels et indéfectibles. Nous savons, par le *Théétète*, que le mal est aussi éternel que le bien : « Il est impossible que le mal disparaisse, Théodore, car il y aura toujours, nécessairement, un contraire du bien. Il est tout aussi impossible qu'il ait son siège parmi les dieux : c'est donc la nature mortelle et le lieu d'ici-bas que parcourt fatalement sa ronde[2]. » Aussi les *Lois* nous disent qu'il y a forcément, entre le bien et le mal, une guerre immortelle. Or, dans cette guerre, nous avons pour alliés les dieux et les démons. Nous sommes leur troupeau. Irons-nous croire que les bergers ou les chiens vont faire un pacte avec les loups, et, pourvu qu'il leur reste une part dans le carnage, abandonner aux ravages des loups ce troupeau qui est leur bien propre ? Il est naturel que certaines âmes de proie, se figurant les dieux à leur image, croient les gagner à leurs projets de tyrannie en leur épelant des litanies de louanges,

1. *Lois*, 905a. Les écrivains ecclésiastiques n'ont point manqué de souligner la frappante ressemblance de ce passage avec le Psaume CXXXVIII septante ; CXXXVII Hébr., 7-12. Cf. EUSÈBE, *Præparatio Evangelica*, XII,52, 32.

2. *Théétète*, 176a.

en leur prodiguant les sacrifices, en les captivant « par des prières qui les enchantent ». Mais n'est-ce pas la suprême impiété, et, pour tout homme de bon sens, l'impiété la plus ridicule, de penser que les dieux consentent jamais « à trahir la justice[1] ? »

Ainsi la prière et le culte que Platon condamne, c'est la prière et le culte des « impurs »[2]. La prière vaut ce que vaut la demande, et celle-ci est parfois criminelle, plus souvent déraisonnable. Combien de nos souhaits feraient notre malheur, si les dieux les exauçaient ! Notre prière spontanée, à tous tant que nous sommes, c'est que les choses succèdent au gré de nos désirs. Or, elle devrait être, non que les choses s'accommodent à nos souhaits, mais que nos souhaits se règlent sur notre raison, et les seuls biens que nous devions demander aux dieux « avec amour et désir », ce sont la raison, l'intelligence, l'opinion droite[3]. L'enseignement un peu grave et doctoral du Vieil Athénien s'inspire ici du même esprit que la prière enthousiaste de Socrate dans le *Phèdre* : « O cher Pan, et vous tous, dieux qui fréquentez ici, donnez-moi d'acquérir la beauté intérieure ; quant au dehors, faites que, chez moi, il réponde au dedans. Puissé-je regarder comme riche le sage, et n'avoir, en fait d'or, pas plus que l'homme de bien, et lui seul, n'en peut charger et emporter[4]. » Le *second Alcibiade* n'est donc point infidèle au Platonisme, quand, par la bouche de Socrate, il approuve cette prière d'un poète inconnu : « Seigneur Zeus, donne-nous le bien, même sans que nous t'en priions ; ne nous donne pas le mal, même sur notre prière[5]. »

1. 907a.
2. 910e.
3. 687d-688b.
4. *Phèdre*, 279b-c.
5. *Alcibiade* II, 143a. J'emprunte la traduction de ce dernier texte à un livre où il y a, à côté d'autres qui appelleraient pas mal de réserves,

La prière s'adresse aux dieux visibles : nous savons que le Ciel et les Astres, encore que faits d'une matière visible et corporelle et bien inférieurs, dans la régularité de leurs lois, aux réalités intelligibles, sont pourtant dirigés, peut-être habités et animés par une force divine[1]. Le Socrate de l'*Apologie* ne veut pas qu'on doute de sa ferme croyance à la divinité du soleil et de la lune, et l'Alcibiade du *Banquet* nous raconte comment Socrate, ayant passé un jour et une nuit dans une méditation solitaire et immobile, s'en alla au point du jour, après avoir fait ses dévotions au soleil levant[2]. La prière s'adresse aussi aux dieux qu'on ne voit point. Mais l'attention humaine a besoin de matérialiser ses objets ; aussi l'homme fabrique de ses mains des images et des statues et, nous dit le Vieil Athénien, « en honorant ces statues, quoique inanimées, nous croyons que nos hommages sont agréables aux dieux vivants qu'elles représentent, et nous en attirent des faveurs[3] ». L'idéalisme de Platon n'a rien de fanatique : il veut, sans rien concéder à l'idolâtrie, faciliter à l'homme l'élévation vers l'intelligible et le divin. Mais le divin s'humanise, pour lui, en quelque chose de plus sacré encore que les statues des sanctuaires : « Il n'est point de statue plus vénérable aux yeux de la Divinité qu'un père, qu'une mère, des ancêtres courbés sous le poids des années. Elle prend plaisir aux honneurs qu'on leur rend. Et ces statues vivantes que sont nos ancêtres ont un merveilleux avantage sur les statues inanimées. Les premières, lorsque nous les honorons, joignent leurs prières aux nôtres, et nous maudissent quand nous les outrageons ; au lieu que

des pages délicieuses sur la prière grecque (104-107) et sur la religion de Platon (126-132) : *La Religion de la Grèce Antique*, par Th. Zielinski, (Paris, Société d'Édition « les Belles-Lettres », 1926).

1. Comparer *République*, 529a-530c, et *Lois*, 899a.
2. *Apologie*, 26d, *Banquet*, 220d.
3. *Lois*, 931a, trad. Grou.

les secondes ne font ni l'un ni l'autre. C'est pourquoi quiconque traite comme il doit son père, son aïeul, ses autres ancêtres vivants, peut se flatter de posséder en eux les plus puissantes de toutes les statues, pour attirer sur soi la bénédiction des dieux[1]. »

Ainsi Platon, tout en mettant, au service de la religion, la force de contrainte des lois, la recommande au cœur et à l'intelligence par la pression persuasive de l'éducation, de la coutume, de la prédication morale. Il s'attache à la fois à la spiritualiser et à l'humaniser, en la fondant sur les instincts les plus profonds et les plus nobles, et crée, entre les dieux, la cité, la famille, l'individu, une communauté sentimentale et une alliance active, dont l'objet suprême est la réalisation éternelle de la Justice et du Bien.

§ 3. *La Religion du Philosophe*

Nous connaissons jusqu'ici, au moins dans ses grandes lignes, la religion de la Cité platonicienne. Mais peut-être pourrions-nous penser que nous ignorons encore ce qui nous intéresserait sûrement davantage : la religion de Platon. La contrainte des lois ou la contrainte des mœurs ne sont-elles pas des forces politiques ? La religion qu'on les charge de maintenir ou de promouvoir peut n'être qu'un moyen, et plus haut sera l'idéal en vue duquel un chef d'État les met en œuvre, plus, peut-être, il sera porté à se croire excusable lorsqu'il enveloppe de symboles séduisants et de raisonnements persuasifs les croyances qu'il estime utiles pour assurer cet idéal, mais qu'il n'est point tenu, pour cela, d'estimer vraies et valables pour sa propre pensée. Il y a, dans la *République*, une théorie du mensonge de gouverne-

1. *Lois*, 931d-e, trad. GROU, légèrement modifiée.

ment[1], et le mythe des trois races ajoute précisément à la théorie l'exemple typique d'une fiction religieuse servant à justifier une institution sociale[2]. Ne pouvons-nous pas craindre que religion imposée ou religion persuadée ne soit tout entière, chez Platon, une fiction de gouvernement, et que les preuves mêmes dont il l'appuie n'expriment des croyances totalement étrangères aux convictions intimes du philosophe ?

Une telle crainte est, je crois, très mal fondée, si elle ne s'inspire que de cette théorie du mensonge utile exposée aux livres II et III de la *République.* Platon appelle ici mensonges les fables que l'on raconte aux enfants. Mais, dans la critique si âpre qu'il fait des mythes d'Homère et d'Hésiode, s'il paraît, avant tout, leur faire crime de leur pernicieuse influence sur les sentiments et sur les mœurs, nous aurions grand tort de nous en tenir à notre première impression et de voir là une espèce d'utilitarisme moral ou, si l'on veut, de pragmatisme social. Platon ne se borne pas à des critiques générales. Il entre dans le détail, il réprouve un par un les traits qu'il juge les plus nuisibles et le plus corrupteurs. Mais il a soin de motiver d'avance sa condamnation, et ses motifs sont *des principes doctrinaux*, sont *des dogmes.* Pourquoi défendrons-nous que l'on parle aux enfants des deux tonneaux d'Homère, où Zeus puise à volonté le bien ou le mal pour les hommes ? Parce qu'il faut montrer Dieu *tel qu'il est*, parce que Dieu, en vérité, *est bon*, et parce que, *étant bon*, il ne peut être cause du mal[3]. Pourquoi défendrons-nous qu'on raconte aux enfants les métamorphoses des dieux ? *Parce qu'il est impossible* que Dieu veuille se changer, parce que Dieu *est simple et vérace*, et que lui qui sait tout, lui qui

1. 389a et suiv.
2. 414b et suiv.
3. *Rép.* 379a-380d.

peut tout, n'a même pas besoin de ce mensonge utile qui remédie en quelque mesure à notre impuissance et à notre ignorance à nous[1]. Ainsi la religion que Platon impose et persuade est fondée avant tout sur des convictions rationnelles, sur des croyances intellectuelles, sur des vérités. Les mythes et les fables, aussi bien que les décrets et les lois, ne viennent que par surcroît, pour faciliter la créance et pour assurer l'observance.

D'ailleurs, quand il use des mythes, avec quelle honnêteté il le fait ! Que ce soit dans le *Phédon*, ou dans la *République*, ou dans le *Phèdre*, ou dans le *Politique* et le *Timée*, Platon prend soin de nous en avertir d'avance, et, quand il a fini de nous les conter, il se ferait le plus souvent scrupule de ne pas nous rappeler que ce sont là des fables, des imaginations plus ou moins vraisemblables, et, d'ordinaire, il nous indique lui-même ce qu'il nous en faut retenir : la seule chose que lui, Platon, affirme, c'est la vérité dont elles sont le symbole, la leçon dont elles sont le véhicule.

Avec la même honnêteté, Platon analyse et distingue, devant nous, les divers éléments qu'il met en œuvre pour organiser et maintenir la vie religieuse de la Cité. Par une divination merveilleuse, il a pris conscience de tout le réseau de souples nécessités qui enserrent l'homme social du jour de sa naissance à celui de sa mort. Aux contraintes brutales des décrets et des sanctions, il sait que l'ambiance journalière ajoute la pression beaucoup plus efficace, parce qu'elle est plus douce et souvent insensible, des habitudes, des exemples, des exhortations. De même, aux contraintes logiques de la science pure, il sait combien aide ou supplée, au besoin, la séduction d'une parole persuasive. A son dire, le législateur religieux doit faire comme le médecin, qui n'impose pas ses drogues brutalement, sans explication,

1. *Ib.*, 380d-383c.

mais prépare, exhorte, persuade[1]. Ou bien encore comme le musicien, qui introduit son thème principal par un prélude insinuant. Mais le médecin persuade en éclairant, en enseignant : s'il adapte sa science, c'est pourtant dans sa science qu'il puise, et c'est la vérité médicale elle-même, sa vérité à lui, qu'il essaie de rendre familière et persuasive. Ainsi le musicien, s'il veut d'avance capter les oreilles et charmer les cœurs, exhausser lentement l'auditoire à la hauteur de son thème, ce n'est point par des mélodies totalement étrangères à ce thème, mais par des notes qui le préparent et l'annoncent, et qui, vraiment, y sont puisées. Ne cédons pas à la défiance dangereuse que pourrait éveiller en nous l'art merveilleux de Platon. Il veut conquérir à la religion l'homme tout entier, il veut l'y retenir par la clôture des lois, par la force du raisonnement, par la douceur du sentiment[2]. Mais s'il poursuit, avec une volonté si calme, la construction d'une machine de contrainte légale, c'est que la religion ainsi imposée a, pour sa conscience même, une valeur sacrée, valeur non seulement de moyen, mais de fin. S'il ajoute et, autant que possible, substitue à cette contrainte des raisons si heureusement choisies pour convaincre et persuader, ce sont les principes mêmes de sa philosophie qu'il adapte et transpose en formules plus simples et plus immédiatement persuasives. Si, vieillard assagi mais point désenchanté, il parle avec tant d'art aux cœurs des jeunes hommes le langage de la foi et de l'émotion religieuse, c'est que cette foi religieuse d'aujourd'hui et la grande foi intellectuelle de son âge mûr sont au fond les mêmes, c'est que la philosophie à laquelle il n'a point cessé de croire et la religion qu'il prêche avec plus d'ardeur que jamais sont animées du même sentiment, poussées par la même force. L'ascension dialec-

1. *Lois*, 719e-720e.
2. *Ib.*, 722d-723e.

tique et l'ascension mystique ou religieuse ne sont, au fond, qu'un même essor : l'essor de toute l'âme vers l'être, vers l'intelligible, vers Dieu.

S'il y a une idée, en effet, qui puisse servir de lien visible et sûr entre la pensée intellectuelle de Platon et sa pensée religieuse, c'est bien l'idée d'imitation de Dieu. Ici encore, il nous faudrait, pour apprécier à sa juste valeur l'originalité de Platon, refaire toute l'histoire de la pensée grecque antérieure, et demander à la religion générale, aux poètes, aux prédicateurs du Pythagorisme et de l'Orphisme, en quelle mesure et dans quel sens ils ont compris et traduit cet idéal, le plus haut que puisse poursuivre l'effort humain. Platon lui-même, dans ce mythe du *Phèdre* où il transpose en vision des Idées les initiations des divers mystères, n'a pas laissé de nous faire entendre qu'une des sources au moins de l'imitation si épurée qu'il prêche fut, historiquement, le mimétisme naturel et spontané par lequel le myste essaie de copier les attributs et les allures de son dieu[1]. Le précepte pythagoricien « Suivre Dieu, ἀκολουθεῖν τῷ θεῷ » moralisait déjà ces tendances, et le cortège cultuel qui marche à la suite de chaque dieu dans les cérémonies n'a pas seulement préparé les cortèges d'élus dans les chœurs paradisiaques des Orphiques, si brillamment transposés dans les mythes de Platon ; il a préparé aussi le « Suivons-le ! » des âmes spirituellement religieuses[2]. Platon, d'ailleurs, n'a nullement la prétention d'inventer le précepte « Imiter Dieu ». Il a

1. *Phèdre*, 252c-253c. Pour l'imitation extérieure du dieu par le prêtre ou les initiés (masque, habillements, etc.), cf. O. GRUPPE, *Griechische Mythologie und Religionsgeschichte*, p. 924 ; J.-E. HARRISON, *Prolegomena to the Study of Greek Religion*, p. 475 ; A. DIÈS, *Le Cycle mystique*, p. 36.

2. Sur les rapports entre le précepte pythagoricien et le mythe du *Phèdre*, on trouvera de bonnes indications dans A. DELATTE, *Etudes sur la Littérature Pythagoricienne* (Paris, 1915), p. 73 et 296.

seulement, fidèle à sa méthode, surélevé à son plan propre tous les efforts successifs de la pensée antérieure. Et, si l'on peut dire que l'imitation de Dieu est l'essence même de sa religion, c'est qu'il donne, à cette aspiration assez vague et dont la spiritualisation était loin d'être achevée, un sens ferme, une valeur d'ensemble et un fondement rationnel en l'incorporant à sa théorie du Monde Intelligible.

Si vive que soit la guerre faite, dans les dialogues, aux imitateurs, poètes et sophistes, on peut dire que l'idée d'imitation est au centre même de la philosophie platonicienne. Aristote a beau nous déclarer : « Pour les Pythagoriciens, les choses *imitent* les nombres, mais Platon préfère dire qu'elles y *participent*, et c'est là toute la nouveauté qu'il apporte, un changement de mot[1]. » Platon, en fait, a gardé le mot aussi bien que l'idée. A côté de μέθεξις, si la théorie des Formes n'emploie pas expressément le mot μίμησις pour exprimer le rapport des sensibles aux intelligibles, elle emploie, en tout cas, bien souvent le mot μίμημα, et les empreintes successives que reçoit la χώρα génératrice sont τῶν ὄντων ἀεὶ μιμήματα[2]. Les choses sensibles n'ont valeur d'êtres qu'autant qu'elles sont copies des êtres éternels ; tout leur « effort » et tout leur « désir » est de ressembler aux formes intelligibles, mais elles restent en deçà, et c'est le degré de leur approche qui fait leur degré de réalité[3]. Ainsi toute la nature est suspendue au divin par cette volonté sourde et cette aspiration, pour ainsi dire, élémentaire. L'homme ne fera donc, ici encore, qu'imiter consciemment et dépasser presque à l'infini cet élan de la nature, quand il

1. Aristote, *Métaphysique*, 987b, 10 et suiv.
2. *Timée*, 50c (éd. A. Rivaud, p. 169).
3. Pour cette aspiration des sensibles à l'imitation parfaite de l'intelligible, voir *Phédon*, 74c-75e, et noter les expressions βούλεται, ἐνδεῖ δὲ καὶ οὐ δύναται.., ὀρέγεται, προθυμεῖται κ. τ. λ. (éd. L. Robin, p. 29-30).

aura compris que la loi de son être intellectuel et moral est « de ressembler à Dieu dans la mesure du possible, εἰς ὅσον δυνατὸν ἀνθρώπῳ ὁμοιοῦσθαι θεῷ[1] ». Parcourons rapidement les étapes de cette assimilation.

Si le monde visible est animé d'un mouvement circulaire régulier, c'est pour ressembler le plus possible au monde intelligible, car le mouvement uniforme du cercle est, de tous les mouvements sensibles, celui qui se rapproche le plus du mouvement de l'Intellect Divin, qui se caractérise par la permanence dans l'identique[2]. Or, à l'imitation du Démiurge fabriquant le monde, les dieux, ses fils et ses créatures, fabriquent le corps et l'âme de l'homme. Dans la tête sphérique, ils mettent les deux cercles divins de l'âme, cercle du *même* et cercle de *l'autre*, copies des grands cercles cosmiques de l'équateur et de l'écliptique. Dans le premier instant où les cercles de l'âme immortelle sont plongés dans ce corps, qui n'est, intérieurement, qu'un devenir et un flux perpétuel, c'est, en nous, le même désordre et le même tumulte que dans la χώρα primitive. Ce n'est que progressivement que le calme s'établit dans cette nature agitée. La nourriture et la croissance régulière du corps, l'éducation de l'âme surtout, enfin l'effort intellectuel et moral réussiront plus ou moins à dompter l'irrégularité qui vient de notre essence corporelle[3]. La victoire parfaite ne s'obtiendra que par une imitation consciente : « Or, le soin qu'il faut garder est identique pour tous : donner à chaque partie les aliments et les mouvements qui lui sont propres. Et les mouvements qui ont de l'affinité avec le principe divin en nous, ce sont les Pensées du Tout et ses révolutions circulaires. Ce sont elles que chacun doit suivre : les révolutions relatives au

1. *Rép.*, 613b.
2. *Timée*, 341, *Lois*, 897d.
3. *Timée*, 43a-44d.

devenir, qui ont lieu dans notre tête et qui ont été troublées, il faut les redresser par la connaissance de l'harmonie et des révolutions du Tout : que celui qui contemple se rende semblable à l'objet de sa contemplation, en conformité avec la nature originelle, et que, s'étant ainsi rendu pareil à elle, il atteigne, pour le présent et pour l'avenir, l'achèvement parfait de la vie que les dieux ont proposée aux hommes[1]. »

L'effort d'imitation peut et doit monter plus haut : non seulement vers la régularité éternelle du mouvement cosmique, mais aussi vers l'éternelle immutabilité des Formes intelligibles. L'âme humaine a, d'ailleurs, avec elles, une parenté de nature : « Il n'y a personne qui puisse ne pas concéder que, en tout et pour tout, l'âme a plus de ressemblance avec ce qui se comporte toujours de même façon, qu'avec ce qui ne le fait pas. » Quand l'âme se soustrait volontairement au corps et se recueille en elle-même, c'est là-haut qu'elle s'élance, « dans la direction de ce qui est pur, qui possède toujours l'existence, qui ne meurt point, qui se comporte toujours de même façon ; en raison de sa parenté avec lui, c'est toujours auprès de lui qu'elle vient prendre place. De ce coup, elle s'arrête d'errer, et, au voisinage des objets dont il s'agit, elle conserve, elle aussi, toujours son identité et sa même façon d'être : c'est qu'elle est en contact avec des choses de cette sorte. Or, cet état de l'âme, n'est-ce pas ce que nous avons appelé pensée[2] ? » Ainsi l'effort de l'âme pour penser la réalité intelligible est un effort d'imitation : il suppose, d'ailleurs, une parenté native de l'âme avec l'objet, et, plus la pensée se spiritualise, plus aussi l'affinité naturelle s'achève en ressemblance parfaite. La pureté absolue de la pensée serait l'identité avec son objet

1. *Timée*, 90c-d, trad. A. Rivaud.
2. *Phédon*, 79d-e, trad. L. Robin.

intelligible, avec « ce qui est invisible, ce qui est divin et immortel et sage[1] ».

Tout effort moral se traduit, lui aussi, par cette assimilation progressive au divin. « Deux exemplaires se dressent au sein de la réalité : l'un, divin et bienheureux ; l'autre vide de Dieu, plein de misère. » Cet « exemplaire sans Dieu, ἄθεον παράδειγμα », c'est le mal. Nous avons vu qu'il est éternel, et qu'il a son siège dans ce monde visible et désordonné. Le sage que décrit le *Théétète* fuira donc le monde, comme le sage que décrivait le *Phédon* fuyait le corps. Mais qu'est-ce que cette fuite, qu'est-ce que cette *aversion* du monde, sinon une *conversion* vers Dieu, conversion essentiellement morale et spirituelle ? « Voilà donc quel effort s'impose : d'ici-bas vers là-haut s'évader au plus vite. L'évasion, c'est de s'assimiler à Dieu dans la mesure du possible. Or, on s'assimile en devenant juste et saint dans la clarté de l'esprit. » Tel est donc le sens de ce qu'on peut appeler l'ascétisme et le mysticisme de Platon : « φυγὴ δὲ ὁμοίωσις θεῷ κατὰ τὸ δυνατόν ὁμοίωσις δὲ δίκαιον καὶ ὅσιον μετὰ φρονήσεως γενέσθαι[2] ». La formule est essentielle, parce qu'elle exprime tout ce qu'il y a de plus sain, on peut dire de plus raisonnable et de plus humain, dans l'effort de l'âme religieuse. Se tourner vers Dieu, c'est se détourner du monde, en ce qu'il a de sensuel et de paralysant pour l'esprit. Mais ce n'est point se détourner des obligations qui s'imposent à qui est dans ce monde, et ce n'est point, non plus, renoncer au devoir personnel de chercher, de penser, de juger. Fuir le monde pour ressembler à Dieu, c'est « devenir juste et saint dans la clarté de l'esprit ». Volonté droite, pensée claire, conscience de sa nature d'homme et de ses fonctions sociales, voilà ce que Platon met à la place de l'ascétisme aveugle

1. *Ib.*, 81a.
2. *Théétète*, 176a.

que certaines interprétations modernes s'acharnent à lui prêter, et du mysticisme plus que trouble des orphéotélestes et des charlatans qu'il n'a cessé de dénoncer. « La vérité, la voici. Dieu n'est, sous aucun rapport et d'aucune façon, injuste : il est, au contraire, suprêmement juste, et rien ne lui ressemble plus que celui de nous qui, à son exemple, est devenu le plus juste possible. C'est à cela que se juge la véritable habileté d'un homme, ou bien sa nullité, son manque absolu de valeur humaine[1]. »

La continuité de la doctrine est ininterrompue : les *Lois* ne parlent pas autrement que le *Théétète*, et la morale de la Cité s'inspire du même esprit que la morale de l'individu. Voici comment le Vieil Athénien commente, aux habitants de la seconde Callipolis, le précepte : marcher à la suite de Dieu, imiter Dieu. « Citoyens, leur dirons-nous, Dieu, suivant une ancienne tradition, est le commencement, le milieu et la fin de tous les êtres ; il marche toujours en ligne droite, conformément à sa nature, en même temps qu'il embrasse le monde ; la Justice le suit, toujours prête à punir les infracteurs de la loi divine. Quiconque veut être heureux doit s'attacher à la justice, marchant humblement et modestement sur ses pas[2]. » La justice est essentiellement tempérance et modération ; or, Dieu est mesure : « Quelle est la conduite qui nous rend agréables à Dieu ? Je n'en vois qu'une seule, fondée sur ce principe ancien, que le semblable plaît à son semblable, quand l'un et l'autre se tiennent dans un juste milieu. Car toutes les choses qui sortent de ce milieu ne peuvent ni se plaire les unes aux autres, ni plaire à celles qui ne s'en écartent point. Or, Dieu est la juste mesure de toute chose, beaucoup plus qu'aucun homme, quel qu'il soit. Par conséquent, il n'est point d'autre moyen

1. *Théétète*, 176b-c.
2. *Lois*, 716a, trad. Grou.

de se faire aimer de Dieu, que de travailler de tout son pouvoir à lui ressembler. Suivant cette maxime, l'homme tempérant est ami de Dieu, car il lui ressemble ; au contraire, l'homme intempérant, loin de lui ressembler, lui est entièrement opposé, et par là même il est injuste. Il en faut dire autant des autres vertus et des autres vices[1]. »

Ainsi l'imitation du divin, loi naturelle de l'univers, est aussi la loi consciente de l'effort moral et religieux de l'homme. Mais il faut revenir sur un point que nous avons déjà touché en passant, et montrer que cet effort moral lui-même atteint son but et sa récompense par le jeu naturel et, pour ainsi dire, nécessaire de la loi d'imitation.

Le précepte de l'imitation peut, en effet, se retourner. Il est à deux faces. Dire « Fais le bien pour imiter Dieu », c'est dire « Si tu fais le bien, tu deviendras semblable à Dieu ». Le précepte devient une promesse, l'action bonne contient en elle-même et développe d'elle-même sa rémunération. Le bonheur promis au juste, aussi bien, d'ailleurs, que le châtiment réservé au méchant, sont, en effet, garantis par une loi que Platon eût appelée physique autant que morale. C'est une loi du Devenir, *la loi du devenir des âmes*. On pourrait l'appeler aussi *la loi des demeures*, car je crois bien que, transposant elle-même des théories nées dans les cercles mystiques et théurgiques, elle a dû fortement influer sur toutes ces descriptions de *demeures*, d'*habitats* et de *plans* superposés où s'est complu et se complaît l'imagination religieuse de tous les temps. Elle se fonde sur la hiérarchie naturelle des essences et décrit les mouvements naturels, automatiques, des âmes, leur va-et-vient incessant de montée et de descente à l'intérieur de cette hiérarchie.

Je n'ai point la prétention d'étudier ici la théorie ou les théories platoniciennes de la métempsycose. Les éditions

1. *Ib.*, 716c-d.

récentes du *Gorgias*, du *Phédon*, du *Timée*[1], les éditions prochaines de la *République* et du *Phèdre*, ne peuvent manquer de susciter de nouveaux travaux sur une question si souvent étudiée, et qui est loin d'être épuisée. On ne saurait nier les contradictions qui subsistent entre les mythes eschatologiques présentés dans ces différents dialogues, et le premier travail qui s'impose serait, assurément, un travail de minutieuse analyse, qui s'efforcerait de dégager et de classer les multiples inspirations qui se croisent dans ces mythes. Mais, quelles que soient les façons opposées dont Platon s'ingénie à nous représenter la *prévie* des âmes et la *survie* des âmes, une chose est certaine : tous les avatars des âmes sont réglés infailliblement, automatiquement, par la loi d'imitation, et cet automatisme infaillible est pourtant loin d'être une nécessité aveugle, car il se confond, pour Platon, avec le jeu de la divine Providence.

Ce jeu serait difficile, nous disent les *Lois*, si le devenir des êtres pouvait se faire suivant des combinaisons infinies. Mais, en fait, il est commandé par trois principes : l'âme et le corps, bien que non éternels, ne sauraient être anéantis — nos actes sont des actes d'êtres animés, susceptibles de vertu ou de vice — l'acte spirituel mauvais est nuisible par essence, et l'acte bon est infailliblement utile. C'est conformément à ces principes que Dieu a combiné les diverses parties de l'univers pour que le bien eût toujours le dessus, et que le mal eût toujours le dessous. Il a donc, à l'avance, fixé les places et les lieux où chaque être viendra se ranger suivant la qualité qu'il se sera donnée. Mais, si le placement s'opère suivant des lois infaillibles, il se mérite librement : « Dieu a laissé à la disposition de nos volontés les causes d'où dépen-

1. Cf. *Gorgias*. éd. Croiset-Bodin (1923) et, spécialement, les savantes notices de L. Robin pour le *Phédon* (1926) et de A. Rivaud, pour le *Timée* (1925).

dent les qualités de chacun de nous : car chaque homme est d'ordinaire ce qu'il lui plaît d'être suivant les inclinations auxquelles il se porte, et le caractère de son âme[1]. »

Ainsi le devenir des êtres animés a son principe en eux-mêmes, mais, le principe une fois posé, ce devenir se déroule « suivant l'ordre et la loi marqués par le destin[2] ». Les places changent dans le même ordre et dans le même degré que les mœurs : ou bien le niveau demeure presque stable, ou bien le déplacement est grand soit en hauteur, soit en profondeur. « Lorsqu'une âme a fait des progrès marqués soit dans le mal, soit dans le bien, par une volonté ferme et une conduite soutenue ; si c'est dans le bien et qu'elle se soit attachée à la divine vertu jusqu'à devenir en quelque sorte divine comme elle, alors elle reçoit de grandes distinctions, et du lieu qu'elle occupait elle passe dans une autre demeure toute sainte et plus heureuse ; si elle a vécu dans le vice, elle va habiter une demeure conforme à son état[3]. » Ainsi, dans la mort comme dans la vie, celui qui fait le bien va se placer là où est le bien, et celui qui fait le mal, là où est le mal, par la loi même qui règle l'action du semblable sur le semblable, et nous avons vu en quels termes Platon proclame l'infaillibilité de cette loi.

Mais cette doctrine, si nettement exposée dans le dernier de tous les dialogues, est loin d'être absente des autres. Le *Gorgias* en pose le principe : le méchant « ne peut être aimé ni des autres hommes ni des dieux. C'est un être insociable, et, sans association, point d'amitié. Les savants[4], Calliclès,

1. *Lois*, X, 904b-c, trad. Grou.

2. Μεταβάλλει μὲν τοίνυν πανθ'ὅσα μέτοχά ἐστιν ψυχῆς, ἐν ἑαυτοῖς κεκτημένα τὴν τῆς μεταβολῆς αἰτίαν, μεταβάλλοντα δὲ φέρεται κατὰ τὴν τῆς εἱμαρμένης τάξιν καὶ νόμον (*Lois*, X, 904c).

3. *Ib.*, 904d-e, trad. Grou.

4. Les Pythagoriciens ; cf. *Gorgias*, éd. Croiset-Bodin, p. 198, note 1.

affirment que le ciel et la terre, les dieux et les hommes, sont liés ensemble par l'amitié, le respect de l'ordre, la modération et la justice, et pour cette raison ils appellent l'univers l'ordre des choses, non le désordre ni le déréglement. Tu n'y fais pas attention, je crois, malgré toute ta science, et tu oublies que l'égalité géométrique est toute-puissante parmi les dieux comme parmi les hommes[1]. »

Le *Phédon* expose les ressemblances que créent, dans l'âme, ses habitudes bonnes ou mauvaises, et les déplacements qu'entraînent les attractions ainsi produites. Si l'âme a essayé de se modeler sur les réalités intelligibles et pures, « c'est vers ce qui lui ressemble qu'elle s'en va, vers ce qui est invisible, vers ce qui est et divin et immortel et sage, c'est vers le lieu où son arrivée réalise pour elle le bonheur[2] ». Si l'âme, au contraire, « se conforme au corps en ses jugements et se complaît aux mêmes objets, il doit nécessairement, à ce que je crois, se produire en elle une conformité de tendances comme une conformité de culture ; elle est telle, par suite, que jamais elle ne parvient chez Hadès en état de pureté, mais toujours au contraire contaminée par le corps d'où elle est sortie. Le résultat, c'est qu'elle ne tarde pas à retomber dans un autre corps, où en quelque sorte elle s'ensemence et prend racine[3] ».

Arrêtons là cette esquisse sur la Religion de Platon. Esquisse trop rapide et, certainement, très incomplète. Une étude un peu complète ne devrait laisser de côté ni le détail des prescriptions cultuelles, ni les idées de Platon sur l'intervention de l'État dans le choix de prêtres, prophètes et devins, aussi bien que dans la réglementation de

1. 508a, trad. Croiset.
2. 81a, trad. L. Robin.
3. *Ib.*, 83d.

leur rôle, ni surtout une pièce doctrinale aussi importante que la démonologie platonicienne et la nature démonique de l'âme humaine. Mais, telle quelle, cette esquisse aura peut-être montré qu'il y a vraiment une religion de Platon, qu'elle est issue de sa philosophie, obéit aux mêmes principes et traduit les mêmes aspirations, et qu'elle en est, pour ainsi dire, l'achèvement et la fleur.

INDEX ALPHABÉTIQUE

*

ERRATA

Page :	*ligne :*	*au lieu de :*	*lire :*
260	6	particules	particularités
266	dernière du texte	Zeitfloge	Zeitfolge
274	18	traduction	tradition
	note 1	p. 230	p. 320
277	5 de note 1	BELAGE	BERLAGE
287	1	398	388
389	7 du bas	οὐκ	κτῆμα οὐκ
399	4	F (1918)	F (1812)
404	3 de note 2	ἅν	ἂν

— Pour compléter mes indications bibliographiques, j'aurais voulu renvoyer :

p. 245 *(Questions de chronologie)* à J. CHEVALIER, *La Notion du Nécessaire chez Aristote et ses prédécesseurs* (Paris, Alcan, 1915), Appendice I, p. 191-222.

p. 271, n. 1 ,à W. ANDREAE, *Platons Briefe*, texte, traduction et notes, Jena, 1923. HOWALD (même note) donne texte et traduction, mais seulement des 6e, 7e et 8e lettres.

p. 376, l. 16, à A. MOULARD, *Metron, Etude sur l'idée de mesure dans la philosophie antésocratique*, Angers, 1923.

p. 385, à G. RODIER, *Remarques sur le Philèbe*, et, d'une façon générale, aux articles sur Socrate ou Platon réunis dans *Etudes sur la Philosophie Grecque*, Paris, Vrin, 1926.

IMPRIMERIE DE L'EST. — BESANÇON. — 1927

HISTORY OF IDEAS IN ANCIENT GREECE

An Arno Press Collection

Albertelli, Pilo. **Gli Eleati**: Testimonianze E Frammenti. 1939

Allman, George Johnston. **Greek Geometry From Thales To Euclid**. 1889

Apelt, Otto. **Platonische Aufsätze**. 1912

Aristotle. **Aristotle De Anima**. With Translation, Introduction and Notes by R[obert] D[rew] Hicks. 1907

Aristotle. **Aristotle's Psychology**. With Introduction and Notes by Edwin Wallace. 1882

Aristotle. **The Politics of Aristotle**. A Revised Text With Introduction, Analysis and Commentary by Franz Susemihl and R[obert] D[rew] Hicks. 1894. Books I-V

Arnim, Hans [Friedrich August von]. **Platos Jugenddialoge Und Die Entstehungszeit Des Phaidros**. 1914

Arpe, Curt. **Das** *τί ἦν εἶναι* **Bei Aristoteles** and Hambruch, Ernst, **Logische Regeln Der Platonischen Schule In Der Aristotelischen Topik**. 1938/1904. Two vols. in one

Beauchet, Ludovic. **Histoire Du Droit Privé De La République Athénienne**. 1897. Four vols.

Boeckh, Augustus. **The Public Economy of Athens**. 1842

Daremberg, Ch[arles]. **La Médecine**: Histoire Et Doctrines. 1865

Dareste, Rodolphe [de la Chavanne]. **La Science Du Droit En Grèce**: Platon, Aristote, Théophraste. 1893

Derenne, Eudore. **Les Procès D'Impiété Intentés Aux Philosophes A Athènes Au Vme Et Au IVme Siècles Avant J. C.** 1930

Diès, A[uguste]. **Autour De Platon**: Essais De Critique Et D'Histoire. 1927

Dittmar, Heinrich. **Aischines Von Sphettos**: Studien Zur Literaturgeschichte Der Sokratiker. 1912

Dugas, L[udovic]. **L'Amitié Antique D'Après Les Moeurs Populaires Et Les Théories Des Philosophes**. 1894

Fredrich, Carl. **Hippokratische Untersuchungen**. 1899

Freeman, Kathleen. **The Work And Life Of Solon**, With A Translation Of His Poems. 1926

Frisch, Hartvig. **The Constitution Of The Athenians**. 1942

Frisch, Hartvig. **Might And Right In Antiquity**. "Dike" I: From Homer To The Persian Wars. 1949

Frutiger, Perceval. **Les Mythes De Platon**: Étude Philosophique Et Littéraire. 1930

Heidel, William Arthur. **The Frame Of The Ancient Greek Maps**. 1937

Heidel, W[illiam] A[rthur]. **Plato's Euthyphro,** With Introduction and Notes and **Pseudo-Platonica.** [1902]/1896. Two vols. in one

Hermann, Karl Fr[iedrich]. **Geschichte Und System Der Platonischen Philosophie.** 1839. Part One all published

Hirzel, Rudolf. **Die Person:** Begriff Und Name Derselben Im Altertum and Uxkull-Gyllenband, Woldemar Graf, **Griechische Kultur-Entstehungslehren.** 1914/1924. Two vols. in one

Kleingünther, Adolf. ΠΡΩΤΟΣ ΕΥΡΕΤΗΣ : Untersuchungen Zur Geschichte Einer Fragestellung. 1933

Krohn, A[ugust A.] **Der Platonische Staat.** 1876

Mahaffy, J. P. **Greek Life And Thought From The Age Of Alexander To The Roman Conquest.** 1887

Martin, Th[omas] Henri. **Études Sur Le Timée De Platon.** 1841. Two vols. in one

Martin, Th[omas] H[enri]. **Mémoire Sur Les Hypothèses Astronomiques.** 1879/1881. Three parts in one

Milhaud, Gaston. **Les Philosophes-Géomètres De La Grèce.** 1900

Morrow, Glenn R. **Plato's Law Of Slavery In Its Relation To Greek Law.** 1939

Plato. **The Hippias Major Attributed To Plato.** With Introductory Essay and Commentary by Dorothy Tarrant. 1928

Plato. **The Laws Of Plato.** The Text Edited With Introduction and Notes by E. B. England. 1921. Two vols.

Saunders, Trevor J. **Bibliography On Plato's Laws, 1920-1970:** With Additional Citations Through May, 1975. 1975

Plato. **The Platonic Epistles.** Translated With Introduction and Notes by J. Harward. 1932

Raeder, Hans. **Platons Philosophische Entwickelung.** 1905

Ritter, Constantin. **Neue Untersuchungen Über Platon.** 1910

Ritter, Constantin. **Platon:** Sein Leben, Seine Schriften, Seine Lehre. 1910/1923. Two vols.

Sachs, Eva. **Die Fünf Platonischen Körper.** 1917

Schwartz, Eduard. **Ethik Der Griechen.** 1951

Shute, Richard. **On The History Of The Process By Which The Aristotelian Writings Arrived At Their Present Form.** 1888

Snell, Bruno. **Die Ausdrücke Für Den Begriff Des Wissens In Der Vorplatonischen Philosophie.** 1924

Tannery, Paul. **La Géométrie Grecque.** 1887

Tannery, Paul. **Recherches Sur L'Histoire De L'Astronomie Ancienne.** 1893

Taylor, A. E. **Philosophical Studies.** 1934

Wallace, Edwin, compiler. **Outlines Of The Philosophy Of Aristotle.** 1894

Zeller, Eduard. **Platonische Studien.** 1839

Zeno And The Discovery Of Incommensurables In Greek Mathematics. 1975